Die Angst des Lehrers vor seinem Schüler

Zur Problematik verbliebener
Kindlichkeit in der Unterrichtsarbeit
des Lehrers – ein Modell

HORST BRÜCK

ROWOHLT

Umschlagentwurf Werner Rebhuhn

1. Auflage Februar 1978
Copyright © 1978 by Rowohlt Verlag GmbH, Reinbek bei Hamburg
Alle Rechte vorbehalten
Gesamtherstellung Clausen & Bosse, Leck/Schleswig
Printed in Germany
ISBN 3 498 00447 6

Für Edda –
und für Michel
und Pippa

Inhalt

Vorwort

I

Verpönt ist, was einer hat, wenn er es eigentlich nicht haben darf: die
Angst des Lehrers vor seinem Schüler. Verpöntes – wenn es dennoch benannt wird – pflegt man abzumildern: man relativiert es und
weist auf seine Landläufigkeit hin. Man kann es auch allgemein und
überhaupt gelten lassen, sofern man es nicht bezogen auf sich selbst
persönlich nehmen muß. Die Angst des Lehrers vor seinem Schüler
– so möchte ich zeigen – ist eine bedrängende Realität, und eben weil
sie eine bedrängende ist, wird sie über weite Strecken verleugnet.

Angst ist nur als persönliches Erlebnis zugänglich und – als das
persönliche Erlebnis von anderen Personen – nur von daher nach-
vollziehbar. Als die eigene verleugnete Angst bleibt sie zwar wirksam, auch wenn ihr Eingeständnis fehlt; aber wie kann ich auch an
anderen nachvollziehen, was ich in mir selbst verleugne? – Auf
diesem Weg erscheint Angst als das, was sie am wenigsten ist: als
abwesend in der tröstlich bestärkenden Zusicherung, daß man ja
eigentlich – von der Sache her – überhaupt keine Angst zu haben
brauche.

Darin verwandelt sich aber die Angst – wenn auch nur scheinbar:
das persönliche Erlebnis wird zum sachlichen Problem, das man in
dieser Form nun mit hohem Energieaufwand bearbeiten kann –
wenn auch nur scheinbar. Die Angst des Lehrers ist so nicht nur ein
blinder Fleck; er hat auch die unmittelbar Betroffenen erblinden
lassen, so daß sie ihn weithin nicht mehr sehen können. Sie sollen ihn
wohl auch nicht mehr sehen; persönliche Erlebnisse sind Privatan-
gelegenheiten, und die Schule stellt sachliche Probleme.

II

Die seit Beginn der 60er Jahre mit Vehemenz betriebene Schulreform setzt im wesentlichen an zwei Punkten an: der Überprüfung
der schulischen Inhalte (Curriculum-Revision) und der Veränderung der Organisationsform (Gesamtschulkonzeption). Beide

Punkte haben in der Lehrerausbildung und der Lehrerfortbildung ihre Entsprechung: in die Ausbildungsgänge werden neue Inhalte einbezogen, und die Lehrerausbildung wird zunehmend in die Universitäten integriert. In beiden Punkten sind inzwischen auf der Ebene der Schule wie der Lehrerausbildung tiefgreifende Veränderungen vollzogen oder im Gange.

Am Ausgangspunkt all dieser Veränderungen standen die Fragen, was denn Inhalt des schulischen Vermittlungsauftrags sein soll und welche Organisationsform denn dem so gefaßten Vermittlungsauftrag angemessen sei. Im Verlauf und am vorläufigen Ende dieser Veränderungen interessierten die Fragen nach der Effizienz der Vermittlung und der Effizienz der Organisationsform. Die Antworten auf diese Fragen werden leidenschaftlich diskutiert und gehen weit auseinander.

Bei all dem gerät eine andere Frage weitgehend aus dem Blickfeld, obgleich sie nach meinem Dafürhalten faktisch schon immer im Zentrum stand: aber eben als blinder Fleck. Sie wird durch die sachlichen Probleme der Curricula und der Organisationsform nur gestreift, aber nicht angesprochen. Angesichts der Fragen, was denn wie und wo vermittelt werden soll, verschwand die Frage danach, *wer sich wem vermitteln soll.* Dies aber ist die Frage nach den wirklich handelnden Personen: nach den Lehrern und den Schülern, also den unmittelbar Betroffenen. Es handelt sich um eine gleichsam persönliche Frage; sie ist bedrängend, und vielleicht mag man sie darum übergangen haben.

Die Frage nach der Person des Lehrers und des Schülers, die Frage danach, was sie miteinander oder gegeneinander als Personen machen, entscheidet aber letztendlich darüber, was sie aneinander bewirken. Auch für die Vermittlung von Inhalten – wenngleich nicht vor allem dafür – ist von Bedeutung, was die Lehrer den Schülern als Personen zufügen, was die Schüler den Lehrern zufügen, was die Lehrer einander und die Schüler einander zufügen. Untrennbar verschlungen damit sind die Fragen danach, was die Eltern den Kindern zugefügt haben; denn alle Schüler sind und alle Lehrer waren auch Kinder; was den Lehrern von ihren Lehrern zugefügt wurde; denn alle Lehrer waren Schüler und haben es in einer manchmal makabren Weise nicht vergessen. Diese hier nur angedeuteten Zufügungen sind in der Schule hochwirksam und kulminieren im Unterricht: als sein blinder Fleck.

III

Vielleicht sind diese Fragen im Zusammenhang der Schulreform und der Reform der Lehrerausbildung deshalb nicht gestellt und bearbeitet worden, weil sie letztendlich nur von den jeweils unmittelbar Betroffenen gestellt und bearbeitet werden können: diese aber waren an den Reformen eher passiv beteiligt. Die Bildungsplaner scheinen immer schon gewußt zu haben, was für die Schule und die Hochschule, für die Lehrer und die Schüler, die Hochschullehrer und die Studenten gut ist. Wissen sie das wirklich? – Andererseits scheinen auch die Lehrer zu wissen, was für die Schüler gut ist, und auch die Eltern wissen anscheinend, was für ihre Kinder gut ist. Wissen sie es wirklich? – Ich habe in allen Fällen erhebliche Zweifel!

Diese Fragen können gewiß nicht allgemeingültig beantwortet werden, schon gar nicht, wenn mögliche Antworten nicht von den unmittelbar Betroffenen gegeben werden. Sie allein aber – so denke ich – sind wirklich kompetent. Nur in der gelingenden Verständigung zwischen Eltern und Kind, in der sich angemessene Erwachsenheit anbahnt, erweist sich, ob die Eltern wirklich wußten, was für ihr Kind gut ist. Nur wenn die Handlungsspielräume und Handlungsrestriktionen, die die Lehrer ihren Schülern setzen können, in wirksame Auseinandersetzung mit den späteren öffentlichen, vor allem beruflichen Problemen einmünden können, hat sich die Professionalität der Lehrer erwiesen. Und die Möglichkeit oder Unmöglichkeit der Lehrer, ihren Beruf auch als Personen und nicht nur als Rollen annehmen zu können, entscheidet über die Qualität der Schule als Institution.

Die Kompetenz der Betroffenen für die Beurteilung ihrer jeweiligen Situation und für die Entwicklung und Durchführung von möglichen Veränderungsperspektiven ist aber nicht zugänglich, solange *persönliche,* also unmittelbare Betroffenheit nur als blinder Fleck, als nicht gestellte Frage oder als sachlich-inhaltlich-organisatorisches Problem erscheint. Gewiß kann man auch den unmittelbar Betroffenen vorwerfen, daß sie sich nicht äußern; aber ich halte es für besser, seine eigene Betroffenheit in die Handlungszusammenhänge mit den jeweils anderen einzubringen: das wirkt infizierend, und man kriegt es plötzlich mit Personen zu tun. Das wiederum mag vielfältige Formen der Angst und damit der Angstabwehr hervorrufen. Allerdings handelt es sich dann um eine greifbare und eher konturierte Angst, eine bearbeitbare, vor allem eine, die auch sein darf, was sie ohnehin ist.

IV

Alle pädagogischen Situationen scheitern, wenn sie die wichtigsten – und das sind immer die bedrängendsten – Anteile der beteiligten Personen aus ihren Handlungszusammenhängen aussperren. Die Aussperrung solcher Anteile aus Erziehungsprozessen im weitesten Sinn bedeutet eben, daß diese Anteile nicht erzogen werden und somit bleiben müssen, was sie zum Zeitpunkt der Aussperrung sind: unverarbeitete, belastende, eben bedrängende Anteile, die gelingendes Handeln verhindern, weil sie es zugleich unterschwellig und verboten beeinträchtigen.

Wo dies im Rahmen professioneller Erziehung, also innerhalb der Pädagogik geschieht, kann diese einen Anspruch von Professionalität nur sehr bedingt erheben: dies allerdings halte ich für faktisch. Die Schule sperrt wesentliche Anteile der Lehrer und Schüler, Anteile persönlicher Art, aus ihren Handlungszusammenhängen aus: sie können nicht erzogen und somit kultiviert werden. In der Universität, also auch in der Lehrerausbildung, ist dieser Sachverhalt noch gravierender. Das Studium der Pädagogik ist selber fast nie eine pädagogische Veranstaltung.

Genau in diesem Punkt setzt meine vorliegende Arbeit an: sie versteht sich zuerst als beschreibende Darstellung eigener jahrelanger konkreter Arbeit mit Studenten, Lehrern und Schülern im Zusammenhang der schulpraktischen Studien der Gießener Lehrerausbildung. Meine Darstellung erhebt im Untertitel den Anspruch, ein Modell zu sein: ein Modell berufsspezifischer Qualifizierung von Lehrern und angehenden Lehrern für einen professionellen Umgang mit einem bislang blinden Fleck in der Schule wie der Lehrerausbildung. Es geht um die Qualifizierung der Personanteile der Betroffenen hinsichtlich ihres persönlichen Umgangs miteinander und mit ihren Schülern.

Aber gerade dieses Modell setzt vor seine gelingende Anwendung den hohen Preis des *persönlichen* Sich-Einlassens auf seine – und andere konzipierbare – Handlungsperspektiven: es hat keinen Wert «an sich», sondern kann ihn immer nur in konkreten Vollzügen von konkret Handelnden erweisen – oder auch nicht. Prognostische Erfolgszusagen für mögliche künftige Anwendungen dieses Modells müssen also strikt unterbleiben: sehen wird man erst, wenn man sich darauf einläßt – und nur dann! Nur insofern ist dieses Modell innovativ; aber verdient eine Innovation diesen Namen, wenn ihre Ergebnisse prognostizierbar sind?

In der vorliegenden Darstellung konkreter Anwendungen dieses

Modells imponiert vielleicht vor allem der immer wiederkehrende Vorgang der Konfrontation: es ist die Konfrontation mit einer verpönten Realität. Dies ist immer schwierig und belastend, zumal es um die Angst des Lehrers geht, zumal Deutlichkeit angestrebt ist. Undeutlichkeit allerdings verdeckt solche Realität oder verleugnet sie: so wirkt sie traumatisch und ist selber ein Trauma. Sie erzeugt zusätzlich die Angst, für deren Bearbeitung ihre deutliche Darstellung die wichtigste Bedingung ist. Es kann ja auch nicht um die Aufhebung der Angst des Lehrers gehen, sondern allenfalls um ihre Verminderung und jedenfalls um die Einübung des *Umgangs mit ihr* in der Auseinandersetzung des Lehrers mit seinen Schülern im Unterricht.

Darin mag auch die latente Beängstigung des Lesers, der ja in jedem Fall ein Schüler war und der in vielen Fällen ein Lehrer oder angehender Lehrer ist, enthalten sein. Es handelt sich ja über weite Strecken um die Darstellung von konkretem, vom mitlaufenden Tonband genommenem Material, das solche Anteile zum Vorschein bringt, die gemeinhin aus der fachlich-sachlichen Diskussion erziehungswissenschaftlicher Ausbildungsgänge oder auch erziehungswissenschaftlicher Literatur ausgesperrt sind: eben weil sie Angst erzeugen können.

Dies betrifft sowohl die Inhalte dieser Arbeit als auch die Form, in der sich diese Inhalte darstellen. Die Sprache etwa des vorbereitenden Seminars ist eben nicht die Sprache, die nach eingeführten Vorstellungen das Niveau eines Universitätsseminars kennzeichnet. Im Zusammenhang dieser Arbeit muß Sprache auch mögliches Medium für verpönte Anteile persönlicher Art werden können. Sie kann es aber nur um den Preis des Verzichts auf stilistische Veredelung oder Aufschönung: dies wäre schon Verfälschung des doch eben so Vorhandenen und so sich Darstellenden. Die gleichsam «druckreife» Äußerung würde wie die aufgeschönte Darstellung ja nur wieder als Abwehrform des wirklich Enthaltenen gelten müssen. In der stockenden, Bestätigung suchenden, die eingeführte Form verletzenden und im Niveau des Jargon verbleibenden Ausdrucksform aller Beteiligten drückt sich neben dem verpönten Inhalt auch die unterdrückte Emotionalität der Betroffenen aus: als Protest gegen die Versachlichung der verwissenschaftlichten Sprache der Universität.

Dies muß aber – so denke ich – nicht nur interpretativ deutlich werden: es muß eben in der Form, in der es eingebracht wurde, auch hier dargestellt werden. Von daher begründe ich die Ausführlichkeit der eingebrachten konkreten Materialstücke vor allem im I. und im III. Teil. Darin wird aber dem Leser die Zumutung eines langen Textes gemacht, und dies ist gewiß nicht die größte der Zumutungen, die diese Arbeit auch ihrem Leser aufbürdet. Die Zumutung an die Teilnehmer der vorweg geleisteten konkreten Arbeit war viel größer: sie haben sich ihr mit dem größten Interesse und einem für mich selber erstaunlichen Engagement gestellt. Dies war für mich die wichtigste Bestärkung in meinem Bemühen, die hier vorliegende Konzeption einer spezifischen Lehrerqualifizierung konkret weiterzuverfolgen und sie schließlich in einer wissenschaftlichen Arbeit darzustellen.

So gewinnt diese Arbeit eine ihrer Besonderheiten dadurch, daß in ihr wirkliche und lebendige Personen in ihrem Bemühen und ihrer Mühsal um die Gewinnung der Kompetenz eines guten Lehrers erscheinen. An ihnen sind, um unerwünschte Identifizierung zu vermeiden, im Text nur die Namen und einige persönliche Daten geändert. Einige haben sich gegen eine Namensänderung ausgesprochen: ich bin dennoch dabei geblieben. Wo ich aus Raumgründen Kürzungen oder Zusammenfassungen ihrer Äußerungen vornehmen mußte, sind diese gekennzeichnet.

V

Neben der Angst des Lehrers vor seinem Schüler gibt es auch die Angst des Autors vor seinem Thema. Bei mir war es nicht so sehr die Thematik selber, die meine Angst provozierte, als vielmehr die Angst vor der Ablehnung der Form dieser Arbeit, die sich mir schon sehr früh in den weitläufigen Vorarbeiten als die einzig angemessene darstellte. Es handelt sich schließlich um eine Dissertation, also eine akademische Prüfungsarbeit, und ich habe mich sehr vor meiner eigenen Kompromißbereitschaft hinsichtlich meiner Vorstellungen von «der Form» einer Doktorarbeit gefürchtet. Ich bin am Ende bei meiner Form geblieben: allenfalls der Anmerkungsteil enthält einige Zugeständnisse an «die» Wissenschaftlichkeit. Sie sind mir durchaus nicht unproblematisch, erscheinen mir aber vertretbar.

Von daher ist mir die Zulässigkeit dieser Arbeit in dieser Form keine Selbstverständlichkeit, und ich habe denen zu danken, die mich in meiner immer gefährdeten Bemühung unterstützt haben, meine Arbeit so zu machen und so zu schreiben, wie sie nun vorliegt. Dies gilt vor allem den Studenten, die in den Seminaren, den Praktika und den Tiefeninterviews beteiligt waren, und den Mentoren, die meine Intention früh verstanden und mit allem Nachdruck unterstützt haben. Zuerst aber gilt dies meiner Frau, Edda Brück, und zwar in einem doppelten Sinne: sie erscheint als Mentorin und Lehrerin Else C. in diesem Text; zugleich aber ist sie meine persönlichste Partnerin in der Auseinandersetzung um die vielen Probleme dieser Arbeit. – Martin Siegler, damals Referent für audiovisuelle Medien im Gießener Zentrum für Lehrerausbildung, hat mir bei der Durchführung, vor allem aber bei der Planung zweier Seminare wirksame Hilfe geleistet. – Herr Prof. Dr. Fritz Seidenfaden hat im Zusammenhang meiner Arbeiten einen Großteil seiner Zeit für die Durcharbeitung der wichtigen Literatur verwendet: ich verdanke ihm viele Gespräche, in denen ich mich ermuntert fühlte, meine Arbeit in dieser Form voranzutreiben. – Herr Prof. Dr. Peter Fürstenau hat mich als persönliche und psychoanalytische Kompetenz zur bestimmten Durchführung meines Vorhabens ermuntert und mich darin bestärkt. – Die Kollegen Dr. Annegret Körner, Prof. Dr. Horst Widmann und Bernhard Wolf haben mir mit Geduld und Anteilnahme zugehört, wenn ich oft über nichts anderes mehr als über diese Arbeit reden mochte: ich danke ihnen für beteiligte und kritische Annahme. – Herr Prof. Dr. Theodor Klaßen sagte mir in einem Gespräch über die beiden ersten Teile des Textes: «Diese Arbeit macht Unbehagen und auch Angst; man kann an ihr nicht viel ändern: man muß sich entscheiden.» Diese Rückmeldung war die genaue Bezeichnung meiner Situation beim Schreiben; sie kennzeichnet meine eigene Angst und meine Entscheidung. – Dr. Nando Belardi hat meine Texte mit zugleich großem Verständnis und kritischer Distanz gelesen: seine Hilfe hat mich auch dort bestärkt, wo ich sie nicht annehmen konnte. – Zuletzt nenne ich Eberhard Heyn, weil er ein Lehrer nach meinem Herzen ist. Nach seiner Lektüre meiner vorläufigen Texte war meine Frage: «Eberhard, was soll ich nach deiner Meinung ändern?» Er sagte: «Nichts!» Ich habe es – fast – befolgt.

Anstelle einer Einleitung

1 Versagen, Unbehagen und Ratlosigkeit münden in wirkungslosen Trost

Den tiefsten Punkt meiner beruflichen Resignation hatte ich erreicht, als der Leiter des Hauptseminars in der zweiten Phase der Lehrerausbildung durchaus wohlmeinend sagte: «Sie sind doch ein intelligenter junger Mann! Gerade Sie haben sich eine ganze Menge Kenntnisse angeeignet: das merkt man im Seminar. Sie haben den meisten anderen eine Menge Lebenserfahrung voraus, und man spürt, daß Sie an Ihrem Beruf ein echtes Interesse haben. Nun lassen Sie mal den Kopf nicht hängen! Jeder erlebt mal einen Fehlschlag! Ihre Unterrichtsplanung war doch völlig in Ordnung . . . nur die Durchführung . . . Naja, die Klasse ist ja wirklich nicht einfach zu führen, aber Sie kriegen das schon hin! Sie haben doch erst angefangen!»[1]

Diese Äußerungen fielen im Anschluß an die Besprechung einer Unterrichtsstunde in Geometrie, die ich etwa ein knappes halbes Jahr nach meinem Dienstantritt als apl. Lehrer vor den etwa 15 Teilnehmern des Hauptseminars gehalten hatte. Thema: Quadrat und Würfel, Rechteck und Rechtecksäule; Ort der Handlung: 4. und 5. Schuljahr der dörflichen Volksschule in F., an der ich etwa vier Jahre unterrichtet habe.

In Erwartung des Seminartages hatte ich mit einigen Kollegen mein Unterrichtsvorhaben durchgesprochen, hatte eine Menge Zeit für die Herstellung von Materialien verwendet und schließlich eine Unterrichtsvorbereitung erarbeitet, mit der ich selber zufrieden war.

Vor Beginn des Unterrichts fühlte ich mich ziemlich stark durch die zahlreichen Beobachter beeinträchtigt. Andererseits sah ich mich in der Lage, im Vertrauen auf meine Vorarbeit die unbehagliche Situation zu überspielen. Ich stellte meinen großen aufklappbaren Pappwürfel auf den Tisch, und einige Schüler zerlegten ihn –

von mir dazu aufgefordert – in seine quadratischen Bestandteile. Währenddessen nahm ich das anerkennende Nicken, das auf den Fortgang des Unterrichts gespannte Vorbeugen einiger Oberkörper und den kurzen flüsternden Meinungsaustausch einiger Kollegen im Beobachterkreis mit einem Gefühl von Befriedigung war: ich fühlte mich sicher!

Unter der damals gängigen Formel «Versprachlichung des Handelns»[2], versuchte ich – nächste Unterrichtsphase – die Schüler zu ermuntern. Dies gelang nicht! Ich hatte den Eindruck, daß mir lähmendes Schweigen entgegenschlägt: zwar waren alle Schüler durchaus bemüht, mitzuarbeiten, aber sie brachten – nach meiner Wahrnehmung – nichts Rechtes hervor. Allenfalls die drei «Zugpferde» in der Klasse brillierten, so daß ich nach anfänglichem Widerstand mehr und mehr bei ihnen meine Erlösung suchte – und nicht fand. Am Ende fühlte ich mich gerädert und als Versager.

In der folgenden kurzen Pause teilte ich einigen Kollegen mein kopfschüttelndes Unverständnis des Mißlingens mit. Sie mögen meine Betroffenheit gespürt haben; denn sie versuchten, mich aufzumuntern. Tenor: das ist jedem von uns schon so gegangen, vermutlich passiert das jedem, der anfängt; du nimmst das aber auch zu schwer!

In der Besprechung mußte zunächst ebenfalls eine Tendenz von Schweigsamkeit überwunden werden. Dies tat der Seminarleiter mit dem Hinweis auf die positiven Aspekte, die man auch bei dieser Stunde bei aller notwendigen Kritik in den Vordergrund stellen müsse. Man sprach also über den interessanten und originellen unterrichtstheoretischen Aufbau der Stunde, über meine gründliche Vorarbeit und über die letztlich doch deutlich sichtbare positive Einstellung der Schüler im Hinblick auf meinen Unterricht. Gewiß, sie seien etwas ängstlich gewesen; einige – besonders dieses Mädchen und jener Junge – hätten wohl doch noch erhebliche Schwierigkeiten hinsichtlich der Notwendigkeit der Versprachlichung von Handeln im Unterricht. Man möge auch bedenken, daß die Kinder hier alle nur Dialekt reden; überhaupt sei ja diese ganze Situation eine künstliche. Vor allem sei dies ja auch meine erste Stunde vor dem Hauptseminar, und dies gelte ja – das dürfe man nicht übersehen – auch für die Schüler.

Ich sagte, ich sei mit dieser Stunde sehr unzufrieden; sie sei besser und gründlicher vorbereitet als alle anderen, aber mit sichtbar geringem Erfolg verlaufen: ich wisse auch nicht, wie ich das ändern solle. An dieser Stelle erfolgte dann das oben angeführte aufmunternde Statement des Seminarleiters mit der tatsächlichen Wirkung eines leichten Trostes an der Oberfläche meiner Befindlichkeit. Er berichtete dann von einer Stunde, die er selber als junger Lehrer in Erdkunde – seinem Lieblingsfach – vor seinem damaligen Schulrat gehalten hatte. Sie sei ebenfalls – zu deutsch – in die Hose gegangen. Fast jeder hätte früher oder später seinen Fehlschlag: «Das war Ihrer, Herr Brück! Davon stirbt keiner! Seien Sie froh, daß Sie ihn hinter sich haben!» Daraufhin lachen die meisten, und ich lache ein bißchen mit. Im Anschluß berichten noch einige der Kollegen über ebenso merkwürdige Fehlschläge, die man eigentlich nicht so richtig erklären könne. Das nun folgende Schweigen ist etwas gelöster als am Anfang. Auch meine Anspannung löst sich etwas auf. Als dann schließlich jemand auf das unmittelbar bevorstehende Mittagessen hinweist, verläßt die Gruppe das Klassenzimmer: ich habe das Gefühl, als wäre ich noch einmal davongekommen! – Für die Nachmittagssitzung ist ein Referat über «Mathematik in der Grundschule» vorgesehen. Ich kann diesem Referat und auch der Diskussion nicht so recht folgen; normalerweise gelingt mir das leicht.

2   Die Wissenschaftlichkeit der Lehrerausbildung scheitert an der schlechten Realität in der Schule

Ich habe diese Situation mit dieser Ausführlichkeit geschildert, weil ich sie für eine Schlüsselsituation zur Lehrerausbildung halte, nicht nur bezogen auf die zweite Phase. – Ich habe – wie viele andere auch – mein Studium mit großem Interesse durchgeführt, dabei kam mir die Freizügigkeit in der Auswahl der Inhalte und Veranstaltungen sehr entgegen, ein Vorzug, der es mir ermöglichte, mich sehr intensiv mit den Gebieten auseinanderzusetzen, die mich besonders ansprachen. Andererseits fiel es mir nicht besonders schwer, diejenigen Pflichtveranstaltungen erfolgreich zu Ende zu bringen, die mich weniger interessierten. Meine Berührungspunkte mit der Schulpraxis in mehreren fachdidaktischen Hospitationsveranstaltungen mit einigen eigenen Unterrichtsversuchen und den beiden vier- und sechswöchigen Schulpraktika zeigten mir durchaus die Lücke, die zwischen den an der Hochschule erhobenen Ansprüchen an guten Unterricht und dessen Realisierungsversuchen in der Schule klaffte. Jedenfalls boten mir die beiden Institutionen – Hochschule und Schule – auch meine beiden besonderen Abwehrstrategien oder Ausweichmanöver, mit denen ich diese Lücke faktisch leugnete oder überbrückte:

1. Die schlechte Realität[3] in der Schule ist zum guten Teil Ausfluß des Theorieverzichts in der Ausbildung der vorigen Lehrergenerationen. Weil sie in ihrer Ausbildung weitgehend auf Wissenschaftlichkeit verzichten mußten, produzieren sie diese schlechte Realität und werden zugleich von ihr verschlissen.
2. Die Hochschule ihrerseits wäre durchaus schlecht beraten, wenn sie sich unter der Forderung nach Praxisnähe auf die vorfindliche schlechte Realität einließe. Wissenschaftliche Lehrerausbildung darf sich nicht durch schlechte Realität korrumpieren lassen; sie muß eine veränderte Praxis bewirken.

Mit anderen Worten drückt sich darin meine Einstellung gegenüber der schlechten Realität Schule und ihren Vertretern, meinen älteren Kollegen, aus: wir sehen eure Praxis und denken an eure unwissenschaftliche Ausbildung! Wir werden besser ausgebildet sein und werden eine bessere Praxis schaffen!

Nach einem halben Jahr Schuldienst mit den zugehörigen Ausbildungsveranstaltungen fand ich mich eines besseren – genauer: schlechteren – belehrt. Die Belehrung bewirkte eine zunächst wütende Anklage in beide Richtungen – auf Schule und Hochschule – und beschreibt zugleich meine Situation als die eines Lehrers, der noch keiner ist: in der zweiten Phase der Lehrerausbildung.

Was ich an der Hochschule gelernt habe, ist mir sehr wichtig, aber ich kann es in der Schule nicht brauchen! – Was ich an der Schule so dringend brauche, ist mir noch wichtiger, aber ich habe es an der Hochschule nicht gelernt!

3   Exzessive Unterrichtsplanung bietet vorläufige Rettung vor der drohenden Resignation

Gleichviel enthielt die Situation zwei Verführungen – damals sagte ich: Perspektiven. – Die erste war die mächtigere und naheliegendere. Sie bot sich häufig im Gespräch mit manchen älteren Kollegen an, denen ich mein Leid klagte. Ich hörte dann: «Das macht jeder durch! Was ihr an der Uni gelernt habt, ist graue Theorie. Es klingt grausam, aber: vergiß es möglichst schnell. Du mußt dir deine theoretischen Hörner abstoßen, vorher kommst du in der Praxis nicht zurecht!»

Manche dieser Kollegen erinnerten mich sehr stark an einige Lehrer meiner eigenen Schulzeit, so daß ich mich in meine Wut retten konnte, während ich mich in Geduld zu üben versuchte. Zugleich hörte ich hier und da dieselben Sprüche aus dem Mund einiger junger Kollegen, die nicht länger im Schuldienst waren als ich. Hier erschien mir Geduld überflüssig, und ich erinnerte massiv an die mehr und mehr schwindenden gemeinsamen Ansprüche. Dies führte häufig zum langdauernden Gesprächsabbruch über dieses schwierige Thema. Ich habe damals ernsthaft erwogen, wieder in meinen ersten Beruf zurückzukehren: man kann auch als Schriftsetzer leben.

Ich bin zunächst der anderen Verführung – damals sagte ich: Perspektive – erlegen, und es erscheint mir für den Gesamtzusammenhang dieser Arbeit wichtig, sie genauer zu beschreiben. Sie wurde eingeleitet durch einen personellen Wechsel in der Leitung des Hauptseminars.

Herr H. beeindruckte mich durch seinen hohen theoretischen – vor allem unterrichtstheoretischen – Anspruch. Bisher waren die Inhalte des Hauptseminars sehr schale Aufgüsse dessen gewesen, was ich an der Hochschule hinreichend rezipiert hatte. Der Rest bestand aus gutgemeinten, aber für mich unbrauchbaren Ratschlägen. Dies änderte sich nun: Unterrichtstheorie wurde erneut gründlich bearbeitet. Dieser Arbeit kam der unschätzbare Vorteil zustatten, daß sie sich an konkreten Unterrichtsabläufen orientieren konnte. Zwar wurde zunächst der Unterricht, den die einzelnen Teilnehmer des Hauptseminars vorführten, nicht besser, aber er wurde sehr gründlich analysiert. Die Planungen wurden präziser, die Unterscheidungen genauer, Fehler waren erkennbar. Dennoch wurde ich über lange Zeit meinen Vorbehalt gegenüber diesem unterrichtstheoretischen Bewältigungsversuch meiner Schwierigkeiten im Unterricht nicht los: er war inzwischen schon stark eingefleischt!

Ich artikulierte diesen Vorbehalt im Seminar und ließ dabei wohl unter der Hand anklingen, daß mich ein Unterrichtsversuch durch Herrn H. persönlich schon eher überzeugen könne. Herr H. muß mein Ansinnen wohl erspürt haben. Jedenfalls kündigte er für die nächste Seminarsitzung einen eigenen Unterrichtsversuch an: er führte in einem ihm fremden 3. Schuljahr eine Rechenstunde vor. Ich erinnere mich noch daran, daß er das Ziel seiner Unterrichtsplanung nicht erreichte, zugleich aber nach Ablauf der Unterrichtszeit ein sehr eindrucksvolles Teilziel mit den Schülern erarbeitet hatte, wobei er mehrfach von seiner Planung abgewichen war, um einigen Lernschwierigkeiten, die in der Klasse bei bestimmten Schülern auftraten, angemessen begegnen zu können. Ich war fasziniert von diesem Unterrichtsversuch, und so erging es vernehmlich auch den meisten anderen Seminarteilnehmern. Wenn diese Faszination noch erhöht werden konnte, so geschah das in der anschließenden Unterrichtsbesprechung. Alle angesprochenen Einzelheiten wurden klarsichtig analysiert. Für die eine oder andere Unebenheit boten sich jeweils mehrere durchaus akzeptable Alternativen an. Fehler erschienen als solche, zugleich aber als künftig vermeidbare. Die entscheidenden Defizite des vor diesem Versuch durchgeführten Unterrichts traten zutage und ermöglichten den begründeten Zugang zu einer angemessenen Weiterarbeit durch die junge Kollegin in den nächsten Tagen.

Ich hatte die Erfahrung gemacht, daß Unterrichtstheorie überaus leistungsfähig angewendet werden kann, wenn sie sich mit Deutlichkeit von der jeweiligen praktischen Situation abzuheben vermag: eben dann kann sie auf die einzelnen Punkte dieser Situation bezogen werden und sie so wissenschaftlich faßbar strukturieren.

Diese Erfahrung zeigte mir – wie es schien – den Ausweg aus meinem Dilemma. Sie führte zu einer geradezu manischen planerischen Aktivität, und der Erfolg blieb nicht aus. Mein Unterricht gelang zunehmend besser, und wo er nicht gelang, fand ich den Grund oder die Gründe – jedenfalls glaubte ich das. Meine Schüler – ich unterrichtete damals nur in einer Klasse – konnten zunehmend einen besseren Zugang zu meinem Unterricht finden, und sie machten gute Lernfortschritte. Selbst die Besuche des Hauptseminars führten zu «schönen» Unterrichtsversuchen: die «anfängliche Scheu» der Schüler vor der ungewohnten Beobachtungssituation verflog, und ich hatte den Eindruck, daß sie schließlich ebenso gerne vor dem Seminar eine Stunde vorführten wie ich selber.

Diesen sehr befriedigenden Zustand hatte ich etwa nach einem Jahr Dienstzeit als Lehrer erreicht. Etwa um diese Zeit ließen auch meine sehr häufig wiederkehrenden infektiösen Erkrankungen der Atemwege nach, die ich vor dem Dienstantritt nicht gekannt hatte, die sich aber danach fast regelmäßig alle sechs Wochen einstellten.[4]

Meine Gesundheit und mein psychisches und berufliches Wohlbefinden, meine guten Fortschritte in der Arbeit mit den Schülern dauerten an. Allerdings hatte ich nach wie vor erheblich unter den sogenannten «Besichtigungen» durch Schulräte und Ausbildungsleiter zu leiden. Solche Besichtigungen kamen fast immer unangemeldet, also überraschend: sie versetzten mich jedesmal in Angst, wobei ich im Grunde nie einen handfesten Grund für diese Angst hätte angeben können. Mein Unterricht lief fast immer gut, und ich beschloß, ein Experiment zu wagen.

Um dies verstehen zu können, ist es wichtig zu wissen, daß wir uns in der zweiten Ausbildungsphase im wesentlichen mit zwei unterrichtstheoretischen Konzepten gründlich befaßt hatten: der Didaktischen Analyse im Anschluß an Wolfgang Klafki und dem sogenannten «Berliner Modell» im Anschluß an Heimann, Otto und Schulz. Obgleich mir beide Konzepte geläufig waren, hatte ich mich bei meinen Überlegungen bislang von Klafkis lehrplantheoretischer Konzeption leiten lassen. Ich war – wie das ein älterer Kollege scherzhaft formulierte – dem «Klafkizismus» verfallen.[5]

Dazu kam, daß ich seit einiger Zeit an einem Formblatt für den eigenen täglichen Bedarf arbeitete, das ich vervielfältigen wollte, um eine möglichst ökonomische und praktikable Folie für meine täglichen Vorbereitungen zu haben. Auch von daher erschien mir nun das Berliner Modell sehr fungibel. Ich probierte es also aus und erinnere mich jetzt noch, daß es mir sehr merkwürdig vorkam, als ich keinen Unterschied in seiner Auswirkung auf meinen Unterricht feststellen konnte, obgleich doch die theoretischen Unterschiede durchaus nicht unerheblich sind.[6] Meine Arbeit zeigte also keine für mich sichtbaren Veränderungen, gleichviel ob ich mich nun an den Berlinern orientierte oder an Klafki. Ich fand das zwar befriedigend, aber «irgendwie» verdächtig, ohne zu wissen, wie sich eine solche Verdächtigkeit herleiten ließe. Dies sollte ich erst viel später schmerzhaft erfahren.

Ich hatte zu Beginn meiner Dienstzeit als Lehrer das große Glück, eine einzige Klasse zu unterrichten. Sie bestand aus einem 3. und einem 4. Schuljahr mit vier Schülern, die schon im 5. Schuljahr waren, und dies gleich eineinhalb Jahre lang. Meine Erfolge sah ich in einem ziemlich guten Lernfortschritt der Schüler, und dies nicht nur in einem kognitiv-curricularen Sinn. Die Klasse war – nicht allein nach meinem Eindruck – ziemlich verwahrlost, als ich sie übernahm. Die Schüler hatten über eine längere Zeit unter sehr häufigem Lehrerwechsel gelitten. Als ich sie dann abgeben mußte, hatte ich den Eindruck, daß sich ihr Sozialverhalten erheblich, wenn auch sehr langsam, gebessert hatte: Rainer zuckte nicht mehr wie in Erwartung einer Ohrfeige zusammen, wenn ich an seinen Tisch trat; Norbert konnte schließlich darauf verzichten, mich und andere ständig aus Angst zu belügen; Klaus verlor sein Stottern fast ganz, wenn er im Unterricht sprach; Manfred, der Außenseiter und Prügelknabe, konnte sich – wenn auch nur in Ansätzen – wehren, wenn er verprügelt werden sollte, und ich konnte auf meine anfänglich intensive – und falsche – Unterstützung verzichten; Uwe strahlte, weil er nun doch noch leidlich schreiben gelernt hatte; Regina mußte nicht mehr so häufig verzweifelt weinen, wenn sie mit einer Aufgabe nicht zu Rande kam; schließlich konnte sogar Kirstin, die Musterschülerin, der Ausbund an Bravheit, etwas kindlicher werden und den einen oder anderen Blödsinn manchmal von sich aus anzetteln.

Wir hatten am letzten Schultag vor den Ferien eine kleine Feier veranstaltet, um uns voneinander zu verabschieden. Die Schüler brachten kleine Geschenke für mich mit, und ich stellte einen Sack voll Bonbons auf den Tisch. Ganz zum Schluß weinten einige, als sie mir die Hand drückten, und mir war auch danach zumute. – Ich war also zufrieden und erleichtert nach dieser ersten Etappe und glaubte einen annehmbaren Zugang zu meinem Beruf gefunden zu haben.

4   *Die neue Klasse zerstört die gewonnene Sicherheit und führt zu erneutem Scheitern*

Der folgenreiche Irrtum dieses Glaubens geriet mir langsam, schmerzhaft und zermürbend ins Bewußtsein, als ich meine neue Klasse übernommen hatte. Ich hatte mich zu Beginn aufgrund meiner neugewonnenen, mühsam erarbeiteten beruflichen Kompetenz ziemlich sicher und getrost gefühlt. Auch das anfängliche Scheitern meiner Versuche hatte mich kaum irritiert. Als aber meine «stärksten Mittel», meine konzeptuell vorliegenden Glanzstunden aus dem letzten Schuljahr, nicht mehr griffen, stieg meine Irritation. Es gelang mir trotz ausgeklügelter Planung und intensiver Vorarbeit für die Herstellung von Unterrichtsmaterialien fast nie, einen auch nur einigermaßen akzeptablen Unterricht herbeizuführen. Das Dilemma meiner ersten Monate wiederholte sich, und mit meiner zunehmenden Hilflosigkeit stellten sich auch meine periodisch wiederkehrenden infektiösen Bronchialstörungen erneut ein. Damit einher ging ein mir zunächst merkwürdig erscheinendes Interesse für einzelne Vorfälle im Unterricht und in den Pausen, die mich in der Art von bohrend-grüblerischen Überlegungen bis in meine Träume plagten.

Ich dachte darüber nach, warum wohl Thomas, der im Unterricht fast nichts sagte, mir bei passenden Gelegenheiten – morgens vor Unterrichtsbeginn und in den Pausen, wenn ich allein auf dem Schulhof stand – Witze erzählte. Es handelte sich immer um Witze, die einen leicht sexuell-anzüglichen Geschmack hatten. Er hatte sie wohl von Erwachsenen gehört oder von älteren Schülern, und ich hatte immer den Eindruck, daß er ihre Pointe nicht verstand. Zugleich vermittelte er mir die Anmutung, daß ich mit ihm über diese Witze lachen sollte. Er schlich immer etwas gekränkt weg, weil ich nie so recht darüber lachen konnte. Der nächste Witz ließ aber keine zwei Tage auf sich warten. Ich fragte mich: was will er eigentlich von mir?

Manchmal gingen einige der Mädchen heimlich hinter mir her und kicherten leise, wenn ich in der Pause auf dem Schulhof auf und ab spazierte. Wenn ich mich zum Spaß plötzlich umdrehte, spielten sie Erschrockensein und stoben kreischend auseinander. Kurz darauf begann das Spiel von vorne. Dieses Spiel hatte dann eine für mich zunächst unverständliche Replik im Unterricht. Marion hatte während einer Stillarbeit in Mathematik einen mir besonders originell erscheinenden Lösungsvorschlag produziert. Ich sagte ihr, daß sie diese Lösung den anderen an der Tafel vorführen solle und ging voran in Richtung Tafel. Marion folgte mir kichernd. Als wir vorne ankamen, drehte ich mich in Richtung Klasse, woraufhin Marion sich kichernd flink hinter mich stellte. Die Mädchen an ihrer Tischgruppe – es waren die vom erwähnten Pausenspiel – kicherten nun auch, und ich fragte, was denn los sei. Das Kichern verstärkte sich, und es gelang mir schließlich, Martina zu einer Erklärung zu bewegen. Sie sagte schließlich verstärkt kichernd: «Ei, die Marion geht Ihnen nach!» Es folgte kreischendes Gelächter der Mädchen. Ich wurde ernsthaft und stellte sehr bestimmt fest: «Jetzt ist aber keine Pause, sondern Marion möchte euch ihre Rechenaufgabe vorführen!» Bevor das geschah, hörte ich Jürgen unter dem beifälligen Gemurmel der Jungen den sehr männlichen Ausdruck «Blöde Weiber!» tun, welchen ich – zur Sache kommend – überging.

Solche Versuche einer merkwürdigen und verdeckten Form von Annäherung, die mich regelmäßig mehr oder weniger stark irritierten, die mir eher unverständlich waren und allenfalls undeutlich provokativ vorkamen, auf die ich im Grunde nie so recht antworten konnte, die jedenfalls – sofern sie, was häufig geschah, im Unterricht sich ereigneten – nicht zur Sache gehörten, sondern eine Störung bedeuteten . . . solche Versuche beschäftigten mich zunehmend in einer grüblerischen Weise.

Im Verlauf der Wochen wurde mein Unterricht langsam und mühsam etwas besser. Aber ich war sicher, daß diese Tatsache nicht auf das Konto meiner unterrichtstheoretischen und -methodischen Fähigkeiten verbucht werden konnte. Aufgrund der Diskontinuität, des ständigen Oszillierens zwischen guten und schlechten Unterrichtssequenzen, zwischen befriedigendem und höchst frustrierendem Unterricht, konnte ich keinen ursächlichen Zusammenhang zwischen meiner guten oder schlechten Vorbereitung und meinem guten oder schlechten Unterricht feststellen: eine gründliche Vorbereitung bewirkte keineswegs einen entsprechend akzeptablen Unterricht; und eine oberflächliche oder fehlende Planung hatte eben nicht einen notwendig chaotischen Unterricht zur Folge.

5 Uwes Fehlleistung verweist auf familial-private Anteile im Unterricht – und auf einen blinden Fleck in der Lehrerausbildung

Andererseits sah ich mit der Zeit neue Zusammenhänge, die sich auf die erwähnten zunehmenden Annäherungsversuche und mein Antwortverhalten bezogen: ich bemerkte, daß einzelne Schüler, auf deren Kontaktversuche ich «angemessen» eingehen konnte, mir im Unterricht aufgeschlossener und kooperationsbereiter schienen. Ich verfolgte diese Zusammenhänge genauer im Anschluß an Uwes Fehlleistung,[7] die mich stark berührte und die ich schildern will.

Uwe war ein stiller, sehr freundlicher und flinker Schüler. Ich mochte ihn von Anfang an. In der Klasse war er anerkannt und hatte einen hohen sozialen Status – das später durchgeführte Soziogramm bestätigte diese Vermutung. Die erwähnte Fehlleistung entschlüpfte ihm in der folgenden Situation:

Wir hatten (im 2. Schuljahr) morgens gemeinsam die Geschichte «Peter und der Wolf» mit der Musik von Prokofjew mehrfach von der Schallplatte angehört und darüber gesprochen. Da die Geschichte auch in unserem Lesebuch stand, hatte ich die anschließende Lektüre angemessen gefunden. Der Unterricht war ziemlich zufriedenstellend verlaufen, und die Schüler waren in der dritten Stunde intensiv damit beschäftigt, mit Wachsmalkreide ein Bild zu dieser Geschichte zu malen. Ich stand etwas erschöpft, aber sehr zufrieden am Fenster in der Nähe von Uwes Tischgruppe. Ich freute mich über die Stille und den alle umfassenden Arbeitseifer: man hätte die berühmte Stecknadel fallen hören können.

Ich stand in kurzer Entfernung hinter Uwe und sah den Jungen zu, als dieser sich plötzlich halb zu mir umwendete und für alle deutlich hörbar, aber in eher beiläufigem Tonfall sagte: «Du, Papa, kannst du mal eben gucken?» Die Stille hielt an, aber die Köpfe hoben sich wie elektrisiert! Uwe hatte sich jetzt ganz umgedreht, und ich ging mit einem Schritt hinter seinen Stuhl. In diesem Moment brach die ganze Klasse in brüllendes und kreischendes Gelächter aus. Die Buben sprangen auf und setzten sich lachend auf den Boden, die Mädchen legten sich zum Teil mit den Oberkörpern auf den Tisch, trommelten mit den Fäusten und lachten. Ich selber war – sei es durch Uwes Fehlleistung oder durch die Reaktion der Klasse – wie vom Donner gerührt und stand stocksteif mit den Händen auf die Stuhllehne gestützt. Das Lachen und Johlen dauerte an, Uwe begriff wohl erst jetzt, was er gesagt hatte, und lief puterrot an, während er mit offenem Mund wie erstarrt dasaß. Das Lachen flaute etwas ab, flackerte aber an einzelnen Tischen immer wieder auf, nahm stellenweise geradezu hysterischen Charakter an und mündete schließlich in einen Zustand tatsächlicher oder bloß gespielter Erschöpfung.

Ich selbst war sehr erschrocken und hilflos, assoziierte Roheit und böse Schadenfreude, hätte den fassungslosen Uwe gerne unterstützt und wußte nicht wie. Mir fiel dann nichts Besseres ein, als sehr abweisend und scharf zu sagen: «Ich verstehe nicht, was es da zu lachen gibt!!!» Ich legte eine Hand auf die Schulter des sich schämenden Uwe und fügte mit einem strengen Blick über die Klasse zischend an: «Ich finde das gemein!» Dann beugte ich mich über Uwes Bild und fragte: «Was möchtest du denn?» Aber er wußte es nicht mehr. Für den Rest des Tages wirkte er sehr irritiert und drückte sich in der Pause in meiner Nähe herum, was er sonst nicht tat.

Besonders dieser Vorfall, aber auch entsprechende andere beschäftigten mich, wie gesagt, zunehmend, und diese Neigung ließ auch dann nicht nach, als sich meine Unterrichtssituation zunehmend besserte und schließlich – nach drei bis vier Monaten – wieder den befriedigenden Stand erreicht hatte, den ich bei meiner vorigen Klasse so angenehm empfunden hatte. Mein ungebrochenes Vertrauen in die effektive Wirksamkeit des Einsatzes unterrichtstheoretischer, didaktischer und methodischer Vorarbeit ließ sich allerdings nicht wieder herstellen. Ich war sicher – und wurde zunehmend sicherer – daß ich nicht aufgrund dieser Möglichkeit und ihrer Anwendung einen guten Unterricht leiten konnte, sondern daß dafür ganz andere Bedingungen maßgeblich sind. Über diese Bedingungen wußte ich aber nur eines ganz sicher: in meiner Ausbildung waren sie nicht vorgekommen, jedenfalls nicht intentional!

6 Hilflosigkeit und Abwehr sind die landläufigen Antworten auf die bedrängenden privaten Anteile der Lehrer-Schüler-Beziehung

Ich begann, solche Vorfälle in Gesprächen mit Kollegen zu berichten mit dem Ergebnis von entsprechenden Berichten ihrerseits. Ich schrieb solche Vorfälle auf und sammelte sie. Ich teilte meine Überlegungen dazu mit, sagte, daß mich das sehr beschäftige, daß sie nach meiner Meinung vielleicht entscheidend oder doch bedeutsam sind für die Möglichkeit, guten und befriedigenden Unterricht zu machen, ein guter oder schlechter Lehrer zu sein. Das wichtigste Ergebnis dieser Gespräche war für mich die merkwürdig ambivalente Reaktion im Kollegenkreis: einerseits schienen sie mir genauso wie ich betroffen von solchen Vorfällen. Sie sprachen lange, häufig und mit affektivem Engagement über ihre Erfahrungen in diesem Bereich. Andererseits waren ihre Urteile im Hinblick auf die Bedeutsamkeit solcher Vorfälle merkwürdig ungreifbar, achselzuckend: das sei eben so, man kenne das, man wisse auch nicht so recht, es sei manchmal rührend und oft belastend oder gar lästig; das Wort peinlich tauchte häufig in diesen Zusammenhängen auf. Ein älterer Kollege, den ich sehr schätze, sagte manchmal abwehrend lachend: «Ich weiß da oft auch nicht so recht, was ich damit anfangen soll. Es ist schon erstaunlich, was die da manchmal so hervorbringen!»

Ein Vorfall, besonders aber die Art, wie er erzählt wurde, brachte mich weiter; vermutlich, weil er mich an Uwes Fehlleistung erinnerte. Frau C. wußte von meinem Interesse und erzählte ihn mir deswegen. Er war ihr in ihrem 2. Schuljahr zugestoßen: Sie hatte die Schreibübungshefte von Anfang an immer in der Schule behalten. Nach einer Übung, die ihr besonders gelungen erschien, hatte sie die Schüler aufgefordert, heute die Schreibhefte mit nach Hause zu nehmen: «Dann könnt ihr sie eurer Mama zeigen, und die freut sich dann, weil ihr schon so gut schreiben könnt!» Die Schüler finden das gut und stecken ihre Hefte in die Taschen. Nur Ulrike weigert sich und kommt nach vorne. Sie sagt: «Ich will mein Heft nicht mit nach Hause nehmen!» – «Und warum nicht, Ulrike?» – «Ei, ich spiele doch immer, daß du meine Mama bist, und da zeig ich dir jetzt mein Heft, und dann brauch ich es doch nicht mit nach Hause zu nehmen.»

Frau C. beschreibt Ulrike als stille und sehr anhängliche Schülerin. Sie weiß um die ziemlich desolaten Zustände in ihrer Familie. Sie beschreibt sich selbst als gerührt und hilflos. Sie habe Ulrike dann in der Weise zu ermuntern versucht, daß sie ihr Heft doch mit nach Hause nehmen solle, um es der Mama zu zeigen. Ulrike habe geschluckt und genickt und sei wortlos gegangen. Dies sei dann die Schlußsituation des Schultages gewesen, und sie habe noch einige Verrichtungen in der Klasse erledigt und dann die Schule verlassen. Am Hoftor habe sie dann Ulrike allein angetroffen: weinend. Da sei sie erschrocken und habe ihr nur über das Haar gestrichen. In einem plötzlichen Entschluß habe sie dann Ulrikes Tasche geöffnet, ihr Heft herausgenommen und gesagt: «Ich nehme es mit nach Hause!» Ulrike habe den Rotz hochgezogen, genickt, gelächelt und sei dann nach Hause «getuckert».

Frau C. war von diesem Vorfall stark betroffen, sie zweifelte an der Richtigkeit ihrer Maßnahme, sie wolle sich doch auch gewiß nicht zwischen diese Mutter und ihr Kind schieben: «Ich kann doch diese Mutter nicht ersetzen, auch wenn das bei denen zu Hause nicht klappt. Aber was soll man denn in einer solchen Situation machen!? Ich weiß es wirklich nicht!»

Alle diese Vorfälle – soviel war mir jetzt klar – stehen in einem gemeinsamen und bestimmbaren Kontext: sie betreffen die Familie und die Häuslichkeit, das Private und das Außerschulische. Diese Feststellung aber war zunächst die einzige Gemeinsamkeit dieser Vorfälle, ansonsten waren sie alle einzigartig: verständlich – oder unverständlich – nur in dem einzigartigen Zusammenhang, in dem sie sich ereignet hatten, vor dem Hintergrund der privaten, häuslichen, familialen, jedenfalls außerschulischen Situation der betroffenen Schüler. Allerdings hatten sie noch eine andere, negative Gemeinsamkeit: kein Lehrer war für ihre pädagogische Handhabe ausgebildet worden; alle reagierten spontan, meist abweisend oder hilflos; aber alle schienen mir mehr oder minder stark betroffen.

Im letzten Halbjahr vor der Zweiten Staatsprüfung traten dann durch die Examensarbeit, die Prüfungsvorbereitungen und schließlich durch die Arbeit an den Prüfungsstunden diese Überlegungen stärker in den Hintergrund. An ihre Stelle rückte zunehmend eine erhebliche Prüfungsangst, über die ich mit einigen befreundeten Kollegen sprach, mit dem Ergebnis, daß sie mich auslachten: ich hätte nun wirklich keinen Grund. Sie hatten in der Sache recht. Die Examensarbeit, das Prüfungsgespräch und die Prüfungsstunden gelangen glänzend, und ich bestand das Examen mit Auszeichnung. Der Unterricht war sehr gründlich vorbereitet: ich hatte Wochen vorher in meiner Arbeit mit der Klasse ganz bestimmte inhaltliche Punkte angesteuert und diese Punkte durch eine theoretisch gut abgesicherte Unterrichtsplanung gleichsam zu Bonbonnieren aus-gestaltet, die ich dann als Prüfungsstunden vorführte. Man nennt das «einen Türken bauen» und darf – so ging die Rede – der anerken-nenden Begeisterung der Prüfungskommission sicher sein, sofern das exotische Bauwerk gelingt. Diese Situation ist so unwürdig wie selbstverständlich: sie zeigt den offiziellen Umgang mit dem schwierigen Problem des Unterrichtens. Die Dinge dürfen nicht so sein, wie sie sind, sondern sie müssen so sein, wie sie sollen; der Rest muß in seiner – schon fast nicht mehr beängstigenden – Dunkelheit verbleiben.

Im Zusammenhang mit dieser Situation fiel mir viel, viel später manchmal eine Episode ein, die von Anna Freud berichtet wird: Das Kind hat Nachtangst, und die Mutter sagt vermutlich nicht zum erstenmal: «Aber du weißt doch, daß nachts in deinem Zimmer keine Gespenster da sind!» Das Kind antwortet: «Aber das ist es ja, daß ich Angst vor den Gespenstern habe, die nicht da sind!» Das ist ganz unlogisch, und vielleicht ist es auch der Mutter so erschienen.[8]

7 Die vorfindliche Reduktion der Lehrerausbildung auf den allgemein wissenschaftlich faßbaren Bereich enthält die Aussperrung des persönlichen, besonderen und privaten Bereichs

Gespenstern ist alles zuzutrauen, vor allem sind sie ungreifbar und machen Angst; sie scheuen auch das Licht. Unterricht aber ist Gegenstand weitläufiger wissenschaftlicher Forschung geworden. Die Gespenster, die ungreifbar in seinen dunklen Ritzen lauern und Angst verbreiten, sollen vertrieben werden: durch das Licht der Wissenschaft, damit die Angst schwindet.

Lehrerausbildung wird heute weitgehend an Universitäten und Hochschulen betrieben, und man weist mit Genugtuung auf ihren wissenschaftlichen Charakter hin. Im Zentrum der Berufstätigkeit des Lehrers steht der Unterricht. Unterrichtstheoretische For-schung hat ihn zum Gegenstand und will sich auf ihn beziehen. Insofern folgerichtig verweisen alle Unterrichtstheorien auf eine Skala wissenschaftlicher Disziplinen, die sie an ihren Rändern ange-siedelt haben, denen sie sich öffnen, öffnen wollen, öffnen sollten: Interdisziplinäre Forschung ist mindestens als Forderung unum-stritten; interdisziplinäre Lehrerausbildung wird in vielen Organi-sationsformen praktiziert. Tausende so ausgebildeter Lehrer arbei-ten seit Jahren an den Schulen. Trotzdem ist dort der Jammer groß, und wie mir scheint, wächst er. Nach meinem Eindruck leiden gerade die jüngeren Lehrer besonders unter ihm. Angst in der Schule, vor der Schule von seiten der Schüler, der Eltern und der Lehrer artikuliert sich in allen Tönen und Schattierungen in der wissenschaftlichen Literatur bis hin zu den Massenmedien.[9] Ihr muß begegnet werden, und ihr wird begegnet. Die Wissenschaft selber hat – eingestandenermaßen oder nicht – ganze Strategien entwickelt, die diesem Zweck dienen. Zwar werden diese Strategien fast nie in der Notwendigkeit von Angstabwehr begründet, aber sie funktionieren in diesem Sinne – wenn auch nicht immer gut![10]

Ich habe eine Vorstellung von der Kühnheit dieser Behauptung und möchte sie – vorläufig – etwas plausibler machen. Zu diesem Zweck komme ich auf meine eigene Erfahrung als Lehrer zurück. Ich frage also – im nachhinein, denn diese Frage war mir damals nicht zugänglich – wie sich die Niederschläge meiner wissenschaftlichen Ausbildung zum Lehrer als wirksam erwiesen im Zusammenhang von unverständlichen, dysfunktionalen, beklemmenden Unterrichtssituationen, die mich tendenziell oder vollständig hilflos werden ließen oder zu Affekthandlungen veranlaßten, also bei mir Angst erzeugten. Dabei handelt es sich etwas genauer um die Angst, versagt zu haben, zu versagen und den bloß spürbaren und für hoch relevant und wirksam gehaltenen Forderungen nicht genügen zu können. Diese Forderungen kamen aus drei Quellen: in erster Linie von den Schülern, zweitens von schulisch-institutioneller Seite und schließlich – aus mir selber.

Das Erlebnis ständigen oder doch häufigen Versagens machte mir Angst, und ich griff nach der Methode, die mir noch am ehesten zu versprechen schien, diese Angst zu vertreiben. Meine Ausstattung aus der ersten – universitären – Phase meiner Ausbildung reichte dazu nicht aus: ich kam nicht zu Rande.

Der Eintritt von Herrn H. in die zweite – unterrichtspraktische – Phase meiner Ausbildung führte bei mir zu einem neuen und erfolgreichen Anlauf. Dabei erscheint mir folgender Zusammenhang wichtig. Meine Beziehung zu Herrn H. war – und blieb – geprägt durch ihren beruflichen, an Lehrerausbildung orientierten, funktionalen Charakter. Was er mir geben wollte, was er mir gab; was ich von ihm haben wollte, was ich bekam, war durch die beruflich-funktionale Art der Beziehung auf eine ganz bestimmte Ebene der Interpretation verwiesen: weil die Art der Beziehung beruflich, ausbildungsmäßig, wissenschaftsorientiert in einen so vorgegebenen, unbefragten Zusammenhang gehörte, deswegen wurde – mindestens von mir – all das, was in dieser Beziehung gleichsam inhaltlich stattfand, der Art dieser Beziehung entsprechend angemessen interpretiert. Dabei habe ich selbstverständlich Herrn H. auch als Menschen erlebt, als Person – nicht bloß als Rollenträger. Diese Erlebnisweise aber gehört in einen anderen Zusammenhang, in einen privaten, außerberuflichen, also inadäquaten.[11]

Der so zulässige, der inhaltliche Aspekt dieser Beziehung bezog sich im wesentlichen auf die erneute gründliche Rezeption von Unterrichtstheorie und deren Anwendung zum Zweck der Planung und Analyse von Unterricht. Aus keinem anderen Grund war ja diese Beziehung von institutioneller Seite eingerichtet und finanziert worden: zu meinem Nutzen insofern und zur Vermittlung dieses Nutzens zurück an die Aufgabe der Institution. Ich sollte ja für die Unterrichtung und Erziehung von Schülern ausgebildet werden: das Hauptseminar sollte meine Rezeption und meine Handhabung von Unterrichtstheorie verbessern. Das Ziel wurde erreicht.

So gesehen hatte Herr H. für mich eine Art Katalysatorfunktion, aber ich konnte und kann diese Sichtweise nicht mehr akzeptieren, und dies führte zu folgenden Überlegungen: Mir war klar geworden, daß es nicht eine bestimmte Unterrichtstheorie war, die mich instand setzte, guten oder schlechten Unterricht zu machen. Trotz zum Teil erheblicher theoretischer Diskrepanzen der einzelnen Theorien,[12] die bis zur Behauptung der Unvereinbarkeit, Gegenläufigkeit und gegenseitigen Ausschließung gehen, war mein Unterrichtserfolg oder Mißerfolg davon mit Sicherheit nicht abhängig. Ich hatte aber Herrn H., seinen theoretischen Anspruch und schließlich mich selber und meine Wirksamkeit genau in diesem Zusammenhang gesehen und mißverstanden. Zugleich war dieser Zusammenhang durch die ganze Situation und vor allem durch die Art der Beziehung der einzig vorgesehene und zulässige. Ich sah ihn, bearbeitete ihn und nutzte ihn.

Mit der Hervorhebung, Unterstreichung und ausdrücklichen Einschließung dieses beruflich-funktionalen Zusammenhangs in die Beziehung ging aber faktisch einher, daß andere Zusammenhänge dieser Beziehung herabgesetzt, an den Rand gestellt und tendenziell oder ganz ausgeschlossen waren: Dienst ist Dienst und Schnaps ist Schnaps!

8 Privat-persönliche Anteile sind im Unterricht mit beruflich-öffentlichen eng verschlungen – in der reflexiven Bearbeitung von Unterricht sind sie getrennt

Die Situation des Hauptseminars hat damit eine strukturelle Gleichheit mit der anderen Situation, auf die hin sie ausbildet: auf den Unterricht in der Schule. Ich verweise auf die oben beschriebenen «merkwürdigen Vorfälle», die ja «eigentlich» auch nicht in den «offiziellen» Zusammenhang der Schule und des Unterrichts gehören: sie stören ihn; zugleich sind sie von hoher Wirksamkeit.

Ich denke, daß die so vorgegebene Trennung beider Situationen in zwei Bereiche, zwei unterschiedliche Ebenen, von denen die eine «offiziell» und zulässig, die andere aber «inoffiziell» und tendenziell unzulässig ist, zu meinem Mißverständnis führte. In beiden Situationen – Hauptseminar und Unterricht – sind diese beiden Bereiche, diese beiden Ebenen selbstverständlich faktisch überhaupt nicht voneinander getrennt, sondern sie sind auf das intensivste ineinander verschränkt und verwoben. Zugleich sollen sie aber voneinander getrennt werden: der eine soll zulässig sein – nicht aber der andere. Immer, wenn der andere – unzulässige – Bereich in den einen – zulässigen – spürbar hineinreicht, gerät dieser Vorgang zur Störung. Demnach ist die Ursache solcher Störungen in dem durchgeführten oder geforderten Vollzug der Trennung dieser beiden Bereiche zu suchen. Der eine zugelassene, «offizielle» Bereich ist der beruflich-funktionale; der andere ausgesperrte, «inoffizielle» Bereich ist der private, persönliche.[13]

Gewiß ist es nun so, daß nicht alle persönlichen und privaten Anteile aus einem institutionellen Zusammenhang wie dem des Hauptseminars oder dem des Unterrichts ausgesperrt werden. Kein Lehrer hat etwas gegen die private, aber im Unterricht angenehm spürbare Freundlichkeit eines Schülers: sie ist willkommen; aggressiver Trotz aber ist eine Störung. Auch im Hauptseminar hat niemand etwas gegen das private angenehme Äußere einer jungen Kollegin: im Gegenteil; sexuell aufreizendes Gebaren aber ist eine Störung.

Dazu kommt, daß man sich im Hauptseminar fast immer zu benehmen weiß. Es besteht aus einer Gruppe von Erwachsenen, die eine lange und wirksame Erziehung hinter sich haben und fast immer den beruflich-funktionalen Charakter dieser Veranstaltung zu respektieren wissen. Nicht nur der Leiter des Seminars, auch die Teilnehmer fordern diesen beruflich-funktionalen Charakter und reagieren zurückweisend, wenn sich Privat-Persönliches dysfunktional äußert – oder sie übergehen es. Die beruflich-funktionale Form des Umgangs wird also im allgemeinen von allen Beteiligten bejaht und gewahrt.[14]

In diesem Punkt unterscheidet sich der Unterricht vom Hauptseminar. Hier gibt es prinzipiell nur einen Vertreter der beruflich-funktionalen Form: dies ist der Lehrer, ein Erwachsener, ein Erzogener, ein Unterrichtender. Die Schüler sind Kinder: nicht erwachsen, wenig erzogen (ungezogen!), und sie sollen unterrichtet werden. Dies ist das wichtigste Merkmal von Unterricht, und ich behaupte, daß es in seinen wesentlichen Aspekten durch die zugehörigen Theorien und deren verantwortliche Vertreter vernachlässigt wird. Daß dies nicht leichtfertig geschieht, sondern vielfältige gewichtige Ursachen hat, möchte ich hier nur erwähnen. Ich hoffe dies im Verlauf genauer zeigen zu können.

9 Die Wirkungen privater Betroffenheit enthalten die Tendenz der Zerstörung beruflich-institutioneller Formen

Ich hatte am Beispiel des Hauptseminars – stellvertretend für fast alle vorfindlichen Formen institutioneller Lehrerausbildung – beschrieben, daß das gemeinsame Merkmal «Erwachsenheit» einen eingeführten beruflich-funktionalen und gegenstandsorientierten Arbeitsprozeß erleichtert. Der so orientierte Prozeß wird zudem durch Forderungen der Institution – wesentlich repräsentiert durch den Seminarleiter – in seiner Konsistenz und Kontinuität unterstützt. Aber auch hier können sich Störungen ereignen, die den Arbeitsprozeß empfindlich treffen können, sowohl im Hinblick auf sein intendiertes Ziel als auch hinsichtlich der Befindlichkeit der Teilnehmer. Dafür ein Beispiel:

Im Rahmen eines Universitätsseminars unter der Thematik «Soziologie der Familie» wurde der Film «Familienleben» des englischen Regisseurs Kenneth Loach vorgeführt. Er erzählt die Geschichte der achtzehnjährigen Janeth, die sich aus den Verstrickungen ihrer zugleich normal wirkenden und erheblich gestörten familialen Beziehungen nicht lösen kann. Im Zusammenhang ihrer ehelosen Schwangerschaft wird sie von ihren Eltern, besonders ihrer Mutter, zur Abtreibung genötigt, wodurch ihre schon vorher angelegten Störungen zusammenfallen: Janeth dekompensiert, womit ihr eigentlicher Leidensweg beginnt. Sie kommt zunächst in ambulante, dann in stationäre psychotherapeutische und psychiatrische

Behandlung. Der Film zeigt sehr eindringlich, wie, basierend auf ihrer Familiensituation, die Methoden ihrer Behandlung nur konsequente Fortsetzung sind und weitere Zerstörung bewirken. Am Ende wird sie als hoffnungsloser Fall vom behandelnden Professor einer gelangweilten Studentengruppe als Studienobjekt vorgeführt. Der Film schließt also mit einer Situation (Seminar), die derjenigen vergleichbar ist, in der er vorgeführt wurde. Er hinterläßt bei allen Zuschauern einen starken Eindruck.[15]

Unmittelbar nach der Vorführung geschah nun folgendes: Eine Studentin, die uns allen von den vorhergehenden Sitzungen als alert und clever, durchsetzungsfähig und intelligent bekannt war, hatte einen schlimmen Weinkrampf: sie schluchzte laut und verzweifelt. Eine Kommilitonin, die neben ihr saß, nahm sie in den Arm und versuchte sie zu trösten, was ihr kaum gelang. Die Folge war eine sehr starke Betroffenheit bei allen Anwesenden und eine fast völlige Handlungsunfähigkeit. Die beiden Seminarleiter mögen sich besonders betroffen gefühlt haben, auch sie standen lange hilflos und traurig da, offenbar wußten auch sie nicht, was sie tun könnten. Sicher war allen soviel deutlich und verständlich: Eine Studentin war unter dem starken Eindruck dieses Films, in dem viele eine ganze Reihe von Umgangsformen aus ihrer eigenen familialen Vergangenheit oder Gegenwart wiedererkannt hatten, in einen Weinkrampf verfallen. Wahrscheinlich war sie an eigene erlittene Verletzungen intensiv erinnert worden und hatte in der Weise weinen müssen. Fast jeder kann das nachempfinden: die Vernarbungen ihrer Kindheit waren aufgebrochen, und sie konnte ihren Schmerz nicht mehr verbergen.

Dieser Vorfall zerstörte aber zugleich das institutionelle Gefüge und die eingeführten Verkehrsformen eines Universitätsseminars und machte die Beteiligten handlungsunfähig. Er gab Anlaß zu vielfältigen Erörterungen – informeller Art. Jeder fühlte sich betroffen. Das Seminar aber wurde in der folgenden Sitzung weitergeführt, als sei nichts geschehen: die erwachsene Form des Miteinanderumgehens und -arbeitens hatte sich wieder durchgesetzt und konnte sich bis zum Semesterende behaupten.

Ein dysfunktionaler, störender Vorgang unter wissenschaftlich arbeitenden Erwachsenen, der durchaus verständlich ist, im Anschluß an einen sehr eindrucksvollen Film? – Ja! – Aber auch: ein dysfunktionaler, störender Vorgang unter wissenschaftlich arbeitenden Erwachsenen unter dem Eindruck der plötzlich aufgebrochenen Kindlichkeit in einer kindlichen Form: lautes, klagendes

Schluchzen. Die Folge war Hilflosigkeit und eine unbestimmte Angst.

Dieser Vorfall ist eindrucksvoll, und vielleicht erscheint er spektakulär. Jedenfalls ist er in einem Universitätsseminar und jeder vergleichbaren Veranstaltung selten. Es gibt gewiß gute Gründe dafür, daß Vorsorge getroffen ist für die Beibehaltung der Seltenheit eines solchen Vorfalls. Das, was er enthält, ist aber so selten nicht, es findet nur fast nie einen Ausdruck – im Zusammenhang eines Universitäts- oder Hauptseminars. Dafür sorgen Funktionalität, Intentionalität, Gegenständlichkeit und Organisationsform. In solchen Veranstaltungen gibt es einen unausgesprochenen Konsens oder auch eine uneingestandene Angst, die den beteiligten Erwachsenen nahelegen, an solche Dinge nicht zu rühren. Man praktiziert vielerlei Handhaben und Methoden, die man gelernt hat, deren Anwendung man sich und anderen abverlangt. Sie führen dazu, daß diese Dinge nicht berührt werden oder daß die flüchtige Berührung folgenlos bleibt. Man beläßt sie in ihrem Dunkel, weil ihr offenes Hervortreten Hilflosigkeit bewirkt, das Chaos befürchten läßt, Angst erzeugt, weil in der Folge jede Arbeit, besonders aber wissenschaftliche, nicht mehr möglich ist. Diese Dinge zerstören die mühsam genug hergestellte Form (Methode), in der zu leben und zu arbeiten – schließlich: zu denken – man mühsam genug gelernt hat. Dafür gibt es sehr respektable Gründe!

10 Das Institutionell-Funktionale erscheint als das Erwachsene – das Privat-Persönliche erscheint als das Kindliche

Ich wollte zeigen, daß und mit welchen Folgen auch in einem beruflich-funktionalen Arbeitszusammenhang unter Erwachsenen, die einen solchen Zusammenhang im allgemeinen durchaus aufrechtzuerhalten imstande sind, Störungen auftreten können, die diesen Zusammenhang zerstören können – wenn auch, wie in diesem Fall, nur vorübergehend. Jedenfalls handelt es sich – nicht nur in diesem Fall – um Störungen, die durch ihre dysfunktionale, chaotische, nicht angemessene, inadäquate, unsachliche, affektive Art den vereinbarten Konsens der beteiligten Erwachsenen darüber, was sie tun wollen oder sollen und wie sie es tun wollen oder sollen, mindestens in Frage stellen und zeitweise außer Kraft setzen. Die Bezeichnungen chaotisch, nicht angemessen, inadäquat, unsachlich und affektiv bezeichnen damit Anteile und Verhaltensweisen, die sich zu unseren Vorstellungen vom Umgang unter Erwachsenen querstellen. Sie sind das Gegenteil dessen, was wir für notwendig halten, wenn von beruflich-funktionalen Zusammenhängen die Rede ist. Zugleich aber bezeichnen sie das Kindliche, Unerwachsene, Unerzogene. Um das deutlicher zu machen, möchte ich sie ergänzen: das Kreative, das Ungehemmte, das Spontane, das Undisziplinierte und Disziplinlose, das Impulsive, das Verstockte, das Trotzige, das Unmittelbare, das Vorbehaltlose, das Lachende, das Weinende, das Liebende, das Hassende, das Aggressive und das Sexuelle.[16]

Ein ganz unwissenschaftlicher Selbstversuch kann diesen Zusammenhang womöglich plausibler machen. Jeder möge sich für einen Augenblick in eine Lehrerkonferenz versetzen, in der gerade die Lehr- und Lernmittelbestellung für das kommende Schuljahr beraten und beschlossen werden soll – eine beruflich-funktionale, institutionell bestätigte Situation. Er möge einen Augenblick abschweifen, um sich seinen Assoziationen über die oben genannten Bezeichnungen von Kindlichkeit zu überlassen. Er wird dreierlei finden:

1. Wenn die Konferenzsituation eine solche von Erwachsenheit ist, stehen ihr meine Assoziationen in einem kindlich-unerzogenen Sinne diametral entgegen.

2. Ich, ein erwachsener Lehrer, habe diese kindlich-unerzogenen Assoziationen produzieren können. Sie sind mir also in all meiner Erwachsenheit und Erzogenheit zugänglich.

3. Wenn diese Assoziationen – und die denkbaren anderen der übrigen Lehrer – handlungsrelevant wären, wenn sie sich also dieser Situation bemächtigen würden, dann müßten wir alle fürchten und müßten Angst haben, daß wir, bezogen auf das, was wir tun müssen, ganz hilflos und handlungsunfähig wären.[17]

Ich hoffe – wenn auch vorläufig – gezeigt zu haben, daß institutionelle Zusammenhänge, formelle Verkehrsformen, zielorientierte Arbeitsvorhaben, wenn sie einen beruflich-funktionalen Rahmen finden, wie etwa in einem Universitätsseminar, einem Hauptseminar oder einer Lehrerkonferenz, sich meist erfolgreich gegen Gefährdungen abschließen können, die aus kindlichen Anteilen drohen: Erwachsenheit bleibt unter sich und dennoch vorhandene Kindlichkeit unter Verschluß. Sollten solche Anteile eindringen, so führen sie zwar womöglich zu Angst und Hilflosigkeit. Sie können aber fast immer wieder ausgeschlossen werden, so daß sich die eingeführte Form von Erwachsenheit erneut durchsetzen kann.

Nach diesen Überlegungen kann ich die Situation des Lehrers im Unterricht weiterdiskutieren. Dabei erscheint es mir zunächst wichtig, auf den institutionellen Charakter von Unterricht hinzuweisen. Die Schule veranstaltet ihn in Befolgung ihres staatlichen Auftrags. Die Schüler sind verpflichtet, an ihm teilzunehmen. Er wird von eigens für diesen Zweck ausgebildeten Spezialisten geplant, organisiert und durchgeführt. Diese Durchführung wird von der Schulaufsicht kontrolliert und von den Eltern – wenn auch meist aus der Ferne – beobachtet. Er dient dem institutionell geforderten und abgesicherten Zweck der Vermittlung für notwendig erachteter Kenntnisse und Fertigkeiten und, einhergehend damit, der Erziehung der Schüler, die er auf das spätere Berufsleben vorbereiten soll. Er soll mit dazu beitragen, daß aus Kindern Erwachsene werden.[18]

In ihrer institutionellen und in ihrer bürokratischen Struktur läßt sich also die Schule durchaus mit anderen, ähnlichen Einrichtungen vergleichen, in denen nur Erwachsene arbeiten. Ihr wichtigstes Unterscheidungsmerkmal besteht zweifellos in der Tatsache, daß hier Erwachsene mit Kindern arbeiten müssen und – daß die Kinder in der überwiegenden Mehrzahl sind.[19]

Das aber bedeutet nun unabweislich, daß im Unterricht – als dem Kern der schulischen Arbeit – Kindlichkeit nicht nur als in allen Erwachsenen verbliebene und angstbesetzt provozierbare anwesend ist, wie das im Universitäts- oder Hauptseminar der Fall ist. Im Unterricht tritt Kindlichkeit im Original auf,[20] nicht als verbliebene, sondern als isoliert und weithin unerzogen vorhandene. Ihr ist der Lehrer konfrontiert, als Erwachsener, der er ist, mit seiner verbliebenen Kindlichkeit,[21] die er noch hat. Dazu kommt, daß es ja nicht seine Aufgabe ist, mit den Kindern irgend etwas zu machen. Der Kern seiner Aufgabe besteht darin, seine berufliche Qualifikation einzusetzen mit dem Ziel, die Kinder dazu zu bewegen, ihre Kindlichkeit nach und nach aufzugeben und sie durch die Merkmale zu ersetzen, die in unserer Gesellschaft Erwachsenheit bezeichnen.

12   Vorhandene und herzustellende
Erwachsenheit ist immer durch Kindlichkeit gefährdet:
dies ist eine mögliche Quelle von Angst

Berufliche Qualifikation bedeutete in meiner eigenen Situation als Lehrer Rezeption und Handhabe von Unterrichtstheorie, und ich frage nun nach der Funktion, die sie für mich im Unterricht hat. Sie hat eine doppelte, wodurch sie sich auf zwei Ebenen, zwei unterschiedliche Bereiche bezieht. Im Selbstverständnis ihrer Vertreter, der Unterrichtstheoretiker, und im Selbstverständnis derer, die sie anwenden, der Lehrer, soll sie sich aber nur auf eine Ebene, auf einen Bereich beziehen, den ich andeutungsweise umreiße. Dort, wo Unterrichtstheorie in den Handlungszusammenhang der Schule gerät und also zur Lehrerqualifikation in einem wichtigen Aspekt beitragen soll, hat sie es mit der Auswahl, deren Begründung und der Aufarbeitung von Unterrichtsinhalten zu tun. Diese sollen nach didaktischen Gesichtspunkten in einer solchen Weise vor- und zubereitet werden, daß sie der Situation und dem Entwicklungsstand der Schüler entsprechend lern- und erziehungswirksam werden können. Dabei soll sich der Lehrer zudem an Ergebnissen solcher Disziplinen orientieren, die Unterrichtstheorie an ihren Rändern angesiedelt hat: Erziehungswissenschaft im weiteren Sinne, Psychologie, Soziologie, Politikwissenschaft etc.

Diese Überlegungen und Aktivitäten sind dem Lehrer aufgegeben und mit der Vorstellung von Hilfen an die Hand gegeben, damit er seinem Auftrag – zu unterrichten und zu erziehen – besser genügen kann; damit er guten und befriedigenden Unterricht leiten kann. Wo ihm dies mit Hilfe unterrichtstheoretisch orientierter Aktivitäten gelingt, kann er selber und können die Vertreter der Unterrichtstheorien mit Genugtuung auf die Wirksamkeit so geleiteter Aktivitäten hinweisen. Dies ist – kurz umrissen – der eine Bereich, die eine Ebene, auf der Unterrichtstheorie funktional wird.

Der andere Bereich, die andere Ebene, steht im allgemeinen außerhalb des Selbstverständnisses der Betroffenen. Die Wirksamkeit unter diesem Aspekt ist aber keineswegs geringer – ich halte sie für erheblich stärker.

Die Situation des Lehrers wurde oben vorerst hinreichend als diejenige eines per Ausbildung qualifizierten Erwachsenen gekennzeichnet, der einer relativ großen Gruppe von Kindern konfrontiert ist, zu deren späterer Erwachsenheit er beitragen soll. Ich hatte zu zeigen versucht, daß er – wie jeder Erwachsene – in diese Situation auch eigene Anteile verbliebener Kindlichkeit notwendig mit einbringt. Im Unterricht ist also unter einem pädagogischen Gesichtspunkt und Auftrag Erwachsenheit in einem doppelten Sinne mit Kindlichkeit konfrontiert: derjenigen der Schüler, einer angemessenen und «originalen», und derjenigen des Lehrers selber, einer verbliebenen und – wie ich noch zeigen möchte – nur bedingt angemessenen. Da ich außerdem noch zeigen will, daß es von seiten der Schüler analog zum doppelten Auftreten von Kindlichkeit ein doppeltes Interesse an eben dieser Kindlichkeit gibt und daß dieses Interesse außerordentlich insistierend und wirksam ist, stellt sich für den Lehrer die Notwendigkeit her, mit den beiden unterschiedlichen Anteilen von Kindlichkeit – derjenigen der Schüler und der verbliebenen eigenen – in einer pädagogisch vertretbaren Weise umzugehen.

Ich hatte ferner oben – wenn auch vorläufig – gezeigt, daß Erwachsenheit durch die bloße Berührung und erst recht den eruptiven Ausbruch von Kindlichkeit tendenziell immer gefährdet ist, in einer solchen Weise, daß Angst entstehen muß. Angst entsteht hier also im Hinblick auf Gefährdung und mögliche Zerstörung – wenn auch bloß vorübergehender – von mühsam gewonnener Erwachsenheit. Da aber im Unterricht Erwachsenheit in einer ebenfalls doppelten Weise behauptet werden muß – beim Lehrer als einer zu erhaltenden, beim Schüler als einer zu erreichenden – muß entstehende Angst abgewehrt werden.[22]

13 Die in der Ausbildung hergestellte Lehrerqualifikation dient auch der Abwehr der Angst, die im Unterricht entsteht

In diesem Zusammenhang kann Angst immer dann als abgewehrt oder gar abwesend gelten, wenn Erwachsenheit sich behaupten kann. Der Unterrichtsauftrag, seine detailliertere Beschreibung und Durchführung, ergeht aber zweifellos von seiten der Erwachsenheit. Der Lehrer als ihr erwachsener Repräsentant zeigt das schon rein äußerlich an, und die staatlich-institutionelle Bestätigung stützt das ab. Erwachsenheit kann aber immer dann als gesichert und behauptet gelten, wenn Unterricht im Sinne der damit verbundenen «offiziellen» Vorstellungen gelingt. Er gelingt aber am Beispiel meiner eigenen Situation durch gründliche und konsequente Aufarbeitung und Anwendung von Unterrichtstheorie unter Berücksichtigung benachbarter wissenschaftlicher Ergebnisse.

Das Ergebnis dieser Überlegungen weist also auf eine wichtige –

und in ihren Konsequenzen vernachlässigte – Funktion hin, die die per Ausbildung erreichte Qualifikation des Lehrers bewirken muß. Diese Funktion ist Angstabwehr.

An dieser Stelle ist ein Mißverständnis möglich, das den weiteren Zugang zu meinen Überlegungen versperren kann, so daß ich eine Klarstellung versuche. Es ist nicht meine Absicht, der per Ausbildung vermittelten Qualifikation des Lehrers gleichsam die Maske vom Gesicht zu reißen, um zu zeigen, daß die «eigentliche», wirkliche Funktion dieser Qualifikation in der Angstabwehr besteht angesichts der schwierigen Unterrichtssituation. Dies wäre Unsinn! Es geht mir vielmehr darum, zu zeigen, daß die Lehrerqualifikation eine doppelte Funktion erfüllen muß, eine «offizielle» und allgemein vermittelte, die selbstverständlich weiterhin notwendig erfüllt werden muß, und eine «inoffizielle», vernachlässigte und verpönte, die nicht zuletzt deswegen zum Gegenstand meiner Überlegungen geworden ist.

Das bedeutet aber, daß Lehrerqualifikation im Prozeß ihrer Herstellung, also im Ausbildungs- und Weiterbildungsprozeß, dieser doppelten Funktion gerecht werden muß. Die andere, bisher verdrängte Seite dieser Funktion muß in die Bewußtseins- und Erlebnisebene derer gebracht werden, die betroffen sind. Das sind die Lehrer und ihre Ausbilder. Diese Absicht verfolgt meine Arbeit. Und aus diesem Grund ist sie auch in der Form der Beschreibung und Interpretation eines einschlägigen Qualifizierungsmodells, eines – wenn man will – «Lehrgangs» konzipiert.

Bevor ich nun mit der Vorstellung dieses Modells beginnen kann, sind noch einige Bemerkungen über die genaue Stelle notwendig, an der sich das Angstpotential beim Lehrer in der Unterrichtssituation aktualisiert. Ich hoffe, damit auch die Plausibilität hinsichtlich der Gliederung dieser Arbeit und der Art ihrer Darstellung zu erhöhen.

14 Der allergische Punkt für die Entstehung der Angst des Lehrers ist seine eigene verbliebene Kindlichkeit

Ich habe Unterricht unter einen Beobachtungs- und Forschungsaspekt gestellt, der die folgende Beschreibung ermöglicht: Die an einen Erziehungs- und Vermittlungsauftrag gebundene Erwachsenheit des Lehrers ist im Unterricht den Wirkungen von Kindlichkeit in einer doppelten Weise konfrontiert. Sie steht der Kindlichkeit der Schüler gegenüber und der verbliebenen eigenen. Der Auftrag des Lehrers und seine gewonnene Identität machen ihn zu einem Repräsentanten von Erwachsenheit, der sich gegenüber der vorfindlichen Kindlichkeit pädagogisch – und das heißt auch: fordernd – verhalten muß. Erwachsenheit soll bleiben im und beim Lehrer; sie soll hergestellt werden im und beim Schüler. Diese Forderung aber wäre unnötig und überflüssig, wenn ihr nichts entgegenstünde: ihr steht Kindlichkeit entgegen. Sie hat mindestens tendenziell eine korrumpierende und verführerische Wirkung im Hinblick auf die Aufrechterhaltung und Herbeiführung von Erwachsenheit: so erzeugt sie Angst.

Die Erwachsenheit des Lehrers kann aber nur insofern als gesichert gelten, als sie nicht auf Dauer dem permanenten Ansturm von Kindlichkeit erliegt, was für den Lehrer Handlungsunfähigkeit bedeutet. Der allergische Punkt der Erwachsenheit des Lehrers ist seine eigene verbliebene Kindlichkeit; an diesem Punkt ist er selber eben nur bedingt erwachsen. Zugleich ist dies der Punkt, der ihn in einer doppelten Weise an den Schüler bindet. Dieser Punkt ist die Stelle des gegenseitigen Zugangs. Der Lehrer ist hier dem Schüler zugänglich und der Schüler dem Lehrer. Hier kann sich die Möglichkeit gegenseitigen Verständnisses und Verstehens herstellen. Zugleich aber ist der Lehrer auch an dieser Stelle gefährdet in seiner Identität als Erwachsener[23] mit pädagogischem Auftrag. Diese Gefährdung bewirkt seine Angst.

Ich habe damit die für meinen Arbeitszusammenhang interessante Stelle des gegenseitigen Zugangs zwischen Lehrer und Schüler beschrieben: hier begegnen sie sich, hier findet ihre Auseinandersetzung statt.

Im Zentrum meiner Überlegungen steht, wie gesagt, die persönliche Situation des Lehrers vor seiner Klasse, und ich kann nun weiter eingrenzen. Es geht um die Art und Weise, wie er mit der eigenen verbliebenen Kindlichkeit in dieser Kernsituation seiner beruflichen Aktivitäten umgeht, umgehen kann und umgehen könnte.

Selbstverständlich ist verbliebene Kindlichkeit bei jedem Erwachsenen in unterschiedlicher Weise vorhanden und wirksam. Sie ist für jeden eine wesentliche Bedingung für seine Möglichkeiten im Sinne von Defiziten und Kompetenzen hinsichtlich seines Umgangs mit anderen. Für den Lehrer wie für jeden anderen Erzieher erhält sie eine besondere Bedeutung allein durch die Aufgabe, daß er es mit Kindern, also mit Kindlichkeit im «Original» zu tun hat – und zwar in pädagogischer Absicht.

15 In der Bearbeitung der verbliebenen Kindlichkeit des Lehrers liegt eine Chance für die Verringerung seiner Angst

Ich hoffe im weiteren Verlauf zeigen zu können, wie sich verbliebene Kindlichkeit herstellt, genauer: aufgrund welcher Einflüsse sie verbleibt. Hier mag folgende Bemerkung genügen:

Verbliebene Kindlichkeit soll Persönlichkeitsmerkmale bei Erwachsenen umfassen, die unter unangemessenen, aber wirksamen Einflüssen der je eigenen Sozialisation und Erziehung nicht im Hinblick auf eine der Vorstellungen von Erwachsenheit, die in einer bestimmten Gesellschaft oder Kultur akzeptiert sind, kultiviert werden konnten. Sie blieben im je persönlichen Sozialisations- und Enkulturationsprozeß[24] gleichsam ausgespart und verharrten auf der Stufe, die zum Zeitpunkt der Aussparung erreicht war. Solche Persönlichkeitsanteile können im pathogenen Fall zu schweren psychischen Störungen bis in den somatischen Bereich führen, sie können bis zur erlebten Kommunikationsunfähigkeit und damit zum völligen Verlust des Zugangs zur äußeren – auch mitmenschlichen – Realität führen.[25] Im Normalfall halten sich die kommunikativen, handlungs- und arbeitsrelevanten, auch die gesundheitlichen Beeinträchtigungen jedoch in einem solchen Bereich, daß ein für angemessen gehaltener Umgang mit den Forderungen des Lebens gelingt. Allenfalls extreme Belastungssituationen, die sich allerdings nur nach Maßgabe der individuellen Belastbarkeit bestimmen, führen in diesem Zusammenhang zu dysfunktionalen und – möglicherweise gefährlichen – regressiven Reaktionen: dann gelangt die normalerweise verkraftbare oder abwehrbare Angst zum Durchbruch.

Dies heißt, bezogen auf die Situation des Lehrers vor der Klasse und seine Qualifikation, daß er zunächst von der Existenz und Wirksamkeit verbliebener Kindlichkeit eine kognitive Vorstellung haben muß. Dieses Wissen allein macht ihn jedoch nicht handlungsfähiger. Es ist allenfalls eine gute Voraussetzung dafür, sich um seine individuellen Anteile verbliebener Kindlichkeit zu kümmern, soweit sie in sein Berufsfeld hineinreichen.

Die wichtigste Instanz unter dem Gesichtspunkt des Verbleibs von Kindlichkeit ist zweifellos die Familie und hier insbesondere die Art der Beziehung zwischen Mutter und Kind, also die früheste Phase der Menschwerdung.[26] Für den Zusammenhang dieser Arbeit allerdings gerät die Schulerfahrung und -verarbeitung stärker ins Blickfeld. Sie hinterläßt als die erste Begegnung des Lehrers mit seinem späteren Berufsfeld spezifische Spuren, die er eben nicht abstreift, wenn er die Schule verläßt. Für die berufliche Qualifikation des Lehrers ergibt sich von daher die Notwendigkeit, Genaueres über die Art und vor allem die Wirkung dieser Spuren zu erfahren. Sie enthalten entscheidende qualifizierende und dequalifizierende Momente und bedürfen einer Aufarbeitung, damit einer ungebrochenen Wiederholung der dequalifizierenden Momente eben durch den betroffenen Lehrer Einhalt geboten werden kann. Die Nutzlosigkeit pädagogischer Tugenden,[27] wie sie in der Literatur und von der schulischen Institution verschrieben werden, muß sich angesichts der Widerspenstigkeit und Unterschwelligkeit solcher Personanteile erweisen und erweist sich täglich. Die einzig wirksame Instanz liegt im Lehrer selber: indem er seine verbliebene Kindlichkeit unter dem lebensgeschichtlichen Aspekt seiner eigenen Schulerfahrung als Schüler untersucht, wird er sich gegenüber pädagogischen Tugenden prüfend verhalten. Er wird akzeptieren, verwerfen und modifizieren. Tugenden – besonders unreflektiert übernommene – enthalten Forderungen, vor denen man versagen kann. Versagen und die Furcht davor machen Angst, wodurch im Sinne der Angstabwehr vielfältige Formen verzerrter Realitätswahrnehmung als Folge auftreten. Zu den Realitäten gehören die inneren psychischen, die im pädagogischen Feld von höchster und unbestrittener Wirksamkeit sind. Solange in der Lehrerausbildung die innere psychische Realität des Lehrers ausgespart bleibt, kann in einem professionellen Sinne von Pädagogischer Psychologie nur sehr, sehr bedingt die Rede sein. Im Hinblick auf die Wirksamkeit dieser Realität ist ein Zweifel borniert. Im Hinblick auf die Zugänglichkeit dieser Realität bietet sich vor dem Schüler der Lehrer selber an.

An ihn ist ein professioneller Anspruch gestellt, und er reklamiert ihn für sich selber. Einzulösen ist dieser Anspruch aber nur unter Einbeziehung der eigenen Person einschließlich ihrer Anteile verbliebener Kindlichkeit.

Ich denke, daß diese Arbeit zeigen kann, wie schwierig ein solcher Zugang ist. Andererseits sehe ich keinen wesentlich anderen, und eine Qualifizierung in diesem Bereich erscheint mir notwendig. Neben der Schwierigkeit steht allerdings die lohnende Möglichkeit, infolge intensiver Arbeit in diesem Bereich mit weniger Angst das pädagogische Geschäft zu betreiben: für Lehrer und Schüler.[28]

Mein zehnjähriger Sohn Michel fragte mich nach dem Thema meiner Arbeit, und ich sagte ihm: «Es heißt ‹Die Angst des Lehrers vor seinem Schüler›.» Er sah mich an und sagte etwas vorwurfsvoll: «Normalerweise ist es ja umgekehrt, oder?» – Vor über zweitausend Jahren schrieb Epikur: Wer Furcht verbreitet, ist selbst nicht ohne Furcht![29]

I. Teil
Das Seminar

A Zur Konzeption des Seminars

*16 Das Material der Arbeit besteht aus den
Tonbandaufnahmen der Vorbereitung, Durchführung
und Nachbereitung dreier Grundschulpraktika*

Das empirische Material, auf das sich diese Arbeit zu einem Teil
stützt, entstammt fast ausschließlich der Vorbereitung, Durchführung und Betreuung dreier Schulpraktika im Bereich der Didaktik
der Primarstufe, die ich in den Jahren vor dem Sommersemester
1975 geleitet habe. Im Anschluß an diese Praktika habe ich außerdem mit drei Praktikantinnen und einem Praktikanten vier ausführliche Tiefeninterviews durchgeführt, die deren «berufsspezifische
Sozialisation» zum Inhalt hatten. Alle diese Veranstaltungen, einschließlich der Unterrichtsversuche, die ich beobachtete, wurden
auf Tonband protokolliert und standen zunächst in dieser Form zur
Verfügung. Angesichts der übergroßen Fülle des Materials – es
handelt sich um ca. 280 Tonbandstunden – und der besonderen
Verfahrensweise dieser Arbeit – es handelt sich nicht um eine Arbeit
im Sinne der empirischen Sozialforschung – kann selbstverständlich
nur ein kleiner Teil wirklich hier vorgestellt werden: das meiste muß
ganz entfallen, und ein anderer großer Teil kann nur an geeigneter
Stelle hier und da erwähnt und verarbeitet werden.

Was für das Gesamtmaterial gilt, bezieht sich auch auf den Teil,
der aus den vorbereitenden Seminaren stammt. Hier habe ich mich
allerdings zu einer besonderen Maßnahme entschlossen, die unter
darstellungsdidaktischen Gesichtspunkten zustande kam. Ich werde aus dem Gesamtmaterial der drei vorbereitenden Seminare nur
eines – nämlich das letzte – darstellen. Auch dieses Seminar wird nur
in einigen bedeutsamen Aspekten vorgestellt, in denen sich die
thematisch in den drei Seminaren wiederholt auftauchenden Problemkreise spiegeln. Bei diesem Entscheidungsprozeß habe ich
mich immer für die Tonband- und damit Seminarsequenz entschieden, die den jeweiligen Problemkreis am klarsten und deutlichsten

darstellbar erscheinen ließ. Aus Platzgründen sind dabei einige Problemkreise ganz ausgespart worden: sie hätten nur um den Preis einer oberflächlichen Darstellung des Ganzen Eingang in diese Arbeit finden können.

17 Der erste Versuch scheitert und führt zu einer Neukonzeption

Im übrigen hat es noch vor den drei hier erörterten Seminaren ein viertes gegeben, das aber nicht als Tonbandprotokoll vorliegt, ebensowenig wie das ihm folgende Praktikum. Dies ist unter dem Gesichtspunkt des Erfahrungswertes, den dieses Praktikum für mich hatte, für den Gesamtzusammenhang bedeutsam.

Ich hatte die Betreuung dieses Praktikums kurzfristig übernehmen müssen, und es handelte sich um meine erste Betreuung. Notgedrungen erkundigte ich mich bei einigen Kollegen über brauchbare Inhalte eines vorbereitenden Seminars und über Möglichkeiten für die begleitende Betreuung des folgenden Praktikums. Dies führte zu einem Seminar-Curriculum aus Sozialisationstheorie, Pädagogischer Psychologie, Lerntheorie, Schulorganisation und Schulrecht, Curriculum-Theorie und Unterrichtstheorie mit dem Abschluß einer Unterrichtsvorbereitung einer erdachten Stunde, für eine erdachte Klasse mit einem erdachten Inhalt. Das Seminar war in seinem Verlauf und seinem Ergebnis nach meiner Einschätzung wenig nützlich. Im Praktikum selber versuchte ich, im Anschluß an die beobachteten Unterrichtsstunden gemeinsam mit den Mentoren und Praktikanten den erlebten Unterricht vermittels des «Berliner Modells»,[30] das vereinbarungsgemäß zugrunde gelegt war, zu analysieren, um zu neuen Planungsperspektiven zu kommen. Ich hatte nicht den Eindruck, etwas sehr Sinnvolles zu tun, weil ich sah – aber nicht so recht fassen konnte – daß die Möglichkeiten des Berliner Modells überhaupt nicht an die Vorgänge im Unterricht heranreichten, von denen ich wußte, daß sie von wesentlicher und nicht nur oberflächlicher Bedeutung waren: sie betrafen vor allem bestimmte Personanteile der Praktikanten, von denen mir klar war, daß sie den Unterricht entscheidend beeinflussen, die mir aber in einem manchmal peinlichen Sinne als Gesprächsgegenstand tabu waren. Am Ende fand ich meine Arbeit fast vollständig sinnlos: ich hatte nicht den Eindruck, irgendeinen relevanten Beitrag zur besseren Unterrichtsqualifikation der Praktikanten geleistet zu haben. In der Folgezeit versuchte ich, eine Zeitlang mit Erfolg, mich vor der Betreuung unterrichtspraktischer Veranstaltungen zu drücken.

Unter dem Eindruck eigener gruppendynamischer Erfahrungen,[31] die mich außerordentlich stark betrafen, und dem gleichlaufenden Studium psychoanalytischer und psychoanalytisch-pädagogischer Arbeiten, die ich zunehmend auch in meinen universitären Lehrveranstaltungen verwendete, gewann ich neues Interesse an den schulpraktischen Veranstaltungen, zumal ich in dieser Zeit selber wieder ein Jahr lang als Lehrer in der Schule arbeitete.

Ich ging daran, unter Einbezug dieser Erfahrungen und der Ergebnisse meiner Studien, eine Konzeption eines vorbereitenden Seminars für ein Schulpraktikum zu erarbeiten. Ich habe diese Konzeption danach praktisch erprobt und verändert, weil sie mir aussichtsreich erschien. Sie fand dann beim zweiten Versuch einen schriftlichen Niederschlag, den ich in der folgenden Form den Praktikanten und Mentoren zu Beginn des vorbereitenden Seminars aushändigte. Meine Absicht war der Versuch einer Vorinformation über die Besonderheiten des Seminars und des Praktikums, das ja nun in dieser Form erheblich von dem abwich, was die Beteiligten gewohnt waren und was sie erwarten konnten.

Zur Konzeption eines vorbereitenden Seminars für ein grundwissenschaftliches Praktikum im Bereich der Didaktik der Primarstufe

1. Unterricht besteht aus kommunikativen Momenten situativer Einmaligkeit. Er geschieht in Gruppen mit einer relativ homogenen Altersstruktur, aus der der Lehrer herausragt: er ist ein Erwachsener! Besonders dadurch wird er zur wichtigsten Person im Unterrichtsgeschehen: an ihn vor allem heften sich die bewußten und unbewußten Erwartungen seiner Schüler.
2. Das situativ Einmalige des konkreten Unterrichtsprozesses (als eines Kommunikationsprozesses) resultiert vor allem aus zwei Sachverhalten:
   a) Alle Beteiligten hatten eine unterschiedliche Primärsozialisation (Familie), in deren Spuren sich die spezifischen Kompetenzen und Defekte der Beteiligten niedergeschlagen haben. Sie gehen – meist unbewußt – in den Lernprozeß der Gruppe ein.
   b) Der Prozeß der sekundären Sozialisation (Schule) läuft nach Maßgabe der in der Gruppe realisierten individuellen Möglichkeiten der Einzelnen in unterschiedlichem Tempo und in unterschiedlichen Richtungen weiter, auch dann, wenn dies vom Lehrer nicht realisiert wird.
3. Unterricht orientiert sich aus der Sicht des Lehrers und der Schule als Institution wesentlich an den zu vermittelnden Inhalten. Sie werden vom Lehrer nach didaktischen Gesichtspunkten aufgearbeitet und in einem bestimmten und planbaren methodischen Arrangement an die Schüler herangetragen, die sich nun mit ihnen auseinandersetzen sollen.

4. Unter diesem Aspekt stellt sich Unterricht als kommunikative Situation auf der Inhaltsebene (digital) dar. Von ihr wird die Beziehungsebene (analog) unterschieden. (Die Termini entnehme ich dem Buch von Watzlawick u. a.)
5. Wie in jeder kommunikativen Situation, so ist es auch im Unterricht keinem der Beteiligten möglich, nicht zu kommunizieren.
6. Wie in den meisten kommunikativen Situationen, so wird auch im Unterricht nur die Inhaltsebene reflektiert und thematisiert (z. B. «Kreislauf des Wassers», «Rückgabe einer Klassenarbeit»).
7. Parallel zur Inhaltsebene und sie wesentlich bestimmend und überlagernd läuft die Beziehungsebene. Sie wird fast nie reflektiert und thematisiert. Ihre Themen sind die den Unterricht tragenden Affekte (z. B. «Verlust der Liebe des Lehrers [der Schüler]», «Dominanzprobleme», «Rivalität»).
8. Die Themen der Beziehungsebene sind die Themen der primären Sozialisation, die meist unbewältigten und infantilen psychischen Anteile der am Unterrichtsprozeß Beteiligten. Diese Themen äußern sich meist verdeckt, manchmal offen, vor allem auch in den Störungen des Unterrichtsprozesses.
9. Von daher wird der Ansatz dieses grundwissenschaftlichen Praktikums entwickelt: die starken (oft negativen) Beeinträchtigungen des inhaltlichen Lernprozesses (Inhaltsebene) durch die Themen der Beziehungsebene in Form von Störungen (beim Lehrer und bei den Schülern) müssen reflektiert und thematisiert werden (Metadiskussion). Es erscheint für Lehrer und Schüler notwendig, den Umgang mit ihnen zu lernen.

Der Stellenwert von Schule und Unterricht im vorbereitenden Seminar

1. Die notwendige kompetente Reflexion und Planung von Unterricht erscheint unmöglich, zumindest aber sehr schwierig, wenn wichtige Informationen über die Situation, in der er geschehen soll oder geschehen ist, nicht vorliegen.
2. Solche Informationen lassen sich aber schlechterdings nur durch unmittelbare Beobachtung konkreten Unterrichts beschaffen. Dies kann im vorbereitenden Seminar kaum oder gar nicht, jedenfalls nicht hinreichend geleistet werden.
3. Da dieser Zugang versperrt ist und erst im Praktikum hergestellt werden kann, müssen andere gesucht und genutzt werden. Solche sind:
   a) Reproduktion, Reflexion und Thematisierung der vergangenen Schulsituation der Seminarteilnehmer als einer zugleich gemeinsamen und individuierten Erfahrung.
   b) Reflexion und Thematisierung der konkreten Seminarsituation als einer gewollt oder ungewollt wiederholten Schulsituation.
   c) Vorstrukturierte und eingegebene szenische Arrangements (Settings), die relevante spezifische Erfahrungen und deren Reflexion ermöglichen.
   d) Video-Aufzeichnungen solcher Situationen, deren Beobachtung, Reflexion und Thematisierung.
4. Bei der Erfahrung, Beobachtung, Reflexion und Thematisierung solcher Situationen wird eine einseitige Gewichtung vorgenommen: Die Thematiken der Beziehungsebene auf der Lehrer-(Praktikanten-)seite und der Schülerseite haben im vorbereitenden Seminar und im Praktikum Priorität gegenüber den Themen der Inhaltsebene und den Problemen der Didaktik und Methodik.
5. Die Gründe für diese Gewichtung sind vor allem folgende:

a) Die universitäre Lehrerausbildung, insbesondere auch da, wo sie sich ausdrücklich auf Unterricht beziehen will, befaßt sich ebenso wie die Zweite und Dritte Phase der Lehrerausbildung fast ausschließlich mit den Themen, die eine berufsspezifische Kompetenz auf der Inhaltsebene bewirken sollen.

b) Das Selbstverständnis der Lehrer orientiert sich bewußt – besonders auch unter den Forderungen der Schule als Institution – an den zu vermittelnden Inhalten, ihrer didaktisch-methodischen Aufbereitung und dem durch sie zu initiierenden Lernprozeß. Eine Aufarbeitung der Beziehungsebene unterbleibt.

c) Die Thematiken der Beziehungsebene jedoch prägen jeden Unterricht auf der Lehrer- und Schülerseite entscheidend und tun dies auch dann, wenn ein Lehrer durch Theorieverständnis und reflektierte Erfahrung durchaus die Fähigkeit erreicht hat, einen «guten» Unterricht zu veranstalten. Gerade dieser Lehrer vermag eben durch seine Fähigkeiten die Thematiken der Beziehungsebene zu überspielen und zu überdecken; er kann sie niemals eliminieren.

d) Die Situation der Ausbildung, wie die der Schule, legt es zudem den Beteiligten nahe, die Beziehungsebene nicht zu thematisieren: die Bedrohung der gewonnenen persönlichen und professionellen Identität und die Forderung ihrer Revision stehen auf der Kostenseite, wenn die Beziehungsebene thematisiert werden soll. Thematisierung der Beziehungsebene bedeutet aber, daß die Beteiligten ihre persönliche und professionelle Identität gleichsam zur Disposition stellen. Dem stehen aber starke psychische Abwehrmechanismen entgegen, die auf eine Beibehaltung der gewonnenen Identität ausgerichtet sind und deren unbewußte Wirksamkeit Lernen im weitesten Sinne verhindert oder erschwert. Die Rollenvorschriften, die von der Schule als Institution an Lehrer und Schüler herangetragen werden, verstärken diese Abwehrmechanismen. Solche Lernblockaden bestehen nun aber nicht nur bezogen auf die Thematiken der Beziehungsebene, sondern ebensowohl (wegen der notwendigen Verschränkung der beiden Ebenen) bezogen auf diejenigen der Inhaltsebene. Insofern befassen sich Seminar und Praktikum mit den Lernschwierigkeiten der Betroffenen und dem Umgang mit ihnen mit dem Ziel ihrer Auflösung dort, wo dies möglich erscheint.

6. Dies heißt, bezogen auf das Seminar und negativ formuliert: Unterrichtsorganisation, Unterrichtstheorie, Didaktik und Methodik, Unterrichtsvorbereitung und Projektplanung, Beurteilungskategorien, Effizienzprobleme etc. bleiben ausgeklammert. Bezogen auf das Praktikum heißt dies: sie stehen am Rande und werden allenfalls beiläufig erörtert.

Der Stellenwert von Schule und Unterricht im Praktikum

1. Schule und Unterricht werden nicht vom Ausgang ihrer relevanten Theorien her, sondern von der erlebten, vollzogenen und beobachteten Praxis der Beteiligten her thematisiert.

2. Keiner der Beteiligten – vor allem auch nicht der Seminarleiter – erhebt den Anspruch einer objektiven Instanz mit objektiven Kenntnissen, Fähigkeiten etc., die von den anderen rezipiert werden sollen.

3. Analog der Situation der Schüler, die sich als subjektiv Betroffene erleben und als solche den Verhaltensweisen der je anderen Beteiligten am Lernprozeß ausgesetzt sind, sollen von den Teilnehmern des Praktikums konkrete Informationen über diejenigen Erlebnisweisen gegeben werden, die von denjenigen ausgelöst wurden, an die sie gerichtet sind.

4. Wert und Wichtigkeit solcher Informationen werden damit nicht von denjenigen bestimmt, die sie geben, sondern ausschließlich von denjenigen, die sie erhalten. Mit anderen Worten: Wenn du mit dem, was ich dir sage, etwas anfangen kannst, das für dich eine Bedeutung hat, dann hast du die Möglichkeit, es zu tun, und wir können weiter darüber verhandeln. Ist dies nicht der Fall, dann vergiß es; denn es hat keine Bedeutung.

5. Damit bewegen sich die Hilfen, die die Beteiligten des Praktikums einander geben können, in folgendem Bereich: Im Unterricht sind demjenigen, der ihn veranstaltet oder beobachtet, bestimmte Sequenzen in Verhalten und Wirkung unmittelbar oder im nachhinein bedeutsam, weil er meint, daß sie ihn in einer aktuellen oder erinnerten Situation subjektiv betreffen, und er teilt nun in der Mentoren-Praktikanten-Gruppe seine Wahrnehmung und ihre Wirkung auf ihn selber mit. Derjenige, an den diese Mitteilung gerichtet ist, hat damit die Möglichkeit, einen Teil der Wirkungen zu erfahren, die er bei anderen, die ihn erlebt haben, angerichtet hat.

6. Die Praktikanten-Mentoren-Gruppe reagiert so vor dem Hintergrund der Lernergebnisse des vorbereitenden Seminars gleichsam stellvertretend für den Schüler, der die Wirkung der Lehrerintervention fast nie offen artikulieren kann oder will. Diese Wirkungen aber sind das, was der Lehrer tatsächlich beim Schüler erreicht hat – auch dann, wenn er dies gar nicht wollte. Informationen über seine Wirkungen sind für den Lehrer deswegen unverzichtbar, weil er erst durch sie in die Lage kommt, sein Verhalten (und seine Wirkungen) zu reflektieren und im Sinne seiner Intentionalität möglicherweise zu korrigieren.

7. Erfahrungsgemäß werden bedeutsame Wahrnehmungen besonders an den allergischen Punkten kommunikativer Situationen gemacht. Dementsprechend besteht gegenüber der Mitteilung solcher Wahrnehmungen an denjenigen, der sie ausgelöst hat, eine mehr oder weniger große Schranke. Es besteht die Befürchtung, die Information könne durch denjenigen, der sie erhalten soll, zurückgewiesen werden (Kränkung des Informanten) oder sie könne den Adressaten kränken oder verletzen. Diese Befürchtungen sind manchmal begründet.

8. Andererseits sind – besonders unter einem Langzeitaspekt – unverständliche und dysfunktionale Schülerreaktionen für einen Lehrer außerordentlich schwer verkraftbar (dies trifft umgekehrt auch auf Schüler zu). Das kann aber möglicherweise verhindert werden, wenn der Lehrer frühzeitig und möglichst weitgehend darüber informiert ist, welche Wirkungen er bei anderen anrichtet – auch dann, wenn solche Informationen schmerzhaft sein können.

9. Demnach gehört es zu den Zielvorstellungen des Praktikums und des vorbereitenden und begleitenden Seminars, den Teilnehmern eine solche Thematisierung von Unterricht in ihrer Nützlichkeit plausibel zu machen. Dabei kann Plausibilität niemals durch eine passiv-rezeptive Einstellung erreicht werden. Alle Beiträge sollen im Selbstverständnis der Beteiligten im Sinne

von Angeboten verstanden werden, die man möglicherweise nutzen kann –
wenn man kann.

10. Eine wichtige Perspektive der Veranstaltung würde sich in einer professionellen Einstellung von Lehrern realisieren, die wissen, daß sie auf kompetente Wahrnehmungsergebnisse ihres Verhaltens im Unterricht angewiesen sind
und die deswegen den einen oder anderen Kollegen in ihren Unterricht
einladen, damit sie – wenn auch immer nur partiell – mit dem konfrontiert
werden, was sie anrichten.

19 Das Seminarkonzept erweist sich als relativ nutzlos und weckt bei den Teilnehmern eine unbestimmte Ängstlichkeit

Die Eigenheiten des Konzepts mag man darin sehen, daß es auf
inhaltliche Bestimmungen oder Vorschläge vollständig verzichtet.
Es enthält auch keine Angaben über Organisationsformen der bevorstehenden gemeinsamen Arbeit, die man unter der beschriebenen Akzentuierung schon eher erwarten könnte. So kann beim
Leser der gleiche Eindruck entstehen, den auch einige Mentoren
und Praktikanten vor Seminarbeginn mitteilten: «Ich finde das ja
alles ganz wichtig, was ihr da vorhabt, aber ich kann mir nichts
Genaues drunter vorstellen. Und wenn wir nachher in die Schule
kommen, dann müssen wir schon ein bißchen wissen, wie man da
Unterricht macht. Aber das, was ihr da vorhabt . . .? Ich weiß nicht
so recht . . .» Andere erwarteten lachend, aber etwas unsicher: «Naja, das wird ja ein ganz schönes Chaos werden!»
Das Wort «Gruppendynamik»[32] tauchte in einigen Gesprächen
auf und hatte eine merkwürdig magische Bedeutung. Die einschlägigen Äußerungen zeigten deutlich, daß dieses Wort hochgradig
angstbesetzt war, obgleich – wie später klar wurde – keiner der
Beteiligten gruppendynamische Erfahrungen hatte oder gerade,
weil dies so war. Auf der anderen Seite war – soweit ich das beurteilen kann – bei allen ein ausgeprägtes Interesse von Anfang an vorhanden oder stellte sich nach kurzem ein.
Das Konzept hat die Funktion einer Vorinformation nur ganz
minimal erfüllen können und führte bei den Teilnehmern eher zu
dunklen oder phantastischen Vorstellungen in eine undeutliche
Richtung – eben in eine gruppendynamische. Zugleich schien es eine
gewisse Spannung auf das Kommende erzeugt zu haben. Für die
Teilnehmer bestand vermutlich die stärkste Wirkung des Konzepts
in der Erwartung auf etwas Ungewöhnliches.

Die Situation der Mentoren war etwas anders. Beim ersten Versuch, diese Praktikumskonzeption zu erproben, ergaben sich sehr heftige Widerstände bei ihnen. Dies lag sicher zum Teil an den äußeren Bedingungen der Veranstaltung, die ich kurz darstellen muß. Beim ersten Versuch kannte ich am Anfang keinen einzigen der Mentoren mit Ausnahme von Frau G., mit der ich über die Freundschaft zu ihrem Mann allerdings gut bekannt bin. Ich selbst war über ihre Mitarbeit als Mentorin sehr erfreut, aber auch überrascht, weil ich das ja nicht erwarten konnte: die Mentoren werden durch das Zentrum für Lehrerausbildung den einzelnen Praktikumsgruppen zugeteilt. Die Praktikumsordnung sieht nun weiterhin vor, daß einer der fünf oder sechs Mentoren – und nur dieser – am vorbereitenden Seminar teilnimmt. Er wird etwas besser honoriert als die anderen und übernimmt die Funktion, seine Kollegen über die Vorbereitung zu informieren. Diese Verfahrensweise ist gewiß ganz und gar unangemessen, aber sie war beim ersten Versuch vorgegeben. So kam es, daß allein Frau G. am ersten vorbereitenden Seminar teilnahm und die Lehrer/Mentorenseite vertrat. Die übrigen Mentoren sahen wir dann zu Beginn des Praktikums während der ersten Sitzung des begleitenden Seminars zum erstenmal.

Diese erste Sitzung sollte für alle Teilnehmer eine erste Möglichkeit gegenseitigen Kennenlernens bieten, und ich bot den Mentoren an, im Hinblick auf das vorbereitende Seminar und auf das bevorstehende Praktikum ihre Fragen zu äußern. Das Interesse der Mentoren beschränkte sich verständlicherweise jedoch auf eher technische Fragen, die sich auf die formale Seite des Praktikums bezogen: Wieviele Unterrichtsstunden sollen die Praktikanten in der ersten, zweiten etc. Woche selber leiten? Nach welchem Schema und in welchem Umfang sollen ihre schriftlichen Vorbereitungen angefertigt sein? Nach welchen Kriterien sollen sie beurteilt werden? Wie oft und bei wem sollen sie hospitieren? Wie oft werden ihre Unterrichtsversuche durch Sie (gemeint war ich) beobachtet?

Diese Fragen sind in der Praktikumsordnung des Zentrums für Lehrerausbildung mehr oder weniger präzise beantwortet. Darauf wies ich hin. Im übrigen bestand ich darauf, daß nach meiner Auffassung all diese praktisch-technischen Probleme im gegenseitigen Einvernehmen der Mentoren und Praktikanten eigenständig geregelt werden sollten. Ich äußerte die Befürchtung, daß verbindliche Forderungen von meiner Seite in diesem Bereich, sofern sie über eine regelmäßige Teilnahme hinausgingen, ohne die notwendige Sachkenntnis erfolgen müßten, da ich die konkreten Verhältnisse an den Schulen nicht kenne: dazu könne ich nichts Kompetentes sagen. Diese verweigernde Haltung erbitterte die meisten Mentoren, und Frau D. drückte diese Erbitterung wohl am deutlichsten aus, als sie sehr erregt rief: «Dann verstehe ich überhaupt nicht, was Sie eigentlich hier wollen. Sie geben uns keine richtigen Auskünfte und sagen, wir sollen das selber regeln. Also bitte! Mich jedenfalls werden Sie in diesem Seminar nicht mehr sehen!» Mir war sehr unwohl, und im Anschluß an die Sitzung meinte Frau G.: «Du hättest unbedingt da Zugeständnisse machen müssen. Die sind doch jetzt stocksauer!»

Dieser massive Vorbehalt gegen meine Haltung im Seminar – es handelte sich nicht um das vorbereitende, sondern das erste begleitende – ist gewiß aus der enttäuschten Rollenerwartung, die die Mentoren einer solchen Veranstaltung und ihrem Leiter anmuteten, zu verstehen: ich habe ihn als sehr belastend empfunden.

21 Die konkrete Arbeit weckt schlagartig das Interesse der Mentoren und veranlaßt sie zur Mitarbeit

Die Haltung der Mentoren änderte sich wirklich schlagartig nach der jeweils ersten Stundenbesprechung im Anschluß an die ersten Unterrichtsstunden der Praktikanten, die wir gemeinsam beobachtet hatten. Sie hatten nach kurzem wirklich alle die besondere Akzentuierung in diesen Besprechungen verstanden und hielten sie für hochinteressant und hilfreich. Dies haben mir alle im Verlauf unserer Zusammenarbeit bestätigt. Sie gaben mir damit den entscheidenden Impuls, den eingeschlagenen Weg weiter zu verfolgen und auszubauen. Ich schulde ihnen den größten Dank.

Dieser erfreuliche Umschwung in der Haltung der Mentoren hatte dann am Ende des ersten Praktikums eine hocherfreuliche Folge, als ich die Mentoren fragte, ob sie denn bereit seien, im Anschluß an das nächste Semester mit mir zusammen und der nächsten Studentengruppe wieder ein Praktikum durchzuführen. Sie teilten mir mit, daß sie dazu bereit seien, aber eine Bedingung stellen würden: sie wollten alle am vorbereitenden Seminar teilnehmen! Selbstverständlich akzeptierte ich, aber ich mußte darauf hinweisen, daß von universitärer Seite weder ein besonderes Honorar gezahlt werden könne, noch eine Fahrtkostenerstattung möglich sei. Sie sagten, dies sei zu erwarten gewesen, aber ihr Interesse sei kein finanzielles: sie wollten teilnehmen.

Diese neue Situation hatte erhebliche Auswirkungen hinsichtlich der Möglichkeiten im nächsten vorbereitenden Seminar. Äußerlich bewirkte sie eine Veränderung der Zeitplanung. Bisher war das Seminar über das ganze Semester hin zweistündig und wöchentlich angelegt: der neue Plan sah für die Semesterzeit vierstündige und zweiwöchentliche Sitzungen vor. In der Planung für die einzelnen Sitzungen konnte die Lehrerseite durch ihre nun erhöhte Präsenz funktional wirksam einbezogen werden: dies war für meine planerische Arbeit die wichtigste Neuerung.

Alle beteiligten Mentoren waren an der vorbereitenden Seminararbeit der beiden folgenden Praktika beteiligt. Das änderte sich auch nicht, als ich – um das Konzept mit anderen Lehrern an einer anderen Schule zu erproben – das letzte Praktikum mit einer neuen Mentorengruppe leitete. Ich halte es nicht für unwesentlich, zu erwähnen, daß die einzelnen Mentoren für jede Seminarsitzung ca. 20 km fahren mußten, um nach Gießen zu kommen. Die Strecke betrug für eine Mentorin sogar 50 km.

Dieser Exkurs zur Situation der Mentoren mag ihre positive Haltung zu einer solchen Seminar- und Praktikumsform illustrieren. Sie waren sehr deutlich von vornherein auf Mitarbeit eingestellt, obgleich sie in keinem Fall wußten, was in den einzelnen Sitzungen verhandelt werden würde. Vor allem wußten sie nicht, wie – also in welcher Form – gearbeitet würde; und genau hier lag der Schwerpunkt ihres Interesses. Herr T. meinte gegen Ende des Semesters: «Ei, ich bin jedesmal gespannt, was der Brück für heute wieder ausgeknobelt hat.»

22   Das Setting ist die institutionelle Bedingung des Seminars

Damit ist neben der besonderen Art und Weise der Leiterinterventionen – auf die ich später eingehen werde – die zentrale Besonderheit des Seminars angesprochen: das Setting. Es bedarf einer ausführlichen Erörterung.

Mit «Setting» (oder Arrangement) ist die äußere Organisationsform oder das «Wie» bezeichnet, nach der jede einzelne Seminarsitzung ablaufen soll. Dies wird am Ende der jeweils ersten Sitzung, die auch nach einem Setting abläuft, formell und verbindlich festgelegt und hat damit den Charakter einer vertraglichen Vereinbarung zwischen der Seminarleitung und allen Teilnehmern.

Die formelle vertragliche Verbindlichkeit und deren «offizielle» Feststellung ist für das Gesamtseminar von außerordentlich hoher

Bedeutung. Sie steht für die Forderung, in ganz verbindlichen, zwar durchaus veränderbaren, aber zunächst so und nicht anders vorfindlichen Formen, unter ganz bestimmten und bekannten Zwängen und restriktiven Beschränkungen anderer Art lernen und arbeiten zu müssen. Das Setting hat damit institutionell-organisatorischen Charakter. Es ist in unserem besonderen Zusammenhang die «Spielform» der Ernstsituation Schule in der Ernstsituation Universität. Ich sagte, daß das Setting durchaus veränderbar sei – aber eben nicht leicht. Es wird allein von der Seminarleitung je nach der besonderen Einschätzung des Lern- und Entwicklungsstandes der Gruppe konzipiert und zu Beginn jeder Sitzung vorgestellt. Dies bedeutet unter anderem, daß es auch von der Seminarleitung vertreten und gegen Angriffe – sie blieben in keinem Seminar aus – verteidigt wird. Wenn der Ausdruck «Spielform» zu Mißverständnissen Anlaß gab, so können sie an dieser Stelle korrigiert werden: das Setting wird von der Seminarleitung nicht «zum Spiel» oder «aus Spaß» erarbeitet und vertreten, sondern sehr ernsthaft und mit großem Nachdruck – und das heißt im Fall von Angriffen immer: gegen einen mehr oder weniger großen Teil der Teilnehmer. Der Ausgang einer solchen Auseinandersetzung ist – prinzipiell – immer offen.

23 Das Setting ermöglicht die Auseinandersetzung mit einer Lernsituation unter restriktiven Bedingungen

Der zugrundeliegende Gedanke ist einfach, aber frappierend und sehr folgenreich für jede Lernsituation. Ich gehe von der Schulsituation aus, auf die ich ja auch vorbereiten will. Diese Situation ist wesentlich gekennzeichnet durch ihren institutionellen Charakter und enthält eine Fülle von leidvoll oder auch – je nach dem Ort, an dem ich stehe, und meiner Einstellung – hilfreich erlebten Restriktionen. Viele dieser Restriktionen sind so unbefragt gültig wie irrational und unbegründet. Niemand kann einen plausiblen Grund für die zeitliche Festlegung einer Unterrichtseinheit auf 45 Minuten nennen: sie gilt! Niemand kann einen plausiblen Grund für die Einteilung in Jahrgangsklassen nennen: sie gilt! Niemand kann einen vernünftigen Grund für die zeitliche Einteilung in Schuljahre nennen: sie gilt! Dieser Katalog ließe sich beliebig ausgestalten und erweitern. Für diesen Zusammenhang genügen zwei Feststellungen:
1. solche institutionellen Restriktionen werden in der Schule im Übermaß vorgefunden;
2. sie werden von den Lehrern – spätestens nach einer «Einarbei-

tungszeit» – nicht mehr hinterfragt und meist mit Nachdruck vertreten.

Auch auf diesen Anteil der Schulsituation soll das Seminar vorbereiten: die Frage, ob dieser Anteil pädagogisch gerechtfertigt werden kann, wird von der Seminarleitung angesichts der Faktizität dieses Anteils nicht gestellt. Diese Frage ist dem Teilnehmerkreis anheimgestellt, der sie nun aufwerfen kann oder nicht: er tut es immer mehr oder weniger deutlich!

Insofern enthält das Setting diese Fragestellung immer und bringt sie gleichsam in den Erfahrungsbereich der Teilnehmer. Was aber die Teilnehmer mit einer so begünstigten Erfahrung machen, steht in ihrem eigenen Ermessen: von seiten der Seminarleitung sind keine dezidierten Hinweise oder Erklärungen zu erwarten.

24 Die Arbeit mit dem Setting impliziert eine klare Arbeitsteilung und bestimmte inhaltliche Präferenzen

An dieser Stelle deutet sich die Verteilung der Verantwortlichkeiten in diesem Seminar an. Sie ist sehr klar und wird auch immer wieder von seiten der Seminarleitung klargestellt, sofern Mißverständnisse sichtbar werden. Die Seminarleitung ist voll verantwortlich für das Setting, weil sie allein es erstellt. Sie bringt damit im wesentlichen äußere Restriktionen organisatorischer Art ein, z. B. präzise Zeitplanung für einzelne Phasen. Diese Restriktionen können nur gegen den Widerstand der Leitung geändert werden. Selbstverständlich werden im Rahmen eines jeden Settings Inhalte bearbeitet. Diese Inhalte orientieren sich immer – mit Beginn der zweiten Sitzung – an Wünschen und Bedürfnissen, die aus dem Teilnehmerkreis kommen. Selbstverständlich können nicht alle Wünsche und Bedürfnisse aus dem Teilnehmerkreis inhaltlich bearbeitet werden: das zu Beginn eingebrachte schriftliche Konzept (siehe oben) grenzt bestimmte Inhalte von vornherein aus, zumal es – wie gesagt – Teil einer vertraglichen Verbindlichkeit ist. Das bedeutet: der inhaltliche Vorschlag «Information über didaktische Modelle» wird nicht akzeptiert; die Seminarleitung verweist auf andere Seminare, deren Angebot diesen wichtigen Inhalt enthält.

Das inhaltliche Material, das unter dieser Konzeption bearbeitet werden kann, unterliegt selbst einer Restriktion: ausgeschlossen sind – laut vertraglicher Vereinbarung – alle Inhalte, die gleichsam von außen, etwa durch ein vorher durch einzelne Teilnehmer erstelltes Referat, erst neu in den Lernzusammenhang eingebracht und dann bearbeitet werden sollen. Dieser wichtige innovative Vorgang wird in allen universitären Seminaren vollzogen, und das mit gutem Grund. Unter der Konzeption *dieses* Seminars sollen ausschließlich solche Inhalte bearbeitet werden, von denen mit Sicherheit angenommen werden kann, daß sie in den Köpfen und Verhaltensweisen der Teilnehmer bereits vorhanden sind – keine anderen! Dies ist aber, bezogen auf den Inhalt «Didaktische Modelle», allenfalls wahrscheinlich, denn die Teilnehmer stehen alle mindestens drei oder fünf Semester in der Lehrerausbildung – aber es ist nicht sicher!

Der andere Vorschlag «Motivation für den Lehrerberuf» oder «Die Lehrerrolle» wird demnach leicht akzeptiert werden können; denn alle Teilnehmer haben sich hinsichtlich ihrer Motivation – bewußt oder unbewußt – faktisch, wenn auch vielleicht zum Teil nur vorläufig, entschieden; alle Teilnehmer haben Erfahrungen im Bereich der Inhaltlichkeit «Lehrerrolle». Die Erfahrung dieses Seminars zeigt, daß es eine erstaunlich große Anzahl von schulisch relevanten Inhalten gibt, zu denen bei allen Beteiligten konkrete Erfahrungen vorliegen. Solche Inhalte also werden von der Seminarleitung akzeptiert.[33]

25 Die Seminarleitung plant das Setting nach Maßgabe ihrer Einschätzung des Gruppenprozesses

Die vorbereitende Arbeit am Setting der jeweils nächsten Sitzung beginnt also in den letzten Minuten der jeweils vorigen. Einer der Inhalte, die als problemhaltig genug in der ablaufenden Sitzung anklangen, wird zur Bearbeitung für die nächste Sitzung bestimmt. Dieser Vorgang endet fast immer mit einem leicht herstellbaren Konsens in wenigen Minuten.

Es ist nun Aufgabe der Seminarleitung, *das* Setting zu erarbeiten, das die beste Lernsituation im Hinblick auf diesen Inhalt und diese Gruppe zu versprechen scheint. Dafür sind folgende Überlegungen maßgeblich:

1. Wie kann die Rollendifferenz zwischen den Lehrern/Mentoren und den Studenten/Praktikanten erfahrungsträchtig und lernträchtig strukturiert werden?
2. Welche Organisationsformen scheinen besonders geeignet angesichts des Entwicklungsstandes dieser Gruppe und ihrer Fähigkeiten und Schwierigkeiten? (Diese Frage kann niemals in allgemeingültiger Form beantwortet werden, da sich jede Gruppe anders entwickelt; die anderen Fragen schon eher, aber selbstver-

ständlich nur sehr begrenzt.)

3. Wie können die Ergebnisse des bisherigen Verlaufs in dieser neuen Sitzung reaktualisiert und vielleicht stärker differenziert werden?

4. Können Medien eine sinnvolle Funktion übernehmen? (Alle Sitzungen finden im Fernsehraum einer Unterrichtsmitschauanlage statt, die mit Kameras, Mikrofonen und Monitoren gut ausgestattet ist und deren technische Betreuung leicht vorweg vereinbart werden kann.)

Damit ist sichtbar geworden, daß die Seminarleitung sich zwar an der Bearbeitung eines bestimmten Inhalts bei ihrer Arbeit am Setting orientiert, selbst aber auf eigene inhaltliche Vorarbeit völlig verzichtet – jedenfalls soweit solche Vorarbeit dezidiert ins Seminar gebracht werden soll. Selbstverständlich wird sich die Seminarleitung im Bedarfsfalle auch inhaltlich zusätzliche Informationen – etwa aus der Literatur – verschaffen, aber sie gehen nicht als solche ins Seminar ein.

Nun liegt es nahe, daß man, bezogen auf einen bestimmten Inhalt und eine bestimmte Seminarsituation, sehr unterschiedliche Settings erarbeiten kann, die auch sehr unterschiedliche Lernmöglichkeiten mehr oder weniger gut bereitstellen. Eine sichere Entscheidung für das beste Setting ist gewiß nicht möglich. Zugleich ist es aber sehr wichtig – wegen der Forderung, unter institutionellen Restriktionen zu lernen – daß vor Beginn der nächsten Sitzung eine verbindliche Entscheidung für ein bestimmtes Setting fällt. Dieses Setting ist vielleicht nicht das beste, aber es ist nach bestem Wissen und Gewissen von der Seminarleitung erstellt. Sie leistete, was sie konnte – nicht mehr, aber auch nicht weniger – und wird dies vertreten und möglicherweise verteidigen.

26 *Das inhaltliche Material jeder Seminarsitzung wird allein von der Teilnehmergruppe eingebracht; dies gilt auch für die Lernziele*

Damit ist der eine Teil der Verantwortlichkeiten dieses Seminars und jeder einzelnen Sitzung klar beschrieben, und ich füge der Übersichtlichkeit halber noch eine negative Abgrenzung an:

1. die Seminarleitung enthält sich jeder Lernzielbestimmung oder -formulierung;

2. sie enthält sich auch jeder inhaltlichen Eingabe, die sie präpariert in das Seminar einbringen könnte.

Diese beiden Punkte werden von der Seminarleitung ausgegrenzt und fallen vollständig in den Verantwortungsbereich der Teilnehmergruppe und der einzelnen Teilnehmer. Mit anderen Worten: die Seminarleitung spricht gleichsam eine Einladung für eine bestimmte, vorbereitete Lernform aus. Dies und nichts anderes ist ihr Angebot. Die Teilnehmer können dieses Angebot annehmen oder ausschlagen; jedenfalls steht kein anderes zur Verfügung. Was sie aber mit diesem Angebot machen, steht allein in ihrem Ermessen. Sie allein entscheiden über die konkreten Inhalte, die sie einbringen und bearbeiten wollen. Sie allein entscheiden über ihre Lernziele, die sie erreichen oder nicht. Sie allein entscheiden über die Annahme oder Zurückweisung des Settings, das sie verändern können oder nicht. – Wie immer sie sich entscheiden und was immer sie tun oder sagen: all dies fällt allein in ihren Verantwortungsbereich. Verkürzt und am Beispiel: Wenn sie das Setting akzeptieren, tragen sie die Folgen – wenn nicht, dann auch!

27 Die Intervention des Seminarleiters orientiert sich an der Verbindlichkeit des Settings und den vereinbarten Themen

Damit ist zugleich der strategisch wichtigste Punkt benannt, von dem die Intervention des Leiters im Seminar selber ausgeht und auf den sie zurückkehrt. Seine Strategie läßt sich auf einen Satz bringen: Es ist mir nicht möglich, ohne ein für alle verbindliches Setting zu arbeiten! Anders formuliert: Ich weigere mich, irgend etwas irgendwie zu bearbeiten! Irgend etwas ist alles Mögliche, und irgendwie ist überhaupt nichts! Ich brauche verbindliche Formen und vereinbarte Inhalte, wenn ich – zumal in einer Gruppe – arbeiten und lernen will! Wenn die durch mich vorgegebenen Formen nicht akzeptiert werden können, müssen wir neue suchen! Wenn die vereinbarten Inhalte abgelehnt werden, müssen neue inhaltliche Vereinbarungen getroffen werden! Dies ist mein unverzichtbarer Anspruch an dieses Seminar und die Bedingung meiner Mitarbeit!

Diese Formulierungen sind in der und der Weise von mir im Seminar benutzt worden, und sie stoßen zu Beginn auf meist krasses Unverständnis. Eine Teilnehmerin nannte sie rüde und rigide, und sie sind es wohl auch – trotz oder wegen ihrer Klarheit und Deutlichkeit! Was sie meinen, hat eine sehr wichtige Funktion in diesem Seminar.

In der Schule, auf die sich dieses Seminar vorbereitend beziehen will, wird diese Teilnehmerin eine Diskussion darüber, ob eine Unterrichtsstunde 45 oder 93 Minuten dauern soll, auf Dauer nicht zulassen können. Sie wird auch mit keinem Schüler über die Tatsache der Notengebung streiten können, ebensowenig wie sie es auf die Dauer wird verkraften können, darüber zu verhandeln, ob und wann die schriftliche Multiplikation im Unterricht bearbeitet werden soll. Sie wird entscheiden müssen und muß ihre Entscheidungen vertreten; sie wird Entscheidungen vorfinden und wird auch solche vertreten müssen. Wenn sie organisatorische Veränderungen wünscht – für sich oder ihre Schüler –, wird sie die Erfahrung machen, daß man ihr nicht entgegenkommt. Wenn sie sie trotzdem weiterhin wünscht, wird sie sich um die Bedingungen kümmern müssen, die ihren Wünschen Raum schaffen können.

Das Seminar versucht also vermittels eines rigiden Settings die rigiden Bedingungen der Arbeit in der Schule abzubilden. Es stellt damit die Möglichkeit bereit, unter pädagogischen Gesichtspunkten Erfahrungen über Lernen und Arbeiten unter Bedingungen zu machen: die wesentlich rigiden Bedingungen der Schule werden pädagogisch antizipiert; die Seminarteilnehmer sind aufgefordert, sich solchen Bedingungen auszusetzen, um zu sehen, welche Wirkungen diese Bedingungen bei ihnen selber bewirken. Das, was sie bewirken, ist allerdings ausdrücklicher Gesprächs- und Bearbeitungsgegenstand. Die Seminarteilnehmer sollen sich nicht nur solchen Bedingungen aussetzen – zum zweitenmal, denn sie waren selbst alle Schüler –; sie sollen deren Wirkungen auch mitteilen, reflektieren und bearbeiten; denn sie werden alle Lehrer sein, also in der oder der Form zufügen, was ihnen zugefügt worden ist und was ihnen hier zugefügt wird.

Diese Zufügungen – oder Zumutungen – werden von allen Teilnehmern sehr intensiv erlebt und führen manchmal zu empörten Reaktionen: «Ich finde es empörend, daß wir hier als Schüler behandelt werden!» – «Diese Settings sind eine Zumutung! Jedesmal, wenn eine Sache richtig zu laufen beginnt, sagst du: ‹Die Zeit ist abgelaufen!›, und wir müssen etwas Neues machen, obgleich wir mit dem Alten noch lange nicht fertig sind!» – Den Teilnehmern ist nie am Anfang, sondern erst im Verlauf des Seminars klar, daß die enthaltenen Zumutungen bewußt in Kauf genommen werden und daß die bewirkten Reaktionen das wichtigste Material sind, das in diesem Seminar bearbeitet werden kann.

29 Jedes Seminar hat ein Setting, ohne daß es benannt würde: dieses Seminar benennt es genau

Im Vergleich mit der landläufigen universitären Seminarform, die allen bekannt ist, lassen sich Gleichheiten und Unterschiede deutlicher herausstellen.

Selbstverständlich hat jede andere universitäre Seminarsitzung auch ein «Setting». Es ist meist weniger scharf strukturiert und wird als Selbstverständlichkeit unerörtert vorgefunden und meist akzeptiert. Es ist ebenfalls fast immer vom jeweiligen Leiter allein erstellt und wird von ihm vertreten – nur eben nicht so präzise und deutlich.

Beispielsweise wird sich der Leiter eher an den Inhalten orientieren: sie sollen vermittelt werden und vor dem Übergang zu neuen Inhalten nach Möglichkeit gesicherter Wissensbestand der Teilnehmer sein. Er hat die Inhalte selber eingebracht, oder sie sind unter seiner mindestens prinzipiellen Anleitung eingebracht worden. In diesem vorbereitenden Seminar werden die Inhalte ausschließlich von den Teilnehmern nach Maßgabe ihrer Möglichkeiten eingebracht: es geht hier auch nur am Rande um deren Vermittlung im Sinne möglichst gesicherter Wissensaneignung, sondern es geht um ihre Bearbeitung unter deutlich gesetzten Bedingungen. Das wichtigste Material wird von den Teilnehmern unter dem Druck gesetzter Restriktionen selber hervorgebracht und soll bearbeitet werden. Die Inhalte sind insofern zwar immer schulisch relevant und können deswegen schon als solche verantwortet werden – in diesem Punkt unterscheidet sich dieses Seminar also nicht von anderen in der Lehrerausbildung – aber seine Besonderheit liegt in der ausdrücklichen Einbeziehung der Wirkungen, die das restriktive und deutlich strukturierte Setting auf die Teilnehmer hat: sie werden bearbeitet. Verkürzt gesagt: die Frage heißt in zweiter Linie «Was wird gelernt?»; sie heißt in erster Linie: «Wie lerne ich unter solchen Bedingungen?» und «Was bedeutet das für mich und die anderen?»

30 Der Lernprozeß selber ist Gegenstand der Seminararbeit; dies infolge der Wirkungen des Settings auf die Teilnehmer

Das landläufige Seminar vermittelt, so gut als es gehen will, Inhalte und sperrt den Vermittlungsvorgang selber fast immer aus: es verweist ihn in den informellen Raum.

Dieses vorbereitende Seminar bezeichnet im Setting den Vermittlungsvorgang selber mit einer solchen Eindringlichkeit, daß er eben durch die Deutlichkeit seiner Bezeichnung und die penetrante Vertretung und Verteidigung durch die Seminarleitung die angestrebte Metadiskussion provokativ enthält.

Die Forderung nach Metadiskussion wird also nicht in erster Linie dezidiert erhoben oder proklamiert, sondern sie wird durch ein restriktives Setting nahegelegt und tendenziell erzwungen. Auf diesem Weg stellt sich also durch organisatorische Maßnahmen von seiten der Seminarleitung – durch ein Setting bewirkt und beibehalten – eine wesentlich andere Gewichtung im Vergleich zum landläufigen Seminar her.

1. Die Inhalte imponieren in der Form von Erfahrungen der Teilnehmer und provozieren deren Bearbeitung;
2. die Ziele bestehen in der Reflexion dieser Erfahrungen und werden von den Teilnehmern gesetzt oder nicht und von ihnen erreicht oder nicht;
3. dabei rangieren die emotionalen Anteile im Erfahrungswert vor den kognitiven, ihnen gilt auch das besondere Interesse in der Seminararbeit, die man so auch als einen «kognitiven Versuch über Emotionalität» bezeichnen kann.

31 Das Material des Seminars entstammt der lebensgeschichtlichen Vergangenheit seiner Teilnehmer unter dem Aspekt ihrer Erfahrung von Schule – es enthält somit ein Angstpotential

Damit ist im wesentlichen die pädagogisch-didaktische Funktion des Setting beschrieben. Es hat methodologischen Charakter, weil durch seinen Einsatz und seine Handhabe bestimmte Anteile aktualisiert werden können, die im Zusammenhang von Lehrerausbildung relevant sind. Diese aktualisierten Anteile habe ich als wesentlich «emotional» gekennzeichnet. Ich werde im Verlauf zeigen können, daß diese emotionalen Anteile von ihrer Herkunft aus jeweils der lebensgeschichtlichen Vergangenheit zugeordnet werden können, und das bedeutet für das vorbereitende Seminar: der schulischen Vergangenheit der Betroffenen. Dies geschieht nun in einer doppelten Weise. Einmal sind die Inhalte selbst so ausgewählt, daß sie als – jeweils individueller – Erfahrungswert in der schulischen Lebensgeschichte der Beteiligten vorgefunden werden können. Alle Beteiligten sind Schüler gewesen, haben sich – endgültig oder nicht – mit der Frage ihrer Berufswahl befaßt, haben Erfahrungen mit Lehrern und mehr oder weniger ausgeprägte Vorurteile über Lehrer. Alle Anteile, die die Beteiligten also in das Seminar einbringen können, haben sie sich im Verlauf ihrer einschlägigen Lebensgeschichte angeeignet und so oder so ver- oder bearbeitet. Dieser Ver- oder Bearbeitungsprozeß ist vermutlich bei keinem abgeschlossen, so daß der jeweilige Inhalt in der Form eingebracht werden muß, die dem Stand seiner Ver- oder Bearbeitung zum Zeitpunkt der jeweiligen Sitzung entspricht.

Ich werde zeigen können, daß dieser Vorgang fast immer ein mehr oder weniger großes Angstpotential auslöst, und zwar zunächst nur im Hinblick auf die Inhalte, die bearbeitet werden sollen.

32 Die Seminarsituation ist als wiederholte Schulsituation manchmal ebenfalls beängstigend

Dazu kommt, daß die Situation selber in vielen Punkten derjenigen vergleichbar oder ähnlich ist, auf die sich die Inhalte beziehen: auch hier gibt es wirkliche Lehrer, einen (oder zwei) wirkliche Seminarleiter, die häufig als Lehrer gesehen oder angesprochen werden; besonders die Studenten erleben sich häufig ihnen gegenüber als Schüler, was ihnen Unbehagen macht, da sie doch zugleich Erwachsene sind. Es wird deutlich, daß die Situation selber auch tendenziell angstbesetzt erlebt werden kann. Dies deutet sich an, wenn völliges Unverständnis im Hinblick auf das, was gerade geschieht, geäußert wird, wenn das «Chaos» befürchtet wird, wenn sich einzelne fragen, ob sie überhaupt Lehrer werden wollen oder können.

33 Das Setting hat auch die Funktion der Bewältigung möglicher Angst

Dies alles bedeutet für die Teilnehmer, aber besonders auch für die Leiter eine ganz erhebliche Belastung, die insofern auch für die Leiter beängstigend sein kann und manchmal ist.

Hier zeigt sich nun die andere wichtige Funktion des Settings: es ist der rote Faden, es setzt Anfang und Ende, es leitet bestimmtes Handeln ein und schließt es ab, es ermöglicht Strukturierung, weil es eine Struktur ist. Mit einem Wort: es gibt Sicherheit und nimmt Angst, die Angst des Seminarleiters vor seinem Studenten. Insofern drückt meine unverzichtbare Forderung nach verbindlichen Vereinbarungen nicht nur eine pädagogisch-didaktische Notwendigkeit aus: sie ist ebenso notwendig und unverzichtbar im Hinblick auf meine möglichst angstfreie – und das heißt: kompetentere – Arbeitsfähigkeit. Das verbindliche Setting begünstigt eine schwierige Lernsituation – und welche Lernsituation wäre nicht schwierig –, aber es gibt auch die nötige Sicherheit, eine solche Lernsituation mit Gewinn und möglichst wenig Angst durchstehen zu können.

B Erinnerungen an die Schule

34 Erinnungen an die Schulzeit sind fast ganz auf deren emotionale Bedeutung reduziert

Die nun folgende Darstellung der ersten Sitzung des dritten vorbereitenden Seminars zeigt schon am Anfang diesen Angstanteil sehr deutlich: er wird hier zunächst auf die bedrückende Situation bezogen.

Dieses dritte Seminar hatte ich zusammen mit Martin Siegler, dem Referenten für audiovisuelle Medien beim Zentrum für Lehrerausbildung, geplant und geleitet. Die Teilnehmergruppe bestand aus vier Mentorinnen und einem Mentor, die alle zum Kollegium der künftigen Praktikumsschule gehörten und dort in der Grundschule arbeiteten, und den elf Studentinnen und drei Studenten.

Alle Lehrer waren mir durch frühere gemeinsame Arbeit und durch meine Frau – selber eine der Mentorinnen – gut bekannt. Drei oder vier der Studenten kannte ich flüchtig aus einem früheren großen Einführungsseminar, das ich geleitet hatte; die übrigen waren mir unbekannt.

Setting der ersten Seminarsitzung

Eingangssituation:
1. Einleitung und Vorstellung: (Horst)
a) Kurze Daten zur Person und Rolle
formeller Durchgang im Kreis
b) Anredeform («Du» oder «Sie» und Name) (25 min.)
2. Anheften der Namensschilder (5 min.)
3. Kreisarrangement: (Beginn der Videoaufzeichnung)
a) formeller Durchgang: Jeder soll versuchen, seinen ersten Schultag zu erinnern, wo nicht möglich, seinen ersten Eindruck von der Schule
b) formeller Durchgang: Jeder soll versuchen, seinen letzten Schultag, resp. seinen letzten Eindruck von der Schule zu erinnern. (30 min.)
4. Pause (10 min.)
5. Anweisung zur Gruppeneinteilung und Gruppenbildung: (Martin) (5 min.)
a) zwei Teilnehmer spielen «Tip-Tap» (Fußballmannschaft)

b) Die beiden beginnen mit der Konstituierung ihrer Gruppen und führen dies im Verlauf mit den sukzessive Hinzukommenden zu Ende.

6. Zwiebelschale: (a Martin – b Horst) (80 min.)

Struktur: Der Innenkreis diskutiert – der Außenkreis beobachtet. Es können Notizen gemacht werden. Beobachtungen sollen konkret sein. Sie beziehen sich auf die Vorgänge im Kreis *und* die eigene Befindlichkeit. Interpretationen sollen vermieden werden. (30 min. + 10 min.) + (30 min. + 10 min.)

feed back von außen nach innen – vice versa

Diskussion des erinnerten Materials aus der schulischen Sozialisation der Teilnehmer.

Perspektive der Leiterintervention: Beschreibung der Situation, in der auf der einen Seite die erinnerten Anteile mehr oder weniger stark affektbesetzt sind, auf der anderen Seite aber ein Anspruch besteht, im Sinne von Lehrerausbildung auf eine Institution vorzubereiten, die, ihrem eigenen Selbstverständnis zufolge, der Wissensvermittlung dienen soll

oder

schulisches Selbstverständnis contra affektive Erinnerungsanteile

oder

Inhaltsebene contra Beziehungsebene.

Die Situation kann als beschrieben gelten, wenn diese Polarität beschrieben ist!

7. Kreisarrangement:

a) Beschreibung und Kritik dieser Sitzung

b) Perspektive des Seminars

c) Verteilung des Praktikumskonzepts (25 min.)

Alle saßen schließlich kurz nach dem angesetzten Termin auf Stühlen ohne Tische im Kreis im Fernsehraum der Unterrichtsmitschauanlage. Wir begannen, nachdem der Techniker die Einstellung der Kameras noch einmal kurz geprüft hatte: sie sollten in einer späteren Phase eingesetzt werden. Als er den Raum verlassen hatte, stellte ich mich kurz vor und bat auch die anderen, einige Daten zur Person, zum Studiengang etc. anzugeben.

Es folgte eine längere Schweigepause, in der ich es vermied, jemand bestimmten zum Beginn zu ermuntern. Schließlich fängt Helge L. von sich aus an: «Ja, ich kann dann ja mal anfangen. Ich heiße Helge L., studiere im Hauptfach – äh – Kunst, Didaktikfächer: Mathematik und Deutsch. Das ist mein erstes Praktikum. Ansonsten – ich möchte mit ‹Helge› angesprochen werden – (Pause) – und mit ‹Du›.»

Die nächsten vier Beiträge folgen diesem durch Helge L. eingebrachten Schema. Die Informationen sind ganz formal, man spürt bei allen eine gewisse Verlegenheit und Beklommenheit, die dann von Hilde M. ausgedrückt wird. Sie sagt: «Mein Name ist Hilde M. Ich möchte auch mit ‹Hilde› angesprochen werden – äh – mache Deutsch als Hauptfach und Kunst und Mathe als Didaktikfach. Und

68

ich möchte vielleicht mal als erstes sagen, daß mich diese Geschichte hier unheimlich verunsichert und daß ich auch ganz gerne von euch wissen möchte, was das zu bedeuten hat.»

Paula N. ist die nächste in der Reihe, sie greift Hilde M.s Intervention auf und bestätigt sie. Sie sagt: «Ja, der gleichen Meinung bin ich auch. Also, es ist durchaus keine – äh – gemütliche Atmosphäre dadurch. – Ja, ich mach Hauptfach Deutsch und Mathe als Didaktikfach . . .» etc.

Die meisten Blicke richten sich jetzt auf mich, und erst als deutlich wird, daß ich mich nicht äußern werde, läuft die Vorstellung in der eingangs durch Helge L. eingeführten formalen Weise weiter. Erst die vierte folgende Studentin spricht die Situation selber wieder an – allerdings vermittelt. Sie sagt: «Ich heiße Lisa O. Ich möchte auch mit Lisa angeredet werden, und das ist auch mein erstes Praktikum. Ich bin auch der Meinung – äh – ich hab mir auch vorgestellt, daß man also hier ein bißchen die Angst genommen bekommt und auch ein bißchen vorbereitet wird, wie man sich in der Schule verhält und wie man vielleicht Unterrichtsvorbereitungen schreibt und sowas. Ich mache Kunst und Sozialkunde und Deutsch.»

Die Vorstellung wird nun ohne weitere Hinweise auf die Situation unter ausschließlicher Verwendung formaler Informationen zu Ende geführt. Danach bitte ich alle Teilnehmer, die vorliegenden Namensschilder zu beschriften und an der Kleidung zu befestigen: alle wollten mit ‹Du› angeredet werden und schreiben ihre Vornamen auf die Schilder. Nachdem alle wieder im Kreis sitzen, teile ich den Plan (Setting) für den weiteren Verlauf der Sitzung mit. Ich verweise darauf, daß am Ende der Sitzung noch etwa zwanzig Minuten zur Verfügung stehen werden, die man dazu verwenden kann, den Verlauf dieser Sitzung retrospektiv zu erörtern und Vorstellungen über den weiteren Seminarverlauf zu äußern.

Die Mitteilung des Settings wird schweigend zur Kenntnis genommen. Es folgt eine Pause, und ich erkläre die unmittelbar bevorstehende Übung: «In der Reihenfolge der Sitzordnung soll jeder versuchen, seinen ersten Schultag als Schüler zu erinnern. Wo das nicht möglich erscheint, seinen ersten erinnerbaren Eindruck von der Schule. – Danach soll jeder in einem zweiten Durchgang seinen letzten Schultag bzw. seinen letzten Eindruck von der Schule als Schüler zu erinnern versuchen.»

Martin ergänzt: «Dazu wäre noch zu sagen, daß wir diese beiden Durchgänge – also erster und letzter Schultag – auf Videoband aufzeichnen.» – Daraufhin fragt Helge L.: «Können wir die Aufnahme hinterher sehen oder ist das ‹nur so› halt?» – Ich antworte: «Ja!», und es entsteht wieder eine Pause, die ich dann beende, indem ich Agnes C., die neben mir sitzt, anspreche: «Würdest du bitte anfangen?» Sie lacht verlegen: «Ich hab ein bißchen Schwierigkeiten, mich an die Schule zu erinnern.» – Es folgt wieder eine längere Pause, und ich erlebe die Situation als ziemlich bedrückend. Dann sagt Agnes C.: «Ja, ich muß erst nochmal überlegen, mir fällt noch nichts ein.» – Ich gehe darauf ein und sage: «Vielleicht ist es günstig, wenn mal ein anderer anfängt. In der Zwischenzeit fällt dir dann vielleicht doch noch was ein. – Also, wie gesagt: Es muß nicht der erste Schultag sein. Es kann auch der erste Eindruck von der Schule sein.» Die folgende Pause ist kürzer, und Lisa O. beginnt:

Lisa O. Ja, ich fang dann mal an. Also der erste Schultag, da fällt mir auch nichts ein. Aber ich kann mich noch erinnern, wie ich den Schulreifetest gemacht hab. Und zwar hatte ich da den Termin verpaßt, und ich bin zufällig mit dem Roller an der Schule vorbeigefahren, und da hat mich jemand gesehen. Und ich mußte . . . ich hätte eigentlich in der Klasse sitzen müssen. Da haben die mich raufgeholt. Und ich wurde dann hingesetzt an einen Fragebogen. Und dann sollte ich das ausfüllen und hab mir eigentlich gar nichts weiter dabei gedacht. Und hab nur noch an den Roller gedacht, der vor der Schule stand. Und dann bin ich halt wieder weggefahren. Und es war halt so . . . es war überhaupt kein größeres Erlebnis. Ich weiß nur noch, daß . . . da hinter mir saß ein Mädchen, das hat fürchterlich geweint nach ihrer Mutter. Und das konnte ich überhaupt nicht verstehen.

Damit ist im Hinblick auf die folgenden Berichte vom ersten und letzten Schultag das Eis gebrochen. Sie folgen nun in der Reihenfolge der Sitzordnung ohne weitere Unterbrechung. Nur Eckhard H. fragt an, als die Reihe an ihn kommt, was denn der «konkrete Bezug dieser kleinen Geschichten sei» und daß ich ihm «das erst nochmal näher erläutern» müßte. Ich reagiere mit dem ermunternden Hinweis: «Na, probier's doch erst mal!», worauf er eingeht. Alle Seminarteilnehmer sind an den Berichten sehr stark interessiert und zeigen Betroffenheit, die sich auch in der anschließenden Metadiskussion verbal äußern wird. Die Berichte werden im Verlauf zunehmend länger, so daß ich sie hier nicht wörtlich wiedergeben kann. Ich sehe mich genötigt, im Telegrammstil aus dem schriftlichen Tonbandprotokoll zu zitieren, um wenigstens annähernde Authentizität trotz Kürzung zu erreichen.

ANNI D. . . . begann mit einer Schlägerei . . . ein Junge hat sich vorgedrängt, und ich habe zugehauen . . . Meine Mutter war Lehrerin, . . . aber ich habe keine Schultüte gekriegt, weil andere auch keine hatten, obgleich wir uns das hätten leisten können . . . Ich bin ohne meine Mutter allein in die Schule gegangen . . .

HELGE L. . . . die Erwartung, daß da irgendwas passiert. Mein Vater war Lehrer, und ich hab mich auf den ersten Schultag riesig gefreut. Aber der lief nicht so . . . man hat uns da nur so in die Bank reingesetzt . . .

ECKHARD H. . . . da sind Fotos, wo ich mit meiner Mutter in der Nähe von der Schule gestanden habe . . . mußte mich aufbauen fürs Familienalbum, damit die ein Bildchen von mir haben.

HEIKE K. . . . meine Erwartung war, daß ich die Lehrerin meiner älteren Schwester bekäme . . . sie stand dann auch da in einer Reihe von Lehrern vor den Erstkläßlern . . . und da hab ich immer drauf gewartet, daß sie zu mir kommt. Aber wir haben sie nicht gekriegt, sondern bekamen einen Lehrer, und ich war arg enttäuscht . . .

HILDE M. . . . war auf einer Waldorfschule, und da ist die Schulaufnahme so ein Fest . . . auf einer Bühne . . . jedes Kind kriegt einen Blumenstrauß und eine Tüte und so weiter . . .»

ICH Was hat das für dich bedeutet?

HILDE M. Ja, das weiß ich nicht mehr! . . . Ich habe keinen Eindruck, keinen schlechten und keinen guten. Ich kann mich so nicht dran erinnern.

BEATE A. . . . weiß nicht genau, ob es die Erzählungen meiner Eltern sind oder meine eigenen Erinnerungen . . . das Schulfoto mit der Schultüte . . . meine Mutter hat mir ein neues Kleidchen genäht und mich unheimlich zurechtgemacht . . . ich guck also ganz lieb und fromm und brav da drauf . . . Genauso haben meine Eltern mich auch immer geschildert: . . . bin ein ganz braves und fügsames, ja, fügsames Kind gewesen . . . fand die vielen Kinder auf dem Schulhof interessant . . . Angst hatte ich nicht . . . hab mich eher gefreut . . . wegen der Erzählungen meines älteren Bruders . . . weiß nicht, wie das dann in der Klasse war . . .

GERTRUD P. . . . kann mich überhaupt nicht mehr erinnern . . . war eine Zwergschule mit acht Klassen . . . familiäre Beziehungen zum Lehrer . . . war für mich nichts Neues . . . kannte die Kinder alle aus dem Kindergarten . . . bin einmal vom Lehrer verprügelt worden, weil ich da ziemlich böse war . . . bin von dem Zeitpunkt ungern in die Schule gegangen . . .

PAULA N. . . . das einzige Kind, das nicht von der Mutter in die Schule gebracht wurde, sondern vom Vater . . . das war für mich auffällig damals . . . vierzig oder fünfzig Kinder in einer Klasse . . . die Eltern stellten sich an der Wand auf . . . kannte kein einziges Gesicht und kam mir ziemlich verloren vor . . . ein paar Fotos, die gemacht wurden.

SANDRA S. . . . habe ziemlich Angst gehabt . . . meine Mutter unter Tränen gebeten, mich zu begleiten . . . auf dem Weg bin ich mutiger geworden . . . Die freundliche Lehrerin am ersten Tag . . . hat eine Geschichte vorgelesen . . . weiß nicht mehr was für eine . . . fand den ersten Tag höchst erfreulich . . . Am nächsten Tag ging's richtig mit der Arbeit los . . . mit Ei, Hase und Willi . . . der Übergang war ziemlich unangenehm . . . hatte erhebliche Schwierigkeiten, fehlerfrei zu schreiben . . .

Herr U. . . . an nichts Genaues mehr erinnern . . . verbunden mit einem Gefühl von irgend etwas Fremdem, Unheimlichem und etwas Angst . . . Mein größerer Bruder verstand sich schlecht mit dem Lehrer . . . der hat mich entsprechend vorbereitet . . . Als Zweitkläßler habe ich ahnungslos einen Baum ins Lesebuch gemalt . . . mußte daraufhin ein paar Stunden nachsitzen . . . das hat die Angst bestätigt.

Frau U. . . . weiß nicht, was eigene Erinnerung ist und was meine Eltern mir erzählt haben . . . Vater war kurz vorher aus der Gefangenschaft gekommen . . . sollte mich in die Schule bringen . . . wurde im Dorf aufgehalten und blieb hängen . . . dann bin ich vorgelaufen . . . all die großen Mütter, die großen Erwachsenen . . . jedes Kind stand brav bei seiner Mutter, und ich lief da so wie in einem Irrgarten zwischen den großen Leuten da rum . . . Ich meine, ich wäre arg unsicher gewesen . . . beklemmende Gefühle gehabt . . . Hinterher haben meine Eltern mich als selbständig und selbstsicher gelobt . . . das hab ich dann fast geglaubt . . . Am zweiten Schultag soll ich gesagt haben: ‹Immer die schweren O's!› . . . mußten Reihen voll O's malen . . . da hab ich schon gestöhnt . . .

Frau E. . . . bin krank gewesen und wußte nicht, ob's am ersten Tag klappt . . . war ziemlich aufregend, weil ich immer gesagt bekam: ‹Ach, du freust dich doch auf die Schule.› . . . ältere Schüler haben in der Turnhalle ein Märchen vorgespielt . . . weiß nicht mehr welches . . . mit den Eltern in den Klassensaal gegangen . . . weiß halt nicht mehr, was geschehen ist . . . das geht wohl jedem so . . .

Esther H. . . . nur ganz schwach erinnern . . . wurden Fotos gemacht . . . ganz große Zuckertüte, die ich gar nicht allein tragen konnte, und meine Mutter hat sie nach Hause tragen müssen . . . Am zweiten Tag Lockerungsübungen . . . hat mir sehr gestunken . . . wollte lesen lernen und nicht schreiben lernen . . . sehnsüchtig aufs Lesebuch gewartet . . . als es kam, hab ich's verflucht: . . . Lesenlernen war mir so schwer . . .

Paul X. . . . kürzlich Fotos vom ersten Schultag beim Aufräumen gefunden . . . Meine Mutter hat mich frischgebügelt und gestriegelt hingebracht . . . die Eltern standen da immer hinten an der Tür . . . Montags hat uns die Lehrerin erzählen lassen, was am Wochenende in der Familie passiert ist. Ich wollte das nie erzählen . . . hab mich da immer gedrückt . . .

Frau C. . . . die Klappbänke und -tische mit den Tintenfässern und den Schiebedeckeln haben mich am meisten beeindruckt . . . ein Junge hat ein Tintenfaß ausgetrunken . . . habe mich ausschließlich damit beschäftigt, den andern meine Papptafel als richtige Schiefertafel darzustellen, weil ich keine solche hatte . . . Einen unheimlichen Bluff erlebt beim Fotografen . . . Jeder bekam eine Tafel vor die Füße mit dem Namen und kriegte dieselbe Schultüte in die Hand gedrückt . . . alle . . . da stehe ich mit meinen Trainingspumphosen drauf und habe eine Schultüte in der Hand, die mir gar nicht gehört. Das fand ich unheimlich beschissen.

Astrid Q. . . . sehr feierlich in Erinnerung . . . jeder von den Eltern in den Schulhof geführt . . . alle Erstkläßler versammelt . . . feierlich eine Zuckertüte überreicht . . . zeremonischer Hauch . . . kamen in so einen riesigen Klassensaal, da durften dann die Eltern dann noch hinten beiwohnen . . . ziemlich aufgeregt, weil die Eltern da ziemlich aufgepaßt haben, was ihre Kinder da auch sagen . . . hat mich recht nervös gemacht . . .

ICH Vom ersten Schultag weiß ich nichts . . . später hat sich der Lehrer über meine Dummheit lustig gemacht . . . Ich sei ein Ochse, und die Hörner seien schon sichtbar. . . . daß mir der Lehrer auf den Kopf geschlagen hat . . . war in der ersten Zeit ein schlechter Schüler . . .

MARTIN S. . . . da waren zwei Lehrer . . . ich war froh, daß wir den kriegten . . . der andere war berüchtigt . . . Da gab es eine Redensart: Ich mache Xbach mit dir, paß auf! Xbach hieß der Lehrer . . . das sagte man, wenn einer verprügelt werden sollte . . . sehr befremdlich, daß die Eltern mit in der Klasse waren . . . war so unheimlich voll . . . sämtliche Freiräume von den Eltern besetzt . . .

Vor dem zweiten Durchgang über die Erinnerungen an den letzten Schultag bzw. den letzten Eindruck von der Schule erscheint die Situation der Gruppe gelockert und entspannt. Es besteht eine ausgesprochene Bereitschaft, trotz der ungewöhnlichen Situation weiterzuarbeiten. Bei einzelnen war das – wie sich später zeigte – allerdings nur scheinbar der Fall. – Ich leite den zweiten Durchgang mit der folgenden Bemerkung ein:

ICH Ja, dann versuchen wir mal, den letzten Schultag zum Thema zu machen, beziehungsweise die letzte Erinnerung an die Schule. Ich hätte vielleicht schon vorhin sagen sollen, es ist hier in diesem Zusammenhang wichtig, auch die Qualitäten ein wenig zu beschreiben, die die Erlebnisse, Ereignisse, Vorfälle für die einzelnen hatten. – Zum Beispiel war es bei mir so, daß der Lehrer, der mich einen Ochsen nannte, dem gleich die Hörner noch wachsen, daß der mich sehr gekränkt und gedemütigt hat.

HELGE L. . . . am Schluß waren diese schrecklichen Prüfungen, die mich so verängstigt haben, das hat mich ziemlich mitgenommen . . . mußten drei Stunden warten . . . war eine schreckliche Aufregung, wie die da so einzeln rausgeholt wurden und dann wieder reinkamen . . . obgleich alle bestanden haben, bin ich immer aufgeregter geworden . . .

SANDRA S. . . . war bei mir nicht ganz so schlimm . . . wir hatten ein halbes Jahr vorher Arbeitsgruppen gebildet und uns vorbereitet . . . kamen aber dann alle einzeln rein . . . ich fand das schrecklich, wie die da so kaputtgemacht wurden, wie die so schlimm aussahen, als die da rauskamen . . . hatten ein gutes privates Verhältnis zum Klassenlehrer . . . der fühlte sich nicht glücklich, daß er uns prüfen mußte . . . habe auch mit den andern mitgelitten, als ich schon fertig war . . .

ASTRID Q. . . . habe ihn mit großer Angst erwartet . . . war aber dann doch nicht so schlimm . . . hauptsächlich Angst vor einem Lehrer . . . Schrecknis . . . Schreckbild der ganzen Schule . . . der sollte mich prüfen . . . Als ich anfing, kamen so Bestätigungen von seiner Seite . . . da wurde alles viel leichter, und es wurde flüssiger bei mir . . . hatte nicht mehr so ein ganz schlimmes Angstgefühl . . .

HERTA U. . . . da war diese Angst, die sich unheimlich hochgesteigert hat . . . konnte nicht schlafen, hatte Alpträume . . . Ich habe mir gedacht, daß das das Ergebnis der ganzen Schulsituation ist, daß ich eine solche Angst habe, und das hat mich noch zusätzlich erschreckt . . . danach das Gefühl, daß ich nun erlöst sein muß . . . da war ich aber nur leer . . .

FRAU C. . . . mußte nach drei Jahren Aufbaugymnasium von der Schule runter . . . zuletzt war eine Chemiestunde beim Rektor . . . wollte mich von ihm verabschieden, und in dem Moment kam eine andere Lehrerin . . . die beiden haben dann über mich geredet in meiner Gegenwart . . . war mir sehr peinlich . . . wußte nicht, wie ich mich verabschieden konnte, wie ich da wegkomme . . . Und zum Schluß klopft mir der Rektor auf die Schulter: ja, ich würd meinen Weg schon machen . . . ja, und dann bin ich dann gegangen.

PAUL X. . . . ich sollte in Geografie auf Eins geprüft werden . . . ich wußte alles über mein Thema, und als ich vor der Prüfungskommission stand, brachte ich kein Wort heraus . . . nachmittags sollte ich in Englisch geprüft werden . . . da war ich der Schlechteste in meiner Klasse . . . und dann kam ich rein vor die Prüfungssituation und fing an zu reden, und es ging auf einmal prima . . . und da war ich heilfroh.

ANNI D. Ja, bei mir war es schlimm. Es war ein ständiges Auf und Ab . . . von den dreizehn Mädchen waren noch fünf kurz vor dem Abitur abgeschossen worden . . . es herrschte unheimliche Nervosität . . . ich hatte also eine furchtbare Angst . . habe also sämtliche Tabletten gefressen, die überhaupt irgendwo greifbar waren, vom Beruhigungsmittel zum Anregungsmittel, Captagon . . . habe also alles durcheinander genommen . . . Deutsch war das einzige Fach, wo ich keine Angst hatte . . . Und das lief auch sehr schön . . . da bin ich zu den Garderobefrauen . . . und die hatten für die Gelegenheit eine Flasche Schnaps . . . da habe ich zwei Cognac getrunken . . . und ich wußte da nicht, daß ich noch mal in Englisch reinmußte . . . da hatte ich das Buch nicht gelesen . . . Ich hatte mir noch vorher vorgestellt, es müßte (hinterher) ein besonderes Gefühl sein: aber es war eine große Leere, es war einfach leer und sonst nichts!

ESTHER H. . . . ich war eigentlich überhaupt nicht aufgeregt . . . Ich bin auch ganz normal angezogen in die Schule gefahren, und da saßen eben alle ganz piekfein und so . . . Und da kam der Direktor und hat mir die Hand gegeben und sagte: ‹Na, Fräulein H., wollen Sie auch in die mündliche Prüfung?› . . . und hat mich von oben bis unten gemustert, und da war ich unsicher. Und da habe ich dann doch ein bißchen Angst gekriegt und bin noch nach Hause gefahren und habe mich umgezogen . . . Je flatteriger die andern geworden sind, desto ruhiger bin ich geworden . . . In der Matheprüfung habe ich bei irgendeiner Aufgabe was falsch gemacht . . . und da sagte mein Mathematiklehrer zu mir: ‹Glauben Sie, daß das richtig ist, was Sie da gemacht haben?› . . . da hab ich's gemerkt und gesagt ‹Ich glaube nicht!› . . . unser Klassenlehrer wollte das Ganze auflockern und sagte: ‹Seit wann hat denn die Mathematik was mit Glaubensfragen zu tun?› Verrückt!

HILDE M. . . . daß wir eine Klasse waren, die an der ganzen Schule verschrien war . . . Und die Deutschlehrerin, die ich da hatte, die gehörte also zu denjenigen, die uns reinlegen wollten . . . Da war ich so ziemlich aufgeregt, auch weil die Lehrerin uns da ziemlich streng angehen wollte, weil wir sie auch ziemlich blöd behandelt hatten . . . aber sie war auch unmöglich . . . Im Vorbereitungszimmer war ein Referendar als Aufsichtsperson, und der hat mir also ziemlich viel geholfen . . . Und der Prüfungsvorsitzende hat also die unangenehmen Fragen, die von der Lehrerin kamen, die hat er sozusagen – äh – also – äh – abgeschoben! Und die saß dann da ganz schön blöd da, und dann hat sie mir auch wieder leid getan . . . und da hinten saß dann die ganze Reihe von Lehrern, die uns wirklich sehr, sehr böse waren, weil wir uns teilweise unmöglich benommen hatten . . . manche haben Beruhigungstabletten genommen, so daß sie wirklich schon fast am Einschlafen waren . . . Ich dachte, wenn ich die so sah: die schlafen wirklich wohl gleich ein, das war ganz schlimm!

FRAU U. Ja, ich habe meine Schulzeit in sehr, sehr schlechter Erinnerung . . . Ich war also eine ziemlich schwache Schülerin . . . und die Stärke, die ich hatte, war nur Mathematik . . . und die Mathematiklehrerin wurde allgemein von den Schülern abgelehnt . . . die mochten sie nicht . . . und ich war bei ihr also gut angeschrieben, dafür war ich aber in der ganzen Klasse Außenseiter . . . In Deutsch konnte ich nichts! Und die (Deutschlehrerin) hatte also von mir die Meinung: das ist ein so hartgesottenes, dickfelliges Stück, was sich überhaupt nicht von der Stelle rührt und überhaupt . . . Naja, auf jeden Fall wollte sie mich beim Abitur mal richtig aus der Ruhe bringen . . . Normal wäre ich in Deutsch nicht geprüft worden . . . Und da hat diese Deutschlehrerin mir dieses Fach Deutsch vollkommen geheim gehalten und hat mir überhaupt nicht gesagt, daß ich da auch noch drankomme . . . Durch Zufall saßen wir allein im Lehrerkabüffchen . . . und da lag ihr Lehrerkalender . . . Und wir – nicht dumm – drin rumgeblättert . . . und da wußte ich doch noch ein paar Stunden vorher, daß ich doch noch dran war . . . Das war mir dann wirklich eine Genugtuung, daß sie es auch dadurch nicht geschafft hat, mich aus der Ruhe zu bringen . . . Also, ich war heilfroh, als ich aus der Schule rauskam . . .

HERR U. . . . ganz im Gegensatz dazu hab ich mich in der Schule eigentlich verhältnismäßig wohl gefühlt . . . Im Abitur habe ich in Mathematik eine ganz jämmerliche Arbeit geschrieben, fest damit gerechnet, daß ich da drankomme . . . und hab gebüffelt und kam natürlich nicht dran, sondern in den Fächern, in denen ich nicht gebüffelt hatte . . . Aber das Eigentliche im Abitur war doch die Warterei. Stundenlang warten wir zusammen mit den andern, und da hat man sich dann gegenseitig verrückt gemacht. Und als das Abitur vorbei war, da war dann plötzlich so die große Leere . . . der Entlassungstag mit schönen langweiligen Reden vom Direktor, von Schülervertretern und so . . . Und da beschlich einen da irgendwie so ein komisches Gefühl . . . Es war irgendwie eine Leere . . . ja, und auch wieder so eine Unsicherheit. So ein bißchen mit Wehmut dachte ich dran: Na, was kommt jetzt?

HEIKE K. . . . am letzten Tag hat meine Englischlehrerin versucht, mich zu verunsichern . . . bei dem langen Warten hat sie immer wieder gefragt, wieso ich denn meinte, daß ich nicht drankomme . . . Aber wirklich nur, um mich zu verunsichern . . . Ich bin dann nicht reingekommen . . . ja, daß ich letztlich dann doch heilfroh war, daß ich die Schulzeit hinter mir hatte, weil ich also auch eine recht schwache Schülerin war und mich also wirklich kaum an angenehme Dinge erinnere, zumindest in der Oberstufe.

FRAU M. . . . ja, der letzte Tag ist also hauptsächlich mit Geschwitze draufgegangen . . . da erschienen wir alle möglichst dunkel angezogen . . . das war also

Pflicht und hatten dann Reden und Singereien von anderen Klassen über uns ergehen zu lassen, und der Klassensprecher mußte noch was sagen . . . Wir hatten nur das einzige, wir hatten uns in der Klasse recht gut verstanden . . . Also, nächste Woche Dienstag treffen wir uns wieder. An die Schulzeit hat niemand mehr gedacht!

PAULA N. Ja, also für mich gab's keinen letzten Schultag bis auf die Zeugnisverteilung, weil ich nicht mündlich geprüft wurde . . . an diesem Prüfungstag bin ich aber in der Schule erschienen und da hatte ich so gemischte Gefühle. Auf der einen Seite war ich überglücklich, daß ich nicht geprüft wurde, also, daß ich keine Ängste auszustehen brauchte . . . Aber auf der anderen Seite dachte ich: vielleicht fehlt dir das irgendwann mal später, daß du noch keine mündliche Prüfung durchgestanden hast . . . so der gewisse Abschluß der fehlt dann . . . Das ging so ganz komisch, das ging so ins Leere rein, ohne einen Punkt.

GERTRUD P. Ja, bei mir da dreht sich alles um einen Lehrer . . . der hat während der ganzen Schulzeit so faschistoide Theorien verbraten . . . den Schülern auch das Wort abgeschnitten . . . die das Maul aufmachten, die mochte er halt von vornherein nicht leiden . . . Der hat sich sehr viel mit Psychologie und sowas beschäftigt . . . und wußte, wie er die Leute am besten kriegt und wie er sie am meisten trifft . . . er hatte da so ein Mätzchen: ach, Schwachmatiker . . . Ich kam immer mit Logarithmen dran, weil er wußte, daß ich die nicht kann . . . Der hat sich die Frechheit rausgenommen, die ganzen Prüfungen so lange rauszudehnen . . ., daß die unheimlich lange warten mußten . . . Meine Prüfung war auf halb vier festgesetzt, und ich kam um halb sieben dran . . . Das war wohl ziemlich nervtötend . . ja, wegen dem Lehrer sind sechs Leute durchgefallen . . . drei oder vier Leute haben versucht, dagegen was zu machen . . . es war ja klar, daß nicht nur die, die leistungsschwach waren, durchfielen . . . es war dann ziemlich beschissen, festzustellen, daß die andern teilweise froh waren, es endlich hinter sich zu haben, die haben sich dann überhaupt um gar nichts mehr gekümmert . . . Ein Lehrer hat sich dafür noch eingesetzt, und der wurde ein halbes Jahr später strafversetzt, das war der Erfolg . . . Das sind so meine letzten Eindrücke.

BEATE A. Ja, für mich war der letzte Schultag auf der einen Seite ein unheimlich glücklicher Tag und auf der andren Seite ein sehr, sehr trauriger Tag . . . ich habe meine Lehrer alle sehr gerne gehabt . . . Ich war eine gute Schülerin und wußte, wo ich geprüft werde . . . da bin ich trotzdem mit einer wahnsinnigen Angst in die Schule gegangen morgens und habe bis abends um fünf gewartet . . . in der ersten Prüfung habe ich einen total bematschten Kopf gehabt . . . es hat mir unheimlich leid getan, mich von den Lehrern zu trennen . . . Ich bin bis zwei Jahre vor dem Abitur sehr, sehr gerne zur Schule gegangen, und dann hab ich plötzlich eine wahnsinnige Angst gekriegt . . . und zum Schluß hatte ich immer Angst, ich würde durchs Abitur fallen . . . äußerlich war gar kein Grund dazu da: ich hatte ganz gute Noten . . . Diese Prüfung war für mich zwei Jahre lang, also bis zum Abitur, ein solches Schreckgespenst, daß ich also ständig krank war und – und – und nicht schlafen konnte und Beruhigungspillen nehmen mußte, und die Schule – ja, die Schule an sich hab ich gar nicht so negativ erlebt . . . jedenfalls war das, was auf mich zukam, mit Angst besetzt . . . Und ich hab die Lehrer alle sehr,

sehr positiv erlebt und trotzdem eine so schlimme Angst gehabt . . . und ich fand es schade, daß ich von der Schule wegmußte . . .

HELMUT J. . . . hatte ein halbes Jahr vor dem Abitur eine solche Angst vor der Schule, daß meine Mutter mich abmelden wollte . . . ich war dann auch krank . . . und auch in bezug auf den Mathematiklehrer hab ich sehr schlechte Erfahrungen gemacht . . . Ich sollte dann eine Aufgabe vor der Klasse lösen . . . Ich habe eine halbe Stunde an der Tafel gestanden vor der Aufgabe, daß alles vor mir verschwommen ist, und die ganze Klasse hat es gemerkt, und der Mathematiklehrer hat mich also zappeln lassen. Und das war also dann so der letzte Eindruck von der Schule.

ECKHARD H. . . . das war der Tag, wo die Zeugnisse ausgegeben worden sind. Und der ist also ziemlich formlos abgelaufen, im Gegensatz zu den Abiturklassen vor uns; denn da haben also die Schüler, die da sonst immer schön unten saßen, den Lehrern auf den Kopf gehauen . . . Bei uns waren sie also sehr freundlich gewesen, und irgendwo hat man so das Gefühl gehabt, daß man jetzt endgültig so der fertige Mensch ist und jetzt auch ins Leben entlassen wird, also eine ganz seltsame Situation, die ziemlich losgelöst war von dem, was man eigentlich sonst so von den Leuten im Unterricht gewohnt war . . . und da hat man uns halt da die Hand geschüttelt – hm – das war schon seltsam.

LISA O. . . . ich habe gleich nach dem schriftlichen Abitur mit Arbeiten angefangen, um Geld zu verdienen . . . irgendwann hab ich mich da dann auch auf die mündliche Prüfung vorbereitet, und ich hatte auch keinerlei Angst davor gehabt . . . Einen letzten Schultag gab's auch deshalb nicht, weil wir ein ganz gutes, ein freundschaftliches Verhältnis zu einzelnen Lehrern hatten, und wir treffen uns auch jetzt noch mit denen öfters mal . . .

35 Dem Erinnerungsversuch steht häufig eine teilweise Amnesie im Wege

Bevor ich auf die Art der Bearbeitung dieses Materials im Seminar selber durch die Teilnehmer eingehe, möchte ich versuchen, einzelne Interaktionsthemen, die in diesem Material mehr oder weniger deutlich anklingen, klarer herauszustellen. Ich benutze damit eine Möglichkeit, die im Seminar selber nicht vorhanden ist und die zu den wenigen Vorzügen einer schriftlichen Darstellung aus dem nachhinein gehört.

Bezogen auf den ersten Schultag oder die erste Erinnerung an die Schulsituation fällt zunächst eine teilweise und manchmal völlige Amnesie auf: mindestens muß eine gewisse Anstrengung geleistet werden, um diese Situation zu erinnern, und das schließlich Erinnerte ist in allen Fällen bruchstückhaft und unvollständig. Dies deutet sich zum Teil auch darin an, daß am Anfang keiner so recht beginnen mag.

Der stärkste Eindruck aus der Gesamtheit dieser Berichte entsteht vielleicht aus dem Interaktionsthema der Trennung von der Familie, von der Mutter [34] – der Vater wird ja durchweg anders erlebt. In allen Äußerungen klingt die subjektive Reaktion auf die Forderung nach dem Eintritt in eine meist anders und fremd erlebte Welt mit: sie wird manchmal als die Drohung mit dem Austritt aus der intimen Vertrautheit und der mütterlichen Geborgenheit der Familie erlebt.

Manche äußern ihre Unsicherheit im Hinblick auf den Realitätsgehalt ihrer Erinnerungen. Sie fragen sich, ob diese Erinnerungen wirklich die eigene Erlebnisweise betreffen, oder ob ihnen die erinnerte Situation und deren Erlebnisweise nicht von den Eltern im Nachhinein eingeredet wurden. Hier spielt die elterliche Angst vor der Möglichkeit des Schulversagens ein, nicht unmittelbar, sondern in der Form einer Scheinfrage: «Nicht wahr, du freust dich doch auf die Schule?! Du bist doch schon ein großes Mädchen!» Es scheint bei allen so etwas wie eine Einsicht in die schicksalhafte Unabänderlichkeit der Einschulung vorhanden zu sein: sie äußert sich in einem gleichsam letzten Anklammerungsversuch an die Mutter, die man verlassen muß; der Vater erscheint – wo er auftritt – als kaum hinlänglicher Ersatz. Damit einher gehen vermittelte Vorerfahrungen mit der Institution: über den vergleichbaren Kindergarten, über den älteren Bruder und die ältere Schwester, über den Lehrerberuf des Vaters oder der Mutter und über die eher familiäre anderweitige Bekanntschaft mit Lehrern. Sie beziehen sich auf dieses Thema von Austritt, Trennung und Eintritt: sie mildern oder nehmen die damit verbundene Angst oder sie erzeugen und verstärken sie.

37 Der Schuleintritt wird fast durchweg mit Unsicherheit und Angst verbunden

Symbolisch ist bei fast allen der Schuleintritt markiert durch Fotografieren und Schultüte. In Frau C.s Beitrag verdichtet sich diese Markierung und wird durch ein weiteres Element ergänzt: sie steht «in ihren Trainingspumphosen» allein auf dem Foto, auf der Tafel zu ihren Füßen steht jetzt gerade ihr Name geschrieben, die Schultüte, die sie in der Hand hält, erfüllt ihren Zweck uniform für alle und gehört ihr gar nicht. Sie findet das «unheimlich beschissen».

Inwieweit der eigentliche Eintritt, die Begegnung mit dem Neuen, die kindliche Realität als einer auch inneren verfehlen kann, zeigt der am Anfang stehende Beitrag von Lisa O. Sie verfehlt den Termin und gerät durch einen Zufall in die Situation des Schulreifetests. «Und ich wurde dann hingesetzt, an einen Fragebogen. Und dann sollte ich das ausfüllen und hab mir eigentlich gar nichts weiter dabei gedacht. Und hab nur noch an den Roller gedacht, der vor der Schule stand.» Sie konnte das Mädchen hinter ihr «überhaupt nicht verstehen», das «fürchterlich geweint» hat nach ihrer Mutter: Der Test – im Selbstverständnis derer, die ihn erstellt haben, die ihn vorschreiben und die ihn anwenden – verfehlt die Realität beider. Die eine genügt ihm vermutlich, während sie an ihren Roller denkt; die andere versagt vermutlich, während und weil sie fürchterlich nach ihrer Mutter weint. Aber er mißt beide.

Die Gefahr, verloren zu sein unter den Vielen (Erwachsenen und Kindern), klingt an und fordert die Selbstbehauptung in der neuen Situation. Ein Junge trinkt ein Tintenfaß aus und macht so auf seine Fähigkeiten aufmerksam. Frau C. besteht darauf, daß ihre Tafel auch eine Schiefertafel ist wie die der anderen – sie verbirgt, daß sie «nur» eine Papptafel hat.

38   Die Frage nach dem Ersatz der familialen Intimität in der Institution Schule stellt sich als Ambivalenzkonflikt dar

Ein Problem scheint sich in der Fraglichkeit anzudeuten, ob denn und wie denn die gewohnte und unverzichtbare Intimität der Familie eingebracht und hinübergerettet werden kann in die Institution: es zeigt deutlich den Ambivalenzkonflikt der Schulanfänger. Sie wollen sich nicht von der Mutter trennen oder können es nur mit viel Mut; zugleich stören die Eltern dann aber auch in der Schulklasse. Astrid Q. war «ziemlich aufgeregt, weil die Eltern da ziemlich aufgepaßt haben, was ihre Kinder da auch sagen», und Martin fand es «sehr befremdlich, daß die Eltern mit in der Klasse waren». Es «war so unheimlich voll ... sämtliche Freiräume von den Eltern besetzt». Paul X. schließlich weigert sich, der Lehrerin montags zu erzählen, was «in der Familie» am Wochenende passiert ist.

Neben der Angst steht bei vielen gleichrangig die gespannte Erwartung, die hoffnungsvolle Aussicht auf das Neue; aber Enttäuschung bahnt sich bei den meisten schnell an: Helge L. hat sich «riesig gefreut», aber sie wird «da nur so in die Bank reingesetzt»; Heike K. erwartet die Lehrerin der älteren Schwester, und die scheint sich ihr dann auch noch gleichsam in der Galerie der Lehrer anzubieten. «Aber wir haben sie nicht gekriegt, sondern bekamen einen Lehrer, und ich war arg enttäuscht.»

Das andere enttäuschende Moment entsteht bei vielen in der Konfrontation mit der Gewalt, der Aggressivität – manchmal in der Form der inhaltlichen schulischen Forderung. Bei Anni D. begann der erste Schultag «mit einer Schlägerei». Ein Junge hat sich vorgedrängt, «und ich habe zugehauen». Gertrud P. ist «einmal vom Lehrer verprügelt worden»; sie ist von «dem Zeitpunkt (an) ungern in die Schule gegangen». Bei Sandra S. «ging es am nächsten Tag richtig mit der Arbeit los, mit Ei, Hase und Willi, der Übergang war ziemlich unangenehm». Frau U. stöhnt: «Immer die schweren O's!» Herr U. schließlich malt «ahnungslos einen Baum ins Lesebuch» – und wird dafür bestraft. – Die Realität hat sich leidvoll zu Wort gemeldet.

39 Das Schulerlebnis kulminiert am Ende in der Prüfungsangst

Im Hinblick auf den letzten Schultag oder die letzte Erinnerung an die Schule fällt zunächst auf, daß Erinnerungsschwierigkeiten nicht geäußert werden – es ist ja auch zum Teil so lange nicht her –, daß der quantitative Umfang der Berichte zunimmt und daß ein Thema deutlich dominiert: die Prüfungssituation beschäftigt fast alle fast ausschließlich[35]. Es ist die Rede von schrecklicher, furchtbarer Angst, die voll begründet erscheint, die nicht unbegründet sei, die grundlos erscheint. Lisa O. hat als einzige «keinerlei Angst» gehabt.

Es ist im Wortsinne die Angst, nicht zu bestehen, nicht zu genügen, zu versagen. Sie wird von Herta U. als «das Ergebnis der ganzen Schulsituation» beschrieben, jedenfalls wird sie von fast allen am Ende der Schulzeit erlebt. Bei einigen treten zusätzlich somatische Reaktionen auf: Anni D. hat «sämtliche Tabletten gefressen, die überhaupt irgendwo greifbar waren»; davon spricht auch Hilde M.; Beate A. «konnte nicht schlafen»; Helmut J. «war dann auch krank», so daß ihn seine Mutter von der Schule nehmen wollte.

Konkretere Angaben beziehen sich bei vielen auf die Wartezeiten unmittelbar vor den Prüfungen. Herr U. meint, daß man sich durch die «Warterei» gegenseitig «verrückt gemacht» habe; Helge L. gerät durch «drei Stunden warten» in «eine schreckliche Aufregung». Im Zusammenhang damit wird die schließliche Vereinzelung der Wartenden, die den entscheidenden Moment einleitet, als besonders schlimm erlebt: Helge L. ist «immer aufgeregter geworden», «wie die da so einzeln rausgeholt wurden und dann wieder reinkamen»; und Hilde M. erwähnt ausdrücklich einen hilfreichen Referendar, der ihr im Vorbereitungszimmer beisteht. Der «unbefangene Beobachter» – den es hier ja nicht geben kann – gewänne nicht den Eindruck, als ob es sich hier um Leute handeln würde, die seit vielen Jahren mit den Forderungen der Schule Umgang haben; er müßte vermuten, daß im Prüfungszimmer etwas ganz und gar Unbekanntes, Schreckliches, ja geradezu Tödliches lauern muß, das man mit Glück versöhnen kann, dem man – vielleicht – mit List entwischen kann, das aber doch alles zufügen kann – auch Gnade.[36]

40 Das Angsterlebnis wird häufig auf erlittenes Lehrerverhalten zurückgeführt

Für einige ist das Ungeheuer identifizierbar. Bei Gertrud P. «dreht sich alles um einen Lehrer». Es ist ihm nichts Gutes zuzutrauen, denn er hat schon «während der ganzen Schulzeit so faschistoide Theorien verbraten», hat Kränkungen zugefügt (Wer als Mathematiker versagt, wird «mätzchen»haft zum «Schwachmatiker») und die Schüler schikaniert, hat sich hinterhältig gerächt, hat gerechte Gegenmaßnahmen über dunkle Kanäle boykottiert. «Ein Lehrer hat sich dafür eingesetzt, und der wurde ein halbes Jahr später strafversetzt, das war der Erfolg.»

Frau U. gelingt es durch eine List, die übelwollende Deutschlehrerin zu übertölpeln, und es ist ihr dann «wirklich eine Genugtuung, daß sie es auch dadurch nicht geschafft hat». Selbst der «überhaupt nicht aufgeregten» Esther H. bringt der Direktor das Fürchten bei; er mustert sie «von oben bis unten», und sie fährt nach Hause und zieht sich um. Hier ist schiere Feindschaft deutlich, und man ist dem Feind ausgeliefert, wenn man ihm nicht durch eigene letzte Kraftreserven, durch List oder mächtige aber unverhoffte Verbündete – bei Hilde M. ist es der Prüfungsvorsitzende – entwischen kann.

Sandra S. zwar hilft es wenig, daß sie ein «gutes privates Verhältnis zum Klassenlehrer» hatte, auch der «fühlte sich nicht glücklich, daß er uns prüfen mußte». Dennoch scheint hier eine Möglichkeit der Angstminderung oder gar Angstvermeidung sich anzudeuten: Lisa O., die «keinerlei Angst davor» gehabt hat, gibt «ein gutes, freundschaftliches Verhältnis zu einzelnen Lehrern» an und sagt – eher beiläufig – «wir treffen uns auch jetzt noch mit denen öfters mal».

Bemerkenswert erscheint die mehrfache Erwähnung des Gefühls

von «Leere» am Ende, wenn alles durchgestanden ist. Eckhard H. meint ironisch, daß ihm das Gefühl, «jetzt endgültig so der fertige Mensch» zu sein, «der jetzt auch ins Leben entlassen wird», vermittelt werden sollte; er meint: «das war schon seltsam».

41 Das schulische Ritual soll allgemeine Unsicherheit und Angst bändigen und Sicherheit gleichsam magisch beschwören, wo sie bedroht erscheint

Damit erwähnt Eckhard H. – absichtlich oder nicht – die allgemeinste Zielvorstellung der Institution Schule: der Preis der Mühen und Ängste all der Jahre und der schließlichen Prüfung ist das «Reife»-zeugnis. Eckhard H.s Beitrag bezieht sich auf die Feier der Zeugnisverleihung. Reife aber kann synonym für Erwachsenheit gesetzt werden. Allerdings – sein Beitrag war ironisch gemeint, und sein Gefühl war «seltsam».

Aber er beschreibt gleichsam den Schlußstrich, der «losgelöst war von dem, was man eigentlich sonst so von den Leuten im Unterricht gewohnt war». Die Institution hat ihm feierlich noch einmal versichert, welche Wirkungen sie bei ihm erreicht zu haben wünscht. Bei Frau C., die von der Schule geht, weil sie «runter mußte», gelingt es dem Rektor sogar zwischen Tür und Angel diesen gleichen Hauch von Feierlichkeit und Verbindlichkeit herzustellen: er klopft ihr auf die Schulter und versichert ihr, daß sie ihren «Weg schon machen» würde. Beide fühlen sich betrogen und scheinen den Trick durchschaut zu haben. Auch Herr U. erwähnt den «Entlassungstag mit schönen langweiligen Reden vom Direktor, von Schülervertretern und so». Ihn «beschlich» da «irgendwie so ein komisches Gefühl»; und für Paula N. was es auch «so ganz komisch, das ging so ins Leere rein, ohne einen Punkt.»

Sie haben alle den gleichen Vorgang erwähnt, der im schulischen Leben die großen Versprechungen enthält und Verbindlichkeit herstellen und versichern soll. Keiner von ihnen hat ihn zum erstenmal erlebt: die Schule hat sie alle mit dem gleichen Vorgang schon in den ersten Tagen empfangen, und er bezog sie all die Jahre hindurch immer wieder ein ins schulische Leben.

Die modernste Version am Anfang ist der Schulreifetest, herkömmlicher ist die Zuckertüte und das notwendige Foto – einzeln und gemeinsam mitsamt der Lehrerin –; die kleine Feier der Großen für die Kleinsten, sei es mit Blumenstrauß in der Waldorfschule von Hilde M. oder mit Märchenspiel in der Turnhalle, wie bei der Frau

E. Das Aufstellen der einzelnen Klassen vor dem Beginn des Unterrichts morgens und nach jeder Pause – es unterbleibt erfreulicherweise zunehmend – wiederholt diesen Vorgang, und das Schulgebet greift ihn wieder auf; jede Klassenarbeit bedient sich seiner Wirkungen, und ihre benotete Rückgabe soll sie festigen; die Zeugnisse sind ein Medium dieses Vorgangs: sie bescheinigen Versetzung oder Sitzenbleiben und bringen ihn so wieder hervor; der Eintrag ins Klassenbuch ist vielleicht seine schlichteste Form, und die feierliche Überreichung der Reifezeugnisse durch den Herrn Oberstudiendirektor in Anwesenheit aller Lehrer, aller Schüler, aller Eltern und der näheren Verwandtschaft ist seine prunkvollste Form und der Schlußpunkt des schulischen Lebens. Diese Form bleibt den Abiturienten vorbehalten.

Ich möchte die bedeutungsvolle Absicht dieses Vorgangs unterstreichen und verlasse den Raum der Schule: Taufe, Konfirmation, Kommunion, Abendmahl, letzte Ölung und Beerdigung sind seine wichtigsten religiösen Formen; Einführung in die neue Tätigkeit, Überreichung des Gesellenbriefs (Gautschen bei den Buchdruckern), Arbeitsjubiläen und die gelegentlich feierliche Entlassung in den Ruhestand sind seine beruflichen Formen. Der gleiche Vorgang hat seine vielen Spielarten im politischen Leben und in der Rechtsprechung, und der olympische Eid ist seine eindrucksvollste sportliche Version. Er ist ein Kennzeichen jeder Kultur – der modernsten wie der allerprimitivsten. Die Ehrung der Astronauten, die den Mond als erste betreten haben, durch die Konfettiparade in New York scheint seine modernste Variante zu sein; und die Beschneidung und Subinzision mancher australischer Wilder [37] mag uns als eine seiner grausamsten und unverständlichsten Versionen anmuten.

Dieser Vorgang verfolgt dort wie in unserem schulischen Leben die gleiche Absicht, freilich eine Absicht, die dort wie hier den Beteiligten auf beiden Seiten fast nie bewußt ist, obgleich oder weil sie ihn mit soviel Aufwand und Unerbittlichkeit betreiben oder erleiden. Die unbewußte Absicht und die meist bewirkte Funktion dieses Vorgangs ist, daß er versichern soll, wessen man nicht so ganz sicher sein kann; daß er das bestätigen soll, was eben der Bestätigung bedarf; daß er Einsicht fordern soll, wo Uneinsichtigkeit droht; daß er mühsam gewonnene Vorsprünge sichern soll, wo die Zurückgelassenen aufholen wollen; daß er den einen Anrechte sichern soll, die er den anderen verweigert; daß er das Recht sichern soll, das doch durch Unrecht bedroht ist; daß er Regeln setzen soll, wo Regelwidrigkeit zu befürchten ist; daß er Ordnung schaffen soll, wo Unordnung möglich erscheint; daß er den mühsam erworbenen Bestand erhalten soll gegen die Bedrohung durch das Unbeständige.

Für die Zwecke meiner Überlegungen greife ich auf die oben genannten Beispiele aus dem schulischen Leben zurück und versuche, die beabsichtigten Wirkungen oder Funktionen dieses Vorgangs zu konkretisieren: der Schulreifetest will sich bestimmter Mindestqualifikationen bei den Betroffenen versichern; wo sie nicht erreicht werden, liegt die Erwägung der Sonderbeschulung nahe; die Zuckertüte versüßt den Schulanfang, weil man weiß, daß die Schule «kein Zuckerschlecken» ist; das erste Schulfoto bestätigt seinem inzwischen erwachseneren Betrachter, daß er es trotz aller Schwierigkeiten immerhin soweit – nämlich auf den heutigen Stand – gebracht hat; das Märchenspiel der Großen für die Kleinsten stellt für diese noch einmal Kindlichkeit bereit, weil sie durch die Schule um ihre Kindlichkeit gebracht werden sollen; das ordentliche Aufstellen vor Unterrichtsbeginn bändigt das lärmende Toben der Pausenschüler – vorübergehend; das Schulgebet stellt für eine kurze Zeit fromme Andacht her, wo Unfrömmigkeit an der Tagesordnung ist; die Klassenarbeit sichert den Wissensbestand, dessen man doch nie so ganz sicher sein kann; bei ihrer benoteten Rückgabe dürfen sich die «Guten» belohnt fühlen, während den «Schlechten» eine gewisse Zerknirschung und der Besserungsvorsatz nahegelegt werden; Zeugnis und Versetzung belohnen Leistung, die doch immer durch Faulheit bedroht ist, und fordern sie von den «Leistungsschwachen», denen der schöne Lohn gezeigt, aber mit Gründen vorenthalten wird: sie bestätigen neue und erstrebte Zugehörigkeiten ebenso wie alte, die man verlassen möchte und nun nicht verlassen darf; der Eintrag ins Klassenbuch will unerwünschtes Verhalten von erwünschtem diskriminieren, das er damit bestätigt; und wem der Herr Oberstudiendirektor das Reifezeugnis feierlich überreicht, während verstohlen Taschentücher verstohlene Tränen der Rührung abtupfen, dem soll damit versichert werden, daß er nun mindestens einen gewissen Grad an Reife für sich reklamieren darf. – In der passenden Rede mag der lange beschwerliche Weg Erwähnung finden (das Ziel war immer gefährdet), aber auch das schöne Gelingen wird bestätigt (es ist, wenn auch mit Mühe, erreicht worden).

Der Vorgang, den ich in seiner mehr oder weniger prägenden Wirksamkeit zu beschreiben suche, ist das Ritual: Franz Wellendorf hat ihn in seiner Arbeit «Schulische Sozialisation und Identität» einschlägig und ausführlich beschrieben.[38]

Für den Zusammenhang meiner Arbeit ist folgender Aspekt von besonderer Bedeutung: Rituale sollen Sicherheit schaffen und vermitteln, wo mit Gründen Sicherheit als bedroht erscheint. Bewußtheit über diese Funktion von Ritualen ist meist weder vorhanden noch erforderlich, so daß die Bedrohung der Sicherheit auch nicht notwendig erkannt oder als solche akzeptiert werden muß. Wo Rituale ihre Funktion vollständig erfüllen, schützen sie alle Betroffenen vor dem Erlebnis der Angst: es ist die Angst, das mühsam Erreichte zu verlieren oder das unbedingt zu Erreichende doch nicht zu erreichen.

Freilich erfüllen sie diese Funktion wohl nie ganz. So kündigt sich partielles Mißlingen in Eckhard H.s Ironie an, die den Bericht über seine Teilnahme an einem wichtigen schulischen Ritual durchzieht. Auch Herrn U.s «komisches Gefühl» deutet darauf hin. Gleichviel wäre es gewiß überheblich, aus solchen Anteilen auf die Wirkungslosigkeit von Ritualen zu schließen: die Wirkung wird – dies ist vorläufig eine Vermutung – in einer besonderen Schwierigkeit zu finden sein, rituelle Vorgänge im Vollzug und im Erleiden angemessen zu erleben und zu verarbeiten.

42 *In der Erinnerung an die Schule verblaßt ihr institutioneller Auftrag und ihr Selbstverständnis, Inhalte zu vermitteln: die emotionale Besetzung der Schule dominiert eindeutig*

Damit ist die Verbindung zur Seminarsitzung wieder hergestellt, aber bevor ich die Art der Bearbeitung und die Reaktion der Teilnehmer auf das von ihnen selbst vorgebrachte Material beschreiben kann, muß ich noch einen anderen wichtigen Aspekt erörtern.

Er betrifft das Selbstverständnis der Schule als Institution und ihre Vertreter, die Lehrer, sowie ihre Erforscher, die Erziehungswissenschaftler. Dieses Selbstverständnis ist bei manchen Gruppen, die mit der Schule befaßt sind, stärker, ausgeprägter und rigider; es ist auch enger. Diese Gruppen sind dann dichter mit dem schulischen Alltag verquickt: zu ihnen gehören neben den Lehrern, die Schüler selber und die Eltern. Es ist bei anderen Gruppen weniger eng, eher flexibel, hat bei manchen nicht eine solch dominante Bedeutung und ist hier und da von zweitrangiger Wichtigkeit. Zu diesen Gruppen gehören die Erziehungswissenschaftler, die Pädagogen außerhalb der Schule und ein Teil der Bildungsplaner.

Die schlichteste Formel, in der dieses Selbstverständnis ausgedrückt werden kann, ist vielleicht: «Die Schule ist dazu da, und die

Lehrer haben dafür zu sorgen, daß die Schüler ‹etwas› lernen!» Das Selbstverständnis betrifft also den inhaltlichen Vermittlungsauftrag und gewichtet damit die Inhalte der Schule vorrangig: ihnen kommt hier die wichtigste Bedeutung zu.

Dem folgend frage ich, inwieweit die Seminargruppe aus ehemaligen Schülern, die alle Lehrer werden wollen oder es schon seit Jahren sind, sich auf die Inhaltlichkeit der Schule beziehen, wenn sie aufgefordert sind, den jeweils ersten und letzten Eindruck von der Schule zu erinnern.

Die Äußerungen der Teilnehmer zeigen deutlich, daß Inhalte kaum erörtert werden. Wo dies doch geschieht, stehen sie in einem ganz bestimmten Kontext: sie werden zu Aufhängern, zu Befestigungspunkten für etwas ganz anderes. Im Vordergrund ausnahmslos aller Beiträge, und sie ganz und gar bestimmend, stehen eben nicht inhaltliche Anteile, sondern deren emotionale Besetzung.

Obgleich nun diese Feststellung kaum widerlegbar ist, erscheint der folgende Einwand naheliegend: Sie haben ja auch nicht nach den Inhalten gefragt, etwa nach dem beliebtesten oder unbeliebtesten Fach. Vielmehr haben Sie nach einer nicht weiter spezifizierten Erinnerung, nach einem Eindruck forschen lassen, so daß es sehr naheliegt, wenn unter diesem Auftrag die Teilnehmer Emotionen vorbringen. Im übrigen handelt es sich um eine sehr kleine Gruppe, die einem sehr bedrängenden Setting konfrontiert ist.

43 Das Schulerlebnis erscheint auch außerhalb eines rigiden Settings als überwiegend emotional bedeutsam

Dieser letzte Einwand ist so zutreffend wie die Feststellung, auf die er sich bezieht, und ich möchte auch nicht versuchen, ihn zu widerlegen: er ist eine Rationalisierung. Stattdessen treffe ich einige weitere Feststellungen hinsichtlich der subjektiven Erlebnisweisen der Schule und deren Reproduktion durch die Betroffenen.

Überall dort, wo Schule frei von jedem Druck eines Settings erörtert wird, läßt sich die gleiche subjektive Gewichtung durch diejenigen beobachten, die die Schule und ihre schulische Vergangenheit oder Gegenwart erörtern. Nicht die Mathematik hat imponiert, sondern der Mathematiklehrer; nicht die Chemie hat imponiert, sondern die besondere Marotte des Chemielehrers; nicht Deutsch hat imponiert, sondern der ständig wiederholte, abgegriffene Witz, den der Deutschlehrer zur schließlich müden Belustigung seiner Schüler über Generationen immer wieder vorbrachte; nicht die imponierende Geschlossenheit des Curriculums war Gegenstand des Interesses, sondern man spricht lieber über die teils raffinierten Versuche, es zu unterlaufen. Man spricht eher über die erfreulichen, witzigen, leidvollen oder grausamen Situationen und die entsprechenden Eigenschaften der Beteiligten, als über die Sensationen des Lesekurses als einer inhaltlichen Veranstaltung. Im «Raub der Sabinerinnen» interessiert allein die aus der lächerlichen – und sehr verständlichen – Verliebtheit des Studienrates in seine literarische Jugendsünde resultierende Folge von Verwicklungen; seine inhaltliche Fachkompetenz bleibt außerhalb des Interesses. Der ungebrochene Erfolg dieses Stücks im Theater, im Film und im Fernsehen wird nur noch von der «Feuerzangenbowle» übertroffen, deren Lehrerfiguren hassenswert, liebenswert, lächerlich, menschlich oder unmenschlich erlebt werden; das, was sie an Inhalten täglich in der Schule vertreten müssen, ist interessant nur als Aufhänger für ein Feuerwerk von witzigen, lustigen oder traurigen Episoden: allein die dadurch provozierten Emotionen sind das, worum es geht.

Die Seminarteilnehmer sind Erwachsene wie das Publikum der «Feuerzangenbowle» und des «Raub der Sabinerinnen» und einer Unzahl entsprechender Produkte.[39] Jeder kennt Dutzende von Situationen, in denen Erwachsene die Schule in der hier gemeinten Art erörtern: unter Abwesenheit ihrer Inhalte.

Die Schüler selber erleben die Schule aber keineswegs anders; vielmehr sind bei ihnen die emotionalen Anteile im Hinblick auf ihre Schülerexistenz eher noch stärker im Vordergrund. Ich denke auf eine weitere Begründung dieser einseitigen Gewichtung emotionaler Anteile auf Kosten der inhaltlich-rationalen aufgrund unmittelbarer Plausibilität verzichten zu können und stelle fest: den Schüler interessiert vor allem die Person des Lehrers, sie wird von ihm emotional besetzt – nicht sein Fach.[40] Seine Frage heißt: Wer ist er?, nicht: Was vertritt er?

Und die Lehrer selber? Zunächst unterscheidet sich das Material, das die Lehrer unter den Seminarteilnehmern vorbringen, qualitativ durch nichts von demjenigen der Studenten. Frau C. erwähnt zwar die Chemiestunde, betroffen fühlt sie sich aber durch das «peinliche» Gespräch des Rektors mit der Lehrerin. Frau U. bezeichnet zwar die Fächer der beiden Lehrerinnen, die in ihrem Bericht vorkommen, mit Deutsch und Mathematik; betroffen fühlt sie sich aber durch ihr Außenseitertum, das sie mit der Mathematiklehrerin gemeinsam hatte, und durch das Urteil der Deutschlehrerin, von der sie sich für ein «hartgesottenes, dickfelliges Stück» gehalten glaubt. Die Erlebnisweise der übrigen Lehrer hat dieselbe Qualität: die Gewichtung liegt eindeutig auf der emotionalen Besetzung und nicht auf Inhaltlichkeit.

44 *Hinsichtlich der Schule dominiert in der Erinnerung Emotionalität, Inhaltlichkeit entfällt; in der (wissenschaftlichen) Bearbeitung dominiert Inhaltlichkeit, Emotionalität entfällt; in der Realität sind Inhaltlichkeit und Emotionalität verquickt*

Andererseits bestehen auch diese Lehrer – wie sich gezeigt hat und zeigen wird – auf ihrem oben erwähnten inhaltlichen Selbstverständnis: sie wissen, wozu sie in der Schule sind, und ihre Arbeit verstehen sie vor allem als den Versuch, dem Vermittlungsauftrag von Wissen und Fertigkeiten – also von Inhalten – gegenüber ihren Schülern nachzukommen. Verkürzt gesagt bedeutet dies: im Vordergrund ihrer Erlebnisweise, auch ihrer Erinnerungen, stand und steht die emotionale Besetzung ihrer Lehrer als Personen; ihr Selbstverständnis als Lehrer, die sie selber sind, orientiert sich aber vorrangig und manchmal ausschließlich an ihrem inhaltlichen Auftrag. Unter diesen Gesichtspunkten läßt sich mindestens vermuten, daß die Kommunikation zwischen Lehrern und Schülern – auch Eltern – näher bestimmbaren Belastungen ausgesetzt sein dürfte: aufgrund verwickelter Interessenunterschiede oder gar Interessenkollisionen, die durch Zugehörigkeit – etwa zur Lehrer- oder Schülergruppe – klar nicht getrennt werden können. Der Lehrer hat seine ehemaligen Lehrer geliebt und/oder gehaßt *und* hat durch sie Inhalte rezipiert; er wird von seinen Schülern geliebt und/oder gehaßt *und* veranlaßt sie zur Rezeption von Inhalten; ja, er liebt und/oder haßt auch seine Schüler, die er zur Rezeption von Inhalten veranlaßt. Die Schüler ihrerseits wollen Inhalte rezipieren – oder auch nicht – *und* sie lieben und/oder hassen ihre Lehrer . . .

Vorläufig scheint mir nach allem deutlich geworden zu sein, daß faktisch keine klaren Grenzen gezogen werden können, die Inhaltlichkeit, emotionale Besetzung, Lehrerexistenz und Schülerexistenz eindeutig festlegen könnten: daß dies eine beängstigende Situation ist, zeigt sich schon an der Art und Weise, wie die Seminarteilnehmer mit dem Material umgehen, das sie selbst hervorgebracht haben – aber nicht nur dort.

Inhaltlichkeit und emotionale Besetzung sind also hier – wie übrigens auch in jeder anderen kommunikativen Situation, etwa dem Unterricht – die konstitutiven Merkmale. Sie erscheinen den Beteiligten je nach persönlichen und situativen Besonderheiten in unterschiedlicher Weise mehr oder weniger stark anwesend. In der jeweiligen Erlebnisweise scheinen sie so aufeinander bezogen zu sein, daß jeweils immer der eine Anteil auf Kosten des anderen zu dominieren scheint. In besonderen Situationen werden Emotionen als völlig abwesend erlebt (möglicherweise in einer Vorlesung über Statistik), in anderen scheint Inhaltlichkeit ganz zu verschwinden (in einem heftigen Ehestreit «um nichts»). Meist scheinen die beiden Anteile in der Erlebnisweise der Betroffenen einander zu widersprechen oder gar auszuschließen: wenn in einer Konferenz von Fachleuten Emotionen überzuschwappen drohen, findet sich fast immer jemand, der zur «Sachlichkeit» ermahnt; in der weinseligen Beschwingtheit einer Silvesterfeier wird der nüchterne Skeptiker als störend empfunden.

Etwas vereinfacht läßt sich feststellen: je intimer und privater die Situation, desto verpönter rigide Inhaltlichkeit; je öffentlicher oder beruflicher die Situation, desto verpönter deutlich spürbare Emotionalität.

Das Seminar aber ist eine Situation beruflich-öffentlicher Art; dieses besondere Seminar hat – im wesentlichen durch sein Setting – emotional hochbesetzte Anteile in die Wahrnehmungs- und Bewußtseinsebene gebracht und den Anspruch erhoben, daß sie bearbeitet werden sollen. Die Teilnehmer reagieren abwehrend.

Dieser Vorgang der kollektiven Abwehr emotionaler Anteile, die doch auch in beruflich-funktionalen Zusammenhängen unabweislich wirksam sind und manchmal – und keineswegs selten – diese Zusammenhänge fast völlig bestimmen: gegen den ausdrücklichen Willen der Beteiligten; dieser Vorgang wiederholt sich im Seminar im Laufe des Semesters an vielen allergischen Stellen immer wieder. Die Anerkennung dieser Tatsache im Bewußtsein der Beteiligten scheint mir selber ein sehr wichtiges und nicht leicht zu erreichendes Lernergebnis zu sein. Die folgende Darstellung der Seminarsequenz, die die Bearbeitung des vorgebrachten Materials schließlich herbeiführt, soll eine der vielfältigen Möglichkeiten, emotional bedrängende Anteile abzuwehren, aufzeigen.

45 Die eingebrachte und provozierte Emotionalität sieht sich vielfältigen Abwehrformen konfrontiert: das Setting wird zur Zielscheibe

Nach dem zweiten Durchgang, in dem die Erinnerungen an den letzten Eindruck von der Schule durch die Teilnehmer vorgebracht worden waren, wurde eine Pause von zehn Minuten eingelegt. Man ging in Grüppchen auf dem Gang vor dem Seminarraum auf und ab oder stand herum. Überwiegender Gesprächsgegenstand war der soeben abgelaufene erste Teil des Seminars. Nachdem alle wieder im Kreis sitzen, beginnt Gertrud P. sofort, meinen Vorschlag einer Zweiteilung der Gruppe zum Zweck der Weiterarbeit zu boykottieren. Mir fällt der «faschistoide Mathematiklehrer» ein, von dem sie berichtet hatte.

GERTRUD P. Also, ich mache einen anderen Vorschlag, daß wir nämlich zuerst mal darüber reden, was das alles soll, ne?! Ich finde es unheimlich beschissen, da jetzt einfach weiterzumachen, daß jeder da was erzählt und mehr oder weniger alle darüber im unklaren sind, was das Ganze hier soll und worauf das rauslaufen soll. Ich meine, wenn da jetzt jeder was erzählt und man das hinterher nicht wenigstens so ein bißchen auswertet, dann sehe ich da an sich nichts furchtbar Wichtiges und Relevantes drin. Vielleicht sollten wir uns erstmal darüber unterhalten!

MARTIN S. (zweiter Leiter) Ja, der Horst hat vorhin die Struktur der heutigen Sitzung kurz dargestellt als Vorschlag von uns. Darauf kam kein Widerspruch. Im Setting ist enthalten zum Schluß eine halbe Stunde Kritik des Verlaufs und ein Gespräch darüber, was das alles soll. – Und ich bin dafür, daß wir dieses Setting auch jetzt erst mal einhalten; das heißt, daß wir erst mal machen und hinterher darüber reden.

ECKHARD H. Ich möchte mich eigentlich dem von Gertrud P. anschließen. Ich habe ja auch vorhin mein Unwohlsein ein bißchen geäußert. Und ich habe also auch gewisse Vorstellungen von einer Praktikumsvorbereitung. Ich habe also jetzt grade im Sommer mein erstes Praktikum gemacht, und das ist also derartig bescheuert verlaufen. Es hat also organisatorisch von der Universität her nichts hingehauen. Und es sind dann so Hals über Kopf in den Semesterferien Sitzungen anberaumt worden, und da wurde dann auch nur organisatorischer Kram belabert. Und die konkrete Vorbereitung auf den Unterricht, auf die Klassensituation und so, die hat einfach hinten angehangen, ne?! Und deshalb ist das Praktikum auch gescheitert, ne?! – weil einfach eine Zielorientierung nicht vermittelt werden konnte für den Unterricht und für das, was wir da in der Schule machen wollten. Und ich meine also, das verlangt man ja auch von den Lehrern im Unterricht, daß die also, wenn sie ein Thema oder sowas angehen, daß die kurz einen Ausblick geben darüber, was erreicht werden soll – aus Gründen der Motivation halt, ne?! Und ich würde meinen, daß das schon wichtig wäre, wenn man also ungefähr das Ziel ein bißchen absteckt, damit man eine Orientierung hat oder zumindest mal weiß, in welchem Rahmen man diskutiert und worauf das hinauslaufen soll.

MARTIN S. Ja, ich denke aber, daß wir dazu noch viel Zeit haben. Das ist erst die erste von insgesamt sieben vierstündigen Sitzungen.

GERTRUD P. Sieben sind aber sehr wenig, wenn man's bedenkt.

ICH Bei mir kommt noch hinzu, daß erfahrungsgemäß die Sprüche, die man vorweg über etwas klopft, was man nicht kennt, nutzlos sind! Und ich finde es schon wichtig, erst mal ein paar Erfahrungen zu machen, damit man was hat, über das man reden kann. Natürlich kann ich einen Vortrag darüber halten, was das Ganze hier soll, aber das hilft keinem außer mir, und ich weiß das schon. Ich bin schon dafür, daß wir jetzt die nächste Übung weitermachen, und dann können wir darüber reden, was das Ganze soll. Und außerdem meine ich, daß Martin und ich hier etwas anzubieten haben, und daß es andere wichtige Dinge gibt, die wir nicht anbieten!

ECKARD H. Kannst du das vielleicht mal konkretisieren?

ICH Nein, ich kann es nicht konkretisieren, aber hier geschieht etwas Konkretes, ja? Und darüber kann man reden, ja? Also, über das, was hier geschieht, kann man reden. Aber nun laß es doch erstmal geschehen, es fällt keinem der Kopf ab!

ECKARD H. Ja, ich meine, damit hast du mich ja eben auch zum Reden gebracht, und ich habe dir ja auch dahingehend zugestimmt, indem ich halt da was von erzählt habe, von meinem ersten Schultag. Aber, wie gesagt, ich habe also ein ziemliches Unwohlsein und irgendwo bin ich halt ziemlich unbefriedigt, über das, was bisher abgelaufen ist, zu diskutieren. Das wäre wichtig . . .

ICH (unterbreche ihn) Die Möglichkeit besteht gleich! In fünf Minuten! Aber ich halte dafür einen Rahmen für wichtig, den wir erst herstellen müssen.

ECKHARD H. Naja, ich meine, ich würd's auch zurückstellen, wenn das grundsätzlich gegen den Zeitplan spricht, dann finde ich mich damit ab.

MARTIN S. Ja, jetzt fange ich halt noch mal von vorne an. Ich brauche zwei Teilnehmer, die sich für die Gruppenbildung zur Verfügung stellen.

Martin schlägt die Spielform eines Gruppenbildungsverfahrens vor, bei dem zwei Teilnehmer die Kerne der beiden zu bildenden Gruppen sind. Sie sollen sich abwechselnd aus dem verbleibenden Kreis jeweils einen weiteren Teilnehmer aussuchen und ihn dazubitten, der dann wiederum einen weiteren bittet, bis die Gruppe sich halbiert hat. Aber auch dieser Verfahrensvorschlag eignet sich als Aufhänger der vorhandenen Abwehrhaltung. Diesmal interveniert ein Lehrer.

HERR U. Hat es einen besonderen Sinn, daß das mit Wählen geschehen soll? Es gibt im Sportunterricht doch ein einfacheres Verfahren, zumindest in der Grundschule, und das bietet sich vielleicht an, weil – jedenfalls ich kenne die meisten doch kaum von der Vorstellung her. Ich meine, daß man einfach abzählt: eins-zwei, eins-zwei, eins-zwei und so.

MARTIN S. Ja, also das erscheint mir doch ein bißchen willkürlich. Machen wir es doch mal mit Wählen, ich fände das ganz gut.

Einige fragen, ob wir dabei irgendwelche Hintergedanken hätten.

MARTIN S. Ich finde ein Verfahren mit Wählen einfach besser als eines mit Zufällen. Das ist mein Hintergedanke, aber eigentlich ist es ein Vordergedanke.

Die Teilnehmer zögern immer noch und diskutieren stattdessen über die Vorzüge und Nachteile unterschiedlicher Verfahren, die zur Teilung von Gruppen führen. Schließlich weist eine Mentorin auf die Schulsituation hin.

FRAU C. Ich meine, daß dies jetzt eine Situation ist, die jeder von uns in der Schule als Lehrer kennt, die er da zuläßt und sogar fordert. Ich habe noch keinen erlebt, der das nicht zugelassen hätte.

HERR U. Also, ich ziehe in der Schule das eins-zwei, eins-zwei vor!

FRAU C. Das ist genauso schlimm oder noch schlimmer, weil sich da niemand gegen die Gruppenzusammensetzung wehren kann.

Die Diskussion über das Gruppenbildungsverfahren läuft weiter. Es wird deutlich, daß die Schwierigkeiten, die viele mit dem vorgeschlagenen Verfahren haben, darin bestehen, daß man sich davor fürchtet, hier und jetzt im Sinne einer persönlichen Wahl Stellung beziehen zu sollen. In der Schule seien auch Abzählverfahren häufig anzutreffende Realität. Das ermöglicht mir, zugleich auf eine andere schulische Realität hinzuweisen und damit auch im Sinne des Settings zu intervenieren.

ICH In der Schule gibt es noch etwas! Nämlich Zeit! Dort dauert eine Stunde fünfundvierzig Minuten!

ECKHARD H. (böse) Und dann macht der Lehrer mit der Hand so (zeigt es) und sagt: ‹Die Seite geht dahin, und die Seite geht dorthin!› Und dann hat sich's! So soll das hier wohl auch werden . . .

FRAU C. (unterbricht ihn) Ja, ich wollte noch was dazu sagen: Ich meine, daß es wichtig ist, an sich selbst mal auszuprobieren, was man Schülern einfach zumutet, damit man sieht, wie schwierig das sein kann.

HERR U. Dann fehlt ja jetzt nur noch der Lehrer, der die zwei Abzähler bestimmt.

MARTIN S. Ja, Gernoth, wie ist es denn? Mach' du das doch mal!

Alle lachen, der Mentor am lautesten, schließlich wendet er noch ein:

HERR U. Ich glaube, man akzeptiert mich hier nicht so einfach als Lehrer.

FRAU C. Na, komm! Ich mach's! Machst du mit?

HERR U. (nach kurzem Zögern sehr bestimmt) Ja!

MARTIN S. Mir wäre es lieb, wenn sich die Mentoren etwa gleich auf die beiden Gruppen aufteilen ließen.

HERR U. (faßt das als Beeinträchtigung seiner Wahlfreiheit auf) Komm, komm, komm! – Jetzt sei du mal still! – Wir wollen jetzt wählen, und nun laß uns auch wählen!

Herr U. und Frau C. stellten jetzt aber fest, daß sie sich nicht darüber verständigt haben, wer denn nun anfangen darf. Frau C. schlägt unter dem Gelächter der übrigen das Tip-Tap-Entscheidungsspiel vor, das sie dann auch durchführen: sie setzen abwechselnd den jeweils einen Fuß dicht vor den anderen und gehen so aufeinander zu. – Herr U. gewinnt und darf beginnen. Die Gruppe teilt sich nun unter der gespannten Anteilnahme aller zügig auf. Man fragt sich, welche denn zuerst gewählt werden, und welche zuletzt noch sitzen bleiben. Auch Martin wird in eine Gruppe aufgenommen, und ich bleibe übrig.

ICH Ich bin der Außenseiter!

Als sich das Gelächter gelegt hat, wende ich mich an die Gruppe, der Martin angehört.

ICH Ja, dann setzt ihr euch mal in die Mitte, und wir setzen uns außen rum!

Wir bilden nun das sogenannte «Zwiebelschalen-Arrangement»: Eine Gruppe bildet einen Innenkreis und setzt sich auf den (Teppich)-Boden. Sie erhält den Arbeitsauftrag, die Berichte über den ersten und den letzten Eindruck von der Schule als Material zu diskutieren. – Die Gruppe im Außenkreis auf den Stühlen hat die Aufgabe, diese Diskussion schweigend zu beobachten. Sie ist ausdrücklich aufgefordert, zweierlei zu tun:

1. Jeder soll bei seiner Beobachtung auf diejenigen Vorgänge im Innenkreis besonders achten, die ihm – aus welchen Gründen auch immer – interessant und bedeutsam erscheinen;
2. er soll aber zugleich auch darauf achten, was diese beobachtenden Vorgänge in ihm selber an Wirkungen erzeugen.

Nach der genau dreißigminütigen Diskussion des Innenkreises sollen die Beobachtungen in der Form eines feed back von außen nach innen mitgeteilt werden. – Die Diskussion beginnt sofort, nachdem das Setting installiert ist.

HELGE L. Mir ist aufgefallen, daß – obwohl sich so ziemlich alle recht unwohl gefühlt haben bei den Berichten – daß doch relativ lange über den ersten und den letzten Schultag geredet worden ist, besonders über so schlimme Situationen wie Prüfungen und so . . .

BEATE A. Mir ist dabei am stärksten aufgefallen, daß dabei eine sehr, sehr starke emotionale Beteiligung da war, die ich vielleicht in den anderen sehen wollte, weil ich sie bei mir selbst auch bemerkt habe. Ich war so kurz vorm Flennen, weil mir das – weil mir die ganze Situation – grade, als ich über das Abitur

93

sprach – äh – wieder so vor Augen gekommen ist, daß ich also fast losgeflennt hätte, so wie es mir damals gegangen ist. Und – äh – ich hätte also jedem eine reinhauen können, der über seine Lehrer geschimpft hat und gesagt hat: ‹Die wollten mich reinlegen!› und ‹Das stand schon morgens früh fest, daß die mich reinlegen wollten!› – und so weiter. Da wäre ich gern mal dazwischen gefahren – so bei dir zum Beispiel – (Sie wendet sich an Gertrud P. mit dem «faschistoiden Mathematiklehrer».) Ich hätte dich gerne mal gefragt, woher du das eigentlich gewußt hast, daß die dich reinlegen wollten.

HERR U. Ich habe eine Frage: Du hättest heulen können aus Abschiedsschmerz? Nicht aus Angst oder so?

BEATE A. Ja, aus allem, was da so war, was mich da so berührt hat an der ganzen Schulzeit, was ich ja vorhin auch geschildert hab, daß ich die Lehrer so gerne hatte und . . .

HERR U. (unterbricht) Aber nicht aus Prüfungsangst?

FRAU U. Ich möchte da gern drauf antworten! Ich fühle mich angesprochen! Ja, diese Lehrerin hat mir das hinterher selbst ins Gesicht gesagt, daß sie mich in Deutsch nur deswegen drannehmen wollte, damit sie mich endlich mal aus der Ruhe bringen kann. Die Prüfung selbst, die war für mich nicht so schlimm, aber daß die mich durch die Prüfung so treffen oder reinlegen wollte, das war schon ziemlich schlimm.

BEATE A. Ach so! – Ja, mich würde jetzt noch mal interessieren: Hat euch das auch emotional so berührt, da drüber zu erzählen und das von den andern zu hören?

Die Frage führt zu zustimmendem Murmeln und leise geführten Seitengesprächen, die auch auf den Außenkreis übergreifen. Die folgende Antwort scheint nicht nur diejenige von Astrid Q. zu sein.

ASTRID Q. Ja, wahrscheinlich schon – also, der Tag, auf den man ja nun schon seit Jahren wartet, der praktisch dann entscheidet, ob – ob – ob man das Ganze noch mal machen muß oder ob es dann endlich wieder so einen Sprung gibt, so ein Sprung raus und dann wieder was Neues, und daran liegt alles. Und von daher ist das schon mit ziemlich viel Emotionen verbunden. Ich glaube, daß es den meisten hier so gehen wird.

FRAU U. Also, meine Beobachtung war die, daß ich – als ich vom ersten Schultag berichten sollte – daß ich da viel weniger aufgeregt war, daß ich da eher distanziert berichten konnte. Aber dann – als ich über den letzten Eindruck von der Schule berichten sollte – daß ich da ziemlich aufgeregt wurde.

HELGE L. Was meinst du denn, woran das liegt?

FRAU U. Ja, ich glaube, weil ich über negative Erfahrungen berichten sollte – bei dem ersten Schultag, da hatte ich noch nicht so schlechte Erfahrungen. Aber in der letzten Zeit, da war das doch schon ganz schön happig.

AGNES C. Also, ich war bei beiden Berichten sehr unruhig und traurig, auch sehr aufgeregt. Vielleicht liegt das aber auch nur an der ganzen Situation, so mit Mikrofonen und Kameras und so – und man kennt noch nicht alle – auch so der Vergleich mit anderen Seminaren.

MARTIN S. Also mir ist durch den Kopf gegangen, als ihr von euren Lehrern erzählt habt, daß ihr alle entweder Lehrer seid oder Lehrer werden wollt, und ich denke, daß das etwas miteinander zu tun hat.

BEATE A. Was ist dir da jetzt genauer durch den Kopf gegangen? Du sagtest: wir wollen Lehrer werden oder wir sind Lehrer? Und dann erzählen wir über unsere Lehrer?

MARTIN S. Ja, du hast zum Beispiel erzählt, daß du dich mit allen Lehrern sehr gut verstanden hast und daß du traurig warst, aus der Schule weggehen zu müssen und gleichzeitig glücklich warst über die schöne Schulzeit, die du erlebt hast. – Ja, und jetzt sitzt du hier als Studentin und hast die Absicht, ins Praktikum zu gehen und dann Lehrerin zu werden. Und ich denke, das sind zwei Sachen, die irgendwo was miteinander zu tun haben.

AGNES C. Hach, da kommt so die Frage mit der Motivation, warum wir Lehrer werden wollen – Ja, das hängt bestimmt mit unseren – ja, sicher – mit unseren Erfahrungen in der Schule zusammen. – (Zu Frau U.) Mir ist das besonders deutlich bei dir geworden, als du deine Schulzeit erzählt hast. – Zum Beispiel du sagtest, daß du dich an keinen einzigen Tag erinnern kannst, der dir in angenehmer Erinnerung ist. (längere Pause)

PAUL X. Ja, mir kam da noch so die Idee, vielleicht hast du aus der Erfahrung heraus das Bedürfnis, das jetzt als Lehrerin irgendwo besser zu machen. – (längere Pause)

MARTIN S. (wendet sich an Frau U.) Was meinst du denn dazu?

FRAU U. Ja, ich mein, daß ich jetzt untersuche, warum ich Lehrerin geworden bin. – Da spielt natürlich eine große Rolle, was ich so als Schüler in der Schule erlebt habe – daß ich zum Beispiel sehr viel Rücksicht auf schwache Kinder nehme, daß ich mich zum Beispiel bemühe, nicht so zu sein, wie die Mathematiklehrerin, die mich da so vorgezogen hat und so. – Aber ich weiß es eigentlich nicht so recht.

PAUL X. Mir geht's fast genauso wie dir. Mein letzter Schultag war vielleicht von der ganzen Schulzeit der schönste. – Aber im Grunde war ich froh, denn die Schule war für mich immer eine Tortur, und ich bin mir heute noch nicht ganz klar, was meine ursprüngliche Motivation ist – äh – überhaupt Lehrer zu werden. (Pause) Und für mich – mir scheint es einfach für mich zu vordergründig zu sein, das, was ich in der Schule gemacht – äh – erlebt habe, daß ich das jetzt besser machen kann. Ich meine, da muß doch irgendwie noch was dahinterstecken, und ich krieg's aber – ich hab's bis heute noch nicht rausgekriegt. – (längere Pause)

MARTIN S. Mir ist noch was eingefallen: Als ich im dritten Schuljahr war, hatte ich einen fiesen Lehrer. Heute würde ich denken, der war ein armes Schwein, aber damals war das anders. Und ich hatte ganz fest die Vorstellung, später werde ich mal Lehrer, und dann kommt der zu mir in die Klasse, und dann zeig ich's dem. – Und ich bin ja auch Lehrer geworden.

ANNI D. Ja, ich hatte in der zehnten Klasse eine Mathematiklehrerin, die war ziemlich gemein . . . Und da hatte ich immer den Wunsch, ich möchte mal Mathematik studieren, und dann finde ich da so eine wichtige Formel, und die werde ich der dann vor den Kopf knallen. Mir war klar, daß ich nicht Mathematik studieren werde und es auch nicht kann – aber diese Wunschvorstellung, die hatte ich!

BEATE A. Ja, mir fällt jetzt auf, daß also überhaupt nicht über einzelne Fächer oder – über irgendwelche Sachen geredet wird, die in der Schule gewesen sind. Also, zum Beispiel hätte jemand sagen können: ich war so gerne in Sport ... oder irgendeiner erzählt, daß er von irgendeinem Fach begeistert war. – Wir haben immer nur über die Menschen reden können, über die Lehrer. Das war vorhin auch in den Berichten vorwiegend so, daß da so was passiert ist in den Prüfungen. – Die Fächer wurden zwar auch erwähnt, aber viel wichtiger war, was erlebt wurde mit den Menschen, mit den Lehrern.

HERR U. Das ist aber eine Erfahrung, die ich selber in der Schule schon gemacht habe, als Schüler – und die ich aber jetzt praktisch auch als Lehrer mache – daß viel mehr von dem Lehrer abhängt, der unterrichtete, als von dem Fach oder dem Gegenstand. – Ich hatte sehr gerne Geschichte, aber ich hatte auch einen miesen Geschichtslehrer, der hat's mir gründlich verdorben. Und so erleb ich das als Lehrer in der Schule auch, daß also unwahrscheinlich viel von der – äh – Lehrerpersönlichkeit – oder wie man das nennen soll – abhängt, die vor der Klasse steht.

BEATE A. Also, du meinst, das Interesse für ein Fach hängt von dem Lehrer ab, der es unterrichtet? Meinst du das?

HERR U. Ja, ich meine, daß die Schüler lieber lernen, sich wohler fühlen oder sich vielleicht eher für das Fach begeistern können, wenn sie mit dem Lehrer als Mensch klarkommen, daß es nicht unbedingt vom Gegenstand abhängt, sondern eventuell – also, ich kann das nicht sicher sagen, ich vermute es mehr. – (Pause) Wobei es dann auch nicht um methodische Kniffe geht, sondern – meiner Meinung nach – um die persönliche Haltung.

HELGE L. Dann geht es aber darum, daß die Inhalte mit Motivierung durch Didaktik, Methodik und so – nicht viel zu tun hätten, also – wenn du den Lehrer magst – also, daß du eigentlich jedes Fach lernst, wenn du den Lehrer magst, daß du also im Grunde für den Lehrer lernst, weil du ihn nicht enttäuschen willst – oder so?

HERR U. Nein, nicht ganz so! Ich würde sagen, daß einfach ein besseres Lernklima für den Schüler da ist, wenn er den Lehrer nicht für jemanden halten muß, der ihn reinlegen will ...

MARTIN S. Da ist jetzt wieder etwas, was wir schon einmal hatten. Beate A. hat gesagt, daß hier im Seminar fast gar nicht davon gesprochen worden ist, was man alles in der Schule lernt oder lernen kann oder soll, an Information, Inhalten und Fächern. Wir reden nur von bestimmten Situationen – wie man die erlebt hat – oder wie man zu bestimmten Personen gestanden hat, daß man sie gefürchtet hat, gehaßt hat, Angst gehabt hat vor ihnen, sie geliebt hat und so; also, welche Gefühle es da gegeben hat. – Nun ist die Schule aber eine Veranstaltung, die einen bestimmten Zweck hat. – (sehr lange Pause)

ANNI D. Aber hier, in den Berichten und Gesprächen ist ja das Verhältnis zum Lehrer oder Mitschüler als wichtiger eingeschätzt worden, als der Bezug zu den Fächern, ja? ... in der entsprechenden Schulsituation ist es vielleicht so, daß das Fach wichtig ist, also vielleicht Mathematik ...

GERTRUD P. (unterbricht sie) Weil du gerade Mathematik sagst ... Ich kann mich noch sehr genau an meinen Mathematiklehrer erinnern, das war ein hinterhältiger Mensch. Aber von Mathematik habe ich nicht mehr die Bohne einer Ahnung!

ANNI D. Ja, an den Lehrer kann man sich erinnern, aber an das, was man in Mathematik gemacht hat, nicht mehr. – Obwohl damals, als man in der

Schule war, das Fach Mathematik sehr wichtig war. – Eigentlich ist es ja wichtiger als der Lehrer, denn deswegen bin ich ja in die Schule gegangen, aber den Lehrer weiß ich noch, die Mathematik nicht mehr. – (Lachen – dann lange Schweigepause)

BEATE A. Ja, ich frag mich jetzt: was hab ich eigentlich für Interessen, fachliche Interessen? – Und da geht's mir so: Ich habe zwar zwei Fächer hier an der Uni, aber es ist wie in der Schule: die Fächer sind gebunden an die Lehrer. Und das hat für mich hier an der Uni ziemlich fürchterliche Folgen. Hier in diesem Seminar kann man vielleicht mal seine Lehrer kennenlernen – ich meine euch beide – aber sonst – das ist ja ein Witz bei den Mammut-Seminaren. – Und das ist für mich wirklich so, daß mich eigentlich von den Fächern keins interessiert, ich möchte im Grunde was ganz anderes machen. Ich will Lehrerin werden, will also was erreichen – und da muß ich die zwei Übel, ob ich nun will oder nicht, in Kauf nehmen, um hinterher in einer Klasse stehen zu können. Und das finde ich so fürchterlich beschissen, daß mich da letzten Endes an diesen Fächern da überhaupt nichts interessiert, daß ich es aber machen muß . . . denn das, was man im Praktikum, ja, was man im Unterricht braucht, dafür braucht man für meine Begriffe nicht auf die Universität zu gehen. Das mag vielleicht sehr hybride klingen, aber das ist ehrlich. Das Handwerkszeug, das ich für viel wichtiger finde – daß ich ein gutes Verhältnis zu den Kindern habe – äh – da sehe ich so meine Hauptmotivation drin, aber das kann ich hier nicht lernen, an der Uni.

AGNES C. Ja, aber irgendein Ziel hast du dann ja in deinem guten Verhältnis zu den Kindern auch, auch wenn du jetzt so ganz fest behauptest, das Fach interessiert dich nicht.

BEATE A. Nee, ich könnte jedes Fach machen, das würd mich alles gleich wenig interessieren – also, jetzt ganz grob gesagt – aber es geht mir, glaub ich, wirklich so!

AGNES C. Ja, du hast gesagt, das ist das notwendige Übel, damit du hinterher das machen kannst, was du willst – oder so.

BEATE A. Ja, daß ich später in der Klasse stehen kann, ja!

AGNES C. Vielleicht kannst du noch ein bißchen darüber sagen?

BEATE A. Ja, das überlege ich mir auch grade. Ja, ich erwarte ja offensichtlich irgendwas von dem – äh – von dem In-der-Klasse-stehen – von meiner Beziehung zu den Schülern – ob ich anerkannt werde, zum Beispiel: das ist sicherlich eine sehr wichtige Frage. Also, ich erwarte da wahrscheinlich eine ganze Menge für mich persönlich – äh – (Pause) Ich weiß auch nicht. – (Pause)

ICH Die Zeit ist um!

47 Der Arbeitsauftrag, Beobachtungen mitzuteilen, kann infolge starker Betroffenheit nur ganz unzulänglich erfüllt werden

Dieser Hinweis schreckt alle Teilnehmer förmlich auf, die sowohl im Innenkreis als auch im Außenkreis sehr stark am Verlauf beteiligt waren. Man äußert Unmut über diesen Einschnitt. Ich wende mich an den Außenkreis.

ICH Könnt ihr mal eure Beobachtungen mitteilen?
FRAU C. Mir ist aufgefallen, daß die Reihenfolge, in der ihr euch geäußert habt,
fast ganz genau der Reihenfolge entsprochen hat, in der ihr in die Gruppe
gewählt worden seid. Also, die, die zuerst gewählt wurden, haben zuerst
gesprochen; und die, die zuletzt gewählt wurden, haben zuletzt gesprochen.
Zwei von den zuletzt Gewählten haben gar nichts gesagt!

Im Anschluß an diese Beobachtung – sie ist übrigens die einzige
wirkliche Beobachtung – zeigt sich ein merkwürdiges Phänomen.
Diese Beobachtung stößt auf deutlich sichtbares Interesse: man
horcht auf, stößt einander mit den Ellbogen an, manche lachen und
tuscheln. Anscheinend fragt sich jeder, an welcher Stelle in der
Reihenfolge der Wahlen er denn gestanden hat. Dennoch werden
alle weiteren Beiträge unter der Forderung, Beobachtungen mitzuteilen, dieser Forderung nicht genügen. Es handelt sich um argu-
mentative Fortsetzungen des Gesprächs im Innenkreis: man fragt
sich weiter, erörtert, urteilt, wägt ab, interpretiert, grenzt sich ab,
stimmt zu, wehrt Wesentliches ab und setzt anderes an seine Stelle.
Dies geschieht so, obgleich jeder weiß, daß die Thematik selber in
Minutenfrist weiter verhandelt werden kann. Die gleiche Reaktion
auf den schlichten Arbeitsauftrag hin, Beobachtungen mitzuteilen,
kenne ich aus sehr vielen Situationen: es gelingt fast nie, diesen
Arbeitsauftrag auszufüllen. Ich finde keine andere Erklärung als
folgende: sichtbar löst eine solche oder vergleichbare Beobachtungssituation bei allen starke Betroffenheit aus; Beobachtungen
beziehen sich aber notwendig auf das Wie der Situation und schließen immer, absichtlich oder nicht, die Wirkung auf den Beobachter
in die Mitteilung ein. Daraus ergibt sich zweierlei:

1. die Art und Weise, *wie* ein Inhalt bearbeitet wird, scheint stärker
   zu imponieren als der Inhalt selber. (Ich weise darauf hin, daß
   keiner der verhandelten Inhalte wirklich neu sein dürfte.)
2. die Mitteilung der Beobachtung selber verstärkt anscheinend die
   ohnehin vorhandene Betroffenheit, weil sie notwendig die Wirkung auf die eigene Person mit einbeziehen muß. Da es sich aber
   wesentlich um emotionale Anteile handelt, scheint Angst zu entstehen. Die vorwiegende Form der Abwehr dieser Angst besteht
   in dem Versuch, das Bedrängende gleichsam zu bändigen, in dem
   man es – möglichst «wissenschaftlich» – erklärt. Es gerät damit
   sozusagen in «gesicherte» – oder für gesichert gehaltene – Zusammenhänge, wird mittelbarer und verliert so seine unmittelbare
   Bedrohlichkeit. Hier, wie in vergleichbaren Situationen, werden
   die Beiträge sehr lang. Zugleich spielen sie im weiteren Verlauf

der Diskussion kaum noch eine Rolle, während echte Beobachtungen – wie sich auch hier zeigen wird – für alle eine recht hohe Bedeutsamkeit haben: *sie* werden wieder aufgegriffen.

Wegen ihrer Länge gebe ich nur einen der weiteren Beiträge wieder. Es gelingt mir auch nicht, obgleich ich zweimal massiv im Sinne des Arbeitsauftrages interveniere, wirkliche Beobachtungen zu provozieren. Charakteristisch für diesen Beitrag ist die Suche nach Lösungen und die Unterscheidung von «richtigen» und «falschen» Lösungen und – eben das Fehlen von beschreibenden Beobachtungen.

GERTRUD P. Also, mir ist etwas ganz anderes aufgefallen: daß nämlich eure Kritik, obwohl sie ziemlich negativ und hart war, immer nur auf einzelne Personen, also auf Lehrer oder so – daß sie immer in diese Richtung abgeglitten (!) ist. Sie hat sich aber nie an der Schule als Institution oder an der Schule als Mittel, um bestimmte Sachen, also zum Beispiel Herrschaft, auszuüben – ja, eben festgemacht hat, ja? Zum Beispiel hängt ja die Frage der Motivation, über die ihr gesprochen habt, auch damit zusammen, daß man nicht nur irgendwelche Erfahrungen mit Lehrern macht, sondern die ist genereller, die hängt auch mit irgendwelchen – ja, was weiß ich – mit irgendwelchen politischen Meinungen zusammen, die jeder hat – und ob er es halt wichtig findet, irgendwas an der Schule zu verändern oder nicht, ja? Und darin dürfte ja auch irgendwie Motivation liegen, und nicht nur, um ein gutes Verhältnis zu den Kindern zu kriegen, womit man dann am Ende gar nichts mehr anfangen kann, eben weil sich sonst gar nichts verändert hat. – Weil sie nämlich wieder auf die gleichen Widerstände und so was stoßen werden, eben wenn sie aus der Klasse raus sind und einen anderen Lehrer kriegen oder wenn sie ins Berufsleben kommen. Angenommen, Hauptschüler kommen hinterher in den Betrieb, werden Lehrlinge. Was fangen die mit ihrem guten Verhältnis zu – zu – zu 'ner früheren Lehrerin an? Ich meine: klar! das kann eine schöne Erinnerung sein, vielleicht können sie ein/zwei positive Sachen draus lernen oder so ...

Es folgen noch vier Statements ähnlicher Länge mit unterschiedlichen Inhalten, die sich aber nicht aufeinander beziehen. Als mein Hinweis auf den Arbeitsauftrag nutzlos ist, versuche ich, die Phase zu beenden mit der etwas scharf und ironisch klingenden Scheinfrage: «Gibt es noch mehr Beobachtungen?» Daraufhin erfolgt noch eine Selbstbeobachtung.

PAULA N. Also, ich muß sagen, daß es mir unheimlich schwer fällt, einfach zu beobachten und das zu sagen. Also ich schau da in den Kreis rein und will was beobachten, aber ich beobachte gar n . . . – nein, ich beobachte sehr viel, aber das ist bei mir, und ich kann gar nichts Konkretes sagen –.

ICH Ja, dann laßt uns mal die Plätze tauschen!

Die folgende Sequenz hat mich persönlich besonders stark belastet, weil hier auf eine sicherlich nicht sehr qualifizierte, aber sehr deutliche Weise die spezifischen Hypotheken spürbar werden, mit denen gerade die verwissenschaftlichte Lehrerausbildung eine solche Arbeitsweise blockieren kann. Sie verschreibt den Studenten Lösungen und Erklärungen, wo es doch fast nur Probleme und Widersprüche gibt. Weil ich denke, daß solche Probleme und Widersprüche unbedingt sichtbar und bewußt werden müssen und daß sie auf die konkreten beteiligten Personen bezogen werden müssen, weise ich ziemlich zu Beginn der Sequenz auf ein Problem hin, das nach allem klar erscheint, von dem ich aber denke, daß es keineswegs klar ist. Es scheint nun so, daß es den Studenten – hier insbesondere Eckhard H. und Gertrud P. – nahegelegt wurde, Lösungen und Erklärungen vorzubringen, noch bevor ihnen das Problem selber und die spezifische Ausprägung, die dieses Problem in ihnen gefunden hat, auch nur einigermaßen klar ist. Verkürzt gesagt: da sie sich in ihrer Angst vorschnell an Lösungen und Erklärungen orientieren, damit sie eben diese nicht erleiden müssen, sind sie über lange Distanzen nicht in der Lage, die Existenz des Problems überhaupt und insbesondere für sich selbst zuzulassen. Mit anderen Worten: Selbstverständlich würden sie nicht daran zweifeln, daß Lernen einen emotionalen Aspekt hat, das haben sie in ihrer Ausbildung gelernt und gleichsam kognitiv akzeptiert; daß dieser emotionale Aspekt aber hier und jetzt ebenso aufzeigbare Wirkungen und Folgen bei den einzelnen Personen zeitigt wie es damals in der Schule, das darf allenfalls kognitiv gewußt und intellektuell anerkannt werden als gleichsam theoretisches Besitztum; niemals aber darf es als konkret Erlittenes, als Unbewältigtes und persönlich Problemhaltiges erlebt und anerkannt werden. Man erklärt das Problem schlecht und recht, bevor man es spürt und es in seiner ganzen Schwierigkeit zuläßt, dann ist man es los: dies ist eine sehr häufige Abwehrstrategie, die Lernen im hier versuchten Sinne mühsam macht und die dazu verführt, sich mit dem kognitiv Gewußten zufriedenzugeben und die emotionalen Wirkungen zu übergehen. Wissenschaftliche Lehrerausbildung, wie sie heute weithin betrieben wird, verbaut sich damit selber den Zugang zu den Anteilen, die ihre Wirksamkeit hintertreiben, wenn sie nicht auch gründlich bearbeitet werden.

HEIKE K. Ich glaube, daß es jetzt unheimlich schwer ist, wieder ein neues Gespräch anzufangen, weil so vieles schon gesagt worden ist durch die andere Gruppe.

FRAU M. Ich denk jetzt immer, daß die beginnen müssen, die zuerst gewählt worden sind. (anhaltendes Lachen, dann längere Pause) Ja, schließlich sind die gewählt worden, denk ich mir, weil man sehr viele Erwartungen in ihr Vermögen setzt. Und die müßten jetzt auch besonders motiviert sein, diesen Erwartungen . . . zu entsprechen. (Pause) Würd ich meinen! (längere Pause) Sonst hätte ich nämlich ein sehr ungutes Gefühl, hier unten so rumzusitzen. Wenn ich nicht wüßte, irgendwer muß was sagen.

Es folgt eine lange belastende Pause. Man sieht auf die Schuhspitzen oder auf den Boden. Wenn sich die Blicke zweier Teilnehmer treffen, lächelt man verlegen und unbehaglich. Man fühlt sich offenbar sehr unsicher, was sich dann auch im ersten Beitrag ausdrückt.

PAULA N. Ja, mich würde es mal interessieren, ob die Äußerungen, die gemacht worden sind, wirklich spontan gemacht werden, oder ob da so ein Zwang dahinter steht: jetzt sind wir in der Gruppe dran, und jetzt habe ich schon – also, jetzt sind schon vier Leute vor mir dran gewesen, und da muß ich jetzt unbedingt den Mund mal aufmachen.

SANDRA S. Also mir geht es so, daß ich überhaupt nicht richtig wüßte, was ich überhaupt sagen könnte. Denn mir kommt das so vor, als müßte ich jetzt so tun – was sagen, immerzu was sagen, um die dreißig Minuten rumzukriegen. Also, ich wüßte wirklich nicht, was ich jetzt so zum Thema noch sagen sollte.

Mein Eindruck ist jetzt, daß man sich an keines der vorigen Themen herantraut, weil sie zu gefährlich sind. Die Unsicherheit nimmt zu, so daß ich einen Hinweis auf ein angesprochenes Problem mache. Die Reaktion bestätigt meinen Eindruck.

ICH Ja, ich denke, daß die vorige Gruppe einige Vorgaben gemacht hat, und daß da einige Probleme aufgetaucht sind, die keineswegs ausdiskutiert sind. Da können wir weitermachen! Mir ist vorhin aufgefallen, daß es einige merkwürdige Schwierigkeiten gibt, den Hinweis, es sei nicht über Fächer und Inhalte geredet worden, zu würdigen. Also, beispielsweise will Eckhard H. einiges darüber wissen, wie man eine Unterrichtsstunde macht, und das hat was mit Fächern und Inhalten zu tun. Hier aber wird von etwas anderem geredet. – Von bösen Lehrern, von lieben Lehrern, von schlimmen Situationen, von schönen Situationen.

GERTRUD P. Hier sitzen wir aber auch nicht vor dreißig oder vierzig Kindern im Klassenzimmer als einzelner.

ICH Aber dies ist eine Veranstaltung für Lehrerausbildung, und die will auf eine solche Situation vorbereiten, und jeder weiß das.

GERTRUD P. Das erwartet auch jeder, das ist klar.

ICH Und es ist niemand gezwungen, von lieben oder bösen Lehrern zu reden, aber alle tun es!

ECKHARD H. Naja, es kommt aber auch irgendwo her, wenn bei dem einen Lehrer mehr gemacht wird – wenn ein Lehrer beliebter ist als der andere. Und das hat ja auch ganz gewisse Hintergründe, und zwar würd ich meinen, daß das teilweise auch wohl mit der Ausbildung und mit dem, was die Leute von der Universität für die Schule mitgebracht haben, zusammenhängt. Ich meine, in der Grundschule – das kann man ja in verschiedenen Untersuchungen und so weiter lesen, daß da der Lernprozeß mehr auf den Lehrer bezogen abläuft, also, auf eine fixe Figur, die zentral im Unterrichtsgeschehen steht. Aber ich meine, mit der steigenden Jahrgangsstufe ändert sich das ja, und gerade auf dem Gymnasium. – Deshalb fand ich diese Sachen auch ganz sinnvoll, daß wir darüber gesprochen haben. Das müßten wir aber auswerten. – Ich meine jetzt den letzten Schultag. – Grade im Gymnasium nimmt ja so eine gewisse Versachlichung des Unterrichts zu. Der Lehrer steht nicht mehr in der Form im Mittelpunkt, obwohl immer noch, ne?! Aber nicht mehr in der Form, sondern da wird auch von den Schülern – äh – eine gewisse eigene – äh – eigenständige Denkweise verlangt. Und je nachdem ob da Aggressionen oder – oder bestimmte Sympathien da entwickelt werden, das hängt dann meines Erachtens davon ab, in welcher Form sich der Lehrer vermitteln kann, und das ist nicht nur pädagogisches Geschick und Können, sondern das kann man lernen. Und so einen Anspruch stelle ich auch an mein Praktikum.

Iсн Hier war vielleicht alles in allem von hundert Lehrern die Rede oder mehr. – Und das Wort Logarithmen fiel in unserem Zusammenhang so, wie man vielleicht von einem Hammer redet, den man jemandem auf den Kopf haut. Und von der sachlichen Atmosphäre in der Oberstufe habe ich in den Berichten nichts, aber auch gar nichts verspürt.

Eckahrd H. Naja, das mag schon sein, daß man das nicht unbedingt nachvollziehen kann. Ich meine, ich finde also einige Unterrichtssituationen aus meiner Schulzeit, wo das auch nicht unbedingt der Fall gewesen sein mag, weil die Lehrer an sich überhaupt keinen Anspruch hatten und nichts, ne!? Aber das schlägt sich ja zum Beispiel auch nieder in der Lehrerausbildung: der Grundschullehrer ist also verstärkt in Richtung Pädagogik, in Richtung Kindeserziehung – also ich betone jetzt ‹Erziehung› als die eine Seite des Unterrichtsprozesses – getrimmt, während das beim Gymnasiallehrer in die Richtung auf Wissenschaftlichkeit des Unterrichts getrimmt ist. Also, das schlägt sich zum Beispiel dahingehend nieder, daß die Leute zum Beispiel bloß zehn Semesterwochenstunden Pädagogik zu belegen haben, davon acht Stunden nachweisen müssen. Während die Grundschullehrer – na ja, auch Realschullehrer in vermindertem Maße – ja wesentlich mehr zu leisten haben in dieser Richtung.

Iсн Wie wissenschaftlich waren die Berichte von allen hier? Wie wissenschaftlich war irgendein Bericht? – und wie sachlich und wie nüchtern?

Gertrud P. Du, da mußt du aber noch eins berücksichtigen! Nämlich, daß weder am ersten noch am letzten Schultag wissenschaftlich gearbeitet wurde, ja?! Und daß nach der Zwischenpause – nach der waren wir eigentlich nicht gefragt, denn wir sollten Eindrücke vom ersten und letzten Schultag bringen, ja? Und der erste Schultag, das war für die meisten halt so das erste Mal, da lief noch nicht viel. Und in der Grundschule überhaupt kann man ja noch nicht von wissenschaftlich arbeiten reden, ja?! Und dann aber in bezug auf den letzten Tag, da gings dann meistens eben um diese Abitursachen da. Und ich meine, da werden Fragen gestellt von irgendwelchen Leuten, die man beantworten muß, ne?!

ICH Auf was beziehen sich denn diese Fragen?

GERTRUD P. Ja, die sollten sich wahrscheinlich auf den Unterricht beziehen, aber. – Ich meine, ich kann das nur aus meiner Sicht beurteilen: die hatten recht wenig damit zu tun, ja? Im Unterricht wurden zwar Sachen ausdiskutiert – teilweise ganz gute, zum Beispiel in Deutsch, die dann aber im Abitur selber in so einer ganz komischen Sprache – in so ganz komischen Fragen dann gestellt wurden, daß also diese Überlegungen, die damals angestellt wurden, eigentlich überhaupt nicht mehr zum Tragen kamen.

ICH Was war denn hier, in dieser Situation, an diesen Inhalten bedeutsam? – äh – die meisten haben, bezogen auf den letzten Eindruck von der Schule, von Prüfungen gesprochen. Prüfungen haben Inhalte: Mathematik, Deutsch und so weiter – und das sind die Gegenstände, die Inhalte der Schule, und die sind hier in einer ganz bestimmten Weise aufgegriffen worden – in einer ganz bestimmten!

GERTRUD P. Ja, das war aber auch ein bißchen vorgegeben durch die Fragestellung . . .

FRAU C. (unterbricht und wendet sich direkt an sie) Ich möchte dazu was sagen! – Du hast vorhin, als du von deinem Schulerlebnis erzählt hast – da hast du dich gerade nicht auf den letzten Tag bezogen, sondern hast von dem Lehrer in einer Weise geredet, daß er über die ganze Zeit hin in einer faschistoiden Weise seine Mathematik verbraten hat. Und ich meine, daß das, was du damit ausdrückst, einfach in einer anderen Formulierung dasselbe ist, was die andern auch zum großen Teil sagten: wie du nämlich darunter gelitten hast. Du wertest ihn eben in einer anderen Weise ab. Du hast andere Vokabeln dafür eingesetzt, aber im Grunde genommen hast du das gleiche gesagt. Und von der Wissenschaftlichkeit seiner Mathematik ist da nicht viel vorgekommen . . .

GERTRUD P. Ja, du, das ging aber doch so . . . Ich habe zwar angesetzt, daß ich den länger hatte, ja?! Aber ich meine, ich wollte eigentlich darauf raus – lediglich auf das Abitur dann, ja?! Und daß er halt wirklich – ich meine, der hat halt wirklich inhaltlich überhaupt gar nichts gebracht, ja?! Das hat schon die Situation da gezeigt, daß unheimlich viele eben Fünfen hatten. Die Hälfte der Klasse hatte Fünfen, und ich bin – wie gesagt – wegen einer Sechs in Mathe durchgefallen, ja!? Und ich meine, das war – das war wirklich auch wahrscheinlich eine didaktische Unfähigkeit von dem Mann, was zu vermitteln, ja?! Also, der hat zum Beispiel grundsätzlich nie etwas zweimal erklärt. Und der wurde dazu aufgefordert, ja!? Es war eigentlich nicht so, daß alle unheimliche Angst vor ihm hatten, ja!? Und der war Direktor! Der war überhaupt nicht zu zwingen, irgendwas zu machen, ja!? Und gerade in bezug auf ihn, da möchte ich wirklich bestreiten, ob da irgendwas wissenschaftlich bearbeitet wurde, ja?! Der hat da seine Aufgaben an die Tafel geknallt, und wir konnten sie abschreiben oder es bleiben lassen, ne?!

FRAU M. Ich möchte annehmen, das Wissenschaftliche haben wir längst alles bearbeitet, da können wir uns gar nicht mehr dran erinnern: das ist gar nicht so hängengeblieben. Aber das, was uns angetan worden ist – an unqualifizierten, unsachlichen Dingen – da können wir uns auch noch Jahrzehnte später

dran erinnern. Und das scheint mir hier so hochzukommen: Das ist es! –
nicht Wissenschaftliches war es, was uns zugemutet wurde!

GERTRUD P. Das stimmt, aber das andere wird auch viel selbstverständlicher
hingenommen, weil's eben Aufgabe von der Schule ist – und Aufgabe von
einem Lehrer ist, glaub ich.

FRAU M. Das Sachliche, Wissenschaftliche meinst du?

GERTRUD P. Ja, ich meine, wir könnten hier ja auch nicht so reden, wenn nicht
jeder einen einigermaßen ausgeprägten Deutschunterricht hinter sich hätte,
ne?! Da gäb's schon sprachliche Schwierigkeiten. – Das muß man ja mal
sehen, ne?! Und das wird ja mit einem völligen Selbstverständnis hingenommen, daß sich hier jeder ausdrücken kann . . . Ja, angenommen, da wäre jetzt
ein Dreizehnjähriger dabei, der diesen Deutschunterricht eben noch nicht –
und auch die Erfahrungen, die mit dem allem verbunden sind – überhaupt
noch nicht gemacht hätte: der wäre überhaupt nicht in der Lage, irgendetwas
auszudrücken, also, wenigstens nicht in der Sprache, so leicht verständlich,
wie es jetzt für uns ist.

FRAU C. Ja, Gertrud, du übersiehst, daß in unserem Kreis welche sitzen, die noch
nichts gesagt haben, und daß auch· im vorigen Kreis welche saßen, die
geschwiegen haben! Die hatten aber auch den guten Deutschunterricht, und
sie haben sich nicht verständlich gemacht.

GERTRUD P. Ja, ich mein aber vorhin, ja?! Jetzt geht es doch gar nicht darum, daß
die also eventuell Hemmungen haben zu reden, ja?! Aber vorhin, als die
Reihe durchging, ja?! Da hat ja jeder was gesagt, und jeder hat's geschafft,
sich auszudrücken, ja?!

HEIKE K. Das war aber wahrscheinlich dadurch bedingt, daß es eben eine Reihe
war, ja?! Und wenn jeder so wahllos hätte anfangen sollen, dann wäre eben
doch der eine oder andere – ja – verschwunden, versickert, und der hätte
nichts gesagt.

GERTRUD P. Na ja, ich will doch aber lediglich darauf hinaus, daß jeder in der
Lage ist, seine Sätze, die er denkt, zu formulieren und so zu formulieren, daß
sie andere verstehen können, ja?! Und das wird hier so behandelt, als sei es
selbstverständlich. Das resultiert aber auch irgendwo raus, ne?! – nämlich,
daß wir hier alle eine bestimmte Anzahl von Schuljahren mit einem mehr
oder weniger qualifizierten Unterricht hinter uns haben, in bezug auf das
Inhaltliche.

PAULA N. Also, ich würde sagen, daß wir inhaltlich nicht so schwierig reden, daß
ein Dreizehnjähriger da nicht mehr mitkommen würde.

GERTRUD P. Aber ich glaube nicht, daß ein Dreizehnjähriger hier furchtbar viel
mit anfangen könnte.

PAULA N. Ich weiß bisher auch nicht, was ich damit anfange. Aber das ist etwas
ganz anderes.

ICH Ich bin der Überzeugung, daß ein Achtjähriger mit dem, was wir hier reden,
sehr viel anfangen kann!

PAULA N. Ja, das mein ich nämlich auch, ja!

GERTRUD P. Ja, ich bezweifle das aber, aber ich . . .

ICH (unterbreche ziemlich ungeduldig) Ja, die Situation des ersten Schuljahres
beginnt für Sechs- oder Siebenjährige. Und die Erlebnisse, die hier geschildert wurden, waren die Erlebnisse von Siebenjährigen. Und das waren zum

Teil Schilderungen, die von Beleidigungen, Kränkungen und Angst gehandelt haben. Und gemeint waren Siebenjährige, oder das, was an uns siebenjährig ist . . .

GERTRUD P. (unterbricht) Ja, aber wir sind doch schon viel weiter weg davon. Ein Achtjähriger wird das doch ganz anders, wahrscheinlich doch unter ganz anderen Aspekten sehen . . .

ICH (unterbreche) Wenn ich dich frage: Erzähle mir deinen ersten Eindruck von der Schule? Was erzählst du mir dann? Ich habe dir nicht gesagt, du sollst mir deine Ängste erzählen, aber du hast sie mir erzählt! Und du hast nicht von den Sensationen des Lesenlernens berichtet, sondern von etwas ganz anderem. Und darum denke ich, daß du dich heute stärker mit diesem ganz anderen beschäftigst. Und du hast etwas erzählt, was ein Siebenjähriger sehr wohl versteht. Und wenn ich mir deinen Standpunkt anhöre, dann denke ich, daß es für dich sehr schwierig ist, dich nun damit auseinanderzusetzen. Es ist eben leichter über die Inhalte der Schule zu reden, als über die Ängste, die das ganze macht!

HILDE M. Ja, mir geht jetzt auf, daß vom letzten Schultag auch nicht anders erzählt worden ist als vom ersten.

ICH Ja, vielleicht waren da die Leute bezogen auf die Schwierigkeiten auch nur achtjährig und nicht achtzehn, oder sie waren insofern sieben geblieben.

Es folgt eine sehr lange Pause. Mein Eindruck ist aber, daß das Thema keineswegs erledigt ist. Ich vermute einen bevorstehenden Themawechsel und versuche, dem vorzubeugen.

ICH Das ist schwierig, nicht? Als der Martin vorhin darauf hinwies, hatte die Gruppe sehr schnell ein anderes Thema, und jetzt wiederholt sich das hier.

Dem folgt wieder eine sehr lange Pause, und ich unterdrücke den Impuls, auf der jetzigen Thematik zu insistieren.

GERTRUD P. Ja, ich finde sowieso, daß der Martin das vorhin gelenkt hat, indem er die Sache auf die Motivation brachte. Da waren ja welche ganz überrascht. – Ich kann mich zum Beispiel an dich erinnern, Agnes, daß du überrascht warst, daß man plötzlich auf die Motivation kommt. Also, ich habe damit gerechnet, daß das von dir, Horst, oder von dem Martin auf die Motivation kommen sollte. Und da war ja irgendso ein Lenken daraufhin in der vorigen Runde hier. Und dann wurde da ja auch eine ganze Masse dazu gesagt.

Es folgt eine sehr lange, fast vierminütige Schweigepause; dann spreche ich noch einmal dasselbe Thema an.

ICH Ja, Gertrud, was du da so vorhin über den Deutschunterricht sagtest, das hat mich ziemlich erregt. Denn ob man nun einen Lehrer mag, ob man unter ihm leidet, ob man ein Außenseiter ist und darunter leidet: all das ist sehr verstehbar, selbst wenn man den miesesten Deutschunterricht hatte.

GERTRUD P. Ich hab doch gar nichts von Deutschunterricht gesagt.

ICH Doch, du hast gesagt, wir hätten einen so guten Deutschunterricht gehabt und könnten uns deswegen so kompetent unterhalten.

GERTRUD P. Ja, ich habe aber doch . . . (Sie bricht ab und lenkt etwas verwirrt

ein.) Also gut! Also mit Vorbehalt mehr oder weniger qualifiziert, ja?!
MARTIN S. Die Zeit ist um!

49 Das Problem der Autorität der Seminarleiter wird verdeckt angesprochen

Es folgt wieder eine lange Schweigepause. Die Teilnehmer aus dem Außenkreis sind aufgefordert, ihre Beobachtungen mitzuteilen. Es ist wieder so, daß kaum echte Beobachtungen mitgeteilt werden. Allerdings haben alle Beiträge einen – manchmal versteckten – gemeinsamen Kern, der auf das vermutlich schwierigste Problem in der Situation selber hindeutet: die Autorität der Seminarleiter. Das Problem wird hauptsächlich in der Einkleidung Lehrer-Schüler-Beziehung verhandelt. Ich gebe die folgenden Beiträge wegen ihrer Länge zum Teil stark verkürzt, aber in der Form wörtlicher Zitate wieder.

HERR U. . . . da wurde gelenkt, dann erst kam das Gespräch zustande . . .
BEATE A. . . . es war ein Machtkampf zwischen Gertrud P. und Horst . . . Wer kommt jetzt durch mit seinen Argumenten? . . . mir ist besonders aufgefallen, daß ihr beide sehr penetrant an euren Vorstellungen festgehalten habt. Und das hat mich sogar etwas aggressiv gemacht.
HERR U. Gertrud P. und Eckhard H. wollten das Gespräch auf die Inhalte gelenkt haben, nicht so sehr auf die Frage nach der Lehrerpersönlichkeit . . . dann aber sind auch ihre Beiträge hauptsächlich solche über die Lehrerperson gewesen . . . automatisch (sind sie) immer wieder dahin abgeglitten . . .
MARTIN S. . . . war meistens ein Zwiegespräch oder ein Dreiergespräch zwischen Horst und Gertrud P. und Eckhard H. . . . Am Schluß haben nur noch Gertrud P. und Horst gesprochen.

Nach der langen folgenden Pause überschneidet sich meine Frage: «Kommt noch was?» mit derjenigen von Gertrud P.: «Wann dürfen wir eigentlich wieder was sagen?» Gertrud P. hat damit vermittelt die Autoritätsproblematik im Seminar angesprochen, die sich hier als eine Art Unbehagen oder Ungewißheit bezogen auf das Setting und die Konzeption des Seminars darstellt.

AGNES C. (nimmt Gertrud P.s vorwurfsvolle Frage auf) Ja, mir geht es auch so. Ich sitze hier außen und höre mir das da drinnen an und möchte eigentlich unheimlich gern was sagen.
HERR U. Ich finde es aber für Beobachter hilfreich, wenn sie ihre Beobachtungen loswerden können, ohne daß der, der betroffen ist, widerspricht und so.

Auch Herr U. kündigt damit das Thema «Leiterautorität» an. Er vertritt als Lehrer/Mentor den Standpunkt der Seminarleiter, indem er die Einhaltung des Settings verteidigt.

MARTIN S. Wenn keine Beobachtungen mehr kommen, dann sollten wir die Zwiebelschale auflösen. (Das geschieht.)

ICH Thema unserer Diskussion ist alles, was bisher in dieser Sitzung geschehen ist. Dazu gehören auch Vorstellungen über die weiterführenden Themen der nächsten Sitzungen.

GERTRUD P. Ja, ich wollte noch sagen, daß unser Machtkampf eigentlich dadurch bedingt war, daß ich mich arg betroffen gefühlt hab von dem, was hier so war. Na ja, Horst, ich hab das schon verstanden, als du in der Pause gefragt hast ‹Wer fühlt sich jetzt als Schüler?› Ja?! Und da hab ich wohl Lust gekriegt, jetzt wieder in die gleiche Kerbe zu hauen. Darum hab ich auch nicht gesagt, daß ich mich da als Schüler gefühlt habe, dir gegenüber, ja?! Und auch dem Martin gegenüber, ja?! Und deswegen haben wir uns vorhin in die Wolle gekriegt!

Eckhard H. fühlt sich vermutlich durch diese sehr offene Äußerung, die Gertrud P. sichtbar nicht leicht gefallen ist, bedrängt; denn er stellt eine Frage, die eigentlich schon durch die Vorstellung am Anfang erklärt sein müßte. Gleichviel bleibt er – allerdings sehr vermittelt – beim Thema.

ECKHARD H. Ich habe noch eine Frage: Wer ist eigentlich außer euch beiden (gemeint sind Herr und Frau U.) noch Mentor?

Auch Gertrud P. und einige andere interessieren sich jetzt angelegentlich für die Mentoren: ob sie fertige Lehrer seien, ob sie auch richtig «so in der Schule» unterrichten, das sähe man ihnen aber gar nicht so richtig an. Es folgt ziemliches Gelächter und darauf eine längere Pause.

BEATE A. Mich würde mal interessieren: Warum ist denn das so wichtig jetzt? Für euch beide? (Sie meint Gertrud P. und Eckhard H.)

ECKHARD H. Ja, es ging doch vorhin um den Machtkampf, um die Schüler-Lehrer-Rolle. – Aber ich meine ja – und das hab ich vorhin schon gesagt – daß seine Rolle (er meint mich) und das besondere Erwarten, das ihm als Lehrmeister entgegengebracht wird, das kann ja nicht dadurch abgebaut werden, daß der da so geheimnisvoll tut und so. – Und da hab ich halt mal so gefragt, wie das eigentlich sich hier so verhält. Aber da ist noch mehr! Es gibt da ja auch so politische und institutionelle . . .

ICH (unterbreche) Was möchtest du von mir wissen?

HERR U. (stellt sich wieder auf die Leiterseite) Vielleicht geht es auch mehr um die Schülerrolle.

ECKHARD H. (hält sich nun lieber an Herrn U.) Wie meinst du das?

HERR U. Ja, vielleicht ist ja auch eine Schülerrolle abzubauen, nicht nur eine Lehrerrolle.

ECKHARD H. Na ja, so komm ich aber da nicht weiter.

HERR U. Äh – als ich im Kreis saß, da fühlte ich mich auch einen Augenblick lang in der Schülerrolle, weil nämlich der Martin das Gespräch lenkte. Aber andererseits war ich ganz froh, daß er lenkte. Und der Martin hätte wahrscheinlich nicht gelenkt, wenn das auch so gelaufen wäre. Also, der Martin hat die Lehrerrolle gespielt, und das lag auch an dem Kreis der Teilnehmer, daß der vielleicht die Schülerrolle angenommen hat, daß der Kreis vielleicht froh war, daß der Martin lenkte.

ECKHARD H. Das verstehe ich nicht. Das ist doch verrückt!

ICH Das ist ganz einfach: Wenn Männer und Frauen Kinder kriegen, verändern sie sich dadurch im Grunde nicht: aber sie werden nur dadurch Eltern. Und ohne Schüler gibt es keine Lehrer; denn sie werden ja nur dadurch Lehrer, daß sie Schüler haben. Und Schüler sind dadurch Schüler, daß sie Lehrer haben.

ECKHARD H. Ist das das einzige an der Lehrerrolle?

ICH Du weißt selber, daß es da noch andere wichtige Dinge gibt, aber ich rede jetzt nur von dem, was ich hier erlebe. Oder anders gesagt: Wenn du mir die Lehrerrolle zumutest, dann bin ich ein Lehrer – mindestens für dich! Ob ich nun ein guter Lehrer bin oder ob ich das auch so will, das ist eine andere Frage.

ECKHARD H. Das stimmt schon! Aber du vergißt ja, daß die Schule eine staatliche Institution ist und daß die Lehrer und auch die Schüler organisatorischen Zwängen unterliegen. Und innerhalb dieser Institution sitzen alle in einer ganz bestimmten Position, und die wird von außen bestimmt oder genauer: von oben. Du kannst also gar nicht sagen, daß es uns freisteht, welches Verhältnis ich dir gegenüber einnehme oder umgekehrt!

ICH Habe ich das gesagt?

50   Wenn die Auseinandersetzung mit der Autorität der Leiter zu schwierig erscheint, bleibt die Auseinandersetzung mit dem Setting, das diese vertreten, als Ausweg

Die lange Pause deutet an, daß das Thema nicht erledigt ist: zugleich, daß ein Bearbeitungsversuch auf die vorgeführte Art zu schwierig erscheint. Der folgende Beitrag zeigt einen Lösungsversuch, der für eine solche Situation typisch ist: man wählt einen neuen Inhalt, ohne jedoch das Thema wirklich zu verlassen; es wird vermittelt weitergespielt. Das Setting nimmt die Stelle der Leiterautorität ein.

AGNES C. Ich möchte doch ganz gerne mal wissen, warum das Seminar so eigenartig gemacht wird. Und ich möchte auch wissen, was das Seminar so eigenartig macht und was da sonst noch so kommt. Ich bin unheimlich beteiligt, aber ich verstehe das Ganze nicht so richtig, weil das so ganz anders ist als sonst.

SANDRA S. Ja, ich möchte das auch mal wissen. Ich frage mich, was ihr da für ein Konzept habt oder ob ihr überhaupt eins habt!

Beide Praktikantinnen drücken Unbehagen und Unsicherheit, zugleich aber Interesse aus. Ihre Frage bezieht sich auf die Leitung des Seminars. Ihre Situation verleitet erfahrungsgemäß zu Phantasien über geheimnisvolle Vorgänge, denen man sich mit dem Gefühl von Angst–Lust ausgeliefert glaubt. Man fühlt sich dann ohnmächtig und steigert die Macht der Seminarleiter ins Phantastisch-Unermeßliche. Nach meinen Erfahrungen sind solche Befindlichkeiten im Zusammenhang solcher Organisationsformen und Interventionsweisen der Leiter nahezu unvermeidlich. Sie sind zugleich keineswegs erwünscht, weil sie als Abwehrstrategie eigene Verantwortlichkeit an die mächtigen Leiter delegieren und so der Bearbeitung eigener Probleme entziehen. Sehr häufig werden solche Phantasien in das Bild des Marionettentheaters gekleidet, wo die Teilnehmer sich ohnmächtig durch unsichtbare Fäden gegängelt wissen, die die Leiter hinter der Bühne nach ihrem verborgenen Willen bewegen.

Ich finde eine solche Situation immer sehr schwierig und befinde mich dann in einem gewissen Dilemma: die Beantwortung der Fragen nach dem Konzept, dem Setting, der Rolle der Leiter hat eben nicht die Folge, das bestehende Problem zu lösen, weil es auch nach der Beantwortung solcher Fragen immer wieder auftaucht; andererseits führt die Verweigerung der insofern nutzlosen Antwort mit Sicherheit zu einer Steigerung der oben beschriebenen Phantasietätigkeit, die die Arbeit sehr belastet. Gleichviel versuche ich – nach anfänglichen Fehlern – solche Fragen immer mit viel Geduld so gut als es gehen will zu beantworten, obgleich es mir eigentlich nicht um die inhaltliche Wirkung der inhaltlichen Antwort geht. Vielmehr möchte ich vermitteln, daß es meine wirkliche und sehr dringliche Absicht ist, das Seminarkonzept, das Setting und seine Bedeutung und auch meine Interventionsweise so deutlich offenzulegen, wie ich es vermag. Dieser Überlegung folgen meine Beiträge, die ich trotz ihrer Länge auch aus diesem Grund in den Text aufnehmen möchte.

ICH Ich will versuchen, da eine Antwort zu geben. Zunächst: Wir haben ein Konzept! Das nur zur Beruhigung, und wir werden es nachher verteilen. Mir ist auch klar, daß dieses Seminar anders ist als die üblichen und daß das vielleicht unruhig macht und vielleicht auch ein bißchen Angst macht. – Wir haben uns gesagt, daß es wichtig sein kann, in einer Lernsituation aus dem zu lernen, was die Situation selber hergibt. Zum Beispiel zeigte sich vorhin, daß sich manche als Lehrer fühlen und andere als Schüler. Wir versuchen, hier solche Situationen zu organisieren, zu planen oder zu begünstigen, wie sie auch in der Schule vorkommen mögen. Außerdem ist es so, daß jeder von uns eine schulische Vergangenheit hat, und fast alle haben eine schulische Zukunft, manche, die Mentoren, haben auch eine schulische Gegenwart, Vergangenheit und Zukunft. – Auch in der Universität wird gelernt, und das ist auch mit der Schule etwas vergleichbar. Wir meinen also, daß sich auch hier im Seminar durch die Bezugspunkte, die jeder von uns mit der Schule hat oder hatte, ein Stück Schule herstellen läßt, über das man hier Genaueres lernen kann. So denke ich, daß etwa die Erinnerungen an die Schule, die heute hier eingebracht wurden, einmal als solche sehr eindrucksvoll für wahrscheinlich alle gewesen sind. Das ist das eine. Das andere ist, daß sich hier im Seminar auch ein Stückchen Schule abbildet, das auch eindrucksvoll ist und aus dem man auch etwas lernen kann. Ich glaube, daß das ein bißchen Angst macht, aber ich weiß auch, daß das den Einzelnen sehr betrifft – in unterschiedlicher Weise, je nach den eigenen Erlebnissen, die er mit der Schule hatte und hat. Und ich denke, daß man am wirksamsten über das lernen kann, was einen sehr betrifft. Ich könnte auch sagen: was einen sehr interessiert. – Ich denke auch, daß man heute etwas darüber hat lernen können, was die Schüler an der Schule am meisten interessiert, was sie am meisten beschäftigt. Wir haben gesehen, daß das sehr stark mit den Lehrern zusammenhängt, die sie haben, wie sie mit ihnen auskommen. – Ich habe auch den Eindruck, daß es sehr schwierig ist, darüber zu reden. Dieser Eindruck kommt daher, daß ich beobachtet habe, daß solche Themen zwar sehr interessieren und betreffen, daß es aber zugleich starke Tendenzen gibt, von diesen Themen wieder wegzukommen. Das zeigte sich darin, daß man häufig auf ein anderes Thema kam. Ich will nicht zu lange reden, aber noch sagen, daß unser Konzept darin besteht, diese Themen, von denen wir denken, daß sie sehr wichtig sind für die Schule, hier zu bearbeiten. Das heißt auch, daß wir hier nicht über Allgemeine Didaktik, Methodik, Unterrichtsvorbereitung, Unterrichtsprojekte, Inhalte und so weiter sprechen werden. – Unser Angebot in diesem Seminar beschränkt sich auf Beziehungsvorgänge im Zusammenhang mit Unterricht und Schule.

SANDRA S. Ja, aber diese Anordnung hier, was soll denn die? Ich meine da zum Beispiel dieses Spiel mit der Teilung der Gruppe und vor allem auch diese beiden Kreise, wo immer nur die einen reden sollen und die anderen schweigen müssen. Ich hätte an manchen Stellen gerne was gesagt und durfte nicht. Und als ich dann was sagen sollte, da ist mir nichts eingefallen.

MARTIN S. Zu den schlimmsten Sachen in der Schule hat für mich eine Zeitlang die Situation gehört, wenn ich von dem Lehrer aufgerufen worden bin, aber nichts sagen konnte oder wollte. Und dann gab es noch andere Situationen, wo ich unbedingt was sagen wollte und das auch tat. Dann sagte der Lehrer: ‹Wenn du schon was sagst, dann melde dich gefälligst!› – Ich meine, daß es sehr wichtig ist, als Lehrer oder angehender Lehrer mit den Situationen konfrontiert zu werden und so zu spüren, was sie bedeuten, denen man die Schüler dann häufig doch ziemlich bedenkenlos aussetzt. Wenn ein Lehrer weiß, welche Wirkungen so ein Redeverbot oder Redegebot hat – und das lernt man am besten am eigenen Leib – dann ist er vielleicht nicht mehr so blauäugig, wenn er solche Sachen fordert. Darüber konnte heute etwas gelernt werden.

ECKHARD H. Das finde ich ziemlich einleuchtend. Aber in der Schule gibt es ja schließlich noch andere Sachen, die wichtig sind. Ich habe in meinem ersten Praktikum die größten Schwierigkeiten gehabt, weil das schlecht vorbereitet war. Wir wußten überhaupt nicht, was wir da machen sollten. Der Praktikumsleiter von der Uni hat sich auch überhaupt nicht dafür interessiert. Der hat seine Sitzungen da abgerissen, aber bei der Vorbereitung auf den Unterricht hat er uns überhaupt nicht geholfen. Wir wollten da ein Projekt machen, da waren wir dran interessiert, aber der wollte was anderes. Und schließlich hat die Zeit vorne und hinten nicht gereicht. Und ich befürchte hier was ganz ähnliches, wenn das so läuft. Das ist alles so unsicher, nichts Genaues. Ich meine, wir müssen uns hier im Seminar mit Unterrichtstheorie beschäftigen, und zwar mit einer solchen Unterrichtstheorie, die im Interesse der Schüler liegt. Und das sind in der Grundschule meistens Arbeiterkinder!

ICH Also, Martin und ich machen in diesem Seminar – im ganzen Seminar – keine Unterrichtstheorie. Wir meinen dabei nicht, daß das unwichtig sei – aber wir machen es nicht! Es gibt hier an der Uni eine Menge Seminare, wo Unterrichtstheorie gemacht wird, aber es gibt wahrscheinlich kein Seminar, wo die Beziehungsproblematik des Unterrichts in einer solchen Weise bearbeitet wird. Ich habe dich auch so verstanden, daß du sagen willst, hier wird nichts Genaues gemacht. Ich will das mal so sagen, wie es bei mir angekommen ist: Du hast die Befürchtung, daß hier nicht konkret umschreibbare Inhalte angeboten werden, die dann von den Teilnehmern eben gelernt werden sollen. Und das stimmt auch so! Es wird hier mit Sicherheit so sein, daß in einer bestimmten Situation manche nichts lernen, andere dies und wieder andere das, vielleicht jeder etwas anderes, weil alle verschieden sind. Eine Situation kann für unterschiedliche Leute sehr unterschiedliche Bedeutungen haben, und damit hat sie auch sehr unterschiedliche Lernchancen. Nur soviel dazu! – Aber ich muß betonen: Wir haben nur dies Angebot und kein anderes!!

ECKHARD H. Ja, aber damit reißt ihr etwas auseinander, was in der Schule tatsächlich zusammengehört und was da auch zusammen ist! Das sind ja nicht zwei Sachen, sondern das ist eine! Also, ich meine, da ist der zielgerichtete Unterricht, der läuft auf die Inhalte hinaus, da sollen die Schüler was ganz Bestimmtes lernen, und dazu ist auch die Schule da. Auf der anderen Seite steht, wie die Schüler mit dem Lehrer auskommen, das ist auch wichtig. Aber ihr macht nur das Letzte!

MARTIN S. Das stimmt! Wir machen – wenn du so willst – nur das Letzte! Aber man kann nicht alles machen!

BEATE A. (wendet sich ziemlich aggressiv an Eckhard H.) Also, jetzt muß ich doch auch mal was dazu sagen, weil mich das allmählich ärgert! Also, bei dir, Eckhard, habe ich – je mehr du dich wehrst gegen das, was hier gemacht werden soll – desto mehr verdichtet sich da bei mir der Eindruck, daß du dich also mit Gewalt hier gegen was wehren mußt, weil dich das so unheimlich tangiert! Du hast gesagt: ‹Das berührt mich überhaupt nicht!› Und da – ja gerade da – hatte ich den Eindruck, daß das genaue Gegenteil stimmt! Ich glaube grad das Gegenteil! Ich glaube, daß das hier so abläuft, und darum mußt du das – mußt du dich so verteidigen – so weg von mir! (Sie macht eine wegschiebende Handbewegung.) Deine Argumente find ich manchmal richtig, aber mir kommt das so vor, als ob die was ganz anderes bedeuten. Und ich empfinde das trotzdem so, wie ich das eben gesagt habe!

ECKHARD H. (lacht ein bißchen unsicher) Da hab ich gar nicht den Eindruck.

HERR U. (lenkt ein) Ich denke mir, daß du dann auch so deine Vorstellungen hast, was du von so einem Seminar bezogen auf das Praktikum erwartest?

ECKHARD H. Ich habe da schon feste Vorstellungen, aber die kann ich jetzt auch nicht so konkret nennen, natürlich! Ich habe also schlechte Erfahrungen gemacht mit dem letzten Praktikum, wo also praktisch keine Vorbereitung gelaufen ist. Der Unterschied zwischen dort und hier ist vielleicht, daß ihr in einem Teilbereich, der die Schule angeht, was machen wollt. Aber das halte ich auch nicht für entscheidend.

HERR U. Aber ich möchte behaupten, methodische Vorbereitungen, inhaltliche Vorbereitungen auf die Situation nachher sind jetzt gar nicht wichtig. Sie sind auch gar nicht richtig möglich, weil du ja die Klassen und die Schüler gar nicht kennst. Und ich meine, daß es nicht gut geht, wenn man so Trockenschwimmkurse in Unterrichtsvorbereitung macht. Du kannst ja noch nicht einmal darüber nachdenken, was dich nachher erwartet, und planen kannst du schon gar nicht. Das wäre alles rausgeworfene Zeit.

ICH (etwas ärgerlich und ironisch) Ja, und damit wären wir wieder am Thema: unsere Zeit ist nämlich fast um, und wir haben in den letzten zwanzig Minuten darüber gesprochen, was wir machen könnten und nicht darüber, was wir gemacht haben und was wir machen wollen. – Es gibt hier ein ziemlich bestimmtes Angebot, und das hat auch ausschließenden Charakter, das heißt: es werden bestimmte Dinge nicht gemacht! Ich habe dieses Angebot in der Form eines Seminarkonzepts vervielfältigt und teile das jetzt aus, damit es sich jeder noch einmal ansehen kann. Ich zweifle allerdings an der Überzeugungskraft dieses Papiers, weil ich glaube, daß man hier nur dann etwas lernen kann, wenn man sich auf etwas einläßt, und das kann man auch bleiben lassen – um den Preis, daß man nichts lernt.

MARTIN S. Ja, es bleibt jetzt auch keine Zeit mehr, um darüber zu sprechen, was in der nächsten Sitzung geschehen soll. Wir haben aber in der Pause mit einigen Leuten schon mal so verhandelt und werden für die nächste Sitzung ein Setting planen, in dem sich das Thema ‹Berufsmotivation des Lehrers› bearbeiten läßt. Das Thema klang ja auch heute schon mal an.

Martin und ich stehen auf und setzen damit das Ende des Seminars. Die Teilnehmer gehen etwas bedrückt aus dem Raum. Es bilden sich dann im Flur Grüppchen, die ziemlich erregt diskutieren. Wir werden dann beim Rausgehen von verschiedenen Teilnehmern auf ihnen bedeutsam erscheinende Punkte im Seminarzusammenhang angesprochen. Wir lassen uns aber auf keine weitere Diskussion ein.

C Berufsmotivation des Lehrers

51 Die Frage nach der Berufsmotivation ist an konkrete Lehrer gestellt und affiziert so die studentischen Teilnehmer

Das Setting der Sitzung über die «Motivation für den Lehrerberuf» sah folgenden Seminarablauf vor, der auch – gegen zum Teil heftige Widerstände der studentischen Teilnehmer – eingehalten wurde. Lediglich die vorgesehene zehnminütige Pause entfiel, weil alle Teilnehmer außer den Seminarleitern diese Zeit für die Fortführung ihrer Gruppenarbeit nutzen wollten.

Ich erläuterte zunächst das Setting (5 Min.), woraufhin Eckhard H. und Gertrud P. vor Beginn der eigentlichen Sitzung eine Diskussion über das inzwischen gelesene schriftliche Seminarkonzept wünschten. Martin S. und ich sagten, daß eine solche Diskussion nicht vorgesehen sei. Daraufhin versuchten mehrere, ihren Wunsch nach einer Diskussion weiter zu begründen.[41] Dieser Versuch wurde jedoch durch die Techniker der Videoanlage unterbrochen, die auf dem Monitor das Fernsehband aus der vorigen Sitzung einspielten: die Berichte aller Teilnehmer über den ersten und letzten Schultag (30 Min.).

Danach wurden Gruppen in einer solchen Weise gebildet, daß sich nach Belieben die studentischen Teilnehmer den fünf Mentoren zuordneten. Dies ergab dann fünf Vierergruppen mit folgendem Arbeitsauftrag: Die Studenten erhielten ein vorbereitetes Arbeitsblatt mit Fragen, die sie an die Mentoren ihrer jeweiligen Gruppen stellen sollten.
a) Wie bist du dazu gekommen, den Lehrerberuf zu wählen?
b) Welches waren die damals für dich wichtigen und motivierenden Vorstellungen und Erwartungen, bezogen auf deinen damals zukünftigen Beruf?
c) Inwieweit sind diese Vorstellungen und Erwartungen durch den Schuldienst eingelöst worden? Inwieweit sind sie durch die schulische Realität modifiziert und verändert worden?

d) Würdest du deinen Beruf noch einmal wählen? Wenn ja, warum?
   Wenn nein, warum?

Diese Gruppenarbeit sollte 20. Min. dauern; sie wurde durch die danach vorgesehene Pause um 10 Min. verlängert.

Danach traf sich die Gruppe im Kreis, und die Sprecher der einzelnen Gruppen, die am Ende der Gruppenarbeit bestimmt werden sollten – was aber nur zum Teil auch geschehen war –, sollten der Gesamtgruppe über die Berufsmotivation des Mentors berichten, den die betreffende Gruppe befragt hatte. Während dieser Phase sollten die Mentoren schweigen, was sie auch taten. Die übrigen Teilnehmer waren zu Fragen aufgefordert und taten dies auch (30 Min.). Danach folgte ein Zwiebelschalen-Setting (Innenkreis – Außenkreis) mit dem Arbeitsauftrag einer Diskussion des Materials mit jeweils 20 Min. Dauer und einer je fünfminütigen Zeit für feed back. Schließlich stand am Ende des Seminars noch einmal eine dreißigminütige Kreissituation, in der die Sitzung kritisiert und beschrieben werden sollte und in der Vorschläge für eine Weiterarbeit diskutiert werden sollten.

Aus Raumgründen muß ich hier auf eine so ausführliche Darstellung des Seminarverlaufs wie bei der ersten Sitzung verzichten, zumal ich hoffen kann, wenigstens einige der Besonderheiten einer solchen Seminarform vermittelt zu haben. Die wichtigsten Lernsituationen werden auch hier nicht mit dem Ergebnis von «Lösungen» beendet. Vielmehr tauchen die darin enthaltenen Probleme in immer neuen – aber auch schon bekannten – Einkleidungen auf. Wir mußten uns immer mit Beschreibungsversuchen begnügen, hatten aber doch an vielen Stellen die berechtigte Hoffnung, daß diese Versuche – wenn auch nur teilweise – gelangen. Ich stelle hier noch ein Beispiel aus der letzten Phase dieser Sitzung heraus, um zu zeigen, wie penetrant das Problem des Lernens unter Bedingungen – es steht hier im Zusammenhang mit dem Problem der Leiterautorität – immer wieder durchschlägt und – wie es bearbeitet werden kann.

Paula N. beklagt sich über die zeitliche Begrenzung der Arbeitsphasen und opponiert damit gegen das Setting: sie kann der Zustimmung der meisten sicher sein.

PAULA N. Und deshalb finde ich das Arbeiten in den kleinen Gruppen viel sinnvoller als hier im großen Kreis oder in dieser idiotischen Zwiebelschale. – Ich brauche eben eine lockere Atmosphäre, wo ich auch aus mir herausgehen kann und da mal ein bißchen weiter ausholen kann! Also, wenn man da wieder gezwungen ist: ‹So, die zwanzig Minuten sind jetzt um!› Dann wieder

Innenkreis und Außenkreis! Also, da stinkt mir die Form so, daß ich da so einen Widerstand habe . . .

ICH (unterbreche sie) Aber Grundschullehrerin willst du werden?!!

PAULA N. Ja, verdammt noch mal!!

ICH In der Schule ist das auch so!

PAULA N. (wütend) Ja, wollen wir denn jetzt nur das machen, was in der Schule auch so ist, was wohl nicht anders – anders – anders zu machen ist – oder . . .

ICH Das ist eine Ausbildungsveranstaltung!

SANDRA S. (sehr aggressiv) Ja, und was hat denn die Schule mit Innenkreis und Außenkreis und ‹Zeit-ist-um› zu tun?

ICH Ja, daß nach fünfundvierzig Minuten die Stunde um ist! Das wird da erzwungen! Oder genauer: Das werdet ihr da erzwingen! Es ist auch so, daß die Schüler in die Schule gehen müssen! Es gibt da ein Gesetz! Die Lehrer müssen auch die Klassen übernehmen, die ihnen der Rektor zuteilt! Das hat das damit zu tun!!

Solche Sequenzen mag man als Störungen empfinden, und sie sind es ohne jeden Zweifel. Aber sie enthalten wichtige Lernchancen – sofern sie bearbeitet werden –, weil sie auf wichtige und zusammenhängende Realitäten verweisen: auf den Druck der äußeren Bedingungen und auf die psychischen Reaktionen der Betroffenen. Beides sind auch dann Realitäten von höchster Bedeutsamkeit, wenn sie wortlos übergangen werden: hier aber können sie erlebt, bearbeitet und – im Sinne eines professionellen Umgangs mit ihnen – beruflich qualifizierend wirksam werden.

In der folgenden stark verkürzten Darstellung versuche ich eine Vorstellung von dem Material zu vermitteln, das die studentischen Teilnehmer des Seminars ihren Mentoren abgefragt haben, als sie gehalten waren, sich ein Bild über die «wirkliche» Berufsmotivation dieser einzelnen Lehrer zu machen. Dabei halte ich mich nicht an die Äußerungen der Mentoren selber, sondern an deren Wiedergabe durch die Studenten, weil diese Wiedergabe eher geeignet erscheint, die Reaktionen der Studenten auf die Informationen über die Motivation der Lehrer verständlich zu machen.

Dies war ja auch die Absicht des Settings: unter der inhaltlichen Frage nach der Berufsmotivation, die ja im Horizont der Lehrer wie der Studenten liegt, sollte die Auswirkung der jahrelangen Arbeit in der Schule auf diese Motivation untersucht werden. Es war also eine Konfrontation der Lehrermotivation, als einer gleichsam «geprüften», mit der Studentenmotivation als einer «naiven» beabsichtigt. Diese Konfrontation gelang und führte zu einer heftigen Betroffenheit auf beiden Seiten.

Agnes C. gibt im großen Kreis die Informationen wieder, die ihre Gruppe bei Frau Maria M. erfragt hat:

Sie hat die höhere Frauenfachschule gemacht, dann Staatsexamen, dann ist sie Fachberaterin für Hauswirtschaft gewesen. Sie ist dann in die Industrie gegangen, hat bei der EAM gearbeitet und die Hausfrauen im Umgang mit Elektrogeräten nur für den Haushalt unterwiesen. Das hat sie zwei Jahre gemacht und dann beschlossen, Lehrerin zu werden, und zwar Fachlehrerin, weil das die kürzeste Ausbildung war, zwei Jahre. Wegen ihres ersten Berufs hat sie auch die Fächer Hauswirtschaft und Nadelarbeit genommen. Sie hat das Erste Staatsexamen gemacht und ist in die Schule gegangen. Da hat sie dann auch das Zweite Staatsexamen gemacht. Aber es hat ihr in der Schule nicht gefallen, weil sie als Fachlehrerin an einer großen Schule zeitweise fünfzehn Klassen mit ein oder zwei Wochenstunden unterrichten mußte. Sie hatte dann das Gefühl, daß sie überhaupt keine Beziehung zu den Schülern entwickeln konnte, sondern eigentlich nur dazu da war, daß die Schüler die Aggressionen und den Druck, den sie aus dem Unterricht der Klassenlehrer mitbrachten, bei ihr in ihrem Unterricht abreagieren konnten. Das hat dazu geführt, daß sie unbedingt selber eine Klasse haben wollte. Aus dem Grund hat sie noch einmal eine neue Ausbildung als Grund-, Haupt- und Realschullehrerin angefangen und hat das Studium neben ihrer vollen Unterrichtsverpflichtung an der Uni hier gemacht und ist jetzt im Referendariat, obgleich sie schon über zehn Jahre als Lehrerin in der Schule arbeitet. (Die meisten Teilnehmer lachen und finden das «beknackt».) Sie hat jetzt ein zweites Schuljahr, das sie seit der Einschulung leitet. Sie ist mit ihrer Arbeit ziemlich zufrieden, sagt aber, daß sie nicht im entferntesten eine Vorstellung von dem Ausmaß an Geduld und Nervenkraft gehabt habe, das für die Arbeit mit Schulanfängern notwendig sei. Das sei sehr schwierig gewesen, und es habe bei ihr sehr lange gedauert, bis sie wirklich begriffen habe, daß das unkontrollierte Verhalten der Kinder nicht auf Boshaftigkeit beruhe, sondern erst nach und nach sehr mühsam unter Kontrolle und zur Arbeitsfähigkeit gebracht werden könne. Auch mit dem Kollegium verstünde sie sich gut. Sie arbeitet auch mit den Kollegen, die ebenfalls ein zweites Schuljahr haben, eng zusammen; dazu gehören auch Frau E. und Frau U. Eine Besonderheit ist vielleicht noch, daß sie auch die Eltern der Kinder in den Unterricht eingeladen haben. Besonders die Mütter machen davon sehr regen Gebrauch. Zeitweise seien jeden Morgen eine oder zwei Mütter im Unterricht.

Maria sagt, daß sie ihren Beruf noch einmal wählen würde, sie habe auch schon immer an ihren Beruf die Vorstellung geknüpft, daß er Kontakt mit Menschen ermöglichen müsse. Aber ihre wirkliche Motivation, das sei schwierig. Sie habe noch drei viel jüngere Geschwister, die habe sie als Kinder versorgt, weil die Mutter mit dem Vater immer in der eigenen Konditorei habe mitarbeiten müssen. Die Geschwister haben sehr an ihr gehangen, und sie hat auch heute noch ein sehr gutes Verhältnis zu ihnen. Der Vater habe immer sehr viel arbeiten müssen. Manchmal habe er dann gesagt: ‹Wäre ich doch lieber Lehrer geworden!› Sie habe sich vielleicht gesagt, daß das der Traumberuf sei und habe ihn deswegen schließlich gewählt. Dann ist sie schon ab zehn bei den Pfadfindern gewesen und hat mit vierzehn selbständig Gruppen geführt. Sie ist später auch Führerin auf Landes- und Bundesebene geworden. Das habe sicher auch etwas mit ihrer Berufswahl zu tun. Aber sie wollte auch einen Beruf haben, in dem sie akzeptiert wird und wo sie ihre Ideen und Vorstellungen mit den anderen austauschen kann.

Dieser Bericht wird schweigend entgegengenommen. Einige studentische Teilnehmer geben sich etwas gelangweilt, andere scheinen sehr beteiligt. Es werden aber keine zusätzlichen Fragen gestellt, lediglich zwei Mitglieder der fragenden Gruppe geben kurze Ergänzungen, die aber hier unwesentlich sind.

So folgt der Bericht von Helmut J. über Herrn Gernoth U. unmittelbar im Anschluß daran:

Gernoth (Herr U.) wollte erst Journalist werden, weil er da mit Leuten in Kontakt gekommen wäre, aber es wäre schwierig gewesen, einen Ausbildungsplatz zu bekommen. Dann wollte er Theologie studieren, aber da war dann das Studium zu lang, und er hat auch bestimmte Voraussetzungen, wie alte Sprachen, nicht erfüllt. Und so ist er dann schließlich beim Lehrer gelandet; das war in gewisser Weise schon ein Ausweg. Aber er sagt, daß er die Arbeit mit den Kindern schon sehr erfreulich gefunden hat. Es ist ihm klar gewesen, daß er als Lehrer immer gefordert sein wird und immer im Einsatz sein muß. Auf die Frage, ob er denn mit Idealismus an seinen Beruf herangegangen sei und ob er den denn eingebüßt habe, sagte er, daß es ihm nicht bewußt gewesen sei, daß er idealistische Vorstellungen gehabt habe; darum habe er auch keine eingebüßt. Wir haben ihn auch dann nach seinem politischen Einfluß in der Schule gefragt. Da hat er gesagt, daß der ohnehin gering sei, und in der Grundschule sei er noch geringer. Er hält es aber für wichtig, daß den Schülern irgendwelche sozialen Verhaltensweisen vermittelt und angeboten werden. Wir haben ihn dann noch nach seiner Motivation durch Lehrer seiner eigenen Schulzeit gefragt. Da hat er gesagt, daß das negative Verhalten seiner Lehrer ihn nicht dazu getrieben hätte, es besser zu machen, aber er würde manchmal gerne so sein, wie die Lehrer, die er positiv erlebt hat.

Bei der Beobachtung fiel mir auf, daß bei der Erörterung der politischen Wirksamkeit des Lehrers einige Köpfe sich hoben. Sie senkten sich aber rasch wieder, als Herrn U.s Antwort berichtet wurde.[42] Die meisten der studentischen Teilnehmer machen auf mich einen resignierten Eindruck. Es folgt auch nur eine Frage, die sich aber lediglich auf einen Verständnisfehler bezieht.

Anni D. berichtet also wieder unmittelbar im Anschluß über Frau Alrun U.:

Also, Alrun (Frau U.) hat sich geweigert, irgend etwas über Ideale oder so zu sagen. Sie sagt, bei ihr hätten ausschließlich pragmatische Gesichtspunkte im Vordergrund gestanden. Erstens hat sie also ein Schmalspurabitur gemacht und so nicht viele andere Studienmöglichkeiten gehabt. Und da hat sie also Lehrer studiert. Das Motiv war einfach: sie wollte irgendwas studieren, sie wollte beispielsweise nicht aufs Finanzamt. Dann hat sie auch mit den langen Ferien gerechnet und dem relativ hohen Gehalt. Sie wußte auch, daß sie bei diesem Beruf eine Familie haben kann, weil sie ja fast nur vormittags in der Schule ist. Sie konnte also berufstätig sein, ohne ihre Familie zu sehr zu vernachlässigen. Sie hätte wohl lieber Medizin studiert, aber das ging nicht wegen dem Schmalspur-abitur. Ich sagte schon am Anfang, daß sie über Ideale nichts sagen wollte.

Es folgen keine Nachfragen, und Sandra S. berichtet über Frau Tina E.:

Also, die Tina (Frau E.) ist ein Lehrerkind, und ihr Vater war sehr positiv zu seinem eigenen Beruf eingestellt. Die Mutter war Telefonistin, aber die Bindung an den Vater war stärker. Der Vater war gegenüber Politik ziemlich negativ eingestellt, wegen seiner Erfahrungen im Dritten Reich. Sie hat noch einen älteren Bruder. Der hat Philologie studiert und ist auch Lehrer geworden. Der hat sie von ihrer Berufswahl abbringen wollen, aber da hat sie sich durchgesetzt. Bei ihrer Wahl hat sie sich stark an ihren Klassenkameradinnen orientiert, die zum Teil auch Lehrer werden wollten. Selber hatte sie keine einschlägigen Interessen, außer dem Kontakt zu Menschen. Sie ist dann auch mit diesen Klassenkameradinnen in der Lehrerausbildung gewesen. Da hat sie dann das Fach Chemie gewählt, weil das selten gewählt wurde, so daß sie den Professor auch persönlich kennenlernen konnte. Politische Ansprüche hat sie nicht gehabt, aber auch keine Angst vor der Schulpraxis, weil die ihr bekannt war, aber große Angst vor den Prüfungen. Sie hat auch Angst gehabt, daß sie nach dem Examen in irgendeine gottverlassene Gegend geschickt wird, wo sie dann keinen Kontakt mehr zu ihren Freunden hat. Heute überlegt sie, ob sie ihren Beruf wechseln – nee, Entschuldigung – ob sie innerhalb ihres Berufs wechseln soll – ob sie mal ins Ausland geht oder so: sie hat Englisch als zweites Fach. Prinzipiell ist sie aber positiv zu ihrem Beruf eingestellt. Auf die Frage, ob sie in ihrem Beruf auch politisch wirksam ist, hat sie gesagt, daß sie nicht politisch wirkt, weil sie in keiner Partei ist. (An dieser Stelle seufzen einige der studentischen Teilnehmer tief. Es klingt mir verächtlich.) Sie stellt, bezogen auf früher, Unterschiede zu den heutigen Lehrern fest: die meisten seien heute doch mehr aufgeschlossen.

Beate A., die auch zu dieser Gruppe gehört, fügt an: «Mir ist noch aufgefallen, daß es eigentlich nur der Wunsch des Vaters gewesen ist, daß die Kinder Lehrer werden sollen. Und es ist nirgends rausge-kommen, daß das auch ihr eigener Wunsch war. Da sind auch keinerlei Ideale sichtbar geworden, weil sie den Beruf ja schon kannte.»
Auch Heike K. ergänzt hier noch folgendes: «Ja, wichtig für ihre Berufswahl war auch das relativ kurze Studium, das Lehrergehalt und die Ferien.»

Es folgen keine weiteren Fragen mehr, so daß jetzt Eckhard H. über Frau Else C. berichtet:

Also Else (Frau C.) hat erst über ihre schülerische Laufbahn erzählt. Sie ist wohl ein schwererziehbares Kind gewesen und hat ziemlich Schwierigkeiten in der Schule gehabt. Das hat sich dann auch später in der Lehrerausbildung bis zum Schluß fortgesetzt. Aber da sind drei Lehrer gewesen, von denen sie sich ange-sprochen gefühlt hat. Bei einer Lehrerin, die sie mochte, hat sie irgendwann Spaß am Unterricht bekommen. Und die hat sie dann auch veranlaßt, die Aufnahmeprüfung im Aufbaugymnasium zu machen. Sie ist erst durchgefallen, aber beim zweitenmal hat's dann geklappt. Und dann war da eben ein Deutschlehrer, mit dem sie sich verstanden hat, und eine Turnlehrerin, die sie zur Aufnahme der Lehrerausbildung bewegt hat. Sie war in einem Lehrerinnenseminar mit stundenplanmäßiger, rigider Ausbildung, das hat ihr nicht gefallen. Sie hat aber ihre theoretische Fachlehrerprüfung bestanden. Aber dann ist etwas ziemlich Ungewöhnliches passiert: sie ist bei der praktischen Prüfung – das war nur eine Unterrichtsprobe – durchgefallen. Die Leute wußten dann gar nicht so recht, was sie nun machen sollten, und wollten sie als Praktikantin an die Schule schicken. Sie ist dann aber weggegangen nach Hessen und hat hier noch studiert und dann später die Prüfung nachgeholt und ist in den Schuldienst gekommen – als Fachlehrerin.

Gertrud P. fährt fort, weil man keinen Gruppensprecher bestimmt hatte:

Sie ist dann aber ziemlich schnell in die Grundschule gekommen. Sie hatte sich darum bemüht, weil ihr der Fachunterricht in den vielen Klassen nutzlos vorgekommen ist. Dann hat sie aber Spaß an der Schule gekriegt: sie hat sich vor allem mit Kindern identifizieren können, die dort große Schwierigkeiten hatten. Jetzt macht sie aber auch ein Zweitstudium, damit man sie nicht erneut mit Fachunterricht eindecken kann. Eigentlich hat sie keine ursprüngliche persönliche Motivation gehabt, sondern die ist von außen an sie herangetragen worden. Erst durch die Lehrer und dann durch die Schule selber.

Es folgt eine längere Pause, in der aber keine weiteren Fragen oder sonstige Äußerungen kommen. Das Zwiebelschalen-Setting wird nun so gebildet, daß zunächst zwei Arbeitsgruppen in den Innenkreis gehen, so daß den drei anderen Gruppen die Beobachtung zugewiesen ist.

52 Es ist schwierig zu schweigen, wenn ich von anderen «falsch» dargestellt werde

Herr U. beginnt das Gespräch, indem er sagt, daß es ihm sehr schwer gefallen ist, zu schweigen, als über ihn gesprochen wurde. Einiges sei zu seinem Schrecken ganz falsch dargestellt worden, und er habe sich förmlich zum Schweigen zwingen müssen. – Er äußert damit das Grundproblem dieses Settings, in dem ja immer eine Hälfte der Teilnehmer zu schweigender Beobachtung verpflichtet ist: hier waren es die Mentoren; und sie waren es, über die gesprochen wurde.

Die Schwierigkeit – und die Lernchance – besteht darin, daß die schweigenden Beobachter mit der Wirkung der Informationen konfrontiert werden, die sie in einer bestimmten Absicht gegeben haben. Sie stellen mit Verwunderung und großer Unruhe fest, daß die

Wirkung eine andere ist als die, die sie beabsichtigt hatten. In der alltäglichen Kommunikation wird der Betroffene in diesem Fall sofort eine Korrektur anbringen, wodurch er sich im Hinblick auf die beunruhigende Diskrepanz zwischen beabsichtigter und tatsächlicher Wirkung entlastet: er reagiert also seine Beunruhigung unmittelbar ab, womöglich bevor er sie recht spürt. Die in der Diskrepanz zwischen intendierter Absicht und tatsächlicher Wirkung liegende Kränkung des Informanten muß also in der Alltagskommunikation nicht ertragen werden, weil sie sofort durch die Korrektur des «falsch» Verstandenen – wenn auch nur scheinbar – abgewehrt wird.

Diese Möglichkeit besteht im Zwiebelschalen-Setting nicht, und die Schwierigkeit, die für die Beobachter durch das Verbot der unmittelbaren Entlastung entsteht, muß erlebt und ausgehalten werden. Das gelingt immer dann nicht, wenn aus dem Außenkreis impulsive Zwischenrufe kommen: «Das hast du aber völlig falsch verstanden!» – «Das ist ja eine Frechheit!» – «Du verdrehst ja alles!» – «Das genaue Gegenteil ist richtig!»

In diesen spontanen Interventionen zeigen sich immer ausgeprägte aggressive Anteile. Wenn dann in der jeweils nächsten Phase für die Beobachter ein «Rederecht» vorhanden ist, sind diese aggressiven Anteile meist in die Einkleidung einer Vorwurfhaltung getreten: «Also, ich muß dir ja doch sagen, so wie du hat mich noch kaum jemand mißverstanden!» – «Da vorhin, da hast du mich aber ganz schön falsch dargestellt!»

Oft erscheint dann eine Leiterintervention notwendig, um dem sich mißverstanden Fühlenden zu verdeutlichen, daß es sich hier nicht um Böswilligkeit oder absichtliche Verdrehung von Tatsachen handelt, sondern daß es sich bei der soeben gehörten Darstellung lediglich um die tatsächliche Wirkung handelt, die die ursprüngliche Information beim Gegenüber ausgerichtet hat. Es ist für den Betroffenen fast immer außerordentlich schwierig, diesen im Grunde sehr einfachen Sachverhalt zu akzeptieren: man weigert sich, die tatsächliche Wirkung zu akzeptieren, weil man sich geradezu magisch ausschließlich an die beabsichtigte klammert; man ist eher bereit, seinem Gegenüber Böswilligkeit, Lügenhaftigkeit, Fahrlässigkeit, Schläfrigkeit oder Hinterlist zu unterstellen, als zu akzeptieren, daß es aufgrund von selektiver Wahrnehmung und anderen gleichsam «objektiven» Wahrnehmungsverzerrungen immer wieder zu solchen Diskrepanzen zwischen dem Gemeinten und dem Bewirkten kommen muß.[43]

Selbstverständlich hat dieser Sachverhalt in der Schule verheerende
Wirkungen, wenn er von den Beteiligten nicht hinreichend erkannt
ist: Häufig nimmt es der Lehrer seinem Schüler regelrecht übel,
wenn dieser das vom Lehrer gemeinte Lernziel in sein Gegenteil
verkehrt oder sonstwie verzerrt reproduziert. Er reagiert mit Strafe,
als handele es sich um ein kriminelles Delikt. Da der Lehrer aber im
Unterricht aufgrund struktureller und psychischer Bedingungen
fast immer der Stärkere ist, so daß ihm auch die Strafmächtigkeit
unmittelbar zugehört, kann er zum einen das subtile Aufbegehren
des Schülers nicht im Zusammenhang quasi «natürlicher» Kommu-
nikationsverzerrungen verstehen; zum anderen ebnet er beim Schüler solche aufbegehrenden Regungen eben durch sein Strafverhalten
zunehmend ein und erzeugt so ein langsam sich verstärkendes
Schuldgefühl des Bestraften.

Allgemein formuliert, steht hinter der beschriebenen Schwierigkeit die tendenzielle Unerträglichkeit der Vorstellung, daß ich – im
weitesten Sinne – von den anderen ganz anders wahrgenommen und
beurteilt werde, als ich wahrgenommen und beurteilt werden möchte: Das Zwiebelschalen-Setting kann also die beängstigende Diskrepanz deutlich, erlebbar und bearbeitbar machen, die zwischen meinem eigenen geliebten Selbstbild und meinem Fremdbild bei den
anderen besteht. Im Alltag – insbesondere im schulischen – wird
diese beängstigende Diskrepanz durch vielfältige Korrekturmaß-
nahmen abgewehrt. Die oft verheerende Wirkung aber bleibt.

54 *Das Seminar aktualisiert vergangene und anderweitig*
erlebte schulische Realität im «Hier und Jetzt»

In der konkreten Seminarsituation stellt sich dieser Sachverhalt
noch etwas komplizierter dar. Dies hängt mit den unterschiedlichen
Rollenerwartungen zusammen, die die Teilnehmer einander zumuten. Da der Raum für ausführliche Zitierungen aus dem Protokoll
nicht zur Verfügung steht, muß ich hier eine verkürzte und notwendig vereinfachende Darstellung versuchen, wobei ich mich jedoch
am Protokoll orientiere:

Schon in der vorigen Sitzung war ja die Frage danach, wer denn
hier eigentlich Lehrer sei, verquickt mit dem Problem der Leiterautorität behandelt worden. Das war ein Versuch, die angstbesetzte

Front zwischen «den Lehrern» hier im Seminar, in der aktualisierten, aber vergangenen Schulsituation und auch der zukünftigen Praktikums- und Schulsituation einerseits und «den Schülern» in der vergangenen Schulzeit, dem aktuellen Seminar und der bevorstehenden Schulzeit vorsichtig abzuklären.

Dabei waren in den Manifestationen der psychischen Realität der Seminarteilnehmer erhebliche Unsicherheiten spürbar geworden, die ich hier nur andeuten kann: sie kamen zustande, weil das Seminar Material aus drei zeitlich und räumlich getrennten, sehr unterschiedlichen Situationen in den Teilnehmern aktualisiert.

1. Da ist einerseits die vergangene Schülersituation mit ihren Lehrern und Schülern,
2. da ist die gegenwärtige Seminarsituation mit ihren Lehrern und Schülern
3. und schließlich die zukünftige Praktikums- und Schulsituation mit ihren Lehrern und Schülern.

Die Mentoren sind zwar auch hier Lehrer, aber sie sagen, daß sie sich auch als Schüler fühlen. Oder sie wissen, wie Herr U., nicht, ob sie «hier so ohne weiteres als Lehrer akzeptiert» werden. Die Seminarleiter werden zwar von den Teilnehmern – wenn auch manchmal leidvoll – als Lehrer erlebt, aber sie arbeiten nicht als solche in der Schule. Die Studenten sind keine Schüler mehr, fühlen sich aber so, sind damit einverstanden oder wehren sich dagegen, sollen aber im Praktikum Lehrer sein, aber auch wieder keine «richtigen», weil sie ja in der Ausbildung stehen. Dazu kommt, daß sich alle von dem vorgebrachten Material und der aktuellen Situation sehr betroffen zeigen, was auch für die Leiter gilt, die sich somit auch nicht als gleichsam «sichere» und rollenspezifisch festgelegte Identifikationsfiguren eignen.[44]

55 Die vorgebrachten Motivationsanteile der Lehrer bewirken resignative Tendenzen bei den Studenten

Das Thema «Berufsmotivation des Lehrers» erleichtert die Situation auch nicht eben. Es zeigt sich zunächst etwas unterschwellig, dann auch verbal, daß es bei den Teilnehmern – insbesondere bei den studentischen – sehr hartnäckige Vorstellungen darüber gibt, was denn die «richtige» Motivation für diesen Beruf ist und was man an Motivationsanteilen, die hier von den Mentoren eingebracht wurden, nicht als «gültig» oder «hinreichend» akzeptieren darf, sondern verwerfen oder doch bedauern muß.

Die scheinbare Banalität dessen, was die Mentoren als ihre Berufsmotivation ausgeben, konfrontiert die Studenten zugleich mit ihren eigenen, freilich bisher ungenannten, aber – wie sich dann zeigt – sehr hohen, «idealen», meist politischen Forderungen, die sie an sich selbst stellen; und mit den «pragmatischen» Gesichtspunkten, die die «richtigen Lehrer» hier als ihre Motivation ins Feld führen. Dabei wird etwa Frau U., die sich ja «geweigert (hat), irgend etwas über Ideale oder so» zu sagen, Gegenstand heftiger, allerdings zunächst ganz unterschwelliger Aggressionen. Man mag ihr nicht glauben, daß sie trotz ihrer «ganz egoistischen Gründe», die zu ihrer Berufswahl geführt haben, eine gute Lehrerin sein könne: sie weigert sich dann sogar, darüber zu sprechen. Ihre Kollegen, die von ihrer pädagogischen Ernsthaftigkeit eine gute Meinung haben und diese äußern, werden dann des Komplotts verdächtigt; des Komplotts derjenigen, die ihre «Ideale», die nach wie vor als ursprünglich vorhanden unterstellt werden, für das Linsengericht eines angenehmen Lebens mit hohem Gehalt, Halbtagsarbeit und langen Ferien verkauft haben.

Im Zusammenhang dieser Vorgänge, die erst allmählich im Gespräch nach und nach zutage treten, reagiert die Studentengruppe keineswegs homogen: sie spaltet sich. Die einen sind erschrocken, obgleich sie «es nicht anders erwartet» haben: sie haben es sich nur anders gewünscht! Diese Gruppe, die sich auf ihr politisches Bewußtsein viel zugute hält, unterdrückt ihre aggressiven Reaktionen und verfällt zunächst in Resignation. Hilde M. etwa weigert sich lange, zur Kenntnis zu nehmen, was Herr U. über seine Möglichkeiten politischer Wirksamkeit an der Schule sagt. Sie fährt den Berichterstatter statt Herrn U. an und empört sich über ihn: «Du sagtest, daß der Gernoth sich zum Beispiel nicht politisch verstehen würde. Ich finde das unmöglich! Das ist mir richtig vor den Kopf gestoßen!»

Resignation zeigt sich dann sehr deutlich in der folgenden Sequenz:

ASTRID Q. Ja, mir ist aufgefallen, daß vier von den Mentoren gesagt haben, daß ihre wichtigste Motivation gewesen sei, im Lehrerberuf mit anderen Menschen zusammenzukommen!

HELGE L. Das ist mir auch aufgefallen. Für mich war das fast das einzig Positive, was da überhaupt rausgekommen ist. Weil die anderen Sachen – also, zum Beispiel die kurze Ausbildung und so – das hat sich ja alles sehr wenig auf die Kinder in der Schule bezogen.

ICH Du sagst also, daß das für dich das einzig Positive gewesen ist! Dann assoziiere ich so: Das andere war ja recht deprimierend!

HELGE L. Ja! Hm, hm! (Pause) Aber das ist eigentlich nichts Neues, wahrscheinlich. Es ist nur – wenn man das wieder mal so hört – (längere Pause).

56 Anspruchsvolle «pädagogisch-politische Ideale» und schlechte Realisierung bei den Lehrern fallen auseinander und führen zur Spaltung der Gruppe

Ich selber war zunächst auch einigermaßen erstaunt, daß in den Auslassungen der Lehrer über ihre Motivation im Grunde nichts von dem zum Teil erheblichen Engagement zum Ausdruck kam, das sie in ihre schulische Arbeit tatsächlich einbringen. Davon war den Studenten zwar nichts bekannt, aber ich wußte das doch, aufgrund meiner persönlichen Beziehungen zu diesen Kollegen. Der Grund für diese «Bescheidenheit» zeigte sich bald als ein Widerstand gegen den teils tatsächlich vorhandenen «überhöhten Idealismus der Studenten», teils aber in der bloßen Unterstellung eines solchen überhöhten Idealismus. Man fühlte sich auf der Lehrerseite ziemlich durchgängig unterprivilegiert, was das «politische Bewußtsein» dieser neuen Studentengeneration anging, und neigte zu Phantasien über die pädagogisch-politischen Ambitionen mindestens eines Teils der studentischen Teilnehmerschaft.

Diese Phantasien auf der Lehrerseite über das, was die Studenten an beruflich-pädagogischem Ethos und damit als Forderung an die Lehrer repräsentieren, war wesentlich Anlaß für den Rückzug der Lehrer aus diesem Bereich. In ihren Berichten wiegelten sie gleichsam ab und bezogen «tiefstapelnd» eine durchweg «unidealistische» und pragmatische Position, die sie allerdings dann auch heftig verteidigten. Diese Verteidigung war durchsetzt mit Angriffen auf die «unrealistischen» Ambitionen der Studenten. So unterläuft Herrn U. in der folgenden Sequenz eine Fehleinschätzung der studentischen Ambitionen, die manche Studenten denn auch mit etwas müdem Lächeln quittieren. Hilde M. hatte Herrn U. nochmals auf seine politischen Ambitionen in der Schule angesprochen:

HERR U. . . . . Ich sehe die Chancen eben insgesamt als gering an. Und ich sehe es eben auch nicht unbedingt als meine Aufgabe an, jetzt die Kinder wirklich stark mit einer Meinung zu beeinflussen: die kann ich auch nicht so absolut setzen!

HELGE L. Mir stößt das immer bitter auf, wenn das so gesagt wird: Ich sehe meine Tätigkeit nicht als politisch an, da in der Schule. Und ich bin nur politisch, wenn ich in einer Partei bin oder so was! Ich hab jetzt keine Lust, darüber zu reden. Ich finde nur, man kann das eigentlich nicht so behandeln, ja?!

HERR U. Das meine ich ja auch! Da bin ich aber anscheinend völlig falsch verstanden worden! Ich weiß ganz genau, daß die Schule alles andere als unpolitisch ist, das erlebe ich ja jeden Tag. Aber ich meine nicht, man sollte jetzt versuchen, die Schüler auf umstürzlerische Thesen und so da vorzubereiten. So was halte ich für vertane Zeit!
HELGE L. Ich will darüber nicht diskutieren!

Was hier als unausgesprochene Unterstellung auf beiden Seiten anklingt, wird später explizit: die Lehrer halten einen Teil der Studenten zu Recht oder auch nicht für «unrealistische, idealistische» Jungtürken, die es in der Praxis «schon sehen» werden. Zugleich haben sie aber auch ein schlechtes Gewissen oder doch mindestens einen versteckten Respekt vor diesem «jugendlichen Elan»: in ihren Berichten stapeln sie insofern tief.

Der politisch-pädagogisch ausdrücklich ambitionierte Teil der Studenten hält die Lehrer insgeheim für Versager, die die «Ideale» verraten haben und ein angenehmes Leben führen. Dies ist ihnen eine so peinliche Angelegenheit, daß sie darüber nicht diskutieren wollen. Die Folge ist ein erhebliches Ausmaß an gegenseitigem Mißverständnis, das sich erst im Laufe eines komplizierten Prozesses allmählich entflechten läßt. Die Vorbedingung ist allerdings, daß die unterschiedlichen Positionen genauer beschrieben werden. Diese schwierige Aufgabe möchte allerdings jeder gerne dem anderen aufgeben, etwa so:[45]

HERR U. . . . schon das letzte Mal kam ja von eurer Seite da so alles mögliche an idealistischen Forderungen an die Lehrer! Das war ja halt schon toll, als die Gertrud P. da so alle möglichen Vorstellungen politischer Art da entwickelt hat.

Gertrud P. war aber in dieser Sitzung krank und also abwesend, aber Helmut J. wird dafür etwas genauer:

HELMUT J. . . . da war aus meiner Erfahrung: Ich kannte da einen Lehrer, der ist mit einem ganzen Sack voll Idealismus an die Schule gegangen. Und nach einem Jahr, da ging der baden! Und da wollte ich nur mal wissen, inwieweit es dir auch so gegangen ist, Gernoth?
ASTRID Q. (schlägt in die gleiche Kerbe) Grade, wenn die meisten von uns mit so einem gewissen Idealismus da ankommen und sich da so einiges versprechen, wenn sie an die Schule gehen und es auch gerne mal wissen möchten: Ja, was ist denn eigentlich zu realisieren?
HERR U. Nun, ich meine, da können wir jetzt nicht irgendwie ein Rezept liefern oder Tips und so – und auch nicht viel erzählen. Das ist eigentlich was, was man jetzt im Praktikum durchprobieren kann. Dann kann man darüber reden. Wenn ich da jetzt was erzähle, dann vermittle ich ja was anderes, als ich vermitteln will.
ICH Was meinst du mit Idealismus, Astrid?

ASTRID Q. Ja, hm – – Vorstellungen, wie ich es besser machen könnte, als wie ich es jetzt erfahre oder früher erfahren habe. Wenn ich mir irgendwie – äh – ja manchmal ausmale, was ich – äh – also – machen würde, wenn ich erst Lehrer bin – (Pause) – und – ja, welchen Einfluß ich nehmen kann . . . Hm – ja, das ist schwer zu sagen. (lacht verlegen)

Die Lehrer halten also mit ihren eigenen pädagogischen Ambitionen stark zurück und berufen sich im Hinblick auf die Frage nach ihrer Berufsmotivation auf sachliche Notwendigkeiten – etwa das «Schmalspurabitur» – und materielle Vorteile – etwa das «relativ hohe Gehalt». Dies erbittert den politisch-pädagogisch ambitionierten Teil der Studenten, die aber ihrerseits auch resignieren, nicht «darüber diskutieren wollen» oder «nicht so recht wissen».

57 «Pragmatische» Motivationsanteile haben auch eine entlastende Wirkung: sie mildern den «idealistischen» Forderungscharakter

Die gegenläufige Wirkung dieser «pragmatischen Begründungen» ist aber auch eine erhebliche Erleichterung bei einem Teil der Studenten. Sie haben in den Äußerungen der Lehrer vermutlich eigene Motivationsanteile wiedererkannt und fühlen sich um die Bürde des belastenden pädagogisch-politischen Berufsethos erleichtert: sie verteidigen die Lehrer gegen die Angriffe ihrer Kommilitonen.

ASTRID Q. Also, ich finde das überhaupt nicht richtig, daß ihr versucht habt, und vor allem du, Helge, da auf die Alrun (Frau U.) da unheimlich rumzuhacken, ne!? Denn ich finde die Alrun unheimlich mutig, daß sie das zugegeben hat, was ihre primäre Motivation ist. Das ist das, was ich sagen wollte!

ANNI D. Das find ich auch!!!

ASTRID Q. Denn ich glaube, daß viele von uns die gleiche Primärmotivation haben, die aber eben nicht den Mut haben, das zuzugeben.

SANDRA S. Ja, die Helge hat zum Beispiel festgestellt, daß sie erschrocken ist über die Motivation von der Alrun (Frau U.). Aber sie konnte eigentlich so eine Gegenposition nicht vertreten, was dann doch eigentlich kommen müßte, als eigene Motivation.

FRAU U. Ja, das wollte ich eigentlich auch sagen! Es wurde immer an der Situation – äh – an der Motivation der Mentoren herumgekrittelt, daß die nicht handfest genug sind, nicht idealistisch genug sind. Aber von euren Motivationen, die ja in eurem Studium auch eine Rolle spielen müssen, da kommt aber auch nichts, gar nichts! Noch nicht einmal das Geld! Ich meine Idealismus ist ein großes Wort, aber was steckt dahinter?

HERR U. Ist die Erschrockenheit oder die Betroffenheit vielleicht jetzt bei einigen von euch auch deswegen so stark, weil ihr irgendwo idealistische Vorstellungen habt – mehr oder weniger klar –, daß ihr die aber jetzt mit einem Mal in Frage gestellt seht, nur weil jemand von Ferien und Gehalt redet, so daß ihr euch jetzt fragt: Ist nicht bei uns vielleicht am Ende auch so etwas maßgebend?

BEATE A. Also, ich empfinde das als ungeheuer befreiend, also, wie das dargestellt worden ist, was die einzelnen Mentoren da gesagt haben. Da frag ich mich sowieso erst mal, was die da an unseren eigenen Gedanken – ich meine die heimlichen – da mit reingebracht haben.

Diese Äußerungen enthalten zweifellos einen Beschwichtigungsversuch oder einen vorschnellen Versöhnungsversuch. Die Lehrer mögen denn auch nicht so recht darauf eingehen. Einige berufen sich noch mehrfach auf die Forderung von Frau U., die die Motivation der Studenten erfahren wollte, worauf die Studenten mit Undeutlichkeiten reagierten. Ich hatte den Eindruck, daß die Lehrer von den Studenten durchaus gefordert sein wollten, daß die Studenten aber die Lehrer an gewaltigen Idealen maßen und es danach leicht hatten, sie abzuqualifizieren. Nüchternen Erwägungen erwiesen sie sich als ziemlich unzugänglich. Es wollte ihnen einfach nicht in den Kopf, daß Frau U. mit «einer solchen Motivation» eine gute Lehrerin sein könne. Diese borniere Haltung erbitterte die Lehrer ziemlich:

FRAU M. Wenn einer den Lehrerberuf aus Gründen ergreift, wie fast alle anderen ihren Beruf ergreifen, ja, dann nehmt ihr uns das übel, und das findest du deprimierend. Das ist dann nicht fein genug!

Gerade diese Äußerung von Frau M. war es dann, die die Spaltung in der Studentengruppe verschärfte. Die politisch-pädagogische Fraktion konnte nun – scheinbar gegen die Lehrer – darauf bestehen, daß der Lehrerberuf eben nicht ein Beruf wie alle anderen sei. Erst im Praktikum selber wurde ihnen klar, welches Ausmaß an Engagement diese Lehrer in ihre Arbeit investieren. Die Fraktion der «nüchternen Pragmatiker» fühlte sich zunächst in ihrer Haltung bestätigt; auch sie sahen erst im Praktikum, daß die Erwägungen, die die Lehrer für ihre Berufswahl angaben, nur im Zusammenhang der Situation verstanden werden können, in der sie angestellt wurden.

Am Ende der Sitzung erschien es mir so, als ob das – trotz allem vorhandene – wirklich versöhnende Moment dieser Veranstaltung weder in den unterschiedlichen Meinungen und Argumentationslinien noch in den gemeinsamen Anteilen der beiden Gruppen zu suchen und zu finden sei. Das versöhnende Moment lag nach meinem Eindruck in der sehr starken Anstrengung, die alle Beteiligten auf ein hochbrisantes Problem mit stark auseinanderdriftenden Standpunkten verwendet hatten. Frau U. zeigte sich stark betroffen, weil sie von den Studenten in einer solchen Weise mißverstanden worden war. Ihr Beitrag gegen Ende der Sitzung konnte gewiß keinen mehr argumentativ überzeugen, aber ich hatte den Eindruck, daß ihre Betroffenheit durchaus für alle genug Überzeugungskraft hatte.

FRAU U. Vorhin ist das ja so dargestellt worden, daß ich an sich nicht motiviert war, jetzt grade Lehrer zu werden, und das bin ich dann nachher trotzdem geworden. Ich möchte nochmal unterstreichen, daß man ja auch was draus machen kann, nicht?! Ich war wirklich nicht motiviert, Lehrer zu werden! Ich bin durch die äußeren Umstände da reingerutscht. Und es war so für mich die einzige Möglichkeit, erstmal! Dann hat sich das erst viel später gezeigt, daß es mir – bis auf Abstriche – auch Spaß macht, in der Schule zu sein; und ich bin, glaub ich, nicht so schlecht! – Manchmal laß ich auch die Flügel hängen und hab keine Lust mehr. Aber ich möchte trotzdem in diesem Beruf weiterarbeiten, und es macht mir auch weiterhin Spaß, und ich möchte nicht aufhören. Und da zeigt sich doch eigentlich, daß die ganze Motivationsrederei vor dem Studium, im Studium oder wann –, daß das nicht das Ausschlaggebende ist.

D Vorurteile über den Lehrerberuf

58 Der deutliche Nachweis überhöhter Forderungen
führt nicht zu Trauer und teilweisem Verzicht, sondern zur
Flucht an neue Ufer

Die anschließende Sitzung stand unter der Thematik «Qualifikationen des Lehrers». Ich kann sie aus Raumgründen nicht darstellen. Andererseits kann ich aber nicht darauf verzichten, die wichtigsten Ergebnisse zu referieren. Dabei geht es mir weniger um Ergebnisse inhaltlicher Art, vielmehr möchte ich einige der Folgen dieser Sitzung, wie sie sich in den Reaktionen und massiven Forderungen der Teilnehmer – genauer: eines Teils der Teilnehmer – zeigten, erörtern, weil nur auf diesem gleichsam «geschichtlichen» Hintergrund verständlich wird, warum die Teilnehmer in der folgenden Sitzung, die ich ausführlich erörtern will, die Thematik «Lehrerrolle, bearbeitet an den Vorurteilen über sie» in einer solchen Weise angehen konnten: sie hatten sich inzwischen mit den Besonderheiten der Seminarführung versöhnt und arbeiteten intensiv mit.

In der Sitzung über «Qualifikationen des Lehrers» waren wieder fünf kleine Arbeitsgruppen gebildet worden, denen je ein Mentor angehörte. Sie hatten die Aufgabe, die nach ihrer Auffassung sechs wichtigsten Qualifikationsmerkmale «des Lehrers» zu erarbeiten, zu beschreiben und im Sinne einer Prioritätenliste zu ordnen. Die Sprecher der Gruppen stellten diese Liste und auch die Art ihres Zustandekommens in den kleinen Gruppen anschließend im Plenumskreis dar. Danach sollte dieses Material zunächst im Zwiebelschalen-Setting und dann wieder im großen Kreis diskutiert werden.

Im letzten Teil der Sitzung wurde durch einige studentische Teilnehmer das Setting boykottiert: sie weigerten sich, im Sinne der vorweg akzeptierten Planung weiterzuarbeiten. Dieser Boykott stand nach meiner Einschätzung im Zusammenhang mit den spezifischen Wirkungen, die das Thema «Lehrerqualifikation» unter den besonderen Bedingungen des Seminars in den Teilnehmern angerichtet hatte. Allerdings wurde dieser Zusammenhang vom größten Teil der Studenten bestritten, als ich darauf verwies.

Die weitere Geschichte des Seminars kann aber nicht verstanden werden, ohne daß die wichtigsten Qualifikationsmerkmale, die in den Gruppen erarbeitet und im Seminarplenum referiert wurden, kurz dargestellt werden. Dies soll also zunächst geschehen:

1. Interesse an der Person des Schülers; er soll sie annehmen und in ihrem sozialen Kontext akzeptieren und verstehen können.

2. Vermittlungsfähigkeit; er soll sowohl die Inhalte der Schule als auch soziale Verhaltensweisen an die Schüler übermitteln können.

3. Selbsteinschätzung, Selbstbeobachtung, Selbstkritik; er soll gegenüber Korrekturen seiner Einstellung und seines Verhaltens offen sein, wenn solche durch ihn selber, durch die Schüler, durch die Kollegen und durch die Eltern an ihn herantreten.

4. Fähigkeit zur Kommunikation im Sinne von Verständigung und Kooperation; er soll mit Kollegen und Eltern zusammenarbeiten können, zugleich soll er im Hinblick auf fortschrittlichen Unterricht auch durchsetzungsfähig sein.

5. Fähigkeit, die Schüler im Unterricht motivieren zu können; er soll interessante Inhalte auswählen können, sie mit didaktisch-methodischer Kompetenz aufarbeiten können und sie je nach dem Entwicklungsstand seiner Schüler in den Unterricht einarbeiten.

6. Bereitschaft und Fähigkeit, den Schüler als gleichberechtigten Partner zu betrachten; er soll dazu die häuslichen Verhältnisse seiner Schüler kennen, für ihre Reaktionen sensibel sein, ihre häuslichen Schwierigkeiten in seinem Verhalten berücksichtigen und solche Schwierigkeiten nach Möglichkeit ausgleichen.

7. Positive Autorität gegenüber seinen Schülern; er soll über psychische Stabilität verfügen, damit er Konflikte und Streßsituationen durchstehen kann, Sicherheit bezogen auf sein Verhalten haben, zumindest aber fähig sein, mögliche Unsicherheiten zu überspielen, damit man sie ihm nicht anmerkt («Der Lehrer braucht ein dickes Fell gegenüber allen Nackenschlägen.»); dazu braucht er einen intakten privaten Bezugsrahmen als Rückzugs- und Regenerationsmöglichkeit.

8. Bereitschaft zur Weiterbildung; er soll die wichtigste Fachliteratur durcharbeiten, mit Kollegen darüber und die gemeinsame Praxis diskutieren und Weiterbildungskurse besuchen.[46]

Die Qualifikationsmerkmale wurden in unterschiedlichen Einkleidungen in allen Gruppen genannt, wenn auch in einigen Punkten von einzelnen Teilnehmern modifiziert. In allen Gruppen bestanden Schwierigkeiten gegenüber der Forderung, eine Prioritätenliste zu erstellen. Wo dies gelang, wurde auf abweichende Meinungen einzelner hingewiesen; andere verzichteten ganz auf Prioritäten und nahmen für ihre Qualifikationsmerkmale Gleichwertigkeit in Anspruch. Das schwierigste Problem stand offenbar im Zusammenhang mit dem 7. Punkt: es bezog sich auf die Frage nach der Notwendigkeit eines persönlich sicheren Auftretens vor den Schülern, den Kollegen, den Vorgesetzten und den Eltern. Einige bestanden darauf, daß man im Notfall Sicherheit vortäuschen und Unsicherheit überspielen müsse; andere wiesen das aufs schärfste zurück und forderten, daß man dem Lehrer auch zugestehen müsse, seine Unsicherheit zeigen zu dürfen.

Dem Gesamtprotokoll lassen sich allerdings einschließlich der Wiederholungen – je nachdem, ob ich schärfer oder weniger scharf differenziere – etwa 50 bis 80 genannte Qualifikationsmerkmale entnehmen. Abgesehen von problematischen Differenzen zu 7. wurde keines der genannten Qualifikationsmerkmale eindeutig auch nur von einzelnen zurückgewiesen. Vielmehr war man sich darüber einig, daß es noch viel mehr solcher Merkmale gäbe, auf die die Lehrerqualifikation nicht verzichten könne, man müsse sie aber nicht nennen, weil sie für andere Berufe in der gleichen Weise gefordert werden müßten: z. B. Pünktlichkeit.

Die kurzen Diskussionen im folgenden Zwiebelschalen-Setting – wir hatten jeweils nur zweimal 15 Min. angesetzt – enthielten den Versuch, das eine oder andere Qualifikationsmerkmal genauer zu benennen oder zu begründen – man führte Beispiele an. Am Ende stand ein Konsens darüber, daß die genannten Qualifikationen diejenigen seien, die «der Lehrer» für seine Berufstätigkeit sich aneignen muß, wenn er sie nicht schon vorweg erfüllt. Mir war aufgefallen, daß sich die anwesenden Lehrer in der ganzen Arbeit unverhältnismäßig stark zurückgehalten hatten: sie überließen den Studenten weitgehend das Feld und widersprachen nur im Zusammenhang mit dem Punkt 7.[47]

Gemäß einer Verabredung mit Martin S. in der kurzen Pause danach, begann ich den zweiten Teil der Sitzung mit der Frage an alle: «Wer von euch erfüllt eigentlich die Qualifikationen, die ihr hier eben genannt habt?» Die Folge war ein kurzes, betroffen-frappiertes Schweigen, das dann von Herrn U. durch ein überlautes, lang-anhaltendes Lachen beendet wurde. Die meisten der anderen

Mentoren lächelten still und etwas peinlich berührt vor sich hin. Die Studenten fanden das aber gar nicht lustig und schwiegen zunächst weiter: einige schnauften hörbar. Schließlich kam es zu einer eruptiven Entladung, die von Eckhard H. eingeleitet wurde, dem sich dann fast alle Studenten anschlossen. Diese Entladung war zielgerichtet: auf die Seminarleiter.

Man habe es ja schon immer etwas vermutet, aber jetzt sei man sicher: es sei eine Unverschämtheit, daß man in einer solchen Weise an der Nase herumgeführt würde! Offensichtlich ginge es uns allein darum, die Leute zu verunsichern, damit wir uns ins Fäustchen lachen könnten. Man mache da aber nicht mehr mit: es sei zu deutlich geworden, daß das alles hier nichts als Mist sei. Auf die Frage, ob wir denn jetzt endlich einmal sagen könnten, was das alles hier solle, antwortete Martin S.: «Wir wollten heute eine Möglichkeit organisieren, in der die Teilnehmer dieses Seminars sich mit dem auseinandersetzen können, was sie selber hervorbringen. Unser Thema heute war ‹Lehrerqualifikationen›.»

Durch diese nicht ohne Ironie vorgetragene Auskunft vergrößerte sich die Erbitterung besonders der Studenten: Man sei hier, um sich auf die Schule und das Praktikum vorzubereiten. Alles, was hier geboten würde, sei Unsinn. Man sei nicht länger bereit, auf eine sinnvolle Vorbereitung zu verzichten: man wolle wissen, wie man Unterricht hält. Dazu gehörten Stundenvorbereitungen und zunächst Grundkenntnisse in Unterrichtstheorie. Meine Entgegnung fiel mir nicht leicht, aber ich sagte: «Das bieten wir hier nicht an, und das weiß hier jeder!» Die Folge war eine lange und erregte Diskussion, die ich hier nicht darstellen kann. Sie hatte das Endergebnis, daß die Studenten unabhängig von uns in der nächsten Sitzung ein Referat über Unterrichtstheorie halten wollten, um dies zu bearbeiten. Eckhard H. war bereit, ein solches Referat vorzubereiten, ein Arbeitspapier für alle mitzubringen, so daß man arbeiten könne. Das zweite Ergebnis war ein Termin außerhalb des Seminars, an dem unter der Woche alle Interessierten dieses Seminar und seine weitere Perspektive diskutieren könnten: dazu seien die Leiter «herzlich» eingeladen.

Zum angesetzten Termin erschienen sieben studentische Teilnehmer, aber keiner der Mentoren. In der Diskussion wurde zunächst das Seminarkonzept behandelt, wobei ich versuchte, noch einmal zu begründen, warum wir ein solches Konzept verwendeten und nicht bereit seien, Zugeständnisse an geläufige Seminarformen zu machen. Im Zusammenhang mit dem Theorie-Praxis-Problem wies ich am Beispiel der vorigen Sitzung darauf hin, daß ich es für bedenklich hielte, wenn in einer Gruppe angehender Lehrer gleichsam aus der blauen Luft ein ganzer Katalog von Qualifikationsmerkmalen erstellt werden könne, ohne daß jemand von sich aus auf die Idee komme, auch nach dem tatsächlichen Vorhandensein solcher Qualifikationen bei sich selber und den anderen zu fragen. Es sei eine der wichtigsten Vorstellungen, in diesem Seminar auf die zum Teil gewaltigen Differenzen hinzuweisen, die zwischen den Forderungen bestünden, die an die Lehrer auch durch sie selber gestellt würden, und den Möglichkeiten, solche Forderungen auch einzulösen. Zwar war man übereinstimmend der Ansicht, dies sei in der Tat wichtig und auch besonders in der letzten Sitzung gelungen. Aber für eine praktikumsvorbereitende Veranstaltung sei es eben wichtiger, Unterrichtstheorie und Unterrichtsentwürfe zu machen, und eben dies habe man nun vor; mindestens wolle man einen Versuch machen. Mir wurde klar, daß dieser Versuch nicht zu umgehen sei. Ich versprach also, im Setting der nächsten Sitzung einen Zeitraum von 60 Minuten einzuräumen, der dann für einen Versuch in der gewünschten Richtung zur Verfügung stünde.

59 Die aufgeworfenen Probleme verstellen nun auch den Fluchtweg und leiten zur Rückkehr an: Arbeitsfähigkeit stellt sich langsam her

Zu Beginn der nächsten Sitzung verteilte Eckhard H. ein vierseitiges Arbeitspapier, dessen erste Seite eine Kritik unseres Konzepts enthielt, die mit dem Ansatz eines Gegenkonzepts endete. Dem folgend befaßten sich die drei folgenden Seiten mit dem Text von Lothar Klingberg «Einführung in die allgemeine Didaktik»[48], der in seinen Grundzügen dargestellt war. Dieser besondere Text war, wie Eckhard H. betonte, aus politischen Erwägungen ausgewählt worden. Klingberg vertritt das Prinzip der Einheit von wissenschaftlicher Bildung und allseitiger sozialistischer Erziehung auf der Grundlage des Marxismus-Leninismus.

Die Teilnehmer folgten Eckhard H.s Aufforderung zur Lektüre des Papiers schweigend. Er hatte überdies vorgeschlagen, nach der Lektüre Fragen und Anmerkungen aus dem Teilnehmerkreis gemeinsam zu diskutieren. Weil nun solche Fragen und Anmerkungen nach der Lektüre zunächst ausblieben, fühlte sich Eckhard H. aufgefordert, den Klingenbergschen Ansatz noch einmal in einem mündlichen Referat darzustellen. Dies dauerte etwa zwanzig Minuten, danach kam eine etwas mühsame Diskussion in Gang, an der sich aber nur einzelne beteiligten. Schon nach etwa fünfzehn Minuten versickerte die Diskussion, was Eckhard H. veranlaßte, erneut zu referieren. Ich muß darauf verzichten, den weiteren Verlauf im einzelnen darzustellen. Er endete damit, daß Eckhard H. von sich aus die Vergeblichkeit des Versuchs sah und anmerkte. Er sagte schließlich: «Ich glaube, daß das hier so auch nicht läuft. Ich sehe deshalb nicht ein, daß wir uns noch über die restlichen fünfzehn Minuten hinwegquälen, nur damit wir die volle Zeit in Anspruch nehmen. Ich denke, wir sollten nach dem Setting von euch weitermachen.»

Die Seminarleitung hatte sich nach einer Verabredung nicht an dieser ersten Phase der Sitzung beteiligt; wir hatten lediglich die Zeit eingeräumt und waren schweigend anwesend. Wir akzeptierten Eckhard H.s Vorschlag ohne irgendwelche Kommentare unsererseits und schlugen zunächst eine Pause vor. Alle Teilnehmer waren in einer sehr bedrückten Stimmung. Man ging schweigend oder halblaut diskutierend vor dem Seminarraum auf und ab. Als wir uns nach zehn Minuten wieder im Kreis trafen, war die gesamte Situation durch ausgeprägte Lethargie gekennzeichnet. Dies wirkte sich in der nächsten halben Stunde in einem sehr schleppenden Verlauf der weiteren Arbeit aus: danach hatte das Seminar allerdings wieder seine volle Arbeitsfähigkeit erreicht.

60 Vorurteile werden als zugleich wahr und unwahr erlebt: in jedem Fall sind sie stark belastend

Die Arbeit der verbleibenden zwei Stunden stand unter dem Thema «Die Lehrerrolle, bearbeitet an den Vorurteilen über sie». Ich gebe den größten Teil des Protokolls hier wieder, lasse die letzten zwanzig Minuten weg und versuche danach eine Interpretation des Materials, die aber schon in der Seminardiskussion selber über weite Strecken enthalten ist.[49].

Ich Wir haben uns ein Spielarrangement ausgedacht, das nach der Situation von vorhin einigermaßen obskur anmuten mag. Vielleicht gelingt es aber, die vorhandene resignative Haltung zu überwinden. – Es geht um folgendes: Dort in der Mitte des Kreises steht ein Stuhl. Auf den Stuhl ist diese Kamera dort gerichtet. Das Spielarrangement sieht folgendes vor: Jeder von uns – wie es gerade kommt und wie so die Einfälle laufen – soll sich – nach Möglichkeit mindestens einmal, ansonsten so oft er will – auf diesen Stuhl setzen. Dort soll er in Richtung Kamera ein Statement abgeben, das wird aufgezeichnet und soll später wieder eingespielt werden. Dieses Statement beginnt mit einer stereotypen Redewendung. Jeder soll also seinen Beitrag mit derselben Redewendung beginnen, und die geht so: «Ich weiß ja, daß es nicht stimmt, aber alle Lehrer . . .» (Ich mache eine Pause) Jetzt gebe ich ein Beispiel, um zu zeigen, wie man fortsetzen kann: «. . . haben ihren Beruf ja nur wegen der langen Ferien gewählt!» Danach kommt der nächste!

PAULA N. Inhaltlich habe ich das noch nicht ganz verstanden. Dieser Satzanfang also: Ich weiß ja, daß es nicht stimmt . . . Sollen wir da eine subjektive Meinung kundtun von so einem Vorurteil, das man über Lehrer hat?

ICH Ja, durchaus! Also, eines, das du selber hast oder das du irgendwo gehört hast, das du richtig findest oder falsch oder zweifelhaft. Es geht nur darum, daß du es sagst, ja?

PAULA N. Aber hier soll ich sagen: Ich weiß ja, daß es nicht stimmt . . ., obwohl ich es vielleicht für richtig halte?

ICH Ja ja! Genau so! – Ist jetzt klar, was gemeint ist? Oder gibt es da noch Fragen? – (Pause) – Ist das mit der Technik klar?

MARTIN S. Die Kamera ist eingeschaltet, aber das Band läuft nur, wenn jemand auf dem Stuhl sitzt. (Lachen, jemand hat «elektrischer Stuhl» assoziiert.)

ESTHER H. Noch eine Frage: Sollen wir das nun weiter begründen oder nur einfach solche Sätze sagen?

ICH Nein, nein! Keine Begründung! Nur ein Statement! Dann wieder hinsetzen, und dann kommt der Nächste dran.

HERR U. Na, das wird ein Gedränge geben! (Lachen)

Es folgt eine längere Pause mit unruhigem Getuschel. Offenbar möchte keiner beginnen. Zunächst folgt auch auf jedes Statement eine kleine Pause, erst in der Hälfte der Übungszeit läuft die Reihe kontinuierlich durch. Beate A., die schließlich beginnt, überwindet sichtbar ihr Unbehagen.

BEATE A. Ich weiß ja, daß es nicht stimmt, aber alle Lehrer haben Autoritätskonflikte!

ICH Ich weiß ja, daß es nicht stimmt, aber alle Lehrer lieben die Macht!

ANNI D. Ich weiß ja, daß es nicht stimmt, aber alle Lehrer würden lieber morgens mit dem Unterricht später anfangen, etwa um neun!

HELMUT J. Ich weiß ja, daß es nicht stimmt, aber alle Lehrer vertragen nur wenig Kritik!

HILDE M. Ich weiß ja, daß es nicht stimmt, aber alle Lehrer haben ausnahmslos einen politischen Anspruch!

HELGE L. Ich weiß ja, daß es nicht stimmt, aber alle Lehrer würden gerne nach zehn Jahren Schulpraxis wieder aufhören!

DER TECHNIKER Ich weiß ja, daß es nicht stimmt, aber manche angehenden Lehrer reden viel zu leise! (Lachen)

HELMUT J. Ich weiß ja, daß es nicht stimmt, aber manche Lehrer haben Angst vor den Kindern!

PAUL X. Ich weiß ja, daß es nicht stimmt, aber alle Lehrer sind Fachidioten!

PAULA N. Ich weiß ja, daß es nicht stimmt, aber alle Lehrer wären lieber etwas anderes geworden!

ICH Ich weiß ja, daß es nicht stimmt, aber alle Lehrer reden im Unterricht nur von sich selber!

HILDE M. Ich weiß ja, daß es nicht stimmt, aber alle Lehrer verstecken sich im Unterricht vor ihren Schülern!

SANDRA S. Ich weiß ja, daß es nicht stimmt, aber alle Lehrer sind dem Sigmund Freud aufgesessen! (Lachen, weil jeder weiß, daß sie mich meint.)

HEIKE K. Ich weiß ja, daß es nicht stimmt, aber alle Lehrer sind mit ihrem Studium sehr zufrieden!

FRAU E. Ich weiß ja, daß es nicht stimmt, aber alle Lehrer meinen es nur gut mit ihren Schülern.

LISA O. Ich weiß ja, daß es nicht stimmt, aber alle Lehrer würden während ihres Studiums gerne viel mehr Praktika gemacht haben!

FRAU M. Ich weiß ja, daß es nicht stimmt, aber alle Lehrer reagieren ihre Aggressionen in der Klasse ab!

ANNI D. Ich weiß ja, daß es nicht stimmt, aber alle Lehrer reagieren ihre Aggressionen viel eher zu Hause ab! (ihr Vater ist Lehrer)

ASTRID Q. Ich weiß ja, daß es nicht stimmt, aber alle Lehrer verwerfen sehr schnell ihren anfänglichen Idealismus!

LISA O. Ich weiß ja, daß es nicht stimmt, aber alle Lehrer führen schlechtes Schüler-Lernen auf die Dummheit der Schüler zurück!

BEATE A. Ich weiß ja, daß es nicht stimmt, aber alle Lehrer möchten selber gerne noch mal Schüler sein!

PAUL X. Ich weiß ja, daß es nicht stimmt, aber alle Lehrer halten sich selber für den besten Lehrer!

LISA O. Ich weiß ja, daß es nicht stimmt, aber alle Lehrer haben Angst vor Schulratsbesuchen!

ICH Ich weiß ja, daß es nicht stimmt, aber alle Lehrer sind nur in dem einen Punkt sicher, daß sie Beamte auf Lebenszeit sind!

FRAU E. Ich weiß ja, daß es nicht stimmt, aber alle Lehrer meinen, daß die Testnoten ihrer Schüler in Wirklichkeit eine Beurteilung ihrer eigenen Leistung sind!

MARTIN S. Ich weiß ja, daß es nicht stimmt, aber alle Lehrer haben Schwierigkeiten, sich anderen gegenüber normal zu verhalten!

ICH Ich weiß ja, daß es nicht stimmt, aber alle Lehrerinnen denken, der Schulleiter müßte eigentlich ein Mann sein!

BEATE A. Ich weiß ja, daß es nicht stimmt, aber alle Lehrer können ihre sexuellen Bedürfnisse nicht wahrnehmen!

SANDRA S. Ich weiß ja, daß es nicht stimmt, aber alle Lehrer sind Menschen wie andere auch!

ICH Ich weiß ja, daß es nicht stimmt, aber alle Lehrerinnen verhalten sich so, als ob sie die Mütter ihrer Schüler wären!

ANNI D. Ich weiß ja, daß es nicht stimmt, aber alle Lehrer freuen sich, wenn sie in der Öffentlichkeit nicht gleich als Lehrer erkannt werden!

AGNES C. Ich weiß ja, daß es nicht stimmt, aber alle Lehrer haben Einfluß!

ICH Ich weiß ja, daß es nicht stimmt, aber alle Lehrer kriegen bei dem Gedanken an ihre Berufstätigkeit ein schlechtes Gewissen, und das will versteckt sein!

HERR U. Ich weiß ja, daß es nicht stimmt, aber alle Lehrer, denen die Schule nicht genug Ansehen gibt, versuchen ihr Glück an der Uni! (Lachen, weil er auf Martin und mich anspielt)

PAULA N. Ich weiß ja, daß es nicht stimmt, aber alle Lehrer bevorzugen einen bestimmten Schülertypus!

Es folgt eine längere Pause. Ich habe den Eindruck, daß jetzt alle das Spiel ziemlich spannend finden.

ICH Noch jemand? – (Pause) – Ja, dann machen wir Schluß. – (Wieder längere Schweigepause) – Ja, das Setting sieht jetzt vor, daß jeder, der dort auf dem Stuhl gesessen hat, mal versucht, seine Empfindungen auszudrücken, die er dort hatte.

ANNI D. Ich hatte Angst!

FRAU E. Man fühlt sich so angeguckt!

ANNI D. Ich hatte einfach Angst gehabt! Ich hab so innerlich gezittert! Warum, weiß ich auch nicht. Ich kann das nicht genau definieren, warum; aber es war mir unheimlich in der Situation. Aber wahrscheinlich wäre mir das auch ohne Kamera sehr suspekt gewesen.

FRAU E. Man exponiert sich, und das macht Angst!

HILDE M. Ja, mir ging's auch so! Ich hatte auch Angst mich da reinzusetzen. Erstens mal vor der Kamera – da hab ich mich beobachtet gefühlt, und auch vom Kreis hab ich mich beobachtet gefühlt.

LISA O. Man guckt da grade so vorne raus, wo niemand sitzt. Vor einem ist die Kamera, und rechts und links und hinter einem sind die Leute.

PAULA N. Ich hatte am meisten Angst vor meiner Haltung, wie ich dasitze. (Lachen) – Als ich mich nämlich neulich auf dem Monitor gesehen habe, da war ich ganz schön entsetzt. (Lachen) – Deswegen wollte ich da ganz schnell wieder weg!

HEIKE K. Ich kann halt auch nur bestätigen, daß ich halt ebenfalls Angst hatte und Herzklopfen. Ich meine, das wird jedem so gegangen sein.

HELMUT J. Als ich zum zweitenmal auf dem Stuhl gesessen habe, ist es mir schon nicht mehr so schlecht gegangen wie beim erstenmal.

EINIGE Ja ja, mir auch!

ASTRID Q. Vielleicht kommt das Unwohlsein daher, daß man es einfach nicht gewohnt ist, von allen Seiten kontrolliert zu werden. – Wahrscheinlich deshalb . . .

FRAU M. Ohne den halbvorformulierten Satz hätte ich mich, glaub ich, nicht dahingesetzt, weil ich befürchtete, vor lauter Schreck gar nicht mehr zu wissen, was ich sagen will.

ICH Fast alle haben sich ja auch mal versprochen, und mir ist es so gegangen, daß ich die ganze Zeit Angst davor hatte, mich zu versprechen.

PAUL X. Ja, so ging es mir auch!

PAULA N. Ja, mir kam's vor: Ich hab mich da an die gleiche Situation in der Schule erinnert, als man ein Gedicht aufsagen mußte, als man da vor versammelter Mannschaft dann vortreten muß, und dann mit Betonung und sehr viel Gefühl und so – und das also vorsagen mußte.

ICH (nach einer Pause – alle, die vor der Kamera waren, haben sich geäußert) – Ja, dann spielen wir das jetzt mal ein.

Das Videoband wird eingespielt und in einer Atmosphäre gespannter Aufmerksamkeit beobachtet. Überall dort, wo eine – wie auch immer geartete – Merkwürdigkeit in der Haltung oder der Ausdrucksweise der auf dem Bildschirm Agierenden auffällt, reagiert die Gruppe – besonders aber die jeweils Betroffenen – mit Lachen. Dies ist vorrangig bei den sehr häufigen Versprechern der Fall.[50] Nachdem das Band abgelaufen ist, findet sich die Gruppe, die während der Vorführung frontal vor dem Bildschirm saß, wieder im Kreis ein.

ICH Das Setting sieht vor, daß jeder wie vorhin seine Gedanken und Empfindungen äußern soll, die er beim Anschauen der Videoaufnahme hatte, dabei soll er seinem eigenen Beitrag besondere Aufmerksamkeit schenken.

Es folgt zunächst eine Schweigepause.

ANNI D. Also, ich fand das ganz interessant, mich selbst im Fernsehen zu sehen. Ich erlebe das zum erstenmal. Ich fand es ein bißchen dumm, daß ich meine eigene Unsicherheit selbst noch einmal vorgeführt kriegte und daß man also gemerkt hat, daß ich unsicher war, daß ich also nicht nur für mich unsicher war, sondern daß es sichtbar für alle war. Das fand ich nicht gut!

HELGE L. Es war ja auch deutlich, daß das keine Ausnahme war: Es waren alle unsicher!

EINIGE Hmh, ja, ja! – (Pause)

ICH Mir ist vorhin bei den Äußerungen über die Empfindungen auf dem Stuhl vor der Kamera aufgefallen, daß mehrfach darauf hingewiesen worden ist: man fühlt sich beobachtet und von allen Seiten beguckt und kriegt Angst davor und sowas. – Dabei ist mir eingefallen, daß diese Situation ja sehr viel mit der gemeinsam hat, in der der Lehrer vor der Klasse steht oder auch ein Schüler vor der Klasse steht. Und dieser Grundstimmung ist ja nicht widersprochen worden: jeder hat das wohl so ähnlich erlebt!

LISA O. Die Maria (Frau M.) sagte ja vorhin, daß sie sich ja so an diesen Satz geklammert hat, und mir ging das auch so, und nachher wurde das dann ein bißchen besser.

FRAU M. Na ja, ich hoffe, daß ich das auch sehr gut überspielt habe. Ich glaube, wenn mich da jemand sieht, daß er nicht leicht drauf kommt, daß ich so unsicher bin. In dem ganzen Zusammenhang merkte man mir aber doch wohl die Unsicherheit an.

LISA O. Na ja, wenn's dir doch so geht. – Du kannst es vielleicht überspielen, aber es geht dir doch so.

FRAU M. Na ja, das scheint mir aber doch sehr wichtig zu sein, daß du das überspielen kannst, wenn du noch dazu im Mittelpunkt stehst. Aber du hast recht: ganz da drüber zu stehen, ist mir jedenfalls bis jetzt noch nicht gelungen.

Es folgt eine längere Pause, und mir fällt ein, daß das Qualifikationsmerkmal «tatsächliche oder vorgespielte Sicherheit» in der vorigen Sitzung Gegenstand einiger Erörterungen gewesen war.

ANNI D. Vielleicht sagt ja der Horst mal, wie es ihm ergangen ist. Der ist ja mit dem Medium öfter konfrontiert, und er hat auch eine lange Schulpraxis. Ich möchte schon mal wissen, wie der sich da gefühlt hat – auf dem Stuhl. Ganz sicher? Ganz normal?

FRAU M. Er hat doch schon gesagt, er hätte Angst gehabt, daß er in seinem Text steckenbleibt oder sich verspricht.

ICH Na ja, was mir so durch den Kopf gegangen ist, das ist diese Einmaligkeit, die punktuelle Situation. Wenn während einer ganzen Seminarsitzung die Kameras laufen, dann berührt mich das normalerweise überhaupt nicht, aber – ich bin dann hinterher immer sehr neugierig und gespannt, die Aufnahme zu sehen. Am meisten interessiert mich, wie ich auf mich selber wirke, wenn ich das sehe. Ich habe das schon oft gemacht, und es verändert sich nicht. Aber das hier ist eine andere Situation. Ich habe das auch schon öfters gemacht, aber ich muß jedesmal gegen meine Angst und Unsicherheit ankämpfen. Ich habe die Empfindung, als ob alles auf diesen einen Moment ankäme und darauf, was ich in diesem einen Moment bringe oder tue oder leiste.

BEATE A. In bezug auf den Videorecorder muß ich ganz ehrlich zugeben, daß ich mich selbst wesentlich stärker beobachtet habe als die andern. Weil – die andern sehe ich ja schon vorher, und das – na ja, die Erklärung kann ich mir sparen.

Es folgt eine längere Pause. Die Gruppe wirkt auf mich ziemlich bedrückt. Sie scheint sich aber im Gefühl der Unsicherheit und Beklommenheit hinsichtlich der Situation einig zu sein.

ICH Ja, dann lassen wir das doch mal und wenden uns den Inhalten zu, die jetzt als Material zur Verfügung stehen. – (längere Pause)

FRAU M. Es war schön, mal solche Sachen sagen zu können, bei denen man eigentlich von vornherein mit Widerspruch rechnen muß. Aber dadurch, daß man den Vorspann hatte – «Ich weiß ja, daß es nicht stimmt, aber . . .» konnte einem ja nichts weiter passieren.

ICH (nach einer längeren Pause) Ja, ich habe auch den Eindruck, daß der Vorspann sehr wichtig war und sehr notwendig.

FRAU C. Also, bei mir hat er verhindert, daß ich was sagen konnte! Ich habe diese Übung mit anderen Gruppen schon mehrfach erlebt. Das waren zum Teil keine Lehrer. Und ich habe den Vorspann da auch sehr hilfreich gefunden, aber inzwischen könnte ich nicht mehr sagen: «Ich weiß ja, daß es nicht stimmt, aber alle Lehrer sind autoritär!» Ich müßte sagen: «Der eine ist es mehr und der andere weniger!» Und eigentlich bei allem, was hier gekommen ist – ja, das – das ist eben so, daß ich nicht mehr sagen kann: «Ich weiß ja, daß es nicht stimmt . . .» Irgendwo stimmt's für jeden ein bißchen, ja?

FRAU M. Du hättest es also gleich ins – –»

FRAU C. (unterbricht) Also, wenn du sagst: «Ich weiß ja, daß es nicht stimmt, aber alle Lehrer reagieren ihre Aggressionen in der Klasse ab.» – dann meine ich, daß das irgendwo für jeden Lehrer stimmt. (Pause) – daß es für jeden irgendwann einmal vorkommt, für den einen öfter, und für den anderen weniger oft. Und die Anni sagt: «. . . alle Lehrer reagieren ihre Aggressionen zu Hause ab!» Ich kann dann an mir selber beobachten, daß ich's einmal zu Hause mache und einmal in der Schule, ja? Und dann stimmt alles – und nichts stimmt! Und ich kann nicht mehr sagen: «Ich weiß ja, daß es nicht stimmt.»

Frau C. scheint sehr betroffen. Für diese Vermutung spricht auch, daß sie dieses Setting nicht im Sinne einer Spielhandlung mit dem Ziel einer Lernerfahrung, ohne aus der übrigen Gruppe herauszufallen, bearbeiten kann. Sie ist nicht die einzige, die sich nicht aktiv beteiligen kann.[51]

FRAU M. Ja, das war mir eigentlich von vornherein klar. Aber damit hatte ich zusätzlich über den Vorspann hinaus den Deckmantel, nicht alles verkünden zu müssen, was ich wirklich davon halte, und das war mir zusätzlich noch sehr sympathisch bei der Angelegenheit. Verstehst du, was ich meine?

FRAU C. Hm, hm, ja! So ist mir das beim erstenmal auch gegangen. Ich habe nur jetzt gemerkt, daß es mir schwergefallen ist, nicht auf den Stuhl zu gehen. Beispielsweise, wenn solche langen Pausen entstanden sind. Aber an sich nicht, weil ich das Bedürfnis hatte, was zu sagen, sondern nur, um die Zeitlücke zu füllen und die Pause zu verkürzen und das voranzutreiben. Und ich meine, daß das auch so ein Stück Lehrerverhalten ist. Und das habe ich also auch bei dir so empfunden, daß du deshalb so oft auf dem Stuhl warst. (Lachen, weil einige «dringenden Stuhlgang» assoziiert haben) – Weil du das anscheinend irgendwo nicht ertragen hast, weil man sich verantwortlich fühlt, daß was passiert jetzt. Und wenn du in der Schule irgendwie was machst und führst mit den Schülern ein Gespräch, und es kommt nichts, dann kannst du dich auch dabei ertappen, daß du permanent am Reden bist. (Pause)

FRAU M. Ja, das stimmt! (Pause)

ICH Es gibt auch noch eine andere Erklärungsmöglichkeit. Das war ja als Spielform eingeführt, und in den psychoanalytischen Theorien über das Spiel gibt es die Vorstellung, daß Kinder von dem Inhalt eines Spiels so stark beeindruckt sein können, daß sie nicht spielen können; daß sie nicht mitspielen können, weil für sie das Thema des Spiels zu gefährlich ist und zuviel Angst macht. Und das war ein Spiel hier, und die Maria (Frau M.) hat hier eben eigentlich bestätigt, daß es ihr aufgrund der Spielform eigentlich leichter geworden ist, das vorgegebene Thema anzusprechen. Und die Else (Frau C.) hat bestätigt, daß sie dieses Thema nicht in dieser Spielform angehen kann. Sie hat nicht mitgespielt und einige andere auch nicht, weil diese Sachen viel zu «ernst» sind – für sie. – (Pause)

ICH Es ist zum Beispiel viel gelacht worden, und über Spiele kann man ja auch lachen. Beispielsweise sagte Maria (Frau M.): «Alle Lehrer reagieren ihre Aggressionen in der Klasse ab!» Anni D. sagte: «Alle Lehrer reagieren ihre Aggressionen zu Hause ab!» Da ist gelacht worden, und ich hatte bei euch beiden den Eindruck, daß ihr etwas sehr Ernstes gesagt habt.

ANNI D. Bei mir war das halb ernst: es war eine Reaktion auf das, was Maria (Frau M.) sagte. Das kam so spontan. Es ging mir wohl wie dir, Else (Frau C.). Es ist beides richtig, und es ist beides falsch!

FRAU C. Ich dachte, ob du wohl ein Lehrerkind bist?

ANNI D. Ja, ich bin eins! (anhaltendes Lachen)

FRAU E. Diese Äußerung von dir, Anni: «Jeder Lehrer ist froh, wenn er in der Öffentlichkeit nicht gleich als Lehrer erkannt wird.» Dazu kann ich nur sagen, daß ich im Urlaub oder sonstwo auch immer ganz froh bin, wenn ich nicht als Lehrerin erkannt werde. Manchmal achte ich auch darauf, nicht wie eine Lehrerin zu erscheinen. Und dann denke ich darüber nach, warum ich eigentlich zu dem Lehrerberuf nicht so stehen will oder . . .

ANNI D. (unterbricht) Nee, ich glaub, man will zu dem Klischee nicht stehen!

FRAU E. . . . das von uns existiert?

ANNI D. Ja, daß man zu dem Beruf an sich schon steht, aber dieses Klischee, daß also Lehrer eine bestimmte Art zu sprechen haben und belehrend sein müssen und so – und immer alles besser wissen – daß man das nicht möchte!

FRAU C. Ganz schön beknackt!

HERR U. Denkst du laut!

ANNI D. Mir ist eigentlich eingefallen, daß sich ein Lehrer offenbar ständig in Verteidigungsposition befindet den anderen Berufen gegenüber. Und das wurde auch sehr deutlich durch diese Formulierung «Ich weiß ja, daß es nicht stimmt, aber alle Lehrer . . .» So eine Verallgemeinerung könnte man doch nicht über Zahnärzte oder so . . .

HERR U.

FRAU C. Ach, ach, ach! Das glaub ich aber nicht!!!

FRAU E.

ANNI D. Ja, man kann vielleicht sagen: «Alle Zahnärzte haben zwei Häuser!» – oder so . . .

HERR U. Denk doch nur an die Beamten im Büro oder so – Das gibt's doch bei allen Berufen!

LISA O. Ich glaube das nicht! Ich denke, daß es auch wichtig ist, daß ja alle Leute als Kinder und als junge Erwachsene irgendwann einmal einen meist sehr intensiven Kontakt zu ihren Lehrern hatten. Da kann doch jeder mitreden! Jeder hat von diesem Berufsbild eine Ahnung und seine Erfahrungen.

ICH Wenn jemand sagt: «Alle Frisöre sind schwul!» – und das hab ich schon öfters gehört, dann nehmen das die meisten wohl nicht ernst, obgleich doch auch fast jeder mit Frisören seine Erfahrung hat. Aber diese Erfahrungen haben eine andere Qualität.

BEATE A. Jemand sagte ja, daß Lehrer auch nur Menschen sind. Wenn man nämlich zu irgendeiner anderen Berufsgruppe so intensive Kontakte hätte, wie man sie zu Lehrern notgedrungen hat, dadurch, daß man so viele Jahre in die Schule geht, dann würde man wohl auch in einer solchen Weise und mit einer solchen Bestimmtheit solche Eigenschaften zuordnen. Ich sehe da keinen Unterschied!

ICH Vielleicht liegt der Unterschied darin, daß man eben zu keiner anderen Berufsgruppe so langjährige Erfahrungen hat. – (Pause) – Astrid Q. sagte: «Die Lehrer verwerfen sehr schnell ihren anfänglichen Idealismus.»

FRAU C. Das ist mein Eindruck auch – übrigens –

ICH Ja, welches sind denn die Ideale eines Maurers? – eines Frisörs? – (längere Pause)

HELGE L. Gut zu arbeiten und nachher einen guten Schoppen zu trinken. – (Pause) – Ja, und die Lehrer sind faul und haben nur Ferien.

ICH Mir hat mal jemand erzählt, dessen Vater Lehrer war, daß ihm folgendes aufgefallen ist: Immer, wenn Besuch ins Haus kam – meist schon vorher –, hat ihn sein Vater gebeten, einen Stapel Hefte aus dem Arbeitszimmer zu holen. Und den hat dann sein Vater wie zufällig auf die Kante des Wohnzimmerschrankes gelegt. Dann sei man sehr häufig gesprächsweise auf die Arbeitsüberlastung der Lehrer gekommen. Sein Vater habe dann beiläufig auf die Hefte gezeigt und sich über die vielen Korrekturarbeiten beklagt, die er zu machen habe. Der Bekannte hat das nie so richtig verstehen können. Er hält seinen Vater für einen sehr arbeitsamen Mann.

ANNI D. Das bestätigt ja meinen Satz, daß die Lehrer ständig in einer Verteidigungssituation sind, weil sie ja von allen Seiten ganz besonders angegriffen werden – oder sich angegriffen fühlen. Zum Beispiel dieser halbe Arbeitstag nur, ja?! – Ja, was ist denn das schon, wenn man den kleinen Kindern so ein bißchen Rechnen und Schreiben beibringen muß?! Und dafür kriegen die dann auch noch so ein dickes Gehalt und die Ferien und so: die Lehrer sind also ständig dabei, sich andern Leuten gegenüber zu verteidigen. Bei deinem Beispiel muß ja auch dokumentiert werden: hier wird gearbeitet!! – Ich weiß zum Beispiel, daß die meisten Lehrer nach der Arbeit einen Mittagsschlaf halten. Das soll man mal einem anderen erklären, der bis fünf Uhr durcharbeiten muß, wenn der Lehrer dann grade aus seinem Mittagsschlaf erwacht ist. Das sind ja ständig so Reibereien mit der Außenwelt, schon allein wegen dem anderen Arbeitsrhythmus. – (lange Pause)

BEATE A. Die Frage ist jetzt nur – das stimmt ja wohl mit der Verteidigungsposition – warum das so ist? Die Lehrer könnten ja auch sagen: Ich weiß doch besser, was ich arbeite, als ihr!!

ANNI D. Ja, aber sie werden dauernd frustriert. Sie kriegen ständig im Freundeskreis oder am Stammtisch zu hören: Ach, Gott! Was schaffst denn du schon? Die paar Stunden! Man ist ja ständig von irgendwelchen Leuten umgeben, die irgend etwas sehr viel besser machen als man selbst!

HERR U. Da steckt wohl auch dahinter, daß die Leute noch eine ganze Menge Aggressionen aus ihrer eigenen Schulzeit im Bauch haben und die irgendwann loswerden wollen, auch wenn sie sehr wohl sehen, daß Unterrichten ein Fall für sich ist, den sie *auch nicht* (interessante Fehlleistung!) können! Ein Lehrer hat durchaus Berufsqualitäten, die andere nicht haben.

ANNI D. Aber die kann man ja so gut verneinen! Die andern kennen den Lehrer nur aus der Schülerperspektive und urteilen von daher.

ICH Vielleicht ist das Urteil deswegen so schwer verkraftbar, weil die Lehrer auch so etwas wie eine Schülerperspektive haben – und sich daran halten.

FRAU C. Da ist was dran, und das ist die Scheiße!

HELGE L. Vielleicht ist die Position der Lehrer auch deshalb so schlecht, weil der Erfolg in der Schule so schwer meßbar ist. Das sind ja häufig Enttäuschungen, und die Fortschritte sind ja fast unmerklich, und das macht einen ja auch kaputt. Jeder Maurer kann abends sehen, was er gemauert hat, und jeder Frisör kann seine Köpfe zählen und sein Geld. – (Lachen) – Der Lehrer kann das nicht. – (längere Pause)

ICH Vielleicht ist es so, daß ein Aspekt von Scheitern und Vergeblichkeit zu der

Berufssituation des Lehrers gehört, und daß er sich deswegen auch so sehr verteidigen muß. – Es ist ja auch sehr schwer zu verkraften, täglich mehrfach zu scheitern, und die Lehrer können das so leicht nicht akzeptieren, darum verleugnen sie es und verteidigen sich. Und damit akzeptieren sie selber nicht, wie schwer ihr Beruf ist. – Bei dem Maurer wird die Mauer grade, wenn er nur aufpaßt; und der Buchhalter findet den Fehler schon, wenn er nur gründlich nachrechnet! Aber der Lehrer scheitert auch dann, wenn er aufpaßt und nachrechnet. Ich denke, es ist eine verständliche, aber auch eine schlimme Lösung für die Lehrer, wenn sie ihr tägliches Scheitern verleugnen und nicht wahrhaben wollen.

FRAU C. Ja, und wenn du da einen Stapel Hefte hast, da kannst du dich ja immer noch dran befriedigen: du siehst selber ein Ergebnis und kannst es auch vorweisen. Das ist ja noch vergleichbar mit der gebauten Mauer. Aber im wirklichen Unterricht, da siehste halt nicht so recht, was du eigentlich bezweckt hast. Am wenigsten noch, wenn du an so was wie Erziehung denkst. Die vermittelten Inhalte kannst du ja wenigstens noch so in etwa abprüfen, aber da hab ich dann auch schon meine Bedenken! Meistens jedenfalls weiß ich nicht, was ich bezwecke und ob ich überhaupt was bezwecke. Am besten weiß ich noch, wenn ich etwas nicht bezwecke!

ICH Ich denke, daß man auf diese Schwierigkeiten hin zunehmend so reagiert, daß man versucht, diese Dinge zu messen. Selbst die Berufsvertretung, die GEW, legt von Zeit zu Zeit immer wieder Berufsfeldanalysen vor, die beweisen sollen, daß die Lehrer überlastet sind. Da kommt dann meist so eine wöchentliche Arbeitszeit von 52 Stunden raus – als ob es wirklich darauf ankäme. Darin ist auch so ein Aspekt von Verteidigung gegenüber einem öffentlichen Vorwurf, den sich aber auch – wie wir ja gesehen haben – die Lehrer selber machen. Ich denke nur, daß so eine Verteidigung kaum jemanden überzeugt – am wenigsten die Lehrer selber –, weil man einem Verteidiger in eigener Sache vermutlich ein schlechtes Gewissen unterstellt. Und es scheint ja auch so, als ob die Lehrer tatsächlich eins hätten. Das geht ja auch nur dann anders, wenn sie zu ihrem täglichen Scheitern und zu ihren *kleinen* Erfolgen stehen können. Auch die Statements, die wir hier abgegeben haben, sind ja zum größten Teil Angriffe in Form von Vorurteilen über den Lehrerberuf und gegenüber den Lehrern. Zugleich wurde dann ja auch hier Verteidigung laut gegenüber diesen Angriffen. Das ganze war zudem noch abgemildert durch den absurden Satzanfang. Ich will damit darauf hinweisen, daß sich dieser Komplex auch hier im Seminar abbildet: Hier sitzen ja Lehrer, die hier in dieser Situation irgendwo doch keine sind, und andere, die Lehrer werden wollen und auch keine sind; schließlich sind die Seminarleiter zwar Lehrer, aber sie arbeiten an der Uni, haben also – mindestens vorübergehend – Schulflucht begangen. Vielleicht zeigt die Seminarsituation nur wegen ihres stark verfremdenden Charakters das Problem so deutlich oder macht es ansprechbar. Konkreter würde das an einem Beispiel heißen: Die Übung hat einen stark rituellen Charakter. Sie wird von der Seminarleitung an die Teilnehmer herangebracht. Der einleitende Satz ist absurd. Wenn ich meine Rede damit beginne, daß ich sage: «Ich weiß ja, daß es nicht stimmt . . .» dann kann mich keiner auf diese Rede festlegen. Alle diese Dinge signalisieren, daß keiner für das, was er hier sagt oder tut, irgendeine Verantwortung übernehmen muß. Und vielleicht ist dies die Vorbedingung dafür, daß solche Dinge überhaupt hier von einem solchen Teilnehmerkreis bearbeitet werden können.

FRAU E. Das ist schon ganz schön verrückt, aber es stimmt! Ich würde anderswo nicht so leicht zugeben, daß ich mich auch schäme, Lehrerin zu sein, aber trotzdem schäme ich mich in recht vielen Situationen.

63 Lehrer sind im Grunde ganz schön unsichere Leute

Es folgt eine längere Pause. Die Situation ist durch erhebliche Betroffenheit gekennzeichnet, die vermutlich daher rührt, daß die Gesamtgruppe unter dem starken Eindruck von unangenehmen oder peinlichen Besonderheiten im Hinblick auf den Beruf steht, den alle ergriffen haben oder ergreifen wollen. Dafür spricht auch der folgende Beitrag: er enthält einen Entlastungsversuch, indem er solche Besonderheiten auch – mindestens versuchsweise – anderen Berufsgruppen zuschreiben will.

HILDE M. Ich fände es ja nun ganz interessant, diese Übung mal über andere Berufe zu machen. Mir ist nämlich aufgefallen, daß fast alle Äußerungen – ich weiß nicht, vielleicht sogar alle – in den emotionalen Bereich fallen: also, Aggression, Scheitern, Autoritätskonflikte, Angst vor dem Schulrat und den Schülern und so. – Ich möchte doch mal wissen, ob das bei anderen Berufen auch so ist?

BEATE A. Ja, es ist ja fast nur angesprochen worden, was den Lehrer als Menschen betrifft und eigentlich gar nicht, was seine beruflichen Fähigkeiten so im Sinne von Handwerk angeht. Einmal war die Rede von Fachidiotentum. Aber «Idiot» ist ja auch wieder eine Beleidigung und trifft auf den emotionalen Bereich. Ja, du hast recht, ich kann mir überhaupt nicht vorstellen, daß es einem Zahnarzt oder einem Ingenieur auch so geht. Und wenn die Lehrer – und das scheint mir jetzt so – ständig so stark auf den emotionalen Bereich hin angesprochen werden und angeschossen werden, ja, dann müssen die doch ständig neue Quellen suchen, wo sie überhaupt noch ein bißchen Selbstbewußtsein schöpfen können. Und ich denke, wenn man so selbstbewußt wäre in seinem Beruf, ja, dann müßte man sich auch nicht verteidigen. Ein Chirurg kann sagen: ich habe heute morgen drei Blinddärme herausgenommen! Ein Lehrer kann das nicht!

LISA O. Ein Lehrer kann vielleicht sagen: Mein schwächster Schüler hat sich in den letzten drei Tagen so verhalten, daß ich jetzt wieder überlegen muß, ob ich ihn nicht doch ins nächste Schuljahr versetzen kann – oder so was ähnliches.

PAUL X. Das ist ein bißchen wenig!

BEATE A. Das reicht aber irgendwo nicht!

ANNI D. Und das wirkt sich auch nach außen irgendwo aus auf die Vorstellung, die die Leute von dem Lehrer haben. Und beides hat wieder mit dem Selbstbewußtsein des Lehrers zu tun. Vielleicht gibt's ja Lehrer, die so in sich gefestigt sind, daß ihnen das nichts ausmacht, aber . . .

PAULA N. Wenn ihnen das nichts mehr ausmacht, dann find ich das aber auch nicht mehr gut!

BEATE A. Ich meine auch so diesen Punkt der inneren Festigkeit. Da ist ja so einiges hier rausgekommen, nachdem wir *über* das diskutiert haben, was hier so an Vorurteilen von uns selber gebracht worden ist. Das wirkt auf mich so: also, Lehrer sind im Grunde ja ganz schön unsichere Leute. Erstens mal von der – ja – vielleicht noch nicht mal von der Ausgangssituation her, wenn sie in ihrem Beruf anfangen; sie haben ja gewiß keine angemessene Ausbildung! Aber ich meine, daß sie durch den Beruf selber immer mehr verunsichert werden. Und da frag ich mich, wo holt man denn dann – wenn man im Beruf seine Befriedigung nicht kriegt – wo holt man sich die dann her? – Tja, holt man sich die dann in der Familie? Das ist möglich! Oder? – Und wohin führt das? Irgendwann – führt das also dahin, daß man immer frustrierter und frustrierter wird! Das führt ja dann zu einem bestimmten Typus von Mensch!

ANNI D. Ja sicher führt das dazu! Die sind dann gleichgültig und versuchen nur noch, mit möglichst wenig Aufwand über die Runden und in die Ferien zu kommen!

BEATE A. Aber dann bist du doch nach zehn Jahren total kaputt!

HELMUT J. Man kann sich ja auch ein Hobby zulegen!

SANDRA S. Zum Beispiel die Politik! Die Lehrer stellen das größte Kontingent der deutschen Abgeordneten! (Lachen)

HERR U. Oder an die Uni gehen! (erneutes Lachen)

ECKHARD H. Du meinst, wie der Horst?

HERR U. Das hast du aber gesagt!

64 Lehrer verteidigen sich gegen Forderungen von «außen» und versuchen, dort Anerkennung zu finden

ANNI D. Ich weiß ja nicht, aber ich glaube, daß das schon etwas mit dem täglichen Kampf des Lehrers zu tun hat, sich nach außen hin darzustellen und nach außen Anerkennung zu finden.

ICH Na ja, es war ja von Selbstbewußtsein die Rede. Und ich glaube, daß das von daher kommt oder von daher ausbleibt, daß man anerkannte Kriterien erfüllt oder nicht erfüllt. Ich möchte das Wort anerkannt betonen! Und ich denke manchmal, daß man kein berufliches Selbstbewußtsein realisieren kann, wenn die Kriterien so sind, daß man sie nicht erfüllen kann – ich könnte auch «Qualifikationsmerkmale» sagen. (Lachen und bei einigen wütendes Schnaufen) Es sind ja in der vorigen Sitzung eine ganze Reihe solcher Kriterien genannt worden – und zwar von euch! –, von denen ich denke, daß man sie nur als Übermensch, Heiliger oder Märtyrer erfüllen kann. Ich glaube aber, daß sich viele Lehrer trotzdem an solchen Kriterien orientieren: auch das führt zum täglichen Scheitern und verstärkt die Tendenz der Verleugnung. In einer solchen Situation kann sich kein einigermaßen gesichertes Selbstbewußtsein entwickeln!

ESTER H. Aber diese Kriterien liest du doch in fast jedem Pädagogikbuch, und du hörst sie in jeder Vorlesung, und in den Bildungsplänen und den Rahmenrichtlinien, da stehen sie auch drin. Das sitzt dir doch im Nacken!

HELGE L. Und danach richtest du dich und fällst auf die Nase!

ANNI D. Und dann sagst du noch: Ich bin ja gar nicht auf die Nase gefallen!
(Lachen)

Es folgt eine längere Pause, die ich als Vorzeichen dafür nehme, daß
man dieses beängstigende Thema verlassen möchte. Aus diesem
Grund versuche ich zu insistieren, weil ich denke, daß man hier
weiterarbeiten sollte.

ICH Vielleicht sind Lehrer Leute, die sich Forderungen stellen oder sich solche
Forderungen stellen lassen, die auch an die Schüler Forderungen stellen, die
sie selber nicht einlösen können, weil niemand sie einlösen kann. – Vielleicht
werden ja Lehrer nicht nach dem beurteilt, was sie leisten können, sondern
nur nach dem, was sie leisten sollten – auch von sich selber!? (die Pause dauert
an)
FRAU M. (anklagend) Ja, meinst du denn, es sei so leicht, ein Selbstbewußtsein als
Lehrer zu bekommen: Ich lehne diese Forderungen ab, und schon hab ich
eins!? Die werden doch auch dann an mich gestellt, wenn ich sie ablehne!
Meinst du, die Pädagogen schreiben dann andere Bücher oder machen andere
Vorlesungen? Oder meinst du, die Politiker machen dann andere Rahmenrichtlinien oder andere Bildungspläne? – Das tun die doch nicht!! – Und das
weißt du auch! Und da stehen unsere Ideale drin!!

65   Lehrer müssen beweisen, daß sie von Erziehung alles verstehen

FRAU C. Du hast natürlich recht, Maria (Frau M.)! Aber ich glaube auch, daß
man als Lehrer – wenn man nicht vor die Hunde gehen will – sich irgendwie
nach oben gegen diese Ideale abgrenzen muß. Aber statt dessen grenzen sich
die meisten Lehrer nach unten gegen die Schüler ab – und auch vor allem
gegen die Eltern. – Das wird ja bei den Elternabenden deutlich: da müssen die
meisten Lehrer den Eltern doch beweisen, daß sie – die Lehrer – von Erziehung so ziemlich alles verstehen und die Eltern im Grunde nichts! Und das
wird natürlich nicht offen gesagt, sondern in den Gesprächen unter uns
drückt sich das dann aus. Ich kenne genügend Lehrer, die als Eltern versagt
haben: das kann man an den Kindern dieser Lehrer sehen! Ich glaube auch
nicht, daß Lehrer besser erziehen können als normale Eltern. Vorhin oder
wann hat jemand gesagt: die Eltern denken, daß sie ohne Ausbildung mehr
von Erziehung verstehen als die Lehrer, die dafür ausgebildet sind. Vielleicht
ist das so. Aber wieso denken denn die Lehrer, daß sie mehr von Erziehung
verstehen als die Eltern? Aufgrund ihrer Ausbildung können sie das doch
nun gewiß nicht! Vielleicht grenzen sich die Lehrer auch hier nur deswegen
ab und pochen auf Qualifikationen, weil sie irgendwo spüren, daß es mit
diesen Qualifikationen nicht so weit her ist. – Wir reden hier ja auch vom
mangelnden Selbstbewußtsein der Lehrer! (lange Pause)
FRAU M. Aber hör mal! Es sind ja gerade die Eltern, die diese wahnsinnigen
Vorstellungen von den Fähigkeiten der Lehrer haben! Wenn ich manchmal
darüber nachdenke, was die Eltern den Lehrern so alles zuschreiben – ja, da
kann ich nur rot werden!
FRAU C. Das stimmt ja gar nicht! Das ist eine Verallgemeinerung! In dem

Moment, wo du den Eltern auch deine Unsicherheit bezogen auf Erziehungsfragen zeigst und denen deine eigene Ratlosigkeit auch mal zu erkennen gibst, die du bei so manchem Kind hast – oder gerade bei ihrem Kind hast, dann bist du viel schneller mit denen im Kontakt und kannst mit denen wirklich über die Sachen reden, die da so anfallen. Und dann sind diese Forderungen da vom Tisch!

ICH Vielleicht halten die Eltern nur deswegen so viel von den Lehrern, weil die Lehrer so wenig von sich halten.

66 Das Selbstbewußtsein des Lehrers orientiert sich am Fremdbewußtsein seiner Beurteiler: jeder hat ein Urteil über ihn

EINIGE Waaas???

ICH Ich meine, es könnte sein, daß die Lehrer aufgrund von eigenem mangelndem Selbstbewußtsein sich den Eltern gegenüber größer darstellen müssen als sie wirklich sind! Dann gehen die Eltern davon aus, daß es die Lehrer ja eigentlich wissen müßten und daß sie selber – also die Eltern – ja dafür auch nicht ausgebildet sind. – So kann eine verrückte Situation entstehen: die Lehrer spüren, daß sie im Grunde auch oft oder meistens ratlos sind; sie teilen das aber nicht mit. Die Eltern fühlen sich ebenso ratlos, sie können das aber nicht zugeben, weil sie denken, es sei ihnen abzuverlangen, daß sie mit der Erziehung ihrer Kinder zurechtkommen; zumal ihnen das ja von den Lehrern – dezidiert oder nicht – auch abverlangt wird. Die Folge ist dann, daß man über alles mögliche reden kann, nur nicht über die konkreten Schwierigkeiten, die beide mit den Kindern haben.

FRAU M. Mich interessiert jetzt nicht, wie das zusammenhängt. Ich erlebe jedenfalls immer wieder, daß es die Eltern sind, die diese hohen Anforderungen stellen!

ICH Vielleicht können wir noch in einer anderen Richtung fragen, woher diese Zumutung der Eltern kommt. Also, wenn die Eltern den Lehrern folgendes bescheinigen: Können, Verständnis, Wissen, Fähigkeiten, Qualifikationen – alles bezogen auf Erziehung – und ich glaube auch, daß das viele tun . . .

FRAU M. (unterbricht) Ja!! Das ist der Fachmann für Erziehung! So wie der Vater vielleicht der Fachmann für Landwirtschaft ist!

ICH Na, wie sieht's denn damit aus bei dir? Kannst du erziehen?

FRAU M. Frag mich nicht!!!

HERR U. Wir kommen mit unseren eigenen Kindern schlecht genug zurecht!

ICH Aber das wird zugemutet, nicht?

HERR U. Aber sicher!!

ICH Mir ist es auch bei vielen Eltern so gegangen. Jetzt denke ich, daß diese Eltern ja alle ihre sehr intensiven Erfahrungen mit der Schule – also mit den Lehrern – haben. Davon haben wir gesprochen. Vielleicht kommt die Zumutung der Eltern auch daher, daß sie aufgrund ihrer eigenen Erfahrungen mit Lehrern auch heute noch – als Erwachsene – denken, Lehrer seien tatsächlich diese großen und mächtigen Leute, wie sie aus der Schülerperspektive erscheinen. Vielleicht sehen dich viele Eltern tatsächlich noch aus der Schülerperspektive an: und das kann ja auch sehr schmeichelhaft sein für einen Lehrer! – Das Problem, das sie aber als Eltern haben, das haben sie eben als Eltern mit eigenen Kindern: das ist also kein Problem aus der Schülerperspektive. Vielleicht haben dann immer manche Eltern, wenn sie mit dem Lehrer über ihre Kinder reden, ein doppeltes Problem auf zwei ganz verschiedenen Ebenen: einmal mit dem Lehrer, den sie *auch* aus der Schülerperspektive sehen – und das ist die Perspektive eines Kindes – zum anderen mit ihren eigenen Kindern – und das ist die Perspektive eines Erwachsenen. Beides ist aber miteinander verquickt!

FRAU M. Ja, und daher kommt's ja, daß alle Eltern glauben, was sie nicht schaffen, das müßte der Lehrer allemal fertigkriegen!

ICH Na ja, Maria (Frau M.), der Lehrer, das ist der, der vom ersten Schuljahr an da vorne gestanden hat, und der alles wußte und alles konnte und der die Macht hatte. Verstehst du? – Und der bleibt ihnen ja nicht in den Kleidern hängen, die sie ausziehen, wenn sie erwachsen werden! – Verstehst du?

FRAU M. Ja, ja! Ist schon klar!

ICH Aber ich glaube, daß das nur eine Seite ist. Die andere Seite der Zumutung, daß du nämlich als Lehrer mit diesen Sachen zurechtkommen mußt: die liegt auf der Seite des Lehrers. Ich glaube, daß die meisten Lehrer diese Zumutung auch annehmen, und zwar unbewußt annehmen, weil sie ihnen ein Selbstbewußtsein schafft – zwar eben ein trügerisches, aber doch eben eins: Viele Lehrer möchten wohl auch ganz gerne in diesem Licht gesehen werden – oder sich sogar selber in diesem Licht sehen – und möglicherweise sind einige sogar deswegen Lehrer geworden.

HERR U. Aber es gibt auch einen Kritikanteil bei den Eltern bezogen auf die Lehrer. Das Dumme ist nur – nach meiner Erfahrung – daß manche Eltern sich zwar kritisch über Lehrer äußern, aber ich habe noch nie erlebt, daß sie mich selber kritisieren, sondern sie kritisieren vor mir einen Kollegen oder eine Kollegin. Und dann kann ich auch nicht so viel sagen und werde vorsichtig. Hinterher denke ich, daß ich auch so kritisiert werde, wenn diese Eltern mit den Kollegen sprechen. Wenn ich nun mit dem Kollegen darüber rede? Ja, das geht dann auch wieder nur, wenn ich mich mit ihm verstehe. – Etwas Ähnliches läuft, wenn die Eltern sich beim Schulleiter über einen Lehrer beschweren: der steht dann auch zwischen zwei Stühlen und weiß nicht so recht, was er machen soll. – Also, direkt rücken die einfach nicht raus – oder nur ganz selten. Ja, und wie will man dieses verrückte Spiel ändern?

FRAU M. Ja, wenn ich das mal so überlege, dann wären die Eltern ja diejenigen, die dem Lehrer zu seinem Selbstbewußtsein verhelfen können . . .

HERR U. Ja, aber zu was für einem, Maria (Frau M.)!

FRAU M. Ja, ja! Ist schon recht, Gernoth (Herr U.)!

ECKHARD H. (sehr ungeduldig, vermutlich, weil er die ganze Zeit gegen seine Gewohnheit geschwiegen hat) Es geht ja um Qualifikationen! Welche meinst du denn jetzt? Fachliche, pädagogische, politische??

ICH Tjaaa!???

ECKHARD H. Ja, soweit man das trennen kann, gut!

ICH (bin ziemlich ärgerlich und versuche mich in Geduld) Ja, das ist eine schwierige Frage, und ich kann mich dazu hier im Seminar nur negativ äußern! Nach meinem Dafürhalten können die Zumutungen der Hochschule, der Bildungspläne und Rahmenrichtlinien und des allgemeinen Verständnisses von dem, was ein Lehrer zu können hat, einfach nicht eingelöst werden. – Wer das versucht, der fällt fürchterlich auf die Nase, und das geht vielen Junglehrern so. Mir ist es auch so gegangen! Das führt aber dazu, daß die meisten Lehrer – oder doch viele – nach einigen Jahren überhaupt nichts mehr einlösen wollen, sondern manchmal offen, aber meistens insgeheim sagen: ihr könnt mich mal! – Sie haben dann immer noch ihr Hobby, ihre Betriebsamkeit, ihre meist bescheidene Karriere, ihre Kommunalpolitik, Gewerkschaftspolitik und so weiter. – Weil man aber vor diesen überzogenen Forderungen scheitern muß und scheitert, verstellt die Frustration darüber den Blick auf den Bereich, wo man sich tatsächlich qualifizieren kann, wo man auch gute Arbeit machen kann. Das geht aber nur, wenn ein Lehrer in der Lage ist, diese Strategie des Alles-oder-Nichts, diese Wahnsinnslinie zwischen Allmacht und Ohnmacht zu durchbrechen.

ECKHARD H. Liegt das nicht nur daran ... Nein, liegt das nicht *auch* daran, daß zwar eine hohe Qualifikation gefordert wird, daß dieser Anspruch aber nur deswegen nicht mehr eingelöst werden kann, weil halt die Ausbildungsbedingungen beschissen sind?! – Da wird ja auch so eine Grundlage für ein zunehmendes Desinteresse gelegt: Das ist ja eh egal! Der Schulbetrieb, ja, der wird schon irgendwie laufen!

ICH Eckhard, wir wissen, daß unsere Ausbildungsbedingungen nicht gut sind, und das ist ein wichtiger Punkt! – Aber ich meine, man müßte das Problem in der Praxis angehen. Wenn ich mir eine Unterrichtsstunde in der Schule ansehe – und es ist fast ganz egal, ob diese Stunde von einem Studenten oder von einem Lehrer geleitet wird – dann habe ich den Eindruck, daß da so viele Probleme bestehen – benennbare Probleme – daß ich nicht glaube, daß man sie durch eine gute Ausbildung sozusagen vorweg auflösen kann. Die müssen an Ort und Stelle ganz konkret angegangen werden, und man muß am Ball bleiben – dann sehe ich eine Chance. Ich habe auch in der Schule die Erfahrung gemacht, daß die Lehrer, mit denen ich gearbeitet habe – ich meine jetzt allerdings nur meine Arbeit in den Praktika, oder fast nur die – daß die Lehrer an einer solchen sehr konkreten Arbeitsweise sehr stark interessiert sind. Und das wäre auch ein Beitrag zu dem Problem, wie man eigentlich mit der doch verbreiteten Lethargie der Lehrer zurechtkommen soll.

Das Gespräch läuft noch weiter. Es werden aber kaum noch neue Thematiken angesprochen. Allerdings führt es noch zu punktuell genaueren Beschreibungen. Ich breche hier ab, weil mir scheint, daß nach Maßgabe der Möglichkeiten eines solchen vorbereitenden Seminars die Arbeitseffizienz hinreichend dargestellt worden ist: als intensive und sehr begrenzte.

Wie ich weiter oben schon angedeutet habe, steht in dem Lernprozeß, den das Seminar darstellt, die Thematik «Lehrerrolle, bearbeitet an den Vorurteilen über sie» im Zusammenhang der Thematik der vorigen Sitzung «Qualifikationen des Lehrers».

Die durch das Setting und die besondere Interventionsweise der Leiter bedingte spezifische Art und Weise der Bearbeitung hatte ja zu folgender Situation geführt: die eingebrachten Qualifikationsmerkmale kamen gleichsam aus zwei Richtungen oder Quellen. Über genau diesen Sachverhalt waren die Teilnehmer sich nicht im klaren. Sie wurden vielmehr durch die Seminarleitung schmerzhaft auf ihn verwiesen.

Die eine Richtung oder Quelle, aus der die eingebrachten Qualifikationsmerkmale kamen, war im Verständnis der Teilnehmer irgendwo «außen» angesiedelt: in der erziehungswissenschaftlichen Literatur, «der Pädagogik», den Vorlesungen und Seminaren der erfahrenen Lehrerausbildung, den Rollenerwartungen, die «man» an den Lehrer heranträgt. Hierbei erscheint mir der Hinweis wichtig, daß alle Teilnehmer die eingebrachten Qualifikationsmerkmale dezidiert oder doch stillschweigend akzeptierten. Lediglich darüber, ob «der Lehrer» auch da Sicherheit vorgeben soll, wo er sie in Wirklichkeit nicht hat, gab es Meinungsverschiedenheiten. Das bedeutet aber, daß andere, auch denkbare Qualifikationsmerkmale gar nicht erst vorgebracht wurden: nämlich solche, die zwar gefordert werden können, die aber diese Teilnehmer zumindest in der Mehrzahl abgelehnt hätten. So wäre beispielsweise kaum akzeptiert worden, wenn jemand gefordert hätte, daß der Lehrer die Qualifikation haben müsse, von den Schülern Gehorsam zu erzwingen. Das Selbstverständnis unter den Teilnehmern im Hinblick auf die Richtung oder die Quelle, aus der die genannten Qualifikationen in den Seminarzusammenhang gebracht worden waren, kann also als Rollenverständnis «des Lehrers» gefaßt werden: als die Summe der Forderungen, die dem Lehrer von «außen» zugemutet werden. Zudem handelte es sich nur um solche Forderungen, die alle Teilnehmer selbst als gültig akzeptierten.

Diese schöne Einmütigkeit zerbrach aber sofort, als ich die Frage
stellte: «Wer von euch erfüllt eigentlich die Qualifikationen, die ihr
hier eben genannt habt?» – Damit war zum einen darauf verwiesen,
daß in diesem Seminar die Aufstellung abstrakter Qualifikationen
von abstrakten Lehrern so nicht akzeptiert würde: die abstrakten
Qualifikationen waren somit konkreten Lehrern und Lehreranwär-
tern aufgenötigt, die sie nun gleichsam persönlich nehmen oder
zurückweisen mußten. Dies führte zu einem folgenreichen Bruch
im Seminarprozeß; denn die andere Richtung oder Quelle, aus der
die genannten Qualifikationen gekommen waren, waren die Seminarteilnehmer selber: sie waren also gleichsam von «innen» gekommen. Es hatte sich um internalisierte Forderungen gehandelt, die
diese Teilnehmer an «den» – freilich abstrakten – «Lehrer» stellten.
Niemand konnte darauf bestehen, daß die genannten Qualifikationen nur von «außen» zugeschriebene waren; sie waren ganz unabweislich auch «innen» akzeptierte. Dieser zwingende Sachverhalt
hätte nun aber schwerlich zu dem folgenden Bruch geführt, wenn
nicht zudem die Seminarleiter-Intervention den akademisch-
abstrakten Qualifikationskatalog auf einen konkret-persönlichen
Teilnehmerkreis von Lehrern und angehenden Lehrern zwingend
bezogen hätte.

Die Teilnehmer befanden sich damit in einem Dilemma: sie
sahen sich alle einem Katalog von Qualifikationen «des Lehrers»
konfrontiert, den sie alle akzeptierten; einem Katalog von Forderungen, die «der Lehrer» ohne jeden Zweifel erfüllen muß. Zugleich
führte die Leiterintervention schlagartig zu der Erkenntnis, daß
keiner der konkret Beteiligten – sei er Lehrer oder Student – diese
Qualifikationen erfüllen kann. Diese Erkenntnis war – scheinbar –
so selbstverständlich, daß sie nicht einmal diskutiert wurde.

69 *Die Angst des Lehrers entsteht aus zwingend gestellten Forderungen, vor denen er versagen muß*

Wer aber sich einer Forderung gegenübersieht, die er für notwendig
hält – nicht zuletzt, weil er sie selber stellt und akzeptiert –, von der
er aber zugleich sagen muß, daß er sie nicht einlösen kann, der
bekommt Angst! – Dies war das Erlebnis im Seminar. Damit stellt
sich hier die Frage nach der Art und Weise der Angstabwehr dieser
Gruppe in dieser Situation.

Die Antwort geht aus dem beschriebenen Verlauf einigermaßen deutlich hervor, so daß ich sie hier nur kurz nachzeichnen kann. Die Gruppe – und insbesondere der studentische Teil – agierte diese Angst aggressiv und trotzig aus: die Seminarleitung war das Aggressionsobjekt. Sie vertrat ja im Seminarkonzept, im Setting, in den Interventionsweisen das gesamte Seminar mit seinen beängstigenden Besonderheiten. So hatte auch sie diese Situation gleichsam «verschuldet». Man fegte zunächst das Setting und danach das Konzept vom Tisch und organisierte «die Alternative».

Die Alternative war der Fluchtweg oder auch der Fluchtpunkt, auf dem oder zu dem hin man diese beängstigende Situation verlassen oder beenden zu können glaubte. Dieser scheinbare Lösungsversuch war nun gewiß probat: man betrat ja damit bekannte Wege. Selbstverständlich unterlagen die Teilnehmer einem Mißverständnis, womit sie das Scheitern ihres Versuchs selber programmierten. Die Angst war ja auch nicht entstanden, weil bestimmte gleichsam handwerkliche, theoretische oder praktische Kenntnisse oder Fertigkeiten nicht vorhanden waren. Vielmehr war sie aus der Erfahrung entstanden, daß jeder einzelne den eigenen überhöhten Forderungen, über die ja auch keine weiteren präzisen Angaben gemacht wurden, nicht genügen zu können glaubte. Es handelte sich ja um «die Ideale» politisch-pädagogischer Art, über die man keine genauen Vorstellungen hat, die man aber gleichviel unbezweifelt sich selber und anderen aufgibt: die Lehrer waren ja scharf getadelt worden, als sie sich vor der Gretchenfrage nach ihrer Motivation so gar nicht auf diesen numinösen Bereich berufen wollten.

So wie das Erlebnis der Angst dem Bereich der Emotionalität zugeordnet werden muß, so muß auch in der hier erörterten Situation deren Verursachung dem gleichen Bereich zugeordnet werden. Hier nun genauer setzte das typische Mißverständnis der Teilnehmer an: zwar war vermutlich jedem die Situation als emotional hochbesetzte zugänglich; zugleich war sie aber auch hochgradig angstbesetzt. Die «Lösung» bestand nun darin, daß man in der strikten Abkehr von den emotionalen Anteilen und dem Vorsatz ihrer künftigen Vermeidung so tat, als ob die erlebte Angst auf den wohl auch nur zum Teil konstatierbaren Mangel an theoretisch-praktischen, gleichsam handwerklichen Kenntnissen, Fähigkeiten und Fertigkeiten zurückzuführen sei: indem wir diesem Mangel Abhilfe schaffen, beseitigen wir unsere Angst oder entgehen ihr. Aufgrund dieses Mißverständnisses, das ja selber Bestandteil der Strategie der Angstabwehr ist, war es nur konsequent, sich selber und den anderen Teilnehmern, ja dem ganzen Seminar, Unterrichtstheorie und Unterrichtsplanung zu verschreiben; und genau dies nahm man in Angriff.

Auch hier ist nun ein Mißverständnis möglich, das ich verhindern möchte. Zweifellos ist die Auseinandersetzung mit Unterrichtstheorie und die Einübung in ihre Handhabe ein notwendiger und wichtiger Bestandteil der Lehrerausbildung. Aber ebenso zweifellos eignet sich diese Auseinandersetzung nicht, um das Problem der Angst des Lehrers angemessen zu bearbeiten. Wo dies dennoch versucht wird – wie hier – werden die Möglichkeiten der Unterrichtstheorien und ihrer Handhabe in einem ganz und gar irrelevanten Bereich angesiedelt: sie verkommen zur reinen Abwehrmaßnahme – wie hier.

Der oben dargestellte Versuch dieser Art durch einen großen Teil der studentischen Seminarteilnehmer scheiterte. Die Erklärung ist einfach. Sie wurde zwar im Seminar nie diskutiert, aber der gescheiterte Versuch führte wieder zur Arbeitsfähigkeit im projektierten Seminarzusammenhang.

Der Versuch, mit Hilfe von Referat und anschließender Diskussion die entstandene Angst gleichsam «wissenschaftlich-akademisch» zu bannen, mißlang, weil alle Teilnehmer viel zu stark unter den imponierenden Vorgängen auf der Beziehungsebene standen. Weder das vorbereitete Papier noch das nicht vorgesehene, aber dann notgedrungen doch durchgeführte Referat, noch der ernsthaft geforderte Vorsatz einer Diskussion dieser Inhalte, die ja zudem von den Studenten – genauer: einem Teil von ihnen – selber ausgewählt waren, konnten es leisten, die Wirkungen des vollzogenen Prozesses soweit herabzuspielen oder zu unterdrücken, daß man fähig gewesen wäre, nun wirklich inhaltlich zu arbeiten. Das eingebrachte inhaltliche Angebot faßte einfach nicht: das war sehr schnell deutlich, ohne daß einer der Leiter auch nur ein Wort gesagt hätte. Die Gruppe litt ohne Zweifel erheblich unter dem Scheitern dieses Versuchs. Es war eine schmerzhafte Erfahrung – aber eine schmerzhafte Lernerfahrung. Sie führte zur Einsicht in die bestimmende Bedeutsamkeit der hier bearbeiteten Thematiken und zur Bereitschaft ihrer weiteren Bearbeitung.

In der weiteren Seminarplanung war uns klar, daß die im Zusammenhang der Fragen nach der Lehrerqualifikation aufgetretenen Probleme einer weiteren Bearbeitung bedürfen. Die Thematik «Lehrerrolle» ist also nichts als ein Versuch einer Weiterarbeit unter einer geplanten Aspektverschiebung. Wir wählten die thematische Einengung «Vorurteile», weil im Vorurteil immer ein offener oder versteckter Forderungscharakter hinsichtlich dessen durchscheint, der es hat und hinsichtlich dessen, auf den es bezogen ist. Das Vorurteil verlangt demnach auch Qualifikationen von dem, auf den es bezogen wird. Zugleich aber qualifiziert es den Betroffenen. Es sagt, was einer haben soll, haben müßte oder haben muß; *und* es sagt, was einer «in Wirklichkeit» eben nicht hat oder doch kaum hat. Umgekehrt sagt es auch, was einer unter keinen Umständen haben darf, was er aber «in Wirklichkeit» eben doch hat. Es ist also die populäre Form der Auseinandersetzung mit Forderungen, die an Menschen gerichtet sind. Es kann sich auf alle Menschen beziehen oder nur auf bestimmte Gruppen oder auch auf einzelne in exponierten Positionen (z. B. Politiker).

Alle Vorurteile sind wesentlich Abwehrstrategien: sie sollen entstehende Angst abwehren. Dies läßt sich z. B. im politischen Bereich am Problem der Autorität des Herrschers zeigen. Ihm gegenüber ist das Vorurteil möglich, daß er in einem ausschließlich positiven Sinne qualifiziert sei: er ist gerecht, selbstlos, weise, opfert sich im Dienst seines Volkes auf, etc. Wer sich an diesem Vorurteil orientiert, bekämpft damit die Angst, daß es sich «in Wirklichkeit» mit ihm ganz anders verhält. Wenn das aber so wäre, müßte man sich ja bedroht fühlen im Hinblick auf die ersehnte Geborgenheit, die der Herrscher eben aufgrund der zugeschriebenen Eigenschaften dem vermittelt, der ihm diese Eigenschaften zuschreibt.

Zugleich ist das andere Vorurteil möglich: er ist ganz ungerecht, völlig egoistisch, töricht, beutet sein Volk schamlos aus, etc. Dieses Vorurteil soll dem, der es hat, die Obstruktion gegen diesen Herrscher legitimieren und ihm die Angst nehmen, die eben aus der Obstruktion gegen die Autorität entsteht.

Das Beispiel zeigt nun ein Weiteres: Vorurteile treten immer in der Einkleidung eindeutiger, fester, sicherer Aussagen auf. Sie vermeiden Differenzierungen, weil diese in der Regel die Eindeutigkeit des Urteils gefährden und so die Funktion des Vorurteils, nämlich

Angst abzuwehren, in Frage stellen. Gleichviel gibt es auch ein Gefühl davon, daß das eindeutige Urteil, wie es im Vorurteil gefällt wird, womöglich doch nicht ganz so eindeutig sei. Dieses Gefühl eines leisen Zweifels aber muß bekämpft werden. Das geschieht meistens durch einen erheblichen emotionalen Aufwand an Energie, der das Vorurteil gegen die Möglichkeit des sich einschleichenden Zweifels absichern soll.

Für unseren Zusammenhang war weiterhin zu bedenken, daß Vorurteile im Selbstverständnis aller Beteiligten zu Recht stark negativ besetzt sind: gerade ein wissenschaftlich-akademisches Selbstverständnis enthält die ausgeprägte und akzeptierte Forderung, Vorurteile abzubauen. Allerdings müßten sie nicht abgebaut werden, wenn sie nicht vorhanden wären. Dabei ist die pädagogische Neigung, sie bei den jeweils anderen abzubauen, zwar verständlich; zugleich aber verstellt sie den Blick auf die Vorurteile, die der Pädagoge selbst hat. Dies klingt z. B. an, wenn das Thema «Vorurteile» Unterrichtsinhalt und somit für die Formulierung von Lernzielen relevant wird: Vorurteile gegenüber Gastarbeitern, Behinderten, Juden, Amerikanern, Russen etc. müssen abgebaut werden. – Wo sie allerdings nicht abgebaut werden können, müssen sie verleugnet werden, etwa dadurch, daß man sie argumentativ zu kompetenten Urteilen hochstilisiert; denn das Vorurteil ist – einmal als solches entlarvt – nicht weiterhin legitim.

Alle Vorurteile haben eine doppelte Wirksamkeit: ich beziehe sie auf andere, und andere beziehen sie auf mich. Das auf mich bezogene Vorurteil stiftet bei mir Leiden und Angst, die ich entweder ertragen muß, relativieren will oder abwehren muß. Die anderen sind im Hinblick auf mich in derselben Situation.

Unsere Vorstellung bei der Arbeit am Setting war, daß wir vorhandene Vorurteile als Material erhalten wollten, an dem wir dann arbeiten können. Bei diesem Teilnehmerkreis konnten wir ein Bewußtsein der Illegitimität gegenüber Vorurteilen unterstellen; wir hatten darum die Befürchtung, daß es nicht leicht sein dürfte, genügend Material für die gemeinsame Arbeit zu erhalten. Aus diesem Grund wählten wir das absurde Statement aus, das es ja dann auch der überwiegenden Mehrheit der Teilnehmer ermöglichte, die ihnen bekannten Vorurteile über den Lehrerberuf als Material einzubringen. Die Bedingung der Möglichkeit einer vergleichsweise produktiven Haltung der Teilnehmer lag gewiß in der Absurdität des Statements: es suspendiert Verantwortlichkeit für die folgende Aussage, was ja auch in der Diskussion angemerkt wurde; zugleich aber wurden 35 Vorurteile über «den Lehrer» vorgebracht und standen als Material zur Verfügung.

Dabei kam es erwartungsgemäß zu Überschneidungen, was mich dazu veranlaßt, an dieser Stelle eine zusammenfassende Darstellung von fünf Vorurteilskomplexen zu versuchen, die auf «den Lehrer» bezogen sind, wobei ich die Frage, inwieweit er sie selber auf sich bezieht, hier außer acht lasse.

71 *Alle Vorurteile haben zwei Seiten, zeigen aber nur eine vor*

Mir kommt es darauf an, zu zeigen, daß alle Vorurteile bipolaren Charakter haben, daß aber immer nur die eine Seite der Polarität ausgedrückt wird: die andere wird negiert oder abgewertet. Wie es scheint, kann nur aufgrund dieser Einseitigkeit die Angstabwehr funktionieren, zugleich aber liegt darin auch der wesentliche Aspekt der Realitätsverzerrung und -verleugnung, der im Vorurteil zum Ausdruck kommt.

1. Das Thema der Autorität, der Macht und des Einflusses ist angesprochen; ihm korrespondiert der Autoritätsverlust, die Ohnmacht und die Einflußlosigkeit. Damit zusammen hängt die mögliche Schwäche (gegenüber Kritik) des Lehrers. Die zugehörigen Vorurteile – sofern sie, wie es hier ja der Fall ist, als solche identifiziert werden – legen beängstigende Fragen nahe: Darf der Lehrer, soll er, muß er Autorität, Macht, Einfluß haben? Hat er dies alles «in Wirklichkeit» nicht? Darf er auch schwach sein? Wann und in welchen Situationen?

2. Der Lehrer sei faul, hören wir (weil er lieber um neun und nicht schon um acht Uhr mit der Arbeit beginnen will), er habe wegen seiner Tätigkeit ein schlechtes Gewissen und ein geringes Ansehen. Muß er nicht fleißig sein, ein gutes Gewissen haben, und darf er nicht ein hohes Ansehen erwarten?

3. Alle Lehrer haben einen politischen Anspruch! Was ist, wenn ich keinen habe? Sollte ich einen haben? Welchen? Sie neigen aber auch zur Resignation, wo sie doch Handlungsbereitschaft und Handlungsfähigkeit besitzen müssen. Sie verwerfen ihren Idealismus und verraten damit ihr Berufsethos; beides ist ihnen aber zu untersagen! Sie möchten am liebsten noch selber Schüler sein, aber sie müssen Lehrer sein. Sie haben Angst vor ihren Schülern, dürfen sie das? Zugleich aber haben sie Angst vor ihrem Schulrat, auch dies ist sehr bedenklich! Ihr Verhältnis zu den Schülern ist von Liebe getragen (sie meinen es nur gut mit ihnen); wenn es da

aber Haß gibt? Egoismus wird ihnen vorgeworfen, wo Altruismus gefordert werden muß. Schließlich reagieren sie zu Hause angestaute Aggressivität an den Schülern ab und auch umgekehrt; wie kann das angehen?

4. Man wirft ihnen Borniertheit vor und nennt sie Fachidioten, aber Offenheit und Aufgeschlossenheit sind ihnen abzuverlangen. Sie verstecken sich vor ihren Schülern, sind also unaufrichtig; wie sollen sie da die Schüler zur Aufrichtigkeit erziehen? Mit ihrem Beruf sind sie unzufrieden; darf man diesen Beruf in diesem Zustand überhaupt ausüben?

5. Sie schämen sich ihres Berufes; müssen sie nicht stolz auf ihn sein? Es fehlt ihnen die Sicherheit, die man doch von ihnen erwarten muß. Sie neigen dazu, den Schülern die Schuld zu geben, die sie doch selber haben. Sie sind Menschen, wie alle anderen auch! Dürfen sie das sein? Müssen sie nicht Besonderheiten aufweisen, die sie vor den andern auszeichnen, da sie es doch sind, die Menschen erziehen sollen? Oder müssen nicht gar gerade *sie* Menschen wie alle anderen sein, eben weil sie Menschen erziehen?

In allen Äußerungen ist die erwähnte Struktur imponierend: die eine Seite einer Polarität wird mit großem Nachdruck festgestellt als ganz und gar anwesend oder völlig abwesend; die andere Seite wird diskriminiert und entfällt. Dazu kommt, daß individuelle Unterschiede innerhalb der betroffenen Gruppe eingeebnet werden.

Das oben vorgelegte Protokoll der Diskussion des eingebrachten Materials zeigt vermutlich eindringlicher als diese Überlegungen, daß die im Zusammenhang der Vorurteilsproblematik zunächst zwingend auftretenden Fragen für die Betroffenen – und das sind alle Teilnehmer – beängstigende Folgen haben.

Die naheliegende Empfehlung, daß man sich nämlich um all diese Vorurteile nicht zu kümmern brauche, *sollte* gewiß befolgt werden, aber sie *kann* nicht befolgt werden: wer an ihre Realisierung glaubt, unterliegt selber einem Vorurteil. Dies versteht sich von daher, daß die genannten Vorurteile eben nicht allein von «außen» zugeschriebene sind, also von Leuten vertreten werden, die es eben nicht besser verstehen und aufgrund von Unkenntnis oder gar Böswilligkeit zu solchen Vorurteilen gelangen und sie verbreiten. Dies ist ja – wie sich gezeigt hat – keineswegs der Fall. Vielmehr sind die Betroffenen – Lehrer und angehende Lehrer – selber weitgehend mit diesen Vorurteilen identifiziert, und die sich ergebenden Fragen haben für sie vitale Bedeutung, weil sie Angst erzeugen. Da aber die tatsächliche Identifizierung der Betroffenen mit diesen Vorurteilen – oder einem Teil von ihnen – nicht bestritten werden kann, ist es nutzlos, so zu tun, als seien diese Vorurteile und deren Folgen gleichsam mit der linken Hand vom Tisch zu fegen. Um im Bild zu bleiben, möchte ich sagen, daß diese Handbewegung gleichviel sehr häufig gemacht wird und daß man auch vorurteilsvoll an ihre Wirkung glaubt! Dabei übersieht man aber, daß dieser Tisch eine gläserne Platte hat, und die Vorurteile liegen darunter. Ein Tischtuch wird sie bedecken, aber nicht beseitigen können: so ist es besser, sie anzusehen als die Probleme, die sie sind; sie gehören dazu, und jeder muß *mit* ihnen arbeiten – es sei denn, er verleugnet sie.

Die Mühsamkeit ihrer Bearbeitung wird – wenn auch nur zum Teil – in der vorgelegten Diskussion deutlich. Ich möchte dem hier nichts hinzufügen.

E Die Angst des Lehrers vor der Klasse

72   Das Setting ersetzt am Anfang fehlende gemeinsame
Verbindlichkeit – im Verlauf hergestellte Verbindlichkeiten
vermögen das Setting zu ersetzen

Der erste Teil dieser Arbeit schließt mit der Thematik «Die Angst des Lehrers vor der Klasse». Im Seminar folgten ihr noch zwei Sitzungen, die aber hier aus Raummangel nicht behandelt werden. Ich stelle ihr einige Bemerkungen über die im Verlauf des Semesters sich sukzessiv verändernde Funktion und Wirkung des Settings auf die Teilnehmer und ihren Lernprozeß voran.

Zu Beginn des Seminars bis in die zweite Semesterhälfte bestand die Doppelfunktion des Settings darin, daß es gleichsam als Spielform äußerer institutioneller Bedingungen zugleich «das Universitätsseminar» (als Institution) repräsentierte und «die Schule» (als Institution) in Teilaspekten zu antizipieren versuchte. Damit war ihm aber eine pädagogische und eine «psychohygienische» Funktion aufgegeben. Die pädagogische bestand in der begründeten Forderung, Lernen unter vorgegebenen äußeren Bedingungen zu betreiben und einzuüben. Die «psychohygienische» bestand darin, angesichts des zu erwartenden beängstigenden Materials einen «roten Faden» als Leitlinie oder auch festen Rahmen zu haben, der das ständig drohende Chaos zu bannen imstande war, der also verhindern sollte, daß die auftretende Angst überhandnahm und Handlungsunfähigkeit sich eingestellt hätte.

Alles in allem hatte das Setting eine strukturierende Aufgabe hinsichtlich der besonderen Schwierigkeiten, die in diesem Seminar zu erwarten waren. Kaum einer der Teilnehmer war am Anfang in der Lage, diese Zusammenhänge zu sehen oder gar zu akzeptieren. Darum nahmen die Seminarleiter diese nützlichen Funktionen zunächst für sich allein in Anspruch, wohl wissend um die Nützlichkeit des Settings auch für den Teilnehmerkreis, der dies über weite Strecken allerdings ganz anders sah: von dieser Seite fielen Äuße-

159

rungen wie Schikane, Pedanterie, Willkür und autoritäres Gehabe. Für die Seminarleitung war es aber zunächst aus Eigeninteresse wichtig, das Setting allein zu planen und auf der vollzogenen Planung zu bestehen. Ich habe diese Dinge weiter oben ausführlicher erörtert.

Das Setting und damit die Seminarleitung hatte aber noch eine weitere wichtige Funktion, auf die ich erst jetzt – gleichsam im nachhinein – eingehen muß. Sie steht im Zusammenhang der oben angesprochenen Funktionsveränderung des Settings, die sich erst im Laufe des Semesters einstellte.

Ich habe ebenfalls schon auf die Notwendigkeit klarer Verbindlichkeiten hingewiesen, die eine Gruppe braucht, um Arbeitsfähigkeit zu erreichen und zu erhalten. Diese Verbindlichkeiten sind in einem Normalseminar im allgemeinen durch einen überschaubaren inhaltlichen Arbeitsplan, der die zu verwendende Literatur mindestens im Umriß sowie die Arbeitsformen – etwa Einzel- oder Gruppenreferate, Plenums- oder Gruppensitzungen etc. – enthält, gegeben. Allerdings sichert ein solcher Plan bekanntlich kein Seminar vollständig gegen chaotische Episoden oder Epochen, aber er begünstigt deren Vermeidung.

Dieses Seminar konnte sich aber keineswegs auf vorgegebene Verbindlichkeiten dieser Art beziehen: es gab keinen inhaltlichen Arbeitsplan, keine Literaturliste, keine vorweg genauer bekannten Arbeitsformen und keine vorweg bekannten Themen. Damit war aber am Anfang all das nicht vorhanden, was einem normalen Seminar Verbindlichkeit, Kontinuität und Arbeitsfähigkeit – wenn auch nur bedingt – sichern kann; es war damit für Störungen, Handlungsunfähigkeiten und chaotische Zustände in besonderer Weise anfällig. Das bedeutete am Anfang, daß sich eine Gruppe zusammengefunden hatte, die – mit Ausnahme der Minorität der Mentoren – fast vollständig aufgrund von äußerlich-organisatorischen Bedingungen sich in einem Seminarraum traf und arbeiten wollte oder auch bloß sollte. Dabei gab es gewiß – wie sich ja auch gezeigt hat – Vorstellungen über Inhalte und Formen der gemeinsamen Arbeit. Aber diese Vorstellungen waren – wie sich ebenfalls gezeigt hat – außerordentlich nebulös und unpräzise. Überdies war die Anzahl dieser Vorstellungen mindestens so groß wie die der Teilnehmer, vermutlich aber viel, viel höher. Dies bedeutet aber faktische Abwesenheit *gemeinsamer* Vorstellungen, die ja erst Arbeitsfähigkeit ermöglichen: es gab also keine handhabbaren Gemeinsamkeiten, ohne die mir gemeinsame Arbeit nicht möglich erscheint. Sie also galt es erst herzustellen.

Sie wurden durch das Setting hergestellt, das damit am Anfang die *einzige* Gemeinsamkeit von Belang für die Gesamtgruppe war; freilich eine Gemeinsamkeit, die allein von der Seminarleitung hergestellt war, die damit den Teilnehmern nur als sehr unangenehmer äußerer Zwang anmuten konnte, was sie ohne Zweifel auch war. Dabei berührte besonders peinlich die eindeutige Herkunft dieses Zwangs: er war Ausfluß der Autorität der Seminarleitung, die damit ihren Führungsanspruch in teils schmerzhafter Deutlichkeit erhob und dokumentierte. Gleichviel war sie die einzige wirkliche Gemeinsamkeit und stellte zunächst die einzige Verbindlichkeit dieser Gruppe dar. Der Führungsanspruch der Seminarleitung, der sich im Setting manifestierte, war somit krückenhafter Ersatz für die vorläufig nicht vorhandene Gemeinsamkeit, Verbindlichkeit oder auch Identität der zusammengewürfelten Gruppe. Sobald sich also im fortschreitenden Prozeß der Gruppe eigene Handlungsfähigkeit aufgrund gewonnener – aber eben zunächst nicht vorhandener – Gemeinsamkeit herstellen konnte, war der Führungsanspruch des Settings zunehmend hinfällig und auch überflüssig.[52] Dabei war klar, daß sich solche zu gewinnende Handlungsfähigkeit auf den vorweg gegebenen Arbeitszusammenhang beziehen mußte: Lehrerausbildung im Sinne der Vorbereitung auf ein Schulpraktikum.

Allem Anschein nach kann sich aber solche Handlungsfähigkeit einer zunächst in ihrer Identität ganz ungesicherten Gruppe noch am ehesten herstellen, wenn diese Gruppe sich an dem orientiert, was als das Gesicherte erscheint: das war das Setting und damit die Seminarleitung. Diese Orientierung kann grundsätzlich in zwei Richtungen gehen: man akzeptiert von vornherein das Setting und die Seminarleitung oder man opponiert dagegen. Beide Tendenzen waren in dieser Gruppe vertreten, aber die letztere konnte sich im Verlauf zunächst durchsetzen: die Teilnehmergruppe konnte sich zu einer handlungsrelevanten Gemeinsamkeit mit einer inhaltlich bestimmten Zielorientierung verständigen und etwa in der Mitte des Semesters das Setting erfolgreich boykottieren und damit die Seminarleitung gleichsam entthronen. Ich möchte betonen, daß Martin S. und ich nicht in der Lage gewesen wären, diese Aktion zu verhindern, es sei denn, wir hätten die Konfrontation zum Prinzip erhoben, was selbstverständlich nicht unsere Absicht war.

Ich habe den Vorgang selber weiter oben dargestellt und möchte hier nur noch unterstreichen, daß die Aktion der Gruppe sich sowohl gegen die Form des Seminars richtete (das Setting wurde zerstört) als auch gegen den Inhalt (an die Stelle der Bearbeitung von relevanten Beziehungsproblematiken rückte die Bearbeitung von Unterrichtstheorie). Diese Aktion war erfolgreich, weil die Gruppe insofern handlungsfähig geworden war: sie hatte eine wie auch immer genauer zu beschreibende eigene Identität gewonnen.

Freilich scheiterte der Versuch schließlich doch, aber am Ende dieses Versuchs stand eine gemeinsame, wenn auch schmerzhaft gewonnene Einsicht: man sah die Notwendigkeit, die begonnene Arbeit an dem Material weiterzuführen, das in der Gruppe aufgeworfen, aber keineswegs bewältigt worden war. Allerdings bestand innerhalb der Gruppe über diese Einsicht Gemeinsamkeit. Sie war damit Bestandteil einer mühsam gewonnenen Identität, die im weiteren Prozeß zumindest der Möglichkeit nach gesichert werden konnte.

73 Zunächst orientiert sich der Lernprozeß am Setting, dann orientiert sich das Setting am Lernprozeß

Damit hatte aber das Setting seine anfangs notwendige Funktion zugleich erfüllt und verloren: es war im Hinblick auf diese anfängliche Funktion überflüssig geworden und hatte im weiteren Verlauf den Charakter eines Vorschlags der Leiter an die Teilnehmergruppe. Hatte sich bis dahin der Lernprozeß wesentlich am Setting orientiert, so orientierte sich das Setting jetzt wesentlich am Lernprozeß der Gruppe.[53] Damit konnten Veränderungen im vorgeschlagenen Setting leicht akzeptiert werden: die Bedingung dafür war ja eine Gruppe, die immer aufs Neue in der Lage ist, gemeinsame Verbindlichkeiten über die Art und Weise der gemeinsamen Arbeit herzustellen, zu akzeptieren, gegenüber einem gesetzlich institutionellen Rahmen zu vertreten und nach Maßgabe gleichsam «objektiver» Möglichkeiten zu realisieren.

Ich lege unten das Setting zum Thema «Die Angst des Lehrers vor der Klasse» vor. Das Thema selbst war von der Gruppe gewünscht und das Setting von der Seminarleitung erarbeitet worden. Es wurde zunächst in der vorliegenden Form akzeptiert: man hielt es für «brauchbar». Allerdings zeigte sich, daß die Zeit für die Gruppenarbeit zu kurz war: sie wurde verlängert. Im anschließenden Kreis hielten es viele für besser, nicht nur einen Beispielfall der Gesamtgruppe vorzustellen, sondern mehrere: das erschien sinnvoll. Schließlich lag eine weitere Veränderung in der Verquickung von Bericht und Diskussion.

Thema: Die Angst des Lehrers vor der Klasse

Erläuterung von und Verständigung über Arrangement und Durchführung (Kreis) (10 min.)

Bildung von Dreiergruppen (Die Mentoren sollen sich verteilen!) (5 min.) (informell)

Gruppenarbeit zum Thema (Dreiergruppen) (20 min.)

Bemerkungen zum Thema und seiner Durchführung

Das Material der heutigen Sitzung soll der schulischen Vergangenheit der Teilnehmer (Sekundärsozialisation) entnommen werden. Die Dreiergruppen sind aufgefordert, Situationen zu erörtern, Verhaltensweisen zu beschreiben und ihre Erlebnisweisen darüber auszutauschen, in denen sie einen konkreten Lehrer in einer konkreten Unterrichtssituation ängstlich und unsicher vor der Klasse erlebt haben.

Danach sollen sie je ein Beispiel auswählen, über das sie der Gesamtgruppe anschließend berichten wollen. Dieses Beispiel sollte eingehender als die anderen erörtert und beschrieben werden.

Die Gefahr im Sinne der Möglichkeit des Mißlingens dieser Übung sehen wir unter zwei Aspekten:

1. Die Berichte verwandeln sich unter der Hand in feuilletonistische, anekdotenhafte Episödchen und lösen im günstigen Fall Lacherfolge aus (Typus: Feuerzangenbowle)

2. Die Berichte sind abstrakt und trocken und lassen als unkonkrete Intellektualisierungen nicht die affektive Beteiligung der Betroffenen erkennen (Typus: Auswertungsergebnisse einer wissenschaftlich-statistischen Untersuchung)

Folgende Haltungen können ein Gelingen der Übung vermutlich begünstigen:

a) die jeweiligen «Berichterstatter»

Sie berichten so konkret als möglich und schildern auch Details! Sie bringen persönliche Wertungen und Empfindungen, die sich auf die zu berichtende Situation beziehen, mit ein. Sie versuchen erst gar nicht die «objektive» Darstellung eines Vorfalls, sondern verstehen sich als subjektiv eingesponnene Erzähler.

b) die jeweiligen Zuhörer

Sie versuchen, den Bericht unter allen möglichen ihnen interessant erscheinenden Aspekten wirklich zu verstehen (Sachzusammenhang).

Dem folgend intervenieren sie ständig mit Fragen und Stellungnahmen.

Sie versuchen, den Erzähler und die Haltung, Einstellung oder Position, die er seinem Bericht gegenüber und den darin vorgestellten Personen gegenüber einnimmt, zu verstehen. (Interaktionszusammenhang)

c) alle

Sie bedenken, daß konkrete Lehrer als abfragbare «Profis» am Seminar teilnehmen.

Pause (10 min.)

Diskussion des Materials im Kreis (ca. 135 min.)

Nach diesen abschließenden Äußerungen über die sich verändernde Bedeutung des Settings, die mit bestimmten Veränderungen hinsichtlich der Gruppenidentität zusammenhängt, verlasse ich das vorbereitende Seminar als Organisationsform in der Hoffnung, seine Besonderheiten hinreichend dargestellt zu haben. Gleichwohl bin ich sicher, daß gewichtige Aspekte in dieser Darstellung fehlen: sie liegen zum einen in den individuellen Erlebnisweisen und ihrer Verarbeitung durch die einzelnen Teilnehmer und wurden im Seminarzusammenhang nicht angesprochen; teilweise aber gehen sie in ihrer Subtilität über meine Möglichkeiten einer schriftlichen Darstellung hinaus.

In der Folge beschränke ich mich also auf das eingebrachte Material und seine Bearbeitung durch die Seminargruppe und füge einige zusätzliche Erörterungen an, die sich auf das Gesamtthema meiner Arbeit beziehen, ohne daß sie im Seminar aufgeworfen worden sind. Ich werde also auf Kosten der Darstellung eines komplizierten Gruppenlernprozesses dem Gesichtspunkt größerer Übersichtlichkeit Rechnung zu tragen versuchen: dies tue ich allerdings auch wegen der angestrebten Kürze.

74 Ängstliche und unsichere Lehrer werden zunächst nicht erinnert, wohl aber starke und sichere

Angesichts dieser Arbeitsaufgabe, Erinnerungen aus der eigenen Schulzeit als Schüler vorzubringen, in denen Lehrer als unsicher oder ängstlich vor der Klasse erlebt worden sind, zeigte sich bei fast allen Teilnehmern eine typische Reaktion: teilweise und ganz spezifische Amnesie – zunächst. Dazu folgendes Beispiel:

FRAU C. Mir fallen aus meiner Schulzeit nur unheimlich starke Lehrer ein, so sichere! Jedenfalls habe ich die in der Zeit nie unsicher erlebt. Ich weiß nicht – habt ihr das anders in Erinnerung?

Danach zeigt sich eine wiederum typische Modifikation der Erinnerungsspuren. Sie entsteht unter dem Aspekt des «im nachhinein», klingt schon in der Antwort auf Frau C.s Frage an und wird von vielen aufgenommen.

HELGE L. Ja, aber mein Klassenlehrer, der war wohl auch manchmal unsicher. Aber ich weiß nicht so eine konkrete Situation, die ich jetzt schildern könnte. Das ist mir aber so in der Schule am Anfang auch gar nicht aufgefallen, sondern das kam nur so daher, daß wir alle unheimlich oft bei ihm zu Hause waren, außerhalb der Schule und auch erst viel später. Das hat mich dann sehr verwundert.

FRAU C. . . . Also, wenn ich mich da erinnere: ich hab nur so gebibbert vor verschiedenen Lehrern, die ich heute als wirklich unsicher bezeichnen würde . . .

HELGE L. Ja, bezeichnend ist das ja, daß man sich nicht erinnern kann oder daß einem nichts Besonderes dabei einfällt. Und daß man das eben nur hinterher als Angstsituation vom Lehrer sehen kann.

HELGE L. (etwas später) Wichtig ist halt auch, daß man – zumindest wenn da schon mal Angstsituationen beim Lehrer sichtbar waren, daß man die trotzdem eben nicht so wahrgenommen hat, weil man das eben nicht gewohnt war, weil das gar nicht . . . Das war irgendwie gar nicht im Horizont drin, daß ein Lehrer Angst haben könnte – oder so was ähnliches, ja?!

ANNI D. . . . Also, wir beide haben uns nicht erinnern können, einen Lehrer jemals unsicher erlebt zu haben. Jetzt denke ich mir, daß mir – so wie euch auch – Situationen einfallen, von denen ich im nachhinein sagen würde, daß der Lehrer sicher ängstlich oder unsicher gewesen ist. Jedenfalls ist mir das als Schüler so nie aufgefallen . . .

75 Kommt die Angst des Schülers aus der Angst des Lehrers?

Mir scheint, daß hier ein bedeutsamer Unterschied in der Wahrnehmung des Lehrers sich ausdrückt: aus der Schülerperspektive erscheint hier der Lehrer als stark, sicher und angstfrei; aus der Perspektive des erwachsen Gewordenen, werden manche Vorkommnisse und Haltungen durchaus mit der Existenz von Angst beim Lehrer verbunden oder darauf zurückgeführt. Das führt zu einer überaus interessanten Hypothese:

FRAU C. Das ist eigentlich komisch, ja?! Wir hatten ja das letzte Mal so den Ansatz, daß es unbedingt notwendig sei, Unsicherheiten vor den Schülern zu verbergen, ja? Aber wenn ich mir heut überlege, welche Lehrer damit wohl heftige Schwierigkeiten hatten und sehr unsicher waren? – Das waren eigentlich die, vor denen ich am meisten Angst hatte!

Frau C. spricht damit den möglicherweise sehr bedeutsamen Zusammenhang zwischen der Angst, die der Lehrer hat, und derjenigen, die der Schüler hat, an: demnach hätte der Schüler Angst, weil der Lehrer Angst hat; genauer . . . weil der Lehrer Strategien entwickelt, die seine Angst und Unsicherheit dem Schüler und womöglich sich selber verbergen müssen. Dieser Gedanke wird im Verlauf der Arbeit wieder aufgenommen werden müssen.

Im Seminar beschäftigt zunächst die Frage, warum denn eigentlich die Schüler aus ihrer Perspektive Ängste und Unsicherheiten des Lehrers nicht aufnehmen. Sie findet eine interessante Antwort:

AGNES C. Man beobachtet's wahrscheinlich auch gar nicht so, weil man selbst auch unsicher ist den Anforderungen gegenüber, die da gestellt werden, und das ist ja etwas sehr Unangenehmes.

FRAU C. Oder, weil man als Schüler permanent damit beschäftigt ist, einen Eindruck – einen ganz bestimmten Eindruck zu machen, den man vielleicht geübt hat oder gelernt hat. Zum Beispiel, um zu verhindern, daß man drankommt oder, um irgendwie aufzufallen oder nicht aufzufallen oder sonst was. Damit bist du ja auch unheimlich beschäftigt – also, ich bin damit unheimlich beschäftigt gewesen in der Schule – mich in verschiedenen Situationen so zu verhalten, daß ich möglichst nicht auffalle oder – wenn ich auffalle – daß ich dann nicht zu große Schwierigkeiten kriege – und dann, daß mir das halt permanent mißlungen ist, ja?!

Vor dem Hintergrund dieser Äußerungen – sie beziehen sich wohlgemerkt auf die Frage nach der Wahrnehmungsfähigkeit des Schülers hinsichtlich der Ängste oder Unsicherheiten des Lehrers – läßt sich selbstverständlich auch die andere Frage stellen, die sich auf die Wahrnehmungsfähigkeit des Schülers hinsichtlich der Inhalte des Unterrichts und ihrer Verarbeitung bezieht: auch sie muß im weiteren Verlauf wieder aufgenommen werden.

Zunächst aber wird die Frage, warum denn Schüler Angst vor dem Lehrer haben, haben können oder gar haben müssen, auf die Lehrer-Schüler-Beziehung in einem institutionellen und rollenhaften Verständnis verwiesen und von daher auch beantwortet:

FRAU C. Ich meine, wenn man sich das überlegt, bist du ja schon allein aufgrund der Tatsache, daß du ein Lehrer bist, ja? – schon wegen deiner Rolle, die einen gewissen Abstand zu den Schülern hat, ohne daß du dich jetzt da viel aufbaust – da bist du schon für viele Schüler eine angstbesetzte Figur.
HELGE L. Ja, klar!
AGNES C. Ich meine, das liegt schon in der ganzen Unterrichtssituation so drin, daß von dem Lehrer praktisch so eine Gefahr ausgeht, so daß er kaum in Frage gestellt wird. Und ich kann mich bezogen auf die Schule kaum erinnern, wo das mal umgekehrt gelaufen wäre.

77 *Unter der Thematik «Angst» werden Lehreranteile nicht klar von Schüleranteilen getrennt, sondern treten merkwürdig vermischt auf*

Hinsichtlich des oben angedeuteten Zusammenhangs zwischen der Angst des Lehrers und der des Schülers läßt sich nun aus dem Seminarverlauf selber und der Art der Beiträge, schließlich auch bei der Beobachtung der Bezugspunkte, die diese Beiträge haben, eine bemerkenswerte Feststellung machen, die ich etwas differenzieren möchte.

1. Obgleich sich die Aufgabenstellung auf die Angst des Lehrers vor der Klasse (also den Schülern) eindeutig bezieht, wird wie selbst-

verständlich die Angst des Schülers vor dem Lehrer miterörtert.

2. Die einzelnen Beiträge – ob sie nun von den Studenten kommen, die ja eher in der Schülerrolle sind; oder von den Leitern, die ja eher in der Lehrerrolle sind; oder von den Mentoren, die in einer Doppelrolle sind – lassen keine typischen Merkmale erkennen, die man dem unterschiedlichen Rollencharakter der einzelnen Gruppen zuordnen könnte. Die Beiträge verwischen hinsichtlich ihrer Wirkungen auf die Erzähler und Zuhörer deren Rollenunterschiede und bringen alle in eine eher schülerhafte Perspektive.

3. Die Beiträge beschränken sich im Widerspruch zum Arbeitsauftrag nicht auf die vergangene Schülersituation der Beteiligten, sondern beziehen die gegenwärtige Schülersituation (als Student) und die gegenwärtige Situation von Schülern (aus der Sicht der Lehrer/Mentoren) mit ein. Auch die Seminarsituation wird in diesem Zusammenhang angesprochen.

Dies alles erscheint mir deswegen bemerkenswert, weil es der gängigen Vorstellung widerspricht, daß der Schüler, wenn er die Schule verläßt, eben kein Schüler mehr ist; daß der Student eben ein Student und kein Schüler mehr ist; daß schließlich der Lehrer erst recht kein Schüler und auch kein Student mehr ist, wenn er selber Schüler unterrichtet.[54] Wenn diese sehr naive Vorstellung eine Realität fände, wäre die hier zu beobachtende merkwürdige Vermischung und Verschiebung ganz unterschiedlicher Rollenanteile durch ganz unterschiedliche Rollenträger nicht leicht zu verstehen – ganz zu schweigen von der Konflikthaftigkeit, die die Lehrer-Schüler-Relation im Seminar selber aufgeworfen hat.

Ich stelle im folgenden die einzelnen Beiträge vor. Es handelt sich um verkürzte Darstellungen, ein Verfahren, das ich nur mit der Knappheit des verfügbaren Raumes begründen kann. Die angegliederten Erörterungen sind der Seminardiskussion entnommen und gehen an einigen Stellen mit Rücksicht auf die angestrebte Plausibilität und Übersichtlichkeit darüber hinaus.

Helmut J.: Der Lachsack

Der Lehrer war ziemlich unbeliebt, aber auch nicht so sehr, ein älterer Mann, hat ein bißchen gehinkt. Jemand kam auf den Gedanken, an ihm den Lachsack auszuprobieren. Wir haben dann eine Konstruktion ausgetüftelt: der Lachsack war versteckt, und wenn der Lehrer die Tafel öffnet, dann geht der los. Bevor der losging, hatte der so ein Summen, das man bei dem normalen Klassengeräusch nicht hören konnte. Als aber dann der Lehrer reinkam, waren alle mucksmäuschenstill, und man hörte es. Er dachte, der Klassenlautsprecher sei eingeschaltet und schickte einen Schüler zum Direktor, um das zu überprüfen und den Lautsprecher auszuschalten. Ausgerechnet der Schüler war ein bißchen zu spät gekommen und wußte nichts von dem Lachsack. Als der nun draußen war, begann der Unterricht: der Lehrer öffnete die Tafel, und da ging der Lachsack los! – Der Lehrer war erschrocken und völlig verblüfft. Dann hat ihn die Wut gepackt, und er hat den Lachsack unheimlich wild auf den Gang geschmissen, so daß der aufhörte zu lachen. Grade wollte er mit seiner Strafpredigt anfangen, da kam der Schüler von der Direktion und sagte, daß der Lautsprecher nicht eingeschaltet sei. Der Lehrer wurde noch wütender und schrie den an: Was er sich eigentlich einbilde?! Er habe doch von der ganzen Sache gewußt! – Aber der war ja ganz ahnungslos. Ich hatte schon vorher kein gutes Gefühl dabei gehabt und hätte die Sache am liebsten rückgängig gemacht, aber das lief ja nun. Der Lehrer begann dann ziemlich mühsam mit seinem Unterricht, und die Sache war für heute erledigt. – Aber am nächsten Tag hat sich der Lehrer entschuldigt, daß er so laut gewesen sei; er sei gestern mit den Nerven ziemlich fertig gewesen, und der Lachsack hätte ihm dann den Rest gegeben. – Manchmal macht man solche Sachen, um einen Lehrer fertigzumachen, aber hier – ich weiß nicht. – Der hatte eigentlich viel Verständnis für die Schüler und hat sich sehr für die eingesetzt. Ich glaube, wir wollten's halt mal wissen – mal sehen, was der dann macht. Das waren auch währenddessen so ganz gemischte Gefühle. Gewiß, da war auch so eine Art Befreiung, als die Bombe dann explodiert war. Irgendwie ist die Position des Lehrers durch sein Verhalten nachher irgendwie besser geworden. Wir mochten ihn nicht so sehr, aber wir hatten Respekt vor ihm.

Agnes C.: Die Testverweigerung

Der Mathelehrer war eigentlich nicht unbeliebt, aber man mußte ziemlich viel arbeiten, um bei dem mitzukommen, aber er hat seine Sachen auch ziemlich gut erklärt. – Einmal brachte er Arbeitsbögen mit und wollte mit uns einen Test schreiben. Das schien uns in dem Moment zu schwierig, und wir haben uns geweigert. Er hat aber die Blätter ausgegeben und gesagt, wir müßten trotzdem schreiben, weil der Test schon lange vorgesehen sei. Wir haben aber gesagt: «Wir schreiben nicht!» Er war ziemlich sauer und meinte: «Wenn ihr euch weigert zu schreiben, dann weigere ich mich zu unterrichten!» Dann ist der mit seinem ganzen Zeug rausgegangen. Wir haben erst gelacht und uns gefreut, aber es war uns doch ein bißchen komisch. Der Lehrer kam aber schon nach einer Minute wieder rein und hat mit uns Unterricht gemacht. Wenn der nicht so hilflos gewesen wäre, dann wär der doch nicht gleich wiedergekommen. Beim Unterricht haben wir dann aber mitgemacht.

Herr U.: Tischerücken

Es gibt ja Lehrer, die einem sehr schwach erscheinen, die einem ein bißchen wie Hampelmänner vorkommen. – Der Religionslehrer war so einer: der schaffte es überhaupt nie, uns für irgendwas zu interessieren, was er da brachte! Bei dem haben wir dann öfter folgendes gemacht: Der stand vorne und redete wie ein Buch und merkte gar nicht, was in der Klasse vor sich ging. Dabei haben wir dann Zentimeter für Zentimeter unsere Tische und Stühle immer weiter nach vorne geschoben; die in der Mitte langsamer, die rechts und links etwas schneller. Schließlich war er dann vorne an der Tafel eingeklemmt. Dann guckte der ganz unsicher und ängstlich und ließ schließlich ein Donnerwetter los, das aber keiner ernst nahm. Wir hoben dann die Möbel zurück, und das Spiel ging von vorne los. Bei anderen Lehrern wären wir nie auf so eine Idee gekommen, aber bei dem hat uns das immer wieder Spaß gemacht.

Herr U.: Die Ohnmacht

In der Realschule hatten wir einen Lehrer, den wir an sich ganz gerne mochten. Einmal waren wir nicht ruhig genug, da ließ der uns aufstehen und wir durften uns nicht wieder hinsetzen, und er schrieb die ganze Zeit in seinem Lehrbericht. Das ging vielleicht zehn Minuten, und plötzlich fiel einer um und war ohnmächtig. Der Lehrer bekam fürchterlich Angst, und wir durften uns ganz flott wieder hinsetzen. Er rannte ziellos durch die Gegend und war völlig hilflos. (Esther H. fragt, ob der wirklich ohnmächtig gewesen sei.) Ja, der hat nicht simuliert. Der wurde schließlich rausgetragen und dann irgendwo hingelegt. Er hat's überlebt. Aber der Lehrer war völlig fertig, als ob er da dran schuld gewesen sei.

Agnes C.: Das Projekt

Im elften Schuljahr haben bei uns einige Referendare unter Anleitung ein Projekt gemacht. Da wurden Geschichte, Sozialkunde und Deutsch zusammengelegt. Das gab dann etwa fünfzehn Wochenstunden und über ein halbes Jahr immer das gleiche Thema. Die wollten, daß wir selber entscheiden, wie wir den Unterricht machen: wir sollten auch bei der Vorbereitung mitmachen. Da gab's dann wirklich Doppelstunden, wo auch nicht einer was gesagt hat. Und dann wurden die dann natürlich unheimlich unsicher, dann haben sie halt angefangen, was zu reden oder zu machen oder vorzuschlagen. – Einer hat eine Examensarbeit darüber geschrieben, und die hab ich mir dann später ausgeliehen. Die hieß, glaub ich: «Über Lernschwierigkeiten bei Gymnasiasten». Da stand dann drin, daß das von vornherein alles falsch gemacht worden sei, und man müßte sich fragen, wie man so etwas überhaupt anfangen könnte bei Schülern, denen noch jeder Zusammenhang und Weitblick fehlt. – Wir haben das aber für eine ernsthafte Sache gehalten, als das lief. – Ich kam mir dann ziemlich beschissen vor!

Agnes C.: Der Direktor kommt

Da war so ein junger Lehrer. Der hat versucht, mit uns in der Freizeit so alles Mögliche zu machen. Der war unser Klassenlehrer und hatte ein schweres Motorrad, da hat der uns öfters mitgenommen. Der machte so einen kameradschaftlichen Eindruck. – Einmal ist der Direktor in den Unterricht gekommen, und da war der in seinem Verhalten ganz anders – wie ausgewechselt: der ist aufgesprungen, wir mußten aufstehen, der hat dem die Hand geschüttelt, und dann hat der einen richtig zackigen Unterricht gemacht mit Vokabeln, Grammatik und so; ein richtig perfekter Unterricht. Der ist dem ziemlich in den Arsch gekrochen; mich hat das stark angewidert. – Wir haben dann später mal mit dem darüber gesprochen. Der hat das sogar eingesehen, aber geändert hat sich nichts.

Frau C.: Die Creme-Tupfen

Die Mathematiklehrerin war eigentlich immer ein bißchen ängstlich, aber fast alle haben sie ziemlich gerne gemocht: sie hat sich um jeden einzelnen gekümmert, der mit ihrer Mathematik Schwierigkeiten hatte. Sie war klein und dürr und. wuselig. – Einmal kam sie in der ersten Stunde wieder wie so ein Mäuschen aus ihrem Kabüffelchen – so ein Vorbereitungszimmerchen – und hatte noch mehrere Creme-Tupfen im Gesicht, und das sah lustig aus: wir haben ihr das dann ganz lieb gesagt. Die lief puterrot an und erstarrte richtig, und da sah man die weißen Tupfen noch deutlicher. Dann stammelte sie irgendwas und flitzte zurück ins Kabüffelchen und kam ohne Tupfen zurück. Aber die war völlig aus dem Häuschen und noch die ganze Stunde über flatterig und zitterig. Wir wollten die ganz gewiß nicht verunsichern oder fertigmachen und waren ziemlich erschrokken, daß die so reagiert. Sie gehörte zu den ganz wenigen Lehrern, die ich wirklich leiden konnte, und auch bei den andern war sie wegen ihrer Menschlichkeit wirklich beliebt, obgleich sie doch so ängstlich und unsicher war.

Eckhard H.: Die Angst der «Profs»

In unserer Gruppe sind auch mehrere Fälle erzählt worden, aber das war nichts Besonderes. Dann haben wir überlegt, ob man nicht auch aus dem Hochschulbereich solche kleinen Situationen bringen könnte. – Vor ein paar Semestern haben mehrere Profs ein sogenanntes hochschuldidaktisches Projekt gemacht, aber es war nur eine Mammut-Veranstaltung in einem gerammelt voll besetzten Hörsaal. Wir haben von der Fachschaft und dem AStA aus dagegen gekämpft, weil es sich bei so was ja um die Verschleierung der Personalmisere an der Hochschule handelt, und das ist ja eine politische Sache! Wir wollten dann in der AStA-Lehrerzeitung was veröffentlichen darüber und wollten Informationen und auch Fotos haben. Und da sind wir also da reinspaziert. Und grad als wir kamen, haben sie eine Kommilitonin auf der Bahre rausgetragen: die war ohnmächtig geworden, und da war also ein ziemlicher Aufruhr da drinnen. Die Profs sind also ziemlich da rumgeflitzt, – und dann kamen wir noch mit dem Fotoapparat. Der X ist dann gleich auf mich los und hat mich angeschissen: Was ich denn hier wollte, und ob ich an der Veranstaltung teilnehmen würde? Der wurde richtig laut und deutlich. Ich hab dann gesagt, nach meiner Kenntnis sei der Wissenschaftsbetrieb öffentlich! Und da hat der erstaunlicherweise sofort umgeschaltet – und das spricht ja für seine Qualitäten – und hat gesagt: «Ja, bitte, setzen Sie sich doch hin! Fotografieren können Sie auch gleich! Am besten nehmen Sie die und die Blende und die und die Belichtungszeit, und benutzen Sie doch auch ein Teleobjektiv!» – Wir haben dann tatsächlich fotografiert, und die sind weiterhin vorne rumgeflitzt wie die aufgeschreckten Hühner. – (Beate A. findet den Vorfall verständlich, was das Verhalten der Hochschullehrer angeht. Sie wirft Eckhard H. vor, daß er die Situation schamlos ausgenutzt habe, aggressive Einstellungen gegenüber den Hochschullehrern erkennen ließe, vermutlich einen Konflikt mit ihnen nicht gelöst habe und deshalb sich auf eine solch miese Art mit ihnen auseinandersetzen müsse. Er habe auch in seinem Bericht Schadenfreude und Genugtuung über die Hilflosigkeit der Professoren gezeigt, die doch nun wirklich verständlich sei.) – Darum geht's doch gar nicht! Das ist ausschließlich eine politische Aktion, schließlich führen solche Sachen zur Einschränkung der Lehrkapazität an der Hochschule . . . (Es folgt eine lange politische Begründung, die im Zusammenhang dieser Thematik entfallen kann.) – Im übrigen – weshalb soll ich denn da keine Genugtuung erleben, wenn so eine Aktion mal gelingt, weil sie die ganze Misere aufzeigt?!

Frau C.: Das Referat für die Seminarleiterin

(Sie studiert neben ihrem Schuldienst Didaktik der Primarstufe.) – Die Seminarleiterin ist wohl so alt wie ich und fachlich sehr beschlagen und verlangt ziemlich viel im Seminar. Vorige Woche hat eine Studentin referiert, und sie hat das Referat allein der Seminarleiterin gehalten. Dabei hat sie sehr häufig in den Sprechpausen zu ihr aufgeblickt und nach Bestätigung gesucht und Zwischenfragen an sie gestellt. Die übrigen Studenten schienen ihr völlig abwesend zu sein. – Der Seminarleiterin war das sichtbar sehr peinlich, aber sie hat nichts dazu gesagt. Sie hat sich bei ihren Antworten immer so gewunden und so auf den Teilnehmerkreis verwiesen. Als das Referat fertig war, sollte diskutiert werden, aber keiner sagte was. Die Studentin dachte, es läge daran, daß ihr Referat schlecht war und hat da rumgestammelt. Die Seminarleiterin wußte sich dann nicht anders zu helfen, als das ganze Referat noch mal zu wiederholen – nur halt viel kompetenter! – Sie war wegen dieser Situation völlig verunsichert – aber angesprochen hat sie die Sache nicht.

Frau C.: Die Beziehungsohrfeige

Die Kinder wollen etwas herausfinden, wenn sie solche Aktionen starten. – Ein paar Wochen nach der Einschulung im ersten Schuljahr kam einer von den Jungen zu mir – der war mir bis dahin weder positiv noch negativ aufgefallen – und fragte mich: «Haust du mir mal eine?» – dabei hat er mich fröhlich angegrinst. Ich hab ihn gefragt, warum er das wissen will. Da hat er weiter gegrinst und gesagt, er will das von mir wissen! Ich hab ihm dann gesagt, daß ich ihn nicht haue. Und da hat er mich so merkwürdig lange angeguckt und ist abgezockelt. – In der Folgezeit fiel der mir dann immer wieder auf, weil er sehr häufig Blödsinn machte und vor allem ständig andere Kinder anstupste und verprügelte. Ich hab ihn dann mehrfach ermahnt, bin aber zunehmend wütender auf den geworden. Einmal sah ich gerade noch, wie er einem Mädchen um ein Haar mit einem spitzen Bleistift ins Auge gestochen hätte. Ich bekam einen solchen Schrecken, daß ich ihm impulsiv eine Ohrfeige verpaßte. Da hat der sich hingesetzt und den Kopf auf die Bank gelegt und Rotz und Wasser geheult. – (Eine bemerkenswerte Fehlleistung: es war keine Bank, sondern ein Tisch! Aber Frau C. hat als Schülerin in einer Bank gesessen.) – Er hat die ganze restliche Stunde nicht mehr aufgehört, und ich hab mir schlimme Sorgen gemacht und hab Angst gekriegt um den. – Das war in der letzten Stunde, und als ich dann aus der Schule ging und auf dem Heimweg war, ging mir immer noch der Junge mit meiner Ohrfeige durch den Kopf, und ich hab mir Vorwürfe gemacht. Auf einmal schiebt sich so von hinten eine feuchte kleine Hand in meine, und ich gucke, und da geht der neben mir und strahlt mich an. Da hätt ich auch bald die Fassung verloren, aber ich hab zurückgestrahlt. Seitdem sind wir die besten Freunde. – (Pause) – Aber ich hab hier auch erst hinterher gemerkt, was der eigentlich von mir wollte.

Frau C.: Der Einzelgänger sucht Körperkontakt

Da war die Sache mit dem Matthias im Turnen, der war ein Einzelgänger. Gernoth (Herr U.) und ich waren mit unseren Klassen zusammen in der Turnhalle, und da haben wir auch unseren Unterricht zusammen gemacht. Das waren erste Schuljahre, und wir haben da so eine Übung gemacht, bei der sich der eine dem anderen auf die Füße stellt, und die sollten dann so zusammen gehen. Und jetzt war da der Matthias: der hat sich nie an solchen Sachen beteiligt, der war immer einsam – auch sonst im Unterricht! Und der war in der Klasse vom Gernoth. Auf einmal kommt der auf mich zu und sagt, er will die Übung mit mir machen. Also, mir blieb erst mal die Spucke weg: das hatte der noch nie gemacht, bei keinem! Ich hab gesagt: «Komm!» – Bei der Übung mußt du ja nun den anderen umarmen, und da hat der sich richtig an mich geschmiegt, und wir sind losgezockelt. Seitdem konntest du den ansprechen, und da war der bereit mitzumachen, auch bei anderen und hat selber Ideen entwickelt. – Der Gernoth und ich, wir standen dann da und haben die Köpfe geschüttelt. Er schlug dann hauptsächlich solche Sachen vor, die auf einen engen Körperkontakt hinausliefen. Erst hat er mich ausgewählt, und dann hat er das auch mit anderen gemacht.

Frau C.: Der Reißverschluß

Ich stehe ahnungslos neben meinem Tisch dicht vor der ersten Schülerreihe. Plötzlich zieht mir so ein Kerlchen – ratsch – den Reißverschluß von meiner Hose runter! – Natürlich kann man sich das nicht leisten, es ist aber passiert! Und was willste denn da machen?!!

Frau C.: Der Kuß

Ja, ich stand da so an meinem Tisch, und da ist einer von den Jungen hinter mir auf den Stuhl gestiegen und hat mir so von der Seite einen Kuß auf die Backe gedrückt. Dann steigt der wieder ab und geht an seinen Platz. – Und dann haben die andern alle erzählt: «Also, der hat die Frau C. geküßt!» Und die Mutter hat das gehört und war aus dem Häuschen. Ich hab der dann erzählt, wie das abgelaufen ist, und den Rest kann sich die ja auch denken, weil sie ihr Kind ja auch kennt! – Aber die Leute und die Nachbarn . . . – Gut, für die Mutter war das dann wohl einsichtig, als ich der das dann erzählt hatte und daß ich diese ganze Aufregung nicht teile. Ich hatte dann ein ganz gutes Gefühl, als sie wegging, aber so ganz beruhigt war die sicher nicht.

Frau C.: Die «bösen» Wörter

Ich sammle an der Tafel Tu-Wörter und Namen-Wörter. Und dann sagen die Hose, Klo, Hintern, Arsch, pinkeln, scheißen, rotzen und so. Sie sagen auch viele andere Wörter, aber auch die! – Na gut, ich kann das heute einigermaßen aufnehmen. Aber ich denke jedesmal dran, wie das wäre, wenn da hinten das ganze Ausbildungsseminar mitsamt dem Schulrat säße! Was würde ich denn da machen?

Ich: Die Badehose

Vor ein paar Monaten im Hochsommer waren bei uns die Kinder von Bekannten aus dem Nachbarort zu Besuch. Wir haben im Garten Fangen gespielt, und ich hatte meine Badehose an. Gegen abend kam die Oma von den Kindern und wollte sie abholen. Der Michel, unser Sohn, lief grade so hinter mir her, als ich die Oma plötzlich vor mir stehen sehe. Da bleibe ich stehen und will ihr guten Tag sagen. In dem Moment zieht der Michel mir die Badehose bis auf die Knöchel herunter. – Nun ist Nacktheit in unserer Familie – etwa im Bad oder im Schlafzimmer oder so – völlig selbstverständlich, so daß dem Michel an dieser Situation gewiß nichts Peinliches war. Aber ich wußte nicht, was ich machen sollte, außer – die Badehose schnellstmöglich wieder hochzuziehen. Ich war einfach entsetzt wegen der Oma, und die war wohl meinetwegen entsetzt. Ich konnte dem Michel auch keine kleben, weil der das nun ganz gewiß nicht verstanden hätte. Da hab ich mich also nur entrüstet: «Was fällt dir ein?!!»

Ich: Das Schamhaar

Mein Vater kann stundenlang darüber reden, und der ist schon über sechzig! – Sie hatten einen Lehrer, der damals in der armen Zeit, in der sie in die Schule gegangen sind, eine so zerschlissene Hose trug, daß – Ja, der saß also auf der Schreibfläche der ersten Schulbankreihe und hatte die Füße so aufgestützt auf diesen Klappsitz. Das war eine Gewohnheit von ihm. Und mein Vater und sein Nebenmann, die saßen also vor ihm und beobachteten, daß durch die zerschlissene Hose ein Schamhaar herausguckt, und das hat dann der Nebenmann – zack – abgezupft. – Der Lehrer hat daraufhin die halbe Klasse fürchterlich durchgeprügelt.

Ich: Der Elternabend

Auf einem Elternabend kam es zu einer heftigen Kontroverse zwischen dem Klassenlehrer und dem Elternvertreter. Der Klassenlehrer war ein älterer Mann, der sehr stark dem Urbild eines konservativen, autoritären, mächtigen Lehrers entspricht – ohne es vielleicht zu sein. Der Elternvertreter war ein junger Kollege, ein Verfechter fortschrittlicher schulreformerischer Impulse. Die beiden stritten sich sehr heftig um die Tagesordnung und um die Leitung des Elternabends. Der junge Kollege hatte formell gewiß recht, als er darauf bestand, daß die von ihm angesetzte Tagesordnung allenfalls durch eine Abstimmung der Eltern geändert werden könnte. Ebenso war er in seinem Insistieren auf der Leitung des Elternabends im Recht. Gleichviel war sein Auftreten töricht, weil er dadurch eine in gewisser Weise typische Schulsituation produzierte: einerseits der starke, mächtige Lehrer; andererseits die ohnmächtige Schülerschar der Eltern, schließlich er selber in der Rolle des aufmüpfigen Außenseiters. Die so hergestellte Wiederholung der eigenen Schulzeit in der Wahrnehmung der Eltern führte zu einer Polarisierung: nachdem der junge Kollege beim letztenmal mit überwältigender Mehrheit in sein Amt gewählt worden war, unterlag er diesmal knapp einem anderen Kandidaten, der künftiges Wohlverhalten zu versprechen schien.

Herr U.: Der Vorzugsschüler

Bei uns kann man einen Kollegen beobachten, der geht mit einem Schüler so Arm in Arm über den Schulhof und streichelt ihm gelegentlich übers Haar. Das wäre auch nicht weiter schlimm, wenn er mit den andern nicht völlig anders umgehen würde. Mit denen ist er ziemlich ruppig, und manchmal kommt mir sein Verhalten regelrecht zynisch vor. Immer, wenn der nicht klar kommt, haut er die Schüler in die Pfanne! Nur bei dem einen, da macht er's anders!

78 Alle Beispielfälle enthalten das Moment der Störung und der Provokation: das Rollenverhalten des Lehrers ist betroffen

Aus der beschriebenen Seminarsituation geht die Beliebigkeit und Zufälligkeit hinsichtlich der Auswahl der Beispielfälle schon deutlich hervor. Jeder Leser kann aus seiner Berührung mit der Schule, ihren Lehrern und Schülern nach kurzer Überlegungszeit entsprechende Beispielfälle vorbringen, ohne daß dadurch unter einem strukturellen Gesichtspunkt wesentlich neues Material erhoben würde. Schon in dem hier vorgelegten Material stecken einige strukturelle Ähnlichkeiten oder sogar Kongruenzen: sie wurden im Seminar diskutiert und sollen hier genauer dargestellt werden.

Alle Beispielfälle haben das Moment der Störung[55] gemeinsam: ein als normal empfundener, täglich wiederholter Ablauf wird durch ein mehr oder weniger unerhörtes Ereignis gestört. Die Störung selber und die Art ihrer Bewältigung hat bei den Betroffenen immerhin einen so nachhaltigen Eindruck hinterlassen, daß sie den Vorfall zum Teil nach Jahrzehnten noch erinnern. Dies spricht für eine hohe emotionale Besetzung der im Vorfall handelnden Personen, die die Erzähler auch im Seminar deutlich erkennen lassen.

Die Störung kann von der Lehrerseite verursacht sein, wie etwa beim «Vorzugsschüler»; sie kann von der Schülerseite verursacht sein, wie etwa beim «Lachsack»; sie kann gleichsam institutionell verursacht sein, wenn «Der Direktor kommt»; sie kann schließlich eine letztlich unbekannte Ursache haben, wie bei der «Ohnmacht». In allen vorgestellten Fällen imponiert die konkrete Störung jedoch unter einem ganz bestimmten Gesichtspunkt, dem der Provokation, die sich an den jeweils betroffenen Lehrer richtet.

Das provokative Moment kann von den Schülern in einer gemeinsamen Aktion mehr oder weniger bewußt eingebracht werden, wie bei der «Testverweigerung». Es kann auch durch die Einzelaktivität eines Schülers hervorgebracht werden, wie etwa beim «Reißverschluß». Andererseits kann es auch von der Lehrerseite kommen, wie beim «Projekt»; oder es kann sich zufällig ergeben, wie bei den «Creme-Tupfen». Immer zielt dieses provokative Moment auf einen Anteil in der Person des Lehrers, der seinen Rollencharakter in Frage stellt, der die «Lehrerrolle» in ihrem eingeführten Verständnis überschreitet: dies scheint es zu sein, was als Störung empfunden wird, und zwar durch den Schüler *und* den Lehrer – freilich in unterschiedlicher Weise.

79   Im Rahmen der Rollenerwartung gewinnt der Lehrer auch Sicherheit: die Störung droht diesen Rahmen zu sprengen

Wenn also in der «Rolle» des Lehrers wesentlich die «funktionalen» Anteile seiner Berufstätigkeit gefaßt werden können, die ihm «von außen» – etwa durch die Institution Schule – zugemutet werden und/oder die er sich selber zumutet, so leuchtet ein, daß ihm diese komplexen Zumutungen neben den Belastungen, die sie ihm auferlegen, auch eine gewisse Sicherheit verschaffen: sie sind der formell oder informell bestimmte Rahmen, in dem sich der Lehrer anerkanntermaßen bewegen soll und bewegen kann. Solange er diesen Rahmen nicht verläßt, darf er der Zustimmung der Institution und des allgemeinen Verständnisses sicher sein. Wenn sich dieser Rahmen auch mit seinem Selbstverständnis als Lehrer im Einklang befindet, bestätigt er sich dieses immer aufs neue, solange er sich in seinen Grenzen bewegt.

Demnach heißt «Störung» in diesem Zusammenhang, daß dieser so bestimmte Rahmen verlassen wird oder doch verlassen werden soll oder könnte; und «Provokation» wendet sich an einen Bereich, der jenseits dieses Rahmens liegt! Hervorgerufen werden soll also etwas, das aus dem Rahmen fällt, aus dem Rahmen, der unter anderem auch Sicherheit verschafft. Diese Überlegung mag zunächst verdeutlichen, warum in allen diesen Beispielfällen Angst im Spiel ist. Es ist die Angst vor einem Agieren, Reagieren und Handeln in einem Feld außerhalb des Rahmens, der Sicherheit verschafft, mindestens aber verspricht.

80   Welche Inhalte spricht die Provokation an?

Ich hatte darauf hingewiesen, daß die Ursache der Störung, die das provokative Moment enthält und damit Angst auslösen kann, aus sehr unterschiedlichen Quellen kommen kann: die Provokation selber richtet sich aber immer an den Lehrer, er ist befragt. Damit rückt die Frage nach dem spezifischen Inhalt dessen, was provoziert werden soll, in den Interessenhorizont. Bevor ich diese Frage erörtern kann, halte ich einige Überlegungen zur gleichsam auf der Hand liegenden Reaktion des Lehrers in Störungssituationen dieser Art für notwendig.

Einige dieser naheliegenden Reaktionen sind in den vorgestellten Beispielfällen selber ausgeführt: in fünf der achtzehn Situationen reagieren die Lehrer unmittelbar aggressiv (Lachsack, Testverweigerung, Tischerücken, Angst der «Profs», Beziehungs-Ohrfeige, Schamhaar, Elternabend)! Sie folgen damit einem Reaktionsmuster, in dem das Angsterlebnis durch einen aggressiven Akt ausagiert oder bewältigt wird. In vier weiteren Beispielfällen liegt die aggressive Reaktion mindestens nahe, ohne daß sie ausgeführt wird (Reißverschluß, Kuß, «böse» Wörter, Badehose). Bei der «Ohnmacht» wird ein Schuldvorwurf des Lehrers an sich selber angedeutet, der auch bei den «Creme-Tupfen» unterstellt werden kann. Beim «Vorzugsschüler» geht dieser Schuldvorwurf an den Kollegen. Beim Kommen des Direktors bewirkt die Angst ein scheinhaft-zackiges Unterrichtsgebaren letztlich gegen die Schüler, die auch beim «Projekt» zusammen mit den unbekannten Projektplanern zu Sündenböcken gemacht werden. Die Suche des «Einzelgängers» nach Körperkontakt beängstigt zwar Frau C. auch, aber er gibt sich schon nach wenigen Versuchen zufrieden und kann sich dann an seine Mitschüler wenden. In der Diskussion weist Frau C. denn auch darauf hin, daß «klebrige Anhänglichkeit» eines Schülers auf Dauer bei ihr notwendig zu aggressiven Regungen führt.[56]

Wichtig erscheint mir der Hinweis, daß die entstehende Angst, noch bevor sie durch den Lehrer als solche erlebt werden kann, der Tendenz nach aggressiv ausagiert werden möchte. Nachträgliche Rationalisierung dieser Aggressivität – wenn sie etwa als gerechte Strafe oder angemessene pädagogische Maßnahme hochstilisiert wird – ist gewiß die häufigste Form einer «Nachbewältigung», soll aber hier nicht weiter diskutiert werden. Das eingefleischte, wenn auch nicht immer vollzogene Reaktionsmuster einer Angstbewältigung durch Aggressivität ist zweifellos in aller Regel vorzufinden: es liegt gleichsam auf der Hand.

Damit komme ich auf die Frage nach dem Inhalt dessen, was in solchen Situationen provoziert werden soll, zurück. Wenn – wie ich gezeigt habe – Aggressivität in allen Fällen als mehr oder weniger deutlich erkennbare Folge der Provokation auftritt, dann liegt die

Vermutung nahe, daß sie es war, die provoziert werden sollte: auf diesen Kausalzusammenhang von Ursache und Wirkung weist ja – mindestens auf den ersten Blick – die «Beziehungs-Ohrfeige» hin, und sie ist nicht der einzige Beispielfall, der eine solche Erklärung nahelegt. Allerdings erweist es sich bei diesem Vorfall als unstimmig, daß er eben nicht mit der Ohrfeige – also einem aggressiven Akt – endet: er endet mit einer herzlich-verschmitzten Einigungsszene und einer Freundschaft. Der «Kuß» des Erstkläßlers und andere Schülerprovokationen lassen sich ebenfalls schwerlich verstehen, wenn man unterstellt, daß Aggressivität die bewußte oder unbewußte Absicht gewesen sei.

Auch andere Erklärungsversuche, die dem Muster einfacher Kausalitäten folgen, bleiben unbefriedigend: einige Schüleraktivitäten können durchaus als aggressiv zutreffend gekennzeichnet werden; ihnen könnte damit eine ursächliche Bedeutung für die folgende Lehreraggressivität zugesprochen werden. Aber bei einem großen Teil der Beispielfälle kann von Schüleraggressivität keine Rede sein.

Allem Anschein nach sind die Zusammenhänge für solche Erklärungsversuche viel zu komplex. Aus diesem Grund versuche ich, die unterschiedlichen Bedingungen, die bei den unterschiedlichen beteiligten Akteuren vorliegen, etwas genauer zu beschreiben.

81 In allen Beispielfällen kollidiert «Erwachsenheit» mit «Kindlichkeit»

Weiter oben war Unterricht und damit Schule als ein Interaktionszusammenhang beschrieben worden, der eine zielgerichtete Auseinandersetzung zwischen Lehrern und Schülern – also Erwachsenen und Kindern – in der Absicht beschreiben soll, die Erwachsenheit der Schüler im Laufe der Zeit herzustellen oder doch zu begünstigen. Ich werde also in der Folge die Beispielfälle unter dem Aspekt untersuchen, der einen Einblick in die spezifische Art und Weise der Auseinandersetzung zwischen Kindlichkeit und Erwachsenheit ermöglicht.

Dabei soll Erwachsenheit – wenn auch mit einem später zu erörternden Vorbehalt – als das Insgesamt dessen gefaßt werden, was unter dem Begriff der «Lehrerrolle» an formellen und informellen Zuschreibungen und Zumutungen an den Lehrer herangetragen wird und von ihm selber – mehr oder weniger vollständig – akzeptiert ist.

Beim «Lachsack» kann den Schülern wie dem Lehrer zutreffend unterstellt werden, daß die ersteren eine Erwartung und der letztere eine Absicht hinsichtlich des bevorstehenden Unterrichts haben, die sich unter dem Aspekt der Lehreraktivitäten ganz im Rahmen dessen befindet, was unter «Lehrerrolle» gefaßt wurde. Diese Aktivitäten werden nun von der Schülerseite boykottiert, und zwar vermittels eines Juxdings, eines Scherzartikels, also einer ganz und gar unzugehörigen Maschinerie. Der Lehrer nimmt sie am Anfang denn auch gleich wahr: allerdings stellt er sie in seinem rollenhaften Verständnis ganz in den alltäglichen Zusammenhang des Schullebens. Die Störung bewegt sich im «Normalbereich» und soll durch eine «normale» Maßnahme behoben werden. Diese Lehreraktivität erscheint, gemessen an der alltäglichen Erwartung, als vollständig adäquat; gemessen an der hier und jetzt konkreten Schülererwartung erscheint sie ebenso vollständig inadäquat: vermutlich wird sie den bevorstehenden Ausbruch des Lehrers noch verstärken. An dieser Stelle setzt denn auch das ungute Gefühl des Schülers ein, der die ganze Sache «am liebsten rückgängig» gemacht hätte. Die «erwachsene» Haltung und Aktivität wird dann durch die «Bombe», die nun «explodiert» empfindlich getroffen, und der Lehrer reagiert mit einem heftigen affektiven Ausbruch.

Die «Testverweigerung» enthält das gleiche Muster: auf der Lehrerseite steht die «erwachsene» Leistungsforderung an die Schüler, die der Lehrer mit entsprechenden Hilfen erleichtert. In der konkreten Situation jedoch reagieren die Schüler mit kindlich verweigerndem Trotz auf diese Forderung. Der Lehrer insistiert zunächst, reagiert aber – da die Schüler standhaft bleiben – schließlich ebenfalls kindlich trotzig. Er kann diese Haltung aufgrund seiner Rollenvorschriften aber nicht aufrechterhalten und gibt sie schon nach einer Minute wieder auf; und der normale Unterricht geht weiter.

Beim «Tischerücken» wird der Lehrer mit «schwach» und «Hampelmann» apostrophiert. Er erhält damit von vornherein kindliche Merkmale. Die Aktion der Schüler ist auch hier gegenläufig zur normalen Vorstellung von Unterricht und engt den Lehrer im Wortsinne immer mehr ein, macht ihn also zusätzlich zum Hampelmann: er reagiert denn auch als solcher, und das Spiel kann von neuem beginnen.

Die «Ohnmacht» ist nun zweifellos nichts ausdrücklich Kindliches, aber es ist die Ohnmacht eines Kindes, eines Schülers. Der Lehrer führt sie – vermutlich unzutreffend – auf seine «lehrerhafte» Strafe zurück, die er dann auch sofort erläßt. Er «rannte ziellos durch die Gegend und war völlig hilflos». Er ist gleichsam aus dem Häuschen: aus dem Rahmen.

Im «Projekt» ist eine – wenn auch nur scheinbare – Suspendierung der Lehrerrolle planmäßig vorgesehen. Das bedeutet, daß die Schüler nun auch nicht mehr als solche reagieren können. Damit ist die gesamte Situation durch kindliche Hilflosigkeit gekennzeichnet, bei den Lehrern *und* den Schülern. Rettung verspricht hier nur die jeweils vorübergehende Rückkehr zu «normalem» Lehrerverhalten. Die Schuld an allem aber wird in der Examensarbeit den Schülern (und der «kindischen» Projektplanung) zugeschoben. Agnes C. kam sich dann im nachhinein durch diese Wendung «ziemlich beschissen» vor.

Bevor «Der Direktor kommt», versucht der Lehrer die auch ihm geläufige Vorstellung von Unterricht zu unterlaufen. Durch seinen «kameradschaftlichen Eindruck», den er auf die Schüler macht, durch gemeinsame Motorradfahrten etc. stellt er sich eher als Schüler in eine Reihe mit ihnen. Erst der Direktor erinnert ihn gleichsam an seine «eigentliche» Rolle, die er dann auch flugs – unter dem Druck einer «wirklichen» Lehrerautorität – übernimmt. Die Folge ist eine starke Enttäuschung auf der Schülerseite: sie fühlten sich vermutlich in der Krisensituation verlassen.

Die «Creme-Tupfen» sind das inadäquat-beängstigende Moment. Sie gehören nicht «zur Sache» Unterricht, gleichviel erregen sie das Interesse der Schüler (Kinder), wiewohl sie «eigentlich» überhaupt vernachlässigt werden könnten. Aber die Schüler weisen die Lehrerin gerade darauf hin: sie dekompensiert kindlich!

Selbstverständlich sind die «Profs» in einem eng kausalistischen Sinne nicht schuld an der Ohnmacht der Studentin/Schülerin. Aber als die dennoch vorhandene und verständliche Unsicherheit auch noch zu allem Überfluß dokumentiert und veröffentlicht werden soll, und zwar durch die Schüler/Studenten, sind sie situativ bedingt am schwächsten Punkt getroffen: sie reagieren kaum noch adäquat und eher hilflos, und auf der Schülerseite stellt sich angesichts der erlebten Lehrerunsicherheit Genugtuung ein.

Beim «Referat für die Seminarleiterin» ist es die Studentin/Schülerin, die der Lehrerin eine kindlich-unangemessene Haltung anträgt, woraufhin diese mit Unsicherheit reagiert. Sie versucht die Situation durch eine paradoxe Verstärkung in der kompetenteren Wiederholung des Referats zu retten. Dabei verstärkt sie selbstverständlich die kindliche Abhängigkeit der Studentin.

In der «Beziehungs-Ohrfeige» unterliegt der Schülerfrage

(«Haust du mir mal eine?») erst im nachhinein erkennbar die andere Frage: «Kannst du zu mir eine Beziehung von einer solchen Art herstellen, die meiner Bedürftigkeit entspricht?» – Die spezifische Bedürftigkeit des Schülers ist unterrichtsinadäquat und sogar gesetzwidrig – aber er läßt nicht locker. Er reizt die Lehrerin und vermag es schließlich auch, sie zu einer «Affekthandlung» zu treiben: seine Bedürftigkeit war kindlich-affektiv.

Die gleiche Bedürftigkeit zeigt sich beim «Einzelgänger», der Körperkontakt sucht, eine zugleich in ihrer Kindlichkeit verständliche und ihrer Unangemessenheit verpönte Zumutung an die Lehrerin: sie vermag sie allerdings «trotzdem» anzunehmen und ermöglicht ihm allein so seine Versuche, «sublimierte» Beziehungen anzugehen.

Der «Reißverschluß» an der Lehrerinnenhose ist tabu. Dies hält aber im vorgestellten Fallbeispiel den Erstkläßler nicht ab, seiner infantilen Sexualneugier zu folgen, das Tabu zu brechen und die Lehrerin in eine Situation großer Unsicherheit zu bringen.

Der gleiche Vorgang wiederholt sich beim «Kuß» in einer eher zärtlichen Komponente mit typischen Weiterungen: die Mutter und andere Eltern erfahren den Vorfall und reagieren entsprechend verängstigt angesichts der Wirkung unangemessener Kindlichkeit.

Durch die «bösen Wörter» wird die Lehrerin durch direkte Benennung der Schüler mit kindlich (anal)-sexuellen Anteilen konfrontiert. Sie vermag – nach ihrer Aussage – eine solche Intervention «heute einigermaßen auf(zu)nehmen», wird aber doch über die Assoziation von Schulrat und Ausbildungsseminar an die Diskrepanz zwischen diesem «unmöglichen» Vorfall und dem «eigentlichen» Verständnis von Unterricht und Lehrerrolle erinnert.

Die «Badehose» wird zwar nicht im Unterricht heruntergezogen, aber sie enthüllt vielleicht am deutlichsten die Möglichkeit völligen Auseinanderfallens kindlicher und erwachsener Impulse mit der Folge situativ fast völliger Handlungsunfähigkeit auf seiten der Erwachsenen.

Das «Schamhaar» wird gewiß mit «böser» kindlicher Absicht aus der Lehrerhose gezupft: der Lehrer reagiert mit einer Prügelorgie.

Beim Elternabend bewirkt die Kontroverse zwischen dem mächtigen «autoritären» Lehrer, der gleichsam «gesetzwidrig» bestimmte Kompetenzen für sich beanspruchen will, und dem jungen Elternvertreter, der durch seinen Widerstand in die Rolle des aufmüpfigen Schülers gerät, die Regression der ganzen Gruppe in die längst vergangene Schulsituation: die faktische Erwachsenheit aller Beteiligten vermag dies nicht zu verhindern.

Der «Vorzugsschüler» schließlich empfängt als Kind die Zärtlichkeit des ansonsten «ruppigen» oder gar «zynischen» Lehrers, der sich damit auf schülerhafte Kindlichkeit einläßt, zugleich aber seine eigene verbliebene zuläßt. Diese Beziehung scheint hier weniger die direkt Beteiligten zu ängstigen, weil ihnen vermutlich die im Spiel befindlichen kindlichen Anteile unbewußt sind: sie erregt aber das peinliche Aufsehen der Kollegen, deren ängstliche Unsicherheit in einer Vorwurfshaltung ausagiert wird.

Nach diesen Erörterungen läßt sich die Frage nach dem Inhalt dessen, was provoziert werden soll, erneut stellen und weiter verfolgen. In allen Beispielfällen läßt sich das Moment der Störung nun genauer fassen: es handelt sich immer um eine Aktion, eine Haltung, ein Angebot, einen Gegenstand oder ein Material, auch eine Beziehungsform, die aus dem Selbstverständnis der Schule, des Unterrichts und des Lehrers herausfällt und manchmal auf den ersten Blick, manchmal aber auch erst bei genauerer Analyse dem Bereich des Kindlichen zugeordnet werden kann: es ist inadäquat, unangemessen, un(zu)gehörig, unsachlich in einem kindlichen Sinne.

Der Mathematik wird der Lachsack entgegengehalten, dem Test eine Trotzhaltung; die disziplinierende Sitzordnung wird durch ungehöriges Tischerücken zerstört, und die Ohnmacht des Kindes setzt der Strafmacht des Lehrers ein Ende. Das mühsam geplante Projekt scheitert an planloser Hilflosigkeit; freilich zerstört auch der formelle Besuch des Direktors die kumpelhafte Kameraderie des Junglehrers mit seinen Schülern. Der kindlich-freundliche Hinweis auf die Creme-Tupfen läßt die Lehrerinnenautorität verschwinden, und der politisch motivierte Dokumentationsversuch der Studenten/Schüler verwandelt das hochschuldidaktische Forschungsprojekt vorübergehend in hilfloses Agieren. Das partnerschaftliche Selbstverständnis der Seminarleiterin gerät ins Wanken, wenn die Studentin/Schülerin eindeutige Anhänglichkeit demonstriert. Frau C. reagiert schließlich gegen ihr Selbstverständnis mit schierem Affekt auf die affektive Bedürftigkeit des Schülers, so wie ihr die «Spucke erst mal weg»-bleibt, als ihr ein anderer Schüler tätlich auf den Leib rückt. Der Unterricht stockt eben, wenn der eine Schüler am Reißverschluß der Lehrerinnenhose und der andere am Lehrerschamhaar zieht, und dies geschieht auch, wenn die «bösen» Wörter fallen. Schließlich regrediert die erworbene Erwachsenheit der Elternabendgruppe in schülerhafte Kindlichkeit, bloß weil der Lehrer dies durch sein Sosein nahelegt; und die sichtbar privaten und kindlichen Anteile in der Beziehung des Lehrers zu seinem Vorzugsschüler lassen in den Augen der beobachtenden Kollegen die eingeführte Vorstellung davon, wie eine angemessene Lehrer-Schüler-Beziehung sein soll, gefährdet erscheinen.

82 Die «Kindlichkeit» des Schülers äußert sich provozierend in der Störung der «Erwachsenheit» des Lehrers und zielt auf dessen «verbliebene Kindlichkeit»: dies erzeugt die Angst des Lehrers

In allen Beispielfällen handelt es sich um vergleichsweise harmlose Momente, die dennoch zu einer recht empfindlichen Störung führen. Demnach scheint das Kindlich-Unangemessene, das sie enthalten, bei den betroffenen Lehrern auf einen in einschlägiger Weise allergischen Punkt zu treffen: andernfalls wäre das erhebliche Ausmaß des Gestörtseins nicht verständlich, ebensowenig wie die heftigen, aber doch recht hilflosen Versuche, die Störung zu bewältigen. Damit rücken die in den Beispielfällen sichtbaren Reaktionen der Lehrer ins Blickfeld. Sie entsprechen – dies läßt sich jetzt leicht nachvollziehen – in ihrer fast immer vorhandenen oder doch mit Mühe vermiedenen Unangemessenheit dem Moment der Störung: sie sind ihr Komplement!

Damit erreicht das von den Schülern in einem unangemessenkindlichen Sinne eingebrachte oder doch genutzte Moment der Störung sein unbewußt intendiertes Ziel: die enthaltene Provokation zielt auf die verbliebene Kindlichkeit beim Lehrer und will sie hervorrufen und gleichsam nach außen kehren. Dies gelingt – wie die Beispielfälle zeigen – fast immer oder es wird von den Lehrern gerade eben noch verhindert, weil es sich drohend ankündigt.

Der Schüler steht – allein schon aufgrund seines mehr oder weniger geringen Alters – der Lebensform und Ausdrucksweise von Kindlichkeit näher als der Lehrer, der diese aber – wie ich hoffe gezeigt zu haben – keineswegs abgelegt hat. Gleichviel soll er die Schüler dazu veranlassen, Lebensform und Ausdrucksweise von Kindlichkeit abzulegen: sie sollen Erwachsene werden und sind es noch nicht. Wenn also in der Schule Kindlichkeit überhandnimmt, ist immer aufs neue ihr Erziehungsauftrag in Frage gestellt. Für die Lehrer bedeutet dies, daß ihre Rollenidentität und damit ein Teil ihrer Sicherheit in Frage steht, wenn die in jedem einzelnen verbliebene Kindlichkeit provoziert werden kann.

Die damit verbundene und immer erneut sich herstellende pädagogische Handlungsunfähigkeit, die manchmal über weite Strecken den Unterricht kennzeichnet, darf aber keineswegs auf die bloße Existenz von Kindlichkeit bei den Schülern und deren Verbleib bei den erwachsenen Lehrern zurückgeführt werden. Die vorgefundene Handlungsunfähigkeit ergibt sich erst aus der *zu weitgehenden Aussperrung und Diskriminierung der Kindlichkeit der Schüler* und vor allem aus der *nahezu völligen Verleugnung der verbliebenen Kindlichkeit der Lehrer.* Sie kann – wie ich im Verlauf noch genauer darzustellen hoffe – erst dann langsam abgebaut und durch pädagogische Handlungsfähigkeit ersetzt werden, wenn der Kindlichkeit der Schüler größere Zulässigkeit eingeräumt wird. Dies aber erscheint mir nicht möglich, solange die verbliebene Kindlichkeit der Lehrer fast völliger Verleugnung unterliegt. Demnach muß diese wieder aufgespürt und durch die Betroffenen selber dargestellt und beschrieben werden. Ihre Wirkungen auf den Unterrichtsprozeß müssen sichtbar gemacht werden. Sie muß dem Wesen des Lehrers – wie jedes anderen Menschen – als legitimer und akzeptierter Bestandteil zugeordnet werden; denn erst ihre fast völlige Verleugnung hat sie zu dem Unwesen gemacht, als das sie weithin gefürchtet ist. Die nachweisbare Existenz verbliebener Kindlichkeit beim Lehrer wird ihm in der Konfrontation mit der Kindlichkeit der Schüler solange immer wieder in viele Formen der Angst treiben, als er diese Existenz verleugnet: wenn ich das Existente nicht akzeptieren kann und also verleugnen muß, habe ich einen sehr dunklen Grund, es zu fürchten.

II. Teil
Das Praktikum

A Die Wissenschaftlichkeit
der Verfahren

Schule und Unterricht, sowie die zugehörigen Erlebnisweisen der Betroffenen, waren im ersten Teil dieser Arbeit nicht an Ort und Stelle aufgesucht worden, sondern verblieben in einem doppelten Sinne im Vorfeld. Sie waren in Form erinnerten Materials Gegenstand der Bearbeitung einer Seminargruppe gewesen, die sich auf die Arbeit in der Schule vorbereitete – und dies zudem unter verschiedenen Rollenaspekten: die Studenten als Praktikanten, die Lehrer als Mentoren und ich als Betreuer.

Schule und Unterricht waren also als bereits Vergangenes und als noch Zukünftiges in die Seminararbeit eingeflossen; in eine Arbeitssituation freilich, die ihrerseits – wie ich gezeigt habe – besonders unter der Wirkung des Settings und der spezifischen Interventionsform der Leiter deutlich schulische und unterrichtliche Konstellationen aktualisieren und so einer Bearbeitung zugänglich machen konnte.

Gleichviel war der Ort dieser Arbeit die Universität und nicht die Schule; alle Teilnehmer waren Erwachsene, und Schüler waren nur als erinnerte und abwesende am Arbeits- und Lernprozeß «beteiligt». Wenn aber das konstitutive Merkmal von Schule schlechthin darin besteht, daß sie Erwachsenheit mit Kindlichkeit in pädagogischer Absicht konfrontiert, so war hier Kindlichkeit nur als in den beteiligten Erwachsenen verbliebene anwesend.

Dies hat zwar unter der Absicht, Lehrerqualifikation zu erhöhen, den Vorteil, daß hier verbliebene Kindlichkeit gleichsam «isoliert» sich darstellen kann – ein Vorteil übrigens, den man angesichts der Tatsache, daß es sich bei verbliebener Kindlichkeit um weithin verpönte und damit schwer zugängliche Anteile handelt, nicht unterschätzen darf – aber in der Schule ist eben Erwachsenheit nicht nur mit verbliebener, sondern auch und vor allem mit originaler

Kindlichkeit konfrontiert.

Der erste Teil hat – wie ich hoffe – gezeigt, daß im Seminar die Konfrontation von Erwachsenheit mit verbliebener Kindlichkeit eine Reihe schwieriger Probleme aufwirft, von denen vermutlich keines gelöst worden ist, von denen aber immerhin einige im Sinne von zunehmendem Problembewußtsein bei den Teilnehmern etwas genauer beschrieben und bearbeitet werden konnten.

In diesem Zusammenhang kann ich nun den Fokus der Arbeit im Praktikum, also in der Schule selber, genauer benennen: im Brennpunkt meiner Arbeit und meines Interesses steht die Problematik, die sich aus der Konfrontation von Erwachsenheit mit originaler und verbliebener Kindlichkeit im Unterricht und seinem Umfeld Schule ergibt. Dieses Interesse war – wie sich zeigen wird – unter der Wirkung des vorbereitenden Seminars auch bei den Mentoren und Praktikanten vorhanden, oder es stellte sich im Laufe des Praktikums her.

84 Der Unterricht wird um der späteren Erwachsenheit der Schüler willen durchgeführt; darum interessiert hier die verbliebene Kindlichkeit des Lehrers

Die so benannte Konfrontation betrifft nun – auch im Selbstverständnis der Schule als Institution und ihrer unmittelbaren Repräsentanten, der Lehrer – in allererster Linie die Schüler: sie sind es ja, die aus dieser langdauernden Konfrontation mit dem Ergebnis größerer Erwachsenheit hervorgehen sollen. Obgleich dies nun so ist – oder doch so sein soll – steht diese Problematik am Rande meines Interesses, wenn auch – wegen der faktischen Verschlungenheit mit der Lehrerproblematik dieses Zusammenhangs – nicht außerhalb.

Die damit verbundene zusätzliche Akzentuierung meines Arbeitsschwerpunktes gerät nun vielleicht in Kollision mit einem wichtigen Anteil im Bereich der pädagogisch-berufsethischen Vorstellungen, die an den Lehrer herangetragen werden und die er auch meist – wie sich im ersten Teil gezeigt hat – aufzunehmen bereit ist. An ihn ist ja die akzeptierte Forderung gestellt, daß seine Arbeitsmühe und seine Arbeitsfreude dem Schüler und seiner Erziehung und Bildung gelten sollen. Diese Forderung ist selbstverständlich auch dann von unmittelbarer Relevanz, wenn es um Lehrerqualifikation geht.

Im ersten Teil war jedoch sichtbar geworden, daß es bei Lehrern und stärker noch bei angehenden Lehrern eine ausgeprägte Neigung gibt, diese Forderung zu überhöhen und so das schließliche und wiederholte Scheitern in der Unterrichtssituation gleichsam zu programmieren: Fluchtverhalten und Resignation waren die schlimmen Folgen. Wenn nun aber gewiß überhöhte Forderungen an den Lehrer – ob er sie an sich selber stellt oder ob sie an ihn gestellt werden oder ob beides geschieht – durch ihn selber zurückgewiesen werden müssen, so kann das ebenso gewiß nicht heißen, daß die an den Lehrer gestellte Forderung, seinen Beitrag zur Ausbildung, Erziehung und Bildung seiner Schüler zu leisten, etwa hinfällig ist.

Als gefährlich hatte sich ja nur die unbefragte Übernahme auch der «Über»-Forderung erwiesen: sie war fraglich geworden und führt hier zu der weiteren Frage nach den Bedingungen der Möglichkeit für die Einlösung dieser notwendigen Forderung. Ihre Notwendigkeit erweist diese Forderung ja auch schon dadurch, daß sie für jede pädagogische Situation konstitutiv ist. Zugleich sind aber die Bedingungen für die Möglichkeit ihrer Einlösung außerordentlich vielfältig: eine dieser Bedingungen – und vermutlich noch nicht einmal die wichtigste – betrifft die Ausbildung des Lehrers, seine berufsspezifische Qualifizierung. Allerdings ist sie die einzige Bedingung, die mir – der ich in der Lehrerausbildung arbeite – zugänglich ist.

Dennoch befaßt sich die Lehrerausbildung wie auch der überwiegende Teil der einschlägigen erziehungswissenschaftlichen Literatur in erster Linie nicht mit dem Lehrer, sondern mit anderen wichtigen Fragen und vor allem mit dem Schüler, seinen Vorerfahrungen und den Bedingungen seiner Existenz im Unterricht und in der Schule.

Die Lehrerausbildung praktiziert damit überwiegend ein Qualifizierungsverfahren, das dem angehenden Lehrer eine Fülle von Informationen, Fähigkeiten und Fertigkeiten in einem kognitiven oder auch «handwerklichen» Sinne zur Bearbeitung und künftigen «Nutzung» anbietet. Diese Fülle bezieht sich aber fast ausschließlich auf die irgendwann bevorstehende Unterrichts- und Schulsituation: der Lehrer selbst gerät selten in den Blickpunkt des Forschungs- und auch des Qualifizierungsinteresses. Dem folgend läßt sich – gewiß etwas vereinfacht – die Feststellung treffen, daß der Lehrer in seinem Qualifizierungsprozeß in erster Linie mit Inhalten (z. B. pädagogischer Literatur) und Formen (z. B. Vorlesung, Seminar, Prüfung) befaßt ist, die ihm nahelegen, was er wissen muß oder doch sollte, was er können muß oder sollte, wie er sein muß oder doch sollte. Damit unterstreicht die Lehrerausbildung selbstverständlich ihren Forderungscharakter, dessen Notwendigkeit auch nicht bestritten werden kann. Zugleich aber steht sie damit in der ständigen Gefahr zu überfordern. Diese Gefahr sehe ich weniger im Blick auf die Fülle der Inhalte, als vielmehr unter dem Gesichtspunkt dessen, was die Inhalte meinen.[57]

85 Der Lehrerausbilder hat möglicherweise «Schulflucht» begangen; damit liegt ihm die nachträgliche Bewältigung seines Scheiterns nahe: seine Schüler sind die Studenten

Die Gefahr der Überforderung wird deutlicher bei genauerer Betrachtung der gegebenen Ausbildungssituation. Die Lehrerausbilder haben zwar häufig – wenn auch nicht immer – eine eigene Unterrichts- und Schulpraxis als Lehrer absolviert. Aber diese Praxis liegt meist weit zurück und ist in fast keinem Fall aktuell.

Gewiß aber haben die Lehrerausbilder meist eine gute Vorstellung von den Schwierigkeiten und speziellen Problemen der Arbeit in der Schule: zwar haben sie häufig, wie gesagt, keine einschlägige gegenwärtige Praxis, aber doch eine vergangene. Sie haben überdies dem praktisch tätigen Lehrer die Möglichkeit der zusätzlichen Information über die Probleme der Schule auf dem Weg des Studiums der wissenschaftlichen Literatur und eigener Forschung voraus. Diesen im Hinblick auf Schulpraxis gleichsam «kompensatorischen» Möglichkeiten, deren sich die Lehrerausbilder im Sinne ihrer eigenen Qualifikation gewiß versichern, stehen allerdings andere Anteile ihrer Situation – und damit auch der der Studenten – entgegen, die die Gefahr der Überforderung verstärken mögen. Der wichtigste Anteil in der Situation der Lehrerausbilder scheint mir darin zu bestehen, daß sie alle – sofern sie Lehrer gewesen sind – die Schule freiwillig verlassen haben. Bezogen auf meine eigene Situation assoziiere ich bei diesem Gedanken mit Unbehagen den Vorwurf «Schulflucht». Dieser Vorwurf wiegt schwer, und er hat für jeden Lehrerausbilder einen disqualifizierenden Geruch. Ich vermute, daß er eine Rolle gespielt hat bei meiner Entscheidung, die Schule zu verlassen, um an der Universität weiter zu studieren und in der Lehrerausbildung zu arbeiten.

Hier geht es mir aber weder darum, diesen Vorwurf zu entkräften und zurückzuweisen noch darum, ihn zu begründen und zu erheben gegen mich und andere, die in einer ähnlichen Situation sind. Ich halte die Tatsache, daß ich ihn assoziiere, daß auch Herr U.

im Seminar ihn anspricht und daß er in der Literatur, etwa von J.-G. Klink[58], erörtert wird, für hinreichend, um ihn im Zusammenhang der Gefahr der Überforderung in der Lehrerausbildung genauer zu untersuchen.

Wer sich mit den Problemen der Schule und des Unterrichts befaßt, kann das kompetenterweise nur dann, wenn er sie kennt oder doch mindestens eine genauere Vorstellung von ihnen hat. Da diese Probleme vor allem durch ihre Schwierigkeit imponieren, ist es selbstverständlich, ihre Behebung oder doch Verringerung zu fordern. Dies tut jeder Lehrer gleichsam «vor Ort», indem er sich mehr oder weniger nachdrücklich und mit mehr oder weniger Erfolg oder Mißerfolg bemüht. Der Vorteil seiner Position liegt in der Unmittelbarkeit seines Praxisbezugs, und genau darin liegt auch ihr Nachteil.

Es ist gewiß vor allem die Erfahrung des Scheiterns an der Unmittelbarkeit einer schlechten Praxis, die viele Lehrer resignieren läßt und sie unfähig macht, neue Aspekte zu suchen, zu finden und zu erproben, um Schwierigkeiten zu beheben oder zu verringern, unter denen man leidet: «Das lange nicht Geänderte erscheint unänderbar.» (B. Brecht) Wenn der Lehrer scheitert, dann scheitert er aber auch angesichts von Forderungen (und Überforderungen), die er sich in seiner Ausbildungssituation angeeignet hat, weil sie ihm dort mit Absicht oder nicht als Bedingung seiner Qualifikation angeboten oder gar angenötigt wurden: er kann – wie das Seminar zeigt – zur fraglosen Annahme solcher (Über-)Forderungen neigen, die sein Scheitern begünstigen.

Sofern der Lehrerausbilder früher Lehrer war, ist ihm das Erlebnis des Scheiterns im Unterricht gewiß auch dann nicht unbekannt, wenn er sich nur mit Unbehagen daran erinnert. Aber seine Situation hat sich verändert: er steht jetzt in der Lehrerausbildung, also einer Situation, die durch die Aufgabe gekennzeichnet ist, die Studenten in einem solchen Qualifikationsprozeß zu unterstützen, daß sie fähig werden, mit den Schwierigkeiten der Schule und des Unterrichts im Sinne ihrer Behebung und/oder Verringerung umzugehen. In diesem Prozeß wird den Lehrerausbilder die Erfahrung seines eigenen Scheiterns auch dann begleiten, wenn er sie nur mit Unbehagen oder schließlich gar nicht mehr erinnert. Da aber dieser Prozeß selber in aller Regel nicht mit einer gegenwärtigen Schulpraxis des Lehrerausbilders unmittelbar verbunden ist, stehen seine Vorstellungen, Angebote, Empfehlungen und Forderungen – gleichviel, ob sie nun von ihm selbst stammen oder ob er sie aus der Literatur übernimmt – nicht in einem unmittelbaren Zusammenhang mit der Schul- und Unterrichtspraxis, auf die sie sich beziehen sollen. Von daher können sie auch nicht durch den unmittelbaren Praxisbezug gleichsam überprüft und möglicherweise modifiziert oder gar für untauglich befunden werden. Gewiß wäre die Gefahr einer Überforderung geringer, wenn der Lehrerausbilder seine Forderungen an den künftigen Lehrer – und, sofern er sie veröffentlicht, auch an den praktizierenden Lehrer – in eigener Praxis nach der Bedingung für die Möglichkeit ihrer Realisierung befragen könnte.

Da dies aber in aller Regel nicht der Fall ist, liegt folgender unbewußter Vorgang mindestens nahe, der die Erfahrung eigenen Scheiterns zu bewältigen verspricht – wenn auch gewiß nur scheinbar. Wenn der Lehrerausbilder durch die wiederholte Erfahrung des Scheiterns zur Schulflucht veranlaßt wurde, dann stellt dies auch dann, wenn es sich nur um eine denkbare Möglichkeit handelt, ein außerordentlich belastendes, weil vielleicht disqualifizierendes Moment für seine neue Tätigkeit dar. Damit liegt aber die Notwendigkeit einer verleugnenden Abwehr mindestens nahe. Wenn diese Abwehr aber wirksam wird, ist das darunter liegende Problem keineswegs gelöst, sondern vielmehr in einer fatalen Weise wirksam. Unter der Hand wird dieser Lehrerausbilder versuchen müssen, sein Problem des Scheiterns in der Schule und im Unterricht gleichsam im nachhinein zu «lösen». Da er aber nicht mehr in der Schule arbeitet, kann er es dort nicht lösen: er arbeitet in der Universität, in der Lehrerausbildung, und dies ist nun der «angemessene» Bereich seiner Lösungsversuche. Die Tendenz dieser Lösungsversuche wird beibehalten, auch nachdem das eigentliche Lösungsfeld längst verlassen wurde: sie fordert das Gelingen anstelle des Scheiterns, und die Vorschläge, Konzepte, Modelle etc., die der Lehrerausbilder in seinen Veranstaltungen und Veröffentlichungen diskutiert, stehen im Zusammenhang mit seinem eigenen Scheitern in der Schule. Damit aber geraten die Studenten, die im schlimmsten Fall die Objekte seiner Bemühungen sind, in eine höchst fatale Situation: sie werden zu unschuldigen Erfüllungsgehilfen in einem Versuch, der selber von vornherein aussichtslos zum Scheitern verurteilt ist. Selbst wenn sie später in der Schule erfolgreich wären und niemals scheiterten, würde das dem Lehrerausbilder in seinem unbewußten Bemühen, eigenes Scheitern nachträglich und auf diesem Wege zu meistern, nichts nützen. Unbewußte Vorgänge dieser Art unterstützen eher die Tendenz, die in ihnen wirksamen Forderungen zu verschärfen und somit zu Überforderungen werden zu lassen.

Die Situation der betroffenen Studenten ist nicht weniger fatal.

Ihr Ausbildungsprozeß leistet es wohl, eine sehr belastende – wenn auch recht ungenaue oder doch unkonkrete – Vorstellung von den Schwierigkeiten zu vermitteln, die sie in der Schule erwarten werden. Zugleich aber legt ihnen dieser Prozeß als qualifizierender eben auch tauglich erscheinende Vorschläge, Konzepte, Modelle etc. nahe, die diese noch undeutlichen, zugleich aber als belastend empfundenen Schwierigkeiten zu meistern oder doch zu erleichtern versprechen. Der «Praxisschock», den sie dann manchmal schon bei der ersten Berührung mit der Schulwirklichkeit in der Rolle des Praktikanten erleiden, vermag unter Umständen gerade durch seine Heftigkeit Abwehrstrategien hervorzubringen, die sie um so fester auf die vorgefundenen Ausbildungsformen, -inhalte und -vertreter verpflichten. Nicht wenige Studenten wechseln nach der ersten Berührung mit der Schulpraxis das Studienfach oder entschließen sich zu einem Zweit- oder Weiterstudium: sie fliehen damit schon vor der Zeit. Die anderen werden Lehrer, und für sie liegt mindestens die Möglichkeit nahe, auf die solcherart erlittene Überforderung mit einer entsprechenden Überforderung zu reagieren: ihre Adressaten werden die Schüler sein, womit sich der Teufelskreis geschlossen hat.

Ich bin mir bei der Erörterung solcher Zusammenhänge durchaus der möglichen Reaktionen auf seiten der Betroffenen bewußt; dies natürlich in erster Linie, weil sie mich selber betreffen. Sie betreffen zugleich selbstverständlich diese Arbeit, die ja im Untertitel den Anspruch erhebt, «ein Modell» zu sein, ein Modell zur besseren Qualifizierung der Lehrer für ihre Arbeit.

Darum ist mir der Hinweis wichtig, auf gar keinen Fall irgendeinen, der sich betroffen fühlen mag, durch solche Erörterungen diskreditieren zu wollen, auch nicht mich selber. Die Absicht dieser Arbeit besteht weder in der Diskriminierung der Lehrerausbilder noch der Lehrer, noch der Studenten, noch der Schüler. Es geht allein darum, Vorgänge in die Bewußtseinsebene zu bringen und dort zu halten, deren fatale Wirksamkeit sich ja eben deshalb entfalten kann, weil sie nur um den Preis erheblicher Angst und großen Unbehagens dem Bewußtsein der Betroffenen zugänglich sind. «Niemand lebt gern mit der Wahrheit, daß er nicht richtig lebt.»[59] Und niemand lebt gern mit dem Gedanken an die Möglichkeit, daß er den Schwierigkeiten der Schule entflohen ist, während er Lehrer und angehende Lehrer mit Vorschlägen, Konzepten und Modellen versorgt, die Abhilfe in eben diesen Schwierigkeiten versprechen müssen – wenn auch nur der Tendenz nach.

Die Gefahr der Überforderung als einer Bedingung des Scheiterns und der Flucht hängt nach meinem Dafürhalten nur zu einem Teil in den realen Schwierigkeiten, die in der Schule zum Leidwesen aller Beteiligten vorgefunden werden; zu einem anderen Teil resultiert die Gefahr der Überforderung mit ihren verhängnisvollen Folgen aus der Verleugnung wesentlicher Anteile, die eben darum unterschwellig und unfaßbar, also auch unbearbeitbar sind, weil ihre Existenz verleugnet wird. So erscheint mir Abhilfe ganz und gar unmöglich, solange verpönte Anteile der Verleugnung anheimfallen, obgleich ihre Wirksamkeit nicht bestritten werden kann. – Gewiß mag keiner gerne ein Flüchtling sein; aber ich denke, daß man denjenigen mit Anstand auch einen Realisten nennen kann, der die Flucht ergreift, wenn ihm in einer Situation, die er kaum wirksam ändern kann, die Schwierigkeiten über den Kopf wachsen. Wie man ihn allerdings nennen muß, wenn er seine verständliche Flucht im nachhinein in einen Sieg umdeutet, weil ihm das Eingeständnis eigenen Fluchtverhaltens zu gering erscheint . . . – In der Psychologie der Kinder haben Allmachtsphantasien ihren angemessenen Ort: Größenwahn gehört zu den verhängnisvollen Anteilen verbliebener Kindlichkeit.[60]

Die Thematik Schulflucht des Lehrerausbilders kann – soviel wollte ich plausibel machen – jeden betreffen, der in dieser Situation ist. Falls sie den einen oder anderen nun aber wirklich betrifft, dürfte sicher sein, daß sie in die Arbeit mit dem Lehrerstudenten hineinspielt. Dies wird nun gewiß in unterschiedlicher Weise und mit unterschiedlicher Wirkung der Fall sein und im Zusammenhang der Frage stehen, ob der jeweils Betroffene diese Thematik verleugnet oder bearbeitet und bis zu welchem Punkt und mit welchem Ergebnis. Für den Zusammenhang dieser Überlegungen kann aber die Erörterung dieser Thematik vielleicht beispielhaft zeigen, daß ihre Bearbeitung durch den Lehrerausbilder selber aufgenommen werden muß, sofern er sie nicht verleugnet. Sie ist – noch nicht – ein Problem, das auch seine Studenten haben. Sie sind ihm gegenüber in der Schülerposition, und sein Problem ist das eines Lehrers – hier: eines Lehrerausbilders. Die Studenten sind von diesem Problem zwar auch betroffen, aber nicht unmittelbar, sondern auf dem Umweg über einen Lehrer, der ein solches Problem hat.

Ich habe oben als den Fokus meiner Arbeit im Praktikum die Problematik benannt, die sich aus der Konfrontation von Erwachsenheit mit originaler und verbliebener Kindlichkeit in Schule und Unterricht ergibt. Nun kann ich – gestützt auf die Erörterung der

Thematik Schulflucht – diesen Fokus weiter einengen: es geht um die Auswirkungen der benannten Problematik auf den Lehrer und um ihre Bearbeitung. Nicht *obgleich* der Lehrer erst dadurch definiert ist, daß er in pädagogischer Absicht im Sinne der Erziehung und Bildung seiner Schüler gefordert ist und gleichsam für sie tätig werden muß, soll er seine Problematik bearbeiten; sondern *eben weil* dies so ist.

86 Die angewendeten Verfahren bearbeiten Personanteile des Lehrers; von daher stellen sich Darstellungsdidaktik, Zugänglichkeit und Wissenschaftlichkeit als Probleme

Es geht also hier um die Beschreibung und Bearbeitung von Problemen, die dem Lehrer aus der Konfrontation von Erwachsenheit mit originaler und verbliebener Kindlichkeit in Unterricht und Schule erwachsen. Im ersten Teil der Arbeit hatte ich zeigen können, daß solche Probleme sich keineswegs auf die Schul- und Unterrichtssituation beschränken müssen: häufig treten sie auch im öffentlichen und privaten Bereich außerhalb der Schule auf und gehören in diesen Arbeitszusammenhang, sofern sie ihre Relevanz für Schule und Unterricht erweisen können.

Im dritten Teil dieser Arbeit wird sich zeigen, daß keines dieser Probleme auf den funktional-beruflichen Kontext von Schule und Unterricht reduziert ist. Dies gilt sowohl für ihre Verursachung, die in den unterschiedlichen Beziehungskonstellationen und ihrer individuellen Verarbeitung im Verlauf der lebensgeschichtlichen Vergangenheit des Lehrers liegt, wozu seine familiale und schulische Geschichte vor allem gehört, aber auch seine Ausbildung. Dies gilt auch für sein privates und öffentliches Leben außerhalb der Schule, das von dieser Problematik womöglich in anderer Einkleidung betroffen und gekennzeichnet ist.

Damit erweist sich die Problematik als wesentlich privat, weil sie vor allem Personanteile umfaßt, und sie erweist sich als das für jeden Individuelle und Besondere; denn was könnte weniger allgemein sein als das Persönlich-Private? Für diesen Arbeitszusammenhang ergibt sich aber aus dieser Feststellung eine schwierige Problemkette unter den Gesichtspunkten der Darstellungsdidaktik, der Zugänglichkeit und der Wissenschaftlichkeit, die ich zunächst genauer untersuchen muß.

87   Die Verfahren wurden nicht für eine Materialerhebung
zum Zweck wissenschaftlicher Darstellung angewendet:
sie hatten ihren Zweck in sich selber für die Beteiligten

Das gesamte hier dargestellte Material entstammt ja – ob nun in
einem vorbereitenden Sinne, wie das Seminar im ersten Teil, oder in
einem durchführenden Sinne, wie das Praktikum im zweiten Teil,
oder in einem nachbereitenden Sinne, wie die Tiefeninterviews im
dritten Teil – einer sich über mehrere Jahre erstreckenden Arbeit in
der Lehrerausbildung im engeren Zusammenhang von Schulprakti-
ken. Das Material wurde also nicht – wie das sehr häufig der Fall ist –
für wissenschaftliche Zwecke erhoben, sondern sein Zustandekom-
men war ein Prozeß, den man – mindestens seinem Anspruch nach –
als einen Ausbildungs-, Lern- und Qualifizierungsprozeß beschreiben muß. Seine Legitimation zog dieser Prozeß allein aus dieser
Tatsache: alle Beteiligten hätten die gesamte Arbeit vermutlich
ebenso wie ich selber auch überhaupt nicht betreiben wollen und
können, wenn das leitende Interesse die Erhebung von Material für
den Zweck wissenschaftlicher Bearbeitung gewesen wäre. Vielmehr
hatten alle Beteiligten ein unmittelbares Eigeninteresse, das sich
zunehmend auf den oben beschriebenen Fokus hin orientierte. Dazu kommt, daß auch der institutionelle Auftrag, den das Zentrum
für Lehrerausbildung formell erteilte, sich nicht auf irgendeine
Form von Materialerhebung bezog, sondern ausschließlich den
Ausbildungsaspekt in Verbindung mit den Schulpraktika enthielt.

Gleichviel wurde Material erhoben, aber selbst dieser Vorgang
stand zunächst allein unter dem Gesichtspunkt, das gewonnene
Material für die Zwecke der weiteren Veranstaltung einzusetzen,
was auch geschehen ist. Als ich selber schließlich nach dem ersten
Praktikum den Entschluß faßte, das so gewonnene Material für die
Zwecke einer schriftlichen wissenschaftlichen Arbeit zu benutzen,
änderte sich an der Materialerhebung ebensowenig wie an der weiteren konkreten Arbeit: nach diesem Entschluß wußten alle Beteiligten, wofür ich das Material außerdem zu verwenden gedachte, aber
dieses Wissen hatte meines Erachtens keine erwähnenswerten Auswirkungen auf die Arbeit selber.

Dies änderte sich allerdings von Grund auf mit dem Beginn dieser Arbeit unter dem Gesichtspunkt der «Be»arbeitung des Materials: es hatte nun unter einem darstellungsdidaktischen Gesichtspunkt den alleinigen Wert einer umfangreichen Beispielsammlung mit einem Modellcharakter, der im Verlauf der Bearbeitung deutlich herausgearbeitet werden mußte. Es erscheint mir auch unter wissenschaftsethischen Gesichtspunkten höchst bedeutsam, genau darzulegen, daß die in dieser Arbeit aus dem Material vorgelegten Stücke im Prozeß ihrer Erstehung ihren Wert oder Unwert *allein* als Stücke eines Erfahrungs- und Lernprozesses konkreter Personen erweisen mußten, also in sich selber ihren Zweck erreichten oder verfehlten. Ihre «Be»arbeitung und Darstellung hat ganz andere Zwecke! Daraus folgt, daß ich – wenn auch etwas verkürzt – sagen kann: die konkrete Arbeit war ein mehr oder auch weniger gelungener Erfahrungs- und Lernprozeß einschlägig interessierter Betroffener; ihre Aufnahme ins Material, seine Bearbeitung und Darstellung ist allenfalls für mich selber ein Lernprozeß, aber der wesentliche Zweck ist die mögliche Aktualisierung von Lernprozessen bei denen, die diese Darstellung lesen werden. Damit ist festgestellt, daß sich der Beispielcharakter des Materials erst durch seine Bearbeitung und Darstellung herstellt.

Dieser Sachverhalt hat folgenreiche Konsequenzen und veranlaßt mich, die Klärung eines möglichen Mißverständnisses zu versuchen. Ich habe festgestellt, daß die hier als Material eingebrachten Erfahrungs- und Lernprozesse auch allein schon, weil sie vergangen sind, ihren Wert oder Unwert und damit ihren Zweck in sich selber haben; sie werden damit letztlich auch allein durch die Betroffenen selber gewichtet und beurteilt. Zwar ist ihre Gewichtung und ihr Urteil an manchen Stellen als verbale Mitteilung im Material enthalten und hier und da dargestellt worden, aber ich muß davon ausgehen, daß es sich hierbei lediglich um Bruchstücke handelt und daß gewiß in keinem einzigen Fall auch nur annähernde Vollständigkeit erreicht werden konnte. Dies ist ja schon allein deswegen unmöglich, weil die Erfahrungs- und Lernprozesse der Beteiligten mit dem Ende des jeweiligen Praktikums keineswegs abgeschlossen waren.

Die Erfahrungs- und Lernprozesse der Betroffenen haben aber nun in der Form der Bearbeitung und Darstellung als Material einen ganz anderen Zweck gewonnen, der mit ihrem ursprünglichen

Zweck im äußersten Fall überhaupt nichts zu tun haben muß. Es ist zunächst ein Zweck für mich. Überdies verfolge ich die Absicht, durch diese Arbeit Lernprozesse bei anderen anzuregen, über deren genauen Inhalt und Verlauf ich allenfalls Vermutungen anstellen kann: sie stehen diesen anderen Betroffenen ebenso vollständig anheim, wie dies ursprünglich bei den Praktikanten, Mentoren und auch bei mir selber der Fall war.

Es war mir wichtig, die ganz andere inhaltliche Bedeutung so klar als möglich herauszustellen, die das Material mit Sicherheit dadurch gewinnt, daß es einen Beispielcharakter für neue Zwecke annimmt. Der Leser wird die Darstellung des Materials und seine Bearbeitung also für seine ganz anderen Zwecke mehr oder weniger nützlich oder nutzlos finden: im Praktikum und seiner Vor- und Nachbereitung ging es ja auch nicht um das Material, sondern um die Zwecke derer, die es hervorbrachten; in der hier vorgelegten Form sollte es um die Zwecke derer gehen, die sich damit befassen. – Wer einen Stein auf dem Wasser springen läßt, vergißt ihn nach dem Wurf, weil er sich allein für die Kreise interessiert, die seine Spur hervorbringt.

89 Personanteile sind wesentlich auch vermittels analoger Kommunikation zugänglich:
sie erweisen sich damit als widerspenstig,
undeutlich und widersprüchlich (Watzlawick u. a.)

Das zweite Problem, das sich aus der wesentlichen Privatheit der hier bearbeiteten Anteile ergibt, war das der Zugänglichkeit. Private und persönliche Anteile – dies war eine der wirkungsvollsten Absichten unserer Sozialisation – gehören nicht in den Bereich der Öffentlichkeit; um so mehr stören sie, wenn sie die Berufstätigkeit belasten. Sie sollen eben im Bereich des Privaten verbleiben und dürfen auch dort keineswegs ungehindert kommuniziert werden. Jeder hat, selbst innerhalb der unterschiedlichen Situationen seines Privatbereichs, das Arsenal seiner Personanteile einer strengen Kontrolle zu unterwerfen, die darüber befinden soll, welche bestimmten Anteile nach Maßgabe der Beziehungsqualität im Hinblick auf die beteiligten Personen kommuniziert werden dürfen und welche ausgesperrt werden sollen.

Nicht erst die Kommunikationstheorien haben erwiesen, daß gleichwohl in jeder Alltagskommunikation von jedem Beteiligten auch solche Anteile kommuniziert werden, die eigentlich ausgesperrt werden sollen: sie haben die installierte Kontrolle unterlaufen und sind unter der Hand wirksam geworden. Zwar verbietet es nun höfliche Konversation, daß solche Anteile verbal verhandelt werden, was dazu führt, daß sie fast immer unverhandelt bleiben; aber ihre Wirksamkeit steht außer Frage. Auch ihre verbale Verhandlung wird häufig im nachhinein aufgenommen – wenn der Betroffene die Szene verlassen hat. Die hier angedeutete Situation zeigt sehr oft, daß Personanteile, wenn sie nach der Absicht dessen, der sie einbringt, eigentlich keineswegs eingebracht werden sollten, auf ein höchst interessiertes Ohr der anderen Beteiligten stoßen: solche widerwillig eingebrachten Anteile scheinen in ihrer Wirksamkeit oft viel stärker zu imponieren als alle willentlich vermittelten.

Es handelt sich hier um analoge Kommunikation, die unter der Hand und manchmal gegen den Willen der Beteiligten solche erheblichen Wirkungen zeitigt, die die Wirkungen der digitalen Kommunikation sehr häufig stark oder fast ganz zurückdrängen. Zwar hat das absichtlich (digital) Kommunizierte meist den Vorzug größerer Klarheit, Deutlichkeit und Eindeutigkeit, aber das unter der Hand (analog) Kommunizierte überwiegt meist im Hinblick auf die Wirkung, obgleich es fast immer unklar und undeutlich erscheint und immer vieldeutig ist. Dies scheint darin begründet, daß digitale Kommunikation auf Mittelbarkeit (etwa sprachliche Zeichen) verpflichtet ist, während analoge Kommunikation unmittelbar (etwa gestisch) wirksam wird.[61] Der Tendenz nach gehört digitale Kommunikation in den Bereich des allseits Zulässigen und Öffentlichen, während analoge Kommunikation eher Privatheit und Personanteile enthält und transportiert. Das Digitale ist das Gesagte, das man zu verantworten beabsichtigt, auf das hin man auch verpflichtet werden kann. Das Analoge ist das Gemeinte, das ungesagt Mitschwingende, das man nicht unbedingt verantworten möchte, auf das man letztlich auch nicht verpflichtet werden kann: gewiß ist es häufig nicht verpönt, aber es kann leicht verpönt werden.

90 Die Trennung von digitaler und analoger
Kommunikation als Ideologie:
Eckhard H. versteht sich politisch und wird unpolitisch verstanden

Diese Trennung jeder Kommunikation in analoge und digitale Anteile ist ein Konstrukt der Kommunikationstheorie und in keiner Realität vorfindlich. Faktisch sind beide Anteile in jeder möglichen konkreten Situation vollständig ineinander verschlungen. Erstaunlicherweise scheint aber auch faktisch so etwas wie eine Ideologie wirksam und existent zu sein, nach der diese beiden ineinander verquickten Anteile jeder Kommunikation dennoch auch in konkreten Situationen getrennt werden sollen.

Um dies deutlicher zu zeigen, greife ich auf den von Eckhard H. im Seminar eingebrachten Vorfall «Die Angst der ‹Profs›» zurück, um genauer zu beschreiben, was ich hier unter «Ideologie» fassen will. Eckhard H. und seine Freunde hatten ja durch ein Go-in eine Hochschulveranstaltung gestört, die sich nach ihrer Meinung den Titel «hochschuldidaktisches Projekt» zu Unrecht anmaßte und sich auch durch diesen Titel als geeignet erwies, «die Verschleierung der Personalmisere an der Hochschule» zu betreiben. In Wirklichkeit – so Eckhard H. – habe es sich um eine «Mammut-Veranstaltung» gehandelt. Weil es der Zufall so wollte, war unmittelbar vor ihrem Einzug eine Studentin ohnmächtig geworden und mußte auf einer Bahre aus dem Hörsaal getragen werden. Das Zusammentreffen dieses Ereignisses mit dem Go-in der linken Studenten hatte die beteiligten Hochschullehrer in verständliche Aufregung versetzt und bei ihnen zu eher ängstlichen Reaktionen geführt. Für Eckhard H. war es nun im Zusammenhang seines Berichts wichtig, die ganze Aktion als eine politische zu beschreiben und sie auch mit politischen Argumenten ausführlich zu begründen: dies hatte er auch digital kommuniziert; so verstand er sich selber, seine Aktivität und seine Motivation.

Sein Bericht wird nun an der Stelle unterbrochen, als er vom zeitlichen Zusammentreffen ihres Eintritts mit der Ohnmacht und dem Hinaustransport der Studentin spricht.

EINIGE Das find' ich aber schon makaber! – Und dann kommt ihr also ausgerechnet! – Das ist ja toll!

Obgleich nun Eckhard H.s Bericht nicht der letzte in der Seminarrunde war und obgleich jedem bekannt war, daß laut Verabredung zuerst berichtet werden sollte, um die Diskussion im Anschluß an die Berichte zu führen, imponiert dieser Bericht so stark, daß eine sofortige Diskussion einsetzt: die anderen Berichte werden damit zunächst zurückgestellt.

Allerdings betrifft diese Diskussion bezeichnenderweise nicht den Zusammenhang, den Eckhard H. als den allein bedeutsamen ansah, sondern einen ganz anderen.

BEATE A. (sehr engagiert) . . . also ich hab das so empfunden, daß du das mit einer ziemlichen Genugtuung erzählt hast, daß die Hochschullehrer da doch mal ganz schön ins Schleudern gekommen sind. Du hast ja auch wörtlich gesagt – und das hab ich mir aufgeschrieben – daß du das ganz offensichtlich so empfindest: also eine aggressive Einstellung, da geht dir irgendwas bei ab, wenn du merkst, da ist jemand, mit dem du vielleicht irgendeinen Konflikt hast . . . wenn der in deinen Augen unsicher wird oder mit einer Situation nicht zurechtkommt, dann macht dir das Spaß. Das ist mir so aufgefallen, und das kostest du irgendwie aus.

Eckhard H. besteht allerdings zunächst auf seiner politischen Ambitionierung und mag auf die unterstellte Genugtuung nicht eingehen. Er hält sie nicht für ganz unmöglich, aber doch für ganz nebensächlich: wichtig sei diese Aktion allein als politische.[62] An dieser Stelle seiner langen Ausführungen wird er unterbrochen.

BEATE A. Ich hab ja auch nicht gesagt, daß das vielleicht ganz unpolitisch war! Ich hab ja nur gesagt, daß ich in deinem Bericht häuptsächlich deine Genugtuung über die Unsicherheit der Hochschullehrer erlebt habe.

Die Erlebnisweise der Beate A. wird im Verlauf von mehreren Teilnehmern als auch die ihrige bestätigt; ich selber hatte in Eckhard H.s Bericht ebenfalls Genugtuung und etwas Schadenfreude gespürt. Er selber gesteht schließlich die Anwesenheit solcher Empfindungen bei sich in dieser Situation ein, zugleich aber betont er die Nebensächlichkeit dieser Empfindungen und unterstreicht den politischen Charakter seiner Aktivität.

Der Bericht und seine diskursive Bearbeitung in der Seminargruppe zeigen deutlich die Verschlungenheit digitaler mit analoger Kommunikation. Eckhard H. besteht auf dem durch ihn digital Berichteten: eine allein politisch begründete Aktivität gegen die «Oberen» führt bei diesen zu Unsicherheit und ängstlichen Reaktionen; Genugtuung oder Schadenfreude auf seiner Seite hat er digital nicht erwähnt. Zwar ist er schließlich bereit, solche Anteile als vorhanden einzugestehen, aber er besteht auf ihrer völligen Unwichtigkeit.

Gleichwohl ist faktisch und auch für ihn unabweisbar, daß mehrere Teilnehmer Genugtuung in seinem Bericht gehört haben, und nicht genug damit: es ist sogar allein diese gespürte Genugtuung, die die Teilnehmer interessiert, auf seine politische Begründung geht keiner ein. Sie wird akzeptiert und als vorhanden unterstellt, aber sie interessiert überhaupt nicht. Genugtuung wurde als der andere, der analoge Anteil seines digitalen Berichts aufgenommen und also auch durch ihn, eben in seinem Bericht, kommuniziert. Dies geschah gegen seinen Willen. Jedenfalls kam es ihm nicht darauf an, auch den analogen Anteil seiner Kommunikation mit den Beteiligten zu erörtern: er verweist auf seine Irrelevanz.

Dieser Vorfall geschah zu einem Zeitpunkt, als der Seminarprozeß so weit fortgeschritten war, daß eine solche relativ offene Form der Bearbeitung möglich geworden war. Was war geschehen? – In der Alltagskommunikation wäre der analoge Anteil dem einsozialisierten Gebot der Höflichkeit zum Opfer gefallen. Zwar hätte auch dort fast jeder Zuhörer aus Eckhard H.s Bericht den analogen Anteil von Genugtuung aufgenommen, aber er hätte sich eines Hinweises auf seine Wahrnehmung und seine Wirkung und seiner damit verbundenen völlig umgekehrten Gewichtung in Relation zu Eckhard H.s Absicht enthalten. Man wäre vielleicht über ihn hergefallen, nachdem er die Szene verlassen hätte: die Verpönung dieses Anteils hätte vermutlich die Aussperrung aus der «veröffentlichten» Kommunikation bewirkt. Allein die im Seminar sukzessive eingeführte Bearbeitung auch analog kommunizierter Anteile verhinderte diese Aussperrung insbesondere gegenüber Eckhard H., dem Berichterstatter.[63]

91 Die Frage nach der Zugänglichkeit von Personanteilen ist die Frage nach der Zugänglichkeit der Beziehungsebene

Dies hat nach meinem Dafürhalten weitreichende Folgen, die den Aspekt der Zugänglichkeit solcher Themen betreffen und auf die Bedingung für die Möglichkeit ihrer Bearbeitung verweisen.

1. Eckhard H.s Selbstverständnis ist – in seinem Bericht, aber gewiß nicht nur dort – politisch. Wie am Vorfall selber, so interessiert ihn am Bericht allein – oder doch vor allem – seine politische Relevanz: unter diesem Aspekt steht seine digitale Kommunikation.

2. Bezogen auf den Vorfall selber darf vermutet werden, daß einige der Betroffenen ebenfalls allein oder doch vorrangig seine politische Relevanz für wichtig hielten. Bei den meisten – so darf weiterhin vermutet werden – imponierten die Erlebnisweisen von Unsicherheit, Ängstlichkeit, Genugtuung, Störung und affektiver Provokation allein oder vorrangig. Durchaus mögen hier und da Denkprozesse eingesetzt haben, die die vorhandenen digitalen (und beabsichtigten) mit den analogen (und unterschwelligen) Anteilen im Sinne ihrer Konfrontation oder Kongruenz zum Anlaß hatten.

3. Der Bericht in der Seminargruppe wiederholt das politische Selbstverständnis von Eckhard H. als digitale Kommunikation.

Hätte man sich dem Gebot höflicher Konvention im Sinne der Alltagskommunikation gebeugt, wäre vermutlich folgendes geschehen: Eckhard H. hätte sein politisches Selbstverständnis als allein relevant perpetuieren können. Er hätte zudem vielleicht die Vermutung gehabt, dieses Selbstverständnis beispielhaft missioniert zu haben.[64]

4. Diejenigen Teilnehmer, die die analog aufgenommenen Anteile in Eckhard H.s Bericht der öffentlichen Kommunikation vorenthalten hätten, müßten ihn vermutlich für einen borrnierten «Politnik» halten und sich selbst den «großen Durchblick» zusprechen.

5. Eckhard H. wäre also in völliger Unkenntnis der tatsächlichen Wirkung und völligen Umgewichtung seines Berichts verblieben, und er hätte allenfalls auf möglicherweise erwartete Zustimmung verzichten müssen. Die übrigen hätten auf die Erfahrung verzichtet, daß Eckhard H. mindestens auch seine erreichte Wirkung bei den anderen zur Kenntnis zu nehmen in der Lage und demnach keineswegs der borrnierte und vernagelte Politnik ist, für den er im Unterlassungsfall wahrscheinlich gehalten worden wäre.

6. Das Ergebnis der Aussperrung der analog kommunizierten Anteile aus der Seminaröffentlichkeit wäre also die permanente Bestätigung teils vorweg bestehender, teils sich im Verlauf bildender (Vor)-Urteile gewesen. Das aber bedeutet die Einstellung von Denken und die Verhinderung von Lernprozessen im Zusammenhang von Anteilen, deren Bedeutsamkeit zwar nicht bestritten werden kann, deren Zugänglichkeit aber nur um den Preis von Unbehagen und manchmal Angst möglich ist.

Damit erscheint mir zunächst der Weg mindestens angedeutet, der den Zugang zu den privat-persönlichen Anteilen verspricht, die – wie im Seminar – so auch im Unterricht und seiner Besprechung wirksam sind. Ich betone, daß es hier nicht um einen generellen Zugang zu solchen Anteilen geht, sondern um einen gleichsam berufs- und arbeitsspezifischen. Demnach geht es nicht um solche Anteile privat-persönlicher Natur, die auch vorhanden und höchst bedeutsam sein mögen, die aber den jeweils beruflich-funktional intendierten Zweck nicht negativ berühren. Zur Erörterung stehen allein solche Anteile, die im Seminar, im Unterricht und in seiner Besprechung meist unterschwellig Arbeitsfähigkeit stören und boykottieren.

92   *Meine analog kommunizierten Anteile sind mir
auf dem Umweg über dich leichter zugänglich als unmittelbar;
dagegen aber wehre ich mich*

Der Rückgriff auf Eckhard H.s Bericht mag gezeigt haben, auf welche Weise und mit welcher Wirkung solche Anteile zugleich anwesend sind und sich in Gefahr befinden, aus dem Arbeitsprozeß ausgesperrt zu werden und zu bleiben. – Wesentlich erscheint mir dabei die Feststellung, daß Eckhard H. von sich aus vermutlich auf keinen Fall die wirkungsvollen analogen Anteile seiner Kommunikation aufgenommen und zur Diskussion gestellt hätte. Dies lag nun keineswegs daran, daß bei ihm zum Zeitpunkt des Vorfalls wie zum Zeitpunkt des Berichts im Seminar Genugtuung abwesend gewesen wäre: sie erschien angesichts der normativen Kraft seiner politischen Ambitionierung lediglich unfein und verpönt. Darum hatte er Grund, sie sich selber und dann auch den Seminarteilnehmern «absichtlich» zu unterschlagen: die digitalen Anteile seines Berichts enthalten denn auch nichts davon. Gleichviel kommuniziert er Genugtuung analog: zwar nicht sich selber, aber den Zuhörern. Sie sind denn auch gleichsam im alleinigen Besitz der Möglichkeit, ihn über diese analogen Anteile in Kenntnis zu setzen und müssen zudem mit seinem Widerstand rechnen, und genau dies kann zur Unterlassung führen; hier führte es aber nicht dazu.

Diese Überlegung zeigt, daß der Kommunizierende selbst das ganze Ausmaß dessen, was er kommuniziert, eben nicht weiß.[65] Dies gilt insbesondere für die Wirkungen. Damit ist er selbst es in erster Linie, der auf Informationen der hier dargestellten Art angewiesen ist: sie sind nicht ihm, sondern nur den jeweils anderen zugänglich, und er kann sie nur auf dem Umweg über diese erfahren; dem aber setzt er fast immer Widerstand entgegen. Wegen der häufigen Verpönung solcher Anteile, möchte er nicht wissen, was sein Unbewußtes «weiß», und auch seine Wirkungen möchte er am liebsten bestreiten: was etwa politisch motiviert werden muß, darf auch nur politisch wirken. Wenn es aber eben nicht so, sondern ganz anders wirkt, ist in der Alltagskommunikation meist erlaubt, dies nicht zur Kenntnis zu nehmen. Wenn ich es aber zur Kenntnis nehme, erhebt sich eine Reihe von peinlichen Fragen: Ist meine Aktivität am Ende nicht nur politisch motiviert? Wirkt mein politisches Engagement vielleicht nicht nur, oder am Ende fast nicht oder gar nicht politisch? – Widerstand ist also in fast jedem Fall zu erwarten und mag den jeweils anderen Resignation in der Form höflichen Schweigens auferlegen.

Demnach ist der Zugang zu den hier in Frage stehenden Anteilen auf der Seite dessen, der sie kommuniziert und für den sie in erster Linie wichtig sind, durch seinen mit ziemlicher Sicherheit zu erwartenden Widerstand erschwert. Auf der Seite seines Gegenübers wird eine angemessene Intervention, die womöglich dennoch hilfreich sein kann, durch resignative Tendenzen schwierig: er hat es mit verpönten Anteilen zu tun.

93 Die Frage nach dem Zugang zu den Personanteilen ist bloß theoretisch lösbar; praktisch bleibt sie ein Problem

Damit sind die Schwierigkeiten aber keineswegs erschöpft. Ich hatte ja oben dargestellt, daß solche Anteile nicht von ungefähr aus dem Kontext alltäglicher Kommunikation ausgesperrt sind: die Aussperrung selber ist Folge teils intentionaler, teils funktionaler Erziehung und allseits vorfindlicher Sozialisationserfolg. Nicht nur sollen solche Anteile nicht kommuniziert werden – nur kleine Kinder dürfen das unbekümmert und auch sie nur eine Zeitlang – man soll sie schließlich auch nicht mehr beachten, nicht mehr wahrnehmen.

Im vorgeführten Beispielfall war Genugtuung trotz digitaler Nichterwähnung wahrgenommen worden, und dies ist in sehr vielen Fällen entsprechend; auch wenn meist solche Anteile eben nur wahrgenommen, nicht aber verbal kommuniziert werden. Dies ist aber keineswegs die Regel. Das einsozialisierte Verbot offener Kommunikation auch analoger Anteile hat sich in weiten Bereichen zu einem einschlägigen Wahrnehmungsverbot und schließlich zu einer Wahrnehmungssperre ausgeweitet. Die Wahrnehmung «Genugtuung» im Beispielfall ist vergleichsweise eindeutig, und man weiß, was gemeint ist: sie ist – zwar nicht ganz leicht – auch mitteilbar gewesen, nicht zuletzt vermutlich deshalb, weil sie ziemlich präzise benennbar war.

Selbstverständlich ist, daß keine Wahrnehmung mitgeteilt werden kann, die nicht gemacht wird. Wenn sie aber nur von einem oder zwei Teilnehmern einer Gruppe und nicht von vielen gemacht worden wäre? Hätten sie sie mitgeteilt angesichts der möglichen Reaktion, dies sei doch Unsinn, zusätzlich zum Widerstand des Betroffenen? Mindestens sind für diesen Fall größere Schwierigkeiten zu erwarten und mehr Mut, Standhaftigkeit und Ich-Stärke auf seiten dessen gefordert, der eine solche Wahrnehmung macht und mitteilt.

Was ist aber, wenn alle, einzelne oder nur einer zwar eine Wahrnehmung hinsichtlich digital unterschlagener, aber analog kommunizierter Anteile machen, die überaus ungenau, widersprüchlich, zudem sehr verpönt und ganz und gar unklar zugleich, aber sehr dringlich sich ihnen darstellt? – Ich hatte oben auf den ausdrücklich vieldeutigen, widersprüchlichen, ungenauen und unverbindlichen Charakter der analog kommunizierten Anteile hingewiesen und auch auf ihre einhergehende imponierende Kraft: in dieser Situation wäre die Empfindung starker Betroffenheit gepaart mit der anderen Empfindung, nicht – oder nur sehr ungenau – zu wissen, was mich so sehr betrifft. Diese Situation legt zwar betroffenes, aber doch auch resignatives Schweigen besonders eindringlich nahe. Und vielleicht muß hier auch geschwiegen werden, weil nichts Hilfreiches gesagt werden kann.[66]

Die «Lösung», dennoch zu reden, ist eine theoretische: sie wird denn auch an einschlägiger Stelle – theoretisch – empfohlen.[67] Das Problem aber ist ein praktisches. Es ist den situativ Handelnden einschließlich ihrer Einschätzung der Erfolgsaussichten aufgegeben. Erfolg oder Mißerfolg – auch teilweise – lassen sich aber hier nur durch Handeln ausmachen, wobei allein das Reden eine solche Erfahrung immerhin möglich macht. Das Schweigen muß sich aus guten oder schlechten Gründen dieser Erfahrung mindestens vorläufig begeben.

Die Frage des Zugangs zu den hier in Frage stehenden privat-persönlichen Anteilen kann also nur theoretisch beantwortet werden: alle im Arbeitszusammenhang relevanten und beeinträchtigenden Anteile – die digitalen und die analogen – müssen der öffentlichen Kommunikation zugänglich gemacht und auf diesem Weg bearbeitet werden. Ob und wieweit dies nun aber auch gelingt, steht unter den Bedingungen der jeweils aktuellen Situation, der Persönlichkeitsstruktur der beteiligten Personen und der Art der Beziehungen, die sie zueinander haben.

94 Die Frage nach der Wissenschaftlichkeit der Verfahren stößt zunächst auf die überaus hohe Komplexität des Arbeitsfeldes

Verschlungen mit der Frage nach dem Zugang zu solchen Anteilen ist die Frage nach der Wissenschaftlichkeit dieses Zugangs und der Bearbeitungs- und Arbeitsmethoden. Ich wiederhole zunächst die diffuse Ungenauigkeit, die Widersprüchlichkeit, die fast nirgends vorhandene Allgemeingültigkeit dieser Anteile und die Tatsache, daß sie sich höchst selten auch den «Empfängern» klar, deutlich und allgemeingültig – also verbindlich – darstellen. Analog kommunizierte Anteile entstammen dem emotionalen Bereich des jeweiligen «Senders» und treffen in erster Linie auf den entsprechenden Bereich des jeweiligen «Empfängers». Eine genauere Differenzierung dieses Bereichs ermöglicht eine ungefähre Einteilung in bewußte (also den Betroffenen durch mehr oder weniger starke Anstrengung zugängliche) und unbewußte (also den Betroffenen unzugängliche) Anteile.[68] Dabei sind die Anteile des Bewußten, des Vorbewußten und des Unbewußten keineswegs beim «Sender» in Bezug zum «Empfänger» und seinen entsprechenden Anteilen in Kongruenz zu bringen. Was dem «Sender» durchaus bewußt ist, kann dem «Empfänger» vorbewußt oder unbewußt sein. Dazu kommt, daß die Inhalte solcher Anteile selbstverständlich auch sehr unterschiedlich sind: kommunizierte Genugtuung kann zwar auf der Gegenseite ebenfalls Genugtuung provozieren, aber ebensowohl auch Ärger oder Abscheu.

In einer Gruppe,[69] die solche Anteile bearbeitet, kompliziert sich die Sache zusätzlich, schon weil die Anzahl der Beteiligten dies bewirkt. Das Selbstverständnis unter der hier gegebenen Bedingung eines Arbeitsauftrags kann zusätzliche Komplexität bewirken. Die situative Befindlichkeit der einzelnen Beteiligten ist nicht an jedem Arbeitstag die gleiche, sondern durchaus schwankend und kann nicht leicht und schnell dargestellt werden, obgleich sie selbstverständlich von spezifischer und erheblicher Wirkung ist.

Schon diese notwendigen Bedingungen, die leicht durch zusätzliche erweitert werden können, zeigen an, daß hier eine Unzahl von Variablen im Spiel ist. Gewiß haben sie unterschiedliche Auswirkungen und sind von unterschiedlicher Bedeutung und – im Hinblick auf einen beruflichen Arbeitsauftrag – Relevanz. Einige sind von zentraler Wichtigkeit, während andere eher randständig sind. Sie werden aber als private Personanteile analog kommuniziert und zeichnen sich – mindestens zu Beginn – vor allem durch ihre Widersprüchlichkeit aus. Dies bedeutet aber, daß eine tragfähige Aussage hinsichtlich einer wünschenswerten Prioritätenliste ganz unmöglich erscheint. Für eine wissenschaftliche Bearbeitung stellt sich damit eine Problematik, die bestimmte Verfahrensweisen von vornherein ausschließt.

95 Wenn ich Variablen isoliere und diese erforsche, zerstöre ich ein «natürliches» Feld und schaffe zugleich ein «künstliches»

Die Isolierung von Variablen zum Zweck ihrer wissenschaftlichen Untersuchung zerstört den Zusammenhang, der untersucht werden soll. Zwar können durchaus Variablen isoliert und im Sinne eingeführter empirisch-analytischer Verfahren und Methoden bearbeitet werden. Gewiß können auch geeignete Hypothesen gefunden und überprüft werden, und ebenso gewiß führen die Verfahren von Falsifikation und Verifikation zu Aussagen von allgemeingültiger Bedeutung. Die so gefundenen Sätze haben aber mit der konkreten Situation nichts mehr gemein. Schon der Vorgang der Isolierung von Variablen hat die konkrete Situation zerstört und zugleich eine künstliche geschaffen: diese ist es, die untersucht wird; nicht jene! Und die am Ende gewonnenen Sätze allgemein-verbindlicher Aussagekraft können nur ein artifizielles Gebilde meinen, nicht eine konkrete Situation dieser Art.

96 Der Forscher muß als solcher auswechselbar, also affektneutral sein: Personen sind das nicht

Der empirisch-analytische Forscher darf sich ja auch nur so verstehen, daß er seinem Gegenstand «gegen»über«steht». Er muß durch sein Methodenverständnis auswechselbar sein: Jeder Kollege, der die gleiche Methode auf die gleichen hergestellten Bedingungen bezieht, muß zu den gleichen Ergebnissen kommen. Dies aber ist nur möglich, wenn beide – und alle denkbaren anderen – auf strikte affektive Neutralität nicht nur verpflichtet werden können: sie müssen affektiv neutral sein! Jeder Affekt, ob er nun bewußt oder unbewußt dem «Gegenstand» kommuniziert wird, ist eine Fehlerquelle und beeinträchtigt das Ergebnis in nicht gewünschter Weise.[70]

97 Die Konstanz der Variablen ist nicht gegeben

Die Vorstellung, man könne ja nach und nach in vielen Anläufen alle oder doch alle wichtigen Variablen isolieren und so am Ende doch die ganze Situation in Sätzen allgemeiner Gültigkeit darstellen, muß bezogen auf das hier in Frage stehende Forschungsfeld von Anfang an aufgegeben werden. – Das vorige Seminar steht unter anderen Bedingungen als das nächste; die zweite Unterrichtsstunde vom

Montag findet in der dritten vom Freitag nicht ihre Entsprechung; und Lisa O., Paul X., Helge L. haben sich nach einer Woche verändert ebenso wie Frau E., die Mentorin, und ich, wenn wir uns zur nächsten Unterrichtsbesprechung zusammensetzen: wir werden dann auch anders über schon veränderte Probleme reden. Der Forscher wäre an die Bedingungen konstanter Variablen gebunden und fände sie nicht mehr vor.

98 Der empirisch-analytische Forscher steht nicht in seinem Feld, sondern diesem gegenüber

Die schärfste Zurückweisung müssen aber empirisch-analytische Verfahren aufgrund der in ihnen notwendig enthaltenen Konstellation erwarten. Sie ist für diese Verfahren konstitutiv und somit zwingend und kann wie folgt skizziert werden. – Der prinzipiell auswechselbare Forscher befindet sich in einer Position von «außerhalb» und «gegenüber» seinem Feld oder Objekt, das er untersucht. Seine Verpflichtung auf die Aussperrung affektiver Anteile vor dem Zugang zu seinem Objekt und seiner Methode hatte ich schon benannt: seine möglichen – und je nach der Beschaffenheit des «Objekts» sogar sicheren – eigenen Affekte dürfen nicht auf das Objekt provokativ einwirken. Zugleich dürfen die im Objekt virulenten Affekte seine methodische Neutralität nicht beeinträchtigen. Wenn er aber nun – was durchaus der Fall sein kann – affektive Anteile im Objekt untersucht, muß er sich zugleich mit ihnen befassen und darf sich auf keinen Fall von ihnen beeinträchtigen lassen. Dies erscheint mir unmöglich oder doch sehr schwierig, aber es kann sein, daß ich das ganze Ausmaß der Aufspaltungsfähigkeit in methodisch-wissenschaftliche Anteile einerseits und affektiv-persönliche Anteile andererseits unterschätze. Jedenfalls enthält das Verfahren zwingend die Konstellation des affektneutralen forschenden Subjekts auf der einen und des zunächst wie auch immer beschaffenen, aber zu erforschenden Objekts auf der anderen Seite.[71]

Das Objekt kann aber im hier erörterten Fall aus den genannten Gründen nicht als solches erforscht werden: es muß im Vorfeld des eigentlichen Forschungsprozesses zum Zweck eben der Erforschung zubereitet werden und ist damit nicht mehr, was es ist.

Im Seminar, im Unterricht, in seiner Besprechung und in den Tiefeninterviews handelt es sich aber ohne jeden Zweifel um Lernprozesse, wenn auch damit noch nichts über deren Erfolg ausgesagt ist. Nicht zuletzt die Ergebnisse psychoanalytischer Forschung und ihre Weiterungen in anderen Disziplinen haben die Tatsache erhärtet, daß Lernen auch – und vielleicht vorrangig – auf unbewußten Wegen geschieht. An wissenschaftliche Forschung, die diesen Namen für sich reklamieren will, muß aber der Anspruch gestellt werden, daß sie auf solchen Wegen geht, die prinzipiell dem Bewußtsein zugänglich sind und vermittels seiner Kategorien erfaßbar.

Lernen in den hier genannten Zusammenhängen hatte aber für die Beteiligten Anteile sichtbar oder zunächst durchscheinbar werden lassen, die sich als außerordentlich wirksam zeigten, aber keineswegs dem Bereich bewußter Vorgänge zugeordnet werden konnten: unbewußt kommunizierte Anteile waren gewußt geworden, konnten ein Stück weit bearbeitet werden, hatten also im Verlauf ihre Unzugänglichkeit aufgeben müssen und Zugänge sichtbar und begehbar werden lassen. Vordem unbewußte Vorgänge waren ins Licht des Bewußtseins der Beteiligten gerückt, wenn auch in unterschiedlichem Ausmaß: dazu hatte es ihrer teilweise erheblichen Anstrengungen bedurft.

Damit habe ich aber in sehr knapper Form eine Beschreibung dessen vorgelegt, was in einem vorläufig sehr weitgefaßten Sinne durchaus als wissenschaftliche Forschung gelten darf. Dies kann ich nun genauer ausführen:

1. Sie findet in einem teils genau beschriebenen, teils im Verlauf noch genauer zu umschreibenden Feld statt, das im Hinblick auf sein Bedingungsgefüge erforscht werden soll.
2. Das im engeren Sinne zu erforschende Material wird von den Beteiligten im Prozeß selber vorgebracht, nach Maßgabe ihrer Interessen und Möglichkeiten so genau als es gehen mag dargestellt und untersucht.
3. Auf diesem Wege werden Aussagen gefunden, denen widersprochen werden kann, so daß sie verworfen werden können, Modifikationen erfahren oder angenommen werden.
4. Für den fortschreitenden Prozeß haben sie hypothetischen Wert und stehen also zur Disposition, wenn zusätzliche Erkenntnisse gewonnen werden. Für den jeweiligen Stand des Prozesses sind

sie aber zugleich das, was die Beteiligten wirklich wissen können: nicht mehr, aber auch nicht weniger.

5. Irrtümer und Fehleinschätzungen oder falsche Interpretationen sind selbstverständlich ebensowohl möglich wie Auslassungen oder die Hereinnahme von Material, das irrelevant ist. Die angewendeten Verfahren sind also gegen Fehlerquellen keineswegs gesichert. Dies muß bewußt sein und ist es in der Regel.

6. So hergestellte unbrauchbare Ergebnisse können sich im weiteren Verlauf als nutzlos erweisen und so gleichsam unmerklich aus dem Prozeß herausfallen: sie bleiben auf der Strecke. Sie können aber auch den weiteren Verlauf mehr oder weniger stark dysfunktional belasten und erregen ständigen Anstoß: dies bedeutet aber, daß sie immer aufs Neue bearbeitet werden, so daß die Chance ihrer Revision, Korrektur oder Verwerfung nicht gering erscheint.

7. Umgekehrt erweisen sich brauchbare Ergebnisse im weiteren Verlauf als nützlich für die Bearbeitung und gelegentliche Lösung neuer Probleme. Zugleich können sie zunehmend genauer gefaßt und besser gehandhabt werden.

8. Prinzipiell ist kein Materialstück, das vorgebracht wird, von vornherein ganz irrelevant: dies muß sich erst erweisen, ebenso wie seine Relevanz. Entsprechend verhält es sich mit den gefundenen Ergebnissen: auf ihren hypothetischen Charakter habe ich hingewiesen.

9. Damit haben die hier genannten Verfahren alle die doppelte Bedeutung von Lern- und Forschungsprozessen, wobei Lernprozesse auch unbewußte Anteile unbewußt verändern und Forschungsprozesse sich auf das Kriterium von Bewußtheit und ihrer Weiterentwicklung hinsichtlich der Lernprozesse beschränken und verpflichten lassen.

100 Die Gültigkeit der Ergebnisse beschränkt sich zunächst auf den Kreis der Beteiligten

Diese Ausführungen sparen jedoch das forderbare und im Bereich der empirisch-analytischen Wissenschaften immer eingeforderte Kriterium allgemeiner Gültigkeit gefundener Ergebnisse aus. Genau in diesem Punkt müssen Zugeständnisse gemacht werden, die mir allerdings vertretbar erscheinen. Ich will sie im folgenden genauer untersuchen.

Im Seminar, im Unterricht, in seiner Besprechung und in den

Tiefeninterviews erwachsen ohne jeden Zweifel die wichtigsten Bedingungen aus den Besonderheiten der Beteiligten und den Beziehungen, die sie zueinander haben oder entwickeln können. Die Personen sind – wie im Bild eines Soziogramms – die markanten Punkte im jeweils hergestellten Feld, in dem die Linien die Wege markieren, auf denen das vorgebrachte Material bewegt wird. Dieses statische Bild des Soziogramms kann als ein bestimmter zeitlicher Punkt in einem dynamischen Prozeß verstanden werden, in dem die Personen in unterschiedlicher Weise ihren Standort verändern und immer aufs neue bestimmen. Damit verändern sich auch die Linien; sie werden länger oder kürzer in Relation zu den jeweils anderen Beteiligten. Im Bild gesprochen, werden die Wege auch breiter oder enger, auf ihnen kann mehr oder weniger transportiert werden. Jede Veränderung durch Hinzukommen oder Weggehen wird sensibel registriert und ist in keinem Fall folgenlos.[72]

Alle Ergebnisse, die in einem solchen Feld erreicht werden können, müssen also im unmittelbaren Zusammenhang mit diesem Feld zunächst ihre Gültigkeit gewinnen und ihre bestimmbare Bedeutung erweisen. Sie sind keineswegs gültig in jedem anderen Feld, dessen strukturelle Bedingungen nahezu oder sogar völlig gleich sein mögen. Der sehr enge Gültigkeitsbereich so gewonnener Ergebnisse kann weiter unten unter einem hier zu vernachlässigenden Aspekt eine bestimmte Ausweitung erfahren, hier aber muß er zunächst in der beschriebenen Weise akzeptiert werden.

*101   Individuelle Ergebnisse können höchst bedeutsam sein;
wissenschaftlich gültige Ergebnisse sind an den Konsensus
der Beteiligten gebunden,
gleichviel haben sie immer nur hypothetischen Wert*

Dazu kommt noch eine weitere Einengung im Hinblick auf die Gültigkeit so gefundener Ergebnisse. Keineswegs kann alles, was einzelne innerhalb dieses Feldes für gültig halten, als gültiges Ergebnis im Rahmen der Gesamtheit der Beteiligten gelten. Dadurch wird das, was einzelne für gültig halten, in seiner Bedeutung und Wirksamkeit nicht geschmälert, aber es gilt nicht für alle. Andererseits kann es für alle gültig werden, nachdem es so lange und so ausführlich bearbeitet worden ist, ohne daß es verändert werden mußte, bis es alle Vorbehalte und Einwände der anderen Beteiligten unbeschadet überstanden hat, also einen Konsensus darstellt, der von allen getragen wird. Selbstverständlich ist dieser Konsensus nicht «die

Wahrheit» schlechthin in einem absolut gültigen Sinne, aber es handelt sich immerhin um die Wahrheit, die nach Maßgabe der Möglichkeiten der Beteiligten unter den konkret gegebenen Umständen gefunden werden konnte.[73] Sie steht zwar im weiteren Prozeß immer aufs neue hypothetisch zur Disposition und kann demnach verändert werden; zugleich ist sie aber die einzige, die nach Maßgabe der jeweiligen Situation überhaupt gefunden werden kann. Weitere und sicherere Gültigkeit ist gewiß wünschenswert und wird im Prozeß auch angestrebt, ist aber zu einem jeweils gegebenen Zeitpunkt eben nicht erreichbar.

Ich denke, daß diese Feststellung auch für die empirisch-analytischen Wissenschaften gilt. Sie wird dort nur nicht so offen dargestellt und scheint in den Hinweisen auf die größere oder kleinere Signifikanz von Ergebnissen auf, die – unter anscheinend gleichen Bedingungen gefunden – dennoch teilweise erhebliche Unterschiede zeigen. Diese Schwierigkeit taucht in den Naturwissenschaften weniger häufig auf als in den Sozialwissenschaften, die sich naturwissenschaftlicher Verfahren bedienen. Sie muß aber hier nicht weiter diskutiert werden.[74]

Ich beziehe mich auf die Verfahren, die im Seminar, im Unterricht, in seiner Besprechung und in den Tiefeninterviews angewendet wurden. Die Gültigkeit der dort gewonnenen Ergebnisse beschränkt sich auf den Bereich, der durch alle Beteiligten im gewonnenen Konsensus gefaßt ist. Er kommt immer nur durch Handeln und dessen Reflexion zustande oder auch nicht; in ihm ist auch die Möglichkeit eines allgemeinen Dissens eingeschlossen, die im dritten Teil genauer erörtert werden soll.

102 Das Subjekt-Objekt-Problem kann nicht gelöst, sondern nur unterschiedlich dargestellt werden

An dieser Stelle komme ich auf den Forscher als wissenschaftliches Subjekt zurück, der sich seinem artifiziell zubereiteten Objekt methodisch gewappnet nähert, um es zu erforschen. In allen Prozessen, die innerhalb dieser Arbeit untersucht werden, ist er abwesend – wenn auch nicht ganz und gar: es kam im Seminar und häufiger im Unterricht vor, daß einer der beteiligten Studenten, Mentoren oder auch ich selber sich diese empirisch-analytische Forscherattitüde zu eigen machten. Dieser Vorgang hatte mit zunehmender Regelmäßigkeit die Folge, daß die Objekte seiner wissenschaftlichen Bemühung in diese eingriffen und sie so empfindlich stören konnten. Der

Versuch, eine solche Haltung aufrechtzuerhalten, scheiterte schlichtweg an der Weigerung der ihr komplementären Objekte, diese Haltung zu akzeptieren.

Solche Episoden, die immer wieder in unterschiedlichen Einkleidungen auftauchten, kennzeichnen vielleicht am deutlichsten, daß die genannten Verfahren schon im Ansatz auf eine methodologische Trennung im Sinne der empirisch-analytischen Wissenschaften verzichten können, die auf die eine Seite das forschende Subjekt und auf die andere das zu erforschende Objekt stellt. Das Verfahren selbst macht eine solche Trennung tendenziell unmöglich, sobald es wirklich durch die Beteiligten angewendet wird. Dies mag die in allen vergleichbaren Seminaren wiederkehrende folgende Episode zeigen:

Der Seminarraum ist durch eine Einwegscheibe von dem benachbarten Regieraum abgetrennt. In allen Gruppen erwies sich nach kurzer Zeit ein Verdacht als virulent, der hinter diesem Spiegel einen Beobachter vermutete. Dieser Verdacht mußte in allen Fällen durch eine genaue Inspektion ausgeräumt werden. In einem Fall bestand ein Teilnehmer darauf, die Tür des Regieraums aufzuschließen, so daß er sich von der Abwesenheit eines denkbaren Beobachters überzeugen konnte. Der Einwegspiegel kann als Symbol für die Trennung von Forscher und Versuchsperson im Laboratorium der experimentellen Psychologie gelten.

Mit der Abwesenheit des wissenschaftsmethodisch institutionalisierten Forschersubjekts im Forscher, der sich nun auch seinen Objektbereich institutionalisiert, ist aber keineswegs das dem zugrunde liegende Problem gelöst. Auch die empirisch-analytischen Wissenschaften haben ja durch die beschriebene Institutionalisierung das Problem nicht gelöst: sie haben es nur auf ihre Weise dargestellt. Das Problem selber ist ja auch nicht zuerst ein theoretisches, sondern ein sehr praktisches und konkretes. Es besteht in der faktischen Existenz von Subjekten und Objekten, die den gesamten Lebensvollzug durchzieht, die zwar vom kleinen Kind äußerst mühsam erst angeeignet werden muß, die auch in der Erwachsenheit vorübergehend immer wieder regressiv geleugnet wird. Die durchgängige Verleugnung der faktischen Existenz von Subjekt und Objekt muß allerdings synonym mit dem Realitätsverlust etwa in der Psychose gesetzt werden.[75]

Die Beziehung des Subjekts zu Objekten ist gewiß eine der wichtigsten Konstellationen menschlichen Lebens, wenn nicht die wichtigste überhaupt. Sie ist als Quelle prinzipiell ständiger Befriedigungen und Versagungen überaus konfliktträchtig und insofern problematisch. Sie ist ein Problem, für das es keine Lösung gibt, sondern nur mehr oder weniger angemessene Auseinandersetzungsmöglichkeiten. Demnach ist sie als Problem zu akzeptieren.

Die Sozialwissenschaften arbeiten an den Problemen im zwischenmenschlichen Bereich. Sofern sie sich empirisch-analytischer Methoden bedienen, «lösen» sie das Subjekt-Objekt-Problem, indem sie es in der beschriebenen Weise darstellen. Diese Darstellung impliziert – wie ich erörtert habe – die artifizielle Zubereitung des Objekts für den Zweck der Forschung. Damit wird es nach Maßgabe des Forscherinteresses fraktioniert, und dies ist zugleich eine Deformation des Objekts.

Diesem Vorgang auf der Objektseite geht zwingend ein entsprechender auf der Seite des forschenden Subjekts einher. Auch der Forscher wird fraktioniert und deformiert; genauer: er fraktioniert und deformiert sich selber. Indem er seine Wissenschaftsmethodik anwendet, sperrt er bestimmte, ihm zugehörige Anteile aus und reduziert sich so auf andere Anteile, die im Sinne seiner Wissenschaftsmethodik zulässig sind. Er macht sich im Prozeß des Forschens gleichsam zu einem halben Menschen, weil ihn seine andere Hälfte in eben diesem Prozeß korrumpieren würde. Dies mag – unter Vorbehalten – angehen, wenn sein Objekt affektneutral ist. Die gleiche Haltung ist ihm aber auch dann aufgegeben, wenn er ein affektiv hochbrisantes Objekt untersucht und sogar dann, wenn er affektive Anteile an einem Objekt erforscht.

*103   Die Angst des Forschers vor seinem Gegenstand
ist seine Angst vor den im Spiel befindlichen Affekten*

Der so fraktionierte Forscher muß sich also durch im Objekt vorfindliche affektive Anteile, die immerhin seine «andere Hälfte» affizieren mögen, bedroht oder doch beeinträchtigt fühlen. Wenn er sie in den Zusammenhang seiner wissenschaftlichen Tätigkeit wirksam einläßt, verliert er gleichsam seine wissenschaftliche Kompetenz: er ist dann nicht mehr der Forscher, der er doch sein muß.

Die so beschriebene Drohung zielt also auf die einschlägig definierte Existenz des Forschers als solchen. Daraus aber darf zwingend auf Angsterlebnisse geschlossen werden, und es handelt sich hierbei um nichts anderes als um die Angst vor dem Verlust der einzig zulässigen Existenz. Helm Stierlin nennt diese Angst – freilich in einem etwas anderen, aber gewiß vergleichbaren Zusammenhang – Todesangst (Todesfurcht).[76]

*104 Das methodische Instrumentarium schützt
den Forscher vor seinem Objekt:
indem es ihn davon abtrennt, mildert es Angst (Devereux)*

Von daher erscheint mir die Frage naheliegend, auf welche Weise
denn der so bedrohte Forscher mit seiner Angst umgehen mag und
wie er sich vor ihr schützt. Eine Teilantwort ergibt sich zwingend
aus den oben stehenden Erörterungen: er darf sie erst gar nicht
erleben oder muß doch ihr Erlebnis auf ein Minimum reduzieren, so
daß er sie verkraften kann. Der zwingende Charakter dieser Feststellung geht insbesondere darauf zurück, daß Angst in den Bereich
der wirksamsten affektiven Anteile gehört.

Damit läßt sich die Frage weiter einengen: Auf welche Weise
gelingt es dem Forscher, sich das seiner Tätigkeit immanente Angstpotential vom Leibe zu halten? Diese Frage läßt sich durch eine
genauere Beobachtung seiner Tätigkeit und vor allem des Instrumentariums, das in dieser Tätigkeit eingesetzt wird, beantworten.

Zu diesem Zweck greife ich auf das oben angeführte Beispiel des
Einwegspiegels zurück, der mir als ein Symbol für die Trennung von
Forschersubjekt und zu erforschendem Objekt gilt. Der Einwegspiegel schirmt den Forscher in einer doppelten Weise vor seinen
Objekten ab: er sieht und hört sie; sie aber können ihn weder sehen
noch hören, können aus eigenem Antrieb nicht mit ihm kommunizieren und wissen im Extremfall nichts von seiner Existenz. Der
Angriff des Objekts auf den Forscher kann also nicht unmittelbar
durch dieses geführt werden, wodurch ein erheblicher Teil affektiver Provokation künstlich durch eine methodische Vorrichtung
verhindert wird.

Ich habe weiterhin dargestellt, daß es die Wissenschaftsmethodik
selber ist, die ihn in seiner Haltung affektiver Neutralität mit größtem Nachdruck bestärkt. Er hat somit immerhin die Möglichkeit,
sich an das zu halten, was so sein soll – auch wenn es gelegentlich
keineswegs so ist. Der Einwegspiegel steht hier ja auch nur stellvertretend für das Instrumentarium, das vermittels wissenschaftsme-
thodischer Vorschriften der Forscher zwischen sich und sein Objekt
nicht nur stellen darf, sondern stellen muß. Das ganze Ausmaß der
Komplexität und Gewichtigkeit, das dieses Instrumentarium vor
allem in den Naturwissenschaften, aber in zunehmendem Maße
auch in den Sozialwissenschaften angenommen hat, führt nicht
selten dazu, daß der Forscher sein beängstigendes Objekt überhaupt
nicht mehr sinnlich wahrnehmen muß: er erforscht und interpretiert

nur mehr Daten über sein Objekt, das ihm selber nicht mehr zu Gesicht kommt. Der immer umfangreicher werdende Filter des Instrumentariums und der Methoden schirmt den Forscher vor dem Angstpotential, das sein Objekt aus der verlorenen Nähe auslösen würde, nahezu vollständig ab: das eigene Angsterlebnis bleibt ihm erspart.

Georges Devereux hat diese Zusammenhänge in seinem Buch «Angst und Methode in den Verhaltenswissenschaften»[77] ausführlich untersucht und dargestellt. Er sieht selbst den Naturwissenschaftler, wenn er es mit lebloser Materie oder reinen Theorien zu tun hat, von einem entsprechenden Angsterlebnis bedroht und beschreibt seine Methode unter dem Aspekt der hier dargestellten Funktion.

Devereux schließt aber auch die oben benannte «andere Seite» – die auszusperrende – des empirisch-analytischen Forschers in seine Untersuchungen und Überlegungen ein. Selbstverständlich kann niemand wissenschaftliche Forschung betreiben, den sein Objekt bis zur Handlungsunfähigkeit verängstigt. Daraus ergibt sich zwingend die Notwendigkeit eines wirksamen Schutzes vor solcher Angst, eines Selbstschutzes des Forschers vor seinem Objekt bzw. vor dessen beängstigenden Anteilen.

105 Die Methode funktioniert zwar als Angstabwehr,
aber der Forscher hat kein Bewußtsein davon:
dies macht die Gültigkeit seiner Ergebnisse fraglich

Diesen Selbstschutz leistet zwar faktisch das wissenschaftsmethodische Instrumentarium, welches der Forscher zwischen sich und seinen Gegenstand schaltet, aber in der Begründung für die Notwendigkeit dieses Instrumentariums wird seine faktische Funktion, die in der Abschirmung vor dem Angsterlebnis besteht, nicht erwähnt. Jede ernsthafte wissenschaftliche Arbeit enthält eine ausführliche Darstellung und Begründung der verwendeten Methoden, ohne daß deren Funktion der Angstabwehr auch nur mit einem Wort erwähnt werden müßte. Der Grund dafür ist einfach und scheint mir vor allem in einem merkwürdigen wissenschaftsethischen und allseits etablierten Selbstverständnis des Forschers zu liegen: er hat sich selbst – und vor allem seine «andere Hälfte» – zu vernachlässigen, damit er sich allein auf sein Objekt und dessen Erforschung beziehen kann. Selbst die Frage, ob er dieser doch recht erheblichen Forderung auch genügen kann, wird allenfalls auf der Ebene der Methodendiskussion – also nur vermittelt – gestellt: «Der

Wahrnehmende ist im Prozeß der Wahrnehmung nicht mehr gegenwärtig.»[78] Die Funktion der Angstabschirmung vermittels des methodischen Instrumentariums ist auf der einen Seite zwar eklatant, aber das Bewußtsein davon scheint vollständig abwesend.

Selbst für den immerhin naheliegenden Fall, daß die Methode fast ausschließlich der Angstabschirmung dienen sollte, wird dieser Zweck mit keinem Wort erwähnt. Auch dort, wo dieser faktische, aber unbewußte Zweck nur einer von mehreren ist, die durchaus bewußt sind, ist ein so funktionierender Forschungszusammenhang, der für sich ein Höchstmaß an Rationalität reklamiert, hochwirksamen irrationalen Einflüssen ausgesetzt. Diese Einflüsse müssen keineswegs entstehen, weil das methodische Instrumentarium auch die letztlich notwendige Funktion der Angstabschirmung faktisch erfüllen muß. Irrationalität schleicht sich zwingend nur dann ein, wenn das Bewußtsein von dieser Funktion nicht vorhanden ist: dies aber scheint mir die Regel zu sein. Von daher sind selbstverständlich die Ergebnisse einer solchen Forschung mindestens dem Verdacht ausgesetzt, durch die Verleugnung der zugehörigen Angstproblematik einschlägig beeinträchtigt zu sein. Jedenfalls muß ihre «Objektivität» in Zweifel gezogen werden.

Die Frage nach der Objektivität solcher Ergebnisse – auch die nach ihrer Gültigkeit – muß nun zweifellos im Kontext der Aussagen zur Konstellation im empirisch-analytischen Forschungsprozeß diskutiert werden. «Objektivität» der Ergebnisse kann durchaus in Anspruch genommen werden; allerdings ist zwingend ein Objekt gemeint, das eben zum Zweck wissenschaftlicher Forschung erst zubereitet und gleichsam konstituiert worden ist.

Devereux – und nicht er allein[79] – verweist hier auf die letztliche Unmöglichkeit, im Bereich der Sozialwissenschaften (er spricht von «Verhaltenswissenschaften») eine genaue Trennungslinie zwischen Subjekt und Objekt zu ziehen. Damit problematisiert er allerdings die empirisch-analytische Wissenschaftsmethodik an ihrer Basis. Auf eine ausführliche Entfaltung dieser Überlegungen kann ich hier mit Hinweis auf Devereux verzichten.

106 Der Konsensus im praktischen Diskurs der Forscher enthält die mögliche und gültige Wahrheit (Habermas)

Zugleich hoffe ich, die Unbrauchbarkeit empirisch-analytischer Verfahren für die Zusammenhänge meiner Arbeit hinreichend verdeutlicht zu haben. Ich werde also im folgenden fortfahren, die hier verwendeten Verfahren genauer zu untersuchen, um sie und die zugrundeliegende wissenschaftstheoretische Position abzuklären. Dabei bleibt die Darstellung und Verarbeitung des Subjekt-Objekt-Problems im Vordergrund.

Zunächst erscheint es mir wichtig, durch eine Wiederholung zweierlei zu betonen:

1. Ich halte das Subjekt-Objekt-Problem nicht für lösbar;
2. Die Darstellung dieses Problems in den empirisch-analytischen Wissenschaften halte ich nicht für brauchbar in den Zusammenhängen meiner Arbeit.

In seinen «Vorbereitenden Bemerkungen zu einer Theorie der kommunikativen Kompetenz» entwickelt Jürgen Habermas im Ansatz seine «Konsensustheorie der Wahrheit».[80] Selbstverständlich sieht auch er sich dem Problem der Subjekt-Objekt-Relation gegenüber. Auch er kommt zu keiner Lösung – jedenfalls zu keiner praktischen. Interessant ist aber die Darstellung, die das Problem in seinem Zusammenhang gefunden hat. Habermas benutzt den Ausdruck «Intersubjektivität». So spricht er von der «Ebene der Intersubjektivität, auf der die Sprecher/Hörer *miteinander* sprechen» (S. 105). Sie sprechen über «Dinge, Ereignisse, Zustände, Personen, Äußerungen und Zustände von Personen» (S. 105). Der Ausdruck «Intersubjektivität» kann nun bei Habermas sowohl auf die Alltagskommunikation von Menschen als auch auf die Kommunikation von solchen Menschen bezogen werden, die sich zum Zweck wissenschaftlicher Forschung verständigen wollen. Damit werden aber die oben angeführten Bereiche «Lernen» (wo – etwa in der Alltagskommunikation – auch unbewußte Vorgänge unbewußt wirksam sind) *und* «wissenschaftliche Forschung» (wo auf das Prinzip der Bewußtheit keinesfalls verzichtet werden kann) abgedeckt. Habermas meint wissenschaftliche Forschung, wenn er schreibt: «Der Intersubjektivität verbürgende Charakter der Beobachtung besteht darin, daß sie ‹kontrolliert› werden kann, und zwar, wenn sie nur weit genug problematisiert wird, in der Form eines Experiments . . . Beobachtungen sind methodisch in dem Maße gesichert, als sie sich auf Erfahrungen des Erfolgs von wiederholbaren Operationen gründen. Diese wiederum lassen sich auf Operationen zurückführen, die nach Regeln physikalischen Messens vorgenommen werden.» (S. 127)

Das Zitat zeigt außerdem deutlich, daß hier wissenschaftliche Forschung noch im Sinne empirisch-analytischer Forschung verstanden wird. «Hier soll diese Überlegung nur die These stützen, daß der intersubjektivitätsverbürgende Charakter der Beobachtung von einem *normativen Fundament der Beobachtung* abhängt: nämlich davon, daß wir die Gegenstände möglicher Beobachtung unter dem Gesichtspunkt physikalischen Messens idealisieren, d. h. als meßbare Körper auffassen.» (S. 127) Das normative Fundament der Beobachtung meint also nichts anderes, als die Verständigung der Forscher darüber, welche Methode sie gemeinsam für verbindlich halten wollen, bevor sie sie anwenden. Zugleich wird auch hier wieder deutlich, daß die Methode selber das «Objekt» (etwa «die Natur») unter ganz bestimmte (nämlich durch die Forscher bestimmte) Fragegesichtspunkte stellt: es hat sich der Forderung physikalischer Meßbarkeit zu fügen und kommt nur insofern als Objekt in Betracht. Dies hatte ich weiter oben ausgeführt: ich schrieb von der Fraktionierung und Deformation des Objekts.

Habermas nennt das hier anders, wenn er schreibt: «Der Idealisierung der Natur unter dem Gesichtspunkt der Meßbarkeit bewegter Körper entspricht die Idealisierung der Menschenwelt durch Imputation reinen kommunikativen Handelns.» (S. 128) Idealisierung bedeutet hier aber nichts anderes als Veränderung – also Fraktionierung und Deformation – des Objekts für die wissenschaftsmethodisch geleiteten Forschungszwecke des Forschers. Dies wird nun nicht bloß für die Naturwissenschaften festgestellt, sondern hat seine Entsprechung in den Sozial- und schließlich Kommunikationswissenschaften: auch hier sei der Forscher wegen der Unverzichtbarkeit der Gültigkeit seiner Ergebnisse auf ein solches methodisches Instrumentarium und Vorverständnis angewiesen, das die zu erforschende Situation – also den «Gegenstand» – zubereitet, also fraktioniert und deformiert; Habermas benutzt den Ausdruck «idealisiert». Damit wird etwas als existent unterstellt, das faktisch nicht existent ist: es ist nicht faktisch, aber «kontra-faktisch».

«Alle zugelassenen Äußerungen dürfen den Subjekten mithin zugerechnet werden; alle Subjekte gelten als zurechnungsfähig . . . Ich darf dann und nur dann p von x behaupten, wenn ich unterstellen darf, daß ich die Zustimmung jedes kompetenten Beurteilers finden würde. Ein Konsensus unter Gesprächspartnern, die die Wahrheit von Aussagen beurteilen, ist also ein zureichendes Wahrheitskriterium, wenn die Gesprächspartner als kompetente Beurteiler, und das heißt, so haben wir hinzugesetzt, als ‹vernünftig› gelten dürfen.» (S. 128 f)

Den Subjekten muß also Verantwortlichkeit für ihr Sprechen und Handeln unterstellt werden; sie gelten als vernünftig, wenn sie kompetente Beurteilungsfähigkeiten besitzen; «.. ob einer bei Vernunft ist, merken wir erst, wenn wir mit ihm sprechen und in Handlungszusammenhängen auf ihn rechnen.» (S. 130) Die Frage der Beurteilungsfähigkeit, und damit die der Vernünftigkeit, kann demnach überhaupt nur in gemeinsamem Handeln geklärt werden, worin jeder Einzelne solche Qualifikationen erst erweisen müßte: dies aber kann nur im Sinne eines prozeßhaften Ablaufs gedacht werden, nicht aber im Sinne einer Zuschreibung vorweg.

Den Weg dieser Klärung nennt Habermas «praktischer Diskurs»; er schreibt: «Ich halte es für sinnvoll, die Vernünftigkeit eines Sprechers an der *Wahrhaftigkeit seiner Äußerungen* zu bemessen. Wahrhaftig sind die Äußerungen eines Sprechers, wenn er weder sich noch andere täuscht.» (S. 131) Der praktische Diskurs bewegt sich also zugleich – oder auch nacheinander – auf zwei Ebenen und verfolgt zwei Perspektiven: er stellt die Vernünftigkeit des Sprechers fest, indem er die Wahrhaftigkeit seiner Äußerungen immer aufs neue ausmacht. Die andere Perspektive prüft die «Wahrheit von Aussagen»: «Die Wahrhaftigkeit von Äußerungen liegt in einer anderen Dimension als die Wahrheit von Aussagen.» Dann fragt er weiter: «... welche Bedingungen müssen erfüllt sein, damit wir berechtigt sind, eine Äußerung wahrhaftig zu nennen? Ein Sprecher äußert sich wahrhaftig, wenn er die Intentionen, die er im Vollzug seiner Sprechakte zu erkennen gibt, sich oder anderen nicht bloß vortäuscht, sondern tatsächlich meint – wenn er beispielsweise ein Versprechen, das er gibt, auch halten will; oder eine Behauptung, die er macht, auch verteidigen will; oder eine Warnung, die er ausspricht, mit guten Gründen und in der Absicht, schädliche Folgen und Nebenfolgen abzuwenden, gibt.» (S. 131) Aus dem folgt zwingend, daß in einem so verstandenen Prozeß die Vernünftigkeit der Beteiligten in der immer wieder festzustellenden Wahrhaftigkeit ihrer Äußerungen ermittelt (und hergestellt) wird. Dies aber ist die wesentliche Bedingung für die Möglichkeit der Wahrheit von Aussagen über einen «Gegenstand» oder «Sachverhalt», den diese Beteiligten untersuchen.

«Die Konsensustheorie der Wahrheit bringt zu Bewußtsein, daß über die Wahrheit von Aussagen nicht ohne Bezugnahme auf die Kompetenz möglicher Beurteiler, und über diese Kompetenz wiederum nicht ohne Bewertung der Wahrhaftigkeit ihrer Äußerungen und der Richtigkeit ihrer Handlungen entschieden werden kann.» (S. 134) Damit ist ausgewiesen, daß ein so geleiteter Forschungsprozeß nur dann die hier beschriebenen Bedingungen erfüllt, wenn die

Beteiligten nicht nur ihren «Gegenstand» und seine Erforschung im Auge haben: sie müssen zugleich sich selber im Blickfeld haben unter dem Gesichtspunkt ihrer «Vernünftigkeit» und der «Wahrhaftigkeit ihrer Aussagen»; wenn jene nicht erreicht werden, kann dieser nicht hinreichend erforscht werden.

Habermas besteht darauf – und ich möchte dies unterstreichen – daß er hier Bedingungen einfordert, die eben nicht faktisch, sondern kontrafaktisch sind. Er diskutiert – in diesem Zusammenhang – nicht eine Unterscheidung in bewußte, unbewußte und vorbewußte Anteile bei den im Prozeß Beteiligten. Schon die Einführung solcher Anteile, die in weiten Bereichen außerhalb der unmittelbaren Verfügungsmöglichkeit der Beteiligten liegen und nur sehr bedingt ihrem Bewußtsein zugänglich sind, verweisen auf den kontrafaktischen Charakter der Bedingungen seines Diskurses: dies habe ich weiter oben erörtert. Dennoch erscheint auch für den Zusammenhang meiner Arbeit ein so beschriebener Diskurs zweckmäßig und sogar notwendig: er zielt auf etwas, was noch nicht bekannt ist, aber bekannt werden soll; was noch nicht faktisch ist – sondern eben kontrafaktisch –, aber doch faktisch werden soll. Er schreibt:

«Dieses Phänomen ist erklärungsbedürftig. Ich möchte es damit erklären, daß wir in jedem Diskurs wechselseitig eine ideale Sprechsituation *unterstellen.* Die ideale Sprechsituation ist dadurch charakterisiert, daß jeder Konsensus, der unter ihren Bedingungen erzielt werden kann, per se als wahrer Konsensus gelten darf. *Der Vorgriff auf die ideale Sprechsituation* ist Gewähr dafür, daß wir mit einem faktisch erzielten Konsensus den Anspruch des wahren Konsensus verbinden dürfen; zugleich ist dieser Vorgriff ein kritischer Maßstab, an dem jeder faktisch erzielte Konsensus auch in Frage gestellt und darauf hin überprüft werden kann, ob er ein zureichender Indikator für wirkliche Verständigung ist.» (S. 136)

Obgleich ich nun also weiß, daß ich bei der Beachtung der faktischen Existenz etwa des Unbewußten oder der gleichsam ungreifbaren Anteile analoger Kommunikation keineswegs in wünschenswertem Maße über das auch verfügen kann, was ich selber kommuniziere; obgleich ich nun diese Faktizität bei den anderen auch so zunächst akzeptieren muß, kann und muß ich sogar mit der Unterstellung arbeiten, daß dies nicht so sei. Ich muß etwa um den unverbindlichen Charakter analog kommunizierter Anteile wissen, *und* ich muß zugleich ihre volle Verbindlichkeit unterstellen. Ich muß um die Existenz der Lüge wissen, *und* ich muß die Absicht zur Wahrheit unterstellen, ohne vorweg zu wissen, wann gelogen wird und wann Wahrheit – oder doch Wahrhaftigkeit – vorliegt.

«Die kontrafaktischen Bedingungen der idealen Sprechsituation erweisen sich als Bedingungen einer idealen Lebensform.» (S. 139) In meinem Zusammenhang bedeutet dieser Satz, Angst anzuerkennen, damit sie vermindert und teilweise beseitigt werden kann. Sie kann gewiß nicht beseitigt oder vermindert werden, wenn sie nicht anerkannt, sondern verleugnet wird. Schon der angestrebte Verzicht auf die Verleugnung der Angst ist selber beängstigend: Angst ist faktisch, ihre Verleugnung in weiten Bereichen auch; ihre Abwesenheit ist kontrafaktisch; ihre Verringerung auch; ihre Bearbeitung erzeugt neue Angst, dennoch ist das Ziel: ihre Verringerung. «Der Vorgriff auf die ideale Sprechsituation hat für jede mögliche Kommunikation die Bedeutung eines konstitutiven Scheins, der zugleich Vorschein einer Lebensform ist.» (S. 141)

*107   «Intersubjektivität» ist keine Auflösung,
sondern nur eine Darstellung des Subjekt-Objekt-Problems*

Damit komme ich auf das Subjekt-Objekt-Problem zurück. Unter dem Ausdruck «Intersubjektivität», den Habermas im Zusammenhang seiner Konsensustheorie der Wahrheit verwendet, scheint der Objektanteil des Problems verschwunden zu sein; er scheint sich eben in Intersubjektivität aufgelöst zu haben. Er schreibt: «Alle Diskurse sind intersubjektive Veranstaltungen.» (S. 135) Auch in meinem Arbeitszusammenhang handelt es sich wesentlich um diskursive Formen der Bearbeitung und Auseinandersetzung. Wo also bleibt der Objektanteil, da es sich ja auch hier nicht um eine Lösung, sondern nur um eine Darstellung des Subjekt-Objekt-Problems handelt?

Im Habermasschen Diskurs scheinen mir die Objektanteile in den beiden genannten unterschiedlichen Dimensionen in unterschiedlicher Weise vorhanden. Die eine Dimension zeigt die Beteiligten in ihrer Bemühung, die «Dinge, Ereignisse, Zustände, Personen» in der Form zu untersuchen, daß sie vorweg oder im Verlauf gefundene Daten *über* diese «Dinge, Ereignisse» etc. erforschen und bearbeiten wollen. Die Objektanteile werden hier also in Form von Daten durch die Beteiligten in den Forschungsprozeß eingebracht: auf dieser Ebene oder Dimension zielt ihre Bemühung auf die Wahrheit von Aussagen eben über jene «Dinge, Ereignisse» etc., die hier den Objektanteil gleichsam repräsentieren. Bemerkenswert erscheint mir die darin vorhandene Vorstellung, daß die forschenden

Subjekte sozusagen schon Träger der zu untersuchenden Objektanteile sind, insofern sie Daten über Objekte in den Forschungsprozeß hineintragen.

Die andere Dimension findet die Beteiligten in ihrer Bemühung vor, sich miteinander und untereinander zu verständigen. Dies würde bedeuten, daß das Gegenüber des jeweils einen Subjekts einen Objektcharakter annehmen müßte, ohne daß es seinen Subjektcharakter verlöre, den es ja auch seinem Gegenüber entsprechend vertritt. In dieser Dimension zielt die Bemühung der Beteiligten auf die Wahrhaftigkeit von Äußerungen.

Wenngleich ich nun die Möglichkeiten des so beschriebenen Diskurses auch für die praktischen Zwecke meiner Arbeit in Betracht ziehe und erprobt habe, erscheint mir der Ausdruck «Intersubjektivität» sehr problematisch. Ich akzeptiere, was er meint, kann ihn aber schwerlich als Bezeichnung akzeptieren. Dabei bezieht sich meine Schwierigkeit besonders auf die Bedingungen der zweiten Dimension, in der es um die Wahrhaftigkeit von Äußerungen der Beteiligten geht. Die Objektanteile dieser Situation scheinen mir nicht mit hinreichender Deutlichkeit durch den Ausdruck «Intersubjektivität» bezeichnet.

Dabei geht es mir nicht nur um den Austausch einer mir ungenau erscheinenden Bezeichnung durch eine andere genauere; es geht mir vor allem um eine bestimmte Relativierung der «idealen, kontrafaktischen Bedingungen» des Habermasschen Diskurses. Meine Relativierung zielt auf die Hereinnahme von mehr «Faktizität».

Der Ausdruck «Intersubjektivität» verweist lediglich auf Subjekte und nicht auch auf Objekte. Die Situation, die er meint, kann aber schlechterdings nicht ohne Objekte gedacht werden. In der zugrundeliegenden Vorstellung muß also fraglos wechselseitig das jeweils eine Subjekt auch Objekt des jeweils anderen werden, ohne daß es – wechselseitig – seinen Subjektcharakter verliert.

*108 Subjektivität konstituiert sich am Objekt (z. B. Mutter),
stabilisiert sich, indem sie dessen subjektive Anteile anerkennt,
und übernimmt so selber auch Objektanteile (Stierlin)*

In jedem denkbaren praktischen Diskurs konkreter Personen werden alle Beteiligten den jeweiligen anderen ganz bestimmte unterschiedliche Zumutungen, Ansprüche, Bedürftigkeiten entgegenbringen oder auch abverlangen. Diese zielen auf Einlösung und Befriedigung, die nun im Verlauf ganz oder teilweise erreicht oder verweigert werden. Solche Zumutungen, Ansprüche, Bedürftigkeiten müssen auch dann unterstellt werden, wenn sie etwa nicht geäußert werden sollten: sie sind konstitutiv für jeden praktischen Diskurs, der ja bei ihrer Abwesenheit völlig sinnlos würde. Überdies erscheint es auf Dauer nicht möglich, einen solchen praktischen Diskurs auch wirklich aufrechtzuerhalten nach dem Willen der Beteiligten, wenn nicht mindestens kleine Anteile der vorhandenen Zumutungen, Ansprüche, Bedürftigkeiten Befriedigung erfahren: wo das nicht geschieht, stirbt der Diskurs wegen frustrativer Auszehrung der Beteiligten.

Wenn ich aber nun Zumutungen, Ansprüche und Bedürftigkeiten an einen anderen herantrage in der Absicht, daß er sie befriedigen soll, dann mache ich diesen zwangsläufig zu meinem Objekt, von dem ich Befriedigung erwarte. Dies ist sowohl dann der Fall, wenn dieses Objekt Befriedigung gewährt als auch, wenn es solche Befriedigung ganz oder teilweise verweigert.

Die frühe Mutter-Kind-Beziehung enthält nun die Subjekt-Objekt-Konstellation in einer bestimmten extremen Weise. Die Bedürftigkeit des Kindes fordert die Mutter ganz und gar in die Objektposition. Dies begründet sich nicht nur in der extremen Bedürftigkeit des sehr kleinen Kindes, sondern vor allem auch in seiner Unfähigkeit, die erst mühsam zu lernende Unterscheidung in Subjekt und Ich einerseits und Objekt und Du andererseits vorzunehmen. Die Psychoanalyse hat diese Befindlichkeit des kleinen Kindes unter dem Terminus «Primärer Narzißmus» beschrieben: das Kind hat gleichsam nur ein einziges Interesse, welches in der sofortigen und vollständigen Befriedigung all seiner Bedürfnisse besteht. Die gewiß immer auch vorhandenen subjektiven Interessen der Mutter, die ja vom Kind auch noch nicht als Subjekt erlebt werden kann, und die durchaus in Relation zu den kindlichen Interessen divergieren können, sind für das Kind überhaupt nicht von Belang.[81]

Damit ist die Mutter – nach Maßgabe der Bedürftigkeit des Kindes – ausschließlich Objekt von Befriedigungen, die das Kind fordert. Eine angemessene Entwicklung des Kindes und seiner Beziehung zur Mutter führt mit der langsamen und mühsamen Anerkennung der leidigen Faktizität des Getrenntseins von Subjekt und Objekt auch zur ebenso mühsamen Akzeptierung der womöglich divergierenden subjektiven Ansprüche der Mutter: also der Mutter in eigener Subjektivität. Allerdings ist damit – wie auch auf der anderen Ebene der Erkenntnis- und Wissenschaftstheorie – das Problem nicht gelöst: es stellt sich vielmehr in immer neuen Konstellationen lebenslänglich dar und fordert zwingend Einübung in seinen Umgang. Lebenslänglich sind Menschen auf andere im Sinne von Objekten ihrer Befriedigung angewiesen und können – obgleich in allen Kulturen mit großem Nachdruck darauf verpflichtet[82] – nur sehr bedingt auch die Subjektivität des jeweiligen anderen respektieren.

Meine Ausführungen zielen auf die Anerkennung des jeweils anderen auch als Objekt jeweils eigener Bedürftigkeit, die ja unabhängig von den womöglich anderen subjektiven Bedürftigkeiten dieses Objektes auch befriedigt werden wollen und – mindestens teilweise – müssen: dies ist eine unverzichtbare Zumutung jeder Beziehung zwischen Menschen.

Helm Stierlin hat diese Problematik in vorbildlicher Deutlichkeit in seiner Arbeit «Das Tun des Einen ist das Tun des Anderen»[83] entfaltet. Er gelangt zu folgender Darstellung. Mit Bezug auf Kant zieht er zunächst folgendes Zitat aus dessen «Kritik der praktischen Vernunft» an: «In der ganzen Schöpfung kann alles, was man will, und worüber man etwas vermag, auch bloß als Mittel gebraucht werden; nur der Mensch, und mit ihm jedes vernünftige Geschöpf, ist Zweck an sich selbst. Er ist nämlich das Subjekt des moralischen Gesetzes, welches heilig ist, vermöge der Autonomie seiner Freiheit.»[84]

Stierlin fährt fort: «Kant spricht hier nicht von Beziehungen, wie sie sind, sondern wie sie sein sollen. Aber um sagen zu können, wie Beziehungen sein sollen, muß man berücksichtigen, wie sie sein können. Man muß daher im Gegensatz zu Kant von der Realität der menschlichen Natur und der menschlichen Bedürfnisse ausgehen. Da Kant dies unterläßt, entwirft er eine Ethik in der Abwehrstellung gegen Triebe und Bedürfnisse. Tugend wird damit für ihn zu einer Frage der Triebüberwindung, nicht der Triebsynchronisation ... Daher bringt Kant nicht zum Ausdruck, daß der andere in der Beziehung für uns nicht nur Subjekt – d. h. eine Person im eigenen Recht –, sondern auch Objekt – d. h. Gegenstand unserer Bedürfnisbefriedigung werden muß.»[85]

Stierling relativiert also die rigoristische Position Kants mit dem Verweis auf die Bedürftigkeit und die Triebstruktur der menschlichen Natur. Innerhalb jeder menschlichen Beziehung muß das Subjekt zugleich auch Objekt für die Befriedigung des jeweils anderen werden. Dies muß immer jedoch auch umgekehrt gelten.

«Dies Subjekt im Objekt ist der andere als Person in eigenem Recht. Es ist der andere als subjektives Zentrum eigener Bedürfnisse, einer eigenen Initiative, einer eigenen Orientierung in der Welt und einer eigenen Verantwortung. Es ist der *autonome Andere*. Das bedeutet: wenn wir uns auf den anderen als Objekt, d. h. als Gegenstand *unserer* Bedürfnisse, *unserer* Initiative und *unserer* Weltorientierung beziehen, muß dieser Andere für uns zugleich immer ein Subjekt im eben dargestellten Sinne werden.»[86]

Die Wechselseitigkeit in dieser Darstellung des Subjekt-Objekt-Problems scheint mir gegenüber der Habermasschen Darstellung unter dem Ausdruck «Intersubjektivität» ausgewogener, weil sie die Objektanteile deutlicher herausstellt. Sie verzichtet damit auf den Rekurs auf idealistische Positionen, die in der Habermasschen Darstellung mindestens durchscheinen. Stierlin schreibt: «In einer positiven Gegenseitigkeit müssen daher als Ergebnis unserer Überlegungen sowohl das Objekt im Subjekt als auch das Subjekt im Objekt zu ihrem Recht kommen. Wo diese komplexe Versöhnung nicht gelingt, muß sich eine negative Gegenseitigkeit . . . entwickeln.»[87]

109   Der Reflexionsprozeß richtet sich auf die bedeutsamen Spuren, die eine vergangene Situation in den Beteiligten hinterlassen hat

Nach diesen Überlegungen kann ich die hier in Frage stehenden Prozesse im Seminar, im Unterricht, in seiner Besprechung und in den Tiefeninterviews als Lern- und Forschungsprozesse beschreiben, die von allen Beteiligten – freilich unter sehr verschiedenen Aspekten – mit unterschiedlichen Interessen und Ergebnissen betrieben werden. Selbstverständlich sind die Bedingungen der »idealen Sprechsituation» im Sinne von Habermas in keinem einzigen Fall gegeben; sie werden auch in keinem Fall erreicht. Sie werden aber in jedem Fall angestrebt.

Das bedeutet in meinem Arbeitszusammenhang perspektivisch die Herstellung größerer Klarheit und Transparenz im Hinblick auf die relevanten Anteile der vorgefundenen Situationen, ihrer Beziehungsmuster und ihrer strukturellen Bedingungen und bezieht sich – wie ich weiter oben ausgeführt habe – in erster Linie und zunächst allein auf die jeweils konkrete, vorfindliche Situation: sie soll reflektiert werden. Dies aber bedarf einer Präzisierung.

Prinzipiell kann der Reflexionsprozeß auf eine Situation erst dann einsetzen, wenn sie schon vergangen ist.[88] Das bedeutet aber, daß nicht die Situation selber reflektiert werden kann: der Reflexion zugänglich sind allein die Spuren, die diese Situation in den Beteilig-

227

ten hinterlassen hat; diese aber auch nur insofern, als sie in den Prozeß der Reflexion eingebracht werden können. Dies enthält die Unterstellung, daß nicht die ganze Situation wichtig sei, sondern eben nur die Spuren, die sie hinterlassen hat: sie sind die Wirkung der jeweils bedeutsam gewordenen Anteile der Situation. Von daher ist ausdrücklich festgestellt, daß die gleichsam «spurlosen» Anteile der Situation aus dem Reflexionsprozeß herausfallen. Dies erscheint akzeptabel.

Problematischer sind drei andere Aspekte, die auf Zugeständnisse verweisen, die weniger leicht akzeptiert werden können:

1. Die Spuren einer Situation können hochwirksam, zugleich aber einzelnen oder gar allen Beteiligten völlig unbewußt sein. Der Diskurs zielt hier auf einen höheren Grad an Bewußtheit, der aber nur nach Maßgabe der jeweils situativ vorhandenen Kompetenzen erreicht werden kann.

2. Am Reflexionsprozeß sind in fast allen Fällen keineswegs alle diejenigen beteiligt, die die Situation, auf die reflektiert wird, womöglich entscheidend mitgestaltet haben (z. B. nehmen an der Unterrichtsbesprechung keine Schüler teil).

3. Aber selbst bei denjenigen, die den Reflexionsprozeß betreiben, bleiben Anteile unreflektiert, die durchaus im Sinne von Spuren in den Beteiligten vorhanden sind: dies sind häufig verpönte oder stark bedrängende Anteile, die wegen ihrer Peinlichkeit von den Betroffenen vor der Reflexion – gar in einer Gruppe – ausgesperrt werden.

Diese Bedingungen sind schwer akzeptabel und müssen zugleich akzeptiert werden: das nur Wünschenswerte ist kontrafaktisch. Die Überlegungen zum Reflexionsprozeß verweisen nun auf bestimmte Implikationen, die weiter oben an verschiedenen Stellen mindestens angedeutet wurden. Der hier in Frage stehende Reflexionsprozeß zielt in keinem Fall auf eine Erhebung «objektiver» Spuren, die die jeweilige Situation hinterlassen haben mag. Vielmehr orientiert er sich ausdrücklich und ausschließlich an solchen Spuren, die subjektiv in den beteiligten Subjekten vorhanden sind. Zugleich ist er auf die Grenzen der Verbalisierbarkeit und der Reflexionskraft der Beteiligten verpflichtet. Die Frage, was bis zu welchem Punkt bearbeitet werden *soll*, stößt auf die Gegenfrage, was bis zu welchem Punkt bearbeitet werden *kann*. Dabei ist die letzte Frage entscheidend.

110 *Gewonnene Ergebnisse können aufgrund*
allgemein-struktureller Bedingungen ihrer Gewinnung Gültigkeit
über den Kreis der Beteiligten hinaus für sich in Anspruch nehmen

An dieser Stelle kann ich schließlich die Frage nach dem Gültigkeitsbereich der so gewonnenen Ergebnisse erneut aufgreifen. Weiter
oben hatte ich zunächst festgestellt, daß die Gültigkeit der gewonnenen Ergebnisse sich auf die Situation beschränkt, aus der sie gewonnen wurden. Jede weitere Reflexion stellt die gewonnene Gültigkeit
erneut hypothetisch zur Disposition, so daß sie bestätigt, verändert
oder verworfen werden kann. Damit hat der Reflexionsprozeß seinen Wert oder Unwert in sich selber für die an ihm Beteiligten. Nach
meiner Meinung kann er schon von daher legitimiert werden: als
folgenreiche Selbstreflexion unter bestimmten beruflichen Bedingungen.

Dies würde aber kaum eine weitere wissenschaftliche Bearbeitung und schließliche Veröffentlichung rechtfertigen. Zwar ist die
wissenschaftliche Bearbeitung selbst wieder ein Reflexionsprozeß
und von daher vertretbar. Was aber soll dann seine Veröffentlichung? Die Antwort kann zutreffend auf mögliche neue Reflexionsprozesse beim interessierten Leser verweisen. Dem muß ich aber
entgegenhalten, daß ich über diese Reflexionsprozesse allenfalls
Vermutungen anstellen kann: ich weiß nichts darüber! Keinesfalls
können sie akzeptabler Gegenstand meiner Arbeit hier und jetzt
sein.

Daraus folgt zwingend, daß die hier dargestellten Lern- und
Forschungsprozesse einen Gültigkeitsbereich ausweisen müssen,
der über die beschriebenen Situationen hinausreicht und seinen
Wert auch für diejenigen erweisen muß, die *nicht* an diesen Situationen beteiligt waren. Dies soll aber nach meiner Vorstellung anhand
eben solcher Situationen geschehen, die längst vergangen sind und
deren Wiederholbarkeit ganz und gar ausgeschlossen ist.

Um nun die Möglichkeit einer solchen Ausweitung des Gültigkeitsbereichs der gefundenen Ergebnisse aufzuzeigen, rekurriere ich
auf meine relativ naive Erfahrung der hier in Frage stehenden Probleme, wie ich sie in meiner Einleitung darzustellen versucht habe.
Dort hatte ich zeigen können, daß diesen in merkwürdiger Weise
störenden Vorfällen im Unterricht zunächst dort, dann aber auch
auf meiner Erlebnisebene und der meiner Kollegen eine sich mit
zunehmender Deutlichkeit herausschälende Tendenz oder Perspektive innewohnte: diese Vorfälle verwiesen auf den außerschulischen,

den familialen, den privaten Bereich. Er war es, der im Unterricht aktualisiert wurde und der hier vor allem dysfunktionale Wirkungen zeitigte.

Das viel später folgende einschlägige Literaturstudium erhärtete diese zunächst eher vermutete Tendenz. Peter Fürstenaus Aufsatz «Zur Psychoanalyse der Schule als Institution»[89] zeigte mir nach einem teils schon vorweg erfolgten Studium psychoanalytischer Arbeiten vor allem zur Primärsozialisation, auf welche Weise und mit welcher Wirksamkeit solche familialen, privaten und persönlichen Anteile meist gegen den Willen der Betroffenen und häufig ohne deren Wissen – eben unbewußt – in den Unterricht hineinspielen. Hier, wie in anderen öffentlichen und privaten Bereichen der Erwachsenheit, macht sich verbliebene Kindlichkeit meist dysfunktional bemerkbar. Verbliebene Kindlichkeit – besonders unter ihrem dysfunktionalen Aspekt – wird aber in der überaus weitgespannten Literatur als in einem ganz bestimmten Sinne «verblieben» dargestellt. Ich kann mich angesichts dieser Vorarbeiten hier sehr kurz fassen.

111   Kindlichkeit verbleibt, wenn sie sich nicht in einem
angemessenen Erziehungsprozeß entäußern kann

Mutter und später Vater sind die wichtigsten Bezugspersonen des Kindes. Sie tragen in all ihrer Erwachsenheit Züge verbliebener Kindlichkeit, die ihre Erziehungs-, Sozialisations- und damit Kommunikationsfähigkeiten mit ganz bestimmten Kompetenzen, aber auch Defekten ausstatten, die auf den Entwicklungsprozeß des Kindes einwirken. Sie begleiten, markieren und lenken den Weg des Kindes in seine spätere Erwachsenheit. Kindliche Triebstrukturen vor allem haben aber keineswegs die Tendenz, aus eigenem Willen sich den Forderungen der Erwachsenheit zu fügen: sie stehen vielmehr diesen Forderungen fast immer diametral entgegen und wollen sich nicht zügeln lassen. Damit aber gefährden sie ständig das Ziel späterer Erwachsenheit, das ja von den Eltern für das Kind angestrebt wird. Zugleich gefährdet die kindliche Triebstruktur aber auch die Absicht der Eltern: man kann sogar sagen, sie gefährde die Eltern als solche, nämlich als erwachsene Erzieher.

Auf der Ebene des elterlichen Bewußtseins hat dies die Folge, daß sich die Eltern um die Erziehung und Entwicklung des Kindes sorgen. Auf der Ebene des Unbewußten aber, dem gerade im Erziehungsprozeß viel größere Handlungsrelevanz zugesprochen werden muß, erscheint die elterliche Sorge als Angst, die zudem noch abgewehrt werden muß: sie wird in aller Regel *am Kind* abgewehrt.[90] Das bedeutet aber, daß beängstigende Anteile oder Verhaltensäußerungen am Kind – vor allem unbewußt – rigoros unterdrückt werden müssen. Für die Möglichkeit dieser Unterdrückung steht den Eltern aufgrund der extremen Abhängigkeit des Kindes vor allem in seiner frühen Entwicklung ein überaus wirksames Arsenal von Maßnahmen zur Verfügung. Ich verweise auf die vielfältigen Spielarten des Liebesentzugs. Liebesentzug aber produziert im Kind Verlassenheitsängste, die wegen seiner großen Abhängigkeit als Todesängste zutreffend beschrieben werden können.

Auf diese Weise werden unbewußt, aber höchst massiv bestimmte triebhaft-kindliche Anteile verpönt. Sie werden so stark verpönt, daß sie aus dem Erziehungs- und Sozialisationsprozeß herausfallen. Ihre gleichsam erste Äußerung konfrontiert das Kind mit einer Elternreaktion, die ihm signalisiert, daß es so ist, wie es bei der Gefahr des Verlassenwerdens auf gar keinen Fall sein darf: zugleich spürt das Kind natürlich, daß es dennoch so ist.[91] Es muß also sein kindlich-triebhaftes Sosein selber verpönen, verheimlichen, verstecken, unterdrücken, verleugnen, verschieben in eine – aber eben nur scheinbare – Nichtexistenz. Formelhaft verkürzt und in die Sprache der Erwachsenen übersetzt stellt sich die Situation des Kindes nun wie folgt dar: wenn ich bin – oder bleibe – wie ich bin, verliere ich die Grundlage meiner Existenz, die in der anwesenden Liebe meiner Eltern besteht. Weil ich aber darauf nicht verzichten kann, muß ich gegen meinen Willen werden, wie ich nicht bin und nicht werden will – zumindest muß ich so erscheinen!

Angemessene Erziehung kann aber nur in der Weise verstanden werden, daß alle Anteile des totalen Kindes – auch die beängstigend-triebhaften – legitim und zunächst als solche akzeptiert in den Erziehungsprozeß hineinspielen dürfen: in dem Prozeß der pädagogischen Auseinandersetzung mit den wichtigen Bezugspersonen – das sind zunächst Mutter und Vater, später auch die Lehrer – sollen sie langsam im Sinne eines sehr differenzierten wechselseitigen Aushandelns mit der Perspektive Erwachsenheit und Reife modifiziert und umgestaltet werden.

Dieser langwierige Prozeß kann aber nur solche kindlichen Anteile betreffen, die einen legitimen Ort innerhalb dieses Prozesses haben. Oben habe ich aber solche Anteile bezeichnet, die diesen legitimen Ort aufgrund der verbliebenen Kindlichkeit der Eltern und anderer wichtiger Bezugspersonen und der damit verknüpften

Angst auf der Erwachsenenseite erst gar nicht finden können: was im Erziehungsprozeß aber keinen Ort finden kann, kann schlechterdings auch nicht erzogen werden. Es verbleibt auf der Stufe seiner Aussperrung, bleibt kindlich-triebhaft, wird verbogen, kann nicht erwachsen werden und boykottiert erreichte Anteile von Erwachsenheit als verbliebene Kindlichkeit.[92]

112   Anteile verbliebener Kindlichkeit äußern sich
als Wiederholungszwang und Übertragung:
die originale Kindlichkeit der Schüler affiziert die
verbliebene des Lehrers

Damit sind aber solche Anteile als von allem Anfang an problematische gekennzeichnet: als verbliebene kindliche sind sie nicht der im übrigen erreichten Erwachsenheit zugehörig, derentwegen sie aber zugleich auch nicht als angemessen kindliche erlebt werden können. Sie sind schon zum Zeitpunkt ihres Verbleibs von zugleich vitaler und verpönter Bedeutung gewesen: dies macht ihre Problematik aus, die keiner Lösung zugeführt werden konnte. Als ungelöste Probleme von vitaler Bedeutung bleiben sie virulent und streben eine Lösung an, die aber nicht gelingen kann, weil die angemessene Zeit einer möglichen Lösung nicht genutzt werden konnte. Immer betreffen sie die Triebstruktur in Relation zu den bedeutsamen Beziehungsfiguren, die eine rechtzeitige Bearbeitung zurückgewiesen haben. Sie haben sich auch keineswegs auflösen können, nachdem die im übrigen erreichte Erwachsenheit zur etwa räumlichen und ökonomischen Trennung von den Eltern geführt hat. Trotz allem hat sich eine zum Teil leidvolle psychische Abhängigkeit des betroffenen Erwachsenen von den Eltern erhalten, die solcher Erwachsenheit spottet: bei jedem näheren Kontakt mit ihnen brechen die alten Konflikte wieder auf oder müssen mühsam umgangen werden. Die Psychoanalyse hat diese Vorgänge mit dem Terminus «Wiederholungszwang» bezeichnet.[93]

Damit einher geht ein weiteres Moment, das sich mit den Vorstellungen von erwachsenen Verkehrsformen nur schwer in Einklang bringen läßt. Ich hatte dargestellt, wie sich die Anteile verbliebener Kindlichkeit unterschwellig dennoch auf eine «Lösung» des zugrundeliegenden Konflikts hinbewegen. Lösungsmuster sind aber wegen der Aussperrung der verpönten Triebanteile aus dem Erziehungsprozeß nicht gelernt worden. So brechen die «unerzogenen» Anteile nicht nur den Eltern gegenüber auch später immer aufs neue auf – sofern ihr Aufbrechen nicht verhindert werden kann. Es genügt das subjektive Erlebnis der ursprünglichen Konstellation im Zusammenhang mit anderen Menschen, um die Konflikthaftigkeit aktuell werden zu lassen. Die so betroffenen Anderen (der Lehrer, die Lehrerin, der Chef etc.) reagieren gleichsam angemessen mit Unverständnis: sie sind mit einem Verhalten konfrontiert, das aus den eingeübten Verkehrsformen auch relativer Erwachsenheit herausfällt. Dies bezeichnet die Psychoanalyse mit dem Terminus «Übertragung». Sie muß nicht dysfunktional sein, hier aber interessieren ihre dysfunktionalen Formen.[94]

Aus diesen Überlegungen läßt sich nun die Frage ableiten, auf welche Weise Wiederholungszwang und Übertragung in die hier diskutierten Zusammenhänge hereinspielen können. Besonders interessant ist die Frage nach dem Hereinspielen solcher Vorgänge in den Unterricht; Seminar, Unterrichtsbesprechung und Tiefeninterviews haben ja zuerst vorbereitenden und nachbereitenden, also qualifizierenden Charakter.

Weiterhin hatte ich dargelegt, daß mein Interesse vor allem die Lehrerseite und weniger die Schülerseite betrifft. Somit heißt die Frage: Wie spielt die verbliebene Kindlichkeit des Lehrers in den Formen von Wiederholungszwang und Übertragung in den Unterricht hinein? Und: Wie reagiert er, wenn er mit Übertragung und Wiederholungszwang von der Schülerseite her konfrontiert ist?

Schon aus den bisherigen Überlegungen läßt sich eine Antwort – mindestens aber eine Vermutung – ableiten; sie muß im weiteren Verlauf erhärtet werden: Der Lehrer reagiert mit Angst und Unsicherheit! Dies tut er, weil er sich Anteilen bei sich selber oder bei den Schülern konfrontiert fühlt, deren er oft nicht sicher sein kann. Daraus läßt sich nun – mit dem Verweis auf die Darstellung des Seminars – eine weitere vorläufige Frage ableiten: Wie geht der Lehrer mit solcher Angst oder Unsicherheit um? – Sie kann ebenfalls eine vorläufige Antwort finden: Er verleugnet sie, überspielt sie oder deutet sie um, indem er eine äußerliche Begründung dafür sucht (und findet), indem er sie in eine affektive (häufig aggressive) Entladung münden läßt. In den wenigsten Fällen gesteht er sich seine Angst und Unsicherheit ein und hält sie aus: dies aber scheint mir der einzige Weg zu sein, seinen unbewußten Motiven auf die Spur zu kommen.

113   Die Unterrichtsbeobachtung richtet sich
auf die äußere Realität der Vorgänge
in der Klasse und die innere Realität der Vorgänge im Beobachter

Für das Problem der Gültigkeit von Ergebnissen kann ich nun nach diesen Überlegungen bestimmte Beobachtungs- und Erfahrungskriterien herleiten, die im Unterricht nützlich sein können und für seine Besprechung Material an die Hand geben, das dann bearbeitet werden kann. Dies fordert eine bestimmte Sensibilität hinsichtlich der Beobachtung und Erfahrung von Unterricht.

Das einfachste und nach meiner Meinung wichtigste Kriterium, auf das sich solche Sensibilität im Unterricht beziehen muß, ist Dysfunktionalität im weitesten Sinne. Darunter fallen zunächst schlichtweg alle Momente, die den Unterricht als eine intentionale Veranstaltung und eine von langer Hand oder ad hoc geplante Organisationsform stören. Im Zusammenhang damit stehen die Reaktionen der Beteiligten auf diese Störungen; insbesondere die des Lehrers.

Ausgegliedert werden können strukturell bedingte Störungen, wie etwa der Eintritt des Hausmeisters, der neue Handtücher bringt; nicht aber die Reaktionen des Lehrers und der Schüler, die in der Folge oder im Zusammenhang auftreten können.

Damit habe ich kurz und vorläufig solche Störungen umrissen, die ich gleichsam außerhalb meiner Beobachtungsposition erkennen kann: sie betreffen bestimmte Aktivitäten oder deren unvermutete Unterlassung bei einzelnen oder allen in Relation zu anderen Aktivitäten oder Aktivitäten von anderen. Immer sind sie Gegenstand dessen, was ich in der Klasse an und bei den am Unterricht Beteiligten beobachten kann.

Die zweite Beobachtungsrichtung betrifft meine Erfahrungsebene; sie ist ebenso wichtig und geht mich selber an, der ich dasitze und zuschaue. Was ich sehe, erscheint mir bekannt oder unbekannt, landläufig oder erstaunlich oder wie auch immer zunächst. Auf jeden Fall aber werde ich in irgendeiner Weise innerlich reagieren. Ich werde dies für richtig halten und das für falsch; dies wird mich ärgern, das wird mich freuen; dies erscheint mir verständlich und jenes unverständlich; dies erscheint mir funktional und jenes dysfunktional.

Alles, was ich also per Beobachtung aufnehme, wird im Sinne subjektiver Wahrnehmung bei mir ganz spezifische Reaktionen provozieren und mich zu ganz bestimmten unterschiedlichen Interpretationen veranlassen. Jeder andere Beobachter wird dieselbe Situation – je nach seiner subjektiven Wahrnehmung – wahrscheinlich ganz anders interpretieren. Ziemlich sicher wird der agierende Lehrer aufgrund seiner anderen Postition und Rolle im Unterrichtsgeschehen in spezifisch anderer Weise wahrnehmen und interpretieren. Ich selber und alle anderen Beobachter sowie der jeweilige Lehrer sind in der Unterrichtsbesprechung gehalten, die ganz subjektiv bemerkenswert erscheinenden Vorfälle, Ereignisse und Interaktionen sowie die eigene jeweils zugehörige Erlebnisweise in den Reflexionsprozeß einzubringen: sie sind das Material, mit dem dann gearbeitet werden kann.

Diese Form der Beobachtung und die darin geforderte Einstellung des Beobachters hat nun gewiß kaum etwas mit irgendeiner Beobachtungssituation im Sinne empirisch-analytischer Wissenschaftsmethodik[95] gemein: die Beobachtungskriterien erscheinen beliebig, und der bisher einzige Hinweis auf Dysfunktionalität erscheint unpräzise. Einer solchen Feststellung kann ich nicht widersprechen, weil sie zutrifft: ich akzeptiere sie.

Aber für eine solche Beobachtung und Einstellung kann ich einen Gesichtspunkt heranziehen, der für den empirisch-analytischen Forscher nicht in Betracht kommt, der mir aber sehr bedeutsam erscheint. Der empirisch-analytische Forscher muß sich bei seiner Beobachtung seiner rigiden Wissenschaftsmethodik fügen; ob er das nun auch wirklich kann, hatte ich oben in Frage gestellt. Wenn er Unterricht erforscht, sieht er sich einem so außerordentlich komplexen Gegenstand konfrontiert, daß er nur wenige, ganz bestimmte Variablen untersuchen kann.[96] Da er eben diese und keine anderen Variablen für seine Zwecke ausgewählt hat, kann ich unterstellen, daß er diese vor allem für wichtig und bedeutsam hält. Ob sie aber auch für den Unterricht und die an ihm Beteiligten wichtig und bedeutsam sind, ist mindestens eine Frage. Vielleicht gibt es nur wenige Dinge, die für den Unterricht *im Vorgriff* als wichtig gelten können; vielleicht gibt es zugleich viele Dinge, die *im Verlauf* des Unterrichts wichtig und bedeutsam werden können. Die letzteren kann der methodisch festgelegte empirisch-analytische Forscher nur infolge eines sehr unwahrscheinlichen Zufalls untersuchen.

Die oben von mir vorgeschlagene Beobachtungshaltung hat demgegenüber den Vorzug, daß sie prinzipell drei unterschiedliche Perspektiven der Beobachtung und Wahrnehmung sensibel auf das jeweilige Unterrichtsgeschehen einstellen kann:

1. Die Perspektive des Schülers; denn der Beobachter kennt aus

seiner schulischen Vergangenheit diese Situation;

2. die Perspektive des Lehrers; denn zur Qualifikation des Beobachters gehört eine einschlägige Erfahrung;

3. die Perspektive eines Beobachters, der für seine Aufgabe eine besondere Sensibilität entwickelt haben muß, deren situativen Ertrag er auch in der Unterrichtsbesprechung verbalisieren können muß.

Die Vorzüge dieser Beobachtungsperspektiven, die der Beobachter prinzipiell in sich vereinigt, bestehen vor allem darin, daß er den Unterricht nicht unter dem Gesichtspunkt dessen sehen muß, was die Wissenschaftsmethodik vorschreibt: wie er also sein *soll*; er darf ihn sehen, wie er *ist*.

Damit stellt sich die Frage, wie Unterricht denn nun ist. Eine objektive Erhebung erscheint mir schon angesichts der Komplexität aussichtslos und überdies nutzlos. Aus diesem Grund halte ich mich an meine subjektive Wahrnehmung; dies hat auch den Vorzug, daß sie mir unmittelbar zugänglich ist, wie jedem Lehrer und jedem Schüler auch. Überdies kann ich auf diesem Weg die gestellte Frage leicht beantworten:

1. Unterricht ist, was er für jeden einzelnen Beteiligten bedeutet und bewirkt; nichts mehr und nichts weniger.

2. Mit Sicherheit bedeutet er für jeden Lehrer etwas anderes als für jeden Schüler und für jeden Beobachter.

3. Die Frage, was er sein oder bedeuten *soll*, ist für die Vor- und Nacharbeit wichtig; sie ist unmittelbar bedeutungslos angesichts der anderen Frage, was er denn für die Beteiligten tatsächlich bedeutet und bewirkt.

4. Jedes Verfahren zum Zweck der Erhebung der Wirkung und Bedeutung von Unterricht erweist sich als mehr oder weniger mangelhaft angesichts der übermäßigen Komplexität solcher Wirkungen und Bedeutungen.

5. Noch am ehesten – wenn auch nicht leicht – sind mir solche Wirkungen vom Unterricht und dessen Bedeutungen für mich selber und an mir selber zugänglich.

6. Ich kann sie mit anderen Beteiligten und den Wirkungen und Bedeutungen bei diesen austauschen und so reflexiv bearbeiten.

7. Alle erwachsenen Beteiligten haben eine eigene Schülererfahrung, und die Schülerebene ist ihnen auf diesem Wege zugänglich.

8. Alle Beteiligten beobachten ja auch und vor allem die Schüler, deren Aktivitäten und Reaktionen, sowie deren Wirkungen auf sie selber; diese sind also insofern durchaus einbezogen.

Selbstverständlich kann das vorgeschlagene Verfahren auch nicht annähernde Vollständigkeit als Antwort auf die Fragestellung einbringen; dies leistet aber auch kein anderes Verfahren. Allerdings hat es den meisten anderen Verfahren den wesentlichen Vorzug größerer Flexibilität voraus. Dieses Verfahren ist subjektiv und basiert auf der subjektiven Betroffenheit, die Unterricht so oder so allemal bewirkt: bei den Schülern und den Lehrern. Empirisch-analytische Verfahren machen beide zu Objekten – auch weil die Erfahrung von Subjektivität beängstigend ist. Der beängstigende Punkt der heutigen Kritik an der Schule scheint mir aber darin zu liegen, daß er die Schüler zu Objekten der Lehrer und die Lehrer zu Objekten der Administration macht. Das gehört in diesen Zusammenhang.[97]

114   Die Wahrnehmungskompetenz des Beobachters orientiert sich an seinen stärksten Interessen und seinen häufigsten Redundanzerlebnissen

Nachdem ich nun die Art der Beobachtung als eine zugleich nach außen und nach innen gerichtete und die Haltung des Beobachters als eine subjektive bezeichnet habe; nachdem ich die Art der Bearbeitung in der Unterrichtsbesprechung in der Erörterung des «praktischen Diskurses» bei Habermas dargestellt habe; komme ich zu einigen Ausführungen über die Inhalte möglicher Beobachtung, die ja das Material solcher Diskurse liefern sollen. Vorweg wiederhole ich meinen Hinweis auf dysfunktionale, störende Vorfälle und Haltungen im Unterricht.

Dysfunktionalität erscheint aber nun unter ganz bestimmten Gesichtspunkten naheliegend, die in dem Ausdruck «verbliebene Kindlichkeit» mitgedacht sind. Verbliebene Kindlichkeit aber hatte ich näher beschrieben und war dabei auf die psychoanalytischen Termini «Wiederholungszwang» und «Übertragung» gestoßen: ihre Erörterung führte zwingend in die Lebensgeschichte der Betroffenen; dort waren sie angelegt worden.

Ablaufender Unterricht ist aber aktuell. Zugleich ist die Bearbeitung lebensgeschichtlicher Daten überaus schwierig und zeitraubend und bedarf einer besonderen Situation, die im Unterricht und seiner Besprechung nicht hergestellt werden kann. Eine solche Form der Bearbeitung kommt also hier und jetzt nicht in Betracht. Von daher stellt sich die Notwendigkeit einer anderen Bearbeitungsform, die einerseits auf den reflexiven Gang in die Lebensgeschichte verzichten kann, andererseits aber die Vorgänge von Übertragung und Wiederholungszwang dennoch einzubeziehen in der Lage ist.

Nun sind aber Wiederholungszwang und Übertragung zwar im Verlauf der Lebensgeschichte – vor allem der frühen – angeeignet worden, sie hatten jedoch auch dort schon immer eine aktuelle Bedeutung. Diese aktuelle Bedeutung haben sie selbstverständlich auch im Unterricht: dort machen sie sich – unter dem Blickpunkt meines Interesses – dysfunktional bemerkbar. Dies verweist einerseits auf die Notwendigkeit des Wissens um ihre lebensgeschichtliche Vermittlung und andererseits auf die Notwendigkeit und Möglichkeit ihrer Erfahrung und Beobachtung *allein* auf der Ebene aktueller Manifestationen: nur sie werden hier erfahren und beobachtet, und nur sie werden hier bearbeitet.

Watzlawick u. a. haben in ihrem Buch «Menschliche Kommunikation» den Terminus «Redundanz» einschlägig entwickelt.[98] Sie meinen damit bestimmte mehr oder weniger häufig wiederkehrende Interaktionsmuster, die einander gleichen, obschon sie in sehr unterschiedlichen Situationen und im Zusammenhang mit sehr unterschiedlichen Menschen auftreten können. So kann z. B. ein Lehrer gegenüber seinem Schulleiter, dem Hausmeister, manchen Eltern, manchen Schülern, dem Schularzt, aber auch dem Busfahrer, einem Versicherungsagenten, einem Polizisten oder einem Postboten eine bestimmte Haltung produzieren, die dem Beobachter unterwürfig oder ängstlich vorkommt, ohne daß dieser zu sagen wüßte, warum ihm diese Haltung so vorkommt oder warum sie überhaupt produziert wird. Sie fällt ihm lediglich durch ihre Wiederholung auf, und sie erscheint ihm aufgrund der situativen Bedingungen merkwürdig unangemessen und dysfunktional.

Selbstverständlich kann ein gleicher oder ähnlicher Eindruck bei einem Beobachter auch entstehen, wenn er einen anderen Lehrer erlebt. Die beobachtete Haltung kann also sowohl innerhalb wie auch außerhalb der Schule auftreten; hier wie dort können nun darüber hinaus auch typische Reaktionsweisen der von dieser Haltung Betroffenen spürbar werden: sie erscheinen dieser Haltung «irgendwie» zugehörig.

Der Begriff der Redundanz wird auf die Struktur einer Kommunikation bezogen, die zwischen unterschiedlichen Menschen abläuft, die aber zugleich beim Beobachter bestimmte Momente von Gleichheit oder Ähnlichkeit hervorruft: eben dies ist das Auffällige.

Das redundant Auffällige muß aber prinzipiell im Unterricht keineswegs auch das Dysfunktionale und Störende sein; es kann sogar im Gegenteil zum guten Gelingen von Unterricht beitragen: dann ist es ein positives Qualifikationsmerkmal. Häufig aber ist es durchaus eben das immer wieder Störende und den Unterricht Boykottierende: dann muß es im Sinne der Qualifikation des Lehrers bearbeitet werden. Im Begriff der Redundanz können also Wiederholungszwang und Übertragung gefaßt werden: jener bezeichnet diese nur und allein unter dem Blickpunkt ihrer Aktualisierung. «Der Begriff der Kommunikationsstruktur bezieht sich also auf die Wiederholung oder Redundanz von Ereignissen.» [99]

Für meine Zwecke kann ich nun den Begriff der Redundanz über die von Watzlawick u. a. gemeinte Kommunikationsstruktur hinweg ausdehnen: in meiner Wahrnehmung von Unterricht und den an ihm Beteiligten erlebe ich redundante Ereignisse, indem ich den Eindruck oder zunächst das Gefühl von Wiederholungen habe. Ich habe eben bei bestimmten beschreibbaren beobachteten Interaktionen das gleiche Gefühl und vermute zunächst, daß auch diese Interaktionen etwas Gleiches und Gemeinsames haben können: dieses Gefühl und die daran geknüpfte Vermutung kann in der Unterrichtsbesprechung erörtert werden, so daß in der gemeinsamen Arbeit möglicherweise Genaueres im Zusammenhang von Redundanz gesagt werden kann. Nur wenn diese gelänge, wären mein Gefühl und meine Vermutung für die Gewinnung eines Ergebnisses von Bedeutung.

Damit habe ich eine wesentliche Aussage über das Material getroffen, das sinnvollerweise in der Unterrichtsbesprechung bearbeitet werden sollte: grundsätzlich erscheint mir solches Material zugänglicher und mit der Aussicht auf Ergebnisse bearbeitbarer, das sich als hochredundant erweist.

Dies hat einen sehr praktischen Grund. Ich hatte weiter oben aufgezeigt, daß die hier in Frage stehenden Anteile ihre Wirksamkeit vor allem unterschwellig erreichen: sie sind häufig verpönt. In aller Regel setzt der Betroffene einer Bearbeitung einen mehr oder weniger starken Widerstand entgegen. Dadurch haben letztlich beide – der Beobachter und der betroffene Lehrer – einen schweren Stand. Demnach kann ein nur einmalig beobachteter Vorgang, eine nur einmal beobachtete Interaktion zwischen Lehrer und Schüler(n), auch dann, wenn sie dem Beobachter höchst bedeutsam und folgenreich erscheint, vom betroffenen Lehrer meist leicht als vollständig irrelevant oder nebensächlich abgetan werden. Damit ist aber eine gemeinsame Bearbeitung dieser Thematik unmöglich geworden: es kann ja nicht darum gehen, daß der Beobachter dem Lehrer irgendein Problem aufschwätzt, das er für wichtig hält; eine Bearbeitung ist überhaupt nur dann möglich und sinnvoll, wenn der betroffene Lehrer das angesprochene Problem als ein *für ihn* bedeutsames akzeptiert und so aus *seinem* Interesse zu einer gemeinsamen Arbeit motiviert wird.

Infolgedessen haben es beide leichter, wenn der Beobachter solches Beobachtungsmaterial vorbringen kann, das anhand von vielen Vorfällen und Interaktionen immer dasselbe Beziehungs- oder Interaktionsthema behandelt. Der Lehrer wird vielleicht bei dem Hinweis auf die Beobachtung und Erlebnisweise der drei ersten Interaktionen zum gleichen Thema aufgrund seines Widerstandes auf Irrelevanz oder Nebensächlichkeit plädieren und erst bei dem Hinweis auf die vierte Interaktion einen möglichen Zusammenhang (Redundanz) erkennen und akzeptieren. Dann wird er nachdenklich werden, wodurch die beste Bedingung für die Möglichkeit einer gemeinsamen Arbeit am angesprochenen Thema hergestellt ist.

115 Sinnvolle Ergebnisse werden nur gemeinsam oder gar nicht gefunden

Aus all dem läßt sich die vielleicht wichtigste Kennzeichnung dieses diskursiven Verfahrens ableiten: es kann nur dann zu irgendwelchen sinnvollen Ergebnissen führen, wenn der Lehrer sich aus eigenem Interesse zur gemeinsamen Arbeit mit dem Beobachter entschließen kann. Dies halte ich für den größten Vorzug des Verfahrens; wenn er nicht eingeholt werden kann, erweist es seine völlige Sinnlosigkeit nach kurzer Zeit. Somit sind die gewonnenen Ergebnisse – mindestens für die Beteiligten – entweder sinnvoll, oder es werden eben keine erzielt. Mit anderen Worten: Ergebnisse können sich nur infolge *gemeinsamer* Arbeit herstellen und sind somit *gemeinsame* Ergebnisse. Wenn aber Gemeinsamkeit – im Sinne gemeinsamer Arbeit an einem Thema – nicht hergestellt werden kann, gibt es auch keine Ergebnisse. Damit sind weder Ergebnisse noch Gemeinsamkeit erzwingbar: wenn diese erreicht werden, war jene möglich; wenn nicht, dann nicht!

Ergebnisse können also aufgrund von Beobachtungsmaterial möglichst hoher Redundanz durch gemeinsame Arbeit erreicht werden. Das Material stammt aus der Unterrichtsbeobachtung und wird in der Unterrichtsbesprechung mit anderem Material (des Lehrers und möglicher weiterer Beobachter) konfrontiert, das aus dem gleichen Unterricht stammt. Die Ergebnisse sind also aus der reflexiven Bearbeitung von Unterricht entstanden. Sie können nun in die Planung von neuem Unterricht eingehen, vor allem aber in das Lehrerbewußtsein beim Vollzug dieses Unterrichts: die Ergebnisse beziehen sich auf seine erreichte oder noch nicht erreichte Kompetenz im Interaktionszusammenhang des Unterrichts, der nun wieder beobachtet werden kann.

Die Ergebnisse der Unterrichtsbesprechung hatten redundante Interaktionszusammenhänge als dysfunktionale – also auch mit dysfunktionaler Wirkung – in die Bewußtseinsebene bringen und dort genauer darstellen können. Da es sich aber bei solchen Interaktionen – im Sinne von Wiederholungszwang und Übertragung – um sehr hartnäckige Strukturen handelt, die keineswegs durch bloße Benennung und genauere Beschreibung verschwinden, wenn sie nur die Bewußtseinsebene des betroffenen Lehrers erreicht haben, werden diese Interaktionen im folgenden Unterricht mit unterschiedlicher Redundanz wieder beobachtbar sein.

Ein wichtiges Datum meiner Erfahrung in weit über zweihundert Unterrichtsbeobachtungen und -besprechungen besteht darin, daß die Tatsache der erreichten Bewußtheit vordem unbewußter oder vorbewußter dysfunktionaler Interaktionsstrukturen bei dem betroffenen Lehrer zu einer qualitativ anderen Einstellung gegenüber seinen interaktionellen Möglichkeiten im Unterricht führt: schon bei der zweiten beobachteten Unterrichtsstunde nach der ersten Unterrichtsbesprechung wird eine in typischer Weise veränderte Haltung des Lehrers gegenüber den angesprochenen problematischen Vorfällen in seinem Unterricht nicht nur dem Beobachter, sondern auch ihm selber in der aktuellen Situation spürbar: er zögert.

Ute F. bezog sich auf eine solche Situation, als sie zu Beginn der zweiten Unterrichtsbesprechung sagte: «Ich wollte das grade wieder so machen, wie ich es immer gemacht habe. Da fiel mir unser Gespräch vom Dienstag ein und die Stunde davor, und plötzlich ging's nicht mehr. Und da mußte ich mir was anderes einfallen lassen. Und da hab' ich das eben mal so gemacht!» – Mir war dazu die Geschichte vom Tausendfüßler eingefallen, den jemand gefragt hatte, wie er das eigentlich anstelle, daß er mit tausend Füßen gehen könne: er dachte zum erstenmal darüber nach – und stolperte.

Sofern also dem betroffenen Lehrer in der aktuellen Unterrichtssituation deutlich wird, daß er eigentlich in dieser Situation hier und jetzt immer dies und jenes gemacht habe, von dem aber als Ergebnis der vorigen Besprechung ausgemacht werden konnte, daß es sich dysfunktional auswirkt und mit welchen Folgen für ihn selber, die Schüler und den Unterrichtsprozeß, gerät er vor die Entscheidung, es zu machen wie immer und die Folgen zu spüren und zu tragen; oder er muß über eine alternative Verhaltensweise nachdenken und sie ausprobieren: dann aber macht er eine neue Erfahrung über die Wirkung dieser Alternative. Beide Möglichkeiten stellen neues Material für die neue Unterrichtsbesprechung bereit.

Sofern aber der betroffene Lehrer – was ebenfalls häufig der Fall ist – in der aktuellen Situation handelt wie immer, ohne daß ihm die enthaltene Problematik ins Bewußtsein käme, kann die neue Besprechung dieses gleichsam zusätzliche Material bearbeiten und so zur weiteren Verdeutlichung der sich wiederholenden allergischen Punkte im Unterricht beitragen.

Damit hoffe ich hinreichend verdeutlicht zu haben, welchen Vorstellungen dieses Verfahren folgt, welche Arbeitsweisen notwendig sind, welche Einstellungen erreicht werden müssen, welcher Art die Ergebnisse sind und wie sie immer aufs Neue zur Disposition gestellt werden können, wodurch sie genauer beschrieben werden können und so größere Klarheit erreichen.

116 Die angewendeten Verfahren setzen die individuell lebensgeschichtlich erworbenen kommunikativen Möglichkeiten der Beteiligten in Bezug zu den strukturellen Bedingungen ihrer Berufstätigkeit: ihre qualifizierende Wirkung entscheidet sich im handelnden Vollzug

Nach diesen Vorüberlegungen kann ich nun ein konkretes Muster dieser Arbeitsweise hier vorstellen und zugleich noch vorweg einige Hinweise im Hinblick auf die Ausweitung des Gültigkeitsbereichs solcher Ergebnisse geben.

Der Gültigkeitsbereich der Ergebnisse kann in der Tat ausgeweitet werden, so daß die Ergebnisse – unter bestimmten unten zu benennenden Vorbehalten – auch Gültigkeit für solche Lehrer und Lehrerstudenten haben können, die nicht an dieser konkreten Arbeit beteiligt waren. Die Bedingung für die Möglichkeit einer solchen über den Kreis der unmittelbar Betroffenen hinausreichenden Gültigkeit liegt letztlich in der strukturellen Gleichheit oder Ähnlichkeit aller Situationen, die den Lehrer in pädagogischer Absicht vor einer Gruppe von Schülern vorfindet: Unterricht hat unbestreitbar überall auch strukturelle Gleichheiten oder Ähnlichkeiten.[100]

Unter meinen Fragegesichtspunkten stehen dabei die Schwierigkeiten im Vordergrund, die den Lehrer generell betreffen, wenn er seinen Beruf im Unterricht ausübt. Ich habe sie in meinem bisherigen Text an verschiedenen Stellen zu beschreiben versucht. Zusammenfassend kann ich nun sagen, daß die Unterrichtssituation als solche für den Lehrer ganz bestimmte Schwierigkeiten erzeugt, denen er nun aufgrund seiner erreichten Qualifikation ausgesetzt ist. Unter meinem Fragegesichtspunkt beginnt allerdings die Lehrerqualifizierung in seiner frühen Kindheit mit der ganz spezifischen Verlaufsform der Mutter-Kind-Beziehung. Sie wird womöglich im Kindergarten weitergeführt und erhält einen spezifischen Akzent in der Verarbeitung des eigenen Schulerlebnisses als Schüler. Erst vor dem Studium oder in seinem Verlauf wird sie zum nun auch bewußt bearbeiteten Problem, welches berufsbegleitend die gesamte Berufstätigkeit durchzieht. Die Schwierigkeiten, die den Lehrer in der Unterrichtssituation erwarten, konfrontieren ihn aber nicht nur als einen durch universitäre und schulpraktische Ausbildungsgänge qualifizierten Spezialisten für den Unterricht: sie konfrontieren ihn auch und – wie ich schon dargestellt habe – vor allem mit seiner eigenen Lebensgeschichte; die dort erworbenen Kompetenzen und Defekte sind – ob er dies nun will oder nicht – zwingend auf den Plan gerufen, werden bedeutsam und wirken sich aus.

Jeder Lehrer hat eine andere Lebensgeschichte, die ihn zu diesem einmaligen Menschen gemacht hat, der er ist: das ist die eine – vernachlässigte – Seite seiner beruflichen Qualifikation. Die strukturelle Gleichheit oder doch Ähnlichkeit jeder Unterrichtssituation erlaubt durchaus generelle und allgemeine Aussagen über ihre Schwierigkeiten: sinnvoll werden solche Aussagen aber erst dann, wenn sie in konkreten Bezug gesetzt werden können zur jeweiligen einzelnen lebensgeschichtlich erworbenen Kompetenz des persönlich betroffenen Lehrers.

Die Gültigkeit der in dieser Arbeit vorgestellten Ergebnisse betrifft also – sofern sie über den Kreis der unmittelbar Betroffenen hinausreicht – strukturelle Schwierigkeiten, die der Lehrer in der Unterrichtssituation antrifft. Sie sind diskutierbar, können modifiziert werden und sind widerlegbar. Sie gehören nach meiner Meinung zur notwendigen kognitiven Ausstattung jedes Lehrers. Dies muß aber für die unterrichtliche Handlungskompetenz des Lehrers noch nichts bedeuten, solange es sich um bloßes Wissen handelt; auch dann, wenn dieses Wissen als solches den emotionalen Bereich generell mit umfaßt.

Die hier vorgelegten Ergebnisse *sind* also allenfalls als berufliches

Fachwissen sinnvoll; allerdings *können* sie darüberhinaus sinnvoll *werden*, wenn einzelne Lehrer etwa nach dem hier vorgelegten Verfahren diese Ergebnisse in den je privaten lebensgeschichtlichen Zusammenhang ihrer persönlichen kommunikativen Kompetenz bringen, der ja ihre beruflichen Möglichkeiten entscheidend beeinträchtigt. Nicht das Wissen eines Lehrers ist entscheidend, sondern sein Handeln.

B Unterricht und Besprechung

Im folgenden möchte ich nach einem Tonbandprotokoll eine Unterrichtssequenz vorstellen und erörtern. Ich habe sie ausgewählt, weil sie in besonderer Deutlichkeit die nach meiner Erfahrung häufigsten dysfunktionalen Interaktionsthemen in einer einzigen Unterrichtsstunde zusammenfaßt, obgleich man diese Stunde als relativ gelungen bezeichnen kann. Aus diesem Grund kann diese Sequenz auch zeigen, daß die hier angesprochenen Interaktionsthemen im Unterrichtsgeschehen «normal» sind und nicht etwa exotische Blüten oder obskure Entgleisungen.

Im Anschluß daran stelle ich einen Ausschnitt der zugehörigen Unterrichtsbesprechung vor, der deswegen besonders interessant ist, weil die Praktikantin mir selber in dieser Besprechung die gleiche Rolle zuzuweisen versucht, die sie vorher im Unterricht den Schülern zugemutet hat. Es gelingt mir erst im Verlauf, diese Zumutung als solche zu erkennen, woraufhin ich versuche, diese Rolle in der Weise zu übernehmen, daß deutlich werden kann, was sie für mich, die Schüler und die Praktikantin bewirkt.

Danach werde ich die angesprochenen Interaktionsthemen genauer untersuchen, wozu ich dann Beispiele aus anderen Unterrichtssituationen der Praktika heranziehe.

Ute F. macht einen ziemlich selbstsicheren Eindruck. Sie hatte sich jedoch im vorbereitenden Seminar mit ihren Äußerungen eher zurückgehalten, obgleich sie mir an manchen Stellen stark betroffen erschien. Sie hatte sich gegenüber den mitunter recht bedrückenden und teilweise beängstigenden Seminarsituationen eine deutliche Skepsis und Distanz aufrechterhalten, die sie vor allem in der Unterrichtsbesprechung spürbar vorbrachte. Im Praktikum selbst – so sagte mir Frau G., die etwa dreißigjährige Mentorin, die vor allem bei den Praktikantinnen als ziemlich strenge Lehrerin gilt – hat sie mit großem Fleiß und viel Aufwand ihre Unterrichtsvorbereitungen betreiben. Die unten vorgestellte Stunde ist ihre erste, die auch von mir beobachtet wurde, und Frau G. meinte, daß sich Ute F. diesmal besonders angestrengt habe: sie habe auch eine besonders pfiffige Idee gehabt.

Der Unterricht geschah in einem dritten Schuljahr, das Frau G. leitet. Er wurde durch sie, Kerstin C., Wilma A. und mich beobachtet, und wir führten auch die anschließende Besprechung mit Ute F. durch. Über die Schülergruppe seien, so sagte Frau G., keine nennenswerten Auffälligkeiten zu berichten: dies war auch mein Eindruck.

Die Schüler kommen also mit der üblichen Lebhaftigkeit aus der Pause hereingestürmt und finden ihre Stühle bereits in einer Kreisformation auf dem freien Raum vor der Tafel. Ute F. steht in der Mitte des Kreises, und die Schüler drängen sich um sie und wollen wohl allerlei wissen oder sagen. Ute F. bedeutet mit den Händen, daß erst alle still sein sollen, was auch nach und nach geschieht. Ich höre, daß einige etwas von einem Fahrrad erzählen wollen; sie wenden sich an Ute F., die aber immer noch deutlich zu erkennen gibt, daß sie erst Stille möchte.

Ute F. Ich hab' gesagt, wer fertig ist, der soll sich schön melden. – So, wenn wir jetzt ganz leise sind, dann hab' ich gleich eine Überraschung für euch. – Und zwar möchte ich, daß wir uns jetzt alle ganz leise in den Kreis setzen.

Es entsteht bei einigen ein Mißverständnis, weil sie meinen, das In-den-Kreissetzen sei die Überraschung. Sie geben ihre Enttäuschung durch «Ooooch!» kund.

Ute F. (affektiv gebremst, aber noch geduldig) Ich hab gesagt, wir wollen ganz leise sein!

Die Schüler sitzen jetzt alle im Kreis und sind leise: Ute F. aber nicht. Sie geht aus der Klasse und kommt nach wenigen Sekunden mit einem Fahrrad herein, das sofort dadurch auffällt, daß es kaputt ist. Sie schiebt das Fahrrad in den Kreis, klappt den Ständer herab, während die Schüler zunächst noch flüsternd, dann immer lauter hochinteressiert beginnen, die einzelnen Defekte am Fahrrad aufzuzählen. Das war aber nicht so vorgesehen!

Ute F. (während sie das Fahrrad hinstellt und sich setzt) Wir wollen erst ganz leise sein, aber das geht ja schon ganz gut, ja?
Schüler (im Chor) Jaaa!

Die Schüler tuscheln jetzt untereinander und kichern über dieses kaputte Fahrrad, dessen Defekte für den Unterrichtszweck präpariert sind.

TINA (laut) Ich kann schon Fahrrad fahren!
ANDERE Das hat ja aber einen Platten! – Keine Klingel! – Eine *Pen*dale ist ab! – Das Rücklicht ist kaputt! etc.

Ute F. kommentiert jeden Beitrag, den sie aufnimmt, mit «Ja!», «Gut!», «Richtig!» etc. an die Adresse des Schülers, der ihn geliefert hat, und nickt dazu. Dies geht eine ganze Weile so.

THILO (etwas überlaut) Das hat ja keine Handbremse!
UTE F. (greift jetzt ein, obgleich die Schüler keineswegs mit ihren Aufzählungen und Erörterungen fertig sind) Wir wollen jetzt ganz ruhig sein, denn der Thilo hat etwas ganz Wichtiges gesagt!

Mein Eindruck ist, daß Ute F. sich unter Zeitdruck fühlt, die Phase der spontanen Schüleräußerung beenden möchte und die Schüler zum Schweigen bringen will: das tut sie mit dem Hinweis auf Thilos Äußerung, die zwar einen sachlichen Beitrag enthält, der aber keineswegs sachlicher ist als alle anderen Beiträge auch. Sie benutzt Thilo für ihre Zwecke, die dadurch als «sachliche» erscheinen mögen. Gleichviel werden die Schüler still, nur einige tuscheln noch – allerdings über das Fahrrad.

UTE F. Wir wollen uns jetzt melden!

Die Schüler melden sich jetzt und liefern die gleichen Beiträge noch einmal, jedoch sieht das Ganze jetzt mehr nach «Unterricht» aus. Ute F. beschränkt sich jetzt nicht mehr auf das bestätigende «Ja!», «Genau!» etc., sondern sie wiederholt die meisten Schülerbeiträge im Sinne des sattsam bekannten «Lehrerechos». Obgleich sie nun mit augenfällig Geduld vermittelnder Gestik alle Beiträge zu würdigen versucht, jeweils Blickkontakt mit den Schülern aufnimmt, mimisch einzelne Beiträge unterstreicht, erlebe ich sie eigenartig ungeduldig und drängend, als ob unter ihrer geduldigen Haltung ein ängstlicher Dominanzanspruch wäre, den sie aufrechterhalten muß; als ob ihr, wenn sie die Schüler selber und selbständig machen ließe, die Situation entgleiten könnte, die sie so fest in Händen hält. Ich habe wieder den Eindruck, daß sie unter Zeitdruck steht, und sie wirkt trotz ihres sehr intensiven Eingehens auf die Schüler und ihre Beiträge merkwürdig abwesend, als sei sie «in Wirklichkeit» gar nicht mit den Schülern, ihren Beiträgen und dem defekten Fahrrad beschäftigt, sondern mit etwas ganz anderem. Ich habe aber noch keine rechte Vorstellung, was das denn sein könnte; denn «eigentlich» läuft der Unterricht gut, und die Schüler arbeiten interessiert mit.

Inzwischen sind alle Defekte von den Schülern bezeichnet worden, es kommen noch einige Wiederholungen, und Ute F. rückt etwas unruhig auf ihrem Stühlchen hin und her. Anscheinend möchte sie jetzt strukturierend eingreifen. Dabei kommt ihr ein sprachlicher Lapsus, der – was Ute F. nicht weiß – im heimischen Dialekt der Schüler begründet liegt, zu Hilfe.

HERBERT Die *Pen*dale ist ab!
UTE F. Ja, richtig, die *Pe*dale!
ULRIKE Die andere *Pen*dale ist aber dran!
UTE F. Ja, die andere *Pe*dale ist dran!

An der Betonung des *Pe* in Ute F.s Echo merke ich ihren Wunsch, den sprachlichen Fehler richtigzustellen. Sie spricht ihn aber nicht an, sondern wiederholt das «falsch» gesprochene Wort richtig. Einige Schüler merken diese merkwürdige Betonung auch und reagieren etwas irritiert, verstehen aber anscheinend nicht, was gemeint ist.

UTE F. Können wir denn auf diesem Fahrrad fahren?

Ich muß etwas kichern, weil ich mir vorstelle, daß alle auf diesem Fahrrad fahren wollen. Die Frage an sich erscheint mir auch recht unangemessen; denn die Antwort ist jedem auf den ersten Blick klar. Ich vermute, daß die Frage etwas ganz anderes meint, als sie wirklich enthält. Immerhin schreien die Schüler im Chor: «Nein!!!»

UTE F. Wer kann mir denn sagen, warum nicht? – Aber wir wollen uns wieder melden!

Dieser Beitrag beginnt wieder mit einer Frage, die keine ist, und endet mit einer Aufforderung, die nicht so gemeint ist. Natürlich kann jeder sagen, warum man mit diesem Fahrrad nicht fahren kann: das weiß auch Ute F. Sie möchte es ja auch gar nicht wissen, aber sie möchte vermittels dieser «Scheinfrage» die Zusammenfassung des bisherigen Unterrichtsertrags einleiten: die Schüler sollen sich darauf konzentrieren, und einer soll es auf ihre Veranlassung tun. Aber sie fragt (scheinbar): «Wer kann . . .?» Die Aufforderung an alle schließt in der Formulierung sie selbst mit ein und ist zudem nicht als Aufforderung, sondern als Willenskundgebung formuliert, in der sie schlichtweg ihren eigenen Willen, bezogen auf das Tun der Schüler zugleich auch als deren Willen ausgibt, was er zweifellos nicht ist. Zudem gedenkt sie ja noch nicht einmal, dieser ihrer tatsächlichen Forderung selber Folge zu leisten: sie selber meldet sich ja nie; nur die Schüler sollen es. Hier ist die Folge ein Mißverständnis. Die Schüler melden sich zwar nun, aber alle ihre Beiträge laufen auf die nun mindestens dreimalige Wiederholung der Defekte am Fahrrad hinaus, und sie begründen zudem noch, warum man wegen solcher Defekte nicht damit fahren kann.

HELMUT (er hat wohl jetzt gespürt, was die Richtung ist) Das Fahrrad ist nicht ganz, und darum kann man nicht damit fahren!
UTE F. Ja, es ist nicht ganz! – Aber das richtige Wort ist «verkehrssicher»!
HELMUT Verkehrssicher?!

Ute F. wirkt jetzt etwas erlöst, nachdem das «richtige» Wort gefallen ist. Aber sie scheint noch nicht ganz zufrieden; denn sie greift einen nachgeschobenen Beitrag noch einmal auf.

MARLIES Der Dynamo ist aber noch dran!
UTE F. Ja, der ist noch dran! – Wozu braucht man den denn?
MARLIES Ei, der macht den Strom für das Licht! Nur die Lampe ist ab!
KLAUS Hinten die hängt da aber noch, und die Leitung ist auch noch dran.
SYLVIA Aber vorne nicht!
UTE F. Ich hör da immer hinten und vorne???
KLAUS Die meint das Licht da! Das Hinterlicht und das Vorderlicht!
UTE F. Ja!? – Aber ich bin da noch nicht ganz zufrieden! Da gibt's noch ein anderes Wort.
TINA Ja, das eine Rücklicht ist zum Strahlen, und das andere ist an der *Pen*dale.
UTE F. Richtig, an der *Pe*dale! – Aber das eine und das andere – das verstehen die anderen Kinder nicht . . .
SYLVIA Ja, das eine ist das Rücklicht, das leuchten muß, und das andere leuchtet auch, aber nur, wenn ein Auto kommt!
MONIKA Ja, aber da ist ja noch ein Rücklicht, da sind ja drei; eins in den *Pen*dalen, und im Rücklicht hat eins ein Birnchen, und eins hat keins.
UTE F. Ja! Richtig! – Wer kann das noch genauer sagen?!
HELMUT Vorne die Lampe, die geht nicht!
UTE F. Ja! Und warum nicht?
HELMUT Ei, der Draht ist ab!
UTE F. Ja, aber wie nennt man denn die Lampen . . . die Lichter?
HELMUT Einmal bin ich mit dem Fuß gegen den Draht gestoßen, und da ist der abgerissen! Aber mein Papa hat ihn wieder ganz gemacht!
UTE F. Ja?!! – (klingt sehr freundlich und interessiert, stimmt aber «irgendwie» nicht) – Aber das wollt ich jetzt gar nicht wissen! – Wer weiß denn, wie man das nennt? – Thilo?! – (Er hat sich nicht gemeldet.)
THILO Em, eem, eeem . . . (versickert)
HELMUT (spottet) Das nennt man «em, eem, eeem».
THILO Stromkabel!
UTE F. Ja, gut! – (Das meint sie aber nicht.) – und kannst du uns noch mehr sagen?!

THILO Hier unten ist es lose, aber oben ist es fest.
UTE F. Jaa, – und kannst du uns noch mehr sagen??
THILO (druckst rum, bringt aber nichts mehr raus.)
UTE F. Weiß keiner von den Kindern, wie man das nennt??!
HERBERT Ei, Rücklicht!
UTE F. Ja, es ist nicht ganz richtig, nicht ganz vollständig! Und da fehlt noch was!

Die Schüler rätseln jetzt alle herum, auch mir ist nicht klar, was sie meint und wissen möchte.

UTE F. Da fehlen noch zwei Dinge, und wer kann die sagen?!! (Das Raten geht weiter, auch ich komme nicht weiter.) – Zwei Sachen fehlen mir noch, überlegt mal! (Das Interesse der Schüler läßt nach, einige machen Jux.)
TINA Da ist auch keine Fahne (Wimpel) dran!
UTE F. Ja, das möcht ich aber jetzt nicht – – Ich hatte was anderes gefragt! (Sie ist allem Anschein nach die einzige, die zu wissen scheint, was sie denn gefragt hat.)

Die Schüler werden jetzt unruhig. Ute F. wird drängender. Ihre Äußerungen haben auf mich eine bestrafende Wirkung. – Marlies hat sich verkehrt auf den Stuhl gesetzt, so daß sie – die Ellenbogen auf die Lehne gestützt – dem Geschehen etwas gelangweilt zusieht.

UTE F. Marliiies!! – (Ihre Stimmlage wirkt auf mich sehr tadelnd.) – Kannst du mir das sagen? – (Anscheinend hat Ute F. selber den «unberechtigten» Tadel gespürt; denn ihre Stimme ist jetzt wieder in schuldhaft klingende Freund-lichkeit umgeschlagen. – Marlies jedoch dreht ihren Stuhl leicht gekränkt und sehr langsam und provokativ um.) – Ich habe gesagt: zwei Sachen fehlen mir noch, dann haben wir ein verkehrssicheres Fahrrad; dann könnten wir – wenn die Sachen alle dran wären – mit diesem Fahrrad fahren. – Walter, kannst du mir das sagen?

Walter hatte gerade ein Spielautochen aus der Tasche gezogen und beguckt: dies hatte Ute F. wohl irritiert, weswegen sie ihn ansprach. Gleichviel ist ihr Aufruf «äußerlich» sachlich *und* unangemessen.

WALTER (wirft seinen Beitrag recht unwillig hin) Da ist die Rückbremse.

Walter reagiert angemessen mit einem unangemessenen Beitrag. Er scheint beleidigt, und sein Beitrag wirkt auch auf mich sehr provo-kativ.

UTE F. (süßlich) Das haben wir ja schon gesagt, daß das der Rücktritt ist! – Aber da ist noch was ganz Wichtiges! Angenommen, ihr fahrt jetzt mal abends, wenn's dunkel ist, zu eurem Freund. Es ist schon dunkel, und plötzlich fährt euch ein Auto an. – (Pause) – Ja?? – (Pause) – Wißt ihr immer noch nicht weiter?? – (Ich weiß es auch nicht, da doch das Rücklicht schon genannt ist.) – Thilo??

THILO Das Rücklicht?!
UTE F. Ja! Und noch was?! – Herbert!
HERBERT Der kann einen Platten haben!
UTE F. (zögernd) Aber ich hab doch gesagt «abends». – Der Autofahrer sieht
   euch nicht richtig, deswegen fährt er euch an. – Thilo?
THILO Das Rücklicht muß in Ordnung sein!
UTE F. Habt ihr gehört, was er gesagt hat??
MEHRERE Nee, nee . . . (Die Schüler werden unruhiger.)
UTE F. Elfi, möchtest du nicht wissen, was der Thilo gesagt hat? (Thilos Beitrag
   soll Ute F.s Schwierigkeit lösen.)
ELFI (gibt keine Antwort)
UTE F. Tina (sie hat sich umgedreht.) sag's noch mal bitte laut! – was der grade
   gesagt hat.
TINA Das Rücklicht und das Vorderlicht müssen in Ordnung sein!

Die Aufgabe der Schüler – und meine – besteht jetzt endgültig darin,
zu erraten, was Ute F. meint. Sie merkt das jetzt auch, wird sehr
unruhig und gibt auf.

UTE F. Die Lampe muß also (!) in Ordnung sein, und am Hinterrad, wie nennt
   man das? – Rückleuchte und Rückstrahler! Und an der Pedale – vielleicht
   kennt ihr das Wort – Katzenauge!
MEHRERE Ja! Ja!
UTE F. (wirkt jetzt sichtlich erlöst) Und – was ist denn jetzt der Unterschied,
   wißt ihr den vielleicht? – Rückleuchte und Rückstrahler, das ist jetzt hier in
   einem! Seht ihr hier?! (zeigt es) Ja? Thilo?
THILO Der Rückstrahler leuchtet nur, wenn er bestrahlt wird, und die Leuchte,
   die leuchtet immer, wenn's Licht brennt!
UTE F. (freudig) Jaaa! – Tina und Elfi, ich hoffe, ihr hört auch mal zu! (Tina war
   damit beschäftigt, Elfi einen Zopf zu flechten.) – Und wir haben noch einen
   Rückstrahler am Fahrrad! Wo befindet sich denn der? – Thilo? (Auch nach
   meinem Eindruck hat Thilo noch am ehesten erraten, wie es Ute F. gerne
   hätte: sie nimmt ihn am häufigsten dran.)
HERBERT (Sein Einschalten kommt mir bezüglich Thilo konkurrierend vor.) – Es
   ist auch gut, wenn man einen Rückstrahler am Fahrrad hat! Dann kommt ein
   Auto, und der Rückstrahler blendet den Fahrer, und der ärgert sich dann . . .
UTE F. (ärgert sich auch und unterbricht ihn) – Ich hab gesagt, wir haben noch
   einen Rückstrahler am Fahrrad, darauf möcht' ich jetzt 'ne Antwort haben! –
   Ja, Christa?
CHRISTA Der befindet sich da! (zeigt auf die Pedale)
UTE F. Ja, und warum ist der denn so wichtig? – Ich hab euch doch grade was
   erklärt. – Ja, Thilo?
THILO Ja, wenn der Autofahrer kommt, dann sieht er den Rückstrahler, und
   dann fährt er einfach vorbei.
UTE F. (atmet auf) Jaaa! Genau!!! Der muß also wissen, wie breit das Fahrrad ist,
   ne?! – (Pause) – So! Wiederholt jetzt noch einmal, was wir bis heute kennen-
   gelernt haben in der Stunde.

Sie steht jetzt auf und verweist unter spürbarem Druck und sich steigernder Ungeduld auf ein Tafelbild, welches ein Fahrrad zeigt. Daneben sind leere Hinweisschilder mit Linien gezeichnet: die Schüler sollen nun die gelernten «Begriffe» hineinschreiben. So sah es ihre Unterrichtsvorbereitung vor. Sie entscheidet aber – obgleich die Zeit nach meinem Eindruck reichen würde – anders: die Schüler nennen die defekten Teile noch einmal, zeigen sie an der Tafel, und Ute F. schreibt die Bezeichnungen selber ein. Die Hausaufgabe sieht die Wiederholung dieser Tafelarbeit anhand eines vorbereiteten Arbeitsblattes vor.

Ute F. macht einen sehr erschöpften Eindruck, als sie sich schließlich hinten zu uns setzt. Sie ist hochrot im Gesicht und läßt sich mit einem Seufzer auf den Stuhl fallen.

118 Ute F. wiederholt in der Unterrichtsbesprechung die Kommunikationsstruktur ihres Unterrichts

Vor der hier zum Teil dargestellten Stunde hatten wir noch eine andere – die von Kerstin C. – beobachtet. Die folgende Unterrichtsbesprechung findet etwa zehn Minuten nach Ute F.s Stunde statt. Ich wende mich an Kerstin C.

ICH Ja, fangen wir mal an.

KERSTIN C. Ja, fangen wir mit meiner Stunde an, oder wollen wir erst – (unterbricht sich) – willst du erst auf die pädagogische Vorbesinnung eingehen?

ICH Ach, nee, nee, das ist mir nicht so wichtig!

UTE F. (sieht, daß ich rauche) – Ach, kann ich mal vielleicht 'ne Zigarette von dir haben, ja? Ich hab nämlich heut grad keine. – (Ihre Überhöflichkeit scheint mir sehr von unten heraufzukommen. Ute F. erscheint mir plötzlich kleiner und unsicherer: ich habe sie sicherer und direkter in Erinnerung.)

ICH Bitte, bedien dich! (Ich gebe ihr Feuer.)

UTE F. Danke! (Sie sagt es ein bißchen zu brav.)

Wir beginnen mit der Besprechung von Kerstin C.s Stunde. Ute F. hört über eine lange Strecke aufmerksam zu und greift dann an einer bestimmten Stelle im Hinblick auf Kerstin C. verteidigend ein. Ich hatte Kerstin C. darauf aufmerksam gemacht, daß mir aufgefallen sei, daß sie mit ihren Händen und Armen im Unterricht in einer bestimmten Weise umginge: sie faltete knetend ihre Hände und verschränkte sie in einer merkwürdig zwanghaften Weise oder stützte sie auf dem Tisch ab oder hielt sich an der Tafel fest oder verschränkte sie auf dem Rücken. Frau G. bestätigte meine Beobachtung und fügte hinzu, daß es ihr selber auch so ginge, wenn sie sehr unsicher sei. Kerstin C. hatte auf meine Frage vorweg, ob sie denn die Situation als eine Prüfungssituation erlebt habe, gesagt, dies sei nicht der Fall gewesen, wobei mir aufgefallen war, daß sich Frau G. unmittelbar im Anschluß an diese Äußerung abrupt in ihrem Stuhl zurückgelehnt hatte, ohne jedoch etwas zu sagen. Hier also griff Ute F. in das Gespräch ein, woraufhin sich Kerstin C. zunächst dankbar zeigte.

UTE F. Das hab ich ja auch gemacht, muß ich sagen!
KERSTIN C. Mir ist das so halt bequemer, als wie wenn ich die Arme einfach hängen lasse. Das macht man doch öfter.
UTE F. Das mein ich aber auch!! (bestimmt und zurückweisend mit Blick auf mich und einem triumphierenden Lächeln)

Ich sehe, daß beide noch nicht bereit sind, über Formen von Unsicherheit im Unterricht zu sprechen und teile eine andere Beobachtung mit. Aber Frau G. möchte bei diesem Thema bleiben: sie ist selber sehr daran interessiert. Ihr sei auch aufgefallen, daß Kerstin C. sehr häufig ihren Pulloverärmel umschlägt und wieder herunterstreicht und daß sie ebenso häufig ihren Pullover hinten herunterzieht, obgleich er nicht hochgerutscht ist.

Kerstin C. scheint sich zu erinnern und blickt mich an, woraufhin ich Frau G.s Beobachtung bestätige: dies sei mir auch aufgefallen. Kerstin C. wird nachdenklich. – An dieser Stelle greift Ute F. sehr schnell und verteidigend wieder ein und weist darauf hin, daß sie Kerstin C. auch privat gut kennt: sie kenne sie schließlich besser als ich.

UTE F. Ich finde, dann müßtest du vielleicht auch mal die Leute fragen, die ständig mit Kerstin zusammen sind. Du hast uns (!) jetzt nur gesehen während der Praktikumsvorbereitung und jetzt im Unterricht.
ICH Hm, hm . . .
UTE F. Und vielleicht – und ich weiß nicht, ich mein, ich kenn die Kerstin jetzt schon längere Zeit, und ich möchte sagen, also, wie sie heut vor der Klasse überhaupt sich verhalten hat, äh, also das mit dem Pullover und mit dem Armeverschränken oder so – also, das macht die nicht nur vor der Klasse, das macht die doch immer so. Und das hat mit dem Unterricht überhaupt nichts zu tun!
ICH Naja, ich hab's ja auch nur so erlebt, und das weiß ich.
UTE F. (neckisch, mit dem Versuch, mich zu verunsichern) Ach so! Deswegen sagst du immer, daß das, was du sagst, subjektiv gemeint ist, ach so! (lacht)
ICH (lasse mich auf's Argumentieren ein) Ja, aber guck mal! Die Kerstin vermittelt mir den Eindruck, und ich sag den. Und das war hier im Unterricht, ja? Und – ähm – ich hab das so erlebt und Frau G. auch. Mir kam das halt so vor, wie . . .
KERSTIN C. (lacht) . . . wie Ablehnung . . .

Ich Erst mal Unsicherheit, aber wenn du Ablehnung sagst . . .

Kerstin C. Hm – ich weiß nicht . . .

Ich Ich hab mir auch überlegt, warum steht die immer in der Klasse? Warum setzt die sich nicht mal hin? Sogar bei der Stillarbeit . . .

Kerstin C. (sinnend) Ja – Ja – Ja. (versinkt in Nachdenken)

Ute F. lehnt sich jetzt auf dem Stuhl zurück und beteiligt sich längere Zeit nicht am Gespräch. Sie erscheint mir ziemlich betroffen. Nach dem Ende der Besprechung von Kerstin C.s Stunde schrickt sie ein bißchen auf, als ich sie anspreche.

Ich Ja, Ute, können wir mal bei dir weitermachen? Erzähl doch zunächst auch mal so'n bißchen.

Ute F. (sehr schnell) Ja, also ich muß sagen, als ich heute Morgen hierher gekommen bin, hatte ich ganz schön Magenkniepen gehabt. Aber als ich dann vor der Klasse stand, da muß ich sagen: es war irgendwie weg. Das kommt vielleicht daher, weil's schon mein zweites Praktikum ist und weil wir ja auch in der letzten Woche schon Unterricht hier in der Klasse gehalten haben.

Frau G. Das ist meistens so: wenn das erste Wort raus ist, dann geht's einem besser.

Ute F. Mich hat das dann weiter auch nicht gestört, als ich dann da vorne stand, daß hier noch mehrere Leute saßen, die Frau G., die Kerstin und die Wilma. Und ich würd sagen: die Kinder hat das auch nicht weiter abgelenkt.

Ich Hm, hm . . . (In ihrer Aufzählung komme ich nicht vor.)

Frau G. In Ihrer Stunde nicht, nein!

Kerstin C. Bei mir schon . . .

Frau G. Bei Ihnen hatte ich das Gefühl, daß sich die Kinder erst ein bißchen produzieren wollten vorm Herrn Brück.

Ich Ja, ein paar haben mit dem Mikrofon Hitparade gespielt am Anfang.

Wilma A. Ja, und als ihr alle reinkamt, da sagten sie: Ach, du liebe Zeit, so viele Lehrerinnen und Lehrer . . .

Kerstin C. Was wollen die denn alle, meinte dann der Thilo.

Ich Vielleicht solltet ihr mit denen mal über das Praktikum reden.

Frau G. Das Praktikum kennen die schon! Die wußten nur nicht, daß Sie (an mich) heute noch dazukommen.

Ute F. Ja, da sind die noch zusätzlich irritiert worden.

Kerstin C.
Wilma A.   Ja, ja. Das hat die doch beeinträchtigt!

Ute F. Wir hätten sie vorbereiten sollen!

Allgemein wird die Unterrichtsbeobachtung als Prüfungssituation[101] erlebt. Zunächst wird das manchmal von den betroffenen Praktikanten (auch den Mentoren) nicht so gesehen, sondern – wie in diesem Fall – verleugnet. Ich bin sicher, daß dieses Problem in diesem Fall vor allem die Praktikanten betrifft, die aber nicht bereit sind, es zu akzeptieren. Die Tatsache, daß sie hier an dieser Stelle von den Problemen reden, die die Schüler mit meinem Kommen haben, läßt eine projektive Abwehr als naheliegend erscheinen. Da ich sicher bin, daß dieses Problem im Verlauf erhalten bleiben wird, insistiere ich nicht auf einer Thematisierung, sondern akzeptiere die damit verbundene Belastung.

KERSTIN C. Ja, das war halt auch meine Befürchtung, daß die (Schüler) durch dein Kommen doch ziemlich stark abgelenkt werden.

ICH Ich denke, wenn man ihnen die Mikrofonanlage erklärt, dann ist die nicht mehr so geheimnisvoll.

KERSTIN C. Ja, man hat aber doch seine Stunde geplant, und wenn man das auch noch tut, dann reicht die Zeit nicht.

FRAU G. (etwas «programmatisch») Als Lehrer muß man oft auch auf Situationen eingehen, die nicht geplant sind.

Ihre Äußerung wird anscheinend nicht nur von mir so empfunden, daß sie auf etwas Unstimmiges in der Zuschreibung meines Kommens als einem Problem der Schüler hinweist. Es folgt eine längere Schweigepause. Ich halte es für möglich, daß jemand jetzt das Problem des Gestört- oder Geprüftwerdens durch mich anspricht und zügele meinen Impuls, das selber zu tun. Erst als das Schweigen länger andauert, komme ich zur Sache.

ICH Ja, Ute, kannst du noch etwas zum Verlauf deiner Stunde sagen?

UTE F. Ja! (räuspert sich) Zum Verlauf! – Also, das Im-Kreis-Sitzen hatte ich mir eigentlich nicht so lange vorgestellt, weil – wir hatten gestern schon mal über die Stunde geredet, und da meinte Frau G. auch, daß einige «Begriffe» (Sie meint die Namen der defekten Fahrradteile.) sicher spontan kommen würden: die Katzenaugen und sowas. – Als ich's dann gesagt hatte, ja, da war das ein großes Aha-Erlebnis, aber vorher – vielleicht haben sie's auch nicht gesagt, weil . . .

FRAU G. (unterbricht und wirkt plötzlich sehr ungeduldig) Also, ich fand aber, da war was anderes dran schuld . . .

UTE F. (übergeht die Unterbrechung und fährt fort) Die fanden so viele Sachen am Fahrrad, die nicht in Ordnung waren . . .

FRAU G. (unterbricht aufs Neue) . . . daß da so viele spontane Äußerungen kommen, ist ja auch richtig! Darüber könnte man ja auch froh sein! Eigentlich! – Aber als von dem – von dem – äh – von der Rückleuchte – nee, ich meine Rückstrahler – und so – gesprochen wurde, da wußten die meisten nicht, daß sie da nochmal hingehen sollten und das zeigen und benennen. Die Schüler waren oft schon viel weiter, und Sie haben dann da immer noch auf Ihrem Begriff da rumgehackt . . .

Frau G. errötet bei ihrer Irritation bezüglich Rückleuchte und Rückstrahler. Dies kann auch die Folge des kurzen Lachens der drei Praktikantinnen gewesen sein, das auf diese Irritation folgte. Sie hatte sich auch bei Ute F. kurz durch einen Blick versichert, daß sie schließlich doch den richtigen «Begriff» benutzt hatte. Ich assoziierte «Schülerin». Frau G. lachte auch nicht über ihre lustige Irritation. Sie wirkt auch bei ihrem nächsten Beitrag auf mich etwas aggressiv.

UTE F. Das war vielleicht . . .

FRAU G. (unterbricht) Die Schüler wußten doch gar nicht, um welchen Begriff es jetzt ging und um welchen Gegenstand am Fahrrad! – (Ich habe den Eindruck, als wolle sie die Schüler – ihre Schüler – verteidigen.)

UTE F. (erstaunt und etwas pikiert) Tja, ich . . .

ICH Ja, Ute, mir ist das übrigens auch nicht klar geworden. Ich hab's mir aufschreiben müssen (lese vor): Lampe, Rücklicht, Rückstrahler, Katzenauge.

UTE F. (geht sofort auf mich ein, ihre Unsicherheit verwandelt sich in eine zunächst ungläubige Vorwurfshaltung) Was? Ist dir nicht klargeworden??

ICH Nee! – Weißt du auch, warum nicht?

UTE F. Nee!

ICH Weil's mich überhaupt nicht interessiert! – Weißt du, ich weiß zwar genau so gut, was es am Fahrrad für Lampen gibt, wie jeder Schüler; aber die Wörter weiß ich auch nicht, sie interessieren mich auch nicht. Ich hab sie auch gleich wieder vergessen!

UTE F. (lacht jetzt, behält aber ihre Vorwürflichkeit bei) Also, weißt du, das find ich ja toll!! – (Pause) – Ich muß ja ganz ehrlich zugeben: Schwierigkeiten hatte ich auch! – Aber nur bei der Vorbereitung.

ICH Ja, und warum machste denn das, und willst denen was beibringen, was dich selbst gar nicht interessiert??

UTE F. (Sie wehrt mein etwas zu eifriges Engagement ab und bremst mich nun ebenso eifrig.) – Ja, nu, ja, nu!! – Ich muß den Kindern ja was beibringen. Auch wenn mich das nicht interessiert, muß ich denen ja . . .

ICH (eher gemurmelt) So'n Scheiß.

UTE F. (sehr bestimmt) Nein, das ist kein Scheiß!!! – Man kann zwar sagen «Rücklicht», aber wenn ich schon mal das Fahrrad erkläre, dann muß ich das auch richtig erklären und kann da nicht irgendwas . . .

FRAU G. (unterbricht) Hier ging's doch um Funktionen . . .

UTE F. (fühlt sich zu Unrecht unterstützt) Ja! Genau!!

FRAU G. Ja, und die haben sie doch genau gewußt!!

UTE F. (merkt ihr Mißverständnis nicht und richtet sich jetzt an mich: triumphierend) Ja, siehste, die Schüler haben's gewußt, und du?!

ICH (Ich denke einen Moment, daß das Mißverständnis bei mir liegen könnte und möchte es gerne klären.) – Also, warte mal, ich bin damit noch nicht einverstanden . . .

UTE F. (unterbricht neckisch triumphierend) Ich aber schon!!

ICH (gerate in größeren Eifer) Also warte mal! Ich hab's wirklich nicht kapiert, und ich wußte auch nicht, worauf du hinaus willst, und ich hab mich bestimmt bemüht, das zu kapieren! Vielleicht hab ich's auch am Schluß ein paar Sekunden lang kapiert, aber dann hab ich's sofort wieder vergessen, weil's mich nicht interessiert hat. Und ich glaub, daß es den Schülern genauso ergangen ist wie mir! Es geht hier um die Funktionen . . .

UTE F. (lächelnd) Jaaa? (abwartend mit interessierter Haltung)

ICH (eifrig) Nicht? – Also, diese Katzenaugen sind ja an den Pedalen, ja? Aber Rückleuchte und Rückstrahler? Da weiß ich nur noch, daß das eine mit und das andere ohne Birnchen ist!

UTE F. (spöttisch) Ja, paß mal auf! Wenn du jetzt ganz genau aufgepaßt hättest, dann hättest du auch gehört, daß ein Schüler das nämlich ganz richtig gesagt hat! Ein Schüler! Der Thilo X., der hat nämlich gesagt, also, das eine wird vom Auto angestrahlt: das ist der Rückstrahler; das andere wird vom Dynamo angetrieben: das ist die Rückleuchte. – (auftrumpfend) – Also, haste nicht richtig aufgepaßt!!! – Und ich hab das noch laut und deutlich wiederholt!!!

ICH Das will ich ja akzeptieren. Aber ich habe große Schwierigkeiten gehabt, das zu lernen. Und als ich's konnte, hab ich's wieder vergessen! – Und wenn es mir so geht, dann denke ich darüber nach, ob ich es den Schülern beibringen will.

Etwa an diesem Punkt wird mir klar, daß ich selber in der Rolle der Schüler der vorigen Stunde bin, und daß mich Ute F. nach meinen Fähigkeiten beurteilt hinsichtlich des Gelernthabens ihres Inhalts. – Zunächst habe ich den Impuls, diese Redundanz auf der Metaebene anzusprechen. Dann denke ich, daß Ute F. dem ebensowenig folgen wird, wie meiner Einschätzung der Situation selber. – So nehme ich mir vor, zunächst meine Schülerrolle weiterzuspielen, um die Situation deutlicher zu wiederholen und so für alle sichtbar zu machen.

UTE F. Du irrst! Ich hatte keine Schwierigkeiten, mich zu interessieren! Nur hab ich vor meiner Unterrichtsplanung nicht ganz genau gewußt, wie die Dinger da heißen: und darüber hab ich mich informiert! – (Jetzt wird Ute F. durch Kerstin C. mit zustimmendem Gemurmel unterstützt. Frau G. sieht lächelnd zu.) – Guck mal! Die Kinder waren so unheimlich an dem Thema interessiert!! Die haben eine Menge erzählt, und am Ende sind sie selber auf diese Unterscheidung gekommen! Das ist doch wichtig, daß man angefahren werden kann und so weiter. Und dann kam ja sogar noch ein Gespräch innerhalb des Kreises zustande . . .

ICH (unterbreche) · . . über die Funktionen! Nicht über die Bezeichnungen!

UTE F. (nimmt sehr herausfordernd meinen Einwurf an) Jaaa! Über die Funktionen, ja, ja! Und einer hat gesagt: «Dieses Dingsda!» Und wenn er das nun erklären soll und hat kein Fahrrad und keine Zeichnung, wie kann man denn dann wissen, wovon er überhaupt spricht? Deswegen find ich es schon wichtig, daß die Kinder die Begriffe wissen. Das ist genau, wie wenn man über eine Landkarte spricht: da kann man auch nicht sagen: «oben», «rechts» und «links». Da muß man schon die genaueren Begriffe wissen (atmet hörbar aus).

ICH Ja, Ute, da hast du natürlich recht: bei der Landkarte muß jeder, der darüber spricht, wissen, was zum Beispiel eine Windrose ist, die die Himmelsrichtung zeigt. Das ist klar. Aber ich fahre seit mehr als 25 Jahren Fahrrad und habe heute noch nicht gelernt, daß man das eine Rückstrahler und das andere Rückleuchte nennen muß. – Mir geht's ja auch um etwas anderes!

UTE F. (wirkt jetzt ein bißchen enttäuscht) Ja?

ICH Ich meine ja nur, daß ein Lehrer anfangen muß zu denken, wenn es ihm selbst schwer fällt, sich für das zu interessieren, was er den Schülern beibringen will.

Es folgt ein langer Beitrag Ute F.s, in dem sie mit großem Eifer erklärt, daß ein Lehrer durchaus seinen Schülern auch solche Dinge beibringen muß, die ihn selber nicht oder kaum interessieren. Ich weise noch einmal darauf hin, daß es meine Meinung sei, ein Lehrer müsse ins Nachdenken geraten, wenn er sich im Begriff sieht, seinen Schülern beibringen zu wollen, was ihn selber nicht interessiert, aber ich sähe, daß sie da eine andere Meinung habe und füge hinzu:

ICH Ich möchte auch mit dir nicht über irgendwelche Prinzipien diskutieren. Mir ist nur wichtig, daß du es mir nicht beigebracht hast, obgleich ich aufgepaßt habe.

UTE F. (eifrig und leicht aggressiv) Ja, das ist aber einfach! Und weißt du, woran das liegt?! – Du hast eben nicht genug aufgepaßt!

Damit hat der unaufmerksame Schüler die Schuld an seinem Versagen, und die Lehrerin zieht sich auf ein immerhin zweifelhaftes Prinzip zurück.

ICH Jaa! Gut! Okay! Aber . . .

UTE F. Du bist es ja, der kein Interesse an der Sache hatte!

ICH Okay, aber wenn's mich interessiert hätte, dann hätte ich aufgepaßt!

UTE F. (jetzt ganz Lehrerin) Siehste, dann hättste dich vielleicht auch mal gemeldet! Aber du hattest ja auch kein Interesse!

ICH Ja, du hast recht! – Und ich denke, daß es vielen Schülern auch so gegangen ist.

UTE F. Das mein ich aber gar nicht! Die waren doch sehr an dem Fahrrad interessiert!

ICH An dem Fahrrad war ich ja auch sehr interessiert! – Nur das mit all den Leuchten und Lichtern . . .

UTE F. (unterbricht) Ja, sicher, da gab's ein paar kleine Schwierigkeiten. – (eifrig) Aber hör mal, das ist doch wohl ganz klar, daß man nicht alle Schüler für alles interessieren kann!

ICH Das denke ich auch! Aber mir geht's doch nur um diese eine Sache mit den Leuchten. Und da erlebe ich dich sehr verteidigend und denke mir, daß ich dich damit wohl angreife.

UTE F. (lacht etwas verblüfft und wirkt auf mich ertappt) Ei, ja – (erst unsicher, dann zurückweisend) Ich fühle mich aber gar nicht angegriffen!

ICH Und deswegen verteidigst du dich!?

UTE F. (unsicher) Ja, aber –

ICH Du könntest dir ja auch mal meinen Senf anhören. Und wenn du nichts damit anfangen kannst, dann könntest du dir ja auch sagen: «Och, laß den nur mal reden! Der hört auch wieder auf!»

UTE F. (stutzt) Ja, eigentlich hast du – (bestimmt) Das schaffe ich hier nicht!

ICH Gut, ich seh's. – Aber ich bestehe darauf, daß du es mir nicht beigebracht hast.

UTE F. Ist gut, ich glaub, ich versteh's jetzt schon. (Pause) Aber was meinst du eigentlich zu meiner Stunde?

ICH (bin etwas überrascht) Ja, die Stunde! Ja, ich meine, daß die hervorragend angelegt war und gut geplant. Die Idee mit dem defekten Fahrrad fand ich Klasse. Auch die Sachen mit dem Tafelbild und dem Arbeitsblatt fand ich gut.

UTE F. (etwas verblüfft und ungläubig) Hm??

ICH Ich fand also die Vorbereitung gut und dachte mir: das wird eine glatte Sache, das läuft, oder das kann laufen. Und dann hab ich mich während der ganzen Stunde fürchterlich geärgert!

UTE F. (etwas bestürzt) Ja, worüber denn?

ICH Ja, weil du deine schöne Stunde selber kaputtgemacht hast, und zwar von Anfang an.

UTE F. (errötend und ärgerlich) Da bin ich aber gespannt!

ICH Am Anfang war's so: die sitzen also schließlich im Kreis, und du holst das Fahrrad rein und stellst es hin. Prima, denk ich! Und als du dich hingesetzt hast, da hatte ich einen sehr intensiven Wunsch an dich!

UTE F. (kokett) Ja?

ICH Ja! – daß du nämlich jetzt die Klappe hältst!

FRAU G. Das hab' ich Ihnen gestern gesagt!

UTE F. Ja, aber ich hab' doch gar nichts gesagt!

KERSTIN C.
WILMA A. Aber sie hat doch gar nichts gesagt!

ICH (bestimmt) Das stimmt nicht!!

ALLE DREI Nein!!! Sie hat (ich habe) nichts gesagt!!

FRAU G. (lächelnd distanziert) Vielleicht doch!

UTE F. (sehr aufgebracht) Also, die Tina hat sich gemeldet und angefangen, und dann kamen fast alle anderen und sagten was und waren sehr interessiert! – Du hast Halluzinationen! – Das möcht ich aber jetzt genau wissen! – Das Tonband!!

ICH Warte mal, Ute! – Ich möcht nur vorher noch etwas genauer sagen, wie mir das vorgekommen ist, wenn ich mich mit den Schülern identifiziert habe.

UTE F. (kühl und ironisch) Mir wäre jetzt das Tonband lieber!

ICH Gleich! – Mich hat das mit dem kaputten Fahrrad außerordentlich stark motiviert, und ich hab genau wie die Schüler selber versucht, die einzelnen Defekte zu finden. Die waren ja auch begeistert und wollten das finden und sagen und haben das dazu auch von sich aus sagen und machen wollen! – Aber dann kamst du und hast sinngemäß gesagt: «Was fällt euch eigentlich ein? Das ist mein Unterricht, und der wird so gemacht, wie ich das will! Ihr dürft euch ja interessieren, aber so, wie ich das will, und nicht so, wie ihr euch das denkt.

FRAU G. Ja, Sie haben viel geredet, wo Sie nicht zu reden brauchten! Und das mit dem Echo! Und dann immer: Ja, richtig! Ja, gut! und Wie schön! und so. – (sie imitiert Ute F.)

UTE F. Das war doch nur an ein paar Stellen, und da kam's daher – das hab ich auch schon zur Kerstin gesagt – daß ich denen die Begriffe halt besonders einbläuen wollte. Aber ich bin sicher, daß ich am Anfang nichts oder fast nichts gesagt habe.

259

Ich Ich hab mich aber ständig von dir reglementiert gefühlt und unterbrochen. Und du hast mir alle meine eigenen Beiträge so wiederholt, daß ich das Gefühl hatte, du hältst mich für dumm oder nimmst mir meine eigenen Beiträge weg. Ich wußte dann nicht mehr, ob sie nun eigentlich wirklich von mir kamen oder von dir. Und das hat mich geärgert, und ich hab dann nach und nach die Lust verloren, und das hast du mir dann noch vorgeworfen. Dabei hab ich mich über dein Fahrrad gefreut und hätt gerne mit den anderen etwas damit gemacht, und das hätt ich auch gekonnt. Aber du hast dich immer so eingemischt, daß ich dachte, du traust mir gar nicht zu, daß ich das selber kann.

Ute F. Das machst du jetzt wie ein Schüler! Aber du bist keiner! Und ich will jetzt das Tonband hören!

Ich Okay! (Ich stelle das Tonband ein, und wir hören einen Teil der Stunde und die bisherige Besprechung.)

Ute F. zeigt beim Anhören sehr starke Betroffenheit und erscheint völlig überrascht vom Ausmaß und der bestimmten Art ihrer Beiträge. Beim Anhören der Unterrichtsbesprechung, in der sie ja dieses bestimmte Lehrerverhalten beibehält und vor allem mir gegenüber reproduziert, erkennt sie von sich aus die Redundanz dieses ihres Verhaltens in einer anderen Situation: «Das ist ja dasselbe! Das hältste nicht aus!»

Am Ende der Tonbandsequenz herrscht bei allen betroffenes Schweigen. Schließlich sagt Ute F. sinngemäß: «Also, ich glaub, ich hab jetzt kapiert, was du meinst. Ich will da aber jetzt nicht weiter drüber reden. Das muß ich erst mal verdauen. Jedenfalls weiß ich, wo ich beim nächsten Mal aufpassen muß!» – Wir verlassen den Klassenraum, und ich habe das befriedigende Gefühl einer gelungenen Verständigung und bin gespannt auf die nächste Stunde von Ute F. Ihre weitere Mitarbeit erscheint mir sicher, weil sie einen offensichtlichen Zugang zu dieser noch etwas schwierigen Form einer Bearbeitung von Unterricht gefunden hat. Meine Erwartung hat sich im weiteren Verlauf des Praktikums bestätigt.

119   *Im Unterricht ist die Wahrnehmungskompetenz des Beobachters gefragt, in der Besprechung seine Handlungskompetenz*

Der Zweck dieses interpretierten Tonbandauszugs aus einer Unterrichtsstunde und ihrer Besprechung im Zusammenhang dieser Arbeit ist wesentlich auch ein illustrativer. Ich denke, daß diese Darstellung einen gewissen Eindruck – keinen vollständigen – von der Komplexität und Anfälligkeit eines solchen diskursiven Verfahrens vermitteln kann. Vor allem kam es mir auf zweierlei an:

1. Die interaktionell bedeutungsvollen und wirksamen bewußten und unbewußten, digitalen und analogen Anteile können kaum vorweg mit auch nur annähernder Wahrscheinlichkeit bestimmt werden. Sie stellen sich im Unterricht (auch seiner Besprechung) her und sind der Wahrnehmung der Beobachter und der Beteiligten in sehr unterschiedlichem Ausmaß mehr oder weniger zugänglich: dies ist eine Sache.
2. Eine ganz andere Sache betrifft das Ausmaß und die Möglichkeiten der tatsächlichen Bearbeitung und deren Ergebnisse. Sicher erscheint mir, daß immer nur ein kleiner Teil der wichtig erscheinenden Anteile überhaupt thematisiert werden kann, während ein noch erheblich kleinerer Teil einer Bearbeitung zugänglich ist. Über Thematisierung und Bearbeitung entscheiden letztlich alle an der Besprechung Beteiligten, wobei dem «professionellen» Beobachter andere Möglichkeiten zur Verfügung stehen und andere Grenzen gesetzt sind als dem Mentor: bei den Praktikanten/ Lehrern liegen die Verhältnisse wieder anders. Im Rahmen der – oben dargestellten – Möglichkeiten können Ergebnisse nur durch Konsens erzielt werden. Sie sind nicht prognostizierbar und lassen sich herstellen oder nicht.

Von daher erscheint mir eine Unterscheidung sinnvoll, die die unterschiedlichen Möglichkeiten im Unterricht von denen seiner Besprechung differenzieren kann. Ich beziehe mich dabei auf diejenigen Personen, die am Unterricht *und* seiner Besprechung teilnehmen, womit die Schüler ausgegliedert sind.

Im Unterricht ist unter dem Gesichtspunkt einer solchen Bearbeitungsform die *Wahrnehmungskompetenz* der Beteiligten gefragt. Damit meine ich sowohl kognitive wie affektive Möglichkeiten der Wahrnehmung; jedenfalls in einer ganz naiven Bedeutung: sinnliche Wahrnehmung.[102] Nichts ist unwichtig, was mein kognitives oder affektives Interesse erregt, auch dann nicht, wenn es gar nicht zur Sache zu gehören scheint. Dies ist aber gewiß sehr vieles und sehr Unterschiedliches: der Versuch, es aus einer einzigen Stunde darzustellen, könnte vielleicht ein ganzes Buch füllen. Erfreulicherweise sind zwei Einschränkungen zugleich möglich und sinnvoll: einige Ereignisse haben mich sehr stark und andere weniger stark interessiert. Am wichtigsten sind solche Ereignisse, die mein subjektives starkes Interesse erregt haben. Die zweite Einschränkungsmöglichkeit betrifft die Redundanz solcher Ereignisse.

Damit bin ich bei der Unterrichtsbesprechung angelangt: hier ist die *Handlungskompetenz* der Beteiligten gefragt. Sie handeln ja, wenn sie ihre Wahrnehmungsergebnisse in einen diskursiven Prozeß einbringen. Sie können kompetent oder inkompetent handeln, mit Erfolg oder Mißerfolg; sie können Ergebnisse erreichen oder verfehlen. Gewiß sind sie an solchen Ergebnissen interessiert, auf deren Basis eine Weiterarbeit möglich ist. Solche Ergebnisse stehen aber nicht schon als Wahrnehmungsergebnisse zur Verfügung, sie können auch nicht erdacht werden oder sich durch Interpretationen herstellen: sie müssen erhandelt werden.

Die vorgestellte Besprechung – wie jede andere durchgeführte – ermöglicht es aber nur schwerlich, präzisere Handlungsanweisungen abzuleiten oder auch durch andere Verfahren vorweg bereitzustellen, die Ergebnisse im hier gemeinten Sinne wirklich sichern könnten. Mir jedenfalls erscheint es illusorisch, sich von mehr als seinen stärksten Interessen und möglichst starker Wahrnehmungsredundanz leiten lassen zu wollen. Diese aber sind zudem noch bei den Beteiligten meist unterschiedlich, woraus sich aber zugleich die Möglichkeit und die Notwendigkeit von Handeln ergibt.

120   Die Grenzen der Möglichkeiten des Verfahrens können nicht vorweg bestimmt werden;
sie werden immer erst im Verlauf erkennbar

Nach meiner Erfahrung stellt sich aus diesen Zusammenhängen das schwierigste Problem der Unterrichtsbesprechung ein: es betrifft die Grenzen der darin enthaltenen Möglichkeiten, das heißt vor allem die Respektierung dieser Grenzen. Diese Grenzen sind aber ebenfalls keineswegs vorweg bestimmbar und müssen folglich ebenfalls im Vollzug ausgelotet werden.

Ich verweise auf das Problem «Prüfungssituation» im vorliegenden Beispiel. Ich selber hatte aufgrund meiner Wahrnehmungskompetenz das sichere Gefühl und viele Beobachtungspunkte, daß meine «professionelle» Anwesenheit im Unterricht als belastende Prüfungssituation sowohl von Kerstin C. als auch von Ute F. empfunden wurde. Ich war auch sicher, daß eine gemeinsame Verständigung über dieses Problem nützlich gewesen wäre. Diese Gesichtspunkte waren für mich handlungsleitend und führten dazu, daß ich dreimal auf diese Problematik hinwies. Die Reaktion der beiden Praktikantinnen war aber jedesmal abweisend, wodurch eine Verständigung darüber nicht herbeigeführt werden konnte. Dies aber setzte sowohl für mich als auch für die beiden Betroffenen eine einschlägige Grenze unserer Möglichkeiten auf der Handlungsebene: sie war für mich zu respektieren und für sie hier und jetzt nicht überschreitbar. Meine dreimalige Thematisierung waren Versuchsballons, die ich losließ: die Ergebnisse waren negativ und die Grenzen damit zunächst abgesteckt.

Dies bedeutete nun zweifellos für die weitere Besprechung eine Belastung, vor allem auch für mich, die eben für mich die Bedeutung einer Verführung hat. Eben aufgrund meiner «Prüfungsmächtigkeit» mag es mir unter Umständen leichtfallen, die wahrgenommene Grenze gewaltsam zu durchbrechen. Damit hätte ich vielleicht Anerkennung erzwungen, zugleich aber sicher Ohnmächtigkeit auf der anderen Seite erzeugt: mit Sicherheit wäre das Problem dadurch nicht gelöst worden; ein erzwungener Konsens ist keiner.

Dies ist die eine Gefahr! Die andere Gefahr besteht darin, die vorhandenen Grenzen im Sinne von Handlungsspielräumen nicht auszuloten und nicht voll zu nutzen. Hier kann Ute F.s hartnäckige Weigerung, ihre außerordentlich einschränkende Lehrerinnendominanz zur Kenntnis nehmen, als Beispiel dienen. Was mir und Frau G. in der Unterrichtsbeobachtung sehr deutlich wahrnehmbar gewesen war, wurde ja von Ute F. und den beiden Mitpraktikantinnen wegen deren Identifizierung mit Ute F. auf das heftigste bestritten. Unmittelbar zugänglich war ihr ja auch nicht, daß sie diese Dominanz in der Unterrichtsbesprechung besonders mir gegenüber redundant wiederholte. Für ihre Verleugnung gibt es auch gewiß respektable Gründe, die in ihrer Abwehr liegen: Übertragung und Wiederholungszwang funktionieren ja wesentlich unbewußt, so auch hier. Nachdem ich merkte, daß Ute F. mich zum Schüler macht, entschloß ich mich, diese Situation so deutlich als möglich abzubilden. Zu diesem Zeitpunkt war ich keineswegs sicher, ob diese Problematik auch in dieser Besprechung zu einer gemeinsamen Bearbeitung gebracht werden kann: ich war nicht sicher, wo die einschlägigen Grenzen hier und jetzt liegen. Als Ute F. schließlich das Tonband forderte, hielt ich es immerhin für möglich, daß sie auch dieses Dokument ihres Handelns im Sinne ihrer Abwehr modifizieren kann, wodurch sie eine gemeinsame Arbeit an diesem Problem verhindert hätte. Im folgenden Handeln selbst konnten die Grenzen bestimmt werden: Prüfungsangst ist hier noch nicht bearbeitbar, wohl aber das Problem unangemessener Lehrerdominanz. – Übrigens zeigte sich in der nächsten Unterrichtsbesprechung eine «Grenzkorrektur». Ute F. begann das Gespräch mit dem Hinweis, daß sie mich als Prüfer erlebt hätte, worüber sie gestaunt habe.

*121 Alle angewendeten Verfahren sind praktische Diskurse:
sie werden unter Ungleichen begonnen, durch sie geführt und unter
Ungleichen beendet*

Bevor ich nun auf die von mir im Unterricht am häufigsten angetroffenen Interaktionsthemen ausführlich eingehe, erscheinen mir noch einige Ausführungen über die unterschiedlichen Möglichkeiten und Grenzen notwendig, die den im Unterricht und seiner Besprechung Beteiligten unter den Gesichtspunkten von Wahrnehmungs- und Handlungskompetenz zur Verfügung stehen können und gesetzt sein können. An den praktischen Diskurs, der mir ja hinsichtlich Unterricht, Unterrichtsbesprechung, Seminar und Tiefeninterview als Modellfall nützlich erscheint, wird manchmal die Vorstellung geknüpft, er müsse – wenn er nur einigermaßen gelingen wolle – ein Diskurs unter prinzipiell Gleichen sein. Diese Vorstellung diskreditiert nach meiner Auffassung den Diskurs für jeden praktischen Zweck, weil sie eine zweifelhafte Zielvorstellung als Voraussetzung für mögliche Praxis einfordert.

Ich halte es daher für überaus wichtig, die faktische Ungleichheit aller am Diskurs Beteiligten von vornherein zu unterstellen und so zu akzeptieren. Die Zielvorstellung einer zu erreichenden prinzipiellen Gleichheit am fiktiven Ende des Diskurses erscheint mir weder erreichbar noch überhaupt sinnvoll: er wird unter Ungleichen begonnen, durch sie geführt und unter Ungleichen beendet.[103]

Diese Ungleichheit ergibt sich zunächst im wesentlichen aus der Tatsache, daß alle Beteiligten durch eine jeweils unterschiedliche Lebensgeschichte am Beginn jedes Diskurses mit unterschiedlichen Kompetenzen und Defekten ausgestattet sind, die sie auch in ganz unterschiedlicher Weise in diesen Diskurs mehr oder weniger einzubringen in der Lage sind.

Hinsichtlich der Vorgänge auf der Beziehungsebene und wesentlich analog kommunizierter Anteile darf in der Regel beispielsweise unterstellt werden, daß die Wahrnehmungskompetenz der Schüler erheblich sensibler ist als die der erwachsenen Beteiligten;[104] sie kann in einer relativ angstfreien Situation von den erwachsenen Beteiligten mit dem Ergebnis genaueren Verstehens genutzt werden. Aus dieser Überlegung läßt sich insbesondere für die Unterrichtsbesprechung, an der ja nur Erwachsene beteiligt sind, der Versuch begründen, gerade die jeweils anderen, verschiedenen und vielleicht merkwürdig erscheinenden Möglichkeiten der Beteiligten besonders zu beachten: sie sind ja das, was ich nicht oder kaum habe; allerdings liegt eben deswegen auf meiner Seite Abwehr sehr nahe. Solche lebensgeschichtlich bedingten Unterschiedlichkeiten und die in ihnen liegenden positiven diskursiven Möglichkeiten stehen nach ihrer Bedeutung für die praktische Arbeit gewiß an erster Stelle. In dieser schriftlichen Darstellung muß ich mich aber mit einem Hinweis bescheiden: sie können ja nur in einem konkreten Diskurs handelnd durch die dort Beteiligten zur Darstellung und Wirksamkeit gelangen.

Andererseits sind strukturelle Bedingungen, die ja von den Beteiligten solcher Verfahren vorgefunden werden, hier eher zugänglich, so daß ich ihre Auswirkungen auf Ungleichheit und Unterschiedlichkeit genauer darstellen kann. Solche strukturellen Bedingungen betreffen wesentlich die Funktionen, die den Betroffenen in der hier beschriebenen Ausbildungssituation zugemutet werden. Ich beschränke mich auf eine vereinfachende und plakative Skizzierung.

Die Funktion der Lehrer besteht in der Vorbereitung, Durchführung und Nachbereitung des Unterrichts; sie sind insofern für die Schüler verantwortlich. Als Mentoren der Praktikanten haben sie nebenbei die zusätzliche Funktion, deren Ausbildung durch bestimmte Hilfen zu unterstützen. Die Funktion der Praktikanten besteht in der aktiven Beteiligung an ihrer eigenen Ausbildung für den Lehrerberuf; dazu stehen ihnen die Schülergruppen, die Mentoren und die Betreuer von der Universität zur Verfügung. Damit ist dann meine Funktion angesprochen, die mich auf die Ausbildung der Praktikanten im Seminar, im Praktikum und – bei einzelnen – in den Tiefeninterviews verpflichtet; ich bin darin auf die Unterstützung der Mentoren angewiesen. Die Funktion der Schüler schließlich besteht in ihrer Beteiligung am Unterricht ihrer Lehrer, der durch mich beobachtet wird, an deren Stelle manchmal die Praktikanten treten.

Diese strukturellen Bedingungen und die damit verknüpften Funktionen sind also allen Beteiligten vorgegeben und vor allem institutionell gesetzt. Selbstverständlich können sie mehr oder weniger, ganz oder gar nicht akzeptiert werden; auf jeden Fall ist eine Auseinandersetzung – durchaus auch im Sinne von Veränderungen – unumgänglich. Zudem kann jede Form der Auseinandersetzung nur vor dem Hintergrund solcher struktureller Bedingungen und Funktionen und unter ihrer Beeinträchtigung möglich werden.

Diese Feststellungen können nun gewiß zu den verschiedensten Überlegungen Anlaß geben. In den Zusammenhängen dieser Arbeit beschränke ich mich auf folgendes. Ich kennzeichne die Auseinandersetzung mit den gegebenen strukturellen Bedingungen und den damit verbundenen Funktionen als problematisch für alle Beteiligten: manche Schüler können oder wollen nicht lernen, die sollen es aber; manche Lehrer können oder wollen diesen oder jenen Schüler, diese oder jene Klasse etc. nicht unterrichten und hätten lieber andere Praktikanten, sie sollen es aber; manche Praktikanten können oder wollen nicht mit diesem oder jenem Schüler, Mentor, Betreuer etc. arbeiten und sollen es; manche Betreuer möchten die Praktika am liebsten umgehen oder höchstens unter anderen Bedingungen leiten, sie finden aber nur die gegebenen vor.

Damit ist in ganz verschiedener Weise, aber doch struktur- und funktionsspezifisch Unlust und Unbehagen, Weigerung und Widerwilligkeit und auch Angst im Spiel. Wo dies aber der Fall ist, stellt sich notwendig Abwehr ein. Auch sie ist außerordentlich komplex, und ich beschränke mich auf einige Überlegungen zur Identifikation,[105] die in solchen Sitationen fast immer eine Rolle spielt.

Dabei kann ich wieder auf die oben dargestellte Unterrichtssequenz und deren Besprechung zurückgreifen. Dort war ja augenfällig geworden, daß die in der Besprechung beteiligten Personen je nach ihrer Funktion im oben beschriebenen Sinne sich spezifisch verhalten hatten. Obgleich etwa Ute F., Kerstin C. und Wilma A. ganz unterschiedliche Personen sind, hatten sie aufgrund der strukturellen Bedingungen gleiche oder ähnliche Bearbeitungs- oder Lösungsvorstellungen. Ute F. reagierte auf die Konfrontation mit der Klasse durch dominantes und sehr einschränkendes Lehrerinnenverhalten. Kerstin C. verhielt sich sehr gehemmt, haltsuchend und unsicher. Wilma A., deren Möglichkeiten im Unterricht oben aus Raumgründen nicht dargestellt sind, vermochte aufgrund eines ausgeprägt mütterlichen Angebots eine eher behagliche Unterrichtssituation herzustellen, in der die Schüler gut arbeiten konnten.

Eine Gemeinsamkeit ihrer strukturellen Bedingungen bestand nun aber in der Prüfungssituation, die sich durch meine Unterrichtsbeobachtung herstellte: sie wurde anfangs verleugnet und später bearbeitet. Sie war für mich völlig abwesend und erschien für

Frau G. weniger imponierend und unter einem ganz anderen Aspekt.

Die Verleugnung der unbehaglichen Situation, geprüft zu werden, führte aber nun bei den drei unterschiedlichen Praktikantinnen zu einer Identifikation untereinander. Als ich bezogen auf Kerstin C. die Prüfungssituation zum erstenmal ansprach, reagierte sie mit dem Hinweis, sie sei sich nicht geprüft vorgekommen, woraufhin die beiden anderen dasselbe auch von sich sagten, während Frau G. still lächelte. An vielen anderen Stellen der Unterrichtsbesprechung verhielten sie sich gegenüber mitgeteilten Beobachtungen meinerseits, die sich immer nur auf eine der drei bezogen, so, als ob ich alle drei in der gleichen Weise gemeint hätte! Die hier und da bedrängenden Momente meiner Beobachtungen führten also zu starken gegenseitigen Identifikationen und gemeinsamen Verteidigungen. Abgewehrt wird das Unterschiedliche: es wird gleichgemacht.

Erst als es gelungen war, die Unterschiedlichkeit der je einen im Vergleich zu den beiden anderen hinsichtlich ihrer kommunikativen Möglichkeiten im Unterricht einer genaueren Bearbeitung zugänglich zu machen, zeichnete sich der Verzicht auf solche stark identifikatorische Verteidigungsstrategien als möglich ab. Damit war aber nun keineswegs diskursiv Gleichheit hergestellt, sondern vielmehr stärkere Unterschiedlichkeit. Erst jetzt wurde sichtbar, daß sie tatsächlich unterschiedliche Probleme mit dem Unterricht hatten, die aber als solche gemeinsam bearbeitet werden konnten.

Bei Frau G. – wie bei sehr vielen anderen Mentoren – führten identifikatorische Mechanismen an vielen Stellen zur Verteidigung ihrer Schüler, die sie entweder durch die Praktikantinnen oder auch durch mich angegriffen sah. Sie versuchte dann, diesen die «Schuld» an irgendwelchen in Rede stehenden Schülerverhaltensweisen zu belegen und mir zu erklären, weshalb diese oder jene Verhaltensweise dennoch in Ordnung oder doch verständlich sei. Erst als es ihr zunehmend gelang, sich nicht für alles, was in der Klasse geschah, verantwortlich zu fühlen, konnte sie sich anders als verteidigend gegenüber den Problemen in der Klasse äußern.

Meine eigenen identifikatorischen Mechanismen sind schwerer zu beschreiben, weil sie aufgrund der strukturellen Bedingungen nicht so leicht auf einen bestimmten Personenkreis bezogen werden können. Ich habe jedoch in verschiedenen Situationen herausfinden können, daß ich mich oft mit einzelnen Schülern oder Schülergruppen oder Praktikanten, häufig auch mit Mentoren identifiziert habe und infolgedessen stark verteidigend intervenierte. Erst im Laufe der konkreten Arbeit wurde mir dabei ein Moment von Gleichheit in diesen unterschiedlichen Identifikationen deutlich. Dieses Moment bezog sich immer auf mein eigenes pädagogisches Ich-Ideal, also auf meine Vorstellungen davon, wie Unterricht, Kommunikation etc. «eigentlich» sein sollten. Meine Interventionen erwiesen sich dann immer als relativ nutzlos, da es mir selbstverständlich nicht gelingen konnte, mich an die Bearbeitung dessen zu halten, was bei mir selber als Wahrnehmung und Beobachtung vorhanden war oder von den anderen als solches eingebracht wurde, solange ich nur mit dem beschäftigt und identifiziert war, was doch – nach meiner Vorstellung – bloß sein sollte, keineswegs aber war. Diese Fehlorientierung konnte ich häufig an meinen konjunktivistischen Redewendungen erkennen, woraufhin ich mich genötigt sah oder nötigte, zur Sache zu kommen.

Solche identifikatorischen Vorgänge sind nach meiner Erfahrung in den unterschiedlichen Zusammenhängen der Vorbereitung, Durchführung und Nachbereitung der Praktika zunächst einmal von höchster faktischer Wirksamkeit. Im Zusammenhang der hier diskutierten strukturellen Bedingungen und der damit verbundenen Funktionen haben sie fast immer die unbewußte Absicht, eine als verunsichernd oder beängstigend empfundene Situation in einer solchen Weise zu bewältigen, daß die zugrundeliegenden Realitäten ihres beängstigenden Charakters entkleidet und so dargestellt werden sollen, wie sie nicht sind, aber sein sollen.

Diese Vorgänge stellen damit scheinbare Gleichheit her und sind wichtige Abwehrformen der als beängstigend erlebten Ungleichheit. Erlebte Ungleichheit oder Verschiedenheit scheinen damit selber eine beängstigende Wirkung auf die Betroffenen auszuüben, die sie durch Identifikation in Gleichheit umzudeuten hoffen. Damit stellen sich Identifikationsvorgänge in diesen Zusammenhängen als eine der vielfältigen Abwehrstrategien dar, mit deren Hilfe belastende strukturelle Bedingungen und die daraus erwachsenden Funktionen verleugnet werden sollen. Die Belastungen, die aus der Verschiedenheit und Unterschiedlichkeit der am Diskurs Beteiligten erwachsen, werden einer Ideologie von Gleichheit überantwortet, die sich – auch – identifikatorischer Mechanismen bedient und so Realität leugnet.

C Interaktionsthemen im Unterricht und ihre Bearbeitung

123   Das einverleibende «Wir»

Damit kann ich auf den Unterricht selber eingehen und werde im folgenden versuchen, die häufigsten Interaktionsthemen zu beschreiben und zu erörtern, die in den Praktika und in der Auseinandersetzung der Praktikanten – auch der Lehrer – mit den Schülern im Unterricht bei fast allen auftraten. Dabei kann ich durchaus beim obigen Thema bleiben; denn die zu erörternden Interaktionsthemen sind letztlich nichts anderes als sehr komplexe Formen der Auseinandersetzung mit dem schwierigsten Problem des Unterrichts: dem Problem der Ungleichheit zwischen Lehrer und Schüler.[106] Welche Formen der Auseinandersetzung mit diesem Problem treten sehr häufig auf, was bedeuten sie, wo liegen ihre Dysfunktionalitäten?

Ich werde zunächst jeweils aus der oben dargestellten Unterrichtssequenz und danach aus anderen Unterrichtsstunden der Praktika Beispiele für die einzelnen Interaktionsthemen darstellen, die ich dann einer genaueren Untersuchung hinsichtlich ihrer Bedeutung und Wirkung unterziehe. Dazu werde ich einzelne Bearbeitungsformen aus verschiedenen Unterrichtsbesprechungen vorstellen.

UTE F. So, wenn wir jetzt ganz leise sind, dann hab ich gleich eine Überraschung für euch!
  Wir wollen erst ganz leise sein, aber das geht ja schon ganz gut, ja?
  Wir wollen uns jetzt melden!
  Können wir denn auf diesem Fahrrad fahren?
  Aber wir wollen uns wieder melden!
  Das haben wir ja schon gesagt, daß das der Rücktritt ist.
  –

ERNA R. Wir wollen jetzt noch etwas zu dem Tafelbild sagen!
  Wir stehen jetzt alle auf!
  Und jetzt setzen wir uns alle wieder hin!
  –

RENATE S. Wir wollen jetzt ganz ruhig sein!
  –

GUNNAR T. Wir wissen alle, daß es heute keinen großen Spaß machen wird. Wir wollen nämlich ein Diktat schreiben.

HEIDE C. Wir wollen jetzt mit Kneten aufhören, weil wir ja Kopfrechnen machen wollen.

SIGI A. Friedhelm, wir wollen aber heute nicht wieder die ganze Stunde Unsinn machen!

Solche oder ähnliche Lehreräußerungen finden sich in den meisten Unterrichtsstunden; ihr Charakteristikum liegt auf der Hand: der Lehrer sagt «wir», aber er meint es nicht so. Er meint trotz «wir» in keinem einzigen Fall auch sich selber, sondern immer nur alle Schüler, einzelne Schüler oder auch nur einen einzigen.

In den Praktika habe ich nur einmal erlebt, daß ein Schüler adäquat geantwortet hätte. Als Erna R. nach einer kurzen Rechenübung im ersten Schuljahr, bei der die Schüler stehen sollten («Wir stehen jetzt alle auf!»), diese wieder zum Hinsetzen aufforderte («Und jetzt setzen wir uns alle wieder hin!»), wurde dem Folge geleistet. Als sie selber wie selbstverständlich stehenblieb, sagte eines der Mädchen: «Aber du setzt dich ja gar nicht! Du mußt dich aber jetzt auch setzen. Das hast du selber gesagt!» Erna R. war wegen dieser Schüleräußerung sehr erstaunt und von sich aus nicht in der Lage, sie zu verstehen.

Um die interessante Frage, warum denn solche Äußerungen so überaus häufig verwendet werden, beantworten zu können, werde ich einige auf den Aussagekern, den sie ja alle enthalten, reduzieren:

Seid ganz leise, ich habe eine Überraschung! – Meldet euch! – Sagt etwas zu dem Tafelbild! – Steht auf! – Setzt euch wieder hin! – Seid still! – Ihr müßt heute ein Diktat schreiben! – Ihr wollt zwar weiter kneten, aber jetzt sollt ihr kopfrechnen! – Du machst ja schon wieder Unsinn; laß das heute!

Zweifellos sieht so der Kern solcher Äußerungen aus; er enthält überdies die tatsächliche Intention des Lehrers, der sie macht; er allein wird auch von den Schülern befolgt, sofern sie sich nicht weigern. Immerhin erscheint mir die Unterstellung nicht gewagt, daß auch die Schüler diesen Kern und nichts sonst wahrnehmen und auf ihn allein reagieren. Das andere scheint überflüssiges schmückendes Beiwerk zu sein; es könnte bei logischer Überlegung entfallen: nur, es entfällt keineswegs und ist nahezu unentbehrlich. Wie kommt das?

In sehr vielen Unterrichtsbesprechungen habe ich zunächst auf diese rein logische Unstimmigkeit hingewiesen. Keiner der Praktikanten hatte Schwierigkeiten, sie nachzuvollziehen und als solche anzuerkennen. Dann aber setzte fast immer eine typische Argumentationskette ein, die darauf hinauslief, daß dies zwar eigentlich unstimmig sei, aber warum solle man denn zu den Schülern unfreundlich sein, es sei doch gerade im Sinne eines guten Unterrichtsklimas wichtig, mit den Schülern so höflich umzugehen wie mit den Erwachsenen auch, das sei eben eine eingeführte Form, und die Schüler würden sich ja auch nicht daran stören.

Ich bestand darauf, daß jede faktische Forderung des Lehrers an die Schüler als solche auch in ihrer sprachlichen Form erkennbar sein müsse; alles andere sei Betrug und Augenwischerei, und ich fände das weder höflich noch freundlich. Antwort: Gewiß, das sähe man ja auch, aber wie ich mir das denn vorstelle, wenn sie ständig sagen würden: «Nehmt die Hefte raus! – Seid still! – Seht an die Tafel! etc.» Letztere Äußerungen wurden sehr häufig – wie auch hier – wörtlich als unhöfliche Möglichkeiten in Aussicht gestellt. Dabei war nun aber sehr auffällig, daß sie – im Sinne von Imitationen – ganz besonders grob, brutal, überlaut brüllend oder gar sadistisch klangen. Die Aussicht, daß jemand seine Forderungen auch freundlich, deutlich und bestimmt vorbringen kann, wurde fast nie erwogen. Diese in Stimmlage und Gestik ziemlich abstoßenden und erschreckenden Imitationen verwiesen also auf etwas Gefährliches, das in einer Forderung des Lehrers an seine Schüler enthalten sein muß – gefährlich für die Praktikanten/Lehrer.

Einige entschlossen sich immerhin, in der nächsten Unterrichtsstunde zu versuchen, dieses merkwürdige «wir» zu vermeiden und ihren Forderungen an die Schüler auch die angemessene Form zu geben. Dies führte zu Erfahrungen, die in den nächsten Besprechungen sehr interessiert bearbeitet werden konnten. Allen war es sehr schwer gefallen, ihren Vorsatz zu verwirklichen. Die meisten waren mindestens hier und da – oft ohne daß sie es selber gemerkt hätten – rückfällig geworden. Immerhin meinten fast alle, daß es doch möglich sei, solche Forderungen auch freundlich *und* direkt vorzubringen. Das Erstaunlichste war aber für alle, daß keiner in den Reaktionen der Schüler irgendeine negative Veränderung feststellen konnte. Manche meinten, daß sie so von den Schülern besser verstanden worden seien. Damit war aber offensichtlich, daß das Problem bei den Praktikanten/Lehrern lag.

In der Tat scheint das Problematische darin zu liegen, daß einer (der Lehrer) Forderungen stellt, die die anderen (die Schüler) befolgen sollen, was sie keineswegs immer tun. Dies ist aber ein Problem von Verschiedenheit, die offenbar in entsprechenden aktuellen Situationen nicht leicht akzeptiert werden kann.

Die unangemessene Formulierung «wir» verweist auf eine spezifische Art und Weise des Umgangs mit dieser Problematik: mit dieser Formulierung bezieht sich der Lehrer scheinbar in den Kreis der Schüler ein, obgleich er nicht im Traum daran denkt, dieser Einbeziehung nun auch tatsächlich Folge zu leisten. Er tut ja in aller Regel nicht, wovon er sagt, daß «wir» es tun wollen. Zugleich homogenisiert er die Schülergruppe, in der doch in ganz unterschiedlicher Weise der eine durchaus wollen kann, der andere aber keineswegs. Auch indem er auf einem «Wollen» besteht, wo er doch ein «Sollen» oder gar «Müssen» meint, stellt er scheinhafte Gleichheit her, wo große Verschiedenheit beängstigend zu sein scheint.

Damit hat das «Wir» des Lehrers in solchen Zusammenhängen einverleibenden Charakter. Die Schüler werden im verführerischen «Wir» des Lehrers, welches er ja nicht meint, vereinnahmt: es bleibt ihm erspart, sich selbst als einen Fordernden zu definieren, der seinen unterschiedlichen Schülern bestimmte Tätigkeiten und Haltungen abverlangen muß. Verschiedenheit mündet scheinhaft in Gleichheit, womit die zugehörige Situation und Beziehung zwar relativ angstmildernd, zugleich aber verzerrt und falsch erlebt und dargestellt werden kann.[107]

124   Das Pferdchenspiel

Das nächste Interaktionsthema «Pferdchenspiel» ist eine etwas weiterführende Variante zum «einverleibenden ‹Wir›». Die Beispiele erhebe ich auf die gleiche Weise wie oben.

UTE F. Wir wollen jetzt ganz ruhig sein, denn der Thilo hat etwas ganz Wichtiges zu sagen!
Richtig, an der Pedale! – aber das eine und das andere – das verstehen die anderen Kinder nicht.
Marliiiies!! – Kannst du mir das sagen?!
Walter, kannst du mir das sagen?!
Habt ihr gehört, was er gesagt hat?? – Elfi, möchtest du nicht wissen, was der Thilo gesagt hat?!
–

ROLAND K. Wem ist es auch zu laut, Elfriede?!
–

ROSI U. Joachim, du störst doch Petra!
–

MARTINA E. Die Anja kann aber bei diesem Lärm nicht gut rechnen!
–

Martina E. Ralf, hört *ihr* (!) mal bitte zu!!

Kerstin C. Habt ihr alle gehört, was Thilo sagt?!

Herta U. Karola hat ganz recht, wir gehen jetzt auf unsere Plätze zurück!

Alma L. Der Rainer hat was ganz Wichtiges gesagt!

Alma L. Seid mal bitte ruhig, die Angelika möchte was sagen!

Sigi A. Der Karli hat grade gesagt, er könne nicht eher was verstehen, als bis alle ruhig sind!

Sigi A. Ja Mechthild, der Karli wollte dir das vorhin sagen, aber da hast du ja geschwätzt!

Gertrud P. Ihr müßt aber jetzt still sein; denn der Harry hat eine Frage!

Auch in diesem Interaktionsthema imponiert im Kern aller Äußerungen der Forderungscharakter, den der Lehrer den Schülern oder einzelnen Schülern gegenüber zum verwischten Ausdruck bringt. Auch hier gelingt es ihm in keinem Fall, seine Forderungen klar und deutlich als seine eigenen, die er an die Schüler stellt, zu formulieren. Auch hier wissen die Schüler infolge langer Einübung in die Bedeutung verzerrter Kommunikation, was er «eigentlich» meint, und reagieren durch Befolgung oder Verweigerung.

Die Angst des Lehrers vor seinen Schülern, die er fordern will und soll, die er aber nicht so recht fordern kann, wird hier in einem Punkt besonders deutlich: der Lehrer fühlt sich offenbar schwach und sucht Verbündete. Er sucht sich in jedem Fall gegen diejenigen oder denjenigen Verbündete, von denen er vermutet, daß sie seiner Forderung nicht Folge leisten würden oder die das offensichtlich nicht tun. Verbündete sind immer einzelne Schüler gegen einzelne, viele oder alle anderen; oder alle anderen, einzelne oder viele gegen einen. In keinem Fall werden die herangezogenen Verbündeten gefragt, ob sie denn auch bündnisbereit seien: sie werden wie in der Situation des einverleibenden «Wir» in ein zweifelhaftes Bündnis hereingenommen. Damit werden den betroffenen Bündnis«partnern» in Wirklichkeit die Forderungen des Lehrers aufgepfropft, der sie dann nicht mehr offen als seine eigenen deklarieren muß, sondern so tut, als seien es in Wirklichkeit und «eigentlich» vor allem die Forderungen dieser Schüler. Der Lehrer macht also gleichsam viele oder einzelne Schüler zum Pferdchen, auf denen er seine eigenen Forderungen an andere Schüler heranreiten läßt.

Nach meinem Eindruck wird in vielen Fällen dieses aus der Not geborene Spiel des Lehrers mit seinen Schülern von diesen durchschaut: es ist die Variation zu einem bekannten Thema und außerdem im Sinne der zugrundeliegenden Lehrerintention recht unwirksam. Abgesehen von der enthaltenen Verzerrung der Lehrerkommunikation in diesem Spiel, kann es aber für bestimmte Schüler recht schlimme Folgen haben. Es handelt sich dann um solche Schüler, die im Hinblick auf die Zuwendung des Lehrers besonders bedürftig sind: sie sind zugleich meist Außenseiter. Wenn der Lehrer sie als «Pferdchen» seiner eigenen Forderungen benutzt, sind sie aufgrund ihrer Bedürftigkeit oft besonders bereit, sich mit diesen Forderungen zu identifizieren. Damit geraten sie aber in ein doppeltes Dilemma: einmal können *gerade sie* kaum solchen Forderungen wirksam Nachdruck verleihen, für deren bloße genaue Verbalisierung der Lehrer Verbündete braucht; das bewirkt ihr regelmäßiges Scheitern, welches ihre Bedürftigkeit verstärkt. Zum anderen geraten sie in dem Versuch, dennoch ihren Lehrer zu unterstützen, in immer stärkere Isolation zu den anderen Schülern, gegen die sie ja die übernommene Forderung des Lehrers ins Feld führen sollen und wollen, wodurch sich ihr ohnehin meist ausgeprägtes Außenseitertum noch verstärkt.

Grundsätzlich muß jedoch festgestellt werden, daß dieses «Pferdchenspiel» immer dann ein desolidarisierendes Moment enthält, wenn einzelne oder viele Schüler dieses vom Lehrer meist unbewußt angezettelte Spiel annehmen.

In der Unterrichtsbesprechung zeigte sich im Unterschied zur Bearbeitung des einverleibenden «Wir» eine größere Schwierigkeit, den Inhalt und die Bedeutung des Pferdchenspiels in die Bewußtseinsebene der betroffenen Praktikanten zu bringen. Die meisten bestanden zunächst darauf, daß sie in solchen Äußerungen tatsächlich nicht ihre eigenen Forderungen und Bedürfnisse im Unterricht vertreten hätten, sondern die der Schüler. Daraus ergibt sich immerhin die Frage, ob das pädagogisch sinnvoll ist. Tatsächlich war es immer wieder vorgekommen, daß einzelne Schüler etwa über den Lärm geklagt hatten. In solchen Situationen griffen häufig die Mentoren ein, um sich zu den betreffenden Schülern zu äußern. Dabei zeigte sich fast immer, daß es sich bei diesen Schülern um Außenseiter in den Klassen handelte, denen die erspürte Bedürftigkeit des Lehrers nach Ruhe, Konzentration etc. eine passende Möglichkeit zu enthalten schien, ihrer eigenen Bedürftigkeit nach der Zuwendung des Lehrers nachzugeben.

Bei einer gelungenen Verständigung über dieses Interaktionsthema versuchten sich manche Praktikanten in den folgenden Unterrichtsstunden in einer Haltung, in der sie ihre eigenen Forderungen auch dann als solche zu vertreten übten, wenn sie den Eindruck hatten, daß sie mit denjenigen mancher Schüler identisch seien; dies halte ich für einen brauchbaren Kompromiß, weil er die Angst des Lehrers nicht verbietet, sondern als bearbeitbare Faktizität im Spiel läßt.

125 Die Scheinfrage

Im nächsten Interaktionsthema, der «Scheinfrage», wird das gleiche Problem auf eine andere Weise «gelöst».

UTE F. Können wir denn auf diesem Fahrrad fahren? – Wer kann mir denn sagen, warum nicht?
Wozu braucht man denn den Dynamo?
Wer kann das noch genauer sagen?
. . . kannst du uns noch mehr sagen?
Weiß keiner von den Kindern, wie man das nennt?
Wißt ihr immer noch nicht weiter?
Habt ihr gehört, was er gesagt hat?
Ja, und warum ist denn der (Rückstrahler) so wichtig?
–

SIGI A. Findet ihr, daß Abtrocknen wirklich nur Frauenarbeit ist?
–

ULLI M. Stimmt das eigentlich, was der Peter gesagt hat?
–

GERLINDE V. Soll ich das Lesestück noch einmal vorlesen?
–

KERSTIN C. Wer möchte die Aufgabe sagen?
Axel, mußt du immer Flitzgummi schießen?
–

LISA O. Ist das wirklich wichtig?
–

HELMUT J. Habt ihr gehört, was der Elmar gesagt hat? Er hat gesagt . . .
–

SANDRA S. Diethild, willst du die Karte jetzt hinlegen?

Alle diese Fragen sind in Wirklichkeit keine, sondern es handelt sich in jedem Fall um Forderungen oder Aussagen, die in die bloße Form der Frage gebracht worden sind. Dies allerdings ist bei manchen dieser «Scheinfragen» in der hier vorliegenden Darstellung nicht ohne weiteres zu erkennen: es ergibt sich aber mit Sicherheit aus dem situativen Kontext, den ich hier in der wünschenswerten Ausführlichkeit nicht schildern kann. Stattdessen werde ich bei einigen Scheinfragen wieder den Kern als Forderung oder Aussage darstellen:

Auf diesem Fahrrad kann keiner fahren, und ihr sollt mir sagen, warum! – Sag es noch etwas genauer! – Anscheinend wißt ihr nicht, wie man das nennt. – Ich bin ziemlich ungeduldig, weil es so langsam geht! – Abtrocknen ist nicht nur Frauenarbeit! – Der Peter hat etwas falsch gemacht. – Ich möchte das Lesestück noch einmal vorlesen. – Einer soll jetzt die Aufgabe sagen! Ach, Klaus, du meldest dich; dann mach du das. – Axel, steck den Flitzgummi weg! – Elmar, warte, bis die still sind, und dann sag's noch einmal! Diethild, leg die Karte jetzt weg!

Wie bei dem einverleibenden «Wir», so ergibt sich auch bei der Scheinfrage durch die Reduktion jeder Äußerung auf ihren Kern als einer Forderung oder Aussage ein ganz bestimmter Eindruck: den der Repression oder doch Konfrontation. Ersterer gehört zu den pädagogischen Untugenden, und letzterer wird fast immer mit Unbehagen erlebt; beide werden im Hinblick auf die Lehrer–Schüler-Beziehung in den sehr unangenehmen Kontext autoritären Verhaltens gebracht.

Da das Problem der Lehrerautorität weitläufig bearbeitet ist,[108] ohne daß es allerdings gelöst wäre, verzichte ich hier auf einen weiteren Beitrag und stelle fest, daß es dazu kontroverse Meinungen und Haltungen gibt. Zweifellos spielt in das Problem der Lehrerforderung an den Schüler die Einstellung jedes Lehrers zu Autorität und autoritärem Verhalten ein. Die bisher erörterten Interaktionsthemen zeigten allerdings einen merkwürdigen Umgang mit diesem Problem: sie verleugneten es.

Wenn also – wie sich gezeigt hat – die Scheinfrage in ihrem Kern eine Forderung oder Aussage ist, dann ist sie zugleich die verborgene Gestalt der dennoch fordernden und konfrontierenden Autorität, die sich aber nicht mehr bekennt, sondern verbirgt, wodurch sie desto wirksamer wird, weil sie kaum noch greifbar ist.

In den Unterrichtsbesprechungen war fast allen Praktikanten der versteckte Forderungs- oder Aussagecharakter der Scheinfrage sehr schnell deutlich, weil sie in ihm die verpönte, verschleierte Autorität wiedererkannten. Der Verzicht auf die Scheinfrage allerdings fiel ihnen sehr schwer, weil sich außer der schon bekannten Problematik des Forderns noch eine zweite einstellte und einige Verlegenheit erzeugte: sehr viele der gebräuchlichen Scheinfragen erwiesen sich in ihrem Aussagekern als völlig sinnlos für den Unterrichtszusammenhang, zugleich aber zeigte sich im Aussagekern häufig eine wichtige Information über die Befindlichkeit des Lehrers in der betreffenden Situation, die er in eine zunächst unverständliche Frage gekleidet hatte:

Der Aussagekern der Scheinfrage von Ute F. «Wißt ihr immer noch nicht weiter?» war ja durch sie selber schließlich in folgender Formulierung akzeptabel und zutreffend gefunden worden: «Ich bin ziemlich ungeduldig, weil es so langsam geht!» Ihr ursprüngliches Verständnis dieser Scheinfrage war das eines wie auch immer wirksamen Beitrags zur sachlichen Arbeit am Fahrrad gewesen. Bei genauerem Hinsehen entpuppte er sich aber als ein verdeckter Ausdruck ihrer persönlichen Ungeduld mit dem Fortgang des Unterrichts und dem – selbstverschuldeten – erlahmenden Interesse der Schüler. Die Angst des Lehrers vor dem Versagen hatte sich diese doch recht merkwürdige Ausdrucksform gegeben. Die Bearbeitung dieses Interaktionsthemas führte bei ihr, nachdem ihr klarer geworden war, auf welche Weise sie ihre unbewußten Dominanzansprüche gegenüber den Schülern durchsetzte, ohne daß sie sogleich erkennbar waren, zu sehr schwierigen Versuchen, die auf den Verzicht solcher Scheinfragen hinausliefen. Dies aber bewirkte eine starke Reduzierung der Quantität ihrer Beiträge und Interventionen im Unterricht und erwies sich im Sinne von Funktionalität als überaus vorteilhaft: die Schüler gewannen ein großes Stück des notwendigen Spielraums, den sie im Unterricht brauchen.

126 Das Lehrerecho

Das wahrscheinlich bekannteste Interaktionsthema im Unterricht ist das «Lehrerecho». Allen Mentoren und den meisten Praktikanten war es vor jeder Bearbeitung in den Unterrichtsbesprechungen geläufig; sie hielten es vorweg für dysfunktional und fanden es «einfach nicht gut»; dennoch benutzten es fast alle.

UTE F. kommentiert jeden Beitrag, den sie aufnimmt, mit «Ja!», «Gut!», «Richtig!» etc. an die Adresse des Schülers, der ihn geliefert hat, und nickt dazu. Dies geht eine ganze Weile so.

–

HERBERT Die *Pen*dale ist ab!
UTE F. Ja, richtig, die *Pe*dale!
ULRIKE Die andere *Pen*dale ist aber dran!
UTE F. Ja, die andere *Pe*dale ist dran!

–

MARLIES Der Dynamo ist aber noch dran!

UTE F. Ja, der ist noch dran!
–

TINA Ja, das eine Rücklicht ist zum Strahlen, und das andere ist an der *Pen*dale!
UTE F. Richtig, an der *Pe*dale!
–

THILO Stromkabel!
UTE F. Ja, gut!

Das nächste Beispiel mag für alle unzähligen anderen stehen: Im ersten Schuljahr sollen die Schüler ein großes Wandbild beschreiben. Sylvia ist überaus schüchtern und gehemmt, sie spricht sehr zögernd und leise.

SYLVIA Ein Reh –
ROSI U. Ja, ein Reh!
SYLVIA – steht –
ROSI U. Ja, steht!
SYLVIA – hinter – einem –
ROSI U. Ja, hinter!
SYLVIA – Baum –.
ROSI U. Ja, Baum! – Ja, richtig! – Ein Reh steht hinter einem Baum! – Gut!

Auffällig in dieser Interaktion – wie in vielen entsprechenden – ist die sehr starke Identifikation der Lehrerin mit der recht schwierigen Situation der Schülerin, die sehr gehemmt und schüchtern ist und der Rosi U. ehrlich und gerne helfen möchte. In dieser betreffenden Situation saß ich zwei bis drei Meter von Sylvia entfernt und konnte ihr Gesicht gut beobachten. Jedesmal, wenn es ihr gelungen war, ein Wort herauszubringen, strahlte sie übers ganze Gesicht; und jedesmal, wenn Rosi U. dieses Wort in verstärkender, aber auch sehr drängender Weise wiederholte, verschwand das Strahlen aus Sylvias Gesicht. Sie holte dann tief Luft und setzte mühsam zum nächsten Wort an. Sie war intensiv bei der Sache und sehr bereit, dem Wunsch der Praktikantin/Lehrerin, die sie sehr mochte, Folge zu leisten.

Bei dieser Beobachtung hatte ich folgende Phantasie, die mir später in entsprechenden Situationen häufig wieder einfiel: Mit jedem mühsamen Beitrag Sylvias beschenkte sie ihre geliebte Lehrerin, was ihr zugleich große Mühe und große Freude macht. Nach jedem Geschenk sagt die Lehrerin: «Das ist ja ganz schön, aber ich hätte es gerne noch schöner!» Sylvia ist jedesmal enttäuscht, aber sie gibt – noch – nicht auf. Rosi U. merkt aber nicht so recht, was eigentlich vorgeht.

Diese Phantasie scheint mir ein brauchbares Bild für die Beziehungsvorgänge zu sein, die im Zusammenhang mit dem Lehrerecho ablaufen. Der Schüler ist bereit und gewillt, seinem ihn stimulierenden oder auch fordernden Lehrer einen – und zwar seinen eigenen – Beitrag zu liefern, und es würde ihn freuen, wenn dieser Beitrag so, wie er ist, angenommen werden könnte. Dies aber geschieht nicht, sondern der Lehrer, der ja in der Phantasie des Schülers ohnehin alles besser kann, nimmt diesen Beitrag zwar zunächst, aber nicht, um ihn so zu akzeptieren. Er bringt ihn im Lehrerecho in eine andere, «bessere», eloquentere Form und macht ihn damit zu seinem eigenen, womit er eigentlich schon nicht mehr der Beitrag des Schülers ist. Damit aber entwertet er den Beitrag des Schülers und entmutigt diesen, weiterhin wirklich eigene Beiträge zu liefern; denn der Schüler macht ja die Erfahrung, daß der Lehrer Beiträge in der Schülerform nicht haben möchte, sondern nur solche in der Lehrerform, die der Schüler aber – noch (!) – nicht einlösen kann. Dadurch aber ist der Schüler auf der Beziehungsebene, für die er als Kind immerhin eine besondere Sensibilität hat,[109] in einer ziemlich schwierigen Situation, die prinzipiell drei Perspektiven enthält:

1. Er kann weiterhin eigene Beiträge seiner Ausformungsmöglichkeiten liefern; damit nimmt er deren Entwertung im Lehrerecho und ständige Frustration in Kauf.
2. Er kann mit der Zeit die verbalen Formvorstellungen des Lehrers und dessen Erwartungshaltung zu antizipieren lernen, wozu er in den meisten Fällen ausgezeichnete Möglichkeiten hat, und diese an den Lehrer herantragen; dadurch wird er zum «guten», das heißt, akzeptierten Schüler.
3. Er kann sich dagegen sträuben und seiner ständigen Frustration erliegen und mit der Zeit – schweigen.

Das Lehrerecho ist also ebenfalls eine bestimmte Form des Umgangs mit dem Problem der Verschiedenheit des Lehrers vom Schüler. Es leistet scheinhafte, aber durchaus im Sinne verzerrter Kommunikation wirksame Angleichung. Mit anderen Worten ist es der Versuch des Lehrers, das beängstigende Problem der Verschiedenheit und Unterschiedlichkeit im Sinne letztlicher Angleichung oder aber Zurückweisung des Schülers zu «lösen», der sein soll, wie er nicht ist, damit er der Liebe des Lehrers nicht verlustig geht: er soll auf seine Eigenheit verzichten und sich an die Lehrervorstellung anpassen. Ich weise darauf hin, daß das Lehrerecho selbstverständlich keine bewußte Strategie mit dieser Zielvorstellung ist, sondern fast immer glaubhaft als ehrliche, bemühte Hilfestellung aufgefaßt wird.

In den Unterrichtsbesprechungen war denn auch dieser verteidigende Begründungszusammenhang nahezu immer die Reaktion der

Praktikanten/Lehrer auf die ausführliche Mitteilung solcher Beobachtungen: er war mir immer glaubhaft. Es war in keinem Fall leicht, dem oben dargestellten Interaktionsthema und dessen unbewußter Wirksamkeit gleichsam im ersten Anlauf Anerkennung zu zollen. Da aber das Lehrerecho ja vorweg schon eine verpönte Angelegenheit war, wurde seine Vermeidung in den folgenden Unterrichtsstunden angestrebt. Dabei stellte sich nun die Schwierigkeit ein, daß – besonders bei relativ hohem Geräuschpegel – viele Schülerbeiträge, wenn sie nicht durch das Lehrerecho verstärkt wurden, einfach untergingen. Dies wiederum führte zu dem Vorschlag, die Schüler in solchen Situationen selber ihre Beiträge verstärken zu lassen: «Ich hab's nicht richtig verstanden! Sag's nochmal lauter!» – Oder: «Warte bis es still ist, und dann sag's noch einmal!» – Dies erwies sich zum Erstaunen der Praktikanten/Lehrer als mindestens ebenso effizient wie das Lehrerecho, ohne solche Wirkungen zu haben: die Schüler jedenfalls waren dazu ohne weiteres bereit, und ihre Beiträge blieben, was sie waren: eigene!

Genau in diesem Zusammenhang tauchte nun ein neues Problem auf, es war ein «sachliches» Problem, aber ich wurde nie so recht den Verdacht los, daß es eben kein sachliches sei.

PAUL X. Der Fredi sagte: «Im Telefonbuch stehen die Namen von allen Leuten!» Das ist ja nun nicht richtig, und daraufhin machte Helge L. das Lehrerecho und sagte: «Ja, im Telefonbuch stehen die Namen aller Leute, die ein Telefon haben!» Wenn sie aber jetzt gesagt hätte: «Sag's nochmal genauer!», dann hätte die Helge L. zwar nicht das Lehrerecho gemacht, aber der Fredi hätte dann wahrscheinlich den gleichen falschen Satz nochmal ein bißchen lauter wiederholt! Und der ist ja falsch!

FRAU E. Ich hätte gesagt: «Du, Fredi, stehst du auch drin?»

PAUL X. Verdammt, du hast recht! (Lachen) Dann muß sie nicht sagen: «Das ist nicht ganz richtig!» Und der Fredi hätte das nachprüfen können.

FRAU E. Ich glaube, der Fredi hätte das auch nachgeprüft, wenn sie das gesagt hätte!

Paul X.s Schwierigkeit und wahrscheinlich auch die von Helge L. bestand also darin, dem Fredi zu sagen, daß sein Beitrag nicht ganz richtig ist. Dies hatte ja Helge L. zum Lehrerecho veranlaßt. Bei Paul X.s erstem Beitrag hatte Helge L. intensiv genickt, vermutlich weil sie seine Schwierigkeit auch hatte. Beide sahen aber in dieser Schwierigkeit zunächst ausschließlich ein sachlich-inhaltliches Problem und verleugneten damit den Beziehungsaspekt, der sich aber im Lehrerecho verzerrt darstellt.

Das Lehrerecho – so hatte ich zeigen können – ist allgemein bekannt und verpönt: man soll es vermeiden. Dieses «Sollen» aber kommt einem Verbot gleich, das man befolgt oder nicht. Wenn aber das Augenmerk auf den Beziehungsaspekt im Lehrerecho gerichtet wird, stellt sich auch – und wahrscheinlich vor allem – das unterliegende Beziehungsproblem dar. Beziehungsprobleme kann man aber nicht verbieten, weil sie immer trotz Verbot wirksam bleiben: ein Verbot führt bestenfalls – besser schlechtestenfalls – zu einer geschickteren Tarnung, welche zudem meist unbewußt vorgenommen wird.

Daraus ergibt sich in den Unterrichtsbesprechungen eine Schwierigkeit, für die große Mühe aufgewendet werden muß: Sie stellt sich bei allen dysfunktionalen Interaktionsthemen. Ihre Bearbeitung in den Unterrichtsbesprechungen darf nicht die faktische Wirkung eines Verbots haben; wo dieser Eindruck entsteht, muß darüber gesprochen werden. Solche Interaktionsthemen sind zwar hinsichtlich des Unterrichtsprozesses gewiß dysfunktional, zugleich sind sie aber die wichtigsten Indikatoren, an denen die zugrunde liegenden Probleme erkannt werden können. Infolgedessen müssen die Ergebnisse der Unterrichtsbesprechungen auf Versuchs- oder Übungstrategien hinauslaufen und *nicht auf Verhaltensänderungen*, die ja – wenn sie befolgt werden können – lediglich die Indikatoren von Beziehungsproblemen beseitigen, keinesfalls diese aber lösen. Lösungen sind ohnehin überaus schwierig und langwierig und in vielen Fällen nur annähernd erreichbar. Fortschritte in dieser Richtung können aber einzig und allein durch angemessene Bearbeitung erzielt werden, die aber nicht mehr möglich ist – oder doch sehr erschwert –, nachdem sich infolge eines Verbots vordem konkrete Indikatoren in diffuses Unbehagen aufgelöst haben.

Die einzig sinnvolle Alternative zum Verbot von Verhalten besteht in anheimgestellten Empfehlungen, dies oder jenes zu versuchen, damit neue Erfahrungen möglich werden, die dann neues Bearbeitungsmaterial bereitstellen. Jeder «Rückfall» etwa ins Lehrerecho ist eben nicht nur ein solcher, sondern zugleich auch eine Bearbeitungschance: er sollte vor allem als solche gewürdigt werden, auch und vor allem von dem «Rückfälligen».

127 Die Angst, es auch ja immer richtig zu machen

Die «Angst, es auch ja immer richtig zu machen» äußert sich oft in einer besonders akribischen Unterrichtsvorbereitung und in einer besonders verteidigenden Haltung in der Unterrichtsbesprechung, wenn problematische Aktivitäten im Lehrerverhalten erörtert werden. Die Betroffenen neigen häufig dazu, eigene Aktivitäten und Unterlassungen, die sie selber mißbilligen, projektiv in die Schüler, die Wirkungen anderer Lehrer, einer «falschen» Beobachtung oder den Beobachter selber zu verlegen, wo sie dann nicht mehr als eigene Problematik erkannt, akzeptiert und bearbeitet werden müssen.

UTE F. Im Praktikum selbst – sagte mir Frau G., die etwa dreißigjährige Mentorin, die vor allem bei den Praktikantinnen als ziemlich strenge Lehrerin gilt – habe sie (Ute F.) mit großem Fleiß und viel Aufwand ihre Unterrichtsvorbereitung betrieben. Die . . . Stunde ist ihre erste, die auch von mir beobachtet wurde, und Frau G. meinte, daß sich Ute F. diesmal besonders angestrengt habe: sie habe auch eine besonders pfiffige Idee gehabt.

–

HELMUT Das Fahrrad ist nicht ganz, und darum kann man nicht damit fahren!
UTE F. Ja, es ist nicht ganz! – Aber das richtige Wort ist «verkehrssicher»!

SYLVIA Ja, das eine ist das Rücklicht, das leuchten muß, und das andere leuchtet auch, aber nur, wenn ein Auto kommt!
MONIKA Ja, aber da ist noch ein Rücklicht, da sind ja drei; eins in den *Pen*dalen, und im Rücklicht hat eins ein Birnchen, und eins hat keins.
UTE F. Ja! Richtig! – Wer kann das noch genauer sagen?!!

Obgleich die Funktionen schon hier völlig klar sind, verwendet Ute F. große Mühe für die sehr ungebräuchlichen zugehörigen Wörter, die vermutlich ohnehin niemand sich merkt: die Wörter werden dadurch schließlich wichtiger als die Funktionen. – In der Unterrichtsbesprechung verwandelt sie die Angst, es auch ja immer richtig zu machen, zunächst in eine scheinbar gelungene Verteidigungshaltung, aufgrund deren sie dann zum Angriff übergeht. Ich erinnere daran, daß ich hier durch sie in die Schülerrolle gebracht werde: ihr Angriff gilt mir.

ICH . . . Aber Rückleuchte und Rückstrahler? – Da weiß ich nur noch, daß das eine mit und das andere ohne Birnchen ist.
UTE F. (spöttisch) Ja, paß mal auf! Wenn du jetzt ganz genau aufgepaßt hättest, dann hättest du auch gehört, daß ein Schüler das nämlich ganz richtig gesagt hat! Ein Schüler! Der Thilo Y., der hat nämlich ganz richtig gesagt, also, das eine wird vom Auto angestrahlt: das ist der Rückstrahler; das andere wird vom Dynamo angetrieben: das ist die Rückleuchte! – (auftrumpfend) – Also haste nicht richtig aufgepaßt!!! – Und ich hab das noch laut und deutlich wiederholt!!!
ICH Das will ich ja akzeptieren. Aber ich habe große Schwierigkeiten gehabt, das zu lernen. Und als ich's konnte, hab ich's bald wieder vergessen! – Und wenn es mir so geht, dann denke ich darüber nach, ob ich es den Schülern beibringen will.
UTE F. Du irrst! Ich hatte keine Schwierigkeiten, mich zu interessieren! Nur hab

ich vor meiner Unterrichtsplanung nicht ganz genau gewußt, wie die Dinger da heißen: und darüber hab ich mich informiert!

Selbstverständlich ist auch Ute F. – wie fast jeder – bereit, die Möglichkeit und auch die Faktizität eigener Fehler prinzipiell zu akzeptieren. Wenn allerdings eine solche Möglichkeit konkret angesprochen wird, gerät das Ganze zur Schuldfrage, wodurch eine professionelle Bearbeitung konkreter Fehler unmöglich wird. Die zugehörige Abwehrhaltung ist projektiv: Verschiebung.

Ich Ich möchte auch mit dir nicht über irgendwelche Prinzipien diskutieren. Mir ist hier nur wichtig, daß du es mir nicht beigebracht hast, obgleich ich aufgepaßt habe.

Ute F. (eifrig und leicht aggressiv) Ja, das ist aber einfach! Und weißt du, woran das liegt?! – Du hast eben nicht genug aufgepaßt!

Nach meiner Erfahrung enthält das Interaktionsthema «Angst, es auch ja immer richtig zu machen» hinsichtlich seiner Darstellung und Bearbeitung eine besondere Schwierigkeit: es läßt sich meist in der Beobachtungsebene nicht so punktuell befestigen und somit nicht so leicht darstellen. Es bildet sich fast immer nur bei der Beobachtung und Beschreibung längerer Sequenzen ab. Dem folgend muß ich auch hier – stark verkürzt – eine ganze Unterrichtsstunde und Teile aus der Besprechung der übernächsten Stunde darstellen, in der dieses Thema anders konstelliert wieder auftaucht.

Wie Ute F., so hatte auch Herta U. sich für ihre Rechenstunde im dritten Schuljahr besonders gut vorbereitet, als ich den Unterricht beobachtete. Sie betrieb mit den Schülern Mengenlehre und hatte bei ihnen eine besondere Schwierigkeit hinsichtlich des Umgangs mit dem Problem der Schnittmenge ausgemacht, das sie nun bearbeiten wollte.

Die Schüler saßen im Kreis auf ihren Stühlen, auf den Boden hatte sie zwei Mengenkreise gemalt, und der besondere Clou der ersten – und wichtigsten – Unterrichtsphase bestand in der Verwendung von ca. 60 papierverpackten Bonbons, die sie anstelle der üblichen Rechenblättchen verwenden wollte. Sie hatte – wie sie später sagte – diesen Bonbons eine besonders stimulierende und motivierende Wirkung zugedacht, die sie auch tatsächlich erfüllten; freilich in einem ganz anderen Sinne, als Herta U. sich das vorgestellt hatte.

Die Schüler waren begeistert, als sie die Bonbons auspackte und auf den Boden schüttete: «Für wen sind die?» – «Wenn wir mit Rechnen fertig sind, kriegt jeder zwei oder drei!» – «Wie viele krieg ich?» – «Und ich?» – etc. – «Das werden wir dann später sehen!» –

Damit war das Interesse der Schüler klar ausgedrückt: wer wann wie viele Bonbons essen darf! Herta U. aber wollte mit den Bonbons rechnen, und dies mißlang trotz sehr gründlicher Unterrichtsvorbereitung.

Da sie es am Anfang versäumte oder verweigerte, das für die Schüler sehr wichtige Problem des Verteilungsmodus zu klären, blieb es bis zum Schluß ungeklärt und beschäftigte sie nahezu ausschließlich, woraufhin sie sich nicht mit Mengenlehre befassen konnten, wie es Herta U. vorhatte. Wichtig erscheint mir, daß sie dieses «abweichende» Interesse der Schüler frühzeitig erkannte und auch die deutliche Schülerfrage nach dem Verteilungsmodus aufnehmen konnte, ohne angemessen – nämlich einschlägig informierend – reagieren zu können. Sie selber sagte mir später in der Unterrichtsbesprechung, daß dies wohl ein Fehler gewesen sei, zu dem sie aber in der Situation selber nicht habe stehen können, bzw. den sie nicht habe korrigieren können. Sie bestand trotzig auf der vorgesehenen Mengenlehre. Hier aber weigerten sich die Schüler durch «abweichendes» Verhalten, durch Fragen, die sich alle auf die Bonbons als eßbare Süßigkeit nicht aber als Rechenmaterial bezogen.

Herta U. wurde also in ihrer Absicht durch die Schüler frustriert. Dies aber bewirkte bei ihr ein ausgeprägtes Rückzugsverhalten: sie zeigte sich angesichts der Schülerantwort auf ihr gutgemeintes Angebot sehr gekränkt. Ihr gekränkter Rückzug infizierte wiederum die Schüler, die zunehmend lustloser und unwilliger wurden, woraufhin Herta U. mit einer im Verlauf sich verstärkenden strafenden Haltung antwortete: «Ich hab das eben grad gesagt, und sag's nicht nochmal!!» etc. Ihr Unterricht nimmt damit mehr und mehr den Charakter eines zwanghaften, gequälten Rituals an; einem unpersönlich-gekränkten und vorwurfsvollen Verhalten auf der Lehrerseite entspricht ein gereizt-trotziges Antwortverhalten auf der Schülerseite. Nach ca. 30 Minuten habe ich den Eindruck, daß Herta U. den Unterricht sofort abbrechen würde, wenn sie sich nur dazu imstande fühlte: eskalierende Unlust.

Selbst, als sie dann am Ende der Stunde die Bonbons austeilt, tut sie das mit erheblicher Unlust, reagiert strafend auf jede Meinungsverschiedenheit unter den Schülern, die sich dann auch gleichsam räuberisch auf ihre süße Beute stürzen. Am Unterrichtsende ist Herta U. völlig erschöpft.

In der anschließenden Unterrichtsbesprechung konzentriert sich Herta U.s Interesse fast ausschließlich auf die Frage, was denn an

ihrer Stunde, ihrem Verhalten, ihrer Vorbereitung und ihrer Durchführung «richtig» und was «falsch» gewesen sei. Jeder «Fehler» wird
von ihr schuldhaft zur Kenntnis genommen: sie kann sich noch
nicht dafür interessieren, was man *mit* einem Fehler machen kann,
weil sie daran festhält, daß man zwar im allgemeinen auch Fehler
macht, daß das aber in konkreten Situationen nicht vorkommen
darf. Damit ist die Unterrichtsbesprechung auf die Beschreibung
bestimmter Zusammenhänge zwischen der Angst, es auch ja immer
richtig zu machen, und deren Wirkungen im Unterricht verwiesen
und erreicht so allenfalls die kognitive Ebene. Herta U. kann die –
insofern durchaus fraglichen – Ergebnisse der Besprechung wohl
kaum wirklich an sich heranlassen, weil sie im Grunde nicht bereit
ist, sich selber Fehler zuzugestehen.

Ihre nächste Unterrichtsstunde – mehr als drei Wochen später –
gelingt insofern gut. Die Schüler sind außerordentlich stark an ihrer
eingebrachten Geschichte interessiert. Sie fühlt sich nicht gekränkt
und glaubt, keine Fehler gemacht zu haben. Wir beginnen die Unterrichtsbesprechung mit dieser Interaktionsthematik.

FRAU D. Ja, ich fand die Geschichte und das Gespräch darüber unheimlich gut,
und dann kam Ihre Arbeitsanweisung, und die kam nicht an. Ich denke, die
Schüler waren noch stark mit der Geschichte beschäftigt: die waren damit
noch nicht fertig, und da kam schon ihre Arbeitsanweisung da, mit dem
vorbereiteten Arbeitsblatt. Ich hatte den Eindruck, daß Sie gespürt haben,
daß die Kinder jetzt nicht richtig zuhören können, und das hat Sie gestört: Sie
konnten dann keine klare Anweisung geben. Nur der Knut hat's verstanden,
und der meldete sich wie wild. Und obgleich Sie ihn nicht drangenommen
haben, hat er dann die Arbeitsanweisung wiederholt, und seine Wiederholung war ganz klar und deutlich, und ich glaube, fast alle hatten's verstanden.
Und da haben Sie gekränkt reagiert und haben gesagt: «Ja, das hab' ich ja alles
schon gesagt . . .» und haben dann alles nochmal auf Ihre Weise wiederholt.
Und da war's wieder unklar! – Ich hatte den Eindruck, daß es Sie geärgert hat,
daß der Knut das besser machen kann als Sie selber.

HERTA U. (vorsichtig verteidigend) Jjjja??! – Da bin ich aber jetzt selbst nicht
sicher, ob das auch so war; denn da ich's ja vorher schon gesagt hatte – und ich
meinte es verständlich gesagt zu haben – hab ich gedacht: Gut, jetzt sagt's der
Knut, und jetzt hören sie zu, jetzt achten sie drauf. Jetzt sagst du es gleich
nochmal, damit's auch endgültig klar ist, weil die Beate immer noch so
geguckt hat.

ERNA R. Also wir hatten wirklich so das Gefühl, du hättest es dadurch wieder
verwischt.

HERTA U. Das ist mir aber gar nicht so bewußt gewesen, daß ich das so mache da.

FRAU D. Aber wirklich! Der Knut hat es wirklich so präzise gesagt, wie es vorher
nicht gesagt worden ist. Und genau das war der Punkt, wo Sie eingehakt

haben, als hätte er Sie ausgestochen. Und da haben Sie gekränkt aufgetrumpft.

HERTA U. Aber was war denn an meiner Arbeitsanweisung falsch?? Wenn die vorher schon aufgepaßt hätten, als ich die das erste Mal gesagt habe, dann hätten die das auch gleich verstanden.

FRAU D. Ja, wenn Sie fehlerfrei sein wollen, dann liegt die Ursache bei den Schülern.

HERTA U. Ja, das ist richtig! – Dann muß ich wohl vorher was falsch gemacht haben – vielleicht hab ich bei meiner Arbeitsanweisung nicht genau darauf geachtet, daß auch wirklich alle zuhören.

ERNA R. Weißt du, Herta, mir fallen jetzt so verschiedene Situationen aus unserem Kinderferienlager ein, wo du auch manchmal was falsch gemacht hast. Da hast du dich jedesmal fürchterlich drüber geärgert. Einmal war das so schlimm, daß du mit den Kindern nichts mehr anfangen wolltest. Wir haben die gleichen Fehler gemacht und fanden das gar nicht so schlimm.

HERTA U. Ja, ich weiß! Vielleicht liegt es daran, daß ich nicht weiß, wie ich den Fehler wieder ausbügeln kann.

ICH Mußt du das?

HERTA U. Naja, ich denke schon, daß ich meine Sachen richtig machen muß.

FRAU D. Ich glaube, die Kinder nehmen Ihnen so einen Fehler gar nicht so übel.

HERTA U. Meinen Sie?? (sehr zweifelnd)

ICH Aber du nimmst ihn dir übel?!

HERTA U. Wie?

ICH Ja, ich meine, daß du dir deine Fehler sehr übel nimmst!

HERTA U. (aufbrausend) Also, hör mal, ich denke – (zögert, versickert, stockt) Vielleicht hast du recht.

ICH (nach einer Pause) In jeder Unterrichtsstunde passieren Sachen, die nicht passieren dürfen. Sie passieren aber trotzdem. Und jeder Lehrer muß trotzdem Unterricht machen.

ERNA R. Ja, und da kommt bei dir das Gekränktsein rein. Dann hängst du so arg an deinem Fehler und denkst, was könnt ich denn nun noch anders machen, besser machen, wieder ausbügeln – dann schaffst du's irgendwie nicht mehr. Dann schaffst du's auch nicht mehr, richtig weiterzumachen, und dann ziehst du dich zurück und läßt die Kinder allein.

HERTA U. Ja, das stimmt. – (Pause) – Ja, sowas war in der Sachkundestunde vom Dienstag. Da hab ich gesagt: «Ich hab im Wald schon Kastanien gesehen.» Und da sagt plötzlich einer neben mir: «Nee, im Wald gibt's keine Kastanien!» – Und da denk' ich, neee, Moment, was ist denn das nun? Stimmt das überhaupt? – In dem Moment hätte ich nicht mit Bestimmtheit sagen können, ob es nun im Wald Kastanien gibt oder nicht! Und das hat mich ganz durcheinandergebracht!

FRAU D. Ja, da haben Sie fast die Stunde abbrechen müssen, weil Sie diese Frage nicht klären konnten.

HERTA U. Ja, das Schlimme ist, daß ich bei Erwachsenen überhaupt keine Schwierigkeiten habe, Fehler einzugestehen. Da macht mir das gar nichts aus. Aber bei den Kindern hab ich halt Angst, daß aus so einem Unwissen oder so einer Schwäche oder so einem Fehler oder, wenn ich nicht gut vorbereitet bin, wie bei den Kastanien – daß da immer eine neue Schwäche entsteht und noch eine und noch eine, und dann geht's halt nicht mehr.

ICH Die Schüler wissen aber doch, wo Kastanien stehen!

HERTA U. Ja, die Schüler! – Aber ich weiß es nicht – also, inzwischen weiß ich's – (Lachen) aber da hab ich's nicht gewußt, und da hätt ich's wissen müssen. Das kann man doch von einem Lehrer verlangen.

ICH Ich denke, daß man von einem Lehrer auch verlangen kann, daß er deutlich macht, daß er nicht weiß, ob es im Wald Kastanien gibt.

HERTA U. Ja, das weiß ich auch! Aber mir geht's halt so!

ICH Vielleicht verlangst du zuviel von dir!

HERTA U. Hm.

Hier wird ein ziemlich eingefleischtes Rollenverständnis im Lehrer deutlich, in dem er sich gleichsam legitimerweise in seiner Unterschiedlichkeit in Relation zum Schüler beweisen muß. Der Tendenz nach muß er in dieser und vergleichbaren Situationen alles wissen, was inhaltlich in irgendeiner Weise von Belang sein oder werden könnte. Dazu gehört die Vorstellung, denkbare Unterrichtssituationen in der Weise antizipieren zu können, daß sie aufgrund von Vorbereitung und Planung prinzipiell handhabbar oder meisterbar sind. Fehler sind damit zwar immer allgemein zugestanden; wenn sie aber konkret werden, müssen sie diskriminiert werden. Welche Möglichkeiten der Fehlerdiskriminierung treten nun vor dem Hintergrund der Angst, es auch ja immer richtig zu machen, häufig auf?

1. Dysfunktionalität und Fehlverhalten werden begründet als durchaus funktional und einwandfrei. Ute F. sagt sinngemäß: «Die Schüler können nach meinem Unterricht durchaus Rückleuchte, Rückstrahler und Rücklicht als sinnvolle Begriffe verwenden!»

2. Eigenes Fehlverhalten wird erkannt, zugleich aber in einer solchen Weise moralisierend verurteilt und für ganz verwerflich gehalten, daß es schließlich nur noch als Schuldgefühl erscheint. Herta U. sagt sinngemäß: «Wenn ich Fehler mache, bin ich eigentlich für die Leitung von Unterricht nicht geeignet und komme als Lehrerin nicht in Betracht!»

3. Dysfunktionalität wird zwar erkannt, aber deren Ursache beim jeweils anderen gefunden. Ute F. sagt sinngemäß: «Daß du Rückstrahler, Rückleuchte und Rücklicht nicht begrifflich unterscheiden kannst, liegt allein daran, daß du nicht aufgepaßt hast!»

4. Fehlverhalten am Schüler wird moralisierend und scharf autoritär geahndet; absolute «Korrektheit» wird zugemutet: obgleich auch Ute F. völlig klar ist, daß die Schüler genau wissen, daß und warum das Fahrrad nicht benutzbar ist, besteht sie penetrant auf dem Wort «verkehrssicher».

Die wichtigste Konsequenz dieser Möglichkeiten der Fehlerdiskriminierung liegt darin, daß sie eine konkrete Bearbeitung an der angemessenen Stelle verhindert. Solange der Lehrer bei unabweisbarer Dysfunktionalität im Unterricht lediglich die Dummheit, Faulheit, Unaufmerksamkeit und Frechheit seiner Schüler verdammt, sind diese – und diese allein – gehalten, gescheiter zu werden, fleißiger, aufmerksamer und braver: *sie* müssen Fehlverhalten «bearbeiten», nicht er selber. Damit zusammen hängt die nachträgliche begründete Umdeutung von Fehlverhalten in angemessenes Verhalten: als solches erübrigt sich seine Bearbeitung.

Die «moralisch» motivierte Übergewichtung von eigenem Fehlverhalten geht von vornherein von der Aussichtslosigkeit einer Bearbeitung aus: sie unterbleibt als sinnlos. Die fatalste Unmöglichkeit einer Bearbeitung von Fehlern ergibt sich allerdings dann, wenn es der Lehrer vermag, durch rigideste Planung und Durchführung von Unterricht die Möglichkeit von Fehlern zu verhindern, indem er ihr bloßes Vorkommen zu verhindern sucht; er verhindert damit zwar das Vorkommen von Kreativität, Phantasie und Spontaneität, aber auch das von Fehlern.

Die Angst, es auch ja immer richtig zu machen, erscheint damit als «Fehlerphobie» und bezieht sich nicht nur auf den Lehrer selber, sondern auch auf den Schüler: auch dessen Fehler gefährden ihn, auch beim Schüler können sie letztlich nicht bearbeitet werden, weil sie unterdrückt werden müssen. Sehr stark – und gewiß klischeehaft – vereinfacht kann ich also die Folgen dieser Angst so beschreiben: Der Lehrer hat in konkreten Situationen letztlich keine Fehler; der Schüler hat welche, aber bei ihm müssen sie unterdrückt werden.

Von daher läßt sich eine Perspektive entwickeln, die in den Unterrichtsbesprechungen sich als nützlich erwiesen hat. Sie läuft auf die ausdrückliche Anerkennung von Fehlverhalten hinaus, welches nicht vor allem diskriminiert, sondern vor allem beschrieben werden soll als legitimer Anteil jedes menschlichen Handelns. Fehler müssen nicht – koste es, was es wolle – verhindert oder «ausgemerzt» werden, sondern sind legitimer und infolgedessen lernträchtiger und bearbeitbarer Anteil des Handelns auf der Lehrerseite und auf der Schülerseite im Unterricht. Wenn eine solche Haltung diesem Problem gegenüber sich zunehmend erreichen läßt, stellt sich das Problem selber anders dar: es kommt dann weniger darauf an, Fehler zu unterdrücken und zu vermeiden; es kommt mehr darauf an, Fehler zu erkennen und zu beschreiben und sich in ihrem legitimen Umgang einzuüben.

Der dargestellten Haltung einer phobischen Fehlerdiskriminierung in diesem Interaktionsthema kommt innerhalb der für den Unterricht kennzeichnenden Konfrontation von Erwachsenheit mit Kindlichkeit eine zusätzliche Bedeutung zu. Dieser Haltung entspricht eine Fiktion von Erwachsenheit, die den Lehrer bis zur schließlich absoluten Fehlerlosigkeit überhöht und darin zu einem Zerrbild von Erwachsenheit macht. Auf dieses hin muß sich nun auch der Schüler orientieren, indem er daran gemessen wird. Diese Fiktion aber wird vom Lehrer errichtet und ist sein unbewußter Orientierungspunkt; dem Schüler wird sie nur abgenötigt: in der Folge scheitern allerdings beide.

128 Die Angst des Lehrers, die Liebe seiner Schüler zu verlieren

In der oben dargestellten Unterrichtsstunde von Ute F. spielt der Schüler Thilo eine bestimmte Rolle, die im Zusammenhang mehrerer Unterrichtsbesprechungen zu dieser Klasse immer wieder erörtert worden ist. Thilo erweist sich als besonders sensibel für das, was der Lehrer «eigentlich» will. Er erspürt dieses Wollen mit einer geradezu traumwandlerischen Sicherheit und richtet sich danach. Bis weit in die Hälfte des Praktikums war er der erklärte Liebling der Praktikantinnen.

WILMA A. Wenn alles schief geht, dann ist immer noch der Thilo da! Auf den ist Verlaß, der weiß immer, was gemeint ist. Aber er hat's nicht leicht. (zustimmendes Nicken der beiden anderen Praktikantinnen)

Mit dem Zusatz «Er hat's nicht leicht» spricht Wilma A. Thilos Außenseiterposition in der Klasse an. Man wundert sich darüber, daß so ein adretter, fixer Junge, der auch ausgesprochen witzig sein kann, Außenseiter ist. Frau G. zögert etwas mit ihrer Stellungnahme und sagt dann: «Ja, der petzt!»
Das nächste Interaktionsthema behandelt die «Angst des Lehrers, die Liebe der Schüler zu verlieren». In Ute F.s Stunde wird es nicht sehr deutlich, scheint aber dennoch an mehreren Stellen durch.

HELMUT Einmal bin ich mit dem Fuß gegen den Draht gestoßen, und da ist der abgerissen! Aber mein Papa hat ihn wieder ganz gemacht!
UTE F. Ja?!! – Aber das wollt ich jetzt gar nicht wissen! – Wer weiß denn, wie man das nennt? – Thilo?! (Er hat sich nicht gemeldet.)
THILO Em, eem, eeem . . . (versickert)
HELMUT (spottet) Das nennt man «em, eem, eeem».
THILO Stromkabel!

UTE F. Ja, gut! – (Das meint sie aber nicht.) – und kannst du uns noch mehr sagen?!

THILO Hier unten ist es lose, aber oben ist es fest.

UTE F. Jaa, – und kannst du uns noch mehr sagen??

THILO (druckst rum, bringt aber nichts mehr raus.)

Ute F. ist hier bekanntlich mit ihrem leidigen Rücklicht beschäftigt, wozu Helmut einen unpassenden Beitrag mit Bezug auf das Stromkabel liefert. Nach ihrem zweiflerisch fragenden «Ja?!!» weist Ute F. diesen Beitrag zurück und wendet sich an den «erprobten» Thilo, der hier aber auch nur stottern kann, wofür ihn Helmut verspottet. Dann aber sagt auch Thilo: «Stromkabel!», also dasselbe wie Helmut, und Ute F. antwortet jetzt: «Ja, gut!», obgleich sie ja sicher das nicht wissen will, und fragt weiter. Auch Thilos nächster Beitrag ist unpassend, aber wieder reagiert Ute F. mit «Jaa, –» und fragt weiter.

WALTER (wirft seinen Beitrag recht unwillig hin) Das ist die Rückbremse.

UTE F. Das haben wir ja schon gesagt, daß das der Rücktritt ist! . . . Wißt ihr immer noch nicht weiter?

THILO Das Rücklicht?

UTE F. Ja! Und noch was?! – Herbert!

HERBERT Der kann einen Platten haben!

UTE F. (zögernd) Aber ich hab doch gesagt «abends». – Der Autofahrer sieht euch nicht richtig, deswegen fährt er euch an. – Thilo?

THILO Das Rücklicht muß in Ordnung sein!

UTE F. Habt ihr gehört, was er gesagt hat??

Rückbremse wie Rücklicht waren vorher schon mehrfach erwähnt worden. Der Rücktritt wird deutlich zurückgewiesen; das Rücklicht Thilos aber wird – wenn auch mit Weiterfrage – akzeptiert. Als die Weiterfrage aber wieder zu einem unpassenden Beitrag führt, wird schließlich Thilos Rücklicht voll akzeptiert und an die Klasse weiterempfohlen: Thilos Beitrag erhält damit Beispielcharakter.

ECKHARD H. (zu einem sehr dominanten Schüler, der in der Klasse den Ton angibt, aber nur schwache Leistungen bringen kann, nach einem falschen Beitrag) – Das ist ja fast völlig richtig, aber nicht ganz!
–

ERNA R. (Sie hat die Schüler aufgefordert, an einer Wandkarte die Städte auszusuchen und zu nennen. Beate zählt aber die Flüsse auf.) – Das ist aber sehr schön! – (an die andern) – Könnt ihr jetzt auch die Städte aufzählen?
–

SYLVIA L. Die Schüler im ersten Schuljahr hängen bei jeder sich bietenden Gelegenheit an ihren Kleidern und an ihren Armen. Ihre etwas hilflosen Blicke deuten an, daß sie das nicht möchte. Sie windet sich immer in einer merkwürdig abwehrenden Weise, ist aber ganz unfähig, zu sagen: «Ich will nicht, daß ihr mir ständig am Ärmel hängt!»

In der Unterrichtsbesprechung gelingt es meistens sehr schnell, den Kern dieses Interaktionsthemas herauszuarbeiten. In fast allen Fällen tun oder sagen die Schüler etwas, was der geäußerten oder nicht geäußerten Absicht des Lehrers entgegensteht. Dabei kann es sich um eine falsche Antwort handeln oder um eine unerwünschte Verhaltensweise. In jedem Fall aber sieht sich der Lehrer außerstande, die Divergenz zwischen seiner Erwartung oder Absicht und der Aktion oder Reaktion der Schüler als solche darzustellen. Den Praktikanten war häufig schon in der konkreten Situation diese Divergenz aufgefallen, manchmal in sehr unangenehmer Weise wie bei Sylvia L. Sie konnten aber gegenüber den Schülern ihren Standpunkt oder ihre Haltung nicht vertreten und waren eher bereit, Falsches als Richtiges zu «schönen», bzw. Unerwünschtes als Erwünschtes oder doch halb Erwünschtes gelten zu lassen.

Dieses Verhalten wurde – wenn auch mit etwas unguten Gefühlen – begründet und manchmal verteidigt. Man könne doch nicht ständig die Kinder zurückweisen; so ganz falsch sei es ja nun auch wieder nicht gewesen; die seien halt so anhänglich, und das wolle man nicht einfach abwürgen; es handele sich da ja auch um sozial schwache oder leistungsschwache Schüler etc.

Wilma A. wurde hier bezogen auf Thilo gleich zu Beginn der Erörterung dieses Themas sehr deutlich: «Wenn ich es mir auch noch mit dem verderbe, dann verlier' ich ja mein bestes Pferd im Stall!» – Sie hatte ja auch vorher schon auf Thilos «Verläßlichkeit» hingewiesen: es hatte sich um die Verläßlichkeit eines Außenseiters gehandelt, der auch dann noch «mitmacht», wenn alle anderen längst abgeschaltet haben. Dies erscheint mir problematisch und verdient eine genauere Erörterung.

Besonders bei jungen Lehrern – aber gewiß nicht nur bei diesen – besteht ja eine der größten Schwierigkeiten in einer Schülerhaltung der Verweigerung von Beiträgen. Die geringe Qualität von Beiträgen der Schüler wird gern in Kauf genommen, solange eine hohe Quantität vorliegt. Von daher ist erst das Schweigen der Schüler das deutlichste Merkmal für das Versagen des Lehrers: er ist insofern auf sie angewiesen und von ihnen abhängig. Die schweigende Verweigerung produziert den Angstanteil des Lehrers in diesem Interaktionsthema. Er darf sich gleichsam geliebt fühlen, solange die Schüler, wie auch immer, Beiträge liefern; wenn sie ausbleiben, ist er allein.

Von daher werden die unangemessenen bestätigenden Äußerungen von der Lehrerseite in den Beispielsituationen verständlich: der einschlägig geängstigte Lehrer nimmt letztlich jeden Beitrag als gültig und richtig an, bestätigt ihn und – relativiert ihn.

UTE F. Ja, gut – (Das meint sie aber nicht.) – und kannst du uns noch mehr sagen?

Diese Haltung der verstärkenden Beitragsbestätigung mit der verbalen oder auch mimisch-gestischen Relativierung im Anschluß ist der Kern des hier diskutierten Interaktionsthemas. Der Bestätigung des durchaus zweifelhaften oder gar falschen Schülerbeitrags durch den Lehrer haftet oft etwas Dankbares an, als ob er sich in seiner Angewiesenheit auf Beiträge überhaupt gleichsam erlöst fühlte. Diese «Dankbarkeit» scheint es denn auch zu sein, die den Lehrer veranlaßt, nicht gar zu genau auf den Inhalt und die Qualität des Beitrags zu sehen: er nimmt ihn zunächst unbesehen an. Die sehr häufige anschließende Relativierung des Beitrags ist dann eine merkwürdige Form eines unbewußten Zugeständnisses an die Forderung nach qualitativ hochwertigen Beiträgen. Die Wirkung dieses Zugeständnisses, sofern sie sich verbal äußert, ist immer eigenartig ungenau; der Forderungscharakter scheint zwar durch, wird aber niemals deutlich. Die Annahme des Beitrags und die anschließende Relativierung zeigen die ambivalente Haltung des Lehrers: er nimmt den Beitrag an, *und* er weist ihn zurück.

Infolge seiner stark empfundenen Abhängigkeit vermag der Lehrer in solchen Situationen nicht «Nein» zu sagen: er sagt: «Ja, aber . . .» Die Quintessenz der Reaktion der Praktikanten auf die Mitteilung entsprechender Beobachtungen drückt sich in folgendem Satz aus: «Aber ich kann doch die Kinder nicht immer zurückweisen!» – Dem unterliegt – zunächst unausgesprochen – «Wenn ich sie ständig zurückweise, dann lassen sie mich schließlich ganz im Stich.» Darin wird aber der sehr realistische Kern einer durchaus begründeten Befürchtung deutlich. Zunächst ist damit ein Stück Abhängigkeit des Lehrers von seinen Schülern in seiner Faktizität akzeptiert. Dies ist eine notwendige Voraussetzung für die Bearbeitung dieses Interaktionsthemas. Zum zweiten ist der Satz stimmig: jeder Lehrer, der seine Schüler ständig zurückweist, wird diese schließlich zum Schweigen bringen. Damit stellt sich die Frage nach solchen Anteilen, die die Schüler tatsächlich – und nicht nur vermeintlich – zurückweisen.

Ich denke in der Tat, daß die in den Beispielfällen vorgefundene Ambivalenz in der Lehrerantwort, die ja den zweifelhaften Schülerbeitrag nur annimmt, um ihn gleich darauf merkwürdig undeutlich zu relativieren, in Wirklichkeit eine starke Zurückweisung des

Schülers ist. Der Lehrer unterschätzt in solchen Situationen schlichtweg die Wahrnehmungsfähigkeit der Schüler hinsichtlich der weithin analog kommunizierten Relativierung des Schülerbeitrags. Dabei gehe ich davon aus, daß das «Ja» – zu Beginn auf der Inhaltsebene geäußert – dem Schüler kaum imponiert, angesichts des relativierenden «... aber...», das den Beziehungsaspekt undeutlich anspricht. Der Schüler spürt, daß der Lehrer «eigentlich» seinen Beitrag zurückweist, obgleich – oder gerade weil – dieser so tut, als ob er ihn annähme.

Der Lehrer verhält sich ja in der Tat nicht *annehmend*, sondern nur *undeutlich* und unterstellt zudem dem Schüler, daß dieser nichts merke. Damit geht aber der Lehrer unter dem Eindruck seiner Angst, die Liebe des Schülers zu verlieren, von einer Fiktion aus, die ihm eben diese Angst eingibt. Er geht davon aus, daß er *den Schüler* zurückweist, wenn er *dessen zweifelhaften Beitrag* zurückweist. Tatsächlich aber weist er den Schüler zurück, wenn er dessen zweifelhaften Beitrag scheinbar annimmt. Die undeutlich relativierende Ablehnung geschieht ja wesentlich auf der Beziehungsebene und meint jenseits jeder Inhaltlichkeit die Beziehung zwischen Lehrer und Schüler als Personen. Das klare «Nein» zum zweifelhaften Beitrag meint eben diesen in seiner Inhaltlichkeit; auf der Beziehungsebene bedeutet auch dieses «Nein» nicht Zurückweisung, sondern Annahme, weil sich der Schüler auch – und gerade – als einer angenommen fühlen darf, der einen falschen Beitrag liefert. Die undeutliche Alternative in den Beispielfällen ist es ja, die dem Schüler signalisiert, daß er nur angenommen sei, wenn seine Beiträge richtig sind.[110]

Diese Überlegungen leisten in den Unterrichtsbesprechungen, wo sie sich ja immer auf konkretes Erfahrungsmaterial beziehen, vor allem und zunächst eine genauere Beschreibung des hier in Rede stehenden Angstanteils: er kann – und soll – bei gelungener Verständigung von den Praktikanten akzeptiert werden. Damit ist er jedoch keineswegs beseitigt. Allerdings lassen sich auch aus diesen Überlegungen bestimmte Übungsperspektiven ableiten, in deren Befolgung die Praktikanten gegenüber solchen Schülerbeiträgen, wie sie in den Beispielsituationen vorgestellt sind, klarere Positionen probieren konnten, die neue Erfahrungswerte lieferten. Diese Erfahrungswerte betrafen jedoch jetzt die inzwischen akzeptierten Angstanteile und vermittelten vor allem, daß die Schüler – entgegen den vorgebrachten Befürchtungen – keineswegs mit Verweigerung reagieren, wenn der Lehrer solche Beiträge zurückweist, die er so nicht annehmen kann. Damit ist allerdings ein Weg eingeschlagen, der den Praktikanten zumutet, die Angst vor dem Verlust der Liebe der Schüler auszuhalten, weil allein dadurch sich ihre Grundlosigkeit erweisen wird – oder auch nicht!

Kein Lehrer kann auf Dauer ohne Schaden für seine berufliche und persönliche Identität auf die Liebe seiner Schüler ganz verzichten – und sei es auch nur in der Form, daß sie sich an seinem Unterricht beteiligen. Zugleich muß jeder Lehrer auch in der Lage sein, um seiner Professionalität willen insofern Verzicht zu leisten. Seine einschlägige Bedürftigkeit steht aber in keinem Fall vorweg fest, sie kann auch – nach meiner Auffassung – nicht vorweg im Sinne einer berufsethischen Forderung bestimmt werden. Jeder Lehrer muß seine Bedürftigkeit und Abhängigkeit von den Schülern im Unterricht erfahren, dann kann er die damit zusammenhängende Angst beschreiben, womit ihm zunächst aufgegeben ist, sie zu ertragen. In seiner reflektierten Praxis kann er dann nach Maßgabe seiner Verzichtmöglichkeiten aushandeln, welche eigenen Ansprüche auf die Liebe seiner Schüler er realisieren muß, damit er pädagogisch arbeitsfähig bleibt; die Alternative besteht in der Verleugnung des Problems als solchem.[111]

129 Die Angst des Lehrers vor den Grenzen seiner Möglichkeiten

Die «Angst des Lehrers vor den Grenzen seiner Möglichkeiten» ist das nächste Interaktionsthema. Auch hierbei handelt es sich um ein Problem, für das es keine Lösung, sondern nur unterschiedliche mehr oder weniger angemessene Formen des Umgangs gibt. Ute F. allerdings versucht eine «Lösung», noch bevor sie das Problem erkannt oder nachdem sie es verleugnet hat. Ihr «Lösungs»-Versuch besteht in der weitläufig beschriebenen unterschwelligen Dominanz, deren Wirkungen die Grenzen erzeugen, die sie für ihre Arbeit zu benötigen meint. Mein Kritikpunkt bezog sich – dies möchte ich betonen – nicht so sehr auf die Faktizität ihres Dominanzanspruchs als vielmehr auf seine Unterschwelligkeit: er war ihr selber ja zunächst nicht bewußt. Ich verzichte hier auf eine Darstellung ihrer Spielart des Problems und verweise auf die oben vorliegenden Erörterungen.

ERNA R. hat an der Flanelltafel aus Haftmaterial zu einem Sachkundethema ein sehr übersichtliches Schaubild angefertigt, dazu hat sie an der Wandtafel einen kurzen Text vorbereitet, an dem sie später weiterarbeiten will. Vor ihr auf dem Tisch liegt ihre schriftliche Unterrichtsvorbereitung, die sie während der Stunde mehrfach «unauffällig» konsultiert. Die meisten Schüler (eines dritten Schuljahrs) sind sehr unruhig und stören, so daß sie nach ca. 15 Minuten Unterricht nur noch mit den «Zugpferden» der Klasse arbeitet. Sie macht einen sehr ängstlichen Eindruck und leidet sichtbar unter den Störungen, die zum ständigen Mißlingen ihres gut vorbereiteten Unterrichts führen. Ihr Versuch, mit den Störungen fertig zu werden, ist eine Art «Doppelstrategie»: sie versucht, die Störenfriede zu ignorieren und begegnet zugleich jeder stärkeren Störung mit einer Frage oder einem Hinweis an den Störenfried, die sich auf die inhaltlichen Vorgänge im Unterricht beziehen.

JOACHIM (hat sein Heft gerollt und benutzt es als Trompete zur Belustigung der meisten übrigen Schüler.)

ERNA R. Bitte, Joachim, liest du mir die Wörter vor, die hier an der Flanelltafel sind?!

JOACHIM (liest die Wörter in einer provokativ affigen Sprache vor, worüber viele Schüler lachen.)

ERNA R. Das hast du aber gut gemacht, Joachim!

Besonders die störenden Schüler haben inzwischen herausgefunden, daß Erna R. es vermeiden will, direkt auf die massiven Störungen einzugehen. Zugleich sehen sie, daß sie sehr stark darunter leidet. Wie bei Joachims Beiträgen, sind zunehmend auch die meisten anderen nur scheinbar am Unterrichtsinhalt orientiert, den sie zwar als Vehikel benutzen; der eindeutige Zweck dieses inhaltlichen Vehikels ist jedoch provokativ-störerisch. Dieser Zweck wird auch erreicht und zeitigt sichtbare Folgen in Erna R.s zunehmender Unsicherheit. Zugleich läuft «formell» inhaltlicher Unterricht.

Erna R. führt diese formelle Inhaltlichkeit selber gestisch ein. Sie stützt sich auf ihren Schreibtisch, während sie in ihre Unterrichtsvorbereitung blickt. Sie weist mit geradezu beschwörenden Handbewegungen auf ihr vorbildliches Schaubild hin. Sie hält sich, wenn sie an der Tafel steht, dort immer mit einer Hand fest. So demonstriert sie eine ausschließlich inhaltlich orientierte Unterrichtsarbeit, während sie doch zugleich unter dem nahezu ausschließlichen Störverhalten der Schüler auf der Beziehungsebene für jeden Beobachter sichtbar leidet.

In dieser Haltung orientiert sie sich an einer Fiktion dessen, was Unterricht sei oder doch sein sollte: ein Vorgang sachlich-inhaltlicher Arbeit eines Lehrers mit Schülern an einem Inhalt. Genau dies ist er aber in der beschriebenen Situation in einem eben nur formellen Sinne. Tatsächlich imponieren ausschließlich die Vorgänge auf der Beziehungsebene, und zwar bei allen Beteiligten, auch bei den Beobachtern und vor allem bei Erna R. selber. Dies aber führt bei ihr letztlich zu einem insistierenden Anklammern an die Fiktion ihrer Inhaltlichkeit.

Diese Fiktion aber beschreibt zugleich ihren Anspruch hinsichtlich der Grenzen, innerhalb deren sie arbeiten möchte. Ihr Anspruch, den ich für vollständig vertretbar halte, bezieht sich also auf eine notwendige Situation im Sinne einer Vorbedingung für unterrichtliche Arbeit: sie ist hier in keiner Weise vorhanden; dennoch tut Erna R. so, als ob sie vorhanden wäre. Dies aber bewirkt, daß ihr Unterricht zu einer formell-rituellen Handlungsabfolge verkommt, in der die Schüler selbstverständlich nichts Inhaltliches lernen können, in der Erna R. selbstverständlich vollständig scheitert und das auch weiß, in der ihre Vorbereitungsarbeit mit Füßen getreten wird; aus der sie selber im Zustand völliger – auch physischer – Erschöpfung hervorgehen wird. Die Schüler werden in Wirklichkeit überhaupt nicht gefordert, und sie selber wird hinsichtlich ihrer Möglichkeiten auf der Beziehungsebene hoffnungslos überfordert: sie fühlt sich als wehrloses Opfer.

Die Bedingung ihres Scheiterns – und des Scheiterns der Schüler – besteht demnach wesentlich darin, daß sie sich an die fiktive Existenz im Sinne der aktuellen Gegebenheit einer Situation hält, die zugleich ganz und gar abwesend *und* notwendig zu fordern, also herzustellen ist. Erna R. verhält sich aber so, als ob diese Arbeitssituation schon anwesend sei. Aus diesem Verhalten erwächst ihr der Gewinn, daß sie selber diese notwendige Situation nicht erst herstellen muß. Dieses Gewinns wegen ist sie offensichtlich – noch – bereit, größte Belastungen für sich selber – und letztlich auch für die Schüler – in Kauf zu nehmen.

Erna R.s Situation kann beispielhaft zeigen, wie eine angehende Lehrerin mit den Grenzen ihrer Möglichkeiten – hier im Sinne von Belastbarkeit – umzugehen in der Lage ist. Sie nimmt diese Grenzen als fiktiv vorgegebene für sich und die Schüler in Anspruch und weigert sich *damit*, solche Grenzen tatsächlich einzufordern und durchzusetzen. Dabei weiß sie, daß sie nur innerhalb tatsächlicher Grenzen arbeiten kann. Die Angst des Lehrers vor den Grenzen seiner Möglichkeiten bildet sich hier so ab, daß Erna R. faktisch so tut, als ob sie im Rahmen *aller möglichen* Grenzen und unter *irgendwelchen* Bedingungen arbeiten könnte. Ihr «Lösungsversuch» besteht in einer verbissenen Anklammerung an ihre Unterrichtsvorbereitung, ihr Schaubild auf der Flanelltafel und ihr Tafelbild. Sie beschwört damit abwesende Inhaltlichkeit und sucht das Störverhalten der Schüler – und damit im Grunde die Schüler selber – zu ignorieren, was ihr offensichtlich nicht gelingt.

Michael D. tut in einer anderen Situation das Gegenteil. Die

Schüler (im zweiten Schuljahr) wetteifern nur so um die Gunst, einen Beitrag liefern zu können. Wenn es – was häufig der Fall ist – nicht gelingt, daß sie ihre Beiträge durch Handheben ankündigen, woraufhin sie von Michael D. immer «drangenommen» werden, rufen sie diese durcheinander und meist im Tumult unverständlich in die Klasse. Sie treffen auf einen Lehrer, der sich mit aller Kraft bemüht, jeden der Beiträge und jeden der Schüler zu würdigen, was ihm aus dem einfachen Grund nicht gelingt, daß die Beiträge zu zahlreich, zu verschieden, zu überlagert und die Schüler, die sich intensiv beteiligen, zu viele sind. Michael D.s Unterricht mißlingt, weil er es jedem Schüler recht machen möchte. In der Folge ist er nicht in der Lage, irgendeine geplante Unterrichtsphase wirklich abzuschließen, weil immer noch ein Schülerbeitrag kommt, den er würdigen muß. Jedes Vorhaben scheitert, nicht zuletzt an der zeitlichen Grenze des Unterrichts.

Michael D. duldet und erträgt (wie lange?) damit eine Situation, die die Bedingung seines Scheiterns ist. Er vermag im Praktikum zunächst über lange Strecken, aus Angst vor der notwendigen Zurückweisung der überschäumenden Schülerbeiträge oder deren nur durch ihn vorzunehmenden etwa zeitlichen Eingrenzung, für sich und die Schüler die situativen Bedingungen nicht einzufordern und durchzusetzen, die er für seine Arbeitsfähigkeit – auch letztlich im Sinne seines eigenen Wohlbefindens – notwendig braucht.

Diese beiden Beispielfälle mögen genügen, um zwei in mancher Hinsicht extreme «Lösungsversuche» der Angst des Lehrers vor den Grenzen seiner Möglichkeiten vorzustellen. Dieses Interaktionsthema zeichnet sich durch eine ungewöhnliche Variationsbreite aus. Der Kern aller dysfunktionalen «Lösungsversuche» ist, wie in den beiden Beispielfällen, unter zwei Aspekten vorfindbar.

1. Der Lehrer orientiert sich – wie Erna R. – an fiktiven Grenzen seines Könnens, Wollens, Sollens oder Müssens. Für solche Fiktionen kann die Vorstellung leitend sein, daß Unterricht so oder so sein soll oder muß. Darin ist der Verzicht auf Ausweitungen oder auch Einengungen enthalten. In den Unterrichtsbesprechungen werden solche Fiktionen gerechtfertigt. Dabei verlauten Hinweise auf mindestens zweifelhafte pädagogische Sollensforderungen. Häufiger wird auf manchmal zutreffende, manchmal ebenfalls zweifelhafte strukturelle, meist außerschulische Bedingungen verwiesen. Diese Hinweise verfallen mindestens dem Verdacht, daß sie Rationalisierungen sind, die bestimmte Schwierigkeiten hinsichtlich eigener notwendiger Aktivitäten des Leh-

rers verdecken sollen. Solche Schwierigkeiten möchte ich weiter unten erörtern.

2. Unter dem zweiten Aspekt orientiert sich der Lehrer ebenfalls an einer Fiktion: der seiner letztlich grenzenlosen Möglichkeiten. Darin meint er, das Kunstgebilde Unterricht unter allen möglichen Bedingungen durchführen zu können. Michael D. fragt ja nicht, ob er in einer anhaltenden Situation überschäumenden Eifers alle Beiträge und alle Schüler nach deren und seinen Wünschen würdigen *kann*: er tut schlichtweg so, als ob er es könne. Zwar spürt auch er, daß sein Unterricht nicht gelingt. Dies aber führt bei ihm zunächst keineswegs dazu, sich an seinen tatsächlichen Grenzen zu orientieren; er setzt über weite Strecken des Praktikums auf seine unbegrenzten Möglichkeiten. Dafür nimmt er durchaus Situationen in Kauf, die er selber für untragbar hält. Seine wirkliche Perspektive besteht darin, seine Anstrengungen zu verdoppeln.

Beide Aspekte im Kern dieses Interaktionsthemas verweisen auf eine merkwürdige Form von Weigerung des Lehrers, sich mit den Grenzen seiner Möglichkeiten handelnd auseinanderzusetzen: entweder hält er sich fatalistisch an die Fiktion seiner Handlungsohnmacht (Erna R.), oder mit Anflügen von Omnipotenz an die seiner pädagogischen Allmacht.[112] In beiden Extremfällen und den zahllosen Varianten dazwischen nimmt er eine erhebliche psychische Belastung in Kauf und weigert sich über weite Strecken hartnäckig, enge Grenzen im Hinblick auf mögliche realistische Weiterungen und Grenzenlosigkeit im Hinblick auf notwendige realistische Reduktionen bearbeitend in Angriff zu nehmen. In manchen Unterrichtsbesprechungen hatte ich den Eindruck, daß allein der zunehmende Leidensdruck angesichts ständigen Scheiterns viele Praktikanten einer Bearbeitung ihrer Angst vor den Grenzen ihrer Möglichkeiten zugänglich machte: sie hatten alle erhebliche Widerstände anzugehen, die sich letztlich gegen die Annahme einer professionell vertretbaren Lehrerrolle richteten.

130 Die Angst des Lehrers vor seiner Autorität

Mit dem Hinweis auf die Widerstände gegen eine professionell vertretbare Lehrerrolle habe ich das letzte Interaktionsthema angeschnitten, das ich im Zusammenhang dieser Arbeit erörtern möchte. Es stellt sich als eine Art Kulminationspunkt aller bisher behandelten Themen dar, führt aber zugleich den eingeschlagenen Gedankengang unter dem Frageaspekt nach dem Umgang des Lehrers mit Forderungen, Anweisungen und Arbeitsaufträgen an die Schüler weiter. Ich nenne es die «Angst des Lehrers vor seiner Autorität».

Dieses Interaktionsthema stellt sich ausnahmslos jedem angehenden Lehrer als Problem, gleichviel ob er es bewußt erkennt oder nicht. Wahrscheinlich ist es das schwierigste Problem in der Berufstätigkeit des Lehrers überhaupt: auch der langjährige erfahrene Schulmann hat es nicht gelöst; er hat allenfalls mehr oder weniger angemessene Formen des Umgangs mit ihm gefunden, die er praktiziert.

Ich gebe zunächst einige Hinweise auf die Vorfindlichkeit der Angst des Lehrers vor seiner Autorität in den bisher dargestellten Interaktionsthemen.

1. Im Gebrauch des «einverleibenden ‹Wir›» weigert sich der Lehrer, «Ich möchte . . .» zu sagen. Er sagt: «Wir wollen . . .» – Diese Form des Einverleibens der Schüler erspart ihm die Schwierigkeit der eigenen Profilierung als von den Schülern unterschiedene Autorität: ihre Darstellung – und damit ihre Anerkennung – möchte er vermeiden.

2. Die «Scheinfrage» ermöglicht dem Lehrer eine scheinhaft inferiore Position gegenüber den Schülern, die allerdings eben diese in aller Regel durchschauen. Die Reduktion solcher Fragen auf ihren Kern machte jedoch ihren Aussage- oder Forderungscharakter deutlich. Es war die bloße Form, die es dem Lehrer ermöglichte, den faktischen Autoritätsgehalt unter einer Decke scheinhafter Höflichkeit zu belassen.

3. Im «Pferdchenspiel», das ja immer eine Forderung der Lehrerautorität an die Schüler enthält, verschiebt der Lehrer seinen eigenen Forderungscharakter an einzelne oder alle Schüler, die ihm gleichsam an Seiner statt Geltung verschaffen sollen.

4. Im «Lehrerecho» stellt sich der Lehrer ebenfalls scheinhaft auf die Ebene des Schülers, dessen Beiträge er mehr oder weniger drängend wiederholt. Ich hatte zeigen können, daß er sie damit aber dem Schüler gleichsam entwendet und sie zu seinen eigenen und damit «besseren» macht: er kleidet sie faktisch in seine Autorität, deren offene Darstellung ihm freilich erspart bleibt.

5. Die «Angst, es auch ja immer richtig zu machen», darf es «eigentlich» angesichts der verbreiteten Bereitschaft aller Lehrer, eigene Fehler abstrakt-allgemein einzugestehen, nicht geben. Diese Bereitschaft verschwand aber in vielen Fällen konkret fraglichen oder zweifelhaften Lehrerverhaltens oder -wissens. Hier zeigte

sich der verdeckte Anspruch des Lehrers an seine Autorität, die er häufig unbewußt mit Allmachtsattributen ausgestattet sehen möchte.

6. Die «Angst des Lehrers, die Liebe seiner Schüler zu verlieren», hatte in den Beispielfällen dazu geführt, daß er Beiträge oder Verhaltensweisen seiner Schüler, die er tatsächlich für falsch, zweifelhaft oder unerwünscht hielt, dennoch mit einem langen «Jaaa...» akzeptierte, das er jedoch mit einem folgenden «... aber...» sofort relativierte, wobei das «... aber...» sich häufig nur mimisch-gestisch – also eher analog – darstellte. Die zugrunde liegende Angst war die vor der konfrontierenden und zurückweisenden Lehrerautorität, an deren deutliche Darstellung die Befürchtung des Verlusts der Schülerliebe geknüpft war: so unterblieb die deutliche Darstellung, nicht aber die faktische Wirksamkeit.

7. Die «Angst des Lehrers vor den Grenzen seiner Möglichkeiten» war ja in den Beispielfällen Veranlassung für die Weigerung, sich mit den Grenzen eigener Möglichkeiten im Hinblick auf angemessene Unterrichtsarbeit zu befassen. Die konkrete Bearbeitung dieser Problematik hätte ja für den betroffenen Lehrer in jedem Fall bedeutet, daß er sie im Sinne unterrichtlicher Professionalität hätte einfordern und durchsetzen müssen. Damit hätte er aber als fordernde – und möglicherweise zwingende – Autorität in jedem Fall konfrontierend auftreten müssen: dies war der Punkt seiner Weigerung.

8. Vor diesem Hintergrund möchte ich im folgenden die «Angst des Lehrers vor seiner Autorität» wesentlich an der in fast jeder Unterrichtsstunde vorfindlichen Situation des Erteilens von Arbeitsaufträgen oder Verhaltensanweisungen entwickeln, die den Lehrer ja immer – ob er möchte oder nicht – mit dem Problem seiner Autorität konfrontiert.

Zuvor erscheint mir jedoch ein Rekurs auf die Problematik der Konfrontation von Erwachsenheit mit originaler und verbliebener Kindlichkeit im Unterricht unter dem Aspekt der Lehrerautorität notwendig. Oben hatte ich das Interaktionsthema Angst des Lehrers vor seiner Autorität als Kulminationspunkt der bisher behandelten Themen bezeichnet. Schon der erste Teil dieser Arbeit hatte viele Äußerungen von Studenten und Lehrern zur – meist leidvoll erfahrenen – Lehrerautorität darstellen und erörtern können.

Etwas vereinfacht hatten die hierin angesprochenen Situationen die beiden wesentlichen Perspektiven enthalten, unter denen die

Autorität des Lehrers gesehen werden kann und gesehen wurde: im Seminar war es die eher «erleidende» Perspektive des Schülers gewesen; im Praktikum hatte die eher «zufügende» Perspektive des Lehrers oder angehenden Lehrers im Vordergrund gestanden. Das Material zur «erleidenden» Perspektive des Schülers im Praktikum war aber keineswegs von Schülern, sondern von Studenten und Lehrern erbracht und bearbeitet worden: sie – und nicht wirkliche Schüler – hatten sich überzeugend als Autorität Erleidende darstellen können. Im Praktikum selber war nun der gleiche Personenkreis aufgrund veränderter struktureller Bedingungen in die Situation geraten, hinsichtlich des Zufügens von Autorität wirksam und aktiv werden zu müssen.

Vor diesem Hintergrund kann ich nun die «erleidende» Perspektive als die kindliche beschreiben, die schon in der Familie den Blickwinkel des Kindes enthält,[113] der in der Schule infolge der strukturell veränderten Bedingungen vom Schüler zugleich beibehalten und modifiziert wird: an die Stelle der Eltern des familialen Kindes rückt der Lehrer des schulischen Kindes. Insofern trifft Autorität hier auf originale Kindlichkeit und wirkt auf sie ein.

Originale Kindlichkeit war aber weder im Seminar angetroffen worden noch im Praktikum unter dem Frageinteresse dieser Arbeit: in jedem Fall hatte es sich hier um verbliebene Kindlichkeit gehandelt. Zwar waren die Lehrer und die Praktikanten im Unterricht gehalten, zufügende Autorität in der Unterrichtsarbeit mit den Schülern auszuüben: insofern war auch Erwachsenheit mit originaler Kindlichkeit konfrontiert gewesen. Diese Konfrontation ist aber für jede pädagogische, also auch für die unterrichtliche Situation die angemessene und normale: erwachsene Autorität konstelliert sich in pädagogischer Absicht mit kindlicher Abhängigkeit. Solange sich in diesem Rahmen die Beziehungsdynamik zwischen Lehrer und Schüler pädagogisch wirksam entfalten kann, ist Unterricht als beiderseits befriedigende Arbeit an Inhalten möglich.

Problematisch war diese Situation immer nur dann geworden, wenn eben dies nicht oder nur in Ansätzen gelang. In den Interaktionsthemen hatte ich solches Mißlingen unter dem Gesichtspunkt dysfunktionaler Lehreraktivität darzustellen versucht. In den allergischen Punkten des Unterrichts war es jeweils dem Lehrer nicht gelungen, erwachsene Autorität als wesentlichen Anteil seiner professionellen Wirksamkeit in der Auseinandersetzung mit den Schülern für sich selber zu akzeptieren, darzustellen und ins Spiel zu bringen: an dieser Forderung waren die Praktikanten immer wieder redundant gescheitert und mit ihnen ihr Unterricht.

Von daher war die Frage nach angemessenem Unterricht immer zugleich auch die Frage nach der angemessen erwachsenen Autorität des Lehrers gewesen. Etwas vereinfacht, war sein Unterricht immer dort gescheitert oder unbefriedigend gewesen, wo er volle Erwachsenheit nicht hatte realisieren können: Anteile eigener verbliebener Kindlichkeit hatten ihn an solcher Realisierung gehindert. Mit anderen Worten hatte in solchen Punkten der Lehrer nicht sein können, was er doch hätte sein wollen und sein sollen: ein voll erwachsener Mensch, der seine Erwachsenheit qua Ausbildung für die Unterrichtsveranstaltung professionalisiert hat und sie dort pädagogisch einsetzt.

Das Ziel der Schule kann in der Förderung der Schüler auf dem Weg zu angemessener Erwachsenheit gesehen werden. Jeder geht die ersten – und wichtigsten – Schritte auf diesem Weg in der Familie: in der mehr oder weniger gelungenen Auseinandersetzung mit der mütterlichen und väterlichen Autorität, die insofern immer eine zufügende ist. Die Kindlichkeit des familialen Kindes wie die des Schulkindes sträubt sich gegen die Zumutung, erwachsen werden zu sollen, insofern ist die Autorität der Eltern und die der Lehrer fordernd und zufügend: sie kann prinzipiell in zwei Richtungen scheitern.

Dieses Scheitern beziehe ich hier auf die Entwicklung des Kindes und seinen langen und mühsamen Weg in schließlich eigene Erwachsenheit. Wo sich die pädagogische Autorität der Eltern und Lehrer nicht – in ihrer vollen Erwachsenheit darstellen und einbringen kann – sie hätte immer einen Forderungscharakter – verbleibt Kindlichkeit gleichsam über die Zeit unmodifiziert auf Entwicklungsstufen, die gemessen am Alter des Kindes längst überwunden sein müßten. In der Folge sind überaus schwierige Probleme in der sozialen Auseinandersetzung besonders innerhalb von Institutionen regelmäßig zu erwarten.

In der anderen Richtung wirkt sich die «erwachsene» Autorität vorzeitig unterdrückend aus. Kindliche Anteile dürfen sich hier nicht angemessen entfalten und werden früh verpönt, ohne daß sie im Sinne eines Erziehungsprozesses einer wirklichen Bearbeitung zugänglich wären. Hier wird ein besonders rigides Abwehrsystem errichtet, einschlägige psychische und somatische Defekte werden hier angelegt.[114]

Die beiden angedeuteten Richtungen sind im Sinne von Extremen zu verstehen, die in vielfältiger Weise konkret verknüpft sein können. In jedem Fall stellt sich die Auseinandersetzung des Kindes mit der «erwachsenen» Autorität als punktuell oder über weite Strecken gescheiterte dar und wirkt sich auf spätere eigene Erwachsenheit und deren professionelle Wahrnehmung beim Lehrer problematisch aus: die selber ungelöste Autoritätsproblematik gibt den betroffenen Lehrern einschlägige Probleme auf, mit denen sie auch die Schüler beeinträchtigen müssen.

Vor dem Hintergrund solcher Überlegungen stellt sich die zufügende Autorität des erwachsenen Lehrers als durch die vormals erlittene mehr oder weniger beeinträchtigt dar. Verbliebene Kindlichkeit ist also unter diesem Aspekt unterbliebene angemessene Auseinandersetzung mit vormals zufügender Autorität, deren Erleiden nicht im Sinne eigener Erwachsenheit integriert werden konnte. Vor der notwendigen Forderung, selber zufügende Autorität sein zu sollen, scheitert der Lehrer, weil er selber ihm vormals zugefügte Autorität noch immer nicht verarbeitet hat. Die Forderung, selber Autorität zufügen zu sollen, konfrontiert ihn somit mit eigenen Anteilen unverarbeiteten Erleidens, wenn er zufügt oder zufügen soll.

Insofern ist der Autorität zufügende Lehrer, gleichviel, ob er nun autoritär überfordert oder jeder eigenen Forderung ausweicht, nicht nur mit dem Schüler vor sich in der Klasse konfrontiert, sondern zugleich auch mit dem Schüler und Kind in sich selber, das er einmal war und dessen Probleme er noch immer nicht hat verarbeiten können. Im Schüler vor sich fürchtet er das Kind in sich noch einmal zu überfordern; den Schüler vor sich glaubt er durch Unterforderung gefährdet, während er das Kind in sich besonders streng behandelt.[115]

Im Unterricht und seiner Besprechung stellte sich diese Problematik in einer spezifisch einseitigen Gewichtung dar. Kaum einer der Praktikanten verhielt sich in der Weise dysfunktional, daß er die Schüler im Unterricht offen repressiv und autoritär unterdrückend behandelt hätte: diese Richtung des unangemessenen Umgangs mit dem Autoritätsproblem war so gut wie nie vorfindlich. Allerdings trat sie in besonderen Situationen auf, deren deutlich redundante Merkmale ich hier genauer kennzeichnen möchte.

HELMUT J. Seine mit vorgesehenen Arbeitsmaterialien für die Schüler im dritten Schuljahr überfrachtete und sehr kompliziert angelegte Naturlehrestunde scheiterte teils wegen solcher planerischer Mängel. Folgenreicher für sein Scheitern schien mir seine Haltung übermäßig gewährender und oberflächlich stark zurückgenommener Autorität. Ähnlich wie Michael D. versucht auch er mit größtem Kraftaufwand, es allen Schülern recht zu machen. Sie wollen seine aufgebauten Apparaturen immer und immer wieder alle gleichzeitig und schließlich auch nacheinander wiederholt benutzen. Weil er dem keine Grenze setzen kann, nehmen die beiden ersten, fünfminütig geplanten Unterrichtsphasen ca. 80% der vorgesehenen Zeit in Anspruch. Er gerät unter Zeitdruck und wird sehr unruhig und unterschwellig drängend, zugleich ist er offensichtlich außerstande, die Schüler in ihren Wiederholungsabsichten zurückzuweisen. Vermittels unbeabsichtigter analoger Kommunikation (eher gestisch) teilt er ihnen sehr wohl seinen Unwillen gegenüber solchen massiv geäußerten Absichten mit, während er digital immer aufs neue diesen Absichten durch «Ja, dann darfst du also auch noch mal» Raum zur Verwirklichung gibt. Dies merken die Schüler natürlich sehr deutlich, und nach meinem Eindruck probieren sie aus, wie weit sie denn insofern bei Helmut J. gehen können. Dies wiederum spürt Helmut J., ohne es ansprechen oder ihm begegnen zu können: es erbittert ihn sichtbar. Seine Erbitterung scheint sich mit seinem Erlebnis des Scheiterns unter dem Druck der fortschreitenden Zeit zu verbinden: seine Unruhe steigert sich und mündet schließlich in ein ziemlich kopfloses Agieren.[116] Erst in dieser Situation rafft sich Helmut J. zu einer deutlich in seinem Sinne intervenierenden Maßnahme auf, die jetzt allerdings zu einer völlig unangemessen, überscharf autoritären und sehr lautstarken Geste mißrät: er brüllt, weist einzelne Schüler plötzlich scharf zurück und geißelt die Disziplinlosigkeit in der Klasse, die er doch selber gegen seinen Willen wesentlich begünstigt hatte. Die Schüler reagieren mit erschrockenem Schweigen, auch Helmut J. erschrickt. Seine Versuche, den Unterricht weiterzuführen, stoßen auf eisiges Schweigen, woraus ihn das Klingelzeichen erlöst: Helmut J. ist erschrocken, verstört und sehr schuldbewußt.

Die Dynamik dieses merkwürdigen Umschlags wird in der Unterrichtsbesprechung sehr deutlich; ich zeichne sie hier kurz nach. Unter dem Interaktionsthema «Angst des Lehrers vor seiner Autorität» hatte Helmut J. sich zunächst und über weite Strecken seines Unterrichtsversuchs unfähig gesehen, seiner Vorstellung vom Unterrichtsablauf in der Klasse Nachdruck zu verleihen: er hatte an die Absichten der Schüler Zugeständnisse gemacht, die er selber «eigentlich» auf keinen Fall machen wollte. Mit anderen Worten: er konnte zu seinen Zugeständnissen selber nicht stehen, zugleich konnte er sie aber auch nicht verweigern. Seine Haltung war in sich widersprüchlich und ganz unklar. Er war außerstande, seine Autorität, die sich ihm ja auch aufgrund seiner Unterrichtsplanung hätte herstellen sollen, nun wirklich einzusetzen. Andererseits war er aber auch außerstande, auf sie ganz zu verzichten und damit ganz auf die Wünsche der Schüler einzugehen; also ihnen wirkliche und nicht bloß scheinbare Zugeständnisse zu machen. Sein Dilemma bestand also in seiner Halbheit, Widersprüchlichkeit und seiner gespaltenen

Kommunikation: weder konnte er zufügende Autorität handhaben noch konnte er auf ihre Handhabe verzichten.

Die Folge war sein überaus leidvolles Scheitern. Er hatte, wie er selber sagte, das Erlebnis einer ausweglosen Situation, einer Situation von schließlicher Handlungsunfähigkeit: zugleich fühlte er sich aufgrund seiner Rollenfunktion zum Handeln verpflichtet oder eher gedrängt. Sein endliches Handeln verdient aber diesen Namen schon nicht mehr: es war ein kopfloses Agieren. Dieses Agieren aber weist in eine ganz bestimmte und sehr bemerkenswerte Richtung: es war überscharf und unangemessen autoritär. Von daher läßt sich die Dynamik seines Umschlags beschreiben: (Ich konnte in den Praktika auch bei erfahrenen Lehrern zahlreiche redundante Entsprechungen beobachten; sie folgten dem gleichen Schema.) Der scheinbare Verzicht auf angemessene zufügende Autorität legt unterrichtliches Scheitern an und ergibt – so begründet – Situationen einschlägiger Handlungsunfähigkeit. Unter dem Druck, dennoch handeln zu müssen, wird die gleichsam verzichtete Autorität – sie stellt sich hier als letztlich unverzichtbare dar – gewaltförmig in geballter Weise, eruptiv und erschreckend nachgeholt: der Verzicht auf Autorität befördert so letztlich Gewalt.

Vor diesem Hintergrund wiederhole ich meinen Hinweis auf den Autoritätsverzicht bei fast allen Praktikanten: sie fangen ja erst an! Hinzu kommen häufig geäußerte, teils mokante Stellungnahmen gegenüber vor allem älteren Lehrern und deren «autoritärem Verhalten», das auf das schärfste abgelehnt wird. Mein Hinweis darauf, daß auch diese vor Zeiten einmal angefangen hätten, und daß nicht ausgemacht sei, daß sie sich immer so verhalten hätten, stößt auf größtes Unbehagen und manchmal auf resignative Äußerungen. Der von den Praktikanten und sehr vielen jungen Lehrern hartnäckig verfochtene Autoritätsverzicht und die scharfe Ablehnung «autoritären Verhaltens» verweisen somit zum einen auf die oben dargestellte nicht hinreichende Verarbeitung eigener erlittener Autorität in der lebensgeschichtlichen Vergangenheit; sie lassen zum anderen die an Helmut J.s Situation beschriebene Handlungsunfähigkeit mit der Folge des eruptiven Ausbruchs und des Umschlags in überscharf autoritäres Verhalten als schlimme «Lösung» – auch für die Dauer – mindestens naheliegend erscheinen.

Aus der Perspektive der Beobachtung von Unterricht ist diese Problematik an außerordentlich vielen Stellen sichtbar; sie und die konkreten Möglichkeiten des Umgangs mit ihr und dem Grad ihrer Verarbeitung zeigen sich so gut wie immer, wenn der Lehrer sich anschickt, an seine Schüler eine Forderung zu stellen, eine Arbeitsanweisung zu geben und Handlungsaufträge zu erteilen. Hier ist der Prüfstein dieser Problematik und der Punkt des Scheiterns sehr vieler Unterrichtsstunden.

Anweisungen etc. werden im normalen Unterricht von den Schülern häufig gar nicht, falsch, unvollständig oder nur mit Mühe und nach mehrfacher Wiederholung verstanden. Sie sollen (und wollen) ausdrücken, was der Lehrer von den Schülern will, was die Schüler – aufgefordert – tun sollen. Dies ist immer die Situation; aber schon diese Darstellung der Situation stößt bei manchen Praktikanten und Lehrern auf Unbehagen: dies sei «eigentlich» schon «autoritär»; die Schüler sollten doch «eigentlich» selber wollen, aus eigenem Interesse, aus eigenem Antrieb etc. tätig werden. Schon die wiederkehrende Formulierung, daß einer «wollen soll», kennzeichnet diesen Anspruch als nebelhaft: er ist paradox.

Aber auch dann, wenn ein verbales Bekenntnis zum Forderungscharakter von Anweisungen etc. vorliegt, ist das Problem von Unverständnis und Mißverständnis auf der Schülerseite meist nicht gelöst. In den Unterrichtsbesprechungen wurde einschlägiges Scheitern oder nur mühsame schließliche Vermittlung häufig mit dem Hinweis auf die relative Kompliziertheit des Arbeitsauftrags erklärt. Dies ist in der Tat manchmal eine Erklärung, meistens aber keine hinreichende. Auch bei eingestandenermaßen sehr einfachen Arbeitsaufträgen treten häufig die gleichen Un- oder Mißverständnisse auf.

Die Haltung der Mentoren angesichts dieser Problematik läuft meistens auf probate Verhaltensvorschläge an die Praktikanten hinaus. Sie kennen das Problem aus eigener Praxis und neigen manchmal dazu – wie Ute F. mir gegenüber – es auf die Schülerseite zu verlagern: «Sie haben halt nicht richtig aufgepaßt, waren abgelenkt, ermüdet etc.» Bei vielen Besprechungen brachten sie allerdings die fast immer zutreffende Beobachtung vor, daß die Arbeitsanweisungen zwar durchaus einfach, aber eben unklar oder undeutlich vorgebracht worden sei: man müsse eine Arbeitsanweisung sehr klar und sehr deutlich vorbringen, nur dann könne sie von den Schülern auch verstanden werden.

Aber eben darin liegt das Problem. Die klare, verständliche, prägnante Arbeitsanweisung an die Schüler ist ja nichts anderes als die Darstellung der angemessenen und notwendigen Autorität des Lehrers in einer solchen Situation. Eben weil der Lehrer mit der Annahme und der Darstellung solcher Autorität seine Schwierigkeiten hat, gelingt ihm eine solche Klarheit nicht leicht. Sie gelingt ihm nur nach Maßgabe der Verarbeitung eigener Autoritätsproblematik: die Klarheit oder Unklarheit seiner Arbeitsanweisung ist ein Indikator für die Klarheit oder Unklarheit seiner eigenen Autoritätsproblematik.

Die bevorstehende Arbeitsanweisung – besonders wenn sie eine Stillarbeit der Schüler einleiten soll – trifft in den meisten Fällen auf etwa folgende Situation: Der Lehrer hat einen möglicherweise neuen Inhalt zu Beginn der Stunde in den Unterricht eingeführt, und die Schüler haben sich – vielleicht in einem Unterrichtsgespräch – vorläufig mit diesem Inhalt vertraut gemacht; sie sollen nun im Verlauf weitere Aspekte oder Zugänge an oder zu diesem Inhalt in einer bestimmten Weise angehen. Diese bestimmte Weise ist Inhalt der bevorstehenden Arbeitsanweisung, die sich vielleicht auch auf ein Arbeitsblatt, ein Buch oder Heft mit Schreib- oder Zeichenutensilien beziehen muß. Das Ende des Unterrichtsgesprächs war vielleicht motivierend und führt dann zu einer spezifischen Form von Arbeitsunruhe oder es war langweilig, und die Schüler beschäftigen sich mit anderen Dingen und erzeugen so ebenfalls Unruhe. Dazu kommt mögliche Unruhe, verursacht durch das Herausholen von Büchern, Heften etc.

Die Situation, in der die Arbeitsanweisung gegeben werden soll, ist also häufig von Unruhe in der Klasse gekennzeichnet und demnach als solche wenig geeignet, eine Arbeitsanweisung angemessen aufnehmen zu können. Dennoch wird sie häufig in dieser Situation unveränderter Unruhe gegeben: der Lehrer erspart es sich, die Situation vorweg erst herzustellen, in der seine Arbeitsanweisung die Chance hat, aufgenommen und möglichst genau hinsichtlich möglicher Unklarheiten befragt werden zu können. Genau dies aber müßte er tun, womit er aber fordernde Autorität schon vor der Arbeitsanweisung darstellen und einbringen müßte. Damit verzichtet er auf die Herstellung im Sinne einer Vorbedingung einer bestimmten notwendigen Situation, die er für seine eigene Wirksamkeit und die Arbeitsfähigkeit seiner Schüler braucht.

Hätte er vorweg Aufmerksamkeit einfordern können, sähe er sich nun einer zweiten deutlichen Darstellung seiner Autorität konfrontiert: er sagt deutlich, was die Schüler tun sollen. Da er aber die notwendige Herstellung von Aufmerksamkeit nicht eingefordert hat, bleibt ihm faktisch auch die fordernde Darstellung seiner Autorität hinsichtlich seines Arbeitsauftrags erspart: zwar gibt er ihn dennoch, aber er kommt nicht an! Dazu kommt, daß er sich selber unter dem Aspekt des auch ihm deutlichen Mißlingens seiner Absicht entlasten kann: die Schüler haben ja wirklich nicht aufgepaßt, da hat er recht! Sein ausgebliebener Beitrag zur Situation verschwindet angesichts der imponierenden Unruhe und des eklatanten Nicht- oder Falschverstehens der Schüler. Der schwarze Peter ist bei ihnen, und der Lehrer muß sich nicht mit der Angst vor seiner Autorität auseinandersetzen: er kann sie allenfalls – wie Helmut J. – eruptiv und gewaltsam ausagieren, womit er sie aber nicht bearbeitet, sondern vielmehr einen weiteren Stein ins Mosaik dieses dysfunktionalen Interaktionsthemas fügt, das er damit verfestigt und vervollständigt.

D Beziehungsdefinitionen
im Unterricht

131 Das Problem der Arbeitsanweisung
fordert vom Lehrer insbesondere eine Beziehungsdefinition
gegenüber den Schülern: seine Personanteile
können mit seinen Rollenanteilen kollidieren

Ich habe am Ende meiner Überlegungen zu denjenigen Interaktionsthemen im Unterricht, die mir unter dem Aspekt ihrer Dysfunktionalität als die häufigsten erscheinen, die Angst des Lehrers vor seiner Autorität darzustellen versucht. Dabei habe ich als sehr häufig vorfindliche Beispielsituationen solche benutzt, in denen der Lehrer Forderungen, Anweisungen und Arbeitsaufträge an seine Schüler stellen soll und möchte. Diese Situationen habe ich aber auch unter einem anderen Gesichtspunkt ausgewählt; sie stellen nämlich den Lehrer zugleich vielleicht am deutlichsten vor das Problem, die Art von Beziehung, die er zu seinen Schülern haben möchte, zu definieren.

Tatsächlich ist es ihm in solchen Situationen «besonders» unmöglich, seine Beziehung zu seinen Schülern nicht zu definieren, wie gerne er dies auch manchmal, etwa im Zusammenhang der Autoritätsproblematik, tun möchte.

Watzlawick u. a. äußern in diesem Punkt sehr deutlich, daß «in jeder Kommunikation eine Definition der Beziehungen enthalten ist; etwas unverblümter ließe sich auch sagen, daß jeder Beziehungspartner die Beziehung in seiner Weise zu gestalten sucht. Auf jede Definition der Beziehung reagiert der andere mit seiner eigenen und bestätigt, verwirft oder entwertet damit die des Partners.» [117] Dies gilt gewiß auch für Lehrer und Schüler im Unterricht, und ich füge hinzu, daß hier alle Beteiligten, während sie in allen Kommunikationen, die sie austauschen, den Versuch unternehmen, die vielen Beziehungen, die sie definieren, keineswegs als Beziehungsdefinitionen wahrnehmen müssen: sie definieren gleichwohl ständig ihre Beziehungen. Darin kommt es ihnen allen letztlich darauf an, die

Art der Beziehungen im Verlauf so zu gestalten, wie sie sie haben möchten.

Dies gelingt aber fast nie, weil Joachim zu Frau D. eine andere Beziehung haben möchte als Frau D. zu Joachim etc. Dies hängt nun gewiß nicht zuletzt damit zusammen, daß Joachim ein zehnjähriger Schüler in einer Außenseiterposition ist, Frau D. aber eine dreißigjährige Lehrerin mit ziemlich klaren Vorstellungen von ihrer Berufstätigkeit. Unter dem Gesichtspunkt der Beziehungsdefinitionen im Unterricht sind damit zunächst die strukturellen Bedingungen angesprochen, in deren Rahmen er stattfinden muß. Hier kann nicht jeder möglichen oder denkbaren Form von Beziehung, die dieser oder jene möchten, Raum gegeben werden: schon die vorhandenen – und zum allergrößten Teil kaum veränderbaren – strukturellen Bedingungen grenzen einen breiten Teil von anderweitig durchaus möglichen und angemessenen Beziehungen aus; sie können hier nicht realisiert werden.[118]

In den Beziehungsdefinitionen auf der Schülerseite, wie sie von dort an den Lehrer herangebracht werden, werden häufig solche Arten von Beziehungen gesucht, die in der Intimität der Familie ihren angemessenen Ort haben, der ihnen aber in der Institution Schule nicht mehr zugebilligt wird, zumindest nicht in deren institutionellem Selbstverständnis.

In den Beziehungsdefinitionen auf der Lehrerseite an die Schüler werden diese meist durchaus in Einklang mit den institutionellen Forderungen der Schule als solche definiert. Die Lehrer selber sind ja schon durch den organisatorischen Rahmen ihres Arbeitsplatzes, durch Schulaufsicht, durch ihren in ihrer Beamtung gesicherten Lehr- und Erziehungsauftrag einschlägig definiert. Vor dem Hintergrund solcher Überlegungen, die sich an den bloß strukturellen Gesichtspunkten der Institution Schule orientieren, ergäbe sich eine ziemlich klare Beziehungsstruktur zwischen Lehrern und Schülern in der Schule und auch im Unterricht: in der Kommunikation zwischen Lehrern und Schülern definieren die Lehrer sich als solche, womit sie die Schüler ebenfalls als solche definieren; die Schüler folgen dieser Definition der Beziehung zögernd, aber zunehmend, weil keine andere möglich und sinnvoll erscheint.[119]

Dies ist aber nach den bisherigen Ergebnissen dieser Arbeit eine bloße Fiktion: sie orientiert sich am Rollencharakter «des Lehrers» und «des Schülers» und läßt deren Personanteile außer acht.[120] Es gelingt dem Lehrer nämlich keineswegs leicht und schon gar nicht vollständig, in seinen Beziehungsdefinitionen den Schülern gegenüber sich auf seinen institutionellen Auftrag zu reduzieren. Ebenso wird der Schüler keineswegs die Definitionen der Schülerrolle als die ihm angemessene, wenn auch zögernd, übernehmen und damit auf intime, familiale und kindliche Anteile verzichten. Schon Uwes «Fehlleistung» mitsamt der stark affektiven Reaktion seiner Mitschüler und meiner erheblichen Verunsicherung, die ich in der Einleitung beschrieben habe, deuten die Schwierigkeiten in den Beziehungsdefinitionen zwischen Lehrern und Schülern an.

Zwar wissen die Lehrer und lernen die Schüler die Inhalte ihrer Rollen und versuchen, sich entsprechend zu verhalten, auch wenn sie beide in bestimmten Situationen – die Lehrer vielleicht im Lehrerzimmer und die Schüler vielleicht in der Pause – dagegen opponieren; aber kein Lehrer und kein Schüler *ist*, was ihm seine Rolle zuschreibt: schlimmstenfalls verhält er sich so.[121] Der Lehrer wie der Schüler kann gewiß schließlich der Fiktion erliegen, er *sei* seine Rolle: dann wird der Schüler vielleicht zum «Musterschüler», der neben der Anerkennung auch das Unbehagen seiner Lehrer und den manchmal offenen Haß seiner Mitschüler erregt; der Lehrer wird vielleicht zum korrekten «Pauker», dem man nichts anhaben kann, bei dem man vielleicht «viel lernt», mit dem man aber letztlich nichts will. Beide sind nur Schatten ihrer selbst, und ihre maßgeschneiderte Rolle ist das Merkmal ihrer Beziehungsunfähigkeit.

Damit sind Beziehungsdefinitionen, die sich am familialen Muster orientieren, ebenso unwirksam wie solche, die sich ganz dem institutionellen Auftrag angleichen: beide scheitern – wenn sie das Feld beherrschen – angesichts der Aufgabe, in der Schule Lehrer und Schüler in pädagogischer Absicht zu konfrontieren. Gerade angesichts der Notwendigkeit des Lehrers, verbliebene Kindlichkeit aufzuarbeiten und erreichte Erwachsenheit zu stabilisieren, damit er auf die originale Kindlichkeit seiner Schüler hinsichtlich ihrer späteren Erwachsenheit begünstigend einwirken kann, erweisen sich Beziehungsdefinitionen, die sich «nur» an familialer Privatheit orientieren, als ebenso unangemessen wie solche, die sich «nur» an der Institution Schule ausrichten.

Damit stellt sich die Frage nach den Möglichkeiten angemessener Beziehungsdefinitionen in der Schule und im Unterricht. Sie stellt sich im Zusammenhang dieser Arbeit unter zwei Aspekten:

1. Wie definiert sich der Lehrer «von sich aus» den Schülern gegenüber?
2. Wie antwortet der Lehrer auf Beziehungsdefinitionen, die von der Schülerseite an ihn herangebracht werden?

Zunächst ist es auf Dauer für keinen Lehrer möglich und verkraftbar, die einschlägigen Zumutungen, die ihm aus den strukturellen Bedingungen seiner Berufstätigkeit erwachsen, hinsichtlich seiner Beziehungsdefinitionen gegenüber den Schülern zu ignorieren. Diese strukturell bedingten Zumutungen sind vielfältig, und ich kann mir hier eine ausführliche Erörterung ersparen, weil sie an anderer Stelle hinreichend dargestellt sind.[122] Statt dessen komme ich auf das Autoritätsproblem als Beispielfall zurück und erörtere noch einmal die Situation, wie sie sich bei der Erteilung von Arbeitsaufträgen etc. darstellt.

Sofern – was ich für notwendig halte – klargestellt ist, daß es letztlich immer der Lehrer ist, der über Planung, Durchführung und Nacharbeit seines Unterrichts entscheidet, der also den Unterricht leitet, bedeutet dies für die Situation der Arbeitsanweisung, daß er vorweg wissen muß, was er will, daß die Schüler tun sollen.[123] In diesem Wissen steckt gleichsam der Vorsatz einer Beziehungsdefinition, die er beabsichtigt: er definiert sich als den, der sagt, was er möchte, daß die Schüler tun sollen (Lehrer); damit definiert er die Schüler als die, die solchem Wollen folgen sollen (Schüler). Seine vorsätzliche Beziehungsdefinition bildet also situativ das Lehrer-Schüler-Verhältnis im Unterricht ab, wie es sich im allgemeinen Verständnis der Öffentlichkeit und auch im Selbstverständnis der Institution Schule darstellt.

Ich hatte oben darauf hingewiesen, daß die Klarheit und Deutlichkeit ebenso wie die Unklarheit und Undeutlichkeit, die der Lehrer in einer Arbeitsanweisung zum Ausdruck bringt, ein Indikator für den Grad seiner Verarbeitung eigener Autoritätsproblematik ist. Im Zusammenhang von Beziehungsdefinitionen im Unterricht indiziert sie aber ein weiteres. Klarheit und Deutlichkeit sowie Unklarheit und Undeutlichkeit zeigen an, inwieweit es dem Lehrer gelungen ist, sich mit einem wichtigen Anteil seiner strukturell bedingten Zumutungen zu identifizieren, inwieweit er also einen bestimmten Rollenanteil, der ihm als Lehrer zukommt, auch wirklich als Person annehmen kann. Das notwendige Stück persönlicher Autorität, das er hier darstellen muß, wenn sein Unterricht gelingen soll, findet also eine Entsprechung in einer institutionellen Zumutung, die ihm als Lehrer angetragen ist.

Falls nun der Lehrer mit den erheblichen Schwierigkeiten eigener, persönlich unverarbeiteter Autoritätsproblematiken belastet ist, fehlt ihm über weite Strecken dieses Stück persönlicher Autorität, so daß ihm – scheinbare – Sicherheit nur aus der institutionellen

Zumutung erwächst, auf die er sich vielleicht von Anfang an stützen kann, auf die er sich aber schließlich unter dem Druck der Situation stützen muß.

132 Die verbliebene negative Lehrerimago hindert Helmut J., sich als Lehrer zu definieren: er gerät in Aktionszwang und verfällt ihr

Die dann naheliegende dysfunktionale Verlaufsform habe ich in der Beschreibung des Beispielfalles Helmut J. angedeutet: die Personanteile des Lehrers finden in seinen Beziehungsdefinitionen den Schülern gegenüber keinen pädagogisch vertretbaren Ort mehr und müssen sich in ihr Gegenteil verkehren. Helmut J. konnte dies in der Unterrichtsbesprechung genauer herausarbeiten.

Er sagte, daß er als Schüler ganz erheblich unter seinen vielen autoritären Lehrern gelitten habe. Er habe sich in der Schule und besonders im Unterricht stark unterdrückt gefühlt und meist überfordert, er habe sich an Unterrichtsgesprächen kaum beteiligen können und das Ziel der Schule nur aufgrund seiner häuslichen und schriftlichen Fähigkeiten erreicht. Noch heute reagiere er allergisch, wenn er autoritäres Verhalten an Lehrern beobachte. Es sei sein fester Vorsatz, nicht ein solcher Lehrer zu werden, wie die, die er gehabt habe.

Damit stellt sich die Lehrerimago von Helmut J. als stark negativ besetzt dar. Dies aber hat Folgen für seine Möglichkeiten, einen auch persönlichen Zugang zu seiner Berufstätigkeit zu finden, die sich in seinen Unterrichtsversuchen deutlich abbilden. Helmut J.s Versuche, sich im Praktikum in die Berufstätigkeit des Lehrers einzuüben, sind geleitet von dem Bestreben, auf jeden Fall die eigene Realisierung *der* Lehrerimago zu vermeiden, die er kennt und die ihn am stärksten beeindruckt hat: kennzeichnend für seine Unterrichtsversuche ist seine Orientierung an dem, was er *nicht* möchte. Für diese Orientierung gibt er plausible Gründe an.

HELMUT J. Bevor ich ein so autoritärer Knacker werde, wie das meine Lehrer waren, hänge ich das Ganze an den Nagel.
ICH Was für ein Lehrer möchtest du denn sein?
HELMUT J. Ja, hm. – Das ist schwer zu sagen. – Jedenfalls das Gegenteil von denen!
ICH Was ist das?
HELMUT J. Das kann ich so nicht sagen. Jedenfalls schikaniere ich keine Kinder.

Seine weitere Begründung orientiert sich an der Beschreibung der

313

Lehrer, die er hatte: es sei «unmöglich», Kinder brutal zu unterdrücken, sie zynisch zu behandeln, sie hoffnungslos zu überfordern und gegeneinander auszuspielen: da kann man ihm nur zustimmen. Die ganze Tragweite seiner Problematik äußert sich aber erst in seinen Unterrichtsversuchen, und ich kann sie verkürzt so darstellen: Helmut J.s begründete Ablehnung der von ihm erlittenen Lehrerrolle wendet sich in seinem Unterricht zunächst so, daß er *jede* Lehrerrolle ablehnt, was er nicht will. Mit anderen Worten bewirkt die Verweigerung einer Übernahme der Beziehungsdefinitionen, die ihm seine eigenen Lehrer leidvoll aufgezwungen haben, *die Verweigerung einer Beziehungsdefinition als Lehrer überhaupt:* dies aber ist schlechterdings unmöglich; denn er muß im Unterricht kommunizieren und handeln, also muß er sich auch als Lehrer definieren.[124]

Seine Weigerung führt ihn aber zunächst zum Scheitern und in eine ausweglose Situation. Da er sich nicht als Lehrer definiert, nehmen die Schüler diese «Negativ-Definition» an. Sie machen mit ihm, was sie wollen, und bekommen es, wenn auch widerwillig. Damit legen ihn die Schüler definitorisch auf Handlungsunfähigkeit und Hilflosigkeit fest und bringen ihn und seinen Unterricht in eine völlig untragbare Situation, unter der Helmut J. ganz erheblich leidet. In dieser Situation handelt er nun: er agiert! Damit definiert er sich als Lehrer und nimmt gleichsam unter Handlungszwang eine Lehrerrolle an; *es ist genau die Lehrerrolle, die er erlitten hat* und die er schärfstens ablehnt, gleichzeitig ist es diejenige, deren Wirkungen er wirklich kennt, und die ihn als Schüler am stärksten beeindruckt hat. In seiner vorläufigen Unfähigkeit, sich unter dem starken Eindruck einer negativen Lehrerimago dennoch auch als Lehrer den Schülern gegenüber zu definieren, verfällt er eben dieser Lehrerimago und wiederholt an seinen Schülern, was er erlitten hat. Noch ist er nicht so weit, seinen Schülern für sein Verhalten auch die Schuld zu geben. Dies wird er aber wahrscheinlich auf Dauer tun, sofern es ihm nicht gelingt, seine Problematik zu bearbeiten.

Dieser hier verkürzt dargestellte Zusammenhang war Helmut J. in der Unterrichtsbesprechung sehr deutlich geworden. Er fühlte sich ziemlich erschlagen und reagierte zunächst stark resignativ. Seine schließliche Frage: «Ja, was kann ich da denn eigentlich noch machen?» schien er selbst schon mit «Nichts» beantwortet zu haben. Immerhin hatte er bereits eine bittere Erfahrung gemacht und diese Erfahrung auch reflektiert. Für sein bisheriges Handeln im Unterricht war ja auch eine bittere Erfahrung leitend gewesen: seine eigene Schulerfahrung mit seinen Lehrern; sie allein hatte sich schließlich als wesentlich erwiesen. Andere Erfahrungen hatte er infolge dieser imponierenden nicht zu machen versucht, aber genau hier lag perspektivisch ein neues, unerprobtes Erfahrungsfeld für ihn, welches ihm allerdings nur gegen erhebliche eigene Widerstände zugänglich werden konnte.

Helmut J. probierte zunächst in Situationen, die ihm die Vergabe von Arbeitsaufträgen abverlangten, eine klarere, präzisere Haltung und versuchte, zuvor in der Klasse die dafür notwendige Aufmerksamkeit durchzusetzen. Daraus ergaben sich für ihn zwei wesentliche Erfahrungswerte: dies fiel ihm sehr schwer, aber es gelang ihm; zugleich erstaunte es ihn, daß die Schüler mit relativ großer Bereitwilligkeit darauf eingingen. Die selbstverständlich über weite Strecken immer wieder sichtbaren undeutlichen Definitionen seiner selbst führten zu Wiederholungen seiner Ausweglosigkeit. Die hier bestehenden Zusammenhänge konnten in der Unterrichtsbesprechung spätestens hergestellt werden, und er konnte sie in ihrer Dysfunktionalität anerkennen. Am Ende des Praktikums war es ihm – bei häufigen Rückfällen – jedoch gelungen, «seine» Lehrerrolle als perspektivisch noch zu realisierende persönlich zu akzeptieren: sie enthielt sein Problem als zu bearbeitendes.

Damit ist angedeutet, welche komplexen Vorgänge im Spiel sind, wenn im Zusammenhang der Berufstätigkeit des Lehrers dessen Personenanteile in bezug zu seinen institutionell vorgegebenen Rollenanteilen gesetzt werden. Daß Personanteile mit Rollenanteilen in der Schule und im Unterricht faktisch verquickt sind, bedarf nach dem bisher Dargestellten keiner weiteren Begründung mehr: das Ausmaß der Verquickung ist in der Regel nicht bewußt und somit kaum bearbeitbar. Die hier dargestellten Verfahren fordern allerdings die Tatsache, das Ausmaß und die spezifische und individuelle Art und Weise dieser Verquickung in die Bewußtseinsebene des betroffenen Lehrers. Damit fordern sie deren Bearbeitung durch ihn selber, die sie allerdings in keinem einzigen Fall erzwingen können und wollen: sie steht ihm anheim.

Mindestens aber ist dem Lehrer hier aufgegeben, seine lebensgeschichtlich erworbenen Personanteile zu seinen institutionell geforderten Rollenanteilen in Bezug zu setzen. In der damit ermöglichten Bearbeitung wird er im Unterricht und dessen Reflexion diese durchaus unterschiedlichen Anteile in ihrer pädagogischen Wirksamkeit gegeneinander aushandeln müssen. In diesem Aushandeln muß er sich immer aufs neue als Lehrer seinen Schülern gegenüber definieren. Dabei kann er – zunächst für sich selber – darauf achten, welche Wirkungen die jeweils situativ gegeneinander ausbalancierten Personanteile und Rollenanteile zeitigen, ob er diese Wirkungen will und welche Korrekturen er anbringen möchte und kann.

133 Die Schülerdefinition hält sich im Rahmen intim-privater Personanteile: Heike K. kann nicht als «Rolle» und nicht als «Person» antworten

Die zweite Frage bezog sich auf das Antwortverhalten des Lehrers, wenn Schüler ihm gegenüber ihre Beziehungsdefinitionen geltend machen, womit sie ausdrücken, welche Beziehung sie zu ihm haben möchten. Der folgende Beispielfall zeigt sehr deutlich das intim-private Ansinnen in den Beziehungsdefinitionen einiger Schüler gegenüber der Praktikantin, die dadurch in hilflose Verlegenheit geriet.

HEIKE K. Sie geht während einer Stillarbeit im vierten Schuljahr von Tisch zu Tisch in der Absicht, bei Unklarheiten zu helfen oder hier und da die bereits vorliegenden Ergebnisse zu überprüfen. Dabei hält sie sich längere Zeit an einem Tisch auf und beugt sich über die Arbeiten der Schüler, während sie leise mit dem einen und anderen redet. Dieter vom Nebentisch hinter ihr nutzt die passende Gelegenheit und deutet wie vor einer Mutprobe seinen Tischgenossen gestisch an, daß er Heike K. mit der Hand auf deren jeansbehosten Hintern zu klatschen gedenkt. Die anderen feixen, woraufhin Dieter klatscht: hörbar, gewiß nicht schmerzhaft, keck und neckisch. Heike K. zuckt etwas hoch. Später in der Unterrichtsbesprechung wird sie sagen: «Ich wußte wirklich nicht, was ich da machen sollte, und da hab' ich erst mal gar nichts gemacht.» Die Buben am Nebentisch finden das aber sehr spannend, kichern unterdrückt, und Dieter wiederholt seine Aktion, die mir jetzt einen Hauch von sexuell-provokativer Anzüglichkeit zu haben scheint. Heike K. reagiert immer noch nicht, und Dieter klatscht erneut. Nun reagiert sie, dreht sich um und geht auf die neckisch-anzügliche Tour der Buben ein – ihr unterdrücktes Kichern hatte sie schon vorher gehört. «Na, ihr Schlingel, was soll denn das?» Dabei lacht sie, und das Kichern der Buben verstärkt sich. Ich erlebe sie als ziemlich unsicher, was sie in der Unterrichtsbesprechung bestätigt. Sie beugt sich nun über den Nebentisch, während die Buben weiter feixen. Da sie vorgebeugt steht, fallen ihre langen Haare fast auf den Tisch. Einer der Buben nimmt eine Schere und tut so, als ob er eine Haarsträhne abschneiden möchte. Heike K. tut so, als ob sie das nicht bemerkte. Ihre Haare hängen nun wirklich zwischen den Scherenmessern, und der Junge zwickt die Schere auch ein wenig zu, ohne allerdings ein Haar abzuschneiden. Heike K. bewegt sich in der Auseinandersetzung mit den Buben immer noch auf der von diesen eingeschlagenen, neckisch-anzüglich-sexuell eingefärbten Ebene. Da wird sie von einer Schülerin an einen anderem Tisch gerufen. Sie richtet sich auf, wirft ihre Haare zurück und geht sofort zu ihr.

Die hier sichtbare Deutlichkeit der intim-privat-sexuell getönten Beziehungsdefinition der Schüler gegenüber Heike K. ist gewiß zum Teil auf die Tatsache zurückzuführen, daß Heike K. ja keine «richtige» Lehrerin, sondern eben eine Praktikantin ist. Das Verhalten der Buben enthält ja einen Anflug männlicher Herausforderung an die junge hübsche Frau. Vielleicht haben sie auch deren Hilflosigkeit geahnt oder gespürt. Ich vermute aber, daß es eben nur die besondere Deutlichkeit ist, die auf den Praktikantinnenstatus von Heike K. zurückzuführen ist. Die privat-persönlichen Anteile in der Beziehungsdefinition der Buben, um die es hier geht, sind in vielen ähnlichen und vergleichbaren Schüleraktivitäten vorfindlich, wenn sie es mit «richtigen» Lehrern zu tun haben.

In der Unterrichtsbesprechung wird folgendes deutlich. Die definitorischen Anteile in der Aktivität der Buben sind Heike K. klar. Sie spürt den anzüglich-männlichen und sexuell-provokativen Charakter und fühlt sich davon durchaus auch angesprochen: als junge Frau; aber sie ist als Lehrerin in der Schule. So weiß sie, daß die ihr von den Buben angetragenen Verkehrsformen hier ihren angemessenen Platz nicht haben können, auch der Altersunterschied zwischen ihr und den Buben gibt deren Ansinnen etwas Frühreif-Lächerliches. Die Beziehungsdefinition der Buben heißt etwa: «Sei unsere andersgeschlechtliche, erotisch geforderte Gespielin!» – Außerhalb der Schule sei ihr so etwas schon häufiger begegnet, und sie pflege meist ebenso keck, neckisch und anzüglich zu antworten und eine solche Beziehungsdefinition dennoch leicht geschmeichelt mit einer entsprechenden Ablehnung zurückzuweisen: die Brisanz des Vorgangs wird prickelnd genossen, und ihr flüchtiger Charakter bleibt folgenlos.

In der Schule und hier im Unterricht ist dasselbe aber aufgrund struktureller Bedingungen, die für alle Beteiligten gelten, eben nicht dasselbe. Diese Tatsache macht Heike K. hier unsicher, und sie kann darum nicht mit gewohnter Sicherheit antworten; sie «weiß wirklich nicht, was sie machen soll». Aber sie muß etwas machen, und in ihrer Unsicherheit macht sie, was sie immer macht: sie nimmt die Beziehungsdefinition faktisch an und reagiert fraulich-kokett. Allerdings vermutlich nur für die Wahrnehmung der Buben; für sich selber ist sie hinsichtlich ihrer eigenen Reaktion unsicher, weil das Ganze hier im Unterricht seinen angemessenen Ort nicht hat: sie folgt einem Muster aus dem Repertoire ihres Antwortverhaltens, zu dem sie hier aber für sich selber nicht stehen kann. Sie fühlt sich unbehaglich, was die Buben vielleicht nicht merken.

Aus dieser Situation wird sie aber erlöst. Die Schülerin vom anderen Tisch ruft sie wegen eines Arbeitsproblems und fordert sie damit wieder in die angemessene Lehrerinnenrolle: Heike K. folgt ihr erleichtert und sofort. Damit kann sie zunächst einer deutlichen Antwort auf die Beziehungsdefinition der Buben ausweichen: sie flieht. – «Ich weiß immer noch nicht, was ich hätte machen sollen. Da war ja nichts Bösartiges drin, die wollten halt mal schäkern. Ich kann doch da nicht die gekränkte Leberwurst spielen und die jetzt empört anfahren!»

Damit sind die bedeutsamen Anteile der Situation beschrieben. Die Beziehungsdefinition der Buben läuft eindeutig auf eine privat-sexuell-intime, spielerische Beziehung hinaus. Sie bringen also ausschließlich Personanteile ins Spiel und übergehen damit ganz und gar die strukturellen Bedingungen der Schule: die Lehrerin soll die Gespielin werden. Auch wenn man vom sexuell-anzüglichen Charakter der Definition absieht, was ich für nützlich halte, ist Heike K. hier nur als Person gefordert. Als solche könnte sie «normalerweise» auch im Einklang mit sich selber antworten: sie tut es ja auch, bis sie flieht. Aber sie tut es nicht im Einklang mit sich selber, sondern fühlt sich irritiert, weil sie hier eine Lehrerin ist und auch sein möchte. Sie spürt, daß sie «eigentlich» eine solche Beziehungsdefinition zurückweisen sollte. Aber auch in einer solchen Zurückweisung wäre sie nicht mit sich einig: sie fühlt sich jenseits der sexuellen Anzüglichkeit als Person angesprochen und möchte insofern nicht schroff reagieren; als «Nur-Lehrerin» müßte sie eigentlich, als Person würde sie nicht, und als Lehrerin, die sie ist, kann sie nicht schroff ablehnen.

134 Die Beziehungsdefinitionen müssen Person- und Rollenanteile integrieren und bewegen sich damit auf dem Weg zur berufsspezifischen Identität des Lehrers

Eine Handlungs- und Übungsperspektive, die alle wichtigen in der Situation anwesenden Anteile berücksichtigt, stellte sich in der Unterrichtsbesprechung wie folgt dar: Heike K. muß in der Beziehungsdefinition der Buben einen Anteil annehmen und einen anderen zurückweisen, dabei muß sie als Person *und* als Lehrerin reagieren. Sie kann den sexuell-provokativen Anteil in der Beziehungsdefinition der Buben gleichsam als Vehikel für deren Versuch sehen, eine persönliche Beziehung aufnehmen zu wollen. Dabei nimmt sie diesen zweiten Anteil an und weist den ersten zurück.

Zurückweisung heißt hier aber keinesfalls: diskriminierende, verpönende oder gar lächerlichmachende Reaktion auf einen unangemessenen Definitionsversuch einer Beziehung: in der Zurückweisung dieses Anteils muß Heike K. zugleich die Anteile persönlicher Art, die sie als Person und Lehrerin annehmen möchte und kann, als von ihr ganz und gar erwünscht unterstreichen, indem sie darauf eingeht. Damit ist gesagt, daß beide Anteile in der Beziehungsdefinition der Buben ihr gegenüber von ihr akzeptiert worden sind: sowohl die anzüglich-sexuellen als auch die persönlichen. Die ersteren akzeptiert sie als faktische, die sie zwar nicht als solche verpönt, die sie aber auch nicht in bezug auf sich selber annimmt, sondern zurückweist. Die letzteren nimmt sie in bezug auf sich selber an. Dies könnte etwa folgendermaßen aussehen: «Na, ihr Schlingel! Ihr seid wohl schon mit eurer Arbeit fertig! Laßt doch mal eben sehen! Ach, du hast das also so und so gemacht! Das find ich ganz gut, aber du solltest vielleicht hier noch mal genauer gucken . . . etc.»

Damit könnte Heike K. – als Gespielin definiert – als Lehrerin antworten; nicht als rollenhafte «Nur-Lehrerin», sondern als die persönlich ansprechbare und angesprochene Lehrerin, die sie ist. Verbalisiert wäre der Interaktionsvorgang folgender:

SCHÜLER Wir finden dich dufte, sei unsere Gespielin!
HEIKE K. Ah, ihr definiert mich als eure Gespielin! Das will ich aber nicht, aber ich bin eure Lehrerin, und es freut mich, daß ihr an mir interessiert seid. Ich gehe gerne mit euch um, und vielleicht kann ich euch hier bei eurer Arbeit helfen. Laßt doch mal sehen!

Dem entspräche eine Haltung, in der *jede* Beziehungsdefinition von seiten der Schüler als faktisch gültige akzeptiert ist, in der aber nur diejenigen angenommen werden, die unter den strukturellen Gesichtspunkten des unterrichtlichen Zusammenhangs auch persönlich tragbar erscheinen. Im Beispielfall würde Heike K. auf die ausschließlich intim-persönliche Beziehungsdefinition der Buben, die sie zur Gespielin machen wollen, mit einer eigenen Beziehungsdefinition antworten, die die anzüglich-sexuellen Anteile abweist, jedoch die persönlichen Anteile aufnimmt. Damit würde sie zugleich sich als Person *und* Lehrerin, und die Buben als Personen *und* Schüler definieren: die Chance einer Annahme dieser «Gegendefinition» auf seiten der Buben ist gewiß nicht gering. Die Bedingung ihrer Möglichkeit ist allerdings die Zulässigkeit auch der sexuell-anzüglichen Anteile und ihrer Resonanzen bei Heike K. – in deren Bewußtseinsebene.

Was ich in den Interaktionsthemen und den beiden letzten Beispielfällen dargestellt habe, läuft in seiner Bearbeitung durch die konkret Betroffenen und Beteiligten in den Unterrichtsbesprechungen auf eine sukzessive und langwierige Aneignung einer berufsspezifischen Identität[125] hinaus, der sich die Beteiligten immer aufs neue in der Weise versichern können, daß sie die in ihrer Berufstätigkeit faktisch verquickten Rollen- und Personanteile in der konkreten Unterrichtssituation und ihrer Reflexion gegeneinander handelnd ausbalancieren, wobei sie die Gültigkeit beider Anteile respektieren müssen.

III. Teil
Das Tiefeninterview zur Lebensgeschichte

A Psychoanalyse als Nacherziehung

*135   Schon in der Unterrichtsbesprechung kann Verständigung
unter Einbezug eines «lebensgeschichtlichen Datums» gelingen*

Am Ende des zweiten Teils war am Beispielfall der Autoritätsproblematik von Helmut J. noch einmal deutlich geworden, was im
vorbereitenden Seminar an verschiedenen Stellen herausgearbeitet
werden konnte: die im Unterricht auftretenden dysfunktionalen
Interaktionsthemen lassen sich nicht allein aus den dort bestehenden
situativen Bedingungen begründen, sondern verweisen als Neuauf-
lagen oder Aktualisierungen auf die lebensgeschichtliche Vergangenheit der betroffenen Praktikanten/Lehrer.

Von daher läßt sich lebensgeschichtliche Vergangenheit gleichsam als Hintergrund eben der Bühne beschreiben, auf der Unterricht in seiner Aktualität geschieht. Im dritten Teil dieser Arbeit
möchte ich nun den lebensgeschichtlichen Hintergrund ins Blickfeld rücken, da er sich an vielen Stellen als höchst bedeutsam erwiesen hat: er reicht wirksam ins aktuelle Unterrichtsgeschehen hinein
und bestimmt es wesentlich.

Im Verlauf der weiteren Überlegungen wird deutlich werden – so
hoffe ich –, daß die Frage danach, *wie* und auf welchem Wege dies
geschehen soll, für den Stellenwert der Ergebnisse, die auf diesem
Weg gefunden werden, ausschlaggebend sein wird. Aus diesem
Grund komme ich noch einmal auf den Beispielfall Helmut J.
zurück und untersuche ihn genauer.

1. Helmut J.s Autoritätsthema mag sich – so darf vermutet werden –
   auch in seinem außerschulischen privaten und öffentlichen Leben
   als mehr oder weniger problematisch und belastend erweisen: dies sowohl für ihn als auch für die Menschen seines Umgangs.
2. Ob das so ist und wie sich das auswirkt, steht im Zusammenhang
   dieser Überlegungen allenfalls am Rande des Interesses. Interessant ist zunächst allein das für ihn selber leidvoll spürbare, allen

323

Beobachtern deutlich sichtbare und für seinen Unterricht wirksame Scheitern.

3. In der Unterrichtsbesprechung wurden die einzelnen situativ-konkreten Punkte dieses Scheiterns aus der Erlebnisweise der Beobachter beschrieben: seine eigene Erlebnisweise war der Ausgangspunkt dieser Besprechung.

4. Das Ergebnis dieser Besprechung war in seinem Fall eine Verständigung (Konsensus) über eine zutreffende und von allen Beteiligten akzeptierte Beschreibung einer für ihn und seinen Unterricht bedeutsamen Problematik.

5. Diese Beschreibung war in der Form eines Interaktionsthemas (Die Angst des Lehrers vor seiner Autorität) möglich gewesen und als solche akzeptiert worden.

6. In dieser Form war für Helmut J. eine wichtige dysfunktional beeinträchtigende Problematik seiner Unterrichtsarbeit faßbar geworden, und es hatten sich für ihn Übungsperspektiven hinsichtlich funktionellerer Verhaltensweisen ergeben.

Dieser Punkt markiert die Grenze der Verfahren, die ich bisher dargestellt habe; sie ist gekennzeichnet durch die Einschränkung des Arbeitsfeldes und Bearbeitungsfeldes auf die Aktualität des Unterrichts (aus der Beobachtungs- und Erfahrungsperspektive) und die Aktualität der Unterrichtsbesprechung (aus der Beschreibungs- und Reflexionsperspektive). Diese Grenze wird prinzipiell auch dann nicht überschritten, wenn über lange Zeiträume – was denkbar und wünschenswert wäre – sehr viele Unterrichtsstunden einzelner Lehrer vermittels der dargestellten Verfahren bearbeitet würden. Im Praktikum scheiterte dies an seinem zeitlichen Rahmen.

136   Der Einbezug der Lebensgeschichte in die bisher dargestellten Verfahren eröffnet den Blick auf die Psychoanalyse

Aber gerade der Beispielfall Helmut J. hat ja gezeigt, daß diese Grenze keineswegs etwa «von der Sache» her gezogen werden kann. Er selber hatte ja in der Unterrichtsbesprechung in einer Situation sehr starker Betroffenheit auf seine eigene, längst vergangene Erfahrung als Schüler hingewiesen. Damit hatte er ein Doppeltes getan: er hatte zum einen den Rahmen der Aktualität des Unterrichts und seiner Besprechung verlassen, um darüber zu berichten, wie er als Schüler seine Lehrer erlebt hatte; zum anderen war eben diese Darstellung aus seiner eigenen lebensgeschichtlichen Vergangenheit ein wichtiger Beitrag für das Verständnis seiner aktuellen Autoritätsproblematik gewesen. Seine aktuelle Situation war demnach erst verständlich geworden vermittels seines eigenen Rekurses auf seine Vergangenheit. Dieser Rekurs war aber nicht von ungefähr eingeschlagen worden. Vielmehr war er von Helmut J. unter dem leidvollen Eindruck gegenwärtiger Erfahrung erinnert worden und hatte sich auch erst im Zusammenhang dieser Erfahrung als sinnvoll erwiesen.

Unter dem Blickwinkel der Psychodynamik dieses Vorgangs zeichnet sich nun ein struktureller Gesichtspunkt ab, den ich nachzeichnen möchte:

1. Helmut J. steht unter dem sehr leidvollen Eindruck eigenen Scheiterns in einer aktuellen Unterrichtssituation;
2. Im Zusammenhang der Beschreibung und Reflexion dieses Scheiterns erinnert er eine zugehörige Situation aus seiner eigenen lebensgeschichtlichen Vergangenheit;
3. Diese Situation aus seiner Vergangenheit erweist sich als sinnvoll für das Verständnis seiner aktuell-gegenwärtigen Situation.

Damit sind bestimmte strukturelle Merkmale festgestellt, die einerseits für die hier bearbeiteten Probleme einer spezifischen Art der Lehrerqualifikation sich als nützlich und sinnvoll erweisen, die aber andererseits die Grenzen der bisher erörterten Verfahren deutlich überschreiten. Diese strukturellen Merkmale verweisen aber zugleich auf ein anderes Gebiet innerhalb der Sozialwissenschaften, in dem sie sich von Anfang an als nützlich erwiesen haben: ich meine die Psychoanalyse.[126]

Bevor ich aber nun die Entsprechungen zu den oben genannten strukturellen Merkmalen in der Psychoanalyse und deren spezifische Weiterungen untersuchen und darstellen kann, erscheint mir ein Exkurs notwendig, in dem ich einige Auswirkungen der Psychoanalyse in den Bereich der Erziehungswissenschaft untersuchen möchte. Erst danach kann ich an dieser Stelle meine Überlegungen weiterführen.

137   Die Literatur der Erziehungswissenschaft rezipiert
die Psychoanalyse nur beiläufig;
die pädagogische Praxis bleibt ihr weitgehend verschlossen.

Schon von allem Anfang an waren die Ergebnisse der psychoanalytischen Forschung in ihrer möglichen Bedeutung für Erziehungsvorgänge erkannt worden: Freud selbst hatte darauf verwiesen.[127] Zwar hatte die Faszination, die von der Psychoanalyse ausging, auch im

Bereich der Pädagogik ihre Wirkungen; zugleich aber wurde sie auch hier wie in der Medizin, der Psychiatrie und der Psychologie in der heftigsten Weise bekämpft oder ignoriert.[128] Auf der einen Seite standen die nicht allein theoretisch-literarischen, sondern auch und vor allem praktischen Arbeiten von August Aichhorn, Hans Zulliger, Oskar Pfister, Wera Schmidt und vor allem Siegfried Bernfeld.[129] Aber sie blieben im Grunde außerhalb der großen Linien der pädagogisch-erziehungswissenschaftlichen Diskussion, die etwa um die Reformpädagogik geführt wurde. Noch Ende der zwanziger Jahre, als die «Zeitschrift für Psychoanalytische Pädagogik» längst begründet war, konnte die inzwischen vorliegende einschlägige psychoanalytische Literatur schlicht übergangen werden.[130] Dies hat sich zum Teil bis heute nicht geändert, und es bleibt eine offene Frage, ob dies allein der Naziherrschaft zuzuschreiben ist; immerhin setzte sie einer weiteren Entwicklung der Psychoanalyse in Deutschland ein Ende, so auch der Entwicklung einer psychoanalytischen Pädagogik.

Das Beispiel der Geschichte von Siegfried Bernfelds Arbeiten nach dem Kriege läßt auf die Weiterführung einer Abwehr psychoanalytischer Pädagogik schließen: seine Schriften wurden erst Ende der sechziger Jahre wieder herausgegeben. Und dies geschah nicht etwa, weil sich die prominenten Vertreter der deutschen Erziehungswissenschaft auf den bedeutendsten Vertreter der psychoanalytischen Pädagogik besonnen hätten; Bernfelds Neuauflage verdankt sich eindeutig den Wirkungen der Studentenbewegung, die ja nun nicht eben von der Erziehungswissenschaft ihren Ausgang nahm.

Trotz der Arbeiten von Peter Fürstenau, Willy Rehm, Günther Bittner und W. K. Höchstetter[131] – um nur einige sehr unterschiedliche Autoren zu nennen – stehen psychoanalytische Ansätze in der pädagogisch-erziehungswissenschaftlichen *Diskussion* auch heute noch eher am Rande, wenngleich sie dort einigen Boden gewonnen haben. In der *Praxis* des pädagogischen Feldes sind gewiß Wirkungen in den Kinderläden und einigen Kindergärten auszumachen. Auch diese stehen im Zusammenhang der auslaufenden Studentenbewegung und sind wohl auch für die Erziehung der Kinder in den vorwiegend studentischen Wohngemeinschaften von Belang. Die Schule dürfte im großen und ganzen unberührt geblieben sein auch von Ansätzen einer psychoanalytischen Pädagogik.[132]

Inwieweit psychoanalytische Pädagogik nun Eingang in den familialen Bereich der Primärsozialisation gefunden hat, ist schwer zu beurteilen. Immerhin dürfen praktische Auswirkungen in der Nachfolge einer psychoanalytisch orientierten Familienberatung und -therapie vermutet werden; sie hatte im anglo-amerikanischen Raum ihren Ausgangspunkt und gewinnt in den letzten Jahren auch hierzulande allmählich an Boden.[133]

Andererseits kann ein seit längerem anhaltender Boom psychoanalytischen oder psychoanalytisch beeinflußten Schrifttums in vielen benachbarten Bereichen, so auch in der pädagogischen Diskussion beobachtet werden. Dennoch halte ich es für verfehlt, darauf allzu große Hoffnungen im Hinblick auf pädagogisch wünschenswerte Wirkungen zu setzen: es mag eine der wichtigsten Gemeinsamkeiten zwischen Pädagogik und Psychoanalyse sein, daß zwischen den wissenschaftlich-literarischen Auslassungen und deren zugehörigen praktisch-nützlichen Wirkungen ein Abgrund klafft.

Da es zu meinen Absichten in dieser Arbeit gehört, diesen Abgrund etwas aufzufüllen, frage ich nach den Ursachen seines Zustandekommens. Damit verbinde ich auch die Absicht, einen Beitrag zu einem besseren gegenseitigen Verständnis zwischen Pädagogik und Psychoanalyse zu leisten. Warum gelingt es den Pädagogen so schlecht, sich die gewiß relevanten Beiträge der Psychoanalyse für ihr Handeln nutzbar zu machen? Und warum gelingt es der Psychoanalyse noch immer kaum, im Rahmen der Pädagogik wirksam Fuß zu fassen?

138 Die Basis der Psychoanalyse ist ihre Praxis; der Beziehungsprozeß zwischen Analytiker und Analysand

Ich wende mich zuerst der letzten Frage zu und dehne dann meine Überlegungen auf die erste Frage hin aus. Dem folgend versuche ich eine Darstellung der Art und Weise, wie sich Psychoanalyse als solche im wissenschaftlich-öffentlichen und im praktischen Bereich präsentiert und welche Wirkungen von der Art der Präsentation her zu erwarten sind.

In seinen «Vorarbeiten zu einer Metatheorie der Psychoanalyse» benennt Alfred Lorenzer einen charakterisierenden Ausgangspunkt seiner Überlegungen: «Es kann nicht davon ausgegangen werden, was die Psychoanalyse – ihrem eigenen Selbstverständnis nach – ‹ist›, sondern davon, ‹was der Psychoanalytiker macht›.»[134] – Dies erweist sich im Verlauf seiner Arbeiten nicht nur als ein im systematisch-wissenschaftstheoretischen Sinn ergiebiger Ansatz: es ist zugleich der Ausgangspunkt der Psychoanalyse im historischen Sinn.

Freud war als Nervenarzt gewiß auf dem wissenschaftlichen und praktischen Stand seiner Zeit, als er feststellte, daß etwa Symptome von Lähmungen vorübergehend verschwanden, wenn seine Patienten im Zustand der Hypnose bestimmte, den Symptomen «zugehörige» Szenen aus ihrer lebensgeschichtlichen Vergangenheit erinnern und aussprechen konnten.[135] Er verwarf die Hypnose als eine suggestive und damit letztlich unwirksame Maßnahme und schuf sukzessive das klassische psychoanalytische Setting, in dessen Rahmen der Patient zur «freien Assoziation» und verbalen Mitteilung all dessen gehalten ist, was ihm gerade durch den Sinn geht: diese Assoziationen führten in die Lebensgeschichte. Damit hatte sich die Psychoanalyse als das konstituiert, was sie wesentlich heute noch ist: als Praxis.

Fast alles, was Freud und in seinem Anschluß die Psychoanalyse mitsamt ihren – in der letzten Zeit zunehmenden – zahlreichen Abspaltungen[136] hervorgebracht haben, geht auf diese Praxis zurück. Sie ist der esoterische und intime Prozeß der Herstellung und Durcharbeitung einer einmaligen menschlichen Beziehung zwischen zwei Personen: Analytiker und Analysand. Hier liegt die scheinbar außerordentlich schmale Basis, von der aus die Psychoanalyse – trotz allem – in wenigen Jahrzehnten ihren Siegeszug angetreten hat, und auf der sie heute noch steht.

139 In ihrer Literatur stellt sich Psychoanalyse als Sozialisationstheorie und als Theorie ihres Prozesses dar

Den gleichsam «exoterischen» anderen,[137] die weder Analytiker noch Analysand sind, kann sich die Psychoanalyse auf diesem Wege der praktischen Auseinandersetzung nicht vermitteln. Da sie sich diesen aber dennoch vermittelt hat, stellt sich die Frage, wie und mit welchem Ausmaß an Authentizität dies denn überhaupt möglich sei. Da ich selber auch die Psychoanalyse nicht über die oben angedeutete Auseinandersetzung von Analytiker und Analysand, sondern im wesentlichen aus der Literatur – und vermittels der Gruppendynamik – kenne, haftet meiner Darstellung gewiß die Eigenart dieser Form des Kennenlernens an: ich teile sie mit fast allen, an die ich mich wende.

Es erschien mir wichtig, meine Darstellung der Psychoanalyse nicht ohne Bezug zu einer ihrer – und der Pädagogik – wesentlichen inhaltlichen Ausfüllungen zu versuchen. Ich werde also in meine Darstellung eine Problematik mit einarbeiten, die sowohl in der psychoanalytischen Praxis wie auch in der pädagogischen eine gewichtige Rolle spielt. Vielleicht erscheint die von mir gewählte Problematik zunächst recht willkürlich, aber ich hoffe, im Verlauf meiner Darstellung diese Auswahl genauer begründen zu können: ich meine das Problem des *Forderns und Überforderns*, das ich ja weiter oben schon verschiedentlich erörtert habe.

In der einschlägigen Literatur präsentiert sich die Psychoanalyse im hier interessierenden Zusammenhang unter zwei Gesichtspunkten: als *Sozialisationstheorie*[138] und als *Theorie des psychoanalytischen Prozesses*.[139] Rein quantitativ überwiegt eindeutig der erste Gesichtspunkt: mit ihm werde ich beginnen.

140 Das Kind widersetzt sich seiner Trennung aus der Mutter

Die Überlegungen setzen am Zustand des Menschen vor der Geburt an. Seine Situation im mütterlichen Leib wird als eine des völligen Versorgtseins, Getragenwerdens, Umhülltseins, Geborgenseins ohne jede eigene Bemühung beschrieben. Die Geburt wirft ihn in eine Welt, die – gemessen an dieser Situation – als ganz und gar unwirtlich erlebt wird: gefordert sind Atmung, Aufnahme der Speise durch den Mund, Verzicht auf den so vollkommen schützenden und umhüllenden Uterus, also Einsturz einer erheblichen Reizflut, etwa in Form erheblicher Temperaturschwankungen und «rauher» anstatt geschmeidiger Hautkontakte. Die Frage, ob dies schon eine Überforderung des Menschen sei, wird im gebräuchlichen Terminus «Geburtstrauma» bejaht. Möglicherweise werde sich der Mensch nie ganz mit der Tatsache versöhnen, daß er geboren ist.

Die Forderung, sich von der Mutter zu trennen und diese Trennung zu akzeptieren, wird über lange Zeit zurückgewiesen: die Mutter (etwa als mütterliche Brust) wird als Bestandteil des eigenen Selbst erlebt. Man lebt in einer Welt, in der es die faktische Trennung von Subjekt und Objekt nicht gibt. Die aus der Welt der Objekte kommenden, fast immer Unlust bereitenden Reize können nicht als von dort (aus dem Außen) eingreifende, sondern nur als stark schwankende Befindlichkeiten des eigenen Selbst erfahren werden. Dieses Selbst erlebt sich überdies ausschließlich als intensive Bedürftigkeit und respektiert auch nach den ersten Anzeichen mühsam akzeptierter Trennung aus der Mutter – mit dem «Dreimonatslächeln» und der «Achtmonatsangst» – diese noch lange nicht als Person im eigenen Recht.[140]

Die zunehmend als «außenbefindlich» wahrgenommene Welt

(Mutter) hat die ausschließliche Funktion, Quelle für die Befriedigung dieser Bedürftigkeit des Selbst zu sein – und zwar Quelle vollständiger und sofortiger Befriedigung. Die Welt soll gleichsam immer noch die selbstverständlichen Funktionen des Uterus erfüllen: das aber tut sie in keinem Fall. Sie erweist sich als weigernd und widerständig, frustriert demnach und fordert versagend ihre Anerkennung als nur sehr bedingt befriedigende.[141]

Das Kind verweigert die Anerkennung dieser Welt, wenn sie es als solche überfordert: wenn ein Mindestmaß an Befriedigung nicht bereitgestellt wird, wenn sich die Mutter als zu feindlich erweist, weigert sich das Kind zu leben und stirbt. Wird aber dieses Minimum nur gerade eben erreicht, reagiert das Kind mit mehr oder weniger schweren Schäden für sein gesamtes späteres Leben.[142] Damit stellt sich die Frustration des Kindes als absolut unvermeidlich dar: selbst die denkbar beste versorgende Mütterlichkeit trägt sie als zwingende Forderung dem Kind an. Im ersten Lebensjahr ist selbst das größte Ausmaß an «Verwöhnung» für das Kind mit einer ganz erheblichen frustrativen Forderung notwendig verbunden: insofern kann es in diesem Zeitraum nicht verwöhnt werden.[143]

141   Psychosexuelle Entwicklung und ödipaler Konflikt beschreiben die stets gefährdete Auseinandersetzung des Kindes mit seiner äußeren Welt

Die psychoanalytische Sozialisationstheorie verzichtet – vor allem in ihren popularisierten Darstellungen [144] – meist auf die oben dargestellten Zusammenhänge und beginnt mit der Erörterung der oralen Phase. Darin wird der Ausgang der psychosexuellen Entwicklung des Menschen beschrieben. Die Theorie der kindlichen Entwicklungsphasen ist in der einschlägigen Literatur sicher am ausführlichsten dargestellt worden, so daß ich mich hier kurz fassen kann.[145]

Nahrung, Lustgewinn und Umwelterfahrung wird in dieser frühen Phase wesentlich an und vermittels der Mund- und Rachenzone aufgenommen. Sie ist somit wesentlicher Reizpunkt für von außen kommende Befriedigung und Versagung und bleibt es – je nach dem spezifischen Verlauf – lebenslänglich mehr oder weniger intensiv. Als auch sexuelle Manifestation unterliegt sie angesichts unserer Sexualmoral manchmal schon sehr früh unbewußten, aber sehr nachdrücklichen Verpönungen durch die Außenwelt (Mutter).

Besonders, wenn das Kind älter wird, ist es häufig mit der Forderung konfrontiert, diese frühe und erste Form der Lust- und Umwelterfahrung zu unterdrücken («Ein großer Junge lutscht aber nicht mehr am Daumen!» – «Nimm sofort den Stein aus dem Mund! Der ist bäh!!»). – Als mögliche Überforderung kann eine solche Haltung zu Störungen im Bereich der kindlichen Triebbefriedigung und im Bereich der kindlichen Möglichkeiten führen, die Umwelt angemessen – und das heißt gemäß seiner Entwicklungsstufe – zu erforschen: solche Störungen werden verschleppt und beeinflussen spätere Entwicklungen manchmal in erheblichem Ausmaß negativ.

Mit der Entwicklung der Fähigkeit, über die eigene Schließmuskulatur willkürlich verfügen zu können, wird die orale Sexualität allmählich von der analen überlagert und abgelöst. Die Ausscheidungsvorgänge bei sich selber, aber auch bei den anderen Personen der kindlichen Umwelt werden hochgradig bedeutsam. Sie ermöglichen prinzipiell das Erlebnis eigenständigen Könnens – Hergebens oder Zurückhaltens. Vielleicht ist die völlige Abwesenheit von Ekel gegenüber dem Vorgang und Ergebnis der Ausscheidung bei sich selbst und den anderen *die* den Erwachsenen verpönte Form der kindlichen Einstellung.

Eine früh einsetzende rigide Sauberkeitserziehung weist das kindliche Streben nach Autonomie in diesem Bereich zurück: die selbständige Einübung eines Gestus von Geben und Behalten kann dann nicht im Einklang von Mutter und Kind erfolgen. Das Kind wird sich so der Mutter letztlich unterwerfen müssen und erlebt damit den Ausgang einer Auseinandersetzung mit der überlegenen mütterlichen Autorität als Grundmuster eines Autoritätskonflikts, das für die weitere Entwicklung in problematischer Weise bestimmend werden kann. Insofern ist die Forderung nach vorzeitiger Sauberkeit zweifellos eine Überforderung: das Kind hat gelernt, daß es in dem Streben nach ihm selber angemessenem Ausleben neuer Möglichkeiten vor der überlegenen Mutter versagen muß.

In der phallischen Phase, die die anale überlappt und allmählich ablöst, wird Sexualität gleichsam «an Ort und Stelle» erlebt: freilich in einer kindlichen Form. Immerhin hat die kindlich-phallische Form der Sexualität insoweit «erwachsene» Anteile, als in ihrem Zusammenhang die Ausdifferenzierung der Geschlechter einsetzt: sie steht beim Jungen wie beim Mädchen in engster Verbindung mit dem Erleben der Mutter (als Frau) und des Vaters (als Mann) und in intensiver Beziehung zu diesen. Damit setzen die im Ausgang und im Verlauf hochgradig frustrativen Verwirrungen des ödipalen Konflikts ein.

Die zärtlich-sexuellen und abweisend-aggressiven kindlichen

Phantasien und Äußerungen in bezug auf den Vater und die Mutter beim Jungen und beim Mädchen überlagern einander, lösen einander ab und führen in der kindlichen Erlebnisweise notwendig in eine unhaltbare Situation: einerseits werden sie außerordentlich intensiv empfunden und drängen auf Einlösung, zugleich widersprechen sie einander; andererseits werden sie von den Eltern mehr oder weniger oder auch kaum verkraftbar zurückgewiesen, dies aber keineswegs eindeutig, insbesondere was die zärtlichen Äußerungen angeht. Dieser Konflikt ist überdies mit den heftigsten rivalisierenden und favorisierenden Gefühlen und deren Äußerungen durchsetzt und enthält auch von daher eine ganze Reihe von Erlebnisweisen, die «nicht sein dürfen». Daran knüpfen sich intensive Schuldgefühle, die mit dem Erleben der eigenen Geschlechtlichkeit verbunden sind. Das Insgesamt der notwendigen Forderung an die Kinder zielt etwas vereinfacht letztlich darauf, daß sie ihre Kindlichkeit aufgeben sollen, um ihren Platz in der Erwachsenheit suchen zu können. Diese Forderung ist eine Überforderung und wird in keinem Fall ohne irgendwelche traumatischen Folgen bewältigt. Sie prägt nach ihrer Neuauflage in der Pubertät die spätere Erwachsenheit in ihren «normalen» Kompetenzen und Defekten entscheidend, insbesondere was die Möglichkeiten einer angemessenen Partnerwahl, deren befriedigende Aufrechterhaltung und die Übernahme der eigenen Elternrolle angeht.

Wo diese «Normalität» durch besonders rigide Zurückweisung oder besonders gewährende Verführung seitens der Eltern nicht erreicht werden kann, ist spätere Erwachsenheit in leidenstiftender Weise in ihrer möglichen Entfaltung behindert: Kindlichkeit verbleibt.

Dieser sehr verkürzte Abriß mag immerhin gezeigt haben, daß Kindheit keineswegs «goldene Kindheit» ist, sondern vielmehr durch ein erhebliches Konfliktpotential erheblich beeinträchtigt erscheint. Zwei einander widersprechende Forderungen sind kennzeichnend. Beide müssen im Hinblick auf «gelingendes Leben» berücksichtigt werden!

1. Forderung: Die körperlichen, triebhaften und psychischen kindlichen Anteile müssen sich in einer ihnen angemessenen Weise ausleben können, damit mögliche Schädigungen gering bleiben.

2. Forderung: Gleichviel müssen diese Anteile letztlich überwunden werden. Sie müssen aufgegeben werden, damit sie in der späteren Erwachsenheit aufgehoben werden können.

Beides kann als verkraftbare Forderung mit geringen Schäden wirksam vertreten und erlitten werden; zugleich kann beides als Überforderung wirksam werden und die weitgehende Verfehlung späterer Erwachsenheit bedeuten: das richtige Maß bestimmt nicht die Theorie, sondern allein die Praxis.

142 Es, Ich und Über-Ich können als Modellvorstellungen das Verständnis innerpsychischer und zwischenmenschlicher Vorgänge erleichtern

Im Zusammenhang mit dieser oben im Abriß dargestellten «psychoanalytischen Theorie primärer Sozialisation» wird in der einschlägigen Literatur meist das «Strukturmodell des psychischen Apparates» beschrieben. Unter dem Vorbehalt, daß es sich hierbei um eine konstruierte Modellvorstellung zum besseren Verständnis psychischer Vorgänge handelt, läßt sich nun feststellen, daß der psychische Apparat gleichsam im Verlauf der obigen psychosexuellen Phasenentwicklung «entsteht»; ich werde hier seine Entstehung nachzeichnen.

Das «Es» bezeichnet den Zustand des Menschen in seiner Geburt, wenn Spuren äußerer Einwirkungen noch nicht vorhanden sind. «Es» ist damit der undifferenzierte Komplex von Bedürftigkeit, die nach Befriedigung drängt: biologisch, physiologisch, naturhaft. Die psychosexuelle Entwicklung – verstanden als biologische Reifung, was sie niemals «in reiner Form» sein kann – wird die Triebstruktur und die Art der Suche nach Befriedigung verändern: dies aber geschieht schon von allem Anfang an unter wesentlichem Einfluß von äußeren Faktoren, die in keinem Fall als «nur natürlich» verstanden werden können. «Es», in seinem Streben nach Befriedigung (Lustgewinn) ist auf eine etwa familial und (vermittelt) gesellschaftliche Außenwelt verwiesen, deren Fähigkeiten und Möglichkeiten zur Triebbefriedigung ganz anderen Gesetzen folgen und in keinem Fall der «Es»-Struktur entsprechen.

Dies aber bedeutet Diskrepanz und von daher Auseinandersetzung, die geleistet werden muß, auch wenn sie nicht bewußt erlebt wird. Diese Auseinandersetzung mit der Außenwelt (Mutter) verlangt dem Kind (Es) eine Form ab, die bestimmte Konturen entwikkelt und fortlaufend verändert, innerhalb derer das nach Maßgabe der Möglichkeiten der Außenwelt maximale Potential von Triebbefriedigung erreicht werden kann. Dies aber ist schon «Ich»-Bildung.

Die frustrierende Diskrepanz von Außenwelt und Es unter dem Aspekt von dessen Triebbefriedigung nötigt dem Kind also die

Herausbildung von ganz bestimmten, durch das mütterliche Angebot vermittelten und im Sinne von «Erfahrung» zu lernenden Einstellungen auf diese Außenwelt ab. Die innerpsychische Instanz «Ich» steht also gleichsam zwischen der gewährenden oder frustrierenden Außenwelt des Kindes und seinem Es. Das Ich ist das Arsenal von Lernerfahrungen, die das Kind auf der Suche nach der Befriedigung seiner Bedürftigkeit macht. Angemessene Ich-Bildung bedeutet demnach nichts anderes, als die verkraftbare Möglichkeit des Kindes, sich in handelnde und damit lernende, auch selber verändernde und reflektierende Beziehung zu seiner Außenwelt zu setzen, seine äußere Realität zu gewinnen, sie mit Unlust (weniger mit Lust) zu akzeptieren und sie mit Lust (weniger mit Unlust) in seinem Sinne zu verändern. Triebbefriedigung – so wird damit gelernt – ist unmittelbar und vollständig kaum, mittelbar und teilweise durch den Einsatz vorhandener und angeeigneter Fähigkeiten durchaus, manchmal aber auch dann ganz und gar nicht möglich.

Im Falle der Überforderung aus dem Es (heftig anstürmende Triebansprüche stoßen auf eine völlig versagende Außenwelt) oder aus dieser Außenwelt selber (die Außenwelt fordert, was nicht geleistet werden kann) übernimmt das Ich die weitere Funktion, das Bewußtsein des Kindes (auch des Erwachsenen) vor solchen überaus beängstigenden Situationen zu schützen: Abwehrmechanismen verweisen unverkraftbare Erlebnisweisen ins Unbewußte. So müssen sie zwar nicht als intensive Angst erlebt werden, aber sie sind damit auch dem bewußt steuernden Zugriff des Ich entzogen: allerdings bleiben sie unbewußt hochwirksam und wollen dennoch der Realität abringen, was diese nicht hergeben will und kann.[146]

Realität aber heißt auf lange Zeit vor allem die kindliche Erlebnisweise der Mutter, dann des Vaters und der Geschwister. Dazu gehören auch deren Störungen, ob man sie nun dem «Normalbereich» zurechnen will oder nicht. Realität wird damit niemals als das erlebt, «was sie ist» und schon gar nicht als «gesellschaftliche Realität», sondern immer nur als durch die – bei uns – spezifisch familial gebrochene, als die sie der kindlichen Wahrnehmung mit all ihren teils phantastischen Verzerrungen erscheint. Immerhin kann bei einer angemessenen – und das heißt: nicht überfordernden – Ich-Bildung die Fähigkeit herausgebildet werden, allmählich auch über den familialen Bereich hinaus – wenngleich immer unter der Wirkung der hier erworbenen Möglichkeiten – eine gelingende Auseinandersetzung mit der Außenwelt zu erreichen. Allerdings steht zunächst dem Kind in den Folgen des ödipalen Konflikts die Auseinandersetzung mit den bewußten und unbewußten Wert- und Moralvorstellungen der Eltern noch aus: «Über-Ich»-Bildung.

Die belastenden und verwirrenden und außerordentlich intensiven Beziehungsgeflechte des ödipalen Konflikts sind für das Kind wegen ihrer prinzipiell nur in unbefriedigender Weise lösbaren Perspektiven auf die Dauer nicht aufrechtzuerhalten. Inhalt des Konflikts ist eine sehr enge und leidenschaftliche sexuell-aggressive, also widersprüchliche Beziehung zu den Eltern, die im Zusammenhang mit der eigenen geschlechtsspezifischen Differenzierung des Kindes steht: sie wird gleichsam angestrebt und an den Eltern eingeübt, kann aber dort nicht befriedigt werden, sondern muß vorerst – bis zur Pubertät – scheitern.

Dies gelingt den Kindern – und den Eltern – nur um den Preis der Auflösung der frühen intensiven emotional-erotischen Eltern-Kind-Beziehung: einer ersten einschneidenden Ablösung des Kindes von den Eltern und damit der Aufnahme einer qualitativ anderen «affektneutraleren», «vernünftigeren» und erwachseneren Beziehung. Die frühe Beziehung wird also nicht aufgegeben und verändert, weil das Kind nun erwachsener wird, sondern die erwachsenere Beziehung wird aufgenommen, weil die kindliche im Ausgang des ödipalen Konflikts einfach nicht mehr erträglich ist.

Während all der vergangenen Jahre waren die Eltern aber eben aufgrund dieser intensiven Beziehung wesentlich auch Instanz für das, was man darf, soll, muß und für das, was man nicht darf und nicht soll. Sie boten insofern wertbesetzte und moralorientierte Richtschnur für das kindliche Handeln, Sprechen und Denken. Dies aber – wie gesagt – aufgrund der engen frühkindlichen Beziehung, die nun aufgegeben werden muß: dadurch aber entsteht ein einschlägiges Vakuum und die – theoretische – Frage, wodurch denn dieses Vakuum nun nach der ersten Abtrennung ausgefüllt werden soll.

Etwas vereinfacht stellt sich der Verlauf wie folgt dar: die Ausformungen der elterlichen Wert- und Moralvorstellungen, mit denen sich das Kind bisher in der unmittelbaren intensiven Beziehung zu den Eltern auseinandersetzte, werden nach der ersten Abtrennung und der damit verbundenen Umgestaltung dieser Beziehung in die eigene kindliche Psyche als deren dritte Instanz neben dem Es und dem Ich übernommen: als Über-Ich.

Damit bleiben zwar Belohnung und Strafe auch weiterhin im Bereich elterlicher Einflußmöglichkeit; dies aber in einer veränderten Beziehung. Das postödipale Kind hat sich im weiteren Verlauf

335

auch immer in dem, was es handelt, sagt und denkt, mit den «Eltern in sich selber» auseinanderzusetzen, das heißt, mit deren wertbesetzten und moralischen Einstellungen, und wird sich insofern selber belohnen dürfen und bestrafen müssen. Über-Ich bedeutet damit keineswegs notwendige Unterwerfung unter das internalisierte elterliche Gewissen, wohl aber permanente Auseinandersetzung mit ihm in entsprechenden Lebenssituationen.

Es versteht sich von daher, daß die psychische Instanz Über-Ich wesentlich einschränkende Wirkungen hinsichtlich einer weiteren Ich-Bildung hat, der die Bedeutung eines autoritativen Moments zukommt. Dabei steht die im leidvollen Fall geradezu zwingende Kraft des Über-Ich keineswegs in der unmittelbaren Nachfolge einer deutlich dargestellten und erlebten starken Elternautorität. Vielmehr erwächst die negativ beeinträchtigende Herrschaft des Über-Ich aus der erlebten *starken Schuldhaftigkeit* im Verlauf der ödipalen Verstrickungen. So kann festgestellt werden: je schuldhafter sich das Kind in seiner frühen Zeit gegenüber den Eltern erleben mußte, je beschuldigender deren Autorität einwirkte, desto rigider und beherrschender wird das entstehende kindliche Über-Ich werden. Es war die elterliche Überforderung an das kleine Kind, die nun innerpsychisch das große Kind und den Erwachsenen überfordern wird.

143   Psychoanalyse als Prozeß wurde und wird als Naturwissenschaft mißverstanden: sie ist keine!

Soweit mein Versuch einer – sehr knappen – Darstellung der Psychoanalyse, wie sie sich als Sozialisationstheorie in der Literatur präsentiert. Als solche legt sie dem Leser mit dem Gang von der Geburt in die Erwachsenheit als einer lebensgeschichtlich-historischen Entwicklung mindestens die naive Vermutung nahe, daß sie auch als Theorie auf diesem Wege konzipiert worden sei: das Gegenteil ist richtig.

Alle wesentlichen Stücke dieser Theorie sind schon von Freud entwickelt worden. Dieser aber hat sich – wie die meisten Psychoanalytiker in seiner Nachfolge – fast gar nicht mit der Untersuchung original-kindlicher Entwicklungen befaßt.[147] Vielmehr war und blieb die wesentliche Basis dieser Theorie – wie gesagt – die «klassische» psychoanalytische Zweiersituation von Analytiker und Analysand. Dieser bekannte Sachverhalt ist im größten Teil der Literatur nach meiner Auffassung nicht hinreichend berücksichtigt worden. Dies aber hat zu erheblichen Mißverständnissen in bezug auf den wissenschaftstheoretischen Standort der Psychoanalyse Anlaß gegeben. Um aber nun in diesem Punkt zu einer möglichst klaren Festlegung zu kommen, werde ich meine Darstellung der Psychoanalyse als einer Theorie ihres Prozesses mit einer Erörterung ihres wissenschaftlichen Standortes beginnen. Ich muß mich auch hier wegen des knappen Raumes trotz der Kompliziertheit der anstehenden Problematik sehr kurz fassen.

Psychoanalyse ist schon von Freud selber in ihrer theoretischen Dimension als empirisch-analytische, als positive, als nomologische, als naturwissenschaftliche Disziplin mißverstanden worden.[148] Dies ist nicht erstaunlich, wenn man bedenkt, daß Freud allen Anlaß hatte, schon wegen der Brisanz seiner Entdeckungen etwa der frühkindlichen Sexualität, der Wirkungen des Unbewußten, der verpönten Verquickung des Seelischen mit dem Körperlichen und den Gesellschaftlich-Kulturellen, der reputierlich-wissenschaftlichen Absicherung seiner neuen Disziplin einen hohen Rang einzuräumen und für dessen Anerkennung in der wissenschaftlichen Welt zu kämpfen.

Die wissenschaftliche Welt, in der Freud als Naturforscher und Mediziner beheimatet war, ist aber ohne jeden Zweifel die Naturwissenschaft, die gegen Ende des 19. Jahrhunderts nach einem beispiellosen Siegeszug das wissenschaftliche Denken beherrschte. Gerade in dem Bereich, von dem aus die Psychoanalyse ihren Ausgang nahm, konnte von Wissenschaft überhaupt nur noch im Sinne naturwissenschaftlicher Methodologie die Rede sein: nichts anderes wäre ernstgenommen worden. So versuchte auch Freud, die Ergebnisse der Psychoanalyse in Konstrukten zu fassen, die in den Naturwissenschaften ihren Ursprung hatten.

Diese Tatsache hat nun merkwürdigerweise zu keiner Zeit einen Einfluß auf die Ausgangssituation der psychoanalytischen Erkenntnisgewinnung gehabt, die immer so ganz und gar «un-naturwissenschaftlich» anmutete, wie sie es tatsächlich ist. Im historischen Verlauf der Psychoanalyse sind denn auch die deutlichsten naturwissenschaftlichen Konstrukte im Zusammenhang der Vorstellungen um «psychische Energien», an die Freud noch die Hoffnung knüpfte, daß sie eines Tages im Zuge des Fortschritts der medizinisch-biologisch-chemischen Wissenschaften als materielle Substanzen isolierbar sein würden, zunächst als bloße Modellvorstellungen verwendet und später weithin aufgegeben worden.

Dennoch wurde immer wieder von analytischer Seite wie aus den benachbarten Disziplinen der Versuch unternommen, Psychoanalyse als Naturwissenschaft zu konzipieren, darzustellen oder zu verteidigen,[149] bzw. ihr den Charakter einer Naturwissenschaft abzuerkennen oder streitig zu machen. Wo dies von nichtanalytischer Seite unternommen wurde, war es verbunden mit dem Wunsch, den wissenschaftlichen Rang der Psychoanalyse überhaupt zu bestreiten.[150] Die Frage, ob denn die Psychoanalyse eine Wissenschaft sei, und wenn ja, was für eine, ist zwar meist sehr vehement, aber auch sehr unterschiedlich beantwortet worden.

Ich selber folge den Darstellungen von Jürgen Habermas und Alfred Lorenzer,[151] die bei einigen Differenzen auf einer Linie liegen. Sie haben in ihren Arbeiten Psychoanalyse als kritisch-hermeneutische Wissenschaft konzipiert, womit sie zugleich feststellen, daß Psychoanalyse sich gegen den Vorwurf, keine Naturwissenschaft zu sein, nicht zu verteidigen brauche, weil sie ihn nicht erheben müsse: Psychoanalyse ist keine Naturwissenschaft.[152]

144 Psychoanalyse ist das Paradigma eines emanzipativen Diskurses

Eine Komplikation entsteht nun dadurch, daß mit der Feststellung, Psychoanalyse sei keine Naturwissenschaft, noch nicht gesagt ist, daß ihre Ergebnisse, wie sie sich etwa in ihren Aussagen zur Sozialisationstheorie niedergeschlagen haben, nicht mit empirisch-analytischen, also naturwissenschaftlichen, Verfahren oder mit Verfahren der empirischen Sozialforschung überprüft und insofern korrigiert werden könnten: dies ist sehr wohl der Fall. Der Analytiker René Spitz etwa hat wesentlich mit solchen Verfahren gearbeitet und damit einen Beitrag zur psychoanalytischen Sozialisationstheorie geleistet.[153] In letzter Zeit hat etwa auch der Psychologe Meinrad Perrez auf diese Möglichkeit der Nutzung psychoanalytischer Ergebnisse im Sinne naturwissenschaftlicher Verfahren hingewiesen, wobei er allerdings die Psychoanalyse auf dem Weg der Naturwissenschaften wähnt.[154]

Von ihrem Ausgang her – der analytischen Situation nämlich – stellen sich solche Möglichkeiten als Mißverständnisse dar: zwar können sie von den empirisch-analytischen Disziplinen ergriffen und in deren Sinne genutzt werden[155]; als Hypothesen, die man überprüfen kann, gehören sie aber in die naturwissenschaftliche Methodologie, mit der der psychoanalytische Prozeß nichts gemeinsam hat.

Habermas und Lorenzer setzen sich denn auch mit aller Schärfe davon ab. Nach seinem Durchgang der abendländischen Philosophie- und Wissenschaftsgeschichte kommt Habermas zu folgender Feststellung: «Die Psychoanalyse ist für uns als das einzige greifbare Beispiel einer methodisch Selbstreflexion in Anspruch nehmenden Wissenschaft relevant.» [156] Lorenzer wird noch etwas deutlicher, wenn er schreibt: «Psychoanalyse ist das einzige bisher greifbare Beispiel einer solchen Erfahrungswissenschaft als Analyse der subjektiven Struktur und . . . damit das Paradigma eines emanzipativen Diskurses.» [157]

Beide Autoren beziehen sich aber nicht auf die der Literatur implizite Sozialisationstheorie, sondern auf die Praxis des psychoanalytischen Prozesses, die Zweiersituation von Analytiker und Analysand. Damit beziehen sie sich auf die Basis der Psychoanalyse, von der die Sozialisationstheorie abgeleitet ist. Sie versuchen – allerdings in wissenschaftstheoretischer Absicht – was weder von Analytikern noch von Erziehungswissenschaftlern für den Bereich der Pädagogik versucht wurde: der Zugang, den die Psychoanalyse in den Bereich der Pädagogik versucht hat, ging meines Wissens immer von der psychoanalytischen Sozialisationstheorie aus – niemals von der Theorie des psychoanalytischen Prozesses oder gar von seiner Praxis.

Ich werde also im folgenden versuchen, Psychoanalyse als Prozeß darzustellen. Die Stellen, aus denen die Sozialisationstheorie hervorging, werden deutlich werden. Die Problematik von Forderung und Überforderung wird wieder aufgenommen, und am Ende wird die Frage stehen, inwieweit ein *solcher* Ausgang von der Psychoanalyse für die Pädagogik unter dem Gesichtspunkt von Lehrerqualifikation nützlich sein kann.

145 Nacherziehung kann nur am Leiden des Betroffenen einsetzen

Als Nahtstelle für meine Überlegungen bietet sich die schon von Freud verwendete Bezeichnung des psychoanalytischen Prozesses als einer Nacherziehung an. [158] Von daher läßt sich eine implizite Unterstellung behaupten, die in der vertraglichen Vereinbarung zwischen Analysand und Analytiker am Beginn einer Psychoanalyse vorhanden ist: beim Analysand sei irgend etwas vorerst nicht Benennbares im Verlauf seiner Ersterziehung mißlungen, so daß er einer Nacherziehung bedürftig sei. Allerdings ist es sicher fast nie diese Unterstellung, deretwegen der Analysand der Analytiker aufsucht. Er kommt nur, weil er leidet und weil er Hilfe sucht.

Die Entscheidung des Analytikers, diesen bestimmten leidenden Menschen für eine gemeinsame psychoanalytische Behandlung zu akzeptieren, endet mit einer vertraglichen Vereinbarung, deren Forderungscharakter für den Analysanden mir bedeutsam erscheint.

Die Forderung des Analytikers wird enthalten: zu bestimmten Zeiten drei- bis fünfmal wöchentlich auf zunächst unbestimmte Dauer zu einer z. B. 50minütigen Analysestunde zu kommen, ein bestimmtes vereinbartes Honorar zu zahlen und das analytische Setting einzuhalten.

Zum Setting gehört das Analysezimmer, das weder durch seine Nüchternheit noch durch seine Intimität auffällt, die Forderung, in möglichst entspannter Lage auf einer Couch frei zu assoziieren, das heißt, alles zu sagen, was in den Sinn kommt, und zu akzeptieren, daß der Analytiker hinter der Couch, also außerhalb des Blickfeldes des Analysanden sitzend, anwesend ist.

Der Part des Analytikers besteht darin, daß er als professionelle Kompetenz, als Spezialist für verbliebene Kindlichkeit, dem Analysanden für diese vereinbarten Zeiten ganz und gar zur Verfügung steht und seine Professionalität einsetzt. Dazu gehört die Abstinenzregel. Sie besagt, daß es keinerlei private oder öffentliche Verquickungen irgendwelcher Art zwischen Analytiker und Analysand geben soll, die den Rahmen des psychoanalytischen Prozesses negativ beeinträchtigen könnten.

Dieses Setting beeindruckt allenfalls durch seine Einfachheit, durch das scheinbare Fehlen jeder ärztlichen Instrumentalität und durch seine rigide Dürre: es ist gleichwohl die genialste «Erfindung» des Begründers der Psychoanalyse; erst der Prozeß selber vermag seine merkwürdige Dialektik zur Wirksamkeit und Darstellung zu bringen. Das Geheimnis seiner Bewegung liegt in seiner Widersprüchlichkeit.

Aus der Sicht des Analysanden bleibt der Analytiker im großen und ganzen, was er zu Beginn der Analyse war: eine letztlich unbekannte Person, die man zudem nur am Anfang und am Ende der regelmäßigen Stunden sieht, der man die Hand schüttelt, mit der man vielleicht ein freundliches oder trauriges Lächeln austauscht. Zugleich aber enthält diese nüchtern-konventionell-vertragliche Beziehung ein einzigartiges Ausmaß an Intimität als Abhängigkeit und Freiheit, als Zurückgestoßenwerden und Geborgensein, als

Ohnmacht und Überlegenheit, als klarster Realität und phantastischer Traumhaftigkeit, als intensivstem Haß und wärmster Liebe.

146 Der Analysand projiziert die «Bilder» seines Leidens auf den Analytiker

Um die Einzigartigkeit dieser Beziehungsvorgänge herauszustellen, vergleiche ich sie mit Alltagsbeziehungen und benutze das Bild einer Projektionsleinwand. In allen Alltagsbeziehungen haben die Menschen meines Umgangs ihnen eigentümliche Charakteristika, die sie eher liebenswert oder abstoßend, eher persönlich-nah oder unpersönlich-fern erscheinen lassen: ihre Leinwand trägt ein mehr oder weniger farbiges und konturiertes Bild, und meine Wahrnehmung anderer Menschen verändert dieses Bild noch, indem ich eigene Anteile projektiv hinzufüge. In jedem Fall also sind die Menschen meines alltäglichen Umgangs als solche so oder so, erscheinen mir gleichsam als Bilder unterschiedlicher, aber bestimmter Kontur und Farblichkeit, mehr oder weniger deutlich: Veränderungen nehme ich *an ihnen* wahr und kann sie *an ihnen* beschreiben.

Das analytische Setting verändert diese Situation von Grund auf. Der Analytiker erscheint als nahezu weiße Leinwand mit nur nebelhaften Konturen und verschwommener Farblichkeit. Trotzdem oder gerade deswegen stellt er dem Analysanden die Möglichkeit bereit, seine Bilder auf diese weiße Leinwand zu projizieren. Eine Veränderung der bildhaften Vorstellung macht die Situation deutlicher: die Projektionsleinwand steht zwischen Analytiker und Analysand. Die Bilder des Analysanden sind von beiden Seiten sichtbar, so werden sie wahrgenommen unter den unterschiedlichen Blickwinkeln von Analytiker und Analysand. Diese Veränderung mag vor allem die Einschätzung der Situation durch den Analytiker kennzeichnen. Sie enthält außerdem den Hinweis darauf, daß die projizierten Bilder vom Analytiker anders eingeschätzt werden als vom Analysanden.

Von daher stellt sich die Frage nach der besonderen Art der so projizierten Bilder. Sie verweist auf den Ausgangspunkt der sich herstellenden Situation: der Analysand ist unter Leidensdruck gekommen und sucht Hilfe. Dieser Ausgangspunkt wird nun vom Analytiker gleichsam «radikalisiert»: was immer der Analysand sagt und tut, er redet von seinem Leiden und teilt es mit. *Alle* Bilder stellen sein Leiden dar! Sie können sogleich deutlich sein, wenn er erzählt, wie ihn das demütigende Auftreten seines Chefs plagt; sie können aber auch zunächst undeutlich bleiben, wenn er von einer herrlichen Bergwanderung berichtet. Der Analytiker nimmt alle diese Bilder zunächst unter dem alleinigen Blickwinkel auf, daß sie das Leiden des Analysanden darstellen. Zugleich wird er darauf achten, welche unmittelbar assoziativen Wirkungen diese Bilder in seiner inneren Realität auslösen.

147 Vermittels seiner «Bilder» setzt sich der Analysand in Bezug zu seinem Analytiker

Im Verlauf geschieht nun mit zunehmender Häufigkeit und Intensität ein zweites: «Ich habe durchaus gemerkt, daß Sie vorhin, als ich hereinkam, weniger freundlich gelächelt haben als sonst. Ich weiß, daß ich zwei Minuten zu spät gekommen bin, und das ist ja nun weiß Gott kein Verbrechen. Wenn Sie mir das aber gleich so übel nehmen, dann können Sie von mir nicht erwarten, daß ich zu Ihnen weiterhin Vertrauen haben kann. Gerade in Ihrem Beruf sollte man etwas mehr Verständnis erwarten können!» – Eine solche Äußerung, vielleicht zu Beginn einer Analysestunde, verweist auf eine andere Qualität, die die Bilder des Analysanden zunehmend gewinnen: der Analytiker ist nun deutlich einbezogen; der Analysand macht etwas mit dem Analytiker. Vielleicht wird nach dieser Äußerung eine lange Schweigepause einsetzen, die dann von dem Analysanden mit dem etwas klagenden Hinweis unterbrochen wird: «Jetzt sagen Sie die ganze Zeit nichts, weil Sie beleidigt sind. Gut, ich bin vorhin vielleicht etwas zu heftig gewesen, aber ich kann es nun mal nicht haben, wenn man mir eine so kleine Unpünktlichkeit gleich so übel nimmt.» [159]

Dieser zweite Hinweis zur gleichen Sache behält das Thema bei: der Analysand unterstellt dem Analytiker eine bestimmte Reaktion als Folge seines eigenen Handelns. Dem Analytiker werden vielleicht nun folgende «Bilder» des Analysanden in den Sinn kommen: «Bei der geringsten Kritik am Essen ist meine Frau tagelang böse mit mir.» – «Mein Sohn war sicher gekränkt, als ich ihm sagte, er hätte mit etwas Übung auch eine Zwei schaffen können, anstatt einer Drei.» – «Ich finde es schlimm, wenn unsere Sekretärin sofort gerügt wird, wenn sie mal einen Tippfehler macht.» – «Ich mißbillige es, unseren Kindern Süßigkeiten zu verbieten. Meine Frau ist da ja anderer Ansicht, aber meine Mutter hat uns immer nur jeden zweiten Tag ein großes Bonbon gegeben. Das ist ja übertrieben, und wenn wir genascht hatten, mußten wir ohne Abendbrot ins Bett.» –

«Jedesmal, wenn ich nach dem Mittagessen Kaffee trinke, kann ich die ganze Nacht nicht schlafen.»

Vielleicht fallen dem Analytiker außerdem folgende «Bilder» ein: Der Analysand hat sich mehrfach erkundigt, ob denn auch seine Überweisungen pünktlich eingetroffen seien; er hat gefragt, ob ihm (dem Analytiker) die späte Dienstagsstunde nicht doch zu anstrengend sei, er (der Analysand) habe jetzt eine neue Arbeitszeitregelung und könne auch früher kommen; er fragt, ob er nicht doch lieber die Schuhe ausziehen solle, weil er befürchtet, die Couch zu beschmutzen.

In all diesen Äußerungen setzt sich der Analysand in Beziehung: zu seiner Frau (Essen), seinem Sohn (Noten), der Sekretärin (Tippfehler), zu seinen Kindern und seiner Mutter (Süßigkeitsverbot), zu sich selber und schließlich auch zum Analytiker, den er für pedantisch, kleinlich und beleidigt hält.

Seine Bilder enthalten überdies eine strukturelle Gemeinsamkeit: er selbst und andere werden durch «kleine Sünden» übermäßig hart bestraft. Darunter leidet er; darunter sieht er andere leiden: schon die kleinste Verfehlung hat schlimme Folgen. Dies ist Bestandteil seiner Weltsicht; so erlebt er sich und andere; das plagt und hemmt ihn; so sieht er sich und andere geplagt und gehemmt. Er muß auf der Hut sein vor solchen Verfehlungen, auch andere tun gut daran, das zu tun. Zwar sind solche Verfehlungen nicht zu vermeiden, aber man darf nicht auf Verständnis hoffen: die Strafe folgt auf dem Fuß und ist ungerecht!

*148 Die Ebene des alltäglichen Leidens
und die der vergangenen Kindheit
vereinigen sich auf der dritten Ebene der Beziehung
zwischen Analytiker und Analysand*

Dies alles kann im Alltag des Analysanden etwa zu der folgenden Symptomatik verquickt sein: er steht bei einer Betriebsfeier völlig außerhalb und leidet, weil er der Meinung ist, alle anderen kümmern sich nur um den braunen Saucenfleck auf seinem weißen Hemd, den er nicht entfernen kann; er spürt seiner Frau wochenlang nach, weil er der Meinung ist, sie habe ein Verhältnis mit dem Mann ihrer Freundin, bei der sie kürzlich – angeblich (!), weil sie den Zug verpaßt hat – übernachtete; er begegnet dieser Freundin und deren Mann bei einem zufälligen Zusammentreffen mit so eisiger Kälte, daß der Kontakt zerbricht, der seiner Frau sehr wertvoll war; er schläft monatelang nicht mit seiner Frau, weil er weiß (!), daß sie andere Männer bevorzugt; weil er in seinem beruflichen Leben nicht vorankommt, unterstellt er allen, die ihn überflügeln, daß sie dies nur aufgrund von schlimmen Betrügereien gekonnt hätten; er legt heimlich Notizen an, mit denen er solche Betrügereien eines Tages aufzudecken hofft, um dann zum großen Schlag ausholen zu können; bei einem solchen Versuch ist er schon einmal fast entlassen worden: seitdem wähnt er seinen Abteilungsleiter an der Spitze einer solchen Verschwörung. – Zur Analyse ist er gekommen, weil seine Frau die jahrelange Drohung, ihn zu verlassen, durch ihren Auszug aus der gemeinsamen Wohnung in die Tat umgesetzt hat. Auf sein verzweifeltes Bitten ist sie zwar nach einigen Tagen zurückgekehrt, und er hat ihr versprochen, sich zu ändern, aber er weiß nicht wie.

Aus seiner Kindheit mag er vielleicht folgende Bilder vorbringen: Er sei sehr behütet aufgewachsen; es habe ihm an nichts gefehlt; er habe noch einen jüngeren Bruder, der sei aber ganz anders; der sei ein «Hallodri», dem alles im Leben nur so zufliege: intelligent, könne sich beliebt machen, aber oberflächlich; er habe ihn wohl manchmal beneidet, weil ihn der Vater vorgezogen habe; dafür habe er selber aber auch die Schule abschließen können, während sein Bruder vorzeitig abgegangen sei; später sei die Familie in vorübergehende finanzielle Schwierigkeiten geraten, weil der Vater (in mancher Hinsicht ein Lebemann) sich bei einer geschäftlichen Transaktion übernommen habe und in Konkurs geraten sei; es sei seine Mutter gewesen, die dann die Familie über Wasser gehalten habe; sicher sei das nicht einfach gewesen, aber er – als der Ältere – habe schon früh zu ihr stehen müssen; so habe er auch den Ernst des Lebens schon früh kennengelernt; aber er sei dem – wenn auch manchmal mit Mühe – gewachsen gewesen; da sei er anders als sein Bruder, auch anders als der Vater; von Vergnügungen habe er nicht viel gehalten, auch heute noch nicht; seine Mutter habe ihm später manchmal das schlechte Beispiel des Vaters vor Augen gehalten; mit Mädchen habe er nichts Rechtes anfangen können; er sei wohl auch zu schüchtern gewesen; er habe sich gewundert, daß sich seine spätere Frau für ihn interessiert habe; seine Mutter habe Bedenken gehabt; sie seien aber zuerst sehr glücklich gewesen . . . Vielleicht wird der Analysand an dieser Stelle weinen müssen. Vielleicht wird er wegen seines Weinens erschrecken. Vielleicht wird er sehr lange weinen und dieses Weinen nicht richtig verstehen können.

Die bisher etwas ausführlicher dargestellten Ebenen, die des

aktuellen Alltagslebens des Analysanden und die Stücke der erinnerten vergangenen Kindheit, stehen gleichsam im Dienste der dritten Ebene, in die sie eingebracht werden und auf der die eigentliche
analytische Arbeit geleistet werden muß: diese dritte Ebene ist die
analytische Situation selber.

Auf der ersten Ebene setzt sich der Analysand in Beziehung zu
den Personen seines aktuellen Alltags; auf der zweiten Ebene bezieht er sich zu den Figuren seiner Kindheit, zu denen er selber (als
Kind) gehört; auf der dritten – gleichsam vereinigenden – Ebene
bezieht er sich als Kind, als Ehemann, als Angestellter etc. und als
Analysand auf den Analytiker. – Von daher kann ich genauer beschreiben, was der Analysand mit dem Analytiker macht: als Kind
macht er ihn zum Vater, zur Mutter, zum Bruder; als Ehemann
macht er ihn zur Ehefrau; als Angestellter macht er ihn zum Chef,
zum Kollegen etc.

149   Die Einzigartigkeit der analytischen Beziehung
besteht darin, daß sie Spielräume ermöglicht,
die außerhalb versperrt sind, und Spielräume versperrt,
die außerhalb möglich oder gar zwingend sind

Damit ist der Vorgang der Übertragung genauer beschrieben und
kann nun in die Dimensionen der Alltagsebene und der Kindheits-
ebene verfolgt werden. Die Leidensgeschichte mitsamt den verbalen
und nichtverbalen Aktivitäten des Analysanden in den Analyse-
stunden hatten ja eben als Leidensgeschichte solche Personanteile
des Analysanden zum Vorschein gebracht, die im Sinne befriedigenden menschlichen Lebens als mißlungen gelten können: der Analysand hat ihre *vergangene* Konflikthaftigkeit «an Ort und Stelle»
nicht lösen können, und sie verbleibt ihm als *gegenwärtige* Konflikthaftigkeit. Dabei handelt es sich nicht um Nebensächlichkeiten,
sondern um vitale Probleme, auf die er durch seinen alltäglichen
Lebensvollzug immer aufs neue gestoßen wird, ohne dafür befriedigende Lösungsmuster an der Hand zu haben: genau diese hat
er sich in seiner Kindheit («an Ort und Stelle») nicht aneignen können.

Weil er seine vitalen Mängel wegen ihrer Alltäglichkeit nicht
umgehen kann, stiften sie ihm alltägliches Leiden. Darüber hinaus
belastet er seine Umwelt, die «angemessen» mit Unverständnis reagiert und so sein Leiden verdoppelt. Er muß sich gegen diese ihn
schlimm beeinträchtigende Umwelt schützen, denn er kann sich ihr

nicht entziehen: so produziert er phantastische Unterstellungen, die er auf seine Umwelt projiziert. Dies kann natürlich nicht offen geschehen, also geschieht es heimlich und zum großen Teil unbewußt. Tatsächlich vollzieht sich dabei ein Realitätsverlust unter drei Aspekten:

1. Der Analysand hat wegen seiner Hemmung in Form von Heimlichkeit und Unbewußtheit kaum Zugang zur äußeren Realität.

2. In seiner Wahrnehmung verzerrt er sie phantastisch, damit er sich dennoch gegen sie behaupten und so seine «Heimlichkeit» rechtfertigen kann.

3. Er hat auch kaum einen Zugang zu seiner inneren Realität, weil er fast nichts über seine tatsächliche Krankheit weiß, solange er sich nur an seinem unverdienten Leiden orientiert.

Als Bestandteil – wenn auch als besonderer Bestandteil – der äußeren Realität des Analysanden fungiert die Analysestunde, und damit die Beziehung, die er zu seinem Analytiker hat. Eben weil er leidet, ist es ihm auf Dauer nicht möglich, nicht der zu sein, der er immer ist. Aber zugleich ist die Analysestunde eben *nicht nur* Bestandteil seines alltäglichen Lebens, sondern mehr als das oder weniger als das.

Damit kann ich die Besonderheiten der analytischen Situation genauer fassen, womit ich zugleich ihre heilenden und im konkreten Sinne befreienden Möglichkeiten beschreibe:

1. Der Analysand wird (im Wiederholungszwang) all seine Defekte aus seinem Alltagsleben und seiner Kindheit nicht nur vortragen oder – ohne es zu wollen – agieren; er wird überdies in der intensiv erlebten Beziehung zum Analytiker diese Defekte auch leben und zumuten: sich selbst und seinem Analytiker. Dies wird er umsomehr auch deswegen tun, weil er mit der Zeit die Erfahrung macht, daß *die* Folgen, die sein Handeln im Alltagsleben immer hatte, die er dort auch mit Gründen befürchten mußte, hier nicht eintreten. Das führt dazu, daß er einerseits sein Leiden hier in einem solchen Ausmaß erleben wird, wie in keiner Situation außerhalb. Zugleich kann diese ungeheure immanente Forderung der Psychoanalyse nur deswegen realisiert werden, weil hier eine Situation bereitsteht, die insofern letztlich mit keiner Alltagssituation vergleichbar ist: die erwarteten und befürchteten Folgen des schlimmen Handelns bleiben aus.

2. Dies bedeutet freilich nicht, daß das Handeln des Analysanden folgenlos sei. Die Leidensbilder, die er gleichsam auf die Leinwand (im Bild: Analytiker) projiziert, sind ja wesentlich Bestand-

teil der aufgenommenen Beziehung zum Analytiker. – Und wie in jeder anderen Beziehung, so kann auch in dieser nicht der Part des einen im folgenlosen Schweigen gegenüber dem Handeln des anderen bestehen: der Analytiker wird also antworten. Und seine Antworten sind durchaus Folgen des Handelns des Analysanden. Allerdings decken sie sich fast nie mit dem, was der Analysand erwartet, was er aufgrund seiner Lebens- und Leidenserfahrung erwarten kann. Nachdem die leidenstiftenden Defekte des Analysanden immer einem Muster gefolgt sind, das in den entscheidenden Beziehungen seiner frühen Kindheitskonstellationen durch das Antwortverhalten von Mutter und Vater erzeugt wurde, nie in befriedigendes Leben aufgelöst werden konnte und folglich immer beibehalten werden mußte, weil er dieses Muster auch immer selbst neu erzeugt hat, stößt er nun auf einen Beziehungspartner, der dieses Muster zwar als Realität akzeptiert, der es aber nicht befolgt: die erwarteten Folgen des Handelns bleiben aus, und unerwartete stellen sich ein.

Damit steht der Anteil des Analytikers zur Diskussion: Was macht er? Welches sind seine Werkzeuge? Wie gebraucht er sie? Was will er erreichen? Was kann er erreichen? Welcher Art sind die bewirkten Veränderungen?

150 Erziehung und Nacherziehung unterscheiden sich nicht qualitativ: der Analytiker als «gute Mutter»

Am Beginn dieser Überlegungen hatte ich die Psychoanalyse als einen Prozeß der Nacherziehung bezeichnet. Diese Bezeichnung kann zu mißverständlichen Meinungen darüber führen, was ich denn unter Erziehung überhaupt verstehen will, dies muß ich zunächst klären. – Ich sehe keinen prinzipiellen Unterschied zwischen dem, was Erziehung im Sinne von Ersterziehung ist (im wesentlich familialen Feld der primären Sozialisation), im Sinne von Zweiterziehung (im – etwa schulischen – Feld der institutionell sekundären Sozialisation), im Sinne von «Dritt»erziehung (im Feld der erwachsenen Partner- und Arbeitsbeziehungen tertiärer Sozialisation) und im Sinne von psychoanalytischer Nacherziehung.

Erziehung bedeutet in allen Bereichen wirksame Einflußnahme auf andere Menschen mit dem Ergebnis von Veränderungen. Dies bedeutet ausdrücklich nicht, daß solche Veränderungen nun auch dem entsprechen würden, was der oder die Erzieher etwa als Zielvorstellung in den Erziehungsprozeß einzubringen vermeinen: die tatsächlich bewirkten Veränderungen haben – zum Leidwesen mancher Pädagogen – wenig mit den Erziehungszielen gemein. Vielmehr sind Veränderungen, die in Erziehungsprozessen bewirkt wurden, immer das Ergebnis von Interaktionen, an denen alle Beteiligten wirksamen Anteil hatten: die Mutter kann das Kind nicht nach ihren Vorstellungen formen, weil sich das Kind immer auch als widerständig erweist. Zugleich kann sich das Kind niemals «frei entfalten», weil auch die Mutter dem Widerstand entgegensetzt. Insofern ist Erziehung immer Auseinandersetzung von Beziehungspartnern, und ihr jeweils konkretes Ergebnis besteht in den mehr oder weniger kompetenten und defizienten interaktionellen Möglichkeiten der Betroffenen. Dabei muß den im Spiel befindlichen unbewußten Anteilen ein erheblicher Stellenwert eingeräumt werden.

Psychoanalyse als Nacherziehung hat es von daher im weitesten Sinne mit interaktionellen Defiziten einzelner Menschen zu tun, und dem Psychoanalytiker kommt so gesehen in Analogie zur allgemeinen Erziehung die Funktion eines Erziehers zu, allerdings eines psychoanalytischen Erziehers: dies erfordert eine genauere Darstellung.

Der Psychoanalytiker orientiert sich in seiner Arbeit nicht an einem wie auch immer zu füllenden «analytisch-erzieherischen» Ziel, das zugleich in einer inhaltlichen Bestimmung und einer allgemeinen Formulierung gefaßt werden könnte. Die Bilder des Analysanden, die ja nichts anderes sind als die interaktionellen Angebote, die er seinem Analytiker macht, sind das Material des analytischen Prozesses, das von beiden zugleich – wenn auch in unterschiedlicher Weise – bearbeitet wird. Als Beziehungsangebote haben diese Bilder im Hinblick auf den Analytiker einen Forderungscharakter: sie erheischen eine bestimmte Antwort, die von Analysanden zugleich befürchtet und erwartet wird. Ich hatte oben dargestellt, daß die erwartete Antwort ausbleibt und daß sich eine unerwartete einstellt. Der Analytiker erweist sich damit, gemessen am leidvoll gestörten Interaktionsspiel des Analysanden, als einer, der sich «dysfunktional» verhält, der dieses Beziehungsspiel, in dem die Leiden des Analysanden eingeschlossen sind, nicht mitspielt. Dies ist ein weiteres Moment des Unalltäglichen dieser Beziehung.

Das insofern «dysfunktionale» Antwortverhalten des Analytikers kann nun zugleich als ein instrumentell-professionelles Verhalten gekennzeichnet werden, womit sich die Frage nach dem Instrument, den Werkzeugen in diesem Arbeitsprozeß stellt. Das Werkzeug des Analytikers aber ist er selber als leiblich und psychisch

348

funktionierender Mensch in seiner intimen Beziehung zu seinem Analysanden.

Um dies nun genauer beschreiben zu können, werde ich eine Unterscheidung einführen, von der ich meine, daß sie den Analytiker in seinem Arbeitsfeld genau kennzeichnet: als «doppelte Natur»; er ist einerseits ein ganz normaler, alltäglicher Mensch mit Schwierigkeiten, Vorlieben, Vorurteilen, Schwächen und bestimmten konstitutionellen Merkmalen; zugleich ist er als Psychoanalytiker qua Ausbildung und Erfahrung mit bestimmten beruflich-professionellen Kompetenzen ausgestattet: so wie andere normale Menschen Installateur, Maurer, Chemiker oder Rechtsanwalt sind und als solche arbeiten, so arbeitet er als Psychoanalytiker. So wie in anderen Berufsgruppen die Inhaber der zugehörigen Qualifikationen nicht ohne ihre normal-menschlichen Merkmale gedacht werden können, genau so verhält es sich mit dem Psychoanalytiker.

Aber der Vergleich trägt noch weiter. Für den Maurer ist etwa das allgemeinmenschlich-konstitutionelle Merkmal Körperkraft von unmittelbarer beruflicher Bedeutung: er setzt sie ein, wenngleich er mit ihr allein seine Arbeit nicht wird leisten können. Darum hat er diese und andere allgemeinmenschliche Fähigkeiten qua Ausbildung und Erfahrung professionalisiert. Genau dies gilt für den Psychoanalytiker auch und in besonderem Maße: seine Professionalität besteht geradezu darin, daß er – im Idealfall – alle seine allgemeinmenschlichen, körperlichen, geistigen, psychischen Besonderheiten, die er – eben mit den Abstrichen des Besonderen – mit allen Menschen seiner Kultur gemeinsam hat, einem Ausbildungs- und Erfahrungsprozeß unterzogen hat, der weniger darauf abzielt, seine psycho-physische Ausstattung zu verändern, als vielmehr sie im Sinne seiner Berufstätigkeit instrumentell verwendbar zu machen; sie zu professionalisieren.

Ein weiterer Vergleich vermag die Art der analytischen Professionalität vielleicht noch deutlicher zu zeigen. Eine normal entwickelte Frau, die in der Lage ist, auf die Schwierigkeiten ihrer Lebensumstände in einer solchen Weise zu reagieren, daß sie sowohl im privaten wie im beruflichen und gesellschaftlichen Zusammenhang ihrer erwachsenen Umwelt selber befriedigendes Leben realisieren, wie nach außen hin begünstigen und zulassen kann, wird deswegen nicht unbedingt auch eine gute Mutter sein können. Dieses Attribut wird ihr erst dann zugesprochen werden können, wenn es ihr *auch* gelingt, ihre normalmenschliche Ausstattung auf die bestimmte Bedürftigkeit ihres Kindes in einer solchen Weise einstellen zu können, daß dieses Kind ohne größere Schäden gedeiht. – Die Ausbildung des Analytikers ist eine solche Professionalisierung seiner allgemeinmenschlichen Möglichkeiten, daß er sie im Sinne dieses Vergleichs in seiner Arbeit mit dem Analysanden instrumentell einsetzen kann: Nacherziehung.

151 Die Leiden des Analysanden gründen in den mißlungenen Beziehungen seiner Kindheit; Psychoanalyse stellt die Möglichkeit einer glückenden Beziehung bereit: als Heilung

Der Vergleich besagt außerdem einiges, wenn ich nun auf den Inhalt der Bilder (interaktionelle Angebote) des Analysanden zurückkomme, die ja das Material der Psychoanalyse sind: in ihrer phantastischen Verzerrung und erheblichen Realitätsverleugnung lassen sie sich unmittelbar *dem* Bereich menschlichen Lebens zuordnen, in dem sie ihren angemessenen Ort haben. Sie gehören in den Bereich der Kindlichkeit und werden hier dennoch von einem Erwachsenen produziert und in Bezug gesetzt zu seiner erwachsenen Umwelt. – Beiläufig kann ich darauf hinweisen, daß an dieser Stelle der tatsächliche Ausgang der psychoanalytischen Sozialisationstheorie ist.

Nachdem nun deutlich geworden ist, welches Material in der Psychoanalyse bearbeitet wird und was das Werkzeug des Analytikers ist, kann ich erörtern, auf welche Weise der Analytiker seine Professionalität in der gemeinsamen Arbeit mit dem Analysanden einsetzt.

Alle Bilder, die der Analysand im Vergleich mit der Leinwand auf den Analytiker projiziert, haben ja den Charakter von interaktionellen Angeboten und wollen ihn innerhalb dieser besonderen Beziehung in einer bestimmten Weise definieren. Diese Definitionen folgen besonderen kindlichen Mustern, die der Analysand aufgrund spezifischer Überforderungssituationen durch seine frühen prägenden Beziehungspartner nicht in angemessener Weise hat auflösen und so gleichsam mit seiner biologischen Kindheit zurücklassen können. Als der Analysand von seiner Kindheit berichtete, wurden sie deutlich.

Als der Analysand von seinen alltäglichen Leiden und interaktionellen Problemen berichtete, tauchten die gleichen Muster wieder auf und zeigten sich in ihrer Unangemessenheit angesichts seines Scheiterns in einer normal erwachsenen Welt, die er eben aufgrund seiner Verpflichtung auf unangemessen kindliche Muster des Erlebens nicht meistern und verstehen konnte; von der er im Gegenzug auch nicht verstanden und akzeptiert werden konnte. Die leidenstiftenden Interaktionsmuster waren in den wirksamen Beziehungen seiner Kindheit angeeignet worden und konnten dort wegen überfordernder konflikthafter Verstrickungen nicht aufgegeben werden. Er brachte sie in alle Beziehungen seiner Erwachsenheit mit ein, stiftete Leiden und litt selber. Nun bringt er sie auch in die Beziehung zu seinem Analytiker ein: als Erwachsener *und* als Kind.

Das Tun des Analytikers läßt sich von daher auf einen einfachen Zusammenhang reduzieren, der zugleich das gesamte Angebot der psychoanalytischen Situation umschreibt: ausgehend von der Vorstellung, daß das Leiden des Analysanden aus den überfordernden und *mißglückten* intensiven und in notwendiger Abhängigkeit erlebten Beziehungen seiner Kindheit resultiert und aufgrund dessen in allen späteren Beziehungen zwanghaft perpetuiert wurde, stellt die analytische Situation die Möglichkeit bereit, wiederum *in* einer intensiven Beziehung Verständigung im Sinne *gelingender* Interaktion zu realisieren.

152 Das Gelingen des analytischen Prozesses steht und fällt mit dem Zustandekommen einer tragfähigen und wandlungsfähigen Beziehung zwischen Analytiker und Analysand

Von daher versteht sich, daß die in der Analyse angesprochenen beiden ersten Ebenen der alltäglichen Leidensbilder wie der kindlichen Leidensbilder gleichsam «vorbereitende» Funktionen im Hinblick auf die dritte Ebene der zugleich persönlichen und professionellen Beziehung zwischen Analytiker und Analysand haben. Letztlich ist allein die Aufnahme, der Verlauf und die Auflösung dieser intensiven Beziehung für das Gelingen der Psychoanalyse von entscheidender Bedeutung.

Für den Analytiker bedeutet das, daß er seine Professionalität zunächst in der Weise einsetzen muß, daß eine solche intensive Beziehung überhaupt zustande kommt und daß sie – zustandegekommen – tragfähig und wandlungsfähig wird und bleibt. Schon hier zeigt sich, daß er keinen Fortschritt ohne die Mitarbeit des Analysanden erreichen kann: dieser kann die Aufnahme einer tragfähigen Beziehung durchaus verweigern oder sehr lange hinauszögern. Gerade die Bedingung der Tragfähigkeit dieser Beziehung konfrontiert den Analytiker von Anfang an mit dem Problem des Gewährens und Forderns, wobei jede «objektive» Überforderung den Bestand der Beziehung und damit mögliche Fortschritte gefährdet. Zugleich muß er immer wieder – etwa um die Wandlungsfähigkeit der Beziehung zu sichern – bis an die Grenze der Überforderung gehen, ohne sie zu überschreiten.

So gesehen beruht die psychoanalytische Beziehung gleichsam auf einem Mißverständnis des Analysanden über die Art dieser Beziehung, das der Analytiker nicht teilt. Seine heilende und befreiende Wirkung kann als Auflösung dieses Mißverständnisses vermittels der im Prozeß durchlebten und aufgearbeiteten Veränderungen gesehen werden.

Die Bilder des Analysanden, in denen er sich in Beziehung zu seinem Analytiker setzt, worin er ihn zu den vergangenen Figuren seiner Kindheit macht, so daß er sich aufs neue mit ihnen auseinandersetzen kann, haben in Wirklichkeit natürlich nichts mit dem Analytiker zu tun. Genauso wenig haben diese Bilder etwas mit den Personen des alltäglichen Umgangs des Analysanden zu tun. Sein «Mißverständnis» besteht eben darin, das nicht realisieren zu können: so kann er nicht verstanden werden, versteht sich selber nicht und leidet. Der Unterschied zwischen dem Analytiker und den Personen der Außenwelt des Analysanden besteht darin, daß er diese Bilder über lange Strecken des analytischen Prozesses annimmt und in der Beziehung zu seinem Analysanden als deren vorläufige Ausprägung gelten läßt.

Der Analysand erkennt also seine projizierten Bilder nicht als Produktionen seines eigenen Leidens, sondern mißversteht sie als «äußere Welt», als tatsächliche vorfindliche Beziehungsrealität unter Erwachsenen: wenn er leidet, weiß er nicht, warum er leidet. Er verwechselt das Äußere mit seinem gestörten Inneren.

Damit tut er als Erwachsener, was ein Kind tut, das angemessenerweise die als unbefriedigend empfundene Welt vermittels phantastischer Umdeutungen innerpsychisch so verändert, daß die stark beängstigend wirkenden frustrierenden Anteile der realen äußeren Welt nicht in ihrer ganzen Trostlosigkeit zur Kenntnis genommen werden müssen. Eine gute Mutter wird ihrem Kind eine solche phantastisch verzerrte Erlebnisweise der äußeren Welt durchaus zugestehen. Sie wird zudem ihr Kind vor den unverkraftbaren Einwirkungsmöglichkeiten dieser äußeren Welt zu schützen suchen. Einerseits weiß sie, daß sie ihr Kind mit der Zeit nicht ganz vor der äußeren Welt wird abschirmen dürfen, weil sich das Kind mit zunehmendem Alter der Konfrontation mit dieser Welt wird stellen müssen. Eine gute Mutter weiß aber sehr genau, was sie ihrem Kind zumuten kann und was nicht, welche Forderungen sie stellen kann und wo die Überforderung beginnt. Sie weiß, daß einerseits insofern Forderungen nötig sind, damit sich das Kind in die «Annahme» der äußeren Welt einüben kann; andererseits weiß sie aber auch, daß sie ihr Kind nicht überfordern darf, weil es nämlich daraufhin die Welt nicht annehmen, sondern zurückweisen wird, um sich in seine phantastischen Produktionen zu retten. Sie weiß, daß diese phantastischen Produktionen ein notwendiger Schutz ihres Kindes vor der äußeren Welt sind, und sie hat gemeinsam mit ihrem Kind selber Anteil an ihnen. Zugleich wird ihre Erziehung nichts anderes bedeuten, als dem Kind im Zuge seines Heranwachsens die Aufgabe, das Zurücklassen dieser Produktionen zu ermöglichen und damit die Annahme und die Auseinandersetzung mit der tatsächlichen Realität, die nur noch mit einem Mindestmaß an «beschönigender» Verzerrung erlebt werden muß.

Wie diese Mutter, so gestattet der Analytiker seinem Analysanden seine bizarren Ängste, seine kränkenden Zumutungen, seine regressiven Rückfälle, seine unrealistischen Kampfansagen, seine übersteigerten Allmachtsphantasien und seine tiefen Ohnmachtserlebnisse, auch er nimmt daran teil. All das ist ja nichts anderes als der Ausdruck des Nichtbewältigten, des Konflikthaft-Ungelösten, des Verblieben-Kindlichen. Allerdings erscheint es dem Analysanden wie dem Kind als das Tatsächlich-Reale und Außenbefindliche, das so sein muß, weil ein anderes hier und jetzt nicht erträglich erscheint. Insofern gilt für die analytische Beziehung unter dem Gesichtspunkt ihres Gelingens, was auch für die Ersterziehung gültig ist: jede Überforderung ist doppeltes Scheitern. Allerdings weiß der Analytiker manchmal besser als sein Analysand, was nur als Überforderung erscheint und dennoch keine ist.

Bis dahin trägt der Vergleich von Analytiker und guter Mutter; denn die Verhältnisse in der Analyse sind komplizierter als in der Mutter-Kind-Beziehung: der Analysand ist eben nicht nur Kind, sondern zugleich auch Erwachsener. Dies erleichtert den analytischen Prozeß hinsichtlich seiner äußeren Bedingungen, hinsichtlich seiner «vernünftigen» Regelungen wie Setting, Zeiteinteilung und vertragliche Absicherung: beide Beteiligte können und müssen insofern immer auf intakte Ich-Anteile des Analysanden setzen.

Solche intakten Ich-Anteile gibt es selbstverständlich auch in der Ersterziehung beim Kind. Hier in der Analyse sind es aber die eines Erwachsenen, und sie liegen als integrierte Anteile im Konflikt mit den verbliebenen kindlichen. Sie sind auch allenfalls als Bedingung für die Möglichkeit der nötigen vertraglichen Vereinbarungen von unmittelbarer Nützlichkeit für die Analyse; denn deren Gegenstand sind die verbliebenen kindlichen Anteile. So gesehen haben sie durchaus die negative Funktion, die Darstellung und den Einbezug der kindlichen Anteile in die analytische Beziehung zu hemmen: gerade als angemessen-erwachsene Anteile müssen sie die verblieben-kindlichen verpönen, da diese doch sind, was sie nicht sein dürfen, in der Analyse aber sein müssen.

153 Die Professionalität des Analytikers besteht im gleichzeitigen Einsatz seiner «doppelten Natur»

Ich möchte das Problem der Unterscheidung zwischen verbliebenkindlichen und angemessen-erwachsenen Anteilen vermittels einer möglichst konkreten Darstellung dessen erörtern, was der Analytiker macht, und damit meine Überlegungen zum analytischen Prozeß abschließen.

Zu diesem Zweck komme ich auf die weiter oben eingeführte «doppelte Natur» des Analytikers zurück: einerseits ist er ein normal ausgestatteter Mensch, andererseits hat er seine «Normalität» spezifisch professionalisiert. Beides zusammen ermöglicht ihm angesichts der «Bilder» des Analysanden, mit denen er konfrontiert ist, eine «doppelte Reaktion».

Als normaler Mensch erlebt der Analytiker im projizierten Bild des Analysanden, das ja ihn meint, was der Analysand bewußt oder unbewußt bei seinem Beziehungspartner als Erlebnisweise bewirken «will»: Eine Kränkung ist kränkend, eine Täuschung erzeugt Wut, eine beleidigende Zumutung drängt nach Zurückweisung oder Verteidigung, eine destruktive Haltung weckt Strafbedürfnisse, eine folgsame Haltung erheischt Lob etc. In den Beziehungen seines Alltagslebens erfolgen auf die entsprechenden Haltungen des Analysanden in aller Regel auch die zugehörigen Reaktionen der Betroffenen. Da diese Haltungen kindlich-unangemessen sind, werden sie von erwachsenen Beziehungspartnern mehr oder weniger scharf zurückgewiesen, wodurch das Leiden des Analysanden bewirkt wird. Ohne es «eigentlich» zu wollen, fordert damit der Analysand all die leidenstiftenden Antwortreaktionen seiner Umwelt heraus und «macht» so, daß seine Umwelt sein Leiden fortdauernd bestätigt: seine konflikthaften Muster zwingen ihn zu diesem «Machen».

Als normaler Mensch spürt der Analytiker, was der Analysand mit ihm machen will, seine impulsiv-normalen Reaktionsanstöße signalisieren ihm, was der Analysand möchte, daß er machen soll.

Die Bilder des Analysanden möchten ihn gleichsam anstiften, nun auch zu tun, was alle immer taten: er soll das leidvolle Spiel mitspielen; ein anderes steht im Rahmen von Normalität nicht zur Verfügung; einem «erwachsenen Menschen», der sich derart unangemessen verhält, kann man nur mit entsprechender Münze zurückzahlen.

154   Die Aufnahme der analytischen Beziehung setzt für den Analysanden eine neue Erfahrung, gegen die er sich mit aller Kraft wehrt, weil sie sein Leiden in Frage stellt

Genau dies wird der Analytiker nicht tun (wenngleich Ausnahmen möglich sind, die ich hier vernachlässigen kann). Vielmehr ist an dieser Stelle seine spezifisch-analytische Professionalität auf den Plan gerufen: sie wirkt hemmend. Anstatt zu schimpfen, wird er vielleicht sagen: «Sie möchten jetzt, daß ich Sie schimpfe.» Oder er wird schweigen, und der Analysand wird vielleicht sagen: «Warum schimpfen Sie nicht?» Darauf wird der Analytiker vielleicht antworten: «Möchten Sie das denn?» Vielleicht wird er auch sagen: «Ich weiß, daß Sie an dieser Stelle immer geschimpft worden sind.» – Diese Reaktion ist für den Analysanden unalltäglich, widerspricht all seinen Erfahrungen und fällt aus dem Rahmen des Spiels, dessen er allein fähig ist.

Damit macht er die Erfahrung eines Kindes, das zum erstenmal etwas Schlimmes tun darf, ohne daß es dafür bestraft wird, ohne daß die mütterliche Liebe, auf die es doch angewiesen ist, in Frage steht. Zudem besteht die Reaktion nicht in Gleichgültigkeit, sondern ist eingebunden in eine sehr intensive Beziehung, die durchaus von Sorge getragen ist.

Diese einmalige Erfahrung mag zugleich wohltuend und irritierend sein, aber schließlich besteht zu argwöhnischem Mißtrauen aufgrund langjähriger Erfahrung des Gegenteils aller Anlaß: der Analysand wird überprüfen wollen, ob dies tatsächlich möglich sei, und argwöhnen, daß dies vielleicht nur eine Finte sei, um ihn zu überlisten, ihn kleinzukriegen. Vielleicht wird er seinem Analytiker nicht sagen, daß er das für einen kindischen Trick hält, für einen «therapeutischen Kunstgriff», den er in seiner Dürftigkeit durchschaut: wenn die Analytiker mit solchen Mätzchen ihr Geld verdienen wollen, dann wird er ihnen zeigen, was eine Harke ist.

Damit verbündet sich der gekränkte Erwachsene mit dem trotzigen Kind in ihm, und sie werden den Analytiker überprüfen mit dem Vorsatz, ihn zu entlarven. Diese Überprüfung kann sehr viele

Spielarten haben, etwa auch folgende:

1. Der Analysand wird über lange Strecken ausschließlich solche «Bilder» produzieren, in denen der «Beweis» für die Faktizität – gar auch für die «Nützlichkeit» – von Strafmaßnahmen, Ungerechtigkeiten, scharfen Sanktionen, Unterdrückungen etc. angetreten wird.

2. Er wird die Vergeblichkeit und letztliche Unmöglichkeit, die Irrationalität und die Lächerlichkeit von alternativen menschlichen Verhaltensweisen mit vielen Beispielen belegen.

3. Er wird darauf insistieren, daß Psychotherapie etwas ganz und gar Verrücktes ist, daß insbesondere die Psychoanalyse nichts als ein großer Bluff sei, deren einziger Sinn darin besteht, den Analytikern ein hohes Einkommen zu sichern, wobei er sich zu den wirklich bemitleidenswerten Narren rechnen müsse, die ein solches Schmarotzertum auch noch unterstützen.

4. Er wird – vielleicht in der folgenden Analysestunde – seinem Analytiker mitteilen, daß er sich eigentlich schon seit längerem mit dem Gedanken trage, die Analyse abzubrechen. Er (der Analytiker) sähe doch wohl inzwischen selber, daß in seinem Fall nichts zu machen sei. Er habe sich auch inzwischen schon ganz gut mit seinen Schwierigkeiten arrangiert. Es sei wohl auch so, daß die Art, wie diese Analyse geführt würde (bei allem Respekt), nur in einer Sackgasse enden könne. Im übrigen habe er durch einen Bekannten von einer ganz neuen Therapiemöglichkeit erfahren, das habe ihn sehr interessiert. Vielleicht, daß er später einmal . . .

5. Er wird nach wochenlangem Schweigen mit seinem Analytiker überhaupt nur noch über die Sinnlosigkeit der Analyse und deren Abbruch reden wollen. Er wird mit dem Abbruch drohen und vielleicht tatsächlich abbrechen.

155   Psychoanalyse als Nacherziehung zielt auf Erwachsenheit und hat dort ihre Grenze

All diese «Überprüfungen» wird der Analytiker durchaus nicht in einem etwa kühl-kalkulatorischen Sinn «durchschauen»: als der normale Mensch, der er ist, wird er all die verdeckten und offenen Beleidigungen, Kränkungen, salbungsvollen Tröstungen, disqualifizierenden Herabsetzungen erleben und insofern betroffen sein. Er wird die enthaltene Zumutung spüren und vielleicht an manchen Stellen nur noch auf sein Setting reduziert sein, das auch nur bedingten Schutz vor seiner Resignation bietet. So steht er nicht nur in einem beruflich-distanzierten, gleichsam technisch-instrumentellen Sinn vor der Frage nach der Effizienz seiner Maßnahmen. Vielmehr stellt sich ihm die Frage danach, ob er diesen Analysanden lieben kann, wie er geliebt werden muß, damit ihm geholfen werden kann, als eine existenzielle: um ein guter Analytiker zu sein, muß er seinen Beruf lieben, und dieser Beruf erfordert von ihm, daß er diesen Analysanden lieben kann.[160]

Sofern er dies aber in einer unmittelbaren Weise tut, wie die Mutter das Kind etwa, verliert er sicher das Spiel, das dieser Analysand ihm anträgt: der Analytiker wird seine Abhängigkeit vom Analysanden erleben; wenn er ihr aber in einem naiv-normalmenschlichen Sinne erliegt, hat er seine spezifisch-analytische Kompetenz verloren und zudem seinem Analysanden nicht geholfen.

Sein Antwortverhalten auf die Zumutungen des Analysanden wird vermutlich sehr sparsam sein; weil er weiß, daß er über weite Strecken nichts wirklich Hilfreiches sagen kann, so wird er schweigen. Seine spärlichen Antworten mögen sich etwa im folgenden Rahmen bewegen: «Ich sehe, daß Sie sehr unter all den schlimmen Dingen leiden.» – «Sie haben recht, wenn Sie auf all das Elend hinweisen. Sie sagen mir ja auch, wie elend es Ihnen geht.» – «Ich denke, daß Sie auch in der Psychoanalyse betrogen zu werden glauben. Sie sagen ja, daß Sie auch sonst immer zu kurz gekommen sind.» – «Ja, Sie haben recht! Sie haben jetzt kein Vertrauen zu mir.» – «Ich glaube auch, daß Sie abbrechen werden, wenn es Ihnen nicht gelingt, Vertrauen in unsere Beziehung zu fassen.»

Ein solches Antwortverhalten enthält auf der einen Seite kaum etwas von einer gleichsam «natürlich-impulsiven» Reaktionsweise, welche die Alltagskommunikation kennzeichnet. Auf der anderen Seite mag spürbar werden, daß dennoch die Betroffenheit vom Leiden des Analysanden enthalten ist. Obgleich dieses Angebot des Analytikers an seinen Analysanden nicht etwa als spontan geäußerte emotionale Anteilnahme mißverstanden werden darf, besteht ihr «heilender Kern» dennoch in eben dieser emotionalen Anteilnahme: wenn der Analysand es vermag, sich auf diesen Kern einzulassen, gewinnt seine Beziehung zum Analytiker eine neue, bisher noch niemals erfahrene Qualität. Zugleich verläßt der Analysand damit um ein Stück mehr die leidenstiftenden Interaktionsmuster, die ihm zwingend aus seiner mißglückten Kindheit verblieben sind.

Damit einhergehend ist eine wesentlich «erwachsene» Qualität der psychoanalytischen Beziehung, wie sie vom Analytiker in seinem Angebot an den Analysanden vorsichtig, aber durchgängig gefordert wird, deutlicher geworden. Die psychoanalytische Beziehung unterscheidet sich von der Mutter-Kind-Beziehung dadurch, daß sie im Grunde an jeder Stelle zur Disposition steht. Dies ist zugleich der Motor ihrer Bewegung: sie konstituiert sich wesentlich immer aufs neue dadurch, daß sie die Möglichkeit ihrer abrupten Beendigung ausdrücklich enthält. Der denkbare «Trick» des Analytikers, vermittels dessen er die Beendigung der Analyse durch den Analysanden womöglich verhindern könnte, würde die Analyse selber disqualifizieren.

Sie ist ein Vertrag unter Erwachsenen, von denen einer wesentliche Anteile von Erwachsenheit aufgrund seiner mißlungenen Kindheit nicht erreichen konnte, so daß er sie durch verbliebene kindliche Anteile leidvoll ersetzen mußte. Der andere hat seine Personanteile für diesen Nacherziehungsprozeß qualifiziert, indem er sich selber (in der Lehranalyse) ihm unterzog, somit besteht seine Qualifikation in der reflektierten Erfahrung seiner eigenen Lebensgeschichte, deren Erwachsenheit im ursprünglichen oder nachgeholten Vollzug gelungener und damit überwundener aufgehobener Kindheit ansetzt.

Das ist das Ziel der Psychoanalyse, und auch ihre Grenze ist damit markiert. Erwachsenheit bedeutet Aufhebung der Kindheit. Kindheit bedeutet in ihrem Anfang Trennung aus der Mutter und tiefe Abhängigkeit von ihr. Die (bei uns) familiale Konstellation ist ihr Kennzeichen. Kindheit bedeutet in ihrem Ausgang die Loslösung aus *diesen* Abhängigkeiten: sie wird manchmal nicht erreicht.

Erwachsenheit bedeutet zugleich den Eingang in *andere* Abhängigkeiten, die von den frühen nie ganz unberührt sind; sofern diese aber weitgehend aufgelöst werden konnten, eröffnet Erwachsenheit angemessene Auseinandersetzungsmöglichkeiten mit *ihren* Abhängigkeiten und Zwängen in ihren vielfältigen Formen: hier aber endet der Bereich der Psychoanalyse.

156 Der Gegenstand der Psychoanalyse ist allein der Prozeß der analytischen Beziehung

Im Anschluß an diese sehr knappe Darstellung des psychoanalytischen Prozesses, in der ich bemüht war, so konkret wie möglich zu verfahren, erscheinen mir einige Überlegungen zum wissenschaftstheoretischen Selbstverständnis notwendig, die sowohl diesen Prozeß betreffen, als auch die «Tiefeninterviews zur Lebensgeschichte», die ich in der Folge darstellen will.

Wie schon weiter oben angedeutet, verblaßt die reflexive Bearbeitung des Prozeßgeschehens der Psychoanalyse etwas angesichts der breiten Darstellung, die die psychoanalytische Sozialisationstheorie in der Literatur – zumal der pädagogisch-psychoanalytischen – gefunden hat.[161]

Diese Tatsache hat dazu geführt, daß Psychoanalyse als «Erforschung der Lebensgeschichte»[162] mißverstanden werden kann. Wenn dieses eine Mißverständnis durch das andere, sie bediene sich naturwissenschaftlich-empirischer Verfahren oder könne doch im Sinne dieser Verfahren konzipiert werden, erweitert und verschärft wird, mögen folgende sehr einfache – und sehr falsche – Verallgemeinerungen sich einstellen: Die Psychoanalyse – oder gar: der Psychoanalytiker – erklärt – gar: dem Analysanden – die Gründe und Ursachen, die sein Leiden in der Kindheit erzeugt haben, und die nun erklärten Ursachen entsprechen dem aufgelösten Leiden, sofern sie stimmig sind.

Freud selbst war in der Nähe dieses Mißverständnisses, als er die für ihn und seine neue Wissenschaft außerordentlich schmerzliche Entdeckung machte, daß die in der Analyse berichteten Kindheitserlebnisse, die er im Sinne von Faktizitäten verstanden hatte, aufgrund von stichhaltigen äußeren biographischen Informationen, zumindest in manchen Fällen, nicht stimmen konnten: sie waren verfälscht oder hinzugefügt. Damit war das – naturwissenschaftliche – Kausalitätsprinzip hinfällig und – wie er zunächst annehmen mußte – auch der wissenschaftliche Anspruch der Psychoanalyse.[163]

Erst die Definition des eigentlichen Gegenstandes der Psychoanalyse führte zur Überwindung dieser tiefen Krise. Demnach ist der Gegenstand der Psychoanalyse weder die Kindheit des Analysanden noch die Manifestation seines Leidens außerhalb der analytischen Situation. Gegenstand der Psychoanalyse ist allein die Interaktion zwischen Analytiker und Analysand in der aktuellen Situation innerhalb des Settings, ist der Prozeßverlauf der analytischen Beziehung.

Damit können – im analytischen Verständnis – weder die gewonnenen «Daten» aus der Lebensgeschichte noch diejenigen aus dem Alltag des Analysanden im Sinne der Erarbeitung von naturwissenschaftlichen Hypothesen Geltung erhalten. Es geht überhaupt nicht um die faktische Stimmigkeit im Sinne formallogischer Kausalitätsketten, es geht nicht um die Überprüfung von Ursache-Wirkungs-Relationen, was solche durch den Analysanden eingebrachten «Daten» angeht und was die Deutungen des Analytikers betrifft. Es ist ganz unerheblich, ob sie durch naturwissenschaftliche Methodologie «bewiesen» werden können oder nicht.

Das Ergebnis des Versuchs einer solchen «Beweisführung» hat Freud bereits vorweggenommen: die Berichte des Analysanden können manchmal als seiner biographischen Faktizität entsprechende akzeptiert werden, und manchmal gelingt dies nicht; in den meisten Fällen dürften sie nicht einmal einer Überprüfung in diesem Sinne zugänglich sein. Daraus resultiert jedoch zwingend, daß sich Psychoanalyse einer naturwissenschaftlichen Methodologie verschließt, daß Psychoanalyse keine Naturwissenschaft ist und auch nicht als solche konzipiert werden kann.

Dies wird auch dadurch nicht anders, daß man – wie oben gezeigt – manche Sätze aus der Theorie der Psychoanalyse als Sozialisationstheorie im Sinne naturwissenschaftlicher Hypothesen formulieren und überprüfen kann: dies ist ein legitimes naturwissenschaftliches Verfahren; es hat allerdings mit psychoanalytischen Verfahren nichts gemein.

Psychoanalyse ist also keine Naturwissenschaft, sondern eine kritisch-hermeneutische Wissenschaft: dies ist ein Anspruch, den sie mit einer recht verstandenen Pädagogik teilen könnte, sofern auch diese sich den naturwissenschaftlichen «Verführungen» zu entziehen vermöchte, indem sie sich auf ihren Gegenstand besinnt.[164] Gewiß ist beiden das Interesse an Veränderungen gemein.

157   Das Erkenntnisinteresse der Psychoanalyse als eines Heilungs- und Forschungsprozesses ist ein emanzipatorisches

In seiner Frankfurter Antrittsvorlesung von 1965 hat Jürgen Habermas sich unter dem Thema «Erkenntnis und Interesse» in erkenntnis- und wissenschaftstheoretischer Absicht zur Problematik geäußert, wie sie sich jetzt im Gesamtzusammenhang dieser Arbeit darstellt.[165]

1. Die empirisch-analytischen Verfahren, wie sie vorrangig in den Naturwissenschaften angewendet werden, müssen ein Erkenntnisinteresse akzeptieren, das ihnen unabhängig von ihrem Selbstverständnis als Wissenschaft aus dem vorwissenschaftlichen Raum aufgenötigt wird. Dieses Erkenntnisinteresse zielt auf die «technische Verwertbarkeit» ihrer Ergebnisse. Dies kann – mit Einschränkungen – für die Naturwissenschaften relativ leicht akzeptiert werden; in den Sozialwissenschaften (also auch der

Erziehungswissenschaft) muß das Interesse an technischer Verwertbarkeit als mögliches Herrschaftsinteresse kritisiert werden.

2. Die historisch-hermeneutischen Wissenschaften, wie sie vor allem in den Geschichts- und Sprachwissenschaften Anwendung finden, zielen auf die Herstellung sinnhafter Kontinuität menschlicher Lebensvollzüge. Der entstellte «Text» (vergangenes und dennoch einwirkendes menschliches Leben im Sinne etwa «kultureller Manifestationen») wird im hermeneutischen Verfahren einem interpretativen Prozeß des Verstehens unterzogen, wodurch seine «unverständlichen Stellen» wieder in den Lebenszusammenhang des Interpreten (Wissenschaftlers) als nunmehr verstandene eingeholt werden. Das zugrunde liegende Erkenntnisinteresse ist ein praktisches, weil es auf verständiges menschliches Handeln abzielt.

3. «Eine kritische Sozialwissenschaft wird sich freilich dabei nicht bescheiden.» [166] Sie stößt im weitesten Sinne auf verursachtes menschliches Leiden und die ihm zugrunde liegenden inneren und äußeren Zwänge, die aus dem vorwissenschaftlichen Raum in den Wissenschaftsprozeß hineinreichen. Von daher wächst ihm ein doppeltes Erkenntnisinteresse zu: sofern Verständigung als hermeneutisches Erkenntnisinteresse auf Leidenszusammenhänge stößt, an denen sie zu scheitern droht oder scheitern muß, kann sie nur gelingen, indem sie sich kritisch gegen dieses Leiden wendet: es resultiert aus Unterdrückung und Zwang. Von daher ist dem Forschungsprozeß selber die Wendung gegen leidenstiftende Abhängigkeiten implizit: ihm unterliegt als Selbstreflexion ein befreiendes, also emanzipatorisches Erkenntnisinteresse.

Diesen Anspruch kann die Psychoanalyse für sich reklamieren, weil sie zugleich Forschungs- und Heilungsprozeß ist: leidvoll gestörte oder zerstörte Interaktion mit der Außenwelt als Menschen, Dinge und Institutionen gehen in den analytischen Prozeß, in die analytische Beziehung ein (Wiederholungszwang und Übertragung) und finden dort im Verlauf eine für beide Beteiligte erforschbare und erkennbare Abbildung; zugleich steht dem Analysanden im therapeutischen Angebot des Analytikers eine in Handeln umsetzbare Alternative bereit, die im Sinne nunmehr gelungener Verständigung genutzt werden kann: Veränderung bahnt sich als Aufhebung unangemessen verbliebener Kindlichkeit in angemessener Erwachsenheit an. Der Gang in die Bedeutungen der Lebensgeschichte stand im Dienst der Erlangung aussichtsreicher Handlungskompetenz.

Obgleich sich nun in der Verfolgung dieses Prozesses einer Nacherziehung vielfältige Parallelen und Analogien zu pädagogischen Prozessen außerhalb der analytischen Situation anbieten, stehen vermutlich ebensoviele innere und äußere Widerstände einer modifizierten Nutzung des «psychoanalytischen Angebots an die Pädagogik» entgegen: Wolfgang Hochheimer hat dem Problem des Widerstands der Pädagogik gegen die Psychoanalyse einen bedeutsamen Beitrag gewidmet.[167] Ich werde diesen Komplex nur insoweit erörtern, als er meinen eigenen hier dargestellten Integrationsversuch angeht. Er ist reduziert auf den Bereich der Schule unter dem Aspekt der Lehrerqualifikation.

Zunächst ist hier der Terminus «Nacherziehung» in einer doppelten Weise relevant. Er findet in der erziehungswissenschaftlichen Diskussion eine Analogie im Terminus «Sekundärsozialisation», womit in diesem Zusammenhang schulische Sozialisation gemeint ist: Schulkinder können nicht tabula rasa sein, weil sie unter vollzogenen und fortwährenden Wirkungen der primären, d. h. familialen Sozialisation gesehen werden müssen und gesehen werden. Gerade die psychoanalytische Sozialisationstheorie konnte die überaus große Bedeutung, die den frühen Phasen der Kindheit zukommt, eindrucksvoll bestätigen; insbesondere, was deren bewirkte Schädigungen mindestens der Möglichkeit nach angeht.

Von daher verfehlt schulische Erziehung ihre Realität, wenn sie sich nicht als «Nacherziehung» versteht. Die erziehungswissenschaftliche Diskussion der ausgehenden 60er Jahre hat dem unter dem Thema «kompensatorische Erziehung»[168] Rechnung zu tragen versucht, und der vieldiskutierte Bereich der Heil- und Sonderpädagogik nimmt dieses Faktum auf. Allerdings spielen psychoanalytische Ansätze unter beiden Gesichtspunkten eine randständige Rolle. Dazu kommt, daß die auffallende Offensichtlichkeit der Schädigung es jeweils war, die zu einschlägigen Bemühungen geführt hat. Wo der gesamte Normalbereich sich als partiell hochgradig geschädigt erwies, endeten entsprechende Hinweise meist in Resignation oder beschwörenden Forderungen. Die strukturellen Bedingungen schulischer Sozialisation erweisen sich in der Tat nicht als vielversprechend für wirksame Abhilfen: im Zusammenhang dieser Arbeit müssen sie – trotz ihrer außerordentlich großen Bedeutung – ganz am Rande stehen.[169]

159 Psychoanalytische Ansätze haben den Vorzug, daß sie nicht verordnet werden können: sie stehen lediglich bereit

Der zweite Aspekt, unter dem der Terminus «Nacherziehung» relevant erscheint, betrifft die Lehrerausbildung und -fortbildung. Zunächst gilt für Lehrerstudenten und Lehrer wie für Lehrerausbilder, was auch für die Schüler gilt: schon vor dem Hintergrund der vollzogenen Primärsozialisation erübrigt sich Nacherziehung nur dann, wenn man unterstellt, daß sie nach Maßgabe der Forderungen des Berufsfeldes Schule hinreichend gelungen sei. Obgleich nun diese Unterstellung sich in vielen Fällen als unrealistisch erweisen mag, wird sie im großen und ganzen als faktisch gegeben akzeptiert.

Dem Hinweis, daß Schule (als Schüler erlebt) und Universität (als Ausbildungsinstitution für Studenten und Ausbilder) im Sinne von Sekundär- und Tertiärsozialisation insofern kompensierende Wirkungen gehabt haben können, muß entgegengehalten werden, daß das Gegenteil mindestens ebensowohl unterstellt werden kann.[170] Von daher stellt sich Nacherziehung immerhin als empfehlenswerte Möglichkeit und in manchen Fällen vermutlich als Notwendigkeit dar. Im Zusammenhang dieser Überlegungen steht die Frage nach Veranstaltungsangeboten, die diese Problematik dezidiert und intentional bearbeiten wollen, was sie nicht können, wenn sie lediglich die kognitive Ebene ansprechen. Solche Veranstaltungen fehlen in den Schulen und im großen und ganzen an den Universitäten; immerhin zeigen sich an manchen Stellen der Lehrerfortbildung (dritte Phase) Ansätze solcher Veranstaltungen: sie nehmen einen außerordentlich kleinen Raum ein.[171]

Der Ansatz meiner Versuche in dieser Richtung orientiert sich allerdings nicht an noch so plausiblen Unterstellungen von lebensgeschichtlich angeeigneten Schäden, die vorhanden sein mögen oder auch nicht. Ich konnte in den beiden ersten Teilen dieser Arbeit zeigen, welches der zugleich angemessene und zugängliche Ausgangspunkt eines einschlägig qualifizierenden Verfahrens ist: allein die jeweils aktuelle Unterrichtssituation im Seminar und in der Schule und die dort realisierten Erlebnisweisen der Betroffenen; Unterricht kann gelingen und/oder scheitern.

Die hier erörterten Verfahren setzen im Scheitern an. Scheitern

363

kann aber – wie schon deutlich geworden sein dürfte – hier niemals gleichsam von außen – etwa durch einen Beobachter – als objektives Faktum festgestellt werden. Dies mag zwar prinzipiell möglich sein, allerdings ist eine solche Faktenfeststellung in keinem Fall hinreichendes Kriterium für die Möglichkeit einer Bearbeitung im hier vorgeschlagenen Sinne. Vielmehr ist es ganz unabdingbar, daß Scheitern als Leidenserfahrung von den Betroffenen erlebt und akzeptiert wird: dies ist eine *notwendige* Voraussetzung aussichtsreicher Bearbeitung.

Damit ist zugleich gesagt, daß alle hier vorgeschlagenen Verfahren nicht als «Pflichtveranstaltung» verordnet werden können. Als solche müssen sie selber scheitern, wenn sie ihren Anspruch als verfügbares und nutzbares Angebot überschreiten, um sich in missionarisch-penetrantem Eifer den – dann ja nur scheinbar – Betroffenen anzunötigen. Hilfe kann insofern nur dann als Möglichkeit in Aussicht gestellt werden, wenn sie im einzelnen gewünscht und gesucht wird: sie kann niemals aufgezwungen werden. Alle hier diskutierten Verfahren können sich nur behutsam werbend empfehlen. Wo sie auf Ablehnung stoßen, die sich nicht überwinden läßt, stoßen sie auf ihre unüberschreitbare Grenze: dies haben sie mit der Psychoanalyse gemeinsam.[172]

Ich vermute, daß hier die Antwort auf die Frage liegt, warum denn die Psychoanalyse als relevante Disziplin noch immer keinen wirksamen Zugang in die Pädagogik gefunden hat: sie kann sich aus immanenten Gründen nicht verordnen und kann nicht verordnet werden; man muß sie aufsuchen und anfordern, ein anderer Zugang ist nicht möglich.

Ein weiterer Gesichtspunkt in diesem Zusammenhang ist folgender. In der Darstellung des psychoanalytischen Prozesses mag deutlich geworden sein, daß das Angebot der Psychoanalyse nicht als gleichsam durch sie selber hergestelltes, erarbeitetes und womöglich schon fertig-verpacktes bereitsteht, das man – im Bild gesprochen – abholen und nutzen könne, wie es etwa bei den Ergebnissen der Testpsychologie möglich ist. Psychoanalyse kann sich ja niemals an und für sich – gleichsam als Produkt von Fachleuten – konstituieren und so darstellen. Sie ist ja immer und notwendig ein einmaliger und konkreter Handlungsvollzug innerhalb einer menschlichen Beziehungsdynamik als Forschungs- und Heilungsprozeß. Innerhalb dieses Prozesses leistet die Hauptarbeit nicht der Analytiker, sondern der Analysand: er erforscht und heilt sich selber – allerdings in der Auseinandersetzung mit seinem Analytiker.[173]

So gesehen imponiert das psychoanalytische Angebot vor allem durch seinen Forderungscharakter hinsichtlich dessen, der es nutzen möchte. Der Lehrer etwa, der im Sinne seiner beruflichen Qualifizierung das Angebot der Psychoanalyse nutzen möchte, wird im Vollzug gleichsam an sich selber zurückverwiesen: kein psychoanalytisches Angebot kann «ihn bearbeiten», weil dieses Angebot lediglich als Hilfe für seine eigene Bearbeitung seiner selbst fungieren kann. Dies mag den Lehrer davon abhalten, von einem solchen Angebot Gebrauch zu machen. Daraus ergibt sich die Notwendigkeit, bei dem Versuch der Anwendung der hier dargestellten Verfahren ihre Zurückweisung durch viele Lehrer zu akzeptieren: die Verfahren disqualifizieren sich, wenn sie aufgenötigt werden.

Die damit markierte Grenze enthält für den, der an sie stößt, eine Kränkung: sie muß – auch wenn dies manchmal nur mit Mühe gelingt – akzeptiert werden als das legitime Recht des jeweils anderen, der sich entscheidet oder entscheiden muß, ein bereitstehendes Angebot zurückzuweisen. Die andere Seite dieser Kränkung ist das befriedigende Bewußtsein davon, daß eine Arbeit im Sinne der konkreten Nutzung dieser Verfahren letztlich nur in der Folge einer freien Entscheidung der Beteiligten gelingen kann, niemals unter dem äußeren Zwang einer Pflichtveranstaltung.

B Das Tiefeninterview
als zusätzliches Verfahren

160   Der Dissens als möglicher Ausgang der
Unterrichtsbesprechung muß ausdrücklich akzeptiert werden

Am Ausgangspunkt meiner Überlegungen zu Beginn des dritten
Teils dieser Arbeit hatte ich am Beispielfall der Autoritätsproblema-
tik von Helmut J. auf den lebensgeschichtlichen Hintergrund von
Personanteilen hingewiesen, die sich in den Interaktionsthemen des
Unterrichts darstellen und von daher einer Bearbeitung zugänglich
sind. Der Rekurs auf die Psychoanalyse mag verdeutlicht haben, daß
Lebensgeschichte nicht an und für sich bearbeitet wird, sondern nur
unter dem Gesichtspunkt ihrer aktuellen Bedeutsamkeit für den
Unterrichtsprozeß Eingang findet: nicht die Faktizität der biographischen Daten ist erheblich, sondern allein deren aktuelle Bedeutsamkeit.

Für die Bearbeitung der Autoritätsproblematik von Helmut J. ist
es aus diesem Grund völlig nebensächlich, ob denn seine früheren
Lehrer tatsächlich «autoritäre Knacker» waren. Dies wird ja auch
gar nicht überprüft, obgleich das vielleicht sogar möglich wäre. Es
geht allein um die aktuelle Erlebnisweise des Autoritätsproblems
von Helmut J., an dem er in seinem Unterricht scheiterte, und um
die Faktizität *seines Verweises* auf einen Punkt seiner lebensgeschichtlichen Vergangenheit. In der Unterrichtsbesprechung konnte dieser Verweis sinnvoll das Verständnis seiner aktuellen Problematik erleichtern und sie so zugänglicher machen: das Ziel ist ja die
Erarbeitung von alternativen Handlungsperspektiven im Sinne kor-
rigierbaren Probehandelns mit dem Blickpunkt auf die Vermeidung
leidvollen Scheiterns.

Damit hatte sich ein lebensgeschichtliches Datum schon in der
Unterrichtsbesprechung als nützlich für eine gelingende Verständigung über eine Problematik erwiesen: diese Verständigung (Konsensus) gelingt aber keineswegs immer; manchmal auch dann nicht,
wenn der Unterricht eines Lehrers bezogen auf partielles Scheitern

über mehrere Stunden bearbeitet wird. Dann steht am Ende einer solchen Arbeit nicht ein Konsens, sondern ein Dissens: Beobachter und Lehrer/Praktikant haben sich nicht mit dem Ergebnis einer Verständigung über bestimmte Punkte des Scheiterns im Unterricht einigen können. Damit sind womöglich höchst bedeutsame Momente des interaktionellen Unterrichtsgeschehens offenbar nicht hinreichend verstanden worden und bleiben unklar.

Diese Möglichkeit des Dissens am vorläufigen Ende des Diskurses verdient eine sorgfältige Beachtung und verlangt den Beteiligten folgende Haltung ab, damit ein nur scheinbarer Konsens nach Möglichkeit vermieden wird:

1. Der Lehrer/Praktikant muß handelnd das Recht für sich in Anspruch nehmen, geäußerte Erlebnisweisen, Sichtweisen, Einschätzungen oder auch Interpretationen des Beobachters als auch für ihn selber gültige *zurückzuweisen*, wenn er sie – aus welchen Gründen auch immer – nicht teilen kann.

2. Der Beobachter darf solche Erlebnisweisen etc. auf keinen Fall dem Lehrer/Praktikanten als auch für diesen verbindliche aufnötigen oder auch nur unterstellen, sondern muß sensibel auf noch so undeutlich erscheinende Widerstände beim Praktikanten/Lehrer achten und diese im Gespräch benennen.

3. Dabei ist es unerheblich, wer von beiden «objektiv» recht oder unrecht hat. Besonders hier gibt es keine absolute Wahrheit, sondern immer nur eine diskursiv herstellbare, relative; sie kann sich allein im gelungenen wahren Konsensus zeigen.

4. Die ausdrückliche Feststellung eines Dissens ist einmal wegen der Gefahr des nur scheinbaren Konsens, die man letztlich nie ganz ausschalten kann, wesentlich. Nur der ausdrückliche Dissens enthält andererseits die Möglichkeit, die anstehende Problematik vermittels eines weitergehenden Verfahrens genauer zu untersuchen.

Dieses weitergehende Verfahren ist *hier* das «Tiefeninterview zur Lebensgeschichte». Sein Ausgangspunkt ist der festgestellte Dissens zwischen Lehrer/Praktikant und Beobachter: dieser Dissens mag unbefriedigend sein, aber er muß in Kauf genommen werden.

161 Das Tiefeninterview ist eine Möglichkeit unterrichtlicher Nacharbeit für einzelne Betroffene

In meiner Nacharbeit mit einzelnen Praktikanten habe ich vier solcher Tiefeninterviews aufgenommen. Jedes von ihnen hat eine ungefähre Dauer von zehn Stunden, die in vier oder fünf Sitzungen erreicht wird. Das schriftliche Protokoll – vom Tonband übernommen – umfaßt jeweils etwa 200 engbeschriebene Schreibmaschinenseiten. Wegen dieses Umfangs kann ich nur eines dieser Interviews etwas ausführlicher darstellen; auf die anderen drei werde ich nur sehr kurz eingehen können.

Für die jeweilige Entscheidung zur Durchführung eines solchen Interviews waren drei Kriterien maßgeblich, von denen das dritte mit der Sache selbst nichts zu tun hat, aber dennoch nicht vernachlässigt werden konnte:

1. In der Unterrichtsbesprechung war es nicht gelungen, eine gemeinsame Verständigung über die Einschätzung und damit auch die Bearbeitungsmöglichkeiten dysfunktional erscheinender Interaktionsthemen zu erreichen: Dissens. (Damit ist nichts darüber gesagt, daß man sich nicht vielleicht später, im Verlauf einer längeren Arbeit am konkreten Unterricht, hätte verständigen können. Diese aber unterblieb hier aus äußeren Gründen.)

2. Sofern der Dissens ausdrücklich festgestellt wurde, habe ich in einem längeren Gespräch mit den jeweiligen Praktikanten die Form und die Inhaltlichkeit eines solchen Interviews erörtert, mit der abschließenden Frage, ob sie denn ein solches Verfahren mit mir durchführen möchten. Sofern dies ohne jeden Vorbehalt bejaht wurde, konnte das Interview erhoben werden. (Dies war allerdings bei allen vier Praktikanten, die ich fragte, der Fall.)

3. Bei den ca. 60 Praktikanten, mit denen ich diese Konzeption eines Praktikums durchgeführt habe, hatte ich bei sieben den Eindruck, daß ein solches Interview sinnvoll sein könnte. Meine Beschränkung auf vier Interviews hat ausschließlich in meiner nur begrenzten arbeitsökonomischen Belastbarkeit seine Gründe.

Die Interviews wurden jeweils innerhalb eines Zeitraums von vier Monaten nach dem zugehörigen Praktikum aufgenommen, so daß ich selber – ebenso wie die vier Praktikanten – eine gewisse Distanz zu den teils doch erheblich beeindruckenden Vorgängen im Praktikum gewonnen hatte. Drei der Interviews wurden in meinem Arbeitszimmer in der Universität durchgeführt. Das Interview mit

Irma G. wurde in deren Wohnung aufgenommen, weil sie den Studienort gewechselt hatte.

Ich werde zunächst eine knappe Beschreibung über die Art des Dissens am Ende der Unterrichtsbesprechungen geben, um dann eines der Interviews ausführlicher darzustellen.

SYLVIA L. Sie erwies sich im vorbereitenden Seminar in der Auseinandersetzung mit den anderen Praktikanten und auch mit mir als durchaus handlungsfähig und stark interessiert. Im Unterricht (erstes Schuljahr) litt sie ganz erheblich, weil es ihr nur in recht seltenen Situationen gelang, mit den Schülern eine wirkliche Arbeitssituation zu erreichen. In der Unterrichtsbesprechung lief die gemeinsame Arbeit darauf hinaus, daß sie insbesondere dann, wenn ich eine eher interpretative Haltung einnahm, meine Interpretationen sofort akzeptierte. Dies machte mich stutzig, und ich wies sie darauf hin. Sie sagte mit erheblicher Betroffenheit, daß ihr dies immer so ginge, wenn sie von anderen Menschen stark beeindruckt würde. – Ihr kommunikatives Angebot an die Schüler bestand nach meiner Einschätzung – die sie übernahm – in einer Haltung, in der sie den Schülern vermittelte, selber noch eine Schülerin sein zu wollen; dies bedeutete zugleich die Ablehnung der Übernahme und Einübung einer Lehrerrolle. Unser Dissens bestand darin, daß ich ihre Haltung im Unterricht nicht mit ihrer Haltung im Seminar in Einklang bringen konnte. Sie sagte, daß sie dort ihre Probleme nur besser verstecken könne.

HERMANN V. Er stellt seine Berufswahl, sein Studium und seine Vorstellungen über seinen zukünftigen Beruf in den politisch verstandenen Zusammenhang der auslaufenden Studentenbewegung, die ihn insbesondere unter ihrem antiautoritären Aspekt beeindruckt hat. Von daher weigert er sich, jede – auch nur im entferntesten Sinne – restriktive Haltung den Schülern gegenüber zu vertreten. Dies bewirkt sein leidvolles Scheitern über weite Strecken des Unterrichts. In der Unterrichtsbesprechung gelingt es nur in Ansätzen, die psychodynamische Seite seines Scheiterns mit dem Ergebnis von Verständigung zu thematisieren. Alle Hinweise auf seine Autoritätsproblematik stoßen bei ihm auf eine Antworthaltung, in der er sein einschlägiges Handeln als ausschließlich politisch motiviert und nur von daher vertretbar und letztlich unverzichtbar rechtfertigt. Unser Dissens bestand darin, daß ich im Gegensatz zu ihm sicher war, daß seine politisch orientierte Rechtfertigung zu einem Teil nur der Vordergrund einer persönlichen Autoritätsthematik sei, die keineswegs politisch-argumentativ bearbeitet werden könne.

BRITTA S. Sie kann (im vierten Schuljahr) einen für meine Einschätzung ganz ausgezeichneten Unterricht leiten, der durch geradezu vorbildlich gelingende Interaktionen zwischen ihr und den Schülern auffällt. Darin gelingt ihr eine Haltung von bestimmter Freundlichkeit ohne jede autoritäre Repression: dies gerät ihr besonders gegenüber den Buben, gegenüber den Mädchen zeigt sich eine leichte, wenn auch kaum beeinträchtigende Unsicherheit. Die Kehrseite dieser erstaunlichen Kompetenz liegt in ihrer ausgeprägten Hilflosigkeit gegenüber jüngeren Schülern (etwa erstes Schuljahr) und in ausgesprochen kalten und insofern dysfunktionalen Reaktionsweisen gegenüber älteren Schülern (etwa Pubertierende). Von einem Dissens im eigentlichen

Sinn konnte hier nicht ausgegangen werden, wohl aber von einem «Quasi-Dissens» im Hinblick auf unser gemeinsames Unverständnis ihrer so erheblich divergierenden Möglichkeiten bei unterschiedlichen Altersgruppen.

IRMA G. Hier genügt ein kurzer Hinweis, weil ihre Problematik weiter unten ausführlich dargestellt wird. Unser Dissens bestand darin, daß ich der Auffassung war, ihr Unterricht gelinge deswegen so schlecht, weil sie sich ihre aggressiven Personanteile weder im Unterricht noch außerhalb zugestehe. Sie aber bestand darauf, daß sie einfach nicht aggressiv sei, daß sie insbesondere Schülern gegenüber keinerlei aggressive Regungen habe.

In der Darstellung des psychoanalytischen Prozesses war deutlich geworden, daß der Gang in die Lebensgeschichte seine Bedeutsamkeit allein darin findet, daß er die aktuelle Problematik im Sinne seiner Erforschung und heilenden Auflösung erleichtert. Das Tiefeninterview hat in meinem Arbeitszusammenhang insofern die gleiche Bedeutung: es ist verständlich und plausibel allein vor dem Hintergrund einer noch ungeklärten Problematik, die sich im aktuell-konkreten Unterricht und seiner Besprechung zeigte und als unbefriedigender, aber dezidierter Dissens erschien.

Für meine Darstellung folgt daraus, daß ich zunächst die Problematik auf der Ebene des Unterrichts von Irma G. und seiner Bearbeitung am Beispiel einer Stunde aufzeige. Das dann folgende Interview steht unter dem Anspruch, die auf der aktuell-unterrichtlichen Ebene verbliebenen dissensuellen Unklarheiten nach Möglichkeit zu klären. Dem liegt die aus der Psychoanalyse begründbare Annahme zugrunde, daß in der Erlebnisweise der eigenen Lebensgeschichte Entsprechungen zu aktuellen Erlebnisweisen und damit Handlungsrestriktionen und -kompetenzen gefunden werden können, die in der Erarbeitung von Verstehens- und Handlungszusammenhängen hilfreich sein können.

162   Ich erkläre mir Irma G.s Scheitern im Unterricht: habe ich es auch verstanden?

Irma G. unterrichtet seit etwa drei Wochen als Praktikantin in einem dritten Schuljahr einer Grundschule am Rande einer mittelgroßen Industriestadt. Die Schüler kommen in der überwiegenden Mehrzahl aus Arbeiterfamilien, einzelne Väter gehören zum mittleren Management in der Industrie. Eine Besonderheit des Rekrutierungsfeldes der Schule ist ein nahegelegenes Kinderheim: fast jede Klasse hat einzelne Schüler, die dort wohnen; in dieser Klasse sind es zwei. Sie gelten – wie meist in der Schule – als «Problemkinder». Vor Beginn des Unterrichts stürmen die Kinder in den Klassenraum. Draußen ist schönes Wetter, und sie haben in der Pause ordentlich getobt. So gehen denn viele keineswegs sofort an ihre Plätze, sondern es gibt einige Balgereien und lautstarke verbale Auseinandersetzungen.

Die Beobachter des anstehenden Unterrichts (die Klassenlehrerin, zwei Praktikantinnen, Martin S. und ich selber) unterbrechen ihre Pausengespräche und setzen sich auf ihre Stühle, die an der hinteren Wand des Klassenzimmers stehen.

Irma G. hat bisher an ihren mitgebrachten Unterrichtsmaterialien hantiert, die auf dem Lehrertisch liegen. Sie tritt nun neben den Tisch, verschränkt die Arme, lächelt etwas unsicher und blickt über die Klasse mit dem offensichtlichen Wunsch, es möge doch etwas stiller werden, damit sie anfangen kann. Es wird auch etwas stiller; die meisten Schüler sind jetzt auf ihren Plätzen, einige laufen allerdings immer noch herum. Augenscheinlich hält Irma G. die Situation für einen angemessenen Unterrichtsbeginn noch nicht für gegeben. Sie sagt laut: «Ich werde erst dann anfangen, wenn alle ganz still sind!»

Ich assoziiere zweiflerisch: na, da bin ich aber gespannt! – Ohne ein weiteres Wort bedeutet sie einigen Schülern mit sparsamster Gestik, sie möchten doch bitte ihre Plätze aufsuchen. Ein leises Nicken belobigt die Schüler an den arbeitsbereiten Tischen. Zwei Buben an verschiedenen Tischen bespucken einander mit Kaugummis: ein bittender Blick von Irma G. möchte sie zum Verzicht auf diesen Unfug auffordern. In kurzen Intervallen steigt und fällt der Geräuschpegel: während an einzelnen Tischen die Schüler sich beruhigt haben und sich dem Versuch nach auf das bevorstehende Unterrichtsgeschehen einstellen wollen, flackert Unruhe an anderen Tischen wieder auf, wirkt infizierend, versickert und regt sich aufs neue. Irma G. begleitet alle diese Vorgänge wortlos, aber sichtbar stark engagiert mit angedeuteter Gestik, beschwichtigendem und bestätigendem Mienenspiel und verständnisvoller Geduld.

Diese Situation dauert etwa eine halbe Minute, und es ist aus meiner Sicht nicht abzusehen, ob überhaupt und wann alle Schüler sich auf den Unterrichtsbeginn konzentriert haben werden. Irma G. kann zunehmend ihren verkündeten Vorsatz nur noch mit Mühe aufrechterhalten, und ihre Unsicherheit scheint zu wachsen. Schließlich blickt sie mit einem hilflosen Lächeln nach hinten zu den Beobachtern, läßt die Schultern sinken, geht hinter ihren Lehrertisch, stützt sich mit gespreizten Fingern beider Hände auf der Tischplatte ab und sagt etwas überlaut und mit freundlichem Ton:

«Wir haben jetzt Sachkunde. Und wer kann denn mal sagen, was wir in der letzten Sachkundestunde gemacht haben?!»

Einige Schüler sagen demonstrativ-gelangweilt: «Aaaaach, daaaaas!» Andere melden sich, und der Unterricht beginnt.

BEATE (meldet sich)
IRMA G. Ja, Beate?
BEATE Wir haben da so Lämpchen gekriegt, und da haben wir erklärt, wie das mit den Lämpchen geht.

Joachim ist erklärtermaßen der schwierigste Schüler in der Klasse. Die Lehrerin und die Praktikantinnen sprechen in den Pausen und in den Unterrichtsbesprechungen oft von ihm und den originellen Ideen und Aktivitäten, die er entwickelt, aber auch von den erheblichen Schwierigkeiten, die seine Störversuche während des Unterrichts bereiten. Auch im Lehrerzimmer war in den Gesprächen anderer Lehrer der Schule immer wieder von ihm die Rede gewesen. Er gilt in besonderem Maße als «Problemkind». – Während Beate die Frage von Irma G. beantwortet, schreit er quer durch die Klasse einen Mitschüler an.

JOACHIM Tu doch mal deinen dusseligen Kopp da weg, du Döskopp!!

Darauf folgt Gelächter einiger Schüler, welches Joachim befriedigt zur Kenntnis nimmt. Beates Beitrag ist trotz Intervention zwar von Irma G. aufgenommen worden, aber – wie es scheint – nur von dieser. Während Beate sprach, versuchte Irma G. ihre Haltung einer interessierten Zuhörerin ihr gegenüber aufrechtzuerhalten. Sie wird aber durch den Zwischenruf von Joachim stark irritiert und abgelenkt, so daß der zweite Teil von Beates Beitrag auf eine Lehrerin trifft, die schon abgewendet erscheint, eigentlich nicht mehr richtig zuhört, sondern sich statt dessen mit dem empfindlich störenden Joachim befaßt und sich diesem zuwendet. Irma G. fühlt sich offensichtlich durch die Reaktion, die der Zwischenruf des Joachim auch bei anderen Schülern ausgelöst hat, verunsichert und lächelt die Lacher leicht verstört an. – Dann wendet sie sich Joachim zu und sagt sehr freundlich . . .

IRMA G. Joachim, kannst du eben noch mal sagen, was die Beate grade gesagt hat?

Ich habe den Eindruck, daß Irma G. vermittels ihrer scheinbar(?) unbeirrten Freundlichkeit ihre erhebliche Irritation und verständliche Unsicherheit gegenüber Joachim und seiner Wirkung überspielt.

JOACHIM Das hab ich gar nicht gehört, weil der Jens da grad so gelacht hat!

Irma G. lächelt ihn zweifelnd an, als ob sie vermuten würde, Joachim habe sehr wohl verstanden, was Beate gesagt hat – als ob sie seine etwas vorwitzige Antwort für eine Herausforderung an sie hielte.

IRMA G. Beate, kannst du eben noch mal wiederholen, damit es der Joachim auch versteht?
BEATE Da haben wir da so Lämpchen gekriegt, und die haben wir dann so gegen die Batterie gehalten.
IRMA G. Danke schön, Beate! – Joachim, hast du's jetzt verstanden?
JOACHIM (großspurig) Klar!!!
IRMA G. Na, siehst du!

In dieser Sequenz, mit der der eigentliche Unterricht beginnt, deutet sich eine Interaktionsthematik an, die für den Umgang Irma G.s mit den Schülern kennzeichnend ist. Darum werde ich sie näher beschreiben.

Sie betrifft die Verarbeitung der sehr häufigen Störversuche, die von Joachim und einigen anderen Schülern ausgehen und dann auf einen größeren Teil der Klasse übergreifen. Diese Versuche sind fast immer erfolgreich und führen regelmäßig zu einer erheblichen Verunsicherung und negativen Beeinträchtigung bei Irma G. – Außerdem sind sie selbstverständlich eine erhebliche Störung der unterrichtlichen Arbeit am Inhalt.[174]

Mir fällt auf, daß diese Störversuche fast immer dann auftreten, wenn Irma G. gerade eine «brav»(!) sich meldende Schülerin oder einen inhaltlich beteiligten Schüler zu einem Beitrag aufgefordert hat. Der nun folgende inhaltliche Beitrag ist unterrichtsadäquat und liegt fast zeitgleich mit der intervenierenden unsachlichen Störung. Diese aber führt dazu, daß Irma G. ihre Aufmerksamkeit von eben dem Schüler abzieht, der einen unterrichtsrelevanten Beitrag liefert oder liefern will, und sich dem Schüler zuwendet, der eben diesen Beitrag stört.

Dabei ist auffällig, daß Irma G. niemals die Störung als solche anspricht, sondern den Schüler vermittels einer Wendung auf die Inhaltlichkeit des Unterrichts in das Geschehen auf dieser Ebene zu integrieren sucht. Dies gelingt auch scheinbar(?) fast immer: der so angesprochene Schüler antwortet in Relation zum bearbeiteten Inhalt. Gleichviel werde ich den Verdacht nicht los, daß die hörbare Relation zum Inhalt eines solchen Beitrags eben nur eine scheinbare ist: entweder ist sie von einem merkwürdig widersprechenden Lachen begleitet, oder sie wirkt zwanghaft rituell, oder sie enthält eine

373

platte Selbstverständlichkeit – wie das «Klar!» des Joachim. Schließlich fällt auf, daß die Häufigkeit, die Intensität und die Wirksamkeit solcher Störungen im Verlauf der Stunde sich verstärken. Im Antwortverhalten von Irma G. fand ich bemerkenswert, daß sie sich gegenüber allen Schülerverhaltensweisen von ihrer leisen, bestimmten Freundlichkeit nicht abbringen läßt. Gerade in bezug auf die Störer hält sie daran fest und verstärkt sie womöglich noch. – Dennoch verhält sie sich unterschiedlich, je nachdem, ob es sich um einen inhaltlichen Beitrag oder um eine Störung handelt: sie ist – verständlicherweise(?) – von den Störversuchen erheblich stärker betroffen, als von den inhaltlichen Beiträgen. Dies führt dazu, daß sie sich stärker den Störern und weniger stark den Vertretern der inhaltlichen Arbeit zuwendet und erklärt(?) die Tatsache, daß die Störungen zunehmen und die inhaltliche Arbeit abnimmt – auch quantitativ-zeitlich gesehen.

Etwa in der Mitte der Stunde wird deutlich, daß es ihr nicht gelingen wird, ihr Unterrichtsvorhaben zu realisieren: fast jeder Versuch, inhaltlich zu arbeiten, wird boykottiert, und immer mehr Schüler beteiligen sich an den Störungen. – Dabei habe ich den Eindruck, daß die Schüler sie gern leiden mögen: die Störungen haben nichts Heimtückisches oder Bösartiges. Vielmehr erscheint es mir so, als ob die Schüler sie auffordern wollten: «Komm, spiel doch mit!! – Wir spielen gerade Unterrichtsstörung!»

Mich erstaunt, daß Irma G. gegen Ende der Stunde fast jede Möglichkeit und jede Fähigkeit verloren hat, Unterricht im Sinne einer gemeinsamen Arbeit an einem Inhalt zu leiten; daß sie aber zugleich ihre leise, bestimmte Freundlichkeit an keiner Stelle verloren hat.

Ich spüre, wie sich bei mir eine aggressive Stimmung regt. Ich möchte zu ihr hingehen und sie anfahren: «Wie kannst du denen nur erlauben, daß sie so mit deiner ganzen Vorbereitungsarbeit umgehen?!! – Wehr dich doch endlich, und laß dir deine Arbeit nicht mit Füßen treten!!» Aber sie bleibt bei all ihrer sichtbaren Anstrengung leise, freundlich und bestimmt. Ich vermute, daß es gerade ihre leise und bestimmte, etwas hilflose Freundlichkeit ist, die mich so aggressiv macht, und denke mir, daß da bei ihr auch noch etwas anderes sein muß, und daß es dieses andere ist, was ich von ihr fordere, was ich bei ihr sehen will: sie soll sich wehren, aggressiv wehren!

Als die Stunde zu Ende geht, habe ich den Eindruck, daß Irma G. erst dann einen angemessenen Unterricht wird leiten können, wenn sie in der Lage ist, ihren Anspruch durchzusetzen – auch aggressiv durchzusetzen – eine Lehrerin zu sein, die ihre planerische Vorarbeit und ihr persönliches unterrichtliches Engagement und damit auch ihr institutionelles Selbstverständnis sich nicht durch fortgesetzte Störungen von seiten der Schüler immer wieder zunichte machen läßt.

Auch die Schüler – so dachte ich mir – werden ihre Störversuche nicht eher aufgeben, als bis sie die aggressive Komponente der Irma G. aus ihr herausgekitzelt haben. Ich dachte, daß sie sich nicht mit einer nur halben Irma G. verständigen können, mit einer nur freundlichen, sondern nur mit einer ganzen, mit einer auch aggressiven.

Am Ende der Stunde ereignete sich noch eine bemerkenswerte Szene. Irma G. hatte für ihren Unterricht Taschenlampenbatterien und zugehörige Glühlämpchen und Drähte vorbereitet und je einen Satz dieser Materialien an den einzelnen Schülertischen verteilt. Das Ende der Stunde war durch ihre vom Pausenzeichen begleitete Bitte markiert, diese Materialien doch an ihren Lehrertisch zurückzubringen. Ein oder zwei Schüler an jedem Tisch schickten sich gerade an, ihrer Bitte Folge zu leisten, als Irma G. rief: «Die anderen können schon in die Pause gehen!»

Die meisten Schüler gehen jetzt einzeln oder in kleinen Gruppen in die Pause. Aber ein erheblicher Teil der Klasse versammelt sich um den Lehrertisch, wo Irma G. die Unterrichtsmaterialien entgegennimmt. In dieser Situation stellen einige der Schüler – in der Hand oder vor sich auf dem Tisch die Materialien – inhaltliche Fragen an sie. Sie greift diese Fragen auf, erklärt, geht auf Rückfragen ein, verweist auf ihr Tafelbild, das den Stromkreis zeigt, folgt den insistierenden Fragen und Erörterungen einzelner Schüler, antwortet mit Geduld, Engagement und Ernsthaftigkeit den dieser «post-unterrichtlichen» Situation entsprechenden Haltungen der Schüler. Sie vermittelt einen geradezu beglückten Eindruck, und ich assoziiere: Einigungssituation.[175]

Ich spüre bei mir eine leise Traurigkeit und denke mir: das also will sie, und das kann sie auch; aber sie kann und kriegt es erst dann, wenn ihr Unterricht vorbei ist! – Diese Situation dauerte etwa acht bis zehn Minuten, reichte also bis weit in die Pause. Als sich die Gruppe schließlich auflöst, fällt mir auf, daß Joachim die ganze Zeit dabeigewesen ist. – Schließlich kommt Irma G. mit einem glücklichen Lächeln, das zugleich aber auch den Ausdruck von Versagen trägt, nach hinten zur Beobachtergruppe ... als wollte sie sich entschuldigen ...

Die sehr ausführliche Unterrichtsbesprechung im Anschluß an diese Stunde kann ich aus Raumgründen nicht in der wünschenswerten Breite darstellen. Ich beschränke mich auf drei Aspekte, in denen sich die Problematik insofern zu spiegeln scheint, als sie auch in den übrigen Unterrichtsbesprechungen mit Irma G. erkennbar – wenn auch nicht auflösbar wurde. – Der Besprechung dieser Stunde war noch die einer anderen Stunde, der von Erna R., vorausgegangen. Irma G. verhielt sich während dieser Besprechung still und interessiert: sie intervenierte allerdings an einer bestimmten – und, wie ich meine, bezeichnenden – Stelle.

Wir hatten längere Zeit über die Störversuche, insbesondere die des Joachim, im Unterricht gesprochen. In diesem Zusammenhang äußerte ich bezogen auf Erna R. folgendes:

Ich Ich habe mich gefragt, ob denn der Joachim für dich schon ein Aggressionsobjekt ist oder noch nicht?!

Erna R. (irritiert, nach einer längeren Pause) Ich hoffe nicht, ne? – Ich . . .

Ich (unterbreche) Wie fühlst du dich denn ihm gegenüber?

Erna R. (lange Pause) Also, ich glaube nicht, daß ich bei ihm Aggressionen, die ich mir irgendwo anders angesammelt habe . . . daß ich die auf den Joachim ablade . . . das glaub ich nicht!

Ich Nee, das glaub ich auch nicht!

Erna R. Dazu hab ich, glaub ich, einfach zu viel Schiß vor dem, ne?

Ich Ja, nun reizt er dich aber ziemlich?!

Erna R. Ja, er reizt mich arg! Ja, das stimmt allerdings! Manchmal möcht ich ihn anschreien . . . aber ich trau mich nicht, weil der mir meinen ganzen Unterricht kaputtmachen kann, und da bin ich froh, wenn's so einigermaßen geht. Aber manchmal bin ich stocksauer auf den . . .

Irma G. Also, weißte! Mir geht's da aber ganz anders! Ich kann den unheimlich gut leiden. Der kann unheimlich witzige Sachen machen, da kann man nur staunen.

Ich Und dein Unterricht?

Irma G. Ja, das stimmt schon, da haut der ganz schön rein. Aber ich kann dem nicht bös sein. (Pause) Aber mich interessiert jetzt das von der Erna mehr . . .

Erna R. Ja, ich bin schon häufiger sauer auf den . . .

Irma G. (lacht) Ja? – Ich gar nicht!!

Wir nehmen die Besprechung der Stunde von Erna R. wieder auf. Ich nehme mir vor, später auf diesen Punkt noch einmal zurückzukommen: Irma G.s Haltung erscheint mir sehr zweifelhaft. – Mit Erna R. können wir uns auf folgende Einschätzung verständigen: sie fühlt sich in ihrer Arbeit durch Joachim erheblich gestört und hat von daher öfters aggressive Impulse gegen ihn, die sie aber im

Unterricht sichtbar für jeden Beobachter – und gewiß auch für Joachim – unterdrückt. Ihre Erklärung ist einleuchtend: sie hat Angst vor seiner «Rache», wenn sie sich offen, fordernd und aggressiv ihm gegenüber äußern wollte. Abgesehen davon mag sie ihn «noch immer» ganz gerne.

ICH Ja, weißt du, ich denke mir, daß du ihn bald überhaupt nicht mehr mögen kannst, wenn du das Wichtigste, das Imponierendste, was du ihm gegenüber empfindest, verstecken mußt. Ich denke mir, der Joachim interessiert sich vor allem auch dafür. – Mir jedenfalls geht es auf Dauer immer so, daß ich jemanden eben nicht leiden kann, wenn ich mich vor ihm verstecken muß . . .

Im weiteren Gespräch ergibt sich für Erna R. eine Übungsperspektive, in der sie versuchen will, sich Joachim gegenüber offener und direkter zu verhalten. – Später zeigt sich, daß ihr das zu ihrem eigenen Erstaunen mit guten Erfolgen gelingt: Joachim kann das sehr wohl akzeptieren und sie auch.

Irma G. hat dem – offensichtlich hochinteressiert – zugehört, sie sitzt vorgebeugt, nickt manchmal heftig zustimmend und schüttelt dann wieder in vehementer Ablehnung den Kopf. Schließlich interveniert sie, und wir wenden uns der Besprechung ihrer Stunde zu.

IRMA G. Also, ich find das ja unheimlich gut, was ihr da rausgekriegt habt, aber wenn ich so an mich denke, dann kann ich nichts damit anfangen. Ich kann dem Joachim doch kein aggressives Theater vorspielen, wenn ich überhaupt keine Aggressivität empfinde, wenn der Blödsinn macht . . .

ICH (unterbreche) Aber deinen Unterricht macht er kaputt!

IRMA G. Ja, das ist wahr. Und ihr dürft nicht denken, daß mir das nichts ausmacht. Ich war hinterher ganz schön kaputt, und ich find das schlimm, daß das so schiefläuft, und das war ja schon öfters so.

ICH Ich hab gesehen, daß du dich sehr gut vorbereitet hast, und daß du auch im Unterricht sehr viel Energie eingesetzt hast, damit es wirklich gelingt. Ich war so für mich ganz schön wütend, als ich gesehen habe, wie die Schüler dir auf deiner Arbeit und deinem Seelenleben herumtrampeln. Ich hab mich gefragt, wann du dich endlich mal wehrst . . .

IRMA G. Die kriegen genug auf die Ohren, auch zu Hause, und wenn ich da auch noch komme . . .

ICH (unterbreche) Ja, die armen, zarten Kinderseelchen! – Und was ist mit dir?? (ziemlich höhnisch)

IRMA G. Gut, ich muß sehen, wie ich das später mal mit den Schulräten hinkriegen kann, wenn die kommen. Ich weiß auch noch nicht, wie ich das machen soll! – Aber die Kinder, und grade der Joachim . . . Ich find die schon in Ordnung, wie die so sind . . .

ICH (unterbreche) . . . wie die dir deinen Unterricht kaputtmachen!! – Ich denk mir, dir geht's wie der Erna (R.), nur gibst du's nicht zu, damit du's nicht ändern mußt.

IRMA G. Also, das kannst du mir jetzt glauben oder nicht: aber ich bin an keiner

Stelle aggressiv gegen die Kinder eingestellt gewesen, auch nicht gegen den Joachim!

Ich Das nehm ich dir nicht ab!

Ich bin in einer unbehaglichen und sehr zwiespältigen Situation. Auf der einen Seite bin ich sicher, daß Irma G. nicht lügt, wenn sie sagt, daß sie nicht aggressiv sei. Auf der anderen Seite sehe ich, daß sie stark unter dem Scheitern ihres Unterrichts leidet. Einerseits sieht auch sie sehr deutlich, daß ihr Scheitern eindeutig auf die Störungen der Schüler, insbesondere Joachims, zurückgeht; andererseits sieht sie sich außerstande, dagegen deutlich und bestimmt, also aggressiv getönt, einzuschreiten: sie spürt trotz leidvollen Scheiterns als Lehrerin keinen Impuls, der sie veranlassen könnte, dieses Scheitern wirksam anzugehen.

Ich versuche eine eher erklärend-interpretative Bearbeitungsform, die sich als Analyse der Eingangssituation ihrer Stunde anzubieten scheint.

Ich Ja, da war etwas am Beginn der Stunde, als die noch so rumtobten. Da hast du dich hingestellt, die Arme verschränkt und gesagt: «Ich fange erst dann an, wenn ihr ganz still seid!» Da hab ich mir gedacht: da bin ich aber mal gespannt (Irma lächelt überlegen-interessiert). Und du hast auch über lange Zeit nichts *gesagt*, aber du hast sehr viel *gemacht*.

Irma G. Was hab ich denn gemacht? – Ich hab doch nichts gemacht!!

Ich Gut, das ist für dich wahrscheinlich nicht so leicht sichtbar, aber wenn man hinten sitzt, dann sieht man mehr. (Ich teile ihr die oben dargestellten Beobachtungen ihrer lobend-tadelnd-bestärkend-beschwichtigenden Mimik und Gestik mit. Sie erinnert sich und akzeptiert mit einigem Staunen.)

Irma G. (als auch die anderen zu meinen Beobachtungen teils lachend nicken) Ja, da hast du natürlich recht, das seh ich jetzt . . . Und die Kinder haben das natürlich auch gesehen.

Ich Ja, auf der Inhaltsebene hast du denen gesagt: «Ich mache nichts, bis ihr still seid!» Und auf der Beziehungsebene hast du gesagt: «Wir fangen schon an, bevor ihr still seid!» Und die haben natürlich das zweite gemacht, weil sie ja Kinder sind.[176]

Genau diese Szene enthält den wahrscheinlich besten Zugang zum Verständnis ihrer Problematik; dies aber konnte ich erst gegen Ende unseres gemeinsamen Tiefeninterviews verstehen! Zunächst steuerten wir – ohne es zu wissen und zu wollen – den schließlichen Dissens an.

Irma G. Ja, die haben das gemerkt und haben mit meiner Unsicherheit gespielt. Und ich dachte, ich wäre die strenge Lehrerin. (Sie muß laut lachen.)

Ich Ja, sieh mal! Das war aber dann später immer wieder genauso: du teilst denen mit – auf der Inhaltsebene – daß du Unterricht machen willst, darauf bereitest du dich ja auch vor; auf der Beziehungsebene tust du aber nichts, um das auch

wirklich zu vertreten. Das Ergebnis ist, daß die mit dir spielen, dir deine
ganze Arbeit und deine Einstellung als Lehrerin in Klump schlagen. Und
dann erzählst du mir noch, daß dich das alles kalt läßt.

IRMA G. Das läßt mich nicht kalt! Das weißt du auch! Aber es macht mich
wirklich nicht aggressiv! Kannste das nicht verstehen?

ICH Nein!

Auch alle weiteren Versuche, diese merkwürdige Diskrepanz zwischen dem pädagogisch-inhaltlichen Engagement von Irma G. einerseits und ihrem einschlägigen Scheitern aufgrund der penetran-
ten Störversuche der Schüler andererseits, die diese Praktikantin
ganz offenbar gut leiden mögen und auch sehen, daß sie am Scheitern ihres Unterrichts leidet, führen nicht zu einer Verständigung
und können nicht im Sinne einer aussichtsreichen Handlungsper-
spektive bearbeitet werden. Zwar gelingt es Irma G. durchaus, hier
und da eine deutlichere Darstellung ihrer selbst im Unterricht zu
erreichen, und dies erleichtert ihre Situation etwas, aber sie besteht
auf ihrer völligen Aggressionslosigkeit und verzichtet auch ganz auf
irgendeine deutliche Zurückweisung von Störungen seitens der
Schüler: Dissens.

Im nachhinein neige ich zu der Auffassung, daß bei einer längeren Bearbeitung ihres aktuellen Unterrichts durchaus aussichtsreiche Übungsperspektiven hätten konsensuell gefunden werden können, so daß unter *diesem* Gesichtspunkt das folgende Tiefeninterview verzichtbar gewesen wäre. Allerdings wird das Interview selber zeigen, daß solche Übungsperspektiven für Irma G. ganz außerordentlich schmerzliche Vorerfahrungen in der Form fortgesetzten
Scheiterns mit der Gefahr der Resignation zur vermutlichen Voraussetzung gehabt hätten. Ein wirkliches Verstehen ihrer Problematik wäre ohne ein solches Interview (oder ein entsprechendes Verfahren) wahrscheinlich nicht möglich gewesen. Die Frage danach
kann jedoch nicht gültig entschieden werden: eine Weiterarbeit in
der in aller Kürze dargestellten Weise scheiterte an der zeitlichen
Begrenzung des Praktikums.

C Die berufsspezifische Lebensgeschichte der Irma G.

164 Das Tiefeninterview versteht sich als gemeinsame Selbstreflexion mit dem Ziel aussichtsreicher Handlungsperspektiven

Bevor ich nun das Tiefeninterview mit Irma G. inhaltlich darstellen und erörtern kann, sind einige Überlegungen zu den Besonderheiten der Form, der einzelnen Themenkomplexe, meines Selbstverständnisses, als des Fragenden, zur Situation der Befragten und zur Zielvorstellung, die mit diesem Interview verbunden war, notwendig.

Schon die Bezeichnung «Interview» mag zu Irrtümern über das tatsächlich durchgeführte Verfahren und seine Zielvorstellungen Anlaß geben. Unterschiedliche Formen von Interviews werden zu Recht in den Zusammenhang der empirischen Sozialforschung gestellt und haben alle eine meist sehr genau definierte Rollendifferenz in der Konstellation Interviewer–Interviewter gemeinsam.[177] Dies kann zwar auch für die hier durchgeführten Interviews auf weite Strecken gelten, wenngleich etwa die Frage von Sylvia L. «Warum interessiert dich eigentlich die Tante meiner Mutter so sehr?» als ganz und gar zulässig gelten muß und mich zu einer erschöpfenden Antwort veranlaßt hat: dies aber sprengt schon den Rahmen eines «normalen» Interviews.

Die Bezeichnung «Interview» wird unter einem anderen Aspekt noch problematischer, weil in den hier erarbeiteten Verfahren die Subjekt-Objekt-Relation, die ja in der empirischen Sozialforschung fraglos als zwingend gültig aufrechterhalten wird, sich von vornherein als unangemessen erweist und folglich bis auf einige eher formale und thematische Restbestände aufgelöst ist. Um der intendierten Zielvorstellung des Verfahrens gerecht werden zu können, darf sich der Interviewer nicht als bloß forschendes Subjekt gegenüber einem zu erforschenden Objekt verstehen; es geht nicht darum, daß er verwertbare Informationen vermittels einer Technik seinem Objekt abfragt, um sie im Sinne einer von ihm erarbeiteten Wissenschaftsmethodik zu nutzen. Vielmehr steht das gesamte Verfahren auf weiteste Strecken im Dienste der Selbstreflexion des Befragten: seine konkreten und ein Stück weit dargestellten interaktionellen Probleme aus der unterrichtlichen Situation sind der Hintergrund des Verfahrens; soweit sie ungeklärt und damit unverstanden sind, sollen sie vermittels eines Rekurses auf die berufsspezifische Lebensgeschichte in den zukünftigen unterrichtlichen Verständnis- und Handlungszusammenhang eingeholt werden.

Das Eigeninteresse des Interviewers besteht, bezogen auf diese ungeklärten Probleme, darin, daß er im Interview auch für sich eine weitere Möglichkeit an der Hand hat, Unverstandenes im nachhinein zu verstehen, um als Berater des Lehrers/Praktikanten nunmehr kompetenter sich an der Erarbeitung von probeweisen Übungsperspektiven beteiligen zu können. Darüber hinaus mag ihm das Interview neue Einsichten in eigenes Fehlverhalten während der vergangenen Arbeit am konkreten Unterricht des Lehrers/Praktikanten vermitteln.

Von daher stellt sich das Interview als gemeinsame Selbstreflexion mit dem Ziel besseren Verstehens und kompetenteren Handelns dar: beim Lehrer/Praktikanten im Hinblick auf einen angemesseneren Umgang mit unterrichtlichen Interaktionsproblemen; beim Interviewer im Hinblick auf einen angemesseneren Umgang mit den Problemen ihrer Bearbeitung.

Die vorgesehene Verwendung des so gefundenen Materials für die anderen Zwecke dieser wissenschaftlichen Arbeit war allen Beteiligten klar, und ihr Einverständnis damit war selbstverständlich vorhanden. Nach meiner Auffassung hat dieser bekannte «andere Zweck» keine nennenswerte Rolle gespielt.

Die Wahl der Bezeichnung «*Tiefen*interview» geht lediglich darauf zurück, daß die Form des Fragens und Antwortens im überwiegenden Teil des Verfahrens im Vordergrund steht, daß es sich nicht um ein standardisiertes Interview handelt und daß in der einschlägigen Literatur mit dieser Bezeichnung die Hereinnahme tiefenpsychologischer, also auch psychoanalytischer Ansätze ausdrücklich gemeint ist.[178]

165 Das Tiefeninterview nutzt psychoanalytische Ansätze
und grenzt sich zugleich deutlich
gegen den psychoanalytischen Prozeß ab

Andererseits grenzt sich das Verfahren gegen den psychoanalytischen Prozeß durch seinen Frage-Antwort-Charakter anstelle der freien Assoziation, durch eine weitgehende Auslassung der Bearbeitung der aktuellen Interview-Situation (einschließlich ihrer Übertragungsproblematik), durch seine Kürze, durch das Fehlen therapeutischer Ansprüche im engeren Sinne und durch die Tatsache, daß ich kein Analytiker bin, deutlich ab. Zugleich wird auch für diese Verfahren der Anspruch der Psychoanalyse, Forschungs- *und* Heilungsprozeß zu sein, ausdrücklich erhoben; wobei unter «Heilung» nicht der Blick auf psychische Krankheit, wohl aber auf leidvolles Scheitern im Unterricht gelenkt wird: «Hilfe» mag darum die bessere Bezeichnung sein.

Die konkreten Interviews enthielten auf meiner Seite ca. 100 schriftlich fixierte Fragen, die in fünf unterschiedliche Komplexe gegliedert waren:

1. Motivation für die Berufswahl
   Fragen, die sich auf Personen (etwa Lehrer), Situationen (etwa Schulerlebnisse), imponierende Literatureindrücke (etwa reformpädagogische Projekte), Gratifikationen (etwa lange Ferien) und Werthaltungen (etwa pädagogischer Ethos) bezogen.
2. Schulkontakte während der Studienzeit
   Fragen, die sich auf die Erlebnisweise und den Verarbeitungsgrad von Hospitationen, informellen Besuchen in der Schule, Kontakte mit Lehrern und Schülern und auf ein eventuell schon vorweg abgeleistetes Praktikum bezogen. (Das gemeinsame Praktikum war hier ausgeklammert.)
3. Schulische Sozialisation
   Fragen, die sich auf die eigene Schulzeit als Erlebnisweise von angemessen und/oder unangemessen erfahrenen Lehrern und Lehrerinnen, Mitschülern und Mitschülerinnen, Status und Rolle im Sozialgefüge der Schulklasse, schulische Leistungsmöglichkeiten und -defizite sowie die Bedeutung des Elternhauses für die schulische Karriere bezogen.
4. Familiale Sozialisation
   Fragen, die sich auf die Beziehung zu Mutter, Vater und Geschwistern sowie anderer wichtiger Bezugspersonen und die zugehörigen Erlebnisweisen, auf angenehme und unangenehme Si-

tuationen der erinnerten Kindheit und auf die Art und den Grad der Ablösung von den Eltern und die Versuche, eigene Selbständigkeit zu konstituieren, bezogen.

5. Das Praktikum und seine Vorbereitung

Fragen, die sich auf die Erlebnisweise dieser doch besonderen Seminarform hinsichtlich ihrer Teilnehmer, der Mentoren und der Leiter, des Praktikums selber, als Unterrichtsplanung und -durchführung, als Auseinandersetzung mit den Mentoren und mit der Situation der Unterrichtsbesprechung, als auch bewertende Einschätzung dieser Verfahren und ihrer Beteiligten bezogen. Dieser Komplex stand aber vor allem unter dem Vorsatz, das erhobene Material aus der berufsspezifischen Lebensgeschichte in den Zusammenhang der bisher noch ungeklärten Probleme aus der Schule zu bringen: mit dem Ziel neuer Verständnis- und Handlungsperspektiven.

Mein schriftliches Konzept, an das ich mich auch in der Reihenfolge der Fragen hielt, habe ich als Desiderat möglicher Problemstellungen und Fragen zum Zusammenhang von Lehrerberuf und einschlägiger Lebensgeschichte verstanden und vor diesem Hintergrund ohne jede weitere ausdrückliche Bezugnahme auf die wissenschaftlichen Ergebnisse empirischer Sozialforschung konzipiert. Im konkreten Interview hatten diese Fragen, wie sich dann zeigte, eher den Charakter eines reflexiven Anstoßes im Hinblick auf die Erhebung eines Materials, das sich für die Form etwa des standardisierten Interviews als unzugänglich erwiesen hätte: die Äußerungen der Befragten veranlaßten mich durchweg – je nach ihrer Art, Inhaltlichkeit und Richtung – zu weiteren Fragen, die in meinem schriftlichen Konzept fehlen mußten und es von daher weit überschritten. Solche unplanbaren und ungeplanten Zusatzfragen nahmen im Interview den weitaus größten Raum ein und richteten sich allein nach der individuellen Situation und dem einmaligen Material, das sich gerade aktuell anbot oder auftat. So stand meine Fragehaltung einerseits vor dem dargestellten Hintergrund ungelöster Unterrichtsprobleme, folgte aber andererseits den manchmal sehr verschlungenen Linien der persönlichen Darstellungsweise der Befragten. Es ging ja nicht um eine selektive Erhebung vorweg inhaltlich bestimmbaren Materials, sondern allein um das Verständnis zunächst diskursiv unbekannten Materials im Zusammenhang teilweise bekannter, aber zugleich ungelöster Problematiken.

Ich habe alle Befragten darauf hingewiesen, daß es ihnen selbstverständlich freisteht, bestimmte intime oder verpönte Anteile nicht in unser Gespräch einzubringen. Auf der anderen Seite habe ich alle Befragten so erlebt, daß sie mit außerordentlich großem Interesse an der manchmal mühsamen Arbeit beteiligt waren. Dieses Interesse steigerte sich bei allen im Verlauf der jeweiligen Interviews, und es waren nicht Schwierigkeiten verpönender Intimität, die auf der Ebene des Bewußtseins bestimmte Materialstücke außerhalb der Bearbeitung gelassen hätten, sondern Erinnerungssperren, die allerdings damit im Zusammenhang stehen. Ich hatte bei allen Befragten während der Interviews den Eindruck einer vertrauensvollen Beziehung: dies scheint mir auch eine notwendige Voraussetzung für eine solche Arbeit zu sein. Ich werde in der folgenden Darstellung dem schriftlichen Text – und damit der Chronologie – des Interviews von Irma G. nachgehen. Selbstverständlich sind damit erhebliche Kürzungen und Auslassungen verbunden. Ich werde auch größere Materialstücke ganz unerwähnt lassen müssen, damit ich mich etwas ausführlicher auf die Knotenpunkte der einzelnen Probleme einlassen kann. Dabei muß ich es als einen ganz erheblichen Mangel betrachten, daß es nicht – oder kaum – möglich sein wird, die gewiß hochbedeutsamen Umwege und Verschlingungen nachzuzeichnen, in deren Verfolgung sich schließlich Verständnis und Verständigung herstellen ließen: vielleicht gibt der Weg, der zurückgelegt wurde, mehr Auskunft über ein Problem als das Ergebnis, das sich ja erst am Ende dieses Weges abzeichnete. Da dieser Weg lang und verschlungen ist, muß ich mich hier vorrangig an den Ergebnissen orientieren und es bei Andeutungen hinsichtlich des Weges belassen.

166 *Motivation für die Berufswahl*

ICH Warum hast du dich entschieden, Lehrer zu werden?
SIE Auf einen Nenner gebracht, ist die kürzeste Antwort, daß die Berufsaussichten für Diplompädagogen so schlecht sind, daß ich (außerdem) zur Absicherung das Lehrerexamen mache . . . Lehrer werde ich, weil das immer noch am meisten mit Pädagogik zu tun hat . . .

Irma G. hat ein sehr gutes Abiturzeugnis und hätte von daher auch jedes andere Studium antreten können. Sie wählt ihren Beruf weder wegen der langen Ferien, noch weil er ein «Halbtagsjob» ist, noch wegen des Beamtenstatus.

SIE Ich will auch nicht studieren, um dann angemessen zu heiraten und danach aus dem Beruf zu gehen. Ich will einen Full-Time-Job. Ich will einen Beruf haben, der auch ein Lebensinhalt sein soll . . . Das negative Image des Lehrers, wie das so in deinen Fragen anklingt, hat mich bei der Berufswahl sehr gestört, und ich hab's trotzdem studiert . . . Mich hat auch ganz gewaltig gestört, daß der Lehrerberuf zunehmend ein Frauenberuf ist . . . Es ist nicht gut, daß 80 bis 90 % der Lehrer Frauen sind . . . Ich find's auch nicht gut, daß Kinder nur von Frauen erzogen werden.

Dieses letzte Statement verweist auf eine Thematik, die im Verlauf eine wesentliche Rolle spielen wird: in ihrer familialen Sozialisation.

Ich Welche Personen haben bei deiner Entscheidung eine Rolle gespielt?
Sie Ja, die anderen Studenten hier, und daß es so viele sind . . . Die kriegen ja zum großen Teil keine Stellen als Pädagogen . . . Ja, und daß ich keine allzu guten Aussichten hab, nicht wahr, noch dazu als Frau.
Ich Ach, du meinst jetzt deine Entscheidung für das Lehrerstudium. Ich meine aber deine Entscheidung für Pädagogik; welche Personen kommen da in Frage?
Sie Ja, Personen im Sinne von Autoren. – Zum Beispiel Neill mit Summerhill, das hat 'ne Rolle gespielt damals . . .
Ich Wie ist es mit konkreten Personen?
Sie (überlegt längere Zeit) Ja . . . das kann ich kaum sagen, weil die Leute, die mit Pädagogik zu tun hatten – und das waren also die Lehrer an unserer Schule – die haben mir also ein sehr negatives Bild vermittelt . . . mit Ausnahmen . . . Ich kann mich nur an Personen erinnern, die eine negative Rolle gespielt haben. Das sind viele Lehrer gewesen, und da hat auch noch zu allem Überfluß meine Oma darauf bestanden, daß ich nun auch Lehrer werden sollte . . . Und das waren also alles Gründe, die mich davon abhalten könnten, Lehrer zu werden.
Ich Das verstehe ich so, daß du Pädagogik studieren wolltest, nicht *weil*, sondern *obgleich* deine Oma und andere das wollten.
Sie Ja, ja! . . . naja, meine Lehrer haben sich eh nicht drum gekümmert, was ich einmal studieren wollte, meine Eltern ja auch nicht . . .

Was hier anklingt, wird im Kontext deutlicher und später in anderen Zusammenhängen wieder aufgenommen: Irma G. sieht ihre familiale wie ihre schulische Kindheit unter überwiegend negativen «pädagogischen» Einwirkungen; ihre eigene Motivation besteht zum großen Teil aus einem ethisch-pädagogischen Protest gegen diese Einwirkungen; etwa auch der Hinweis auf den «anti»autoritären Neill [179] läßt erkennen, daß sie es anders und besser machen möchte. Diese Haltung fand ich in ihrer emotionalen Engagiertheit beeindruckend, echt und überzeugend.

167 Schulkontakte während der Studienzeit

Ich Was hat dich als Student und zukünftiger Lehrer an der Schule am stärksten beeindruckt?
Sie (lange Pause) Der Rollenwechsel! Daß man jetzt nicht mehr in der Rolle des von Lehrern Abhängigen ist, sondern sich selbst in eben diese Lehrerrolle

hineingedrängt sieht, die eben auch mit 'ner gewissen Macht verbunden ist, ja? Wobei ich mich denn immer wieder wehre, diese Macht auszuüben, ja?!

ICH Wenn ich dich richtig verstehe, ist das etwas gewesen, was mit dir geschehen ist?

SIE Ja, in meinem ersten Praktikum, daß ich da diese Hospitationen genauso beklemmend empfunden habe, wie die Schüler ihre Schulsituation empfunden haben. Äh, aber ich kann . . . ich kann jetzt nicht sagen, woran das lag.

ICH Vielleicht kannst du etwas konkreter werden?

SIE Ja, ich war da mit einer Freundin in so 'ner kleinen Schule in einem Dorf in Bayern, ja? Die ist da aufgewachsen. Ja, und da leben die Schüler noch so richtig in der Furcht ihres Lehrers, ne? Das fand ich ganz schlimm! . . . ich hab gedacht: wie ist das grauenhaft, wie halten die Kinder das all die Jahre hindurch aus? Ja?

ICH Vielleicht fällt dir irgendeine Episode ein?

SIE Naja, 'ne genaue Episode weiß ich nicht! Aber auffallend war, daß die Lehrerin – so hatte man den Eindruck – immer wieder Kinder – äh – herausgriff und irgendwie an den Pranger stellte und mit irgendwelchen häßlichen Worten belegte, die nicht unbedingt Schimpfworte waren, aber doch genau die Wirkung hatten; und die den Kindern immer so den Eindruck vermittelte: was seid ihr denn schon! Ihr könnt ja nichts machen, und was muß ich mich mit euch rumplagen und so.

ICH Ich verstehe das so, daß du dich selber bedrückt gefühlt hast durch die Lage der Kinder!?

SIE Ja!! . . . weil ich auch keinerlei Möglichkeit hatte, das zu ändern, ja?! . . . und da ist man so weggegangen mit so einem beklemmenden Gefühl, daß nun alles für alle Ewigkeit so bleibt, wie man's gesehen hat, ne?!

ICH Hat dich das an deine eigene Schulzeit erinnert?

SIE Ja! (Pause) Ja – obwohl – ich muß das ein bißchen unterscheiden, ja?! Ich hab also meine eigene Schulzeit sehr schön erlebt, weil ich eben 'ne gute Schülerin war und deswegen eben nicht irgendwelchen Druckmitteln ausgesetzt war, ne?! Und dann hab ich dann auch wohl nie so ganz mitgekriegt, wie schlimm es den andern Kindern ging . . .

ICH Wie hast du die Lehrer als Studentin erlebt?

SIE Beeindruckt hat mich, daß man also da als Kollege da angeredet wird – von den Lehrern – noch nicht ganz für voll genommen wird, aber doch auf der anderen Seite steht. Und das hab ich nicht erwartet, weil ich . . . Ja, hm, wahrscheinlich konnt ich auch so schnell gar nicht umschalten. Besonders in der Schule da in Bayern, da wollt ich auch als Kollege gar nicht gelten, weil . . . ja, hm, ich wollte da einfach auch mit dieser Frau da nichts zu tun haben, da war mir das sehr unangenehm.

ICH Wie hast du die Schüler erlebt? Welche Empfindungen hattest du?

SIE (kurze Pause) Ja, irgendwie hatte ich die unheimlich gern, ne? Auch – je länger ich mit ihnen zusammen war. Erst waren sie mir fremd – ich hatte früher nicht viel mit Kindern zu tun gehabt, ja, jedenfalls nicht mit kleineren. Aber als ich die so 'n paar Tage gesehen hab, dann merkte ich, daß ich die unheimlich gerne hatte, und es tat mir leid, daß ich wieder weggehen mußte. Und ich hab mir auch die Namen unheimlich lange behalten. Ich wüßte auch jetzt noch einige ganz genau, ne?! – So im Aussehen oder im Verhalten . . .

ICH Kannst du mal differenzieren zwischen «während des Unterrichts» und «außerhalb des Unterrichts»?

SIE Nee, das kann ich nicht. Ich seh die dann auch nicht anders, ob ich sie nun in der Schule oder ob ich sie auf der Straße treffe, ja?! Es sind für mich die gleichen Leute . . . Da war so was, was mich einfach interessiert hat: nämlich die Beziehung zu diesen Kindern herzustellen, ne?! . . . und aus denen was herauszubekommen, mit ihnen zu reden und so.

ICH Ich versteh's jetzt so, daß du manchmal während des Praktikums die Möglichkeit gehabt hast, aus deinem Verständnis von Lehrerrolle herauszuschlüpfen, und daß du dich dann mit den Kindern als Individuen beschäftigen konntest?!

SIE Ja! Jaja, und was mir unheimlich Spaß eigentlich in jedem Praktikum gemacht hat, war, daß diejenigen Kinder, die bei den Klassenlehrern nie zum Zuge kamen während der Stunde, daß die dann bei mir besonders mitgearbeitet haben . . . Das war, daß die Kinder, die die ganze Zeit in meinen Augen zu kurz kamen, daß die dann bei mir aufgeblüht sind.

ICH Kannst du noch mal über die Schwierigkeiten reden, die du mit der Lehrerrolle hattest?

SIE (kurze Pause) Ja, das hing eben mit dieser – mit dieser Institution Schule zusammen: nämlich, daß ich meinte, daß so bestimmte Erwartungen an mich gestellt werden . . . Macht auszuüben, ne?! . . . daß ich also – ja – daß ich ein Kind – einem Kind – meinetwegen 'ne Zensur geben kann, wenn ich wollte. Oder daß ich die Kinder eben, wenn ich also ein ganz bestimmtes Thema behandeln will, daß sie alle mitmachen müssen, obwohl sie selbst ganz andere Interessen haben, ne?! Und daß ich ihnen da dauernd was aufzwängen muß, was sie gar nicht wollen, ja?! Das hat mir ganz und gar nicht gefallen. Und das hat vor allem dann in der Grundschule viel mit Disziplinierung zu tun . . . Es hat mich furchtbar gestört, wieviel Zeit damit verbracht wird, den Kindern – ja also – so 'n – so 'n – so 'n Wohlverhalten beizubringen, ne?! – und sie praktisch zu dressieren.

ICH Welche Möglichkeiten hast du denn in dieser Situation gehabt, mit dieser Schwierigkeit fertigzuwerden?

SIE Ja, kaum eine! Ich hab also 'n bißchen versucht, mich diesen Zwängen, die mit der Lehrerrolle wohl verbunden sind, zu entziehen, ja, aber die meiste Zeit hab ich mitgemacht, ne?! Ich hab's also wider Willen dann auf mich genommen, ne?! Ich war dann aber auch teilweise sehr unzufrieden darüber, wenn ich mitgemacht hab.

ICH Wie hast du die Lehrer erlebt? Welche Gedanken und Gefühle hattest du dabei?

SIE (lange Pause) Ja – Ja – Ja, immer wieder so das Gefühl, daß die Lehrer eigentlich alle lieber was ganz anderes geworden wären als das, was sie sind, und daß sie widerwillig da vorne stehen . . . Und das fand ich einfach schlimm und den Kindern gegenüber ungerecht, ne?! Ich mein, die Kinder sind ja auch nicht da, weil sie wollen, aber – wenn sie nun mal da sind, dann – find ich – haben sie auch 'n Anrecht auf jemand, der wirklich voll da ist und der sich für die Kinder auch ganz einsetzt. Und nicht einer, der da sagt: Na, ich hab nun mal nur diese Ausbildung; und die anderen Bedingungen – meinetwegen Ferien oder Gehalt – die sind ja auch nicht so ganz schlecht, also mach ich das mal weiter, ne?! – aber der im Grunde lieber einen ganz andern Beruf hätte. Und deswegen – ja, ich steh also nie so ganz positiv zu Lehrern, ne?! Wie können die das einfach so machen??? ... Jaaa, vielleicht noch in einer ganz anderen Beziehung meine Kritik, nämlich, daß sie sich auch oft keine Mühe gegeben haben, sich das nötige Wissen anzueignen ... Wir haben im ersten Praktikum ein Deutschprojekt machen wollen, da haben die Lehrer – einzelne Lehrer – ihre Sache einfach nur so hingeschludert. Da hab ich mich richtig geschämt für ...

Ich Welche Eindrücke hattest du bei der Beobachtung des Umgangs von Lehrern mit Schülern?

Sie (lange Pause) Ja – ja, da hatte ich also hauptsächlich den Eindruck, daß die Lehrer ihre Macht mißbrauchen und die Schüler in einer künstlichen Abhängigkeit halten, die nicht durch die Notwendigkeit des Unterrichts begründet ist, sondern einfach eben ihren Spaß – den sie natürlich nicht zum Ausdruck bringen – daran haben, zu wissen: ich kann mit denen alles machen, was ich will, ne?! Was dann eben teilweise so weit gegangen ist, daß sie die Kinder geschlagen haben. Das haben sie natürlich nie zugegeben. Aber ich hab dann mal so 'ne Zettelarbeit schreiben lassen – in Sozialkunde – über verschiedene Strafen: was die Kinder für Strafen kennen. Und da kam dann heraus, daß die Lehrer auch Ohrfeigen verteilt haben und alles mögliche andere auch noch ...

Ich Welche Eindrücke hast du nach deiner Auffassung bei den Schülern hinterlassen?

Sie (sehr lange Pause) Ja, wenn ich's negativ formuliere: daß sie bei mir viel machen konnten im Vergleich zu ihren sonstigen Lehrern. Und wenn ich's positiv formuliere: daß sie gern mit mir zusammen waren, auch teilweise noch nach der Schule dageblieben sind, auch samstags und so, und mich auch gern besucht hätten ... Bei den Kindern in unserem Praktikum war das sehr ausgeprägt: die wollten dann auch in der Pause am liebsten mit mir zusammen sein ...

Ich Ich verstehe, daß manche Schüler gleichsam dein Anderssein im Sinne einer Kompensation von Druck ...

Sie (unterbricht) Ja, ja, das fand ich eigentlich auch einleuchtend. Wenn die immer unter Druck stehen, dann müssen sie ja eigentlich in der Zeit, wo der Druck jetzt nicht mehr so hart ist, dann nun das alles erst mal rauslassen, ne?! Ich hatte eben nur nicht die Zeit und oft nicht die Möglichkeit, ihnen den Raum erst mal zu geben, weil ich ja danach gegangen bin ...

Ich Wie sind dir die Schüler entgegengetreten? Welches waren nach deiner Auffassung ihre Forderungen an dich?

Sie (sehr lange Pause) Hmmm ...

Ich Also: Was wollten die eigentlich von dir?

Sie Ja – Also, das ist jetzt schwierig! Denn, was ich jetzt sagen will – da weiß ich nicht, ob das nun daher kommt, weil du uns das im Praktikum immer wieder gezeigt hast. – Also jetzt, im nachhinein – hab ich so den Eindruck, daß wir uns darstellen, wie wir sind ... Ja, und daß die Schüler eigentlich immer ausprobiert haben, herauszufinden, wie wir eigentlich sind: wie ist die nun eigentlich? ...

Ich Wenn du mal dein Universitätsstudium mit deinen Erfahrungen im ersten Praktikum zusammenbringst: Welche Hilfen für deinen zukünftigen Beruf ziehst du aus deinem Studium?

SIE (spontan) Eigentlich gar keine! – Nee, das ist nicht ganz richtig: fachlich-inhaltlich ist einiges ganz nützlich, das meiste aber ist überflüssig. Naja, guck mal: den Mentor da, den hab ich in seinem Unterricht gesehen, und da wollt' ich nichts von dem lernen, was der da gemacht hat. An den wollt ich also keine Forderungen stellen, den fand ich unmöglich! – Und die Praktikums-betreuerin von der Uni – ja, deren Hilflosigkeit hatte sich ja schon in den ersten Sitzungen im vorbereitenden Seminar gezeigt. – Und – äh – ich kann nun meine Aufgabe auch nicht darin sehen, sie zu motivieren – und das wäre erst mal nötig gewesen!

ICH Also war das ähnlich wie bei dem Mentor?

SIE Ja, nur daß der borniert war, und sie war hilflos und uninteressiert: also, ein Praktikum muß eben gemacht werden, und ich muß es betreuen; gut, also mach ich das. Bei dem Mentor war wohl auch noch ein finanzieller Gesichtspunkt dabei, der war grad am Hausbauen. Aber inhaltliches Interesse war bei diesen Leuten einfach nicht da. – Aber ich fand das Praktikum trotzdem sinnvoll: ich hab zwar keine Hilfen von der Uni gekriegt, auch nicht vom Mentor, aber ich hatte die Schulsituation gratis und konnte da meine Erfahrungen machen. Das hatte ich – wenn man so will – von der Uni gekriegt . . . Ja, und der Unibetrieb selber: Ja, daß ich ab und zu etwas lerne, was ich vielleicht verwenden kann, aber das ist nur sehr sporadisch, ne?! Die Funktion von dem Studium besteht für mich vor allem darin, daß ich damit die formalen Voraussetzungen für den Beruf erfülle. So wie ich das Universitätsstudium bisher kennengelernt habe, kann's höchstens ein paar Anregungen geben. Aber Qualifikation für die Schule: das findet nicht statt . . .

Irma G.s Einstellung zur Schule, den Lehrern dort, dem zugehörigen Rollenkonflikt, den Schülern, der Hochschule, ihren Vertretern und Inhalten mag hinreichend deutlich geworden sein. Sie stellt sich nach meiner Einschätzung als schon abklingender und von resignativer Traurigkeit durchsetzter Protest dar: sie trauert um die Vergeblichkeit von Veränderungsversuchen bei «diesen Leuten». Noch ungebrochen erscheint mir ihre Einstellung hinsichtlich der eigenen Möglichkeiten alternativen Handelns: einerseits hat sie einen deutlichen Eindruck von den entgegenstehenden Schwierigkeiten, andererseits setzt sie auf ihre eigene Kraft und die Konsistenz dessen, was sie will. Der Abschied von den in der Begegnung mit der Schule reaktualisierten eigenen Verletzungen scheint sich anzubahnen. Ihre Verarbeitungsform scheint der Versuch zu sein, das Zugefügte nicht zu wiederholen. Mir selber erscheint dieser Versuch nur dann aussichtsreich, wenn es gelingt, das vormals Zugefügte mit hinreichender Genauigkeit zu beschreiben; dies vor allem unter dem Gesichtspunkt seiner Wiederkehr in Irma G.s Umgang mit den Problemen der Schule: der Abschied von ihrer Vergangenheit kann nur dann gelingen, wenn sie weiß, wovon sie sich verabschiedet.

Ich Versuche, deinen ersten Eindruck von der Schule, womöglich deinen ersten Schultag zu erinnern!

Sie Ja, ich hab eigentlich keine Erinnerung an den ersten Schultag. Mir fällt ein: Schultüte und irgendwie fotografiert werden, und irgendwie war meine Mutter dabei, aber sonst nichts! Ich wüßte auch nicht, daß mir die Lehrerin da in Erinnerung geblieben ist . . . Die erste Erinnerung hat wohl was mit Adventszeit, Kerzen und Basteln zu tun . . . Ich weiß schon, daß ich meine Lehrerin gut leiden mochte und daß ich unheimlich gern zur Schule gegangen bin – tja, aber so Einzelheiten weiß ich wirklich nicht . . . Ich hab meine Lehrerin die ganzen ersten zwei Jahre gehabt, in allen Fächern, nur in Turnen nicht – und das mit dem Turnen, das war schlimm.

Ich Warte mal, das kriegen wir noch! – Erzähl jetzt erst mal von deinem letzten Eindruck von der Schule und von deinem letzten Schultag.

Sie Ja, ich hatte mir lange vorher vorgestellt, daß ich da ganz deprimiert bin, wenn ich also den letzten Tag da bin, und daß ich das überhaupt nie verschmerzen kann, nicht mehr in die Schule zu gehen. Und das – das ging aber so an mir vorbei, daß ich's gar nicht gemerkt hab . . . Die Abschlußfeier sollte wohl richtig feierlich sein, aber das war erst Wochen nach Schulschluß. Da weiß ich nur, daß mir das nichts bedeutet hat. Wir bekamen halt die Zeugnisse überreicht, und jeder hat 'ne Rede gehalten. Ich bin auch zu spät gekommen, was viele sehr unpassend fanden, weil's doch so ein Festakt war. Aber es hat mir nichts mehr bedeutet . . .

Ich Du hast vorhin gesagt, daß du gerne in die Schule gegangen bist. Nun, was hat denn das für dich so bedeutet?

Sie Naja, die Schule – das war so ziemlich alles, was ich hatte, an Unterhaltung, ne?! Und das hat für mich überhaupt nicht so Streß und Leistungsdruck bedeutet, wie für andere, weil mir das von Anfang an alles unheimlich leicht gefallen ist. Für mich war's eben wirklich Unterhaltung und Abwechslung, und ich war mit anderen Kindern zusammen, was ich ja eben außerhalb der Schule nicht sein durfte, und – ähm – das war dann praktisch so mein Lebensinhalt, ne?! Ich war also immer unheimlich sauer, wenn die Ferien anfingen, und hab geheult, ne?! . . daß ich nicht mehr in die Schule gehen durfte. Und ich hab dann die ganze Zeit auf das Ferienende gewartet . . .

Ich Erzähle von dem Lehrer oder der Lehrerin, die du am liebsten gemocht hast!

Sie Ja, das war also meine Klassenlehrerin im letzten Jahr. Die hatte ich schon in der Mittelstufe als Englischlehrerin, und die mochte ich deswegen so gern, weil die eben nicht so ungeheuer angepaßt und unterwürfig war, wie ich die meisten anderen Lehrer kennengelernt habe, sondern die hat für mich das verkörpert, was sie selber Zivilcourage nannte. Sie war auch gegenüber unserer Direktorin, an die sich keiner von den andern rangetraut hat, – da hat sie immer gesagt: Ach, was denn! Da geh ich halt mal zu der hin und rede mal mit der. Das sagten zwar andere auch, aber bei ihr hat's gestimmt . . .

Ich Kannst du mal ein Beispiel nennen?

Sie Ja, wenn's um Klassenarbeiten ging . . . Zum Beispiel unser Mathelehrer, der hat die Zensuren nur deswegen nachträglich nach oben verändert, was ihm gar nicht paßte, nur damit er nicht zur Direktorin gehen mußte, um sich die

Genehmigung fürs Neuschreiben zu holen . . . Sie hatte vor allem auch ein ungeheures Wissen, obgleich sie uns das gar nicht beibringen konnte, weil sie didaktisch ganz ungeschickt war. Aber ihr Wissen, Engagement und ihr Mut – das hat mich sehr beeindruckt . . . Die meisten kamen mit ihr nicht zurecht, weil ihre Anforderungen einfach zu hoch waren und weil sie nicht imstande war, auf Schüler einzugehen. Aber, ich weiß nicht, ich hatte sie eben unheimlich gern, weil – weil – wegen ihrer Art, weil sie wußte, was sie wollte. – Also, ich fand's schon als Nachteil, daß sie uns das alles, was sie wußte, nicht beibringen konnte, aber das andere, so ihr Wesen, das war für mich viel wichtiger . . . Sie war so Ende fünfzig, nicht verheiratet, war an sich so das, was die männlichen Lehrer an unserer Schule eine «alte Jungfer» nannten, ne?! Aber ungeheuer temperamentvoll und aktiv und wußte sich eben durchzusetzen, hat sich auch für uns mit Nachdruck eingesetzt. Wir mußten ihr allerdings schon deutlich beibringen, was wir wollten, weil – von selbst hat sie so was nicht gemerkt . . .

ICH War deine Einstellung zur ihr normal in deiner Klasse?

SIE (sehr eifrig) Nee, nee! Ich war da wirklich 'ne Ausnahme. Nach der Mittelstufe hatten wir sie ja nicht mehr, eine ganze Zeit. Und später bekamen wir sie dann wieder, und da waren alle andern ganz sauer, und nur ich hab mich unheimlich gefreut . . .

ICH Bei welchem Lehrer hast du denn am meisten gelernt?

SIE Ja, wahrscheinlich war das ein Lehrer in der Mittelstufe: Mathematik. Der brachte das unheimlich gut, so bröckchenweise. Der war schon über sechzig, unheimlich groß und dick und laut. Vor dem hatte man einfach Angst. Wenn dem was nicht paßte, dann warf der einfach . . .

ICH Mit was?

SIE Wie? – Ach so! Ja, was er so hatte: Lineal, Schwamm, Kreide, Radiergummi; war auch sehr ernst, Humor gab's bei dem höchstens mal als Ironie. Ein Mädchen kannte ihn privat, die sagte, der sei in Wirklichkeit ganz anders, der sei ein ganz lieber Mensch. Das kam mir merkwürdig vor, aber Mathematik – ja, das hab ich bei ihm wirklich gelernt, der konnte das einem auch beibringen. Das entsprach auch so meinen Vorstellungen: schön klar und übersichtlich gliedern. Aber er schrie, wenn man's nicht konnte, manchmal hab ich gedacht, er denkt, das macht einem Mut, aber ich fand das schon schlimm . . .

ICH Erzähle von dem Lehrer oder der Lehrerin, die dir am stärksten unsympathisch waren.

SIE Ja, das war ein Mittdreißiger in der Oberstufe, Physik und Chemie. Der hatte so 'ne Art, die manche Leute charmant nennen, erzählte ständig Witzchen und Geschichten, anstatt Unterricht zu machen. Er dachte wohl, daß es nicht nötig ist, den ganzen Mädchen in der Oberstufe Physik und Chemie beizubringen, kam oft zu spät und ging früher und sagte dann, er hätte andere wichtige Dinge zu tun. Ich konnte ihn wegen seiner Art nicht leiden, und weil er seinen Unterricht nicht ernst nahm, obgleich er sich sehr wichtig vorkam. Er hat den Stundenplan in der Schule gemacht und sich überhaupt um solche äußeren Sachen immer gekümmert und die dann so aufgebläht, auf so eine glatte Art. Der trat auch der Direktorin nicht gegenüber, sondern machte seine Sachen hintenrum. Vor uns deutete er seine Überlegenheit ihr gegenüber an und spielte darauf an, daß sie ebenfalls unverheiratet ist . . . Einmal gab's eine Stunde über unsere Berufsvorstellungen. Und da sagte ein Mädchen, daß sie Volksschullehrerin werden will, und dann ließ der sich über die Volksschule aus: nur das Gymnasium zählte bei ihm als Schule; in der Hauptschule, das sei doch nur noch Schrott. Das hat sich bei mir tief eingeprägt, ich haßte den dann und fand das wirklich sehr abschreckend . . .

ICH Erzähle mal von der Mitschülerin, die du am liebsten mochtest.

SIE Hm, ja! Ja, das war eine, die mochte ich in ihrer Art unheimlich gut leiden. Die war ziemlich still, brachte aber ziemlich originelle Beiträge, redete den Lehrern nicht nach dem Mund, machte sich Gedanken drum und brachte was Eigenes . . . Ich glaub, sie hatte kaum Freundinnen. Wir sind immer auf dem Heimweg zusammengegangen. Ich hab immer einen riesigen Umweg gemacht. Ich hab aber immer gedacht, daß sie von mir nicht so viel halten kann, mich nicht so sehr leiden kann, und da ist dann die Sache auseinandergelaufen . . . Ja, und dann hatte ich noch 'ne andere Freundin, mit der ich dann immer zusammen war. Irgendwie war das wohl so festgelegt, daß man immer nur eine Freundin hatte . . . Bei der zweiten Freundin fand ich gut, daß man mit ihr über viele interessante Themen reden konnte. Später beschränkte sich das stärker auch nur auf Mode und Jungen, und das wurde mir dann mit der Zeit einfach zu wenig.

ICH Wie war das denn außerhalb der Schule mit denen?

SIE Ja, da gab's fast nur den Heimweg und vielleicht mal einen Kindergeburtstag – sonst durfte ich ja nachmittags nie weg . . .

ICH Wie ist denn das so weitergegangen? Wie ist denn das jetzt?

SIE Ja, weißt du, die zweite seh ich jetzt noch manchmal, die erste nicht. Aber das hat sich sehr aufgelöst. Wir haben uns ja auch fast nur über die Schule und den Unterricht unterhalten, oder vielleicht dann später über Anziehsachen oder so 'n Quatsch, was mich dann also weniger interessiert hat – also eine Zeitlang schon, hinterher nicht mehr . . . Die ganzen Pausengespräche drehten sich nur um Anziehsachen, Jungen und Schminksachen, naja . . .

ICH Ich verstehe dich so, du sagst: das hat sich dann aufgelöst, weil die nur noch über Kleider, Jungen und Schminken geredet haben?

SIE Was heißt «aufgelöst»?! – Das eigentlich nicht so. Die hing ziemlich an mir und wollte immer wieder mit mir zusammen sein, und ich hab dann später wohl eher versucht, mich zu entziehen, und ich konnte ihr eigentlich nicht so richtig sagen, daß ich eigentlich nicht mehr so gerne wollte. Und nun kam noch dazu, daß sie einen Freund hatte, den ich einfach unausstehlich fand. Da war sie dann auch zeitlich stärker engagiert. Aber sie kam dann immer noch zu uns nach Hause, auch heute noch . . .

In den Hinweisen auf Schminken, Kleider und Jungen klingen deutlich Pubertätsthemen an, die – wie aus dem Kontext deutlicher wird – für Irma G. überaus problematisch waren. Hier war eine sehr schwache Stelle, der sie auch im sonstigen Interview eher ausweicht, ohne es eigentlich zu wollen. Im Zusammenhang ihrer häuslichen Verhältnisse wird deutlicher werden, daß etwa ihre konkurrierenden Möglichkeiten mit anderen Mädchen um Jungen stark beschnitten waren: den Freund ihrer Freundin findet sie dann lieber «unausstehlich», und ihre Abwendung auch von dieser erfährt von daher einen deutlichen Impuls. Andere Mädchen tun dies gleichsam stellvertretend für sie: sie identifiziert sich über weite Strecken und kann erst viel später selber handeln, auch hier zunächst nur partiell:

Iᴄʜ Versuche, noch einmal ein oder zwei Schüler zu beschreiben, die dich beeindruckt haben.

Sɪᴇ Ja, später im Gymnasium war ich neu in eine Klasse reingerutscht. Und da war ein Mädchen – ja, die hat mich stark beeindruckt, weil die ungeheuer selbstsicher war, ne?! Und das kam daher, daß sie aus einem reichen Haus kam und nun von daher den Umgang mit ganz anderen Leuten gewohnt war, auch mit Älteren. Was mich aber ungeheuer verwundert hat, das war, daß sie sich für mich eingesetzt hat, als ich wieder in eine andere Klasse versetzt werden sollte, weil ich das nun nicht erwartet hatte.

Iᴄʜ Hattest du dich denn darum bemüht, in der Klasse zu bleiben?

Sɪᴇ Nee, ich hätte nie gedacht, daß so etwas möglich ist!

Iᴄʜ Aber du wolltest gern in dieser Klasse bleiben?

Sɪᴇ Ja, ich wäre gern dageblieben, in der Klasse.

Iᴄʜ Hast du denn mit ihr darüber gesprochen?

Sɪᴇ Ja! Sie hat mich angesprochen, und sie konnte dann nicht verstehen, daß ich mich da so gar nicht dafür einsetzte. Aber ich habe dazu gar keine Möglichkeit gesehen! Und sie sagte eben: sie versucht das, was sie will! . . . und das hat mich sehr beeindruckt! . . . Dazu kam halt, daß sie aus dem reichen Haus kam, und was die da für Besuch hatten, das war 'ne ganz andere Welt für mich. Ich war nie bei ihr zu Hause . . . Sie wollte auch nicht Lehrerin werden, wie die meisten; sie wollte Journalistin werden, das hat mich unheimlich gefreut, ne?! Und sie ist dann auch die einzige gewesen, die also dann nach dem Abitur weit von zu Hause weggegangen ist, noch weiter als ich. Und ich bin von allen am weitesten von zu Hause weg . . . Bei ihr erschien mir das natürlich; bei mir war's unendlich schwer . . .

Iᴄʜ Welche schulischen Situationen haben dich am stärksten beeindruckt?

Sɪᴇ Ja, das war zum Beispiel jedesmal die Situation, wenn ich nach vorne kommen mußte, um was aufzusagen oder vorzumachen, ne?! Und das fand ich einfach grauenhaft und habe auch nie ganz eingesehen, warum das nötig ist. Ich fand das halt immer als eine Quälerei, ne?! Und für mich dann halt ganz besonders, weil ich ohnehin kaum an den Umgang mit anderen gewöhnt war, und dann mußte ich mich vor eine Klasse von vierzig hinstellen. Mir hat dann eben nur geholfen, daß ich meinetwegen so'n Gedicht oder so immer sehr gut konnte. Aber wenn ich nun das nicht so gut gekonnt hätte, dann wäre das furchtbar schlimm gewesen.

Iᴄʜ Hat sich das geändert, diese Schwierigkeit?

Sɪᴇ Ja, ja! Aber erst viel später! Ich wußte dann, was mir Schwierigkeiten gemacht hat, und ich wollte es auch einfach ändern, ne?! Und ich hab mir dann auch ein Selbstbewußtsein – wenn auch damals nur ein ganz kleines – zugelegt, ne?! . . . mit der Zeit.

Iᴄʜ Was war denn das eigentlich Wichtige oder Gefährliche an dieser Situation?

Sɪᴇ Naja, daß ich eben aus dieser schützenden Masse herausgelöst wurde und dann so ganz allein auf mich gestellt stand mit vierzig Augenpaaren vor mir, die auf mich gerichtet waren, ne?!

ICH Also war's eher die Klasse! – Oder war's der Lehrer?

SIE Ja, die Klasse; denn von dem Lehrer hatte ich ja für gewöhnlich Wohlwollen zu erwarten . . .

ICH War das immer so?

SIE Ich glaub schon – doch! – – Nein, nein!! Im Turnen! – Da hab ich halt 'ne Menge unangenehme Situationen erlebt, weil nämlich meine guten Schulleistungen sich auf alle möglichen Fächer erstreckt haben, nur auf eins nicht, und das war Turnen. Und da hab ich also all die schlimmen Erfahrungen gemacht, die die gewöhnlichen Schüler auch in anderen Fächern machen. Und das setzt sich für mich aus all den furchtbar unangenehmen Erfahrungen zusammen, ausschließlich, ne?! Eben Situationen, wo eine Aufgabe an mich gestellt war, die ich nicht leisten konnte, ne?! Das fing schon in der Grundschule an . . . Ich hab dir ja schon mal gesagt, daß ich in einer Wohnung aufgewachsen bin, wo ich keine Gelegenheit hatte, mit anderen Kindern zu spielen. Ich hatte also auch keine Gelegenheit zu laufen, zu springen, zu klettern, zu toben und so. Und wie ich nun in die Schule kam, da war ich natürlich auf einem ganz andern Entwicklungsstand als die andern Kinder. Und das normale Schulturnen hat mich unheimlich überfordert, ne?! Und da weiß ich also noch ganz genau eine Situation in der Grundschule, wo ein Balken, ein Schwebebalken aufgebaut war, und ich sollte da drübergehen. Der war so hoch (sie zeigt eine niedrige Höhe), aber damals war da halt ein Abgrund, und ich wäre also nie alleine drübergekommen, wie alle andern, und ich hab aus Verzweiflung geheult. Aber meine damalige Lehrerin, die mich eben sehr gern hatte, die hat mich dann schließlich an der Hand genommen, und dann bin ich dann an ihrer Hand bis ans Ende. Und das war eine riesige Aufgabe, die ich dann bewältigt hatte. Und wie ich dann in die andere Schule gekommen bin, da hatte ich niemand mehr, der mich an die Hand nimmt . . . Und da – hm – da hab ich's also überhaupt nicht mehr geschafft, ne?! Ich hab dann sogar der ersten Lehrerin insgeheim den Vorwurf gemacht, daß sie mich an die Hand genommen hat, obwohl das ja unsinnig ist. Aber irgendwie dachte ich dann, daß sie mir halt Möglichkeiten eingeräumt hat, an die ich dann gewöhnt war. Und das war dann im Gymnasium viel, viel schlimmer für mich, als ich die Möglichkeiten einfach nicht mehr hatte. Ich meine, mir fehlten dann einfach auch so körperliche Kräfte, ne?! Zum Beispiel aus der Grundschule weiß ich, daß wir manchmal an Tauen hochklettern mußten. Das hätte ich unheimlich gerne gemacht, aber ich bin keinen Zentimeter hochgekommen, noch nicht mal vom Boden ab. Und es war nicht so, daß ich das einfach abgelehnt hätte von vornherein, sondern ich habe einfach die Erfahrung gemacht, daß ich das nicht schaffe . . . Dann kam's mir die ganze Schulzeit über so vor, als ob Turnlehrer besonders herzlose Menschen seien, was vielleicht nicht stimmt. Aber so ganz ablegen kann ich das heute noch nicht . . . Ja, und dann hab ich halt unheimliche Ängste in jeder Turnstunde ausgestanden . . .

ICH Welche Noten hast du denn gehabt?

SIE Vieren und Fünfen!

ICH Welchen Einfluß hat denn das so auf die Beziehung zu Mitschülern gehabt?

SIE Naja, da kam ich mir dann schon sehr früh als Außenseiter vor, ne?! So, wie die mich dann in den Turnstunden gesehen haben. – Wenn wir eine Turnstunde hatten, hat mich das den ganzen Tag verunsichert, auch gegenüber den andern. Und das war überhaupt über die ganze Schulzeit hin so, daß ich immer dachte, wenn die mich da so als Versager sehen – und man wurde ja auch von der Turnlehrerin so hingestellt: als Faulpelz, die einfach nicht will! Und ich meine, das war ja auch nicht zu sehen: ich war nicht etwa dick oder so; ich war ziemlich zierlich, und da war auch nicht einzusehen, warum ich das nicht machen sollte. Und es hat sich auch nie jemand die Mühe gegeben, zu fragen, warum ich das nicht konnte! Ja, manche – in manchen Augenblicken haben sie selbst gesehen, daß ich einfach eine panische Angst hatte, ne?! Aber gefragt hat keiner, und sie wußten wohl auch selbst nicht, was sie hätten machen sollen, und dann haben sie versucht, mich zu zwingen, einfach, ne?! Mit Drohungen, sie haben mir nicht geglaubt, daß ich ja wollte . . . Naja, und dann hatte ich eben auch Angst vor meinen Mitschülern, weil die *mich* so gesehen haben – und konnte denen gegenüber nicht unbefangen auftreten . . .

ICH (nach einer längeren Pause) Ja, Irma, ich hör da noch etwas anderes raus, das heißt so: Jaaa, im Turnen, da haben sie dann gemerkt, was *eigentlich* mit mir los ist?

SIE Es war so, daß ich im Turnen völlig hilflos war; denn ich hatte ja für so was von zu Hause her überhaupt kein Selbstbewußtsein. Und im normalen Unterricht hatte ich – äh – also – da hatte ich eben so das Wissen, ne?! Und im Turnen stand ich einfach völlig nackt da, ne?! Und da fehlte eben alles, was mir irgendeinen Halt gegeben hätte . . .

ICH Ich verstehe auch: Das Wissen war etwas, was ich mir *gemacht* habe! Und im Turnen hätte ich etwas gebraucht, was ich schon *gehabt* haben müßte! Und weil ich das weder hatte, noch machen konnte, da hat man gesehen, was ich *wirklich* bin?

SIE Ja, das ist richtig! Aber du mußt dazu sehen, daß ich nie ein Streber gewesen bin: das Wissen fiel mir leicht, da hatte ich von zu Hause aus einfach Glück gehabt. Und darauf konnte ich mich dann stützen. Aber ich habe nie daran gearbeitet, eine gute Stellung in der Klasse zu haben: die hatte ich einfach, ohne sie zu brauchen – im Turnen, da hätte ich sie gebraucht . . .

ICH Sonst hattest du diese gute Stellung in der Klasse durchweg?

SIE Ja, die hatte ich! Aber weißt du, so angenehm war das auch nicht, die Stellung zu haben. So, wie ich das heute sehe, war ich in den Augen vieler doch wohl eine Streberin, die eben soviel weiß und bei den Lehrern beliebt ist, aber – ja – mit den Mitschülern nicht soviel anfangen kann. Ich hatte ja auch kaum Kontakte zu Mitschülern – ziemlich lange Zeit . . . Vor allen Dingen eben in der Grundschule, da stand ich – also ziem – ziemlich weit draußen. Ich war also den andern an Wissen ziemlich hoch überlegen, ne?! Und wahrscheinlich hatte die Lehrerin mich auch deswegen gern, weil ich alles wußte, was sie gerne wissen möchte, weil ich eben Antworten geben konnte, wenn sie kein anderer geben konnte . . . Aber – ähm – ich habe dann im Gymnasium schon versucht, diese Außenseiterposition so 'n bißchen abzubauen, ne?! . . . weil das doch sehr schwer auf mir gelastet hat. Und, weißt du, die Leistung, die *mir* an der ganzen Schule am wichtigsten ist, das war, daß ich es dann im letzten Jahr geschafft habe, Klassensprecherin zu werden, daß ich also meine

Außenseiterposition völlig umgedreht hatte.

Ich Hatte das noch andere Wirkungen?

Sie Ja! Ich habe da vorübergehend mit meinen schulischen Leistungen stark nachgelassen, das hing sicher mit der Klassensprechersache zusammen, aber die Lehrer hat das ziemlich erbittert . . . Nach den Ferien merkte ich das: ich hatte in den Ferien 'nen Freund gehabt und war mit dem öfters in einer Gegend spazieren, in so einem Wald, wo auch unser Lateinlehrer seinen Lieblingsspaziergang machte, den ich durch meine plötzlichen schlechten Leistungen erbost hatte. Ich selbst hab den aber nie gesehen, aber er wohl mich mit diesem Freund. Und weil das bei uns so an der Schule als das Allerschlimmste galt, überhaupt was mit einem Jungen zu haben – noch dazu ich!, wo ich doch ziemlich verspätet und in den Augen aller Lehrer die reine Unschuld war: das muß den unheimlich tief getroffen haben! Also, es gibt überhaupt keine andere Erklärung dafür: ich hatte seine Gnade verloren, und das gründlich! . . . Mir ging's zwar jetzt mit den andern (Mitschülern) besser, aber jetzt machten mir die Lehrer zu schaffen. Und das war ziemlich schlimm für mich. Es war – weil ich eben während meiner ganzen Schulzeit so sehr stark von einer emotionalen Zuwendung der Lehrer oder so was abhängig war: die brauchte ich eben, und die war jetzt weg . . .

Ich Versuche mal, von Erfahrungen zu berichten, die du mit den Vorgesetzten deiner Lehrer im Zusammenhang mit diesen gemacht hast.

Sie Ja! Bei den meisten Lehrern hatte ich den Eindruck, daß sie unheimlich feige seien . . . und daß die da sofort gekuscht haben und so – ja, das wollte mir also nie einleuchten, ne?! Diese Englischlehrerin, von der ich erzählt habe, war eine Ausnahme . . . Aber die meisten, wenn die schon hörten – wenn denen vom Hausmeister ausgerichtet wurde, daß sie zur Direktorin kommen sollten – dann sah man ihnen schon fast den Angstschweiß auf die Stirn treten . . .

Ich Kannst du mal sagen, was dir zu dem Thema «So wirke ich auf Lehrer» einfällt?

Sie Ja, das war einfach, daß ich von Anfang an das Image hatte, so 'n – so 'n braves Mädchen zu sein, die vielleicht ein bißchen still ist, und die aber was weiß, wenn sie gefragt wird. Ich war halt auch von zu Hause her so angepaßt worden, an Gehorsam gewöhnt, daß halt jeder Lehrer ein leichtes Spiel mit mir hatte. Und deswegen war ich wohl eine sehr angenehme und beliebte Schülerin: und das war eindeutig das Image bei allen Lehrern! Außer eben bei den Sportlehrern! . . . Ich hab da mein Verhalten auch nicht leicht ändern können, weil ich ja die Zuwendung der Lehrer gebraucht habe. Und das war ja die meiste Zeit die einzige Selbstbestätigung, die ich hatte . . .

Ich Welche Rolle hast du in der Klassengemeinschaft gespielt, und wie hat sich diese Rolle im Lauf der Zeit geändert?

Sie Ich war sicher die meiste Zeit ein Außenseiter. Aber in der Grundschule hab ich das gar nicht gemerkt: ich war ja nicht wie andere Kinder. Ich war nur in der Schule mit andern Kindern zusammen und dachte wohl, daß es den andern so geht, wie es mir geht. Und weil ich eben von meiner Lehrerin anerkannt war, ist mir meine Außenseiterposition nie aufgefallen – erst viel später . . .

Ich Was haben die andern Schüler denn so mit dir gemacht?

Sie (erzählt von ihren Freundinnen)

ICH (unterbreche) Ich meine die andern Schüler in der Schule, in den Pausen.
SIE Ach so! Du meinst, daß die mich zum Außenseiter gestempelt hätten?! –
Nein, das war nicht so! Die haben mich in Ruhe gelassen, ne?! Ja, ich find das
heute noch irgendwie erstaunlich, daß die mich nicht ausgelacht oder gehän-
selt haben – vielleicht, weil ich unter dem Schutz der Lehrer stand??
ICH Nun gibt's ja auch Pausen und Heimwege?
SIE Ja. – Ich kann mich nicht erinnern, aber es kann auch sein, daß ich es
vergessen hab, weil sie es vielleicht wirklich gemacht haben . . . mich zum
Außenseiter gestempelt . . . Ich glaub's eigentlich nicht. Ich war auch so ganz
harmlos . . .
ICH Ich höre: Zu allem Überfluß war ich leider auch noch ganz harmlos?!
SIE (sehr lange Pause) Ich meine – wenn – wenn ich jetzt dran denke – die Pausen
müssen ja wirklich recht lang gewesen sein – (lange Pause) Ich glaub, ich hab
auch meistens allein dagestanden und zugesehen . . . Ich weiß schon, daß ich
ungeheure Schwierigkeiten hatte, mit den andern in Kontakt zu treten.
ICH Kannst du was erzählen?
SIE Tja – Ja, daß ich wahrscheinlich, wenn ich gern mit 'nem Mädchen geredet
hätte, nicht zu ihr hingegangen bin und das getan hab, ne?! Sondern ich hab
dann wohl irgendwo gestanden und hab sie angeguckt und hab gedacht: das
wäre doch so schön, wenn –
ICH (nach einer langen Pause) Das führt ja nun zu Träumen, Tagträumen und
Phantasien?
SIE (impulsiv) Ja, die hatte ich ganz stark –
ICH Fällt dir was ein?
SIE (zögernd) Neee, das weiß ich nicht mehr. Aber ich weiß, daß ich ganz stark in
so einer Phantasiewelt gelebt hab.
ICH Was du mit den anderen möchtest?
SIE Ja, aber ich weiß nur, daß mir so aufgefallen ist, daß ich im Vergleich zu den
anderen sehr, sehr viel so Tagträume gehabt haben muß.
ICH Gehabt haben muß. – Aber du weißt nichts mehr?
SIE (sehr traurig) Nein.
ICH (nach einer langen Pause) Du hast diese Sache von dem Klassensprecher
erzählt. Kannst du da noch mal genauer drauf eingehen?
SIE Ja, ich weiß da gar nicht, was ich da selbst gemacht hab. Ich weiß nur, daß mir
irgendwann bewußt war, daß ich da eine Rolle hatte, die ich nicht haben will,
daß ich nicht außerhalb stehen will, und daß ich da irgendwas tun muß. Aber
was ich gemacht habe, weiß ich nicht: ich weiß die Zwischenschritte nicht,
aber als ich gewählt war, hat mich das mit ungeheurer Befriedigung erfüllt . . .
ICH Hast du gegen jemanden kandidiert?
SIE Ja, gegen die frühere Klassensprecherin: die ist dann Vertreterin geworden,
zweite . . .
ICH Und was hat das für dich bedeutet?
SIE Ja, ich glaube, daß die mir das schon übel genommen hat, daß ich da
gewonnen habe . . . Ja, und das war auch mit den Lehrern interessant: also
unser Mathelehrer, der hat sich praktisch geweigert, zur Kenntnis zu nehmen, daß ich Klassensprecherin bin. Er hat immer noch die andere angesprochen: die war auf den ersten Blick halt auch eindrucksvoller . . .

Ich Welche Bedeutung mißt du der Schule im Sinne der Vorbereitung auf das Leben bei?

Sie Indem man verschiedene Menschentypen als Lehrer kennenlernt! Das ist – finde ich – sehr wichtig! Ja, ich fand einfach Menschenkenntnis von daher bezogen! Vom Inhaltlichen her ist es keine Vorbereitung auf das Leben, zumindest so, wie ich es kennengelernt habe; denn zu so etwas wie Grundlagen für gegenwärtiges Leben sind wir nie gekommen . . . Wir haben nie etwas gelernt, was ich heute brauchen könnte: in meiner Statistik-Übung, da fang ich mit den Grundlagen von vorn an . . . Ja, ich finde, für mich war wirklich das Wichtigste, daß ich da wirklich beobachtend mal Menschen kennengelernt habe, im Verhalten, und das über längere Zeit . . . Das ist für mich das, worin Schule besteht. (Pause) Tja, und sonst – hat sie wohl eher die Funktion gehabt, einen eher kaputtzumachen, ne?! In mancher Hinsicht – wenn ich dran denke, wie uns alles, was mit Männern zusammenhing, wirklich verteufelt worden ist, dann – ja, dann find ich das halt schon ziemlich schlimm. Ich weiß noch nicht so recht, welchen Einfluß das alles gehabt hat – ich bin ja auch heute nicht mehr so, wie ich war, als ich aus der Schule kam – (Ihre Stimme wird immer trauriger und leiser; sie hat den Kopf tief gesenkt und richtet sich dann abrupt auf.) – Sie haben sich nicht um das gekümmert, was uns wirklich beschäftigt hat. Das hätte man tun müssen, dafür hätte man die lange, lange Zeit nutzen müssen. Heute kommt mir das so vor, als ob man uns dauernd nur noch zusätzliche Schwierigkeiten gemacht hätte . . . Wenn ich an das Sportabitur denke: das war für mich monatelang ein Riesenschreckgespenst! Ich war wirklich völlig verzweifelt! Ich hätte mir lieber das Leben genommen, als das Sportabitur abzulegen. Und ich hab dann auch eine Möglichkeit gefunden: ich hab schlimme Kopfschmerzen gekriegt! Nicht vorgetäuschte, sondern echte! Ich habe in der Schule gefehlt, mußte zu Hause tagelang still liegen, bin von Arzt zu Arzt gereicht worden, und keiner konnte was feststellen. Es hat ja auch keiner gefragt, was mir wirklich war. Die Direktorin sprach mich dann schließlich an. Sie fand den Sportunterricht sehr wichtig und war schockiert, daß irgend jemand aus mysteriösen Migräneanfällen heraus verhindert sein sollte, das Sportabitur abzulegen. Schließlich fragte sie, ob ich die Pille nehme. Ich bin bald vom Stuhl gefallen, aber das war noch das einzige, was ihr einfiel. Am Ende bekam ich von einer Amtsärztin ein Attest und wurde befreit . . .

Ich Fällt dir noch mehr zum Thema «Vorbereitung auf das Leben» ein?

Sie Ja, doch! Manchmal haben sie uns gesagt, daß wir die Elite sind. Das fand ich besonders hübsch!! Das hat mich schon damals sehr gestört, weil ich dachte: Mensch, wie kann man jungen Mädchen nur einreden, daß sie die Elite sind, und was für eine Stellung sie einnehmen werden. Das fand ich völlig idiotisch! Und – ja, als Schreckgespenst wurde uns immer vorgehalten: wenn ihr das hier nicht schafft, dann könnt ihr ja gleich zu C & A als Verkäuferin gehen. Das Gesellschaftsbild war: Ihr seid hier was Besseres, und das habt ihr uns zu verdanken; und die anderen sind halt so der Dreck, die machen das, was übrig bleibt . . .

Ich Was muß nach deiner Meinung an der Schule unbedingt geändert werden? Bei dieser Frage soll es nicht darum gehen, daß du Realisierungschancen mitbedenkst.

SIE Ja, die riesige Kluft zwischen den Lehrern und den Schülern ist das Schlimmste. Damals dachte ich, das sei natürlich. Heute weiß ich, daß es Lehrer gibt,
die mit ihren Schülern reden können: die Lehrer müssen wissen, wer da vor
ihnen sitzt, sonst ist alles umsonst! Ich meine auch, daß die Lehrer unbedingt
eine positive Einstellung zu ihrem Beruf haben müssen: sie können ihn sonst
nicht ausüben! – Wir hatten mal in der Oberstufe Pädagogik. Da ging's um
das Thema «Onanie». Da hat uns die Frau bewährte Ratschläge gegeben, wie
wir als zukünftige Mütter mit unseren Kindern umgehen sollten. Und da
kamen lauter solche Sachen: kalt schlafen, harte Schlafwäsche, harte Bettwä-
sche, hartes Bett, viel Sport treiben, kalt duschen – wahrscheinlich Vollkorn-
brot auch noch (Irma G. äußert Belustigung.). Das war der Inhalt der
Pädagogikstunde.
ICH Das bezog sich auf eure zukünftigen Kinder?? Nicht etwa auf euch??
SIE (muß laut lachen) Ach, nee, nee!! Die wäre doch nie drauf gekommen, uns das
zu sagen! Nee, das ging ja nun absolut nicht! Das war für uns als zukünftige
Mütter gedacht. Ich meine, das war wirklich der einzige Inhalt der Stunde,
ne?! Und ich fand das so schlimm. Da war ich froh, daß ich nicht immer
Pädagogik hatte . . .

Es mag deutlich geworden sein, daß Irma G.s Erlebnisweise ihrer
schulischen Vergangenheit durch Ambivalenz und Doppelbödigkeit gekennzeichnet ist. Einerseits – und auf der Oberfläche – lassen
sich durch ihre «Daten» eine glänzende Schulkarriere und deren
reibungslose Absolvierung belegen: dies wäre das eindeutige Ergebnis einer sozialwissenschaftlichen Untersuchung, die sich etwa auf
die Erhebung von Zeugnisnoten, Lehrerurteile und die Abtestung
schulisch-inhaltlicher Effizienz einläßt.

Andererseits – und auf einer «tieferen» Ebene – werden dann
Brüche und schwere Verletzungen sichtbar als die Kehrseite der
Medaille: das intensive – und durch Lehrer bewirkte – Erlebnis
eigenen Versagens in einem Nebenfach (Turnen) verweist sie auf
unkorrigierbare Unzulänglichkeiten in ihr selber, und der Glanz
ihrer sonstigen Leistungen [180] hilft ihr insofern nicht. Sie erlebt in
diesem Fach an sich, was sie den anderen – zu denen sie ja lange
keinen Zugang hat – im Blick auf die anderen Fächer zunehmend
unterstellen muß: das Leid kindlichen Scheiterns angesichts uner-
füllbarer Forderungen. Von daher wird sie ihres eigenen Außensei-
tertums gewahr und will es ändern. Dies gelingt auch – wieder auf
der Oberfläche – und bringt ihr die mit tiefer Befriedigung erlebte
Position des Klassensprechers ein. Freilich hat das – gerade für sie –
erhebliche Kosten: sie verliert die als unverzichtbar erachtete Liebe
der Lehrer, die ihr ja auch nur so lange als hohe Gratifikation
zugänglich war, als sie ihr Außenseitertum nicht handelnd beseitigen wollte.

Diese Liebe aber war für sie nur als gleichsam unbedingte akzeptabel: nun entlarvte sie sich als ganz und gar an die Bedingung ihres Wohlverhaltens geknüpft. Ihre Leiden im Turnunterricht werden generelle Leiden «der Schüler», zu denen sie gehört, an «der Schule», unter «den Lehrern»: diese werden damit generell angeklagt, weil sie zufügen, was man unter keinen Umständen zufügen darf.

Darin liegt die Wurzel ihrer Motivation frei: Ich studiere Pädagogik und werde Lehrerin, weil ich die Schule wiederholen muß, weil nicht geschehen darf, was mir geschehen ist. Ich muß es wiederholen und werde im zweiten Durchgang alles daransetzen, daß meinen Schülern (damit: mir selber) nicht wieder geschieht, was mir nicht geschehen sein darf. Der Bruch in ihrer schulischen Geschichte erzeugte in ihrer schweren Anklage gegen «die Lehrer» eine letztlich ablehnende Haltung gegen diese. Wenn auch kaum zu erkennen ist, daß sie von «diesen Leuten» noch Besserung und Umkehr erwartet, erlegt sie sich selber die überaus hohe Forderung auf, das Gegenteil dessen zu sein, was sie für «die Lehrer» hält. Die Institution Schule erscheint ihr als die Inkarnation des Negativen: dort aber will sie antreten. Vielleicht enthält gerade ihr Scheitern im Unterricht ein hohes Ausmaß an Bestätigung der Richtigkeit ihres Handelns: wenn ihr Unterricht in der Institution Schule gelänge, wäre dies der «Beweis» ihrer Anpassung.

Schließlich verweisen einige Bezüge auf ihre häuslichen Verhältnisse und damit auf spezifische Bedingungszusammenhänge einer eben *solchen* schulischen Karriere, wie die der Irma G. So steht die schulische Laufbahn vor ihrem prägenden Hintergrund: dieser ist auszuleuchten.

169 *Familiale Sozialisation*

Iᴄʜ Versuche zu berichten, was deinen Eltern an ihren Eltern – also deinen Großeltern – und deren Situation und Lebensgeschichte bedeutsam und wichtig gewesen ist.

Sɪᴇ Das ist das, was meine Eltern mir über ihre Eltern erzählt haben.

Iᴄʜ Ja.

Sɪᴇ Naja, was meinem Vater wichtig an seinen Eltern war, weiß ich kaum, weil mein Vater – ja – so gut wie nie etwas davon erzählt hat. Was ich über seine Eltern weiß, weiß ich von meiner Mutter. Also ihr hat er wohl doch früher mal was erzählt, oder sie hat's halt selbst erlebt . . . Meine Großmutter, also seine Mutter, hat ja noch bei uns gewohnt, und ich kenn sie, aber meine beiden Großväter nicht. Die sind früher gestorben . . . Der Vater meines Vaters war Lehrer, war Rektor in einer mittelgroßen Stadt in Ostpreußen.

Der hat ihn wohl in der Schule ziemlich hart angefaßt. Sonst weiß ich nicht viel. – Doch! Er ist wohl ein sehr geselliger Mensch gewesen, war in allen möglichen Vereinen, gehörte zu den Honoratioren, war wohl so eine Art Mittelpunkt des gesellschaftlichen Lebens . . . Und das war meinem Vater immer sehr unverständlich: der ist da ganz, ganz anders . . . Meine Mutter sagt, daß sie das Bewußtsein davon hatten, was Besseres zu sein. Materiell ging's ihnen wohl gut, hatten ein großes Haus, Dienstmädchen und sogar ein Kindermädchen . . . Meine Mutter kommt ja aus anderen Kreisen, und sie hat immer so ein bißchen mit Verachtung von diesen Leuten gesprochen, wie die so gelebt haben. Das hing auch ein bißchen an meiner Großmutter: die hat sich auch immer bedienen lassen . . .

Ich Hatte dein Vater Geschwister?

Sie Mein Vater hat noch einen jüngeren Bruder. Der ist aber ganz anders in seiner Art: so gesellig und so, während mein Vater eben sehr in sich verschlossen ist und ein Einzelgänger und überhaupt nichts. – Er hat keine Freunde, will auch keinen Besuch zu Hause haben . . . Seine Mutter, die macht halt so den Eindruck: vornehme, alte Dame; ist schon über achtzig, sieht sehr gepflegt aus, ist geistig unheimlich interessiert. Wenn mal Besuch kommt, dann blüht sie richtig auf. Als meine Schwester eine Kollegin aus Frankreich mitbrachte, hat sie sich mit der fließend französisch unterhalten, wozu meine Eltern schon nicht mehr in der Lage waren . . . Politisch ist sie rechtsextrem, leider – also mindestens NPD – das führt schon zu Kontroversen, das heißt, meine Mutter erstickt dann jedes politische Gespräch . . .

Ich So diese Form von Verachtung deiner Mutter gegenüber diesen «besseren Kreisen» deiner Großeltern – drückt sie das gegenüber ihrer Schwiegermutter aus?

Sie Ja! Aber nicht direkt, sondern über mich, ne?! Meine Mutter hat ja noch irgendwo Angst vor ihrer Schwiegermutter . . .

Ich Wie sieht das aus?

Sie Ja, das kam daher, daß – ähm – ja – meine Großmutter hat sie abgelehnt, weil sie nicht standesgemäß war, und das hat sie sie am Anfang immer wieder spüren lassen. Sie wollte eben auch nicht, daß mein Vater sie heiratet . . .

Ich Was kommt denn da so in Betracht?

Sie Ja, weißt du, das krieg ich ja heut noch mit: das muß so ein höherer Beamter sein, ein Offizier womöglich . . . Und die Leute, mit denen sie so zusammen ist, das sind halt alles so Offizierswitwen. Das sind also alles Leute, deren Männer mal so 'ne Position gehabt haben . . .

Ich Ich verstehe! – Kannst du mal jetzt zu den anderen Großeltern kommen?

Sie Ja, das ist meine Oma!! (Irma blüht geradezu schwärmerisch auf.) Sie hat also, als sie meine Mutter erwartet hat – ja, da war sie verlobt oder so – und da war wohl irgendeine heftige Kontroverse mit dem Mann, und da hat sie ihm den Laufpaß gegeben. Ich weiß nicht mehr, warum . . . Sie hat ihm den Ring hingeschmissen und war dann halt nicht verheiratet und hat dann meine Mutter unter ziemlichen Schwierigkeiten aufgezogen . . .

Ich Also war sie nicht wohlhabend?

Sie Nee! Sie kam aus einer kinderreichen Bauernfamilie, so in Richtung Polen. Sie war wohl sehr gescheit, und der Lehrer aus der Dorfschule hat versucht, sie zu fördern und sie in die Stadt zur Schule zu schicken: das ist aber am

Widerstand der Eltern gescheitert . . . Meine Oma wurde dann Dienstmädchen bei einer adeligen Herrschaft und ist da ziemlich hoch aufgestiegen und weit rumgekommen. Sie hat in einem Schloß gewohnt und hatte da eine Vertrauensstellung, war wohl so Kammerzofe . . . Naja, und dann erwartete sie eben das Kind und mußte aus dieser Stellung weg . . . Ja, weil sie eben als ledige Mutter nicht oberste Kammerzofe sein konnte . . .

Ich (ungläubig) Und da hat *sie* dem Mann den Laufpaß gegeben??

Sie Ja, das weiß ich definitiv! Das ist später noch öfters passiert: sie war wohl sehr attraktiv und sehr umworben. Sie hat aber keinen akzeptiert wegen meiner Mutter. Ihre Bewerber wollten, daß sie das Kind in ein Heim gibt, und das war für sie undenkbar . . . Meine Mutter hat daran noch konkrete Erinnerungen . . . Meine Oma ging dann in die Großstadt: ihre Herrschaft hat ihr eine Schneiderinlehre vermittelt, und die Schande fiel ja in der Großstadt nicht so auf . . . Sie hat dann halt ihren Lebensunterhalt durch Nähen verdient, manchmal nächtelang durchgenäht: ihre Tochter sollte eine gute Schulbildung haben . . .

Ich Sie ist also keine alte Dame, die mal bessere Zeiten erlebt hat!? Der ist es ja ziemlich schlecht gegangen?!

Sie Nee, nee, überhaupt nicht! Die hat's sehr schwer gehabt! Sie sagt, daß man durchkommt, wenn man immer an den lieben Gott glaubt: das hat ihr wohl den einzigen Halt gegeben . . .

Ich Ist sie religiös?

Sie Ja! Und dann hat sie auch immer so einen Lebensinhalt in ihrer Tochter gesehen: für die hat sie alles mögliche gemacht! Hat auch andere Möglichkeiten, zu heiraten etwa, ausgeschlagen . . . Als sie mal krank war, kam meine Mutter in eine gute Pflegestelle, und die Leute hätten sie gerne behalten; da hätt sie's auch sicher gut gehabt. Aber meine Oma hat dann ziemlich darum gekämpft und hat meine Mutter trotz ihrer schlechten Möglichkeiten wieder zu sich genommen . . .

Ich Das ist ein ganz ungewöhnlicher Lebensweg für eine Frau damals, dazu mit einem ledigen Kind, die dabei noch hätte heiraten können und es wegen des Kindes nicht macht. Wie steht denn deine Mutter zu deiner Oma?

Sie Ja, das ist schwierig! Auf der einen Seite weist sie immer darauf hin, wie sich ihre Mutter für sie abgerackert hat und auf alles verzichtet hat: alles ihr zuliebe, und das stimmt auch. Sie hat ihr sogar das Abitur ermöglicht und das ohne jede Unterstützung . . . Aber, weißt du, ich kenne halt so die letzten Jahre besser, und da ist es halt so geworden, daß meine Oma – die ist – (Irma spricht jetzt sehr zögernd und traurig.) – immer mehr so das geworden, was man so verkalkt nennt. Und man mußte dann halt viel Geduld aufbringen, wenn man mit ihr zusammen war. Und sie ist so gerne zu uns gekommen. Wir waren so ihr Lebensinhalt. Sie hat dann wohl auch gespürt, daß mein Vater das gar nicht so gerne hat, wenn sie jeden Tag kommt. Und sie ist dann auch abends immer rechtzeitig gegangen, bevor der nach Hause kam. Sie wollte ja auch auf gar keinen Fall irgend jemandem lästig sein. Aber sie konnte auch nicht gut alleine sein und war auf Kontakt so sehr angewiesen, und meine Mutter, die konnte das gar nicht so gut vertragen . . . Na, sie hat sie dann oft angeschrien – ob das nur in der letzten Zeit war – das denke ich eigentlich – weil, meine Mutter ist halt nicht sehr geduldig. Vielleicht war das

Verhältnis früher besser, ne? – Weißt du, was meine Mutter da so sagt, das kann man ja auch nicht alles so ernst nehmen.

Icн Was sagt sie denn?

Sie Weißt du, sie hat halt heute Schuldgefühle gegenüber meiner Oma, weil sie die schlecht behandelt hat. Sie sagt, daß meine Oma sie früher oft versucht hat, zu erpressen. Einmal – da wußte meine Oma wohl nicht mehr weiter, damals in der Großstadt – und da hat sie sich in der Küche eingeschlossen und den Gashahn aufgedreht, aus wirtschaftlichen Gründen oder so . . . Meine Mutter spricht dann von Erpressung. Sie war ja noch ein Kind in der Zeit, aber das hat sie ihr irgendwie furchtbar übel genommen, soweit ich mich da erinnern kann. Sie hat da überhaupt kein Verständnis für meine Oma gehabt. Das habe ich damals nicht ganz verstanden, das mit der Erpressung.

Icн Wie ist es denn jetzt?

Sie Naja, heute weiß ich, wie abhängig meine Oma von ihrer Tochter war, und früher war das wohl auch so oder auch umgekehrt . . . Später war meiner Oma etwa alles heilig, was von meiner Mutter kam, auch unser Familienleben war ihr heilig. Und sie war so abhängig davon, daß meine Mutter nett und lieb zu ihr war.

Icн Ich denke, daß das wohl von allem Anfang an so war, und daß deine Mutter auch immer der Lebensinhalt deiner Oma geblieben ist, und das war für deine Mutter ja auch schwer.

Sie Ja, meine Mutter wollte das wohl irgendwie nicht so, aber sie hat's auch nicht geschafft, da rauszukommen. Sie konnte da irgendwann nicht mehr «ja» zu sagen, aber «nein» konnte sie auch nicht sagen. Und da war sie wohl nur ungeduldig . . .

Icн Wie ist denn dein Vater zu all dem gestanden?

Sie Er konnte mit seiner Schwiegermutter nichts anfangen! Ich meine, mein Vater kann sowieso nicht von sich aus irgendeine Beziehung aufbauen. Er will immer in Ruhe gelassen sein. Und daß da seine Schwiegermutter jeden Tag da ankam, das paßte ihm überhaupt nicht. Meine Oma hat das auch gespürt und ging dann schnell, weil sie das Familienleben nicht stören wollte: das war ihr ja heilig . . . Meine Mutter meinte dann auch noch, sie müßte ihrem Mann die Ruhe verschaffen, die er haben wollte: *da* stand sie immer auf der Seite ihres Mannes gegen ihre Mutter . . . Ich weiß, daß ich oft versucht habe, die Partei meiner Oma zu ergreifen: als ich groß war, war ich manchmal so eine Art Prellbock zwischen meinen Eltern und meiner Oma . . .

Icн Wie stand deine Oma zu der Ehe deiner Eltern?

Sie Ja, für meine Oma war es ein ungeheuer großer Wert, verheiratet zu sein. Und jetzt hatte meine Mutter einen so netten und für ihre Begriffe verständnisvollen Mann geheiratet, der sein Geld nicht durchbringt, der immer zu Hause ist . . . Und deswegen war sie unheimlich froh und diesem Mann sogar dankbar, daß er eben so gut zu ihrer Tochter war. Sie wollte deswegen auch alles andere, als irgendwie seinen Zorn erregen. Und für meinen Vater war eben ihre bloße Gegenwart Anstoß genug . . .

Icн Ich dachte eben, daß deine Oma etwas getan hat, was du auch nicht darfst: die stört ja!

Sie Ja, und sie war in einer schwachen Position am Ende. Vielleicht haben wir gegen die beiden Mächtigen zusammengehalten. Und dann auch noch vom

Anlaß her: sie wollte ja nichts, als daß man sie duldet und nett zu ihr ist, sie hat sich ja niemals etwas zuschulden kommen lassen.

Iсн Wie du?

Sɪᴇ Ja, ja. Und deswegen fand ich es eben ungerecht, daß sie immer irgendwelche harten Worte auf sich zieht!

Iсн Du hast sie sehr gemocht?!

Sɪᴇ Ja! Und – sie hat mir so etwas wie eine ständige Zuneigung gegeben, was ich von meiner Mutter nicht bekommen habe, weil sie halt ein bißchen schwankend in ihren Gefühlsausdrücken war.

Iсн Wenn du deine Beziehung zu deiner Oma mit der deiner Mutter als Kind zu ihr vergleichst –?

Sɪᴇ Ja, weißt du, da war schon sehr viel von dem. Sie sagte: Du hast auch so ein gutes Köpfchen wie deine Mutti, und du wirst auch noch Abitur machen. Da war sie einfach unheimlich stolz drauf, daß ihre Tochter Abitur gemacht hat, sie hätte es ja selbst gern gemacht, aber das ging ja nicht. – Ja, aber es war wohl doch auch anders: meine Oma war mir gegenüber nicht so stark, wie sie meiner Mutter gegenüber gewesen ist, als die ein Kind war, aber aus ihrer Sicht war das wohl so eine Art Wiederholung ...

Iсн Wie alt warst du, als sie gestorben ist?

Sɪᴇ So sechzehn oder siebzehn: das war sehr, sehr schlimm! Sie war dann ganz vergeßlich, hat immer die gleichen Fragen gestellt. Und dann sind sie mit ihr zum Nervenarzt gelaufen, der hat natürlich nichts machen können. Sie dachte immer, daß sie was mit dem Herzen hätte, und daß sie irgendwann zu schwach würde, um jeden Tag zu uns durch die Stadt zu laufen. Sie war immer so ganz zierlich und gebrechlich, so klein und schmal; und dann haben sie sie in die Heilanstalt einweisen lassen. – Naja, und da hat eben meine Oma, die das ja als Leben brauchte, ständig zu uns zu kommen, jeden Tag, und sie mußte auch viel laufen und aktiv sein ... – Ja, da mußte sie dann also im Bett liegen und durfte nicht aufstehen und wurde mit Pharmaka vollgestopft, und dann ist sie nach zwei Wochen gestorben. Ohne daß sie organisch krank gewesen wäre, sondern einfach daran, daß ihr eben ihr Nährboden entzogen worden ist. – Und das habe ich dann eben auch meiner Mutter schwer übel genommen, daß sie das gemacht hat, ne?! ...

Iсн Du hast es ihr vorgeworfen?

Sɪᴇ Ja, obwohl ich dann auch dazu gesagt habe, daß ich mich selbst auch nicht so ganz dagegen gewehrt hätte. Aber – naja – und damit ist sie wohl auch nicht so ganz fertig geworden, ne?! Ich meine, sie hat ihre Mutter ja auch nicht umbringen wollen, ne?! Und wir wußten ja auch damals nicht, wie die Leute behandelt werden in solchen Anstalten ...

Iсн Welche Haltungen deiner Eltern innerhalb ihrer Beziehungen zueinander und ihrer Beziehung zu ihren Kindern bringst du in Verbindung mit deren eigener Kindheit und deren Geschichte?

Sɪᴇ Ja, für meinen Vater ist halt das Wichtigste, daß alles schön harmonisch aussieht und abläuft. Für ihn war es das Wichtigste, daß seine Kinder gehorchen und schön still sind, gute Tischmanieren haben, gute Eßmanieren, daß sie eine gute Sprache sprechen, daß ihnen keine Sprachfehler unterlaufen, daß sie keinen Dialekt übernehmen: das ist eigentlich das einzige, worauf er geachtet hat ... Naja, er hat sich um andere Dinge nie gekümmert. Zum

Beispiel habe ich in meiner ganzen Kindheit nie gelernt, daß man sonntags bessere Kleider anzieht als in der Woche. Das habe ich erst von meinen Freundinnen gelernt und später von meinem Freund zu Hause, sonntags mal ein hübsches Kleid anzuziehen. Darum kümmerte sich mein Vater nie! Oder, daß man sonntags nicht seinen Garten umgräbt: da sagte der, er hat Wochenende, und da will er tun, was ihm Spaß macht, alte Sachen anziehen, mit Erdklumpen rumlaufen, was die Nachbarn denken, interessiert ihn nicht. Zu denen hat er ja auch keinen Kontakt, der hat sich ja aus jedem sozialen Bezugssystem losgelöst . . . –

Ich Wie ist das bei deiner Mutter?

Sie Ja, sie ist ziemlich frei als Kind aufgewachsen, war ein Straßenkind, weil ihre Mutter arbeiten mußte. Und da hat sie eben gedacht – ja, hm – das müßte sie uns ersparen, vor allen Dingen mir, ne?! Sie ist als Kind sehr wild gewesen und konnte es mit jedem Jungen aufnehmen, weil sie sich – eben, weil sie diskriminiert war – und sich nun besonders durchsetzen mußte: das hat sie wohl auch als Kind gekonnt. Aber bei mir, da sollte das ganz anders sein: sie war ja zu Hause, sie arbeitete ja nicht; und da müssen wir eben richtig behütet und beschützt werden, und vor allen Dingen müssen wir von der Straße ferngehalten werden.

Ich Also: was war, darf nicht nochmal passieren?!

Sie Genau! Und was ich das Wichtigste finde, was sie von ihrer Mutter gekriegt hat, nämlich so eine ziemlich starke liebevolle Zuwendung, ja, das hat sie als nicht so wichtig empfunden, oder es war ihr zu selbstverständlich! Sie hat ein ziemlich eigenes Leben geführt! Nicht, daß sie oft weg war, aber sie war eben nicht unbedingt für ihre Kinder da, ne?!

Ich Kannst du noch etwas zu diesem Unterschied zwischen deiner Mutter und deiner Oma sagen?

Sie Ja, bei meiner Oma war das eine stetige, sehr liebevolle, innige Zuwendung. Meine Mutter war da anders: die war manchmal unheimlich herzlich und richtig stürmisch nett, dann ist sie plötzlich mit mir in die Stadt und hat mir was Schönes gekauft. Aber dann war sie eben wieder abwesend, irgendwie eingeschlossen . . . Aber ich konnte eben nicht so unbedingt auf sie rechnen: das Gefühl hatte ich eigentlich nie! Es war eher so, daß ich an wichtigen Stellen eben auf mich selbst angewiesen bin. Ja, und dann war ich halt meiner Mutter gegenüber etwas zurückhaltend: ich wußte halt nie so richtig, wann ich bei ihr ankommen konnte . . . Da hat sich dann halt auch so ihre eigene Hilflosigkeit ausgedrückt: als hätte sie eben nicht so recht gewußt, was man eigentlich mit einem Kind machen soll. Da kommt natürlich dann auch noch mit rein, daß sie sich selbst meiner Meinung nach heute noch irgendwie zu kurz gekommen fühlt.

Ich Inwiefern?

Sie Ja, noch so aus der alten Situation heraus, daß sie also als Kind immer benachteiligt war.

Ich – daß sie eine schlimme Kindheit hatte?

Sie Ja! Und zwar schlimm eigentlich – wie ich es sehe – nur im materiellen Sinn; ansonsten kann sie sehr schöne Sachen erzählen. In der Schule hat sie sich sehr wohl gefühlt und hat immer Freundinnen gehabt und so – hat auch viel unternommen und konnte sich durchsetzen. Das ist irgendwie auch geblieben, mir gegenüber: sie konnte zum Beispiel nicht teilen; wenn sie sich einen Apfel in Scheiben geschnitten hatte, dann konnte sie nicht gut haben, wenn ich als Kind auch eine Scheibe haben wollte, weil das ja ihr Apfel war. Ja, und wenn sie dann halt gute Laune hatte, dann hat sie noch einen zweiten Apfel gemacht. Aber von dem ersten durfte ich nichts haben. Wir durften auch nichts abgeben: sie hat immer ganz streng gefragt, wenn ich aus der Schule kam, ob ich mein Brot auch wirklich selbst gegessen habe; ich hätte es wahrscheinlich eher in den Papierkorb werfen dürfen, als jemand anderen davon beißen zu lassen, ne?!

ICH Versuche, die Beziehung deines Vaters zu deiner Mutter zu beschreiben. Was wurde von seinen Forderungen und Interessen eingelöst, was teilweise und was gar nicht?

SIE Tja – Naja, wie ich das so sehe, war seine Hauptforderung: in Ruhe gelassen zu werden! Also: er geht arbeiten und bringt das Geld für die Familie, und dafür will er eben abends seine Ruhe haben, will lesen und fernsehen, will früh ins Bett gehen, will sein regelmäßiges Essen mit der Familie: die muß sich dann um ihn versammeln, vor allem sonntags muß er sie um sich haben. Aber die Familie soll dann nicht Ansprüche an ihn stellen, sondern es reicht also – Ja, meinetwegen: meine Eltern haben da so ein Grundstück vierzig Kilometer außerhalb. Das liebt er sehr, und wir mußten immer mit dahin fahren, egal, ob wir Lust hatten oder nicht: Hauptsache, wir waren anwesend. Und da hat er sich praktisch den ganzen Tag nicht um uns gekümmert. Er lief dann irgendwo im Wald rum oder machte Gartenarbeit, und ab und zu kam er und sah, daß wir da saßen, und dann hat er sich gefreut, und dann ging er wieder weg . . . Das war also – ja – wir gehörten zu ihm, und er will uns anschauen, aber wir sollen jetzt nicht sagen: also, jetzt mach auch mal das und das mit uns! Also früher manchmal schon, da hat er wohl auch mal ein Spiel mit uns gespielt. Das war aber meist nur so den beiden Omas zuliebe: meinetwegen ein paar Partien Rommé oder so. Danach ging er dann sofort wieder in sein Zimmer zurück bis zur nächsten Mahlzeit, dann wollte er wieder in Ruhe gelassen sein: das war die Hauptforderung meines Vaters. Meine Mutter hat sehr darunter gelitten, aber sie erfüllte sie vollkommen. Sie geht ja auch nicht arbeiten, sondern bleibt zu Hause, sorgt für seine Ruhe, seine Mahlzeiten, seine Kinder, seine Wäsche und putzt. Ja, und abends redet sie dann halt auch ihm zuliebe nicht viel mit ihm, obgleich sie das sehr gerne möchte. Aber auch das ist ihm noch zuviel; er fühlt sich dann noch überfordert, wenn sie ihm erzählt, was tagsüber passiert ist, und das interessiert ihn eben nicht . . . Ja, das ist so die Beziehung, und er hat auch im allgemeinen das gekriegt, was er wollte . . .

ICH Ja, und ihr anderen?

SIE Ja, wir mußten eben mitmachen, mitfahren zu diesem idiotischen Grundstück. Da setzt er sich fünf Minuten zu uns, trinkt einen Schluck Bier, freut sich und geht wieder weg, ja? Es kümmert ihn also wirklich nicht, wenn meine Mutter, meine Schwester und ich nicht mit wollten. Meine Schwester konnte sich ja schon ziemlich früh absetzen, was ihn ärgerte. Aber für mich war das sehr, sehr schlimm: ich durfte ja nicht zu Hause bleiben, sondern mußte das ganze Wochenende mitfahren, auch meine Mutter! Wenn sie sich mal nicht so gut fühlte – ja, die fährt dann trotzdem mit, allein fährt er ja

nicht, er muß seine Frau immer dabei haben, auch auf kürzeste Strecken
mußte die immer neben ihm sitzen. Deswegen wurde meine Mutter von allen
noch beneidet, weil sie einen so guten Mann hat, weil es eben so schön nach
'ner guten Ehe aussieht: 'nen Mann, der nie alleine ausgeht und seine Frau
immer um sich haben will . . .

Ich Ich sehe das nun so, daß deine Mutter das ja auch akzeptiert hat?

Sie Ja, aber nicht gerne akzeptiert, sondern sie sagt: er ist wohl erst so geworden,
als er aus dem Krieg kam und der Gefangenschaft. Die haben ja im Krieg
geheiratet und also eigentlich nie zusammen gelebt, bis er dann zurückkam;
und dann ist er dann auch so verändert gewesen. Und sie hat jetzt kürzlich zu
mir gesagt: wenn sie also damals gewußt hätte, wie er heute ist, dann hätte sie
ihn nicht geheiratet. Also, einverstanden ist sie damit nicht, sondern das
macht ihr die größten Schwierigkeiten.

Ich Aber gleichviel erfüllt er seine Forderungen?

Sie Ja! Obwohl – ja – sie – sie – sie kann nicht anders! Also, als ich noch zu Hause
war, da war es einfach so, daß sie dann die ganzen Bedürfnisse, die sie hatte,
so an Kommunikation, die hat sie dann alle bei mir befriedigt. Ja, ich war halt
immer der Gesprächspartner meiner Mutter, und sie hat unheimlich an mir
gehangen, auch deswegen wohl. Und ich hab auch alle Probleme, die sie hatte
– auch die sie mit ihrem Mann hatte – die hab ich von klein auf mit ihr – die
hab ich mir zuerst angehört und hinterher auch mit ihr besprochen. Ja, und
seit ich von zu Hause weggehe (Irma sagt nicht: weg bin!), ist das also
ziemlich schlimm für sie: sie hat keinen Gesprächspartner mehr . . . Ich bin in
der ersten Zeit auch deswegen oft nach Hause gefahren (ca. 300 km) – das tue
ich heute nicht mehr – aber wenn ich dann komme, dann reden wir die halbe
Nacht miteinander, und danach merke ich, ja, dann geht's ihr wirklich besser,
ne?! Ja, dann ist sie wirklich erleichtert.

Ich «Wir reden.» – Das heißt: du und deine Mutter?

Sie Ja! Mein Vater geht immer früh ins Bett! Der freut sich, wenn ich komme –
also, der freut sich wirklich! – Aber er sieht mich dann, fragt, was es Neues
gibt, und dann sitzt er noch 'ne Viertelstunde dabei oder eine halbe, und dann
geht er ins Bett . . . Meine Mutter konnte nicht dagegen opponieren; sie wird
aber auch nicht dagegen – damit fertig. Sie würde gerne zum Beispiel – ja –
eine Zeitlang wäre sie gerne arbeiten gegangen, und das hat mein Vater ihr
einfach nicht erlaubt, ne?! Er hat gesagt: er bringt genug Geld nach Hause,
also ist kein Grund dafür da!

Ich Also, sie fügt sich diesen Forderungen?

Sie Ja! – Sie hat auch keine anderen Beziehungen! Ich weiß, als ich klein war, da
hatten meine Eltern noch Bekannte, die zu Besuch kamen, samstags oder so.
Aber das war meinem Vater dann schon zuviel, und da hörte das völlig
auf . . . Sie kann ja auch nicht alleine, denn sie muß ja immer bei ihm sein, und
er will das nicht . . . Sie darf ja auch nicht auffallen: da ist so was Merkwürdiges. In letzter Zeit malt meine Mutter, und sie malt sehr gut! Und meinem
Vater zuliebe schreibt sie dann «Mia» unter die Bilder und nicht ihren Namen
«G.». «Mia» war der Kosename, so hat ihre Mutter sie genannt, und da ist sie
so ein bißchen sentimental. Mein Vater fürchtete, daß auf einer Ausstellung
vielleicht ein Kollege seinen Namen erkennen und ihn fragen könnte. Und
eine Frau, die malt – das wäre ihm sehr unangenehm! Ja, und das ist halt das

Wichtigste für ihn, daß irgendwie alles schön – ja – schön unauffällig bleibt, und keiner soll da irgendwas – ja – so – Schlechtes über ihn sagen können – und dann – lieber soll sie ganz im Haus bleiben . . . Er fährt sie zwar zu dem Malkurs in die Volkshochschule und holt sie auch wieder ab, aber es ist ihm gar nicht recht! Er duldet das so, aber er unterstützt das nicht! Wahrscheinlich kommt er sich noch großzügig dabei vor! – Meine Mutter ist mit Abstand die Beste in dem Kurs; der Lehrer da hält große Stücke auf sie, und sie versteht sich sehr gut mit ihm. Und der ist ja nun weiß Gott nicht ihr Typ: ein ganz junger Mann von der Kunsthochschule, mit langen Haaren und so, und sie findet ihn toll und schwärmt richtig für ihn. Das ist aber auch wirklich das einzige, was sie hat, seit ich weg bin: ein Abend in der Woche, und da blüht sie auf. (Irmas Stimme wird sehr traurig. Sie schweigt jetzt sehr lange.)

Ich (nach einer langen Pause) Wie sieht die Beziehung deiner Mutter zu deinem Vater aus? Was wurde von ihren Forderungen eingelöst, was teilweise und was gar nicht?

Sie Ja, von ihren Forderungen wahrscheinlich die nach materieller Sicherheit! – Ja, und sonst glaube ich nicht, daß eine ihrer Forderungen eingelöst wurde! Sie ist in der Großstadt aufgewachsen und fühlt sich dort auch wohl mit den vielen Menschen, viel Betrieb und vielen Bekannten. Am Kriegsende ist sie mit meiner Schwester nach H. (Kleinstadt) zu ihrer Schwiegermutter gezogen, wegen der Bombenangriffe. Danach sind sie in den Schwarzwald geflüchtet, in ein kleines Dorf, wo meine Schwester dann aufgewachsen ist. Mein Vater kam dann nach der Gefangenschaft dorthin und war völlig ruiniert – auch gesundheitlich – mußte dann als Landarbeiter gehen, dann als Vertreter. – Ich stelle mir das fürchterlich vor: mein Vater als Vertreter; der hat sicher schlimm gelitten! Und dann war's halt die Hoffnung auf eine bessere Zukunft. Meine Mutter war da ja schon von jedem Kontakt abgeschnitten. Meine Schwester hat's ja da noch gut gehabt: sie konnte im Dorf mit den andern Kindern spielen . . Sie zogen dann nach ein paar Jahren nach hier . . . Mein Vater hat wieder in seinem Beruf eine Stellung gekriegt, viel gearbeitet und kam auch langsam hoch . . . Jetzt geht's ihnen schon seit Jahren eigentlich materiell ziemlich gut . . . Meine Mutter erzählt, daß er ihr versprochen hat, wenn wieder bessere Zeiten wären, dann wollten sie zusammen einen Tanzkurs machen: das hat er niemals eingehalten, und das hat sie wohl schwer getroffen . . . Gewiß, daß es ihnen dann langsam besser ging, das hat ihr schon Auftrieb gegeben, daß sie sich dann auch mal was leisten konnten . . . Ja, und irgendwie hat er sie damit dann auch über ihre Gegenwart weggetröstet, daß er wohl sagte, wenn's ihnen materiell besser geht, dann kommt das andere von alleine – aber das war nicht. Das ist halt nie gekommen, sondern nur immer schlechter geworden, bis sie dann eben nicht mehr die Kraft hatte, sich dagegen aufzulehnen. Und die Isolierung ist immer stärker geworden . . . Weißt du, sie ist eigentlich sehr einfallsreich und kreativ, braucht ständig Anregungen und kriegt keine, kann ihre Fähigkeiten gar nicht anbringen . . . Ich weiß von früher in der Wohnung, da hat sich ihre Kreativität nur darin zeigen können, daß sie ständig die Möbel umgestellt hat, was meinen Vater jedesmal zur Weißglut brachte; denn wenn ein Möbelstück wo steht, dann muß es auch dort stehenbleiben . . . Und dann immer nur zu Hause und den Haushalt, den haßt sie also wie die Pest, ne?! Und auch

Kinderaufziehen, das ist eigentlich keine Aufgabe, die ihr liegt. Sie fühlt sich eigentlich immer nur – ja, in ihrem ganzen Dasein, seit sie geheiratet hat, fühlt sie sich eigentlich immer nur eingesperrt . . .

ICH Gab es Geheimnisse vor euch?

SIE Glaube ich nicht! Ich meine, das einzige, das ist halt ganz unbedeutend: mein Vater hat nie gesagt, wieviel er verdient . . . Aber so andere Sachen – naja, als wir klein waren, da haben sie englisch miteinander geredet, wenn wir's nicht verstehen sollten, und als wir das konnten, französisch (Irma lacht.).

ICH Das deutet ja nun auf solche Sachen hin?

SIE Ja, das stimmt! Naja, ich habe das meiste über meine Mutter mitbekommen, als ich größer war. Das Verhältnis zwischen uns war sehr eng: sie hat mir alles erzählt.

ICH Wußte dein Vater das?

SIE Er wußte, daß wir oft zu zweit redeten. Das war für ihn Weibergewäsch: das war überhaupt für ihn eine Schwierigkeit, daß er immer nur von Frauen umgeben war. Eine Ehefrau, zwei Töchter, zwei Großmütter. Das hat der immer so aufgefaßt: die Frauen gegen ihn! Er wollte mit niemandem Kontakt. Manchmal hab ich gedacht, er hätte sich nicht so abgekapselt, wenn er einen Sohn gehabt hätte . . . Ich bin ja auch nur von Frauen erzogen worden: er war ja nur da, aber es gab keine richtige Beziehung . . .

ICH Ich dachte vorhin, daß du die Bündnispartnerin deiner Mutter gewesen bist?

SIE Ja, das ist bestimmt richtig! Und in ihrem Verständnis sicher gegen ihn – eigentlich nicht so sehr in meinem . . .

ICH Hat dein Vater das auch so gesehen?

SIE Vielleicht! Aber offiziell war es ihm egal, was wir redeten . . .

ICH Wie sah das deine Mutter? Ich halte es für möglich, daß sie sagt: aber das darfst du dem Vater nicht erzählen?

SIE Ja, das war dauernd! – Sie hat für sich und mich oft auch Sachen gekauft, von denen der Vater nichts wissen durfte . . . Die hat sie dann lange vor ihm versteckt, und wenn er dann was merkte – was selten war – dann sagte sie einfach: ja, das haben wir doch schon lange! – Ja, das mit dem Verbündeten, das stimmt! Sie hat das wohl auch gebraucht . . . Mir ist es auch früher nie so aufgegangen, wie er sie unterdrückt, weil er das eben auf eine so sanfte und stille Art tut. Und da habe ich dann auch oft für ihn Partei ergriffen, aber wohl auch für sie . . . Ich hing da so zwischen rum . . .

ICH Versuche, dein frühestes Erlebnis mit deiner Mutter zu berichten.

SIE (sehr lange Pause) Ich glaub, das kann ich nicht!

ICH Wir können den Superlativ weglassen. Vielleicht ein sehr frühes!?

SIE (sehr lange Pause) Nee, ich glaub, das kann ich auch nicht. Ich kann mich an die Zeit vor der Schule überhaupt so kaum erinnern. Ja, wenn ich da so ein Foto sehe – aber mir ist nichts greifbar.

ICH Sind da auch nicht irgendwelche Spuren, daß du irgendwelche Dinge getan hast mit deiner Mutter?

SIE Nee!

ICH (ungläubig) Gar nichts???

SIE Ich glaub, nichts!!

ICH Ja, gut. – Dann bezieh das mal auf deinen Vater.

SIE (sehr lange Pause) Da kann ich auch nichts sagen! Die beiden waren halt da (lacht), aber ich wüßte nichts von frühen Erlebnissen zu sagen.

Ich Gehen wir mal weiter. Versuche, eine sehr angenehme Situation mit deiner Mutter zu erinnern, in der sich deine Kindheit in ihrem positiven Aspekt abbildet!?

Sie (sehr lange Pause) Tja, weißt du, *die* Fragen sind schlecht für mich. – Es tut mir leid, ich bring da nichts . . .

Ich (fühle mich sehr hilflos)

Wir verständigen uns darüber, daß ich alle Fragen meines Konzepts stelle, und sie verspricht, einzuhaken, wenn ihr etwas einfällt. Ich erlebe sie sehr bemüht. Zunehmend staunt sie darüber, daß sie nichts erinnern kann, was vor ihrer Schulzeit liegt. Sie wird sehr nachdenklich. Schließlich fällt ihr nach längerer Zeit etwas zu ihrem Vater ein.

Sie Ja, bei meinem Vater, da war so was. Ich bin mit ihm spazieren und saß auf seinen Schultern. Ich glaube, wir haben im Wald Pilze gesucht. Mehr weiß ich nicht: ich weiß nur, daß es sehr schön war . . . Überhaupt, wenn er mal mit mir geredet hat, fand ich das sehr schön . . . Meinetwegen zu Weihnachten, dann hat er einen Kaufmannsladen für mich aufgebaut . . . Das war schon schön . . . und ganz unerwartet für mich . . . Ja, und eine Eisenbahn habe ich auch mal gekriegt, das weiß ich noch, wie er dann da Weihnachten mit rumgesessen ist . . . Ja, da war halt ab und zu mal eine Gelegenheit, wo mein Vater sich mit mir beschäftigt hat, und das hab ich halt deswegen noch in Erinnerung, weil das sehr, sehr selten vorkam.

Ich Kannst du mal versuchen, so was genauer zu beschreiben? Zum Beispiel das mit der Eisenbahn?

Sie Na, das waren halt Tage, wo mein Vater halt irgendwie fröhlich gestimmt war . . . Da war dann ein äußerer Anlaß, so Sonntag oder Weihnachten besonders, wo er sich mal eine gewisse Zeit der Familie widmete . . . Und das war ja technisches Spielzeug, da hatte er seinen Spaß dran . . . und da hat er das Ding dann immer rumfahren lassen . . . und hat versucht, mir das zu erklären. Aber zu erklären war da ja nichts. Also, eigentlich wollte er wohl nur selbst damit spielen . . . aber das war auch schon schön . . . Ich durfte dann auch wohl mal meine Kraft mit ihm ausprobieren an ihm, wenn er mich auf den Rücken genommen hat oder so . . . da hab ich nicht viel Erinnerung dran . . . aber das war schon ziemlich schön . . . aber das kam halt nicht oft vor . . . immer nur ganz kurz . . . Vielleicht waren das nur fünf Minuten an dem ganzen Sonntag, mehr ging nicht . . .

Ich Meine Kinder würden mich nach fünf Minuten nicht in Ruhe lassen.

Sie Jaja, das habe ich wohl auch gemacht, daß ich dann zu ihm gekommen bin – aber ich glaub, daß er da oft nicht drauf eingegangen ist. Er hat mich dann weggeschickt oder ist weggegangen in sein Zimmer . . .

Ich Ich verstehe dich so, daß dein erstes genaueres Erlebnis mit der Schule beginnt?

Sie Ja, nehm ich schon an. Ich hab da früher auch schon drüber nachgedacht, und es ist schade, aber ich find da vorher nichts bei mir . . . Naja, einmal – aber das war wieder Weihnachten – was ich erinnern kann, sind wohl alles Weihnachtserlebnisse – weil das so einschneidend war – da war ich krank, und ich lag im Bett neben dem Weihnachtsbaum. Aber mehr weiß ich da nicht . . . Ich seh mich da auch so von außen: ich guck nicht aus dem Bett raus, sondern in das Bett rein, und da lag ich drin, als wär ich's nicht oder als wär's mir nur erzählt worden . . . Es ist auch so wenig . . .

Ich Fällt dir noch anderes ein?

Sie Öfter endete das mit Tränen und Geschrei, das heißt für mich! Mein Vater hat halt darauf bestanden, von der harmonischen Weihnachtsfamilie ein Foto zu machen, und ich habe das Fotografieren halt gehaßt und bin dann immer weggelaufen und so. Und dann war der ganze Familienfrieden zerstört, weil mein Vater versucht hat, mich einzufangen und gewaltsam aufs Foto zu kriegen. Dann hab ich geheult und wurde nachher gleich ins Bett geschickt.

Ich Aber da hat ja dein Vater etwas von dir für sich gewollt?!

Sie Hmhm, hmhm, ja! (Pause) Naja, aber so spielte sich das auch für mich immer ab, daß das immer sehr schön anfing und dann in Tränen und Geschrei endete, und die ganze Familie war böse auf mich . . . Es gibt also Fotos von mir, wo ich friedlich aussehe, aber da bin ich noch ganz klein. Später da ist das alles so verqu – zerquält, und danach hat er gar nichts mehr zustande gebracht, weil er kein heulendes Kind draufhaben wollte, auf dem Foto. Dafür waren sie auch zu teuer . . . Dagegen hab ich mich meine ganze Kindheit lang gewehrt, gegen das Fotografieren, und daß eben meine Eltern – vor allen Dingen mein Vater – meinten, sie müßten meinen Willen brechen, ne?! Das war vielleicht so der einzige Protest, den ich durchgehalten hab . . .

Ich Die andern sind aus deiner Erinnerung verschwunden?!

Sie Du! – Es ist ein Protest, mit dem ich nichts erreicht habe, so ist das!!

Ich Ich denke die ganze Zeit darüber nach, wie so etwas sein kann.

Sie Ja, ich weiß auch nicht; denn an sich muß sich meine Mutter, als ich noch klein war, sehr um mich gekümmert haben – sagt mir meine Schwester – die ist da ja wirklich zu kurz gekommen. Die ist ja zehn Jahre älter als ich. Die konnten sie auch nicht bändigen wie mich. Die ging raus und weg! – Ich war halt auch immer zu Hause. Da gab's keine einschneidenden Erlebnisse . . . immer in der Wohnung . . .

Ich Was gefiel dir an deiner Mutter? Und was gefiel dir gar nicht?

Sie (lange Pause) Gut gefiel mir, daß sie manchmal halt sehr fröhlich war, richtig übermütig und frech. Das fand ich immer sehr schön. Also, im Vergleich zu anderen Müttern war die gar nicht so unauffällig und angepaßt. Und die andere Seite war eben, daß sie sehr impulsiv war und sehr heftig und – äh – ich also nie ganz sicher sein konnte, wie sie nun grade war, und halt immer Angst hatte, daß sie irgendwie umschlägt und unverhofft wieder ganz, ganz böse ist, ne?! Wenn sie dann auch wieder von einer Minute zur anderen wieder ganz versöhnlich sein konnte. Und genau das konnte ich gar nicht: ich konnte mich nicht so schnell versöhnen, und das machte sie dann wieder böse . . .

Ich Fällt dir eine Situation ein, wo dieses Umschlagen vorkommt?

Sie Ja, so 'n bißchen erinner ich mich halt, daß da so die Küche drum rum war. Aber da war auch nichts Auffälliges, weil wir meistens in der Küche waren. Es war halt irgend so eine Situation, wo ich wahrscheinlich vorher Ohrfeigen gekriegt hatte, und da wollte sie mich plötzlich wieder in den Arm nehmen, ne?! Aber das ist nur so 'ne dunkle Erinnerung: ich weiß nicht, um was es ging . . . Ich bin dann aber bei meinem Trotz geblieben, und da hat sie sich noch mehr aufgeregt. Da hab ich dann aber auch gesehen, wie sehr ihr das zu schaffen macht: es tat ihr dann leid, echt! Aber ich konnte mich trotzdem nicht so umstellen, ne?! Wenn sie allerdings so richtig böse war, dann hat sie stundenlang, auch tagelang, einen überhaupt nicht angeguckt und kein Wort mit einem geredet – und das war schon ziemlich schlimm und hart, ne?!

Iᴄʜ Was führte denn zu so was?

Sɪᴇ Das weiß ich nicht mehr! Sicher ist nur, daß ich das nicht einsehen konnte . . . Ich weiß, daß ich von irgend etwas abhängig war und hatte keinerlei Einfluß darauf und konnte es auch nicht rauskriegen . . . Naja, aber irgendwie habe ich dabei so ein wohlerzogenes Verhalten gelernt, also muß ich da irgendwie doch dahinter gekommen sein, wann ich eins auf den Deckel kriege. Ich hab ja dann auch einfach nichts mehr gemacht. Und am Ende war ich so ein Kind – eben zum Vorzeigen, worauf meine Eltern unheimlich stolz waren. Ich habe eben alles nicht gemacht, was andere Kinder taten, weil sie eben Kinder waren, ne?! War also nur brav und überhaupt nichts anderes und kein Kind und nichts!

Iᴄʜ Da passieren dann auch keine Geschichten mehr, die man sich merken kann. Es ist wie ein geschichtsloser Zustand.

Sɪᴇ Ja, so eine Erinnerung habe ich auch: daß es immer dasselbe war . . . Und jetzt fällt mir noch was ein: Ich durfte ja nie mit anderen Kindern spielen. Aber einmal, da erinnere ich mich ganz dunkel, da war ich also mal draußen mit anderen Kindern zusammen. Ich erinnere mich also an einen Sandkasten, der bei uns hinter dem Haus war, und – naja – aber das ist halt nur so ein Bild – was wir da gemacht haben, das weiß ich nicht. Aber so was habe ich doch behalten. Das ist wohl ein- oder zwei- oder dreimal passiert, und dann hat's meine Mutter rausgekriegt, und dann hörte das auf – für immer.

Iᴄʜ Fällt dir dazu noch mehr ein? Details, meinetwegen: was für Kleider die Kinder anhatten oder so?

Sɪᴇ (zögernd) Nein.

Iᴄʜ Überhaupt nichts? Aber du weißt, daß da andere Kinder waren?

Sɪᴇ Ja, ja! Bei uns im Haus wohnten viele Kinder. Überhaupt waren wir ja in einer kinderreichen Gegend: Mietshäuser für Arbeiter, acht oder neun Parteien. – (Pause) – Doch! Meine Mutter rief dann sehr laut, und ich weiß noch, wie ich dann hochgekommen bin und zur Wohnung rein und wie meine Mutter dann unheimlich böse mit mir war, das weiß ich – und ich wußte ja noch nicht, warum! Und hinterher, dann wußt ich's dann eben. Da war sie böse, weil sie eben rausgeguckt hatte und gesehen hatte, daß ich mich nicht wehre, als die anderen mich geschlagen haben. Und von da an durfte ich nicht mehr weg. Ich glaube, das wußte ich – das weiß ich jetzt, wie ich da hochkam in die Wohnung. Und das war so eine seltsame Sache: ich kam da eben von den Kindern da unten, und meine Mutter war unheimlich böse auf mich . . . Ja, und danach hab ich die Kinder immer nur gehört und gesehen und so – nur halt mit ihnen zusammen war ich nicht . . .

Iᴄʜ Hast du denn zu ihnen gewollt?

Sɪᴇ Ja, sicher!

Iᴄʜ Und wie wurde das begründet, daß du dann nicht durftest?

Sɪᴇ Naja, im Anfang wohl so: daß ich mich nicht gegen diese rauhen Kinder durchsetzen könnte, und daß ich deswegen nicht dürfte . . . Ich stelle mir vor, daß meine Mutter wohl im Sinn hatte: also, ich laß mir von denen mein Kind nicht kaputtmachen . . .

ICH Ich hör da so raus, daß sie dich vor den Proletenkindern behüten mußte, weil du etwas Besseres und Zarteres bist?

SIE Ja, wir sind schon so aufgewachsen – meine Schwester und ich – daß wir was Besseres sind als die Familien um uns rum, ne?! Das war ganz klar! Mein Vater fand es sowieso asozial, so viele Kinder zu haben, das fand er schon fast kriminell . . . Meine Mutter war da ganz gewiß anders. Sie ist ja selbst in einer Arbeitergegend aufgewachsen. Aber das hat sie von ihm übernommen, das kam halt durch meinen Vater . . . Es gab ja keinerlei Kontakt, man grüßte und machte die Wohnungstür zu . . .

ICH Warst du mal in einer dieser Familien?

SIE Nein! Nie! Ich kannte nicht ein Kind vor der Schulzeit. Nur meine Schwester, und die ist zehn Jahre älter . . .

ICH Mir geht jetzt ständig das Turnen im Kopf herum, und ich weiß nicht so richtig, warum?

SIE Naja, weil das doch in den Zusammenhang gehört, daß ich – ähm – ja keine Gelegenheit hatte, draußen mich irgendwie zu üben. Ich bin richtig verkümmert in der Wohnung, körperlich wahrscheinlich . . .

ICH Ja, aber da ist noch was: Wie haben denn deine Eltern auf deine schlechten Sportnoten reagiert? Das wollt ich fragen.

SIE Das war ihnen nicht so wichtig.

ICH Sagten sie das auch?

SIE Ja! Mein Vater war selbst im Turnen immer sehr schlecht gewesen: das war also normal für ihn. Meine Mutter hat als Kind sehr gern geturnt, ja sicher. Sie fand es aber auch nicht so wichtig. Wichtig war halt nur, daß ich meine intellektuellen Fähigkeiten entwickele: dafür wurde alles getan!! – Und Turnen – naja – da haben die sich nichts drunter vorgestellt. Die haben ja auch nie gewußt, wie schlecht es mir da ging . . . Die dachten nur: ich turn halt schlecht; mehr nicht!

ICH Hast du es ihnen denn nicht gesagt?

SIE Das hätten die überhaupt nicht verstanden! Das war ja nicht wichtig! Das war ja auch so 'ne Verbindung mit andern Kindern . . . Naja, und die einzige Möglichkeit, die ich da hatte, waren die beiden Schulfreundinnen – schön nacheinander, immer nur eine! Das war dann in Ordnung. Die konnte ich mal paar Stunden besuchen, die durfte ich mal mit nach Hause bringen. Da war ein bißchen Kontakt da, das reichte! Sie kannten ja auch die Eltern flüchtig. Da wußten sie dann, wo ich war und zu welchen Zeiten.

ICH Hast du da auch mal übernachtet?

SIE Nee, die hatten zu kleine Wohnungen, und unsere war auch zu klein!

ICH Was mochtest du an deinem Vater? Was mochtest du nicht?

SIE Ja, mir gefiel seine ruhige Art, und daß er sehr überlegt alles gesagt hat. Es gab sehr selten mal einen richtigen Ausbruch: der war allerdings dann besonders häßlich. Da war zwischen uns immer so ein großer Graben, der überhaupt nicht überwunden werden konnte. Mein Vater war eben keiner – ja – auf den man so hätte zugehen können oder so – der war vor allen Dingen eben ein – ein – ein – Mann, ein Vater. Das war eben, daß man als Kind nicht zu ihm konnte, wenn man wollte. Ja, vor allen Dingen war er so was wie eine

Autorität. Und man mußte achtgeben, daß er seine Ruhe hatte und durfte den Mund in seiner Gegenwart für gewöhnlich nicht aufmachen. –

ICH Meinst du das wörtlich?

SIE Das meine ich wörtlich, ja! Das hat also meine Kindheit ziemlich beherrscht, daß ich also immer still sein mußte – also: wirklich still, ne?! Und – ähm – vor allen Dingen beim Essen hat ihn das arg aufgeregt, wenn ein Kind was gesagt hat, weil eben Kinder bei Tisch still zu sein haben: da durfte man also wirklich gar nichts sagen . . .

ICH Hat er dich geschlagen?

SIE Nein! Ich kann mich nicht erinnern, daß er mich geschlagen hätte. Das tat meine Mutter: so kurz und heftig . . . Bei meiner Schwester war das anders, die hat es da sehr schlimm gehabt und ist hart und sehr oft geschlagen worden und sonstwie bestraft. Ich nicht, weil ich halt die Kleine war . . . Die hatte das Unglück, daß sie zehn Jahre älter war als ich, mußte viel im Haushalt helfen. Sie hat beiden – vor allem meiner Mutter – schwer zu schaffen gemacht, weil sie immer so kühl gegen sie gewesen ist: meine Mutter hat halt viel Zärtlichkeit erwartet. Und wenn ihr danach war, hat sie dann meine Schwester so richtig mit Zärtlichkeit überschüttet. Und meine Schwester entzog sich dann und konnte nicht haben, wenn sie etwa zum Abschied einen Kuß kriegen sollte. Ja, das hat sie meiner Mutter etwas fremd gemacht . . . Das ganze Verhalten meiner Eltern war ja ihren Kindern gegenüber, daß Erziehung darin besteht, den Willen des Kindes zu brechen. Und meine Schwester hat sich geweigert: die hat ihren Willen behalten! Und da haben sie sie halt als Kind sehr viel geprügelt, weil das ein Mittel ist, den Willen des Kindes zu brechen, und haben eben immer wieder festgestellt, daß bei ihr der Wille halt trotzdem noch da war: die hat aus Trotz nicht geheult, und das hat die Wut meiner Eltern noch gesteigert . . . Einmal hat meine Mutter einen Kleiderbügel an ihr zerschlagen, und sie hat nicht geheult . . . Naja, meine Schwester war halt ihr erster Versuch, ein Kind zu erziehen. Bei mir ging's dann leichter: ich war schon früh brav . . . Stubenarrest war für meine Schwester das Schlimmste. Bei mir war das nicht möglich: den hatte ich meine ganze Kindheit lang. In dem Dorf im Schwarzwald hat sie ja noch mit Kindern spielen dürfen. Als wir dann umzogen, wollten sie's ihr austreiben: aber sie haben es nicht geschafft. Bei mir ging's dann vollkommen . . .

ICH Wen mochte deine Mutter lieber?

SIE Ja, mich!

ICH Und dein Vater?

SIE Bei meinem Vater kann man gar nichts sagen. – Mein Vater zeigt ja keine Gefühle. – (Irmas Stimme versickert fast. Sie nimmt sich zusammen und spricht betont nüchtern weiter.) – Ich weiß nicht, vielleicht auch mich! Ich war ja anschmiegsam und leicht zu leiten – wie sie sich ein Kind vorstellten. Ich hatte ja dann auch in ihren Augen keinen Willen mehr, während meine Schwester ihn immer wieder vorkehrte . . . Ich meine, für mich selbst hatte ich schon einen Willen und wußte, was ich wollte. Aber ich habe mir immer gesagt, daß ich bei meinen Eltern damit nicht zurecht komme . . . Das sah dann so aus, daß ich – mindestens seit meinem zehnten Lebensjahr – ganz genau weiß, daß ich nur ein Ziel hatte: endlich einundzwanzig zu sein, ne?! Und das hatte ich auch sehr konkret vor Augen, ganz fest, ne?! Und alles, was bis dahin war, gedachte ich einigermaßen zu überstehen. Und dann wollte ich dann anfangen, das alles irgendwie nachzuholen. Mir stand so richtig fest vor Augen, daß ich vieles solange würde nicht machen können, wie ich noch zu Hause war, sondern daß ich das alles durchstehen müßte und möglichst wenig Schaden dabei nehmen wollte – anders als meine Schwester – und darum bin ich nie in der Gegenwart meiner Eltern gegen sie aufgetreten ...

Iᴄʜ Deine Perspektive war: sobald ich kann, gehe ich weg!?

Sɪᴇ Ja! Und das hab ich dann auch gemacht, ne?! Ich hab mich gar nicht darauf eingelassen, in der Nähe zu studieren, was möglich gewesen wäre. Meinen Eltern fiel das furchtbar schwer, daß ich dann wegging mit achtzehn. Aber das hab ich durchgesetzt und bin auch sehr weit weggegangen ...

Iᴄʜ Wie war das bei deiner Schwester?

Sɪᴇ Ach, die ist auch spät weggegangen. Sie hat kein Abitur, hat einen Beruf gelernt und konnte nicht weggehen, weil sie nicht genug Geld hatte. Sie ist dann zu meiner Oma gezogen, die ja in der gleichen Stadt wohnte, und hatte dort ein Zimmer ... Erst Mitte zwanzig ist sie nach L. (Großstadt) gezogen.

Iᴄʜ Ist sie verheiratet?

Sɪᴇ Nein!

Iᴄʜ Brachte ihr Auszug Schwierigkeiten oder ging das leicht?

Sɪᴇ Das ging gar nicht leicht! Mein Vater meinte, sie sei nun völlig gescheitert. Sie erwarteten überhaupt, daß wir beide draufgehen würden, wenn man uns endlich auf eigene Beine stellen würde. Aber sie hat einen zähen Willen. Er hat sich sehr gewundert über das, was sie erreicht hat.

Iᴄʜ Sie hat eine Karriere gemacht?

Sɪᴇ Ja! – Meine Eltern sind jetzt sehr stolz auf sie!

Iᴄʜ Und umgekehrt?

Sɪᴇ Meine Schwester kommt nur nach Hause, wenn ich auch da bin. Die besucht meine Eltern nicht freiwillig. Die hat auch ihre ganze Kindheit nie verwunden, ne?! Manchmal glaube ich, daß sie also meinen Vater wirklich noch haßt, ne?! Obwohl – das kommt nicht so zum Ausdruck: wir haben in unserer Familie immer gelernt, sehr liebevoll miteinander umzugehen, und sowas kommt gar nicht zur Sprache, außer mal zwischen ihr und mir ... Aber meine Eltern werden halt von meiner Schwester nicht freiwillig besucht. Ich glaube, sie hat noch immer Angst vor der Abhängigkeit von ihnen. Sie merkt auch nicht so recht, daß sich das inzwischen längst umgedreht hat, und wie abhängig unsere Eltern von uns sind ... Und das ist auch schlimm für mich zu sehen, wie meine Eltern jetzt nach und nach so klein und lieb werden, wie sie mich damals gehalten haben ...

Iᴄʜ Wie stehst du zu deiner Schwester? Wie steht sie zu dir?

Sɪᴇ Na, sehr zwiespältig! Einerseits war Geschwisterliebe gefordert; zum anderen hat sie mich als kleinen Teufel kennengelernt, auf den sie aufpassen mußte, der dann – und nur dann – immer was anstellt, wofür sie dann bestraft wurde. Das hab ich ja früher nicht so mitgekriegt. Aber ich hab gemerkt, daß sie mir nicht so zärt – äh – herzlich zugewandt war. Sie war eher ausgesprochen böse und giftig zu mir. Wenn meine Mutter dann nach Hause kam, und dann hat sie eins draufgekriegt. Einmal hat sie mich – das war wohl auch noch vor der Schulzeit – in einen Schrank eingesperrt, und ich dachte, ich müßte ersticken. Ich hatte entsetzliche Angst, weil's ja auch dunkel war, und sie ist aus dem Zimmer gegangen. Sie hat also wirklich ihre Rache an mir ausgelassen, und das hab ich ihr sehr übel genommen und hab ihr das auf meine stille Art wohl auch heimgezahlt: über die Eltern! Ich wußte ja auch nicht, wie's dazu kam. Heute kann ich das gut verstehen. Aber heute versucht sie, diese schwesterliche Liebe zu verbreiten, und darunter steckt nach meiner Meinung immer noch der Neid: ich hab es ja besser gehabt als sie!

Ich Auch heute noch?

Sie Ja! Ich studiere, sie hat nicht studieren können, hat kein Abitur, hat für ihre Karriere schwer arbeiten müssen, ist auch gesundheitlich schon ziemlich kaputt, und ich sitz hier rum und studiere ... Sie ist seit sechzehn im Beruf, hat viel gelernt, auch auf Äußerlichkeiten zu achten, ist immer adrett gekleidet, hat gute Umgangsformen. Da ist sie jetzt das leuchtende Beispiel für die ganze Familie geworden ...

Ich Was nimmst du ihr denn übel?

Sie Das waren eben die Streitereien mit meinen Eltern, die sie hatte, und die ich dann mitgekriegt habe und – ja, das hab ich ihr einfach übel genommen – ja, daß sie meine Eltern so in Wut bringt, daß ich dann eben, wenn ich dazwischen geriet, eben dann auch zum Gegenstand der Wut gemacht wurde, ne?! Ich wurde dann auch eben mit reingezogen. Ich weiß also, daß ich dann, wenn meine Schwester eben heulend im Wohnzimmer saß, und meine Mutter heulte in der Küche, und mein Vater wütend im Schlafzimmer, daß ich dann zwischen denen hin und her rannte. Das heißt, mit meinem Vater hatte ich einfach nichts zu tun, aber dann eben abwechselnd meine Mutter und meine Schwester tröstete und versuchte, dann auszugleichen. Und ich war also irgendwie immer dazwischen.

Ich Das war auch noch so, als du größer warst?

Sie Ja! Ja, das war also – das ist bis heute so geblieben. Ich habe also immer versucht, meiner Mutter klarzumachen, warum meine Schwester das wohl so macht; und versucht, meiner Schwester klarzumachen, daß meine Mutter es doch gar nicht so meint.

Ich Jetzt fällt mir ein «Das hast du ja auch gelernt», das mit der Harmonie.

Sie Ja, ja ... Da war aber auch – als ich sechzehn war, da ist sie mit mir in Urlaub gefahren. Ich durfte ja niemals allein in Urlaub fahren, auch nicht mit einer Jugendgruppe oder so.

Ich War das gegen den Willen deiner Eltern?

Sie Ja, das hat sie gegen meine Eltern durchgesetzt. Wir haben's dann als eine Art Genesungsurlaub dargestellt, weil ich ein paar Wochen vorher eine Mandeloperation hatte ... Aber es war ein furchtbares Theater, bis das so weit war ... Schließlich sagten sie ja, aber dann kam – meine Schwester war sechsundzwanzig und hatte ein Auto – dann kam, daß sie mitfahren wollten. Und dann sind die mitgefahren bis nach Luxemburg ... Es war fürchterlich ... Nach zwei Tagen sind sie dann zurückgefahren: sie wollten wissen, wo und wie wir wohnen. Wir sind dann wo ganz anders hingefahren ... Sie hat da schlimme Sachen auf sich genommen, daß sie dann mit sechsundzwanzig wegen sowas mit meinen Eltern noch einen schlimmen Streit anfängt, daß die dann auch noch mitfahren müssen, um zu gucken, wie wir unterkommen ...

Ich Wie wurde denn argumentiert?

SIE Naja, weil ich eben halt noch zu klein war! Sicher, sie haben zugegeben, daß meine Schwester alt genug war, aber ob sie auch für mich sorgen konnte, das stand nun nicht ganz fest.

ICH Ja, wie denn nun? Ging's um das Frühstück? Oder wie?

SIE Naja, es war eben so, daß ich eine ständige Aufsicht haben mußte.

ICH Ja, worauf bezog sich denn die Aufsicht?

SIE Ja, auf alles! Ich mußte halt zeitlich immer beaufsichtigt werden. Meine Eltern mußten in jeder Minute wissen, wo ich war. Es gab eben für mich nur die Möglichkeiten, zu Hause zu sein, in der Schule oder eben bei einer Freundin oder vielleicht im Laden um die Ecke einkaufen.

ICH Ich kenne das Thema von meinen Schulabgängern. Da heißt es dann klipp und klar: Das läuft nicht, sonst kommst du mir noch mit einem Kind nach Hause!

SIE (scheint unangenehm berührt) Nja, offen gab's das Thema sicher nicht! Hör mal, das wird bestimmt mitgespielt haben, in dem Alter bei mir . . .

ICH Aber es ist nicht gesagt worden?

SIE Nee, über sowas haben meine Eltern nicht gesprochen!

ICH Versuche einmal, wichtige Veränderungen, Markierungspunkte zu beschreiben, die sich im Verlauf deines Heranwachsens in deinen Beziehungen zu den Mitgliedern deiner Familie ergaben.

SIE Ja, es ist so, daß meine Eltern für mich außerordentlich lange Autoritäten waren, auf die ich angewiesen war, die für mich gesorgt haben. Und das hat sich ganz abrupt geändert, als ich das Abitur gemacht habe. Und das war ungeheuer spät, mit achtzehn . . . Es war immer klar gewesen, daß ich studieren sollte. Als es aber dann so weit war, hat mein Vater plötzlich Torschlußpanik gekriegt und wollte unbedingt ein Haus bauen, ne?! Und da hat er auch ganz schnell ein Grundstück gefunden und ein Haus draufgesetzt. Und da war von Studieren keine Rede mehr, sondern da hieß es: Wir haben gewollt, daß du Abitur machst, und das machst du auch, und das war unser Ziel. Und was du danach machst, das mußt du selber wissen; wir wollen dir auch weiterhin nichts in den Weg legen, aber überlege dir, ob du wirklich studieren willst! Wir können dir nichts geben, ne?! Und das hat also von einem Tag auf den anderen meinen Glauben an meine Eltern ganz stark erschüttert. Ich war ja gewohnt, daß sie halten, was sie versprechen. Und das war nun plötzlich weg, nur weil mein Vater eben unbedingt schnell ein Haus bauen mußte . . . Und gleichzeitig damit kam, daß ich nun plötzlich viel mehr Freiheiten hatte als früher. Ich durfte weggehen und . . .

ICH Moment mal! Hing das damit zusammen?

SIE Ja! Und zwar – solange ich materiell so stark von ihnen abhängig war, solange war ich auch sonst völlig abhängig von ihnen, und da haben sie alles über mich bestimmt. Und wo sie nun gesehen haben, sie können mir nicht das Geld geben, was mir eigentlich nach ihren Vorstellungen zustand, naja, da war ich eben doch auf meine eigenen Füße gestellt und durfte auch mehr! Das entsprach dann mehr so der Stellung meiner Schwester . . . Vor allem mein Vater fand mein Studium plötzlich bedenklich. Der hatte dann plötzlich so die seltsame Meinung, daß es doch auch nicht so gut wäre, wenn ich studiere, weil ich dann auch höhere Ansprüche bekäme, wenn mir also einmal ein Mann gefällt, daß es dann einer sein müßte, der meinen höheren Ansprüchen genügt, und daß ich dann doch Schwierigkeiten hätte, und daß es unter dem Gesichtspunkt doch besser wäre, wenn ich nicht studiere, damit ich dann nicht so hohe Ansprüche stelle. Und das hat der dann ganz ausgeprägt geäußert, und das hat mich ganz furchtbar schockiert, weil ich das gar nicht erwartet habe, gemessen an dem, wie er früher war . . . Dazu kam, daß meine Schwester mit achtundzwanzig noch immer nicht verheiratet war, weil ihr also die Männer, die sich da bemühten, alle nicht gut genug waren.

ICH Deine Schwester hätte also nur «Ja» sagen müssen, dann hätte sie einen Mann gehabt?

SIE Aber ja!! Sie war oft verlobt und hat wirklich sehr nette Männer gehabt, ne?! Aber sie hätte halt immer Konzessionen machen müssen, und dazu war sie halt noch nicht – nach der Kindheit – bereit. Da wollte sie endlich mal ein Leben nach ihrem Willen führen . . .

ICH Wie war das nun mit deinem Studienort?

SIE Ja, ich hätte in V., in C., in N. oder in L. studieren können oder halt hier. Am liebsten wäre es ihnen gewesen, wenn ich in V. studiert hätte und weiter zu Hause gewohnt hätte. Das wollte ich aber nicht. Da war dann lange im Gespräch, daß ich in L. studieren und dort bei meiner Schwester wohnen könnte. Damit wären sie einverstanden gewesen, auch meiner Schwester hätte das sehr gefallen. Wir haben uns dann schon nach einer neuen gemeinsamen Wohnung umgesehen. Und dann habe ich plötzlich Angst gekriegt, und das hat mich dann bestimmt. Wir kamen eben ganz gut miteinander zurecht, solange ich das tat, was sie wollte, ja? Aber auf eigenen Füßen hätte ich nicht stehen können. Und da habe ich gesagt, daß ich doch nicht in L. studieren könne.

ICH Aus dem Grund?

SIE Ja, nur aus dem Grund! Und das war dann auch hinterher völlig richtig, ne?!

ICH Was hast du gesagt?

SIE Ich habe sachlich argumentiert! Ich habe nicht gesagt, daß ich möglichst weit weg will, sondern, daß man in L. nicht Diplom machen kann und in V. der Semesteranfang anders ist und so weiter. Ich habe gesagt, daß die Unis in der Nähe alle überfüllt wären . . . Auch bei meiner Schwester ging's mir darum, daß ich nicht wieder in Abhängigkeit gerate.

ICH Hast du ihr das gesagt?

SIE Nja, das hab ich wohl gemacht, aber nicht sehr ausführlich, glaub ich. Das war ein schwieriges Thema für sie. Sie hat es auch nicht akzeptiert! Ich hab's wohl versucht, ein paarmal, das weiß ich . . .

ICH Wie ist es dann geworden?

SIE Ja, ich wollte jetzt wirklich mal ganz alleine sein und aus mir heraus die Lebensumstände schaffen, die ich wollte, ne?! Ich hab es wohl schwerer gehabt, als andere Studenten, ne?! Ich wußte eben nur, daß ich den Willen hatte, das irgendwie durchzustehen. Aber ich habe mich wirklich die ersten zwei Semester weniger mit dem Studium beschäftigt, als eben mit mir selber, um damit fertig zu werden, was eben vorher war. Ich dachte mir, daß ich eben doch auch mehr Zeit brauche als die anderen, ja?! Aber ich meine, wenn's mir eben mal ganz hart angekommen ist, dann habe ich doch nie ernsthaft erwogen, wieder zurückzugehen, ne?! Obwohl mir eben alle möglichen Leute prophezeit haben, daß ich schnell wieder da bin. Aber das war nicht so!

Und ich bin also wirklich ziemlich zufrieden, jetzt hier so, ne?!

ICH Und wie stehst du jetzt so zu deiner Familie?

SIE Naja, früher halt – daß ich mich total abhängig gefühlt habe, und das war ja auch schlimm, und daß ich mich da – praktisch – ähm – immer wieder rausgearbeitet habe, ne?! Und heute stehe ich dem also so ziemlich frei gegenüber, im Gegensatz zu meiner Schwester, die nun ein umgedrehtes Abhängigkeitsverhältnis hat. Und ich kann meiner Mutter auch jetzt so ziemlich viel helfen, ja? Weil ich eben nicht – ja, sicher, ich weiß, wie es früher war, ne?! Aber ich trage das nun nicht in jedes Gespräch rein. Ich hab das halt aufgearbeitet – irgendwie – und ich lebe jetzt eben so, wie ich will. Und deswegen kann ich ihr auch jetzt helfen und muß nicht immer wieder von den alten Sachen anfangen. Und bei meiner Schwester habe ich schon den Eindruck, daß das da immer wieder mit rein kommt. Wenn sie es auch nicht so deutlich äußert im Gespräch, aber irgendwie meine ich, kommt's halt durch die Hintertür rein, weil sie oft so heftig wird . . .

ICH Welche Rolle spielten Kinder für dich, die nicht zur engeren Familie gehörten?

SIE Das waren erst mal meine beiden Freundinnen. Ja, und die gingen dann immer, wenn mein Vater nach Hause kam. Das war so ausgemacht, weil mein Vater seine Ruhe brauchte. Manchmal sahen sie ihn, und ich weiß, daß sie immer ganz begeistert von ihm waren, weil er doch so lieb und nett war und so . . . Naja, und sonst – daß ich eben diesen Kontakt hatte. Früher habe ich dann mit denen gespielt, und später gab's irgendwelche belanglosen Gespräche. Und ich hatte oft den Eindruck, daß ich irgendwie zu kurz komme . . . Das war ja, daß ich eben auch ganz andere Lebensumstände hatte und mir Gedanken über die Dinge machte, auf die die gar nicht kamen. Die waren eben Kinder, und das war ich eigentlich nie richtig, ne?! . . . naja, und sonst – da gab's halt auch Kinder. Aber die waren für mich nicht erreichbar. Die waren halt immer gegenwärtig, ich hab sie immer gehört und oft gesehen, aber ich hatte nichts mit ihnen gemein! *Das* waren halt Kinder, die gespielt haben, ne?! Ich hörte ihre Stimmen, mehr auch nicht!

ICH Sie waren «Nicht-Ich», ne?

SIE Ja, ja. – Das war schon seltsam, in so einer kinderreichen Gegend aufzuwachsen und nie mit Kindern zu spielen! – Und sonst eben nur in der Schule, ne?! Deswegen war ich da halt auch sehr gern! Das war halt mein Leben, ne?! Deswegen hab ich halt auch geheult, wenn die Ferien kamen und das Leben nun weg war und ich halt nur noch zu Hause saß . . . Und zu Hause war das alles so eng! Nicht nur die Wohnung, auch sonst! Mein Vater legte auf Sparsamkeit den größten Wert. Jedesmal, wenn meine Schwester oder ich die Badewanne benutzten, gab's ein Drama: man durfte nur die und die Temperatur haben. Solche Sachen wurden laufend kontrolliert. Mein Vater hat überhaupt immer irgendwas kontrolliert. Meine Schwester schlief auf einem Klappbett in der Küche. Er hat dann extra eine Leitung von diesem Bett in das Schlafzimmer legen lassen, und da leuchtete dann ein Lämpchen auf, wenn sie abends noch las und das Licht brennen ließ. Und sie durfte nur eine bestimmte Zeit lesen. Und dann kam er jedesmal wutschnaubend rüber und hat sie runtergeputzt . . . Er hat auch noch andere Überwachungsinstrumente gebaut, meinetwegen einen Lautsprecher . . .

ICH Kannst du etwas über Beziehungen zu Jungen sagen, die in deine Schulzeit fielen, und die man im weitesten Sinne als sexuelle bezeichnen könnte?

SIE (lange Pause) Wie war noch der Anfang der Frage?

ICH (wiederhole)

SIE Ja – (Pause) – Naja, die haben wohl 'ne wichtige Rolle gespielt – später – aber – weiß nicht genau, was ich dazu sagen kann – ich glaube, daß mir Beziehungen zu Jungen ziemlich wichtig waren – wichtiger, als sie eigentlich von ihrer Bedeutung her waren, weil ich da was gesucht habe, was ich eigentlich von der Familie her nicht hatte, ne? Sondern irgendwie Anerkennung oder Zuwendung oder sowas. – (Ich habe den Eindruck, daß Irma G. sich um diese Antwort herumdrückt. Sie wirkt sehr unsicher und allgemein. Es fällt mir schwer, es ganz ihr zu überlassen, was sie sagen möchte und was nicht. Ich nehme mir vor, nicht zu insistieren.) – Tja, die ist auch ein bißchen allgemein gefaßt, die Frage.

ICH (Ich habe den Eindruck, daß sie mich in die Rolle des Fordernden bringen möchte. Darauf möchte ich mich aber nicht einlassen.) – Ja, du kannst sie ja so speziell beantworten, wie du möchtest.

SIE Nee, ich weiß nicht – kannst du's nicht präziser formulieren?

ICH (winde mich etwas) Ich finde es wichtig, den erotisch-sexuellen Aspekt der Schulzeit anzusprechen.

SIE (scheint etwas erleichtert) Naja, so allgemein fällt mir dazu ein, daß das einfach einen harten Gegensatz zur Schulsituation darstellt, weil eben von der Schule her alles, was mit Sexualität zu tun hatte, ja weit weggedacht werden sollte, nach Möglichkeit. Und wenn's da war – ja, dann wurde es eben bestraft, wenn auch indirekt. Es wurde dann nicht gesagt, was eigentlich bestraft wurde . . . Das war schon ziemlich schlimm. Da gab's also in manchen Klassen irgendein Mädchen, die wurde dann irgendwie abgestempelt, daß sie meinetwegen sexuelle Beziehungen hatte. Und das war dann praktisch so, daß die Mädchen aus den anderen Klassen auch auf die mit dem Finger gezeigt haben – nicht wörtlich, aber so im übertragenen Sinne . . . Und zu Hause, da hatte mein Vater so seine Prinzipien, und dagegen konnte man nicht argumentieren: ein Mädchen von sechzehn hat um acht zu Hause zu sein!

ICH Du warst also – offiziell warst du geschlechtslos?

SIE Ja! Ganz zweifellos!

ICH Ich denk jetzt an den Urlaub mit deiner Schwester: insgeheim müssen sie dich dann doch nicht für so ganz geschlechtslos gehalten haben!?

SIE Ich weiß da gar nicht, was ich von meinem Vater halten soll. Der wußte wohl auch nicht, was er von einem Mädchen halten soll. Der hat mich womöglich wirklich für geschlechtslos gehalten, das hab ich mir manchmal gedacht, ne?! Ja, einfach weil er auch so unerfahren und naiv war – überhaupt mit allem, was Frauen anging. Ja, und meine Mutter hat eben gedacht, sie müßte mich eben vor den Anfechtungen der Großstadt behüten . . .

ICH Also das Thema Sexualität war für dich in der Schule und in der Familie völlig tabu?

SIE Ja! Das gab's überhaupt nicht!!

In Irma G.s familialer Geschichte und häuslicher Situation imponiert vor allem das Thema Abhängigkeit in seinen schillernden Variationen und Umkehrungen: es kann letztlich nur vermittels des Einbezugs der Abhängigkeiten der Eltern von den Großeltern verstanden werden, die an ihr und – in anderer Weise und mit anderem Ergebnis – ihrer Schwester wiederholen, was ihnen angetan worden ist. Bedeutsam erscheint mir Irma G.s weitgehende Amnesie hinsichtlich ihrer vorschulischen Kindheit: eine zugleich geschichtslose und zutiefst prägende Situation. Gemessen daran erlebt sie die Schule, die sie doch zuvor keineswegs rosig darstellt, als Erlösung: sie wird ihr erster Zugang zu einer kindlichen Welt, die ihr bis dahin hermetisch verschlossen war; gleichviel wird deutlich, daß sie auch in der Schule über weiteste Strecken gänzlich am Rande steht. Aber die Kinder, die sie sonst immer nur hört und sieht, sind hier mindestens räumlich nahe, und es gibt ein Miteinander-Umgehen, wenn es auch noch so reduziert ist, was ihre Möglichkeiten angeht: sie erlebt die anderen «richtigen» Kinder als das Gegenteil ihrer selbst.

Abgesehen von der Oma sind ihr die anderen Mitglieder ihrer Familie über lange Zeit nicht zugänglich: die Mutter bearbeitet erfolglos ihre Unterwerfung unter den zwanghaften Vater und kann von daher auch den Kindern nicht sein, was ihr der Mann nicht erlaubt: sie selbst. Irma G. erlebt ihre Mutter wesentlich diskontinuierlich und wehrlos gegen das Bündnis ihres Mannes mit ihrer Großmutter (der Oma), das ja auch zudem nicht offen zutage tritt. Sie wird dann selber zunehmend die Vertraute der Mutter gegen den Vater: eine Überforderung, zumal die Mutter ja nur Entlastung sucht, ohne selber hilfreich sein zu können. Der Vater, den Irma G. gewiß zärtlich liebt, ist und bleibt verschlossen und unzugänglich. Aus der Rivalität mit der zehn (!) Jahre älteren Schwester geht sie als deutliche Siegerin hervor. Allerdings ist ihr Preis die völlige Unterwerfung nach außen hin. Als einzige Perspektive bleibt ihr die sofortige räumliche Trennung von der Familie, sobald sie dies kann: die trotzige Widersetzlichkeit der Schwester erscheint ihr für sich selber aussichtslos; sie unternimmt keinen Versuch dieser Art.

Trotz Anfechtungen (bei der Schwester wohnen) verfolgt sie diese Perspektive, besteht auf ihrem Studium, tritt es in der weit entfernten Universitätsstadt an und fügt ihren Eltern (besonders der Mutter) das Erlebnis der Abhängigkeit von den Kindern zu.[181] Die in ihrer Häufigkeit abnehmenden Besuche zu Hause bringen sie nun vollends in die Rolle der Vertrauten der Mutter: sie verzichtet auf die Auseinandersetzung mit den Eltern und spendet den Trost der erwachsenen Tochter, auf die man allerdings lange warten muß.

Irma G. erscheint jetzt weniger abhängig von den Eltern, und ihre Kraft ist nach allem schlicht imponierend: gleichwohl sind die prägenden Konstellationen ihrer Kindheit höchst belastend wirksam, vor allem auch in der Schule, wo sie als Lehrerin gefordert ist.

170 Das Praktikum und seine Vorbereitung

ICH Versuche die Besonderheiten des vorbereitenden Seminars im Vergleich zu anderen Seminaren zu beschreiben.

SIE Ja, da war so dieser gruppendynamische Aspekt . . . Die Leute wurden so im Verlauf wirklich eine Gruppe und saßen halt nicht so zusammenhanglos bis zum Praktikum da, sondern, daß man sich halt eben auch kennenlernen konnte . . . Ja, und dann war eben überraschend, daß du auch auf solche didaktischen Dinge verzichtet hast: wie bereite ich eine Stunde vor, ein Schema darzustellen . . . Und die Wirkung des Seminars war eben, daß man auch über das zufrieden war, was bisher gelaufen war und daß es einem wirklich etwas gebracht hatte: das war eben doch grundlegend anders als bei anderen Seminaren . . . Ich habe auch die Reaktionen einiger anderer im Sinn, die sich lange ganz heftig gegen so ein Verfahren gewehrt haben, weil sie dachten, daß sie sich dir ausliefern, weil du was im Hinterkopf hast, was sie nicht wissen . . .

ICH Versuche, mein Verhalten und meine Interventionsformen als Seminarleiter zu beschreiben.

SIE Naja, du warst als Seminarleiter – da bist du schon stark hervorgetreten, weil du eben das Konzept ausgedacht hattest und eben ganz genau wußtest, was du vorhattest. Du hast uns ja auch nicht gesagt: in der nächsten Sitzung machen wir das und das . . . Du hattest die Position dessen, der genau weiß, was er will! Wir haben dann später eher abgewartet: was willst du denn heute? Ja, es gab zwar die Möglichkeit, das zu kritisieren, aber nur theoretisch, und eine Diskussion des Grundlagenpapiers hast du ja abgelehnt. Du hast gesagt: man muß eine Erfahrung erst haben, dann kann man darüber diskutieren; und die Erfahrung hatten wir ja nie vorher, sondern immer hinterher . . . Du hattest den Faden in der Hand, und wir konnten daran nichts ändern. Ich meine, ich fand das nicht schlecht, weil's einfach unheimlich interessant war. Normalerweise hätte ich mich wahrscheinlich dagegen gewehrt . . . Ich fand das aber von dem Ansatz her ziemlich gut, und da konnt ich mich auch gut drauf einlassen . . . Aber es war halt so'n bißchen passiv . . .

ICH Wie hast du die Mentoren erlebt?

SIE Ja, die haben auch so ähnliche Rollen gespielt wie wir . . . Vielleicht waren sie noch mehr verunsichert als wir, weil sie ja diese Rolle nicht gewohnt waren . . . Ich fand sie aber sehr stark interessiert und war froh, daß sie da waren . . . Normalerweise lernt man sie ja erst in der Schule kennen . . . Das gefiel mir sehr gut, weil ich Mentoren eher lustlos bisher kennengelernt habe, und die waren ganz außergewöhnlich stark interessiert . . .

ICH Wie haben sie nach deinem Eindruck dieses Seminar eingeschätzt?

SIE Als sehr hilfreich! Mich hat verblüfft, daß sie also überhaupt dahin kamen und tatsächlich – obwohl sie teilweise wenig Zeit hatten – ihren Nachmittag genommen haben und die lange Anfahrt und Rückfahrt in Kauf genommen haben, um dabei zu sein . . .

Ich Versuche, die Besonderheiten des Praktikums mit anderen ähnlichen Veranstaltungen zu vergleichen.

Sie Ja, zuerst war Frau D., unsere Mentorin, ein paar Tage krank, und wir haben dann bei anderen Lehrern so rumgesessen. Und da wurden meine früheren Praktikumserfahrungen voll bestätigt. Und das war schlimmer denn je, nach diesem Vorbereitungsseminar . . . Als dann Frau D. kam, habe ich ganz andere Erfahrungen gemacht: das war durchdachter und durchorganisierter Unterricht und eine Lehrerin, die genau weiß, was sie mit ihrer Klasse macht, und sehr engagiert ist . . ., die auch mit den Kindern wirklich was will, und das war schon ein grundlegender Unterschied . . .

Ich Kannst du mal genauer werden?

Sie Ja, das war jetzt schon ganz anders als das, was wir vorher gesehen hatten: Frau D. machte einen Unterricht, der war irgendwie unangreifbar. Das war für mich ein Maßstab, den ich nicht so abtun konnte, wie bei den anderen Lehrern, die ich kannte: das hat mir schon zu schaffen gemacht . . . Das war hier eben anders, und das äußerte sich dann auch so in den Gesprächen: Frau D. hat sich unheimlich viel Mühe gegeben, hat sich sehr viel Zeit genommen für uns . . . Ich habe nie überwinden können, daß sie mir irgendwie perfekt erschien bis in die Kleidung und die Frisur. Die wollte auch wirklich unsere Kritik an ihrem Unterricht wissen, und das war bei der nicht irgend so ein Geschwätz . . . Das hat mich so beeindruckt, daß ich so ganz offen nie mit ihr reden konnte . . .

Ich Mir fällt dazu ein: Rivalität.

Sie Ja, sie hat mir eigentlich sowas wie meine eigenen Forderungen an guten Unterricht vorgemacht. Aber Rivalität? – Vielleicht, daß ich erst gar nicht antreten mag, weil: die ist zu gut! Manchmal habe ich keine Stunde halten wollen, weil ich eh schon weiß, daß ich es nicht so gut schaffe wie sie . . .

Ich Mir fiel auch ein, daß du selber eine gute Schülerin gewesen bist.

Sie Ja. (Sie sagt das sehr kleinlaut.)

Ich Nicht?! Die Beste in der Klasse! Das ging mir durch den Kopf, und ich denke, daß das was miteinander zu tun hat.

Sie Ja, das kann sein! Daß ich es einfach nicht gewohnt bin, gegen jemand anzutreten, der mir soviel voraus hat . . .

Ich Wie hat sie dich wohl eingeschätzt?

Sie Das weiß ich nicht! Ich kann nur sagen, daß ich immer so das Gefühl hatte, daß wir sie enttäuschen . . . Am Schluß des Praktikums, da hat sie uns noch einen sehr schönen Samstag bereitet. Die Kinder haben dann für uns gemalt als Abschiedsgeschenk, sie haben sogar Blumen für uns mitgebracht. Das fand ich so sehr nett, aber natürlich auch wieder unverdientermaßen nett, von meinem Standpunkt aus. Aber da zeigte sich ja auch wieder, daß sie das alles nicht unbedingt uns zuliebe getan hat, sondern weil sie das eben alles rundherum richtig machen wollte: genauso, wie sie sich das eben vorgestellt hatte . . .

Ich Hat sie euch dezidiert gefordert?

Sie Ja, zum Beispiel, daß wir uns gut vorbereiten . . . Ich hatte immer das Gefühl, daß meine Vorbereitungen nicht gut genug sind . . . Ich hatte die meiste Zeit über ein schlechtes Gewissen, weil ich ihre Forderung völlig in Ordnung fand . . . Sie ist auch nie unfreundlich geworden oder so . . . Sie hat uns auch dabei ihre Hilfe angeboten . . .

ICH (etwas ironisch) Ich denke, daß du da in einem recht mickrigen Verhältnis zu diesem hohen Ideal gestanden haben mußt.

SIE (merkt die Ironie nicht) Ja, die war einfach zu gut!

ICH (denke an Irmas Mutter, die ja ganz anders war) Ja, das ist sicher ein schwieriges Thema.

SIE Ja, und so erkläre ich mir eben dann auch meine Erleichterung, wenn du dann hinten gesessen bist – weil du eben auch so 'ne Art Respektsperson bist (sie lacht) wie die Frau D., nach dem, was du so im Sommersemester im Seminar gemacht hast. Aber eben – ja, mit dir kann ich reden, ja? – und das hab ich eigentlich mit ihr nicht geschafft.

ICH Das interessiert mich sehr, aber mir ist mein persönlicher Anteil nicht so ganz klar. Ich habe auch hohe Forderungen gestellt schon im Seminar, auch dann im Praktikum.

SIE Ja, ich denke oft, daß du was erreichen wolltest, auch in der Vorbereitung, und daß ich deswegen gut drauf eingehen konnte: das war genau das, was ich mit mir ohnehin machen mußte, daß ich eben versuche, mich selbst darzustellen, und daß ich versuche, in die Beziehung zu anderen – eben in die Beziehung zu den Kindern in der Schule eine Klarheit reinzubringen. Ja, das war eben das, womit ich mich einfach ziemlich intensiv beschäftigen muß, weil ich da viel nachzuholen habe. Und deswegen kann ich da auch gut drauf eingehen, und deswegen kann ich auch mit dir gut drüber reden . . .

ICH Ich hatte bei den Unterrichtsbesprechungen und dann vor allem beim Abhören der Bänder den Eindruck, daß du im Vergleich mit den beiden anderen Praktikantinnen zu kurz gekommen bist.

SIE Naja, das kam nun daher, daß ich meist als zweite bei den Besprechungen dran war, und da war auch oft schon viel von dem angesprochen, was in meinen Stunden gelaufen war. Aber das war auch, daß die Frau D. dabei saß. Und da konnte ich auch manches nicht sagen. Und das ist wirklich schlimm, daß ich das selbst bei den Besprechungen nicht geschafft habe.

ICH Das ist sicher ein wichtiger Punkt . . .

SIE (unterbricht) Wenn ich dann etwa hinterher mit dir nach Gießen gefahren wäre, dann hätte ich drei Stunden mit dir über meinen Unterricht reden können. Aber so hab ich das gar nicht so richtig geschafft. Ich glaub schon, daß ich auch immer ein bißchen unzufrieden war, daß ich es nicht geschafft habe, in den Unterrichtsbesprechungen mehr zu sagen . . . Die Frau D. . . .

ICH Irma, ich meine, daß es gar nicht die Frau D. ist: das bist *du*, die diese Forderungen stellt. Ich sehe es nicht so, daß dich die Forderungen von Frau D. unterdrücken, sondern daß Frau D. als gute Lehrerin bei dir Forderungen wachruft, die du dann an dich selber stellst: und die sind sehr hoch! Ich denke, daß du dann in Gefahr stehst, keine kleinen Brötchen mehr zu backen, sondern gar keine mehr, weil dir die kleinen nicht gut genug sind.

SIE Das ist dann Resignation – hm – manchmal ging's mir wirklich so . . .

ICH Versuche, die Besonderheiten der Unterrichtsbesprechungen im Vergleich mit anderen zu beschreiben.

SIE Ja, der gravierendste Unterschied war darin, daß bei uns tatsächlich Besprechungen stattgefunden haben, die man auch so nennen kann. So etwas habe ich im anderen Praktikum einfach nicht erlebt. Die Betreuerin von der Uni hat zwar auch was gesagt. Aber das konnte ich einfach nicht annehmen, weil – ja – weil ich der Frau einfach nicht geglaubt habe, weil die in ihrem Seminar auch nichts Gescheites gemacht hat. Und ich hatte auch den Eindruck, daß sie die ganze Sache nur widerwillig macht und möglichst kurz abhandeln will . . . Naja, ich fand halt, daß du in den Besprechungen wirklich auf das eingegangen bist, was im Unterricht passiert ist. Frau D. hat dann mehr so die unterrichtstheoretische Seite vertreten: da war auch so 'ne Arbeitsteilung zwischen euch . . .

Iсн Ja, nun löst aber eine solche Art und Weise, Unterricht zu besprechen, auch starke Widerstände aus. Wie war das denn bei dir?

Sie Das war bei mir nicht so, weil das, was da angesprochen wurde, ohnehin mein Hauptthema ist. Und da war ich eben unheimlich froh, daß das, was du gesagt hast, also genau das war, ja – das waren meine Probleme, und ich fand es gut, daß du das in der Stunde, im Unterricht gesehen hast . . . Ich meine, daß meine Probleme eben so Beziehungen zu anderen sind, vor allem Beziehungen zu Leuten, die ich nicht sehr lange kenne. Und daß du das thematisierst, ist halt unheimlich gut . . .

Iсн Wie haben die anderen wohl diese Besprechungen erlebt?

Sie Ja, die hatten zum großen Teil am Anfang große Schwierigkeiten mit der Art, wie du das machst. Einige haben sich sehr über manches geärgert, was du gesagt hast, aber ich glaube, alle haben sich damit beschäftigt, weil es mit ihnen selbst viel zu tun hatte . . . Aber ich glaube, daß es doch anders war, als bei mir . . .

Iсн Ich hatte jetzt den Gedanken, daß du dich aus der Gruppe der anderen Praktikanten herausnimmst.

Sie Ja, das ist doch klar: bei mir hast du mein Hauptthema angesprochen, während du bei vielen anderen eben den einen oder anderen Punkt ihres Verhaltens angesprochen hast, der ihnen bisher noch nicht klar war . . .

Iсн Wie haben diese Besprechungen auf dich gewirkt, wenn du selber nicht unmittelbar betroffen warst, weil der Unterricht von anderen Praktikanten dran war?

Sie Ja, ich hatte da manchmal ein unangenehmes Gefühl, weil die Leute, deren Stunden grade besprochen wurden, sich sehr betroffen gefühlt haben, manchmal so stark, daß sie nicht richtig drauf antworten konnten. Es waren ja auch Sachen, die man eben nicht von heute auf morgen ändern kann, wie ein unklares Tafelbild . . . Ich fand es dann aber auch so im einzelnen interessant, etwa bei der Herta U. und ihrer Angst, daß sie alles wissen muß.

Iсн Das interessiert mich, weil für mich ja die Gefahr besteht, daß ich jemandem eine Schwierigkeit aufschwätze, die er gar nicht hat, die ich aber habe.

Sie Ach, nee! Also, ich meine, das mag nun möglich sein. Aber ich selbst hatte den Eindruck nie! Manchmal war das so, daß sie in der Besprechung selber nichts Rechtes mit manchem anfangen konnte, was du sagst. Manchmal kam das erst Tage später an, wenn im Unterricht was Bestimmtes passiert war. Und das heißt doch eben, daß es nicht deine Probleme waren, sondern daß da wirklich was war, was du gesehen hast. Nur, die, die betroffen waren, konnten das nicht gleich sehen . . . Ja, da war auch bei vielen zuerst so 'ne starke Abwehr: was will der eigentlich?! Und wir sitzen halt ein oder zwei Stunden in der Unterrichtsbesprechung und halten nichts davon. Und dann kam das also so richtig tröpfenweise am nächsten Tag oder noch später. Und dann wurd's so 'ne halbe Erkenntnis. Und dann fingen sie an, nachzudenken. Und hinterher meinten sie, daß die Besprechung doch was gebracht hat . . .

ICH Wie hat die Besprechung auf die Mentoren gewirkt?

SIE Ja, ich glaube schon, daß Frau D. ziemlich zufrieden war mit dem, was sie aus den Besprechungen hatte . . .

ICH Wie hast du denn die Beobachtungssituation in deinen Stunden erlebt?

SIE Sehr angenehm! Das hat mir also unter den Bedingungen richtig Spaß gemacht . . . Ich war dann sehr gespannt auf die Besprechung, was du sagen wirst. Unter den Bedingungen hätte ich eine ganze Woche lang Unterricht halten können.

ICH Du hattest keine Prüfungsangst?

SIE Naja, höchstens wegen meiner Vorbereitung . . . und das war ja Frau D.s Bereich . . .

ICH Wie sch tzt du das bezogen auf die anderen Praktikanten ein?

SIE Ja, die haben das schon eher als Prüfungssituation gesehen, vor allem die Erna R., die ganz stark: die wollte dann immer die erste Stunde haben, damit es dann vorbei ist. Bei der Herta U. war's sicher nicht so stark. Aber bei beiden glaube ich nicht, daß sie das Beobachtetwerden als angenehm empfunden haben . . .

ICH Versuche, alles zu erinnern, was dir zu deiner letzten Unterrichtsstunde einfällt.

SIE (Pause) Ja, erst mal der Tumult am Anfang . . . Ich dachte, ich warte zu lange. Hinterher hast du gesagt, wenn ich sage, daß ich noch nicht anfange, dann darf ich auch nichts herauslassen, daß ich eigentlich meinen Unterricht schon vor seinem Anfang begonnen hatte . . . Ich wußte nicht, was ich eigentlich von den Kindern erwarten kann und was nicht . . . Es war da eine Unsicherheit dessen, was die Kinder wissen und gewohnt sind . . . Ich bin auf Beiträge von den Kindern eingegangen, die nichts mit der Sache zu tun haben . . . Ja, dann weiß ich, daß mir oft so Antworten von den Kindern einfach Spaß machen. Das war auch im Praktikum vorher, wo die Kinder immer gesagt haben, daß ich so fröhlich und lustig sei, weil ich wirklich unheimlichen Spaß dran hatte. Naja, daß ich dann ganz gerne so ein bißchen von dem Stundenziel weggehe und die Kinder dann reden lasse, was mir die Lehrer dann teilweise sehr übelnehmen, wenn die Kinder von ihren eigenen Erfahrungen berichten und so . . . Ja, das ist überhaupt so eine zwiespältige Situation für mich: so wie ich die Schule verstehe, da kann ich nicht zulassen, daß ich das mache, was mir Spaß macht. Ja, und was mich eben interessiert, das ist: die Kinder reden zu lassen über ihre Situation. Und das versuche ich dann mit dem größtmöglichen Zeitaufwand (sie meint den kleinstmöglichen und bemerkt ihren Versprecher nicht) zu machen. Da stoße ich dann eben auf Beschränkungen: das war alles viel zu weitläufig; einen oder zwei Beiträge und dann abbrechen! Und das alles kann ich so schlecht, weil ich denke, daß die Interessen der Kinder ohnehin zu kurz kommen in der Schule, und daß es ihnen wohltut, wenn sie nun einmal auch von ihren eigenen Erfahrungen reden können und dann auch richtig sehen, was sie selber beitragen können, anstatt daß sie immer nur den Lehrer sehen, als den, der alles weiß und alles rausgibt. Und sie sind also ewig diejenigen, die nur antworten können, was der Lehrer eh schon weiß, ne?!

ICH Kannst du mal deine Vermutungen darüber äußern, was an deiner Unterrichtsstunde die wichtigsten Punkte gewesen sind?

SIE (Pause) Ja, du hast gesagt, daß ich mich den Kindern andiene! (Pause) Und – daß ich immer so eine Maske von Freundlichkeit und Höflichkeit und sowas habe, während eben die Kinder wirklich das Recht haben, mich so zu erfahren, wie ich wirklich bin, und daß sie da eben nicht so eine einseitige Maske vorgesetzt bekommen dürfen. (Pause) Ja, das war das Wichtigste, glaube ich: daß ich also klar machen muß, wer ich bin, und daß ich dann auch genau abstecken muß, was ich eben leisten kann, was ich da auch eben für eine Rolle habe als Lehrer, daß ich da nicht irgendeinen höheren Anspruch an mich stelle, den ich nicht einlösen kann, daß ich etwas von mir erwarte, was ich gar nicht bin und sein kann. Daß ich mich eben ganz klar und deutlich darstelle, daß jeder weiß, woran er mit mir ist: daß ich nicht nur ein Teil von mir einbringe . . .

ICH Ja, du bist immer freundlich, geduldig und gewährend: die andere Seite läßt du raus –

SIE Nee! Nee, ganz und gar nicht!! Sondern das ist die einzige Verhaltensweise, die ich zur Verfügung habe: das überlege ich mir nicht so –

ICH Ich meine, daß es eine unbewußte Strategie ist: steter Tropfen höhlt den Stein! Wenn ich nur lange genug nur freundlich und gewährend bin, dann werdet ihr merken, daß das eine gute Möglichkeit ist, miteinander umzugehen –

SIE Aber wenn ich nur diese Möglichkeit habe, dann kann man doch schlecht von einer Strategie reden . . .

ICH Ich sagte: Wenn die dir deine Arbeit kaputtmachen, wenn du wegen häufiger tumultartiger Szenen nicht zu Rande kommst, dann würde ich an deiner Stelle aggressive Impulse spüren und auch spüren lassen, auch den Schülern gegenüber. Die habe ich aber bei dir nicht gesehen und dachte mir, daß du die ganz und gar zügelst.

SIE Nee! Nee, weißt du, das ist ja grade mein Problem: mir fehlen da in diesem Punkt eine Menge Erfahrungen. Das ist ja wohl auch inzwischen deutlich geworden. Ich weiß nicht genau genug, was eigentlich ein Kind ist. Und wenn Kinder nun laut sind, dann denke ich: so sind halt Kinder – und mag sie dann nicht einschränken, ne?! . . . und der Joachim (Er störte ständig den Unterricht), der war für mich einfach – ja: *das* Kind! Und weil ich wenig Vergleichsmöglichkeiten habe, habe ich einfach nicht gesehen, daß seine Schwierigkeit darin besteht, daß er bestimmte Dinge, die er in seinem Alter eigentlich schon können müßte, eben noch nicht kann. Für mich war gerade der Joachim ein Kind, wie – wie – wie eben ein Kind ist, ursprünglich ist, das halt möglichst wenig eingedämmt. Und ich konnte ihn auch überhaupt nicht eindämmen, sondern war eigentlich froh, daß er so war! Ich hab dann auch von der Frau D. und auch von dir gehört, daß der Joachim schwere Störungen aus seiner schlimmen Familiensituation mitbringt: für mich war das aber nicht so. Für mich war der ein ganz normales Kind. Ich seh das jetzt so, daß mir wirklich Vergleichsmöglichkeiten fehlen: gerade *der* war für mich normal! Und wie die andern Kinder sich verhalten haben, da dachte ich: die sind eben mehr angepaßt und mehr dressiert als er!

ICH Ich denke jetzt an deine eigene Kindheit.

SIE Naja, ich denk jetzt auch: *daher* nehm ich's.

ICH Ja, ich bin jetzt auch in meiner Einschätzung gar nicht mehr sicher, weil ich es inzwischen auch für möglich halte, daß du tatsächlich nicht aggressiv wirst; auch nicht, wenn es noch so hoch her geht; auch nicht, wenn die dir jeden Unterricht unmöglich machen.

SIE Naja, weil ich – guck mal, das ist eben wirklich so: daß ich meine, ja, die Kinder, die haben eben ein Recht darauf zu toben – erst mal, ne?! Gewiß nicht immer, aber erst mal haben sie's einfach, ne?! Und wenn die in der Stunde vorher besonders streng gehalten worden sind und sowas – äh – und – naja, was ich dann in meinem Unterricht mache, das ist ja auch nicht unbedingt das, was ihren Interessen entspricht. Und da find ich dann schon, daß sie ein Recht darauf haben, sich mal abzulenken, wenn ich's denen nicht gut genug mache. Und mir liegt da jetzt gar nichts daran, jetzt einzelne Kinder zurechtzuweisen, sondern da muß sich eben bei mir was ändern . . .

ICH Mir geht's jetzt so, daß ich dich als erwachsene Irma G. erstaunt sagen höre: Ach, so sind also Kinder! Das hab ich nicht gewußt früher, weil ich eigentlich erst als Lehrerin wirklich mit ihnen Umgang habe. – Ich kann's aber auch anders sagen: So wäre ich also gewesen, wenn man mir nur erlaubt hätte, so zu sein!

SIE (wirkt sehr traurig und nickt zugleich eifrig)

ICH Und da siehst du im Unterricht an den Kindern eigentlich das Gegenteil deiner eigenen Kindheit, wie ich sie jetzt verstehen kann. Und da möchtest du mit denen auf keinen Fall noch einmal machen, was mit dir gemacht worden ist. Da freust du dich, daß *die* wenigstens so sind, wie du nicht sein durftest: lauter kleine Irma G.s, die im Unterschied zur echten Irma G. jetzt dürfen sollen, was dir damals nicht erlaubt war.

SIE Ist das so schwer zu verstehen?

ICH Nein, jetzt nicht mehr! (lange Pause) Aber es ist schwer, Lehrerin zu sein.

SIE (lange Pause) Naja, aber ich meine, ich bin ja auch erst im Anfang. Ich weiß ja auch nicht, wie lange ich das mit dem Tumult und so verkraften kann. Wenn ich da so an Rektoren und Schulräte denke –

ICH Naja, warte mal! Vielleicht mußt du so weit gar nicht gehen. Ich denke, daß du die Haltungen einer guten Lehrerin, die wirklich Unterricht machen kann – etwa Frau D. – daß du die sehr ernst nimmst! Ich denke, daß du selber das auch gerne können möchtest –

SIE (unterbricht) Da bin ich aber noch weit weg von!

ICH Ja, du hast es ja auch nicht leicht, sondern sehr schwer! Du mußt ja dann an die Kinder Forderungen stellen, die für dich gefährlich sind: du mußt die Kinder als Schüler nehmen, die sie ja wirklich sind. Aber das gelingt dir nicht gut, weil du Angst hast, daß du mit ihnen machst, was mit dir gemacht worden ist. Und das ist immer so, wenn du irgendeine Forderung an sie stellst. Anders gesagt: wenn du als Lehrerin forderst, dann fühlst du dich in Wirklichkeit in der Rolle deines Vaters, deiner Mutter, deiner eigenen Lehrer. Ich weiß, daß das tatsächlich nicht so ist; aber du weißt das, glaub ich, nicht!

428

SIE Also, hör mal –

ICH Warte mal! – Anders herum: Wenn du als Lehrerin eine Forderung an die Schüler stellst, dann meinst du, daß die in Wirklichkeit alle Klein-Irma sind. Ich weiß, daß die alle tatsächlich nicht Klein-Irma sind, aber du weißt das, glaub ich, nicht!

SIE Also, ich weiß, daß in der Schule die Kinder ganz schön unterdrückt werden! Das weiß ich wirklich, und das halte ich nicht für gut! Das seh ich ja an mir selber, was dabei rauskommt.

ICH Ja, du siehst es an dir selber. Aber du siehst es *nur* an dir selber! Verstehst du? Du siehst es nur an Klein-Irma und an deren Eltern und Lehrern, und ich denke, daß das sehr wichtig zu wissen ist.

SIE Aber ich sehe auch andere Lehrer und andere Schüler und –

ICH (unterbreche) Mit deinen Augen, ja! – Warte mal, ich möcht dich gern an ein paar Sachen erinnern, die du mir so gesagt hast: Als du damals in die andere Klasse versetzt werden solltest, hast du dich da gewehrt?

SIE Nee, das war undenkbar!

ICH Für dich wohl, das glaub ich. Aber für deine wohlhabende Mitschülerin doch wohl nicht; denn sie hat dich doch daraufhin angesprochen und dich gefragt, warum du dich nicht wehrst.

SIE Hmmm.

ICH Und all die Sachen im Turnunterricht – hast du dich dagegen gewehrt? Nee, du hast das selbst auf dich genommen und hast schlimme Kopfschmerzen gekriegt.

SIE Ich hätte auch keine Chance gehabt.

ICH Bei wem?

SIE Na, bei diesen Lehrern!

ICH Das kann ich mir auch so denken. Paß mal auf: *Du* hättest keine Chance gehabt *bei diesen Lehrern*! – Das meine ich doch: du siehst die Schüler als Klein-Irma und dich als deine Lehrer und deinen Vater und deine Mutter. Das kann ich gut verstehen; denn das ist ja das Problem, das dich in deinem Versuch, eine Lehrerin zu sein, belastet. – Aber das ist nur deine innere Realität: deine äußere sieht anders aus!

SIE Meinst du, daß sich die Schule so sehr verbessert hat?

ICH Vielleicht nicht! Aber ich frage anders!

SIE Meinst du, daß das hilft?

ICH Vielleicht nicht, aber ich tu's trotzdem! – Du sagst ja, daß *du bei deinen Lehrern* keine Chance gehabt hättest. Gut, das kann ich inzwischen verstehen! Aber ich frage dich: Haben denn *deine Schüler*, diese Schüler *bei dir* eine Chance?

SIE (stutzt) Hmm – Ja, da hast du recht! Sie haben eine!

ICH Sind *die* denn *bei dir* wehrlos?

SIE Nee, das nicht. – Eher bin ich wehrlos.

ICH Und unterdrückst du die denn?

SIE Ja, aber die Schule ist doch –

ICH (unterbreche) Ich weiß, was die Schule ist! Ich meine aber hier nur deinen Unterricht!

SIE Nee, ich glaube nicht, daß ich sie unterdrücke. (Pause) Ich kann das ja gar nicht!

Ich (nach einer Pause) Und ich denke, daß *das* unser Thema ist! – Du willst Lehrerin werden und kommst mit den Forderungen, die du als Lehrerin an die Schüler stellen mußt, nicht gut zurecht. – Und ich denke, daß wir beide inzwischen verstehen, warum das so ist: Wenn die Schüler dir deinen Unterricht und deine ganze Vorbereitungsarbeit kaputtmachen und tumultartig über Tische und Bänke gehen, dann wirst du nicht aggressiv. Das glaub ich dir jetzt, und vor dem Interview hab ich dir's nicht glauben können, weil ich von mir ausgegangen bin. – Ich will auch mit dir nicht darüber reden, wie lange du das später aushalten kannst, wenn du in der zweiten Phase der Lehrerausbildung bist. Du hast ja selber gesagt: Schulleiter und Schulrat und so. – Das wird sich dann zeigen: aber jetzt ist es erst mal so!

Sie Ja, aber soll ich denen denn ein aggressives Theater vorspielen?

Ich Nee, wieso? – Ich glaub dir, daß du im Unterricht nicht aggressiv wirst und daß du dich nicht aus so einer unmittelbaren Betroffenheit wehren kannst, wenn die dir deinen Unterricht verhunzen. Und Theater halte ich für nutzlos. Aber du bist eine Lehrerin, und eine Lehrerin ist dazu da, daß sie Unterricht macht, und zwar möglichst guten! Und das bedeutet, daß sie die Schüler fordern muß und daß sie sie nach Möglichkeit nicht überfordern darf. Und der Verzicht auf jede Forderung ist auch eine Überforderung.

Sie Das versteh ich schon: Frau D. hat mir das ja vorgemacht. Aber die ist ein ganz anderer Mensch als ich: bei der stimmt das, bei mir stimmt das nicht!

Ich Ich denke auch, daß die Frau D. psychisch so disponiert ist, daß es ihr nicht schwerfällt, die Schüler zu fordern. – Und wie hast du die Schüler erlebt? Wie gehen sie mit ihren Forderungen um?

Sie Ja, sie mögen sie, und sie kommen gut damit zurecht! Aber die hat's leicht, und bei mir ist das alles ganz anders. Ich hab eben nicht so 'ne «psychische Disposition» (ironisch), auf die ich mich stützen kann.

Ich Das seh ich auch so! – Aber sind denn deine Forderungen härter als die von der Frau D.?

Sie (lacht) Gott bewahre!

Ich Aber die Schüler mögen sie und kommen gut mit ihr zurecht? Werden sie denn bei ihr geschädigt?

Sie Nein, das werden sie nicht!

Ich Ja, und würden sie denn durch deine Forderungen geschädigt?

Sie Hmm – Natürlich nicht, aber dann müßt ich erst mal welche stellen, und wie kann ich denn das tun, wenn mir da so der aggressive Anteil da so fehlt?

Ich Ja, ich denk, daß das für dich ziemlich schwer ist. Und ich denke, daß dir nur hilft, daß du eine gute Lehrerin sein willst, und da mußt du dir sicher manchmal Gewalt antun, wenn du dich nur an Kindern freuen willst, die du nicht als Schüler fordern möchtest. Aber Schüler sind auch Kinder, und sie gehen nicht kaputt, wenn du sie forderst. Ich denke, daß du das tun mußt – und das wird dir weh tun, weil das psychisch für dich so schwer verkraftbar ist. Du kannst es gewiß nicht spontan-unmittelbar tun, aber du kannst es beruflich-professionell tun – oder zunächst mal probieren. Und dann siehst du ja, was das mit den Schülern macht und was das mit dir macht.

Sie Huu, das macht erst mal, daß mir jetzt schon mulmig wird.

Ich Ja.

Dies ist in einem doppelten Sinne das Ende des Verfahrens, und es ist zugleich ebenfalls in einem doppelten Sinne – keineswegs das Ende des Verfahrens.

Es mag – auch in dieser stark verkürzten Darstellung – sichtbar geworden sein, daß und auf welche Weise unter vielen Aspekten, die gewiß nicht alle zur Sprache kamen und erst recht nicht alle dargestellt werden konnten, Verbindungen hergestellt wurden zwischen lebensgeschichtlichen und unterrichtswirksamen Interaktionsthemen, die bis dahin auf weite Strecken unverbunden und damit unverstanden als parallele Linien nebeneinander herliefen. Der versperrte Zugang von jeweils der einen auf die andere Linie konnte in dem einen und anderen bedeutsamen Punkt eröffnet werden. In diesem einen Sinne stand am Ende des Tiefeninterviews größere Transparenz für beide Beteiligte im Blick auf die lebensgeschichtlich vermittelte Wirksamkeit unterrichtlicher Interaktionsthemen.

In einem anderen Sinne erbrachte das Verfahren an seinem Ende als Ertrag Bruchstücke einer «Theorie des Subjekts»[182]: Irma G. weiß in einem sehr konkreten Verständnis etwas über die Doppelbödigkeit aller Vorgänge ihres Unterrichts, an denen sie beteiligt ist. Sie weiß, daß sie es und auf welche Weise sie es im Unterricht bei sich selber nicht allein mit der erwachsenen Irma G. zu tun hat, sondern zugleich auch mit den «pädagogisch» relevanten Figuren ihrer persönlichen lebensgeschichtlichen Vergangenheit als familiales und schulisches Kind, das sie nicht mehr und doch noch ist. Sie weiß auch, daß die Schüler vor ihr nicht allein Joachim, Tina, Herbert und Ulrike sind, sondern zugleich auch in einer im einzelnen erörterbaren Weise, durchaus unterschiedlich, aber doch alle: Klein-Irma, deren leidvolle Beschädigungen sie nicht wiederholen möchte. Insofern erbrachte das Verfahren genauere Unterscheidungsmöglichkeiten zwischen der äußeren und der inneren Realität der angehenden Lehrerin Irma G. und löste einige einschlägige Verwechslungen dieser beiden Realitäten auf.

In diesem doppelten Sinne läßt sich das Ende des Verfahrens markieren. Unter dem Anspruch «Bruchstücke einer Theorie des Subjekts» zu erbringen, bezog es sich durchweg auf die Vergangenheit unterrichtlicher und lebensgeschichtlicher Interaktionsthemen: ihre wirksame Verschlungenheit war nachzuvollziehen und zu beschreiben. Dies ist über ein gutes Stück gelungen: weite Lücken sind notgedrungen zu akzeptieren.

Nun stellt sich das so markierte Ende des Verfahrens aber gewiß nicht als Auflösung oder gar Lösung der bearbeiteten Probleme dar. Zwar erbrachte es größere Transparenz im Blick auf lebensgeschichtliche und unterrichtliche Interaktionsthemen, aber diese Transparenz ist selber hochgradig problematisch unter dem Aspekt zukünftigen Handelns der Lehrerin Irma G. Im Blick auf die Zukunft haben die gewonnenen Ergebnisse eine bloß theoretische Bedeutung: sie stehen zum besseren Verständnis zukünftigen Handelns bereit, ohne daß sie es vorweg bestimmen könnten.[183]

So gesehen ist also das Verfahren keineswegs zu Ende: es erbrachte – wie die im Konsensus endenden Unterrichtsbesprechungen – Handlungsperspektiven, die ja nicht schon vollzogen sind, sondern erst gehandelt sein wollen. Die Ergebnisse des Verfahrens stellen aber ein solches Handeln nicht unter das vorgängige Versprechen des Gelingens. Der Konsensus am Ende des Verfahrens enthält eben nicht sichere Prognosen für zukünftiges Handeln: allerdings enthält er aussichtsreiche Übungsperspektiven – aber nicht mehr.

Erwartungen, die darüber hinaus gehen, orientieren sich nicht an der Tatsache, daß die Ergebnisse des Verfahrens selber nicht in Lösungen, sondern in Problemen bestehen. Irma G. wird ja – wie jeder andere Mensch auch – die Beschädigungen aus ihrer Lebensgeschichte nicht wie eine Schlangenhaut abstreifen können, sondern sie besteht wesentlich aus diesen Beschädigungen. Freilich sind ihr nicht nur Beschädigungen vermittelt worden, sondern etwa in der Ernsthaftigkeit, mit der sie ihre Probleme und die ihres zukünftigen Berufs zu bearbeiten sucht, werden deutliche Kompetenzen sichtbar, die ihr auch vermittelt wurden.

Von daher unterbleibt am Ende der Verfahren auch nur der Anflug einer Aufforderung, daß sie sich ändern muß, damit sie eine gute Lehrerin sein kann: dies wäre eine zugleich irreale und leichtfertige Überforderung – gleichviel, ob sie sich diese nun selber stellt, oder ob sie ihr von außen aufgenötigt würde.

Die hier dargestellten Verfahren enthalten nach meinem Verständnis gewiß eine außerordentlich hohe Forderung an die, die sich darauf einlassen. Sie enthalten die Forderung, daß wir die uns lebensgeschichtlich zugefügten Beschädigungen als Bestandteil unserer selbst annehmen sollen, weil wir sie nicht rückgängig und ungeschehen machen können. Vielmehr bewegen sie uns und sind wirksam in allem, was wir tun. Nur wenn wir sie genauer kennenlernen, gewinnen wir die Möglichkeit, uns in ihren kompetenten Umgang einzuüben, weil wir ihnen ansonsten bewußtlos verfallen. Für die

Schule bedeutet dies, daß wir schlechte Tradition verlängern, weil wir es nicht gewagt haben, sie kennenzulernen. Das Gegenteil davon ist mühsam zu erarbeitende pädagogische Professionalität, in der die Lehrer allerdings Personen sein dürfen.

Ob wir das können, wird sich zeigen, wenn wir es versuchen; wenn wir es nicht versuchen, hat sich gezeigt, daß wir es nicht können. – Die Wahrheit ist konkret, und die Praxis ist das Kriterium für die Wahrheit![184]

Anmerkungen

Die jeweils erste Zahl der Quellenangaben (in Klammern) bezieht sich auf die Titelnummer des Literaturverzeichnisses; die jeweils letzte Zahl (nach dem Komma) bezeichnet die zugehörige Seitenangabe.

1. Diese Äußerung findet bei mir durchaus insofern eine lebensgeschichtliche Entsprechung, als ich nach achtjähriger Volksschule zunächst eine Schriftsetzerlehre absolviert habe. Erst mit zwanzig Jahren trat ich in das Gießener Abendgymnasium ein, bestand dreiundzwanzigjährig die Reifeprüfung und ging nach dem Lehrerstudium mit sechsundzwanzig Jahren in den hessischen Schuldienst. Bis dahin hatte ich meinen Lebensunterhalt als Schriftsetzer verdient.
2. Vgl. Wolfgang Klafki (126,51).
3. Meine Vorstellung von Schule als «schlechter Realität» finde ich – in der Literatur – am ehesten im «Tagebuch eines Studienrats» von Horst Rumpf (186). – Vgl. auch Job-Günter Klink «Klasse H 7 e» (131).
4. Vgl. etwa die Darstellung psychosomatischer Symptome und ihrer Herkunft in Hans Peter Dreitzels Arbeit (50).
5. Im Hauptseminar wurden vor allem Wolfgang Klafkis Text «Studien zur Bildungstheorie und Didaktik» (126) und das Bändchen von Paul Heimann, Gunter Otto und Wolfgang Schulz «Unterricht – Analyse und Planung» (108) benutzt.
6. So schreibt Paul Heimann: «Das System ist vielmehr so zu organisieren, daß es eine wertfreie theoretische Betrachtung von Unterricht auf kategorial-analytischer Grundlage ermöglicht.» (108,9). – Bei Wolfgang Klafki hingegen steht folgender Satz: «Im Lichte solcher Wertprinzipien haben wir je und je verantwortlich zu entscheiden, und es gibt keine absolute Gewähr dafür, ob wir richtig entschieden haben.» (126,98).
7. In der Fehlleistung (Vergessen, Versprechen, Verlesen, Verschreiben, Vergreifen, Verlieren) überlistet ein unbewußter Wunsch die leidige Realität und gestaltet sie scheinhaft in seinem Sinne um: Uwe möchte mich unbewußt jetzt als Vater, obgleich ich sein Lehrer bin. – Vgl. Sigmund Freuds Schrift «Zur Psychopathologie des Alltagslebens» (76). – Günther Bittner schreibt: «So setzte sich die sechsjährige Martha, die unmittelbar nach der Geburt den Vater durch Scheidung der Eltern verlor, dem Lehrer auf den

Schoß und erklärte: ‹Du bist jetzt mein Papi.›» (31,133).

8. In Anna Freuds Fallgeschichte findet das Kind selber eine phantastische Lösung für seine Gespensterangst, die es dem kleinen Bruder mitteilt: «Du brauchst dich . . . nicht zu fürchten . . . Du mußt nur spielen, daß du selber der Geist bist, der dir begegnen könnte.» (59,86).

9. Vgl. Reinhard Andreas u. a. «Angst in der Schule» (10), aber auch die Serie «Verdammte Schule» im Magazin «stern», Nr. 24/1976.

10. Vgl. Georges Devereux «Angst und Methode in den Verhaltenswissenschaften» (48). – Sein gerade in diesem Zusammenhang bedeutsamer Ansatz wird im Verlauf genauer entwickelt.

11. Eine Analogie zu Franz Wellendorfs Exkurs über «Strukturelle Unterschiede zwischen Familie und Schule» liegt auf der Hand. (210,43 ff).

12. Vgl. Anmerkung 6.

13. Vgl. die Termini von Watzlawick u. a. «Inhaltsebene – Beziehungsebene» (208,53 ff). Diese Überlegungen werden im Verlauf wieder aufgenommen.

14. Vgl. Theodore M. Mills «Soziologie der Gruppe» (154,85 ff).

15. An den Drehbucharbeiten war Ronald D. Laing beteiligt. – Vgl. (139), (137), (136), (138); auch die Arbeit von David Cooper (44).

16. Vgl. Fritz Redl «Erziehung schwieriger Kinder». – Am Problem der Disziplinschwierigkeiten wird der in meinem Text angesprochene Zusammenhang besonders deutlich. (174,152 ff).

17. Vgl. Gerald R. Grace «Der Lehrer im Rollenkonflikt» (86). – Ein großer Teil der befragten (englischen) Lehrer erlebt sich im Berufsfeld als «diffus» im Konflikt zwischen institutionellen Forderungen und widerstreitenden persönlichen Anteilen. (86,66 ff).

18. Die einschlägigen Amtsblätter der Kultusministerien belegen diesen institutionellen Charakter in manchmal makabrer Weise. – Vgl. auch Wolfgang Hochheimer (113,102); auch Hubert Hettwer «Lehr- und Bildungspläne 1921–1974». (112).

19. Vgl. Peter Fürstenau «Neuere Entwicklungen der Bürokratieforschung und das Schulwesen». (79).

20. Wenn hier und im weiteren Verlauf von «originaler Kindlichkeit» die Rede ist, besteht natürlich nicht die Vorstellung einer tabula rasa: alle Schulkinder sind ja schon durch ihre primäre Sozialisation mit spezifischen Defekten und Kompetenzen versehen, so daß auch sie im Grunde schon Anteile «verbliebener Kindlichkeit» angeeignet haben.

21. Den Ausdruck «verbliebene Kindlichkeit» entnehme ich der Vorlesungsreihe «Theorie der Psychoanalyse», die Peter Fürstenau seit dem SS 1974 an der Justus Liebig-Universität in Gießen hält. – In der Literatur erscheint dieser Ausdruck in (80,38). – Er wird im Verlauf ausführlich erörtert.

22. Zum Thema Angstabwehr vgl. Anna Freud «Das Ich und die Abwehrmechanismen». (59)

23. Vgl. Erik H. Erikson (55).

24. Vgl. Helmut Fend (58) unter dem Aspekt von «Sozialisierung» und «Enkulturation».

25. Vgl. Hannah Green (87).

26. Vgl. René Spitz (195).

27. Klaus-Jürgen Tillmann weist auf die «Ziel-Realitäts-Diskrepanz» hin, die

zwischen den deklarierten Absichten der Schule einerseits und den Erziehungserfolgen bei den Schülern andererseits klafft. (205,15).

28. Zum Thema Angst nenne ich sechs Titel, die allerdings einen jeweils spezifischen Bezug zur vorliegenden Arbeit haben: Als eindrucksvollste Einführung erscheint mir die Arbeit von Fritz Riemann (184). – Für die hier vernachlässigten gesellschaftlichen Zusammenhänge verweise ich – trotz inhaltlicher Mängel – auf die Schrift von Dieter Duhm (51). – Reinhard Andreas u. a. erörtern auf breiterer Basis die Angstproblematik in der Schule (10). – Georges Devereux leistet einen wichtigen Beitrag zur wissenschaftstheoretischen und wissenschaftsmethodischen Relevanz der Angst (48). – Franz Renggli verweist auf ethologische und ethnologische Verarbeitungsformen (177). – Sigmund Freud beschreibt den psychoanalytischen Zugang zur Angstproblematik in dieser Arbeit (72).

29. Vgl. Epikur (54,74).

30. Vgl. Heimann, Otto, Schulz (108).

31. Diese ersten Erfahrungen wurden mir durch das Angebot gruppendynamischer Laboratorien für Lehrer möglich, die von der Hessischen Landeszentrale für politische Bildung zusammen mit dem Hessischen Lehrerfortbildungswerk durchgeführt wurden. Diese Laboratorien und einige vergleichbare Veranstaltungen gehören zu den ganz wenigen Möglichkeiten, innerhalb der Lehrerfortbildung Beziehungsvorgänge konkret zu bearbeiten: sie verdienen höchste Anerkennung! – Vgl. Walter Giere «Gruppendynamik – Verlaufsschilderung eines Seminars» (85), worin sich allerdings der Autor selber einen Bärendienst tut, weil in seiner Darstellung vor allem das eher Banale imponiert.

32. Ich nenne die drei folgenden, sehr unterschiedlichen Titel mit dem ausdrücklichen Vorbehalt, daß niemand ein Verständnis davon haben kann, was Gruppendynamik ist, es sei denn, er nimmt an einem guten gruppendynamischen Training teil. – Max Pagès «Das affektive Leben der Gruppen» (165); Frederik S. Perls «Gestalt-Therapie in Aktion» (168); Klaus Horn (Hg.) «Gruppendynamik und der ‹subjektive Faktor›» (117).

33. Spätestens an dieser Stelle möchte ich meine Position deutlich von derjenigen abheben, die Werner S. Nicklis in seiner Schrift «Die Schulpraktika im pädagogischen Grundstudium» (161) als die seine darstellt. – Zwar schreibt er, «. . . daß *Unterrichten* und *Erziehen personales Geschehen* ist, in das selbstverständlich auch der Lehrer als ‹Mittel› eingeht.» (S. 7). Aber das meint er wohl doch nicht so. Dies wird spätestens dann deutlich, wenn er im Rahmen seines durch inhaltliche Fülle wirklich überwältigenden Curriculums hinsichtlich der Fähigkeiten, die der angehende Lehrer haben muß, unter «Kommunikationsfähigkeit» schreibt: «Fähigkeit, jede Form von Meinungsgefälle in Sachprobleme umzumünzen.» (S. 117). – Wo bleibt da das «personale Geschehen»? Es muß ja dann wohl ein Sachgeschehen werden! – Werner S. Nicklis möchte «schlafende Hunde», vor denen man durchaus Angst bekommen kann, nicht wecken: «Wenn Praktika ein integrierender Bestandteil eines wissenschaftlichen Studiums werden sollen, ist es dringend notwendig, jede Erörterung über Unterricht streng an Fakten zu binden, Unterrichten als elementare Sozialaktivität aktualisiert beim Zuschauer gute wie schlechte Erinnerungen an die eigene Schulzeit, in der er

Objekt pädagogischer Künste (mit und ohne Ausführungszeichen) war; vieles von der Art der Lehrersprache bis zur menschlichen Atmosphäre weckt nicht selten ‹schlafende Hunde› (des Unbewußten).» (S. 51). – Werner S. Nicklis weiß also durchaus um die Macht des leidvoll in der Vergangenheit Zugefügten, aber er zieht es vor, so zu tun, als ob man es sich «durch Distance zu sich selber» (S. 51) vom Leib und aus dem Geschehen halten könne und rät, «gegen solcherlei Versuchungen gefeit zu sein.» (S. 51). – . . . weil nicht sein kann, was nicht sein darf.

34. Vgl. zum Problem der Trennung von der Mutter die Arbeit von René Spitz «Vom Dialog» (194). – Vgl. auch D. W. Winnicott «Vom Spiel zur Kreativität» (212).

35. Vgl. zur Situation des Prüfens und Geprüftwerdens die Arbeit von Kurt Singer «Lernhemmung, Psychoanalyse und Schulpädagogik» (190).

36. Die deutlich werdende, leidvoll erfahrene schulische Repression gehört in den Motivationszusammenhang der Schülerrevolte, wie sie – allerdings auf die gesellschaftliche Ebene abstrahiert – im «Schulreport» von Dieter Dehm (Hg.) (47) abgehandelt ist.

37. Vgl. Georges Devereux' Analyse der Wirkungen solch «grausamer» Riten bei Australiern auf Mitteleuropäer, die mit Filmaufnahmen davon konfrontiert waren. (48,73 ff).

38. Franz Wellendorf (210).

39. «Der blaue Engel» («Professor Unrat») von Heinrich Mann (152) gehört – wenngleich auf einem anderen Niveau – auch in diese Reihe.

40. Die ausgezeichnete Analyse ausgewählter empirischer Untersuchungen zum Thema «Urteile von Schülern über Lehrer» von Jochen Gerstenmaier (83) weist durchweg auf die hochgradige Besetzung von Personanteilen der Lehrer durch die Schüler hin.

41. Tobias Brocher (36) weist im Zusammenhang der Auseinandersetzung der Gruppenmitglieder mit ihren Leitern auf Vorgänge positiver und negativer Identifizierung hin und stellt sie in engen Bezug auch zu kognitiven Lernprozessen; vgl. insbesondere (36,111).

42. Zur Frage der politisch-pädagogischen Ambitioniertheit von Lehrern, die sich ja zunehmend im Anschluß an die Studentenbewegung stellte, findet sich eine breite Antwortpalette in dem Text «Wie links dürfen Lehrer sein?» von Erich Frister und Luc Jochimsen (Hg.) (77).

43. Ronald D. Laing diskutiert die Problematik unter dem Stichwort «Projektion» (Abwehrmechanismus): «Wenn es mir bei dir nicht gelingt, daß du mich so siehst, wie es mir lieb ist, werde ich vielleicht eher auf meine Erfahrung von dir einwirken als auf deine Erfahrung von mir.» (137,28f). – Watzlawick u. a. schreiben im Zusammenhang solcher Wahrnehmungsdiskrepanzen, «daß es nur *eine* Wirklichkeit gibt, nämlich die Welt, wie *ich* sie sehe, und daß jede Wirklichkeitsauffassung, die von der meinen abweicht, ein Beweis für die Irrationalität des Betreffenden oder seine böswillige Verdrehung der Tatsachen sein muß.» (208,93). – Die Relevanz solcher Mechanismen gestörter – und zugleich alltäglicher – Kommunikation für Interaktionsvorgänge auch im Unterricht liegt auf der Hand.

44. Zur Unsicherheit der Identität des Lehrers vgl. Adornos Aufsatz «Tabus über dem Lehrberuf» insbesondere im Zusammenhang der Verquickung

soziologischer und psychologischer Bedingungen. (3).

45. Ein überaus häufiger Abwehrmechanismus – besonders in Gruppen – wird hier deutlich: das Problem einer Konfrontation im Hier und Jetzt ist für mich als Leiter deutlich sichtbar; für die Teilnehmer ist es vermutlich mindestens spürbar. Da dieses Problem zu gefährlich erscheint, weicht man aus: auf abwesende Personen, in die Vergangenheit, in Theorien. Man bleibt so beim Thema, ohne es bearbeiten zu müssen. – Ruth C. Cohn hat das Problem des Festhaltens am Hier und Jetzt beispielhaft radikalisiert: so wird es deutlich. (41,160ff).

46. Die in Arno Combes Arbeit «Kritik der Lehrerrolle» erörterten diskreditierenden Status- und Rollenmerkmale des Lehrers – besonders des Volksschullehrers – sind als die Kehrseite der Medaille verständlich, die hier – auf der anderen Seite – so hohe und ideale Qualifikationsmerkmale trägt. (43,49ff). – Vgl. auch Dietlind Eckensberger (52), die unter anderem die «Ideologie der Fürsorge» von Heimerzieherinnen untersucht.

47. Die tägliche Auseinandersetzung der Lehrer mit der Schulpraxis hat sie vermutlich daran gehindert, der verführerischen Zustimmung zu diesen «hohen Idealen» zu erliegen. Andererseits zeigt sich die Mächtigkeit solcher «Ideale» auch für die Lehrer darin, daß sie ihrer Einforderung durch die praxisfernen Studenten nicht von vornherein Widerstand entgegensetzen konnten. – Vgl. Tobias Brocher «Anpassung und Aggression in Gruppen» (35,165ff).

48. Lothar Klingberg (129).

49. Vgl. Peter Heintz «Soziale Vorurteile» (109).

50. Das Lachen steht in einem merkwürdigen – wenngleich verständlichen – Widerspruch zu den anschließend geäußerten erheblichen Angstanteilen in den Beteiligten: es ist ihre Abwehrform.

51. Lili E. Peller schreibt über Regelspiele: «Die zugrunde liegenden Ängste sind unbewußt. Dringen sie ins Bewußtsein, so führen sie nicht zu Spielen.» (167,213). – Alle Spiele enthalten einen Angstanteil; wenn dieser Angstanteil aber zu groß – oder zu bewußt – wird, unterbleiben die zugehörigen Spiele: manche Kinder können nicht spielen.

52. Vgl. Günter Ammon «Was macht eine Gruppe zur Gruppe?» (9). – Vgl. Fritz Redl «Gruppenemotion und Führerschaft» (175).

53. Die Seminarleitung konnte nun erst fragen, was denn die Gruppe möchte oder braucht, weil die Gruppe inzwischen in der Lage war, als solche die Frage zu beantworten. Damit hatte sich auch ein Bewußtsein davon installiert, daß die Seminarleitung im Dienst der Gruppe steht. – Vgl. Peter Fürstenau (79): Er erörtert und begründet die Effizienz einer Organisationsstruktur, in der die Schuladministration im Dienste der Schule arbeitet; hierzulande kann vorerst allerdings fast nur vom Gegenteil die Rede sein.

54. Die Folge dieser jeweils «unüberwundenen Vergangenheiten» für die Schule beschreibt Siegfried Bernfeld in seiner großartigen Streitschrift «Sisyphos oder die Grenzen der Erziehung»: «So steht der Erzieher vor zwei Kindern: dem zu erziehenden vor ihm und dem verdrängten in ihm. Er kann gar nicht anders, als jenes zu behandeln, wie er dieses erlebte.» (28,141).

55. Das Moment der Störung von Lernprozessen hat vor allem Ruth C. Cohn herausgearbeitet. In der Methode der von ihr entwickelten «Themenzen-

trierten Interaktion» haben Störungen von Lernprozessen Vorrang vor diesen, was das jeweilige Arbeitsthema angeht: sie pflegen Lernprozesse so stark zu belasten, daß diese nur scheinbar vollzogen werden. Erst nachdem die Störung hinreichend bearbeitet ist, kann der intendierte Lernprozeß wieder aufgenommen werden. (42,122 ff).

56. Die provokative Schülerstörung bewirkt frustrierend eine vollzogene oder auch nur drohende Beseitigung der Sicherheit des Lehrers – wenn auch nur vorübergehend: er antwortet aggressiv. – Dazu schreibt Helm Stierlin: «. . . Aggression wird meistens in Situationen der Bedrohung und Frustration ausgelöst. Dazu gehören etwa das Eindringen eines Rivalen in das eigene Territorium, die Übertretung der Individualdistanz, die Infragestellung des Ranges in der Gruppe. Proportional der erlebten Bedrohung oder Frustration ist die reaktive Aggression oft heftig. In ihr kann sich der ‹Mut der Verzweiflung› widerspiegeln.» (202,119 ff).

57. Ein Musterbeispiel einer hoffnungslosen Überforderung in der Lehrerausbildung ist das oben (Anmerkung 33) schon kritisierte Konzept schulpraktischer Studien von Werner S. Nicklis (161). – Es erscheint mir auch für den folgenden Zusammenhang der «Schulflucht des Lehrerausbilders» nicht irrelevant.

58. Vgl. Job-Günter Klink «Des Kaisers neue Kleider» (130).

59. Arno Plack schreibt diesen Satz im Zusammenhang einer Kritik der «Ideologie des Faktischen». (171,251).

60. Vgl. Tilmann Moser «Lehrjahre auf der Couch». – Er schreibt: «Ich bleibe depressiv anfällig, und mit dem Lindwurm des Größenwahns muß ich weiterringen und versuchen, ihn zu zähmen.» (157,73).

61. Die beiden Begriffe entstammen der Arbeit von Paul Watzlawick u. a. (208). – Ich weise hier auf das mögliche Mißverständnis hin, das digital mit Inhaltsebene und analog mit Beziehungsebene gleichsetzen will: ich kann es aus Raumgründen nicht erörtern und verweise auf den Text. (208,53 ff u. 61 ff).

62. Die Struktur dieser «politischen» Auseinandersetzung hat – besonders im Hochschulbereich – in Verbindung mit der ausklingenden Studentenbewegung ihre tausendfachen Entsprechungen innerhalb und außerhalb der Universitätsveranstaltungen – aber nicht nur dort. – Vgl. Nando Belardi «Erfahrungsbezogene Jugendbildungsarbeit» (24,62 ff).

63. Man redet «miteinander» – aber in Wirklichkeit redet man aneinander vorbei. – Dieser Sachverhalt kann durch eine Reihe gruppendynamischer Übungen in die Erlebnis- und Bewußtseinsebene gebracht werden. – Vgl. Klaus Antons «Praxis der Gruppendynamik» (11,49–56 u. 87–89).

64. Dies enthält gleichzeitig sein Selbstmißverständnis, sein Mißverständnis seiner Wirkungen auf die Anderen, sein Mißverständnis der Anderen und das Mißverständnis seiner selbst durch die Anderen. – Vgl. Ronald D. Laing «Interpersonelle Wahrnehmung» (137,11–51).

65. Auf das Erlebnis und die Kenntnisnahme dieser Problematik und ihrer Wirkungen zielen alle «feed back-Übungen»: «Ich sage dir, was dein Sprechen und Tun in mir bewirkt hat.» – Vgl. Klaus Antons (11,98 ff).

66. Ludwig Wittgensteins Satz steht gewiß in einem völlig anderen Zusammenhang, dennoch ist er auch im hier angesprochenen höchst sinnträchtig:

«Wovon man nicht sprechen kann, darüber muß man schweigen.» (213,115).

67. «Offenbar ist die Freisetzung des Diskurses von Handlungszwängen, welche eine ideale Sprechsituation fordert, nur unter Bedingungen reinen kommunikativen Handelns zu denken.» – Jürgen Habermas (100,138).

68. Das Bewußte (Bw), das Vorbewußte (Vbw) und das Unbewußte (Ubw) werden in der metapsychologischen Theorie Freuds (der «topischen») als Begriffe gefaßt. – Vgl. Sigmund Freud «Die Traumdeutung» (68,517ff) und ders. «Das Unbewußte» (66,131ff).

69. Die hier angewendeten Verfahren – mit Ausnahme der Tiefeninterviews – entsprechen etwa dem, was Werner Mangold als «Gruppendiskussion» (153) erörtert hat. Sie sind von mir allerdings nicht mit Bezug auf ihn entwickelt worden. – Ich verdanke diesen Hinweis meinem Freund Nando Belardi.

70. Vgl. für die Psychologie als Beispiel empirisch-analytischer Verfahren: Herbert Selg «Einführung in die experimentelle Psychologie» (188).

71. Vgl. Georges Devereux «Angst und Methode in den Verhaltenswissenschaften» (48,327ff).

72. Vgl. den «Klassiker» Moreno (156). – Sein Ansatz enthält zwar implizit das Moment der Selbstreflexion; es ist allerdings nicht ausgeführt: Moreno versteht sich eher (noch) empirisch-analytisch.

73. Dieser Vorgriff auf Habermas wird im Verlauf genauer ausgeführt.

74. Vgl. Karl R. Popper «Die Logik der Sozialwissenschaften» (172).

75. Vgl. die eindringlichen Schilderungen psychotischer Erlebnisweisen bei Hannah Green (87).

76. Helm Stierlin übernimmt diesen Begriff von Hegel und erörtert ihn in seinem «Versuch einer Dynamik menschlicher Beziehungen», den er als Psychoanalytiker entwickelt. Er schreibt: «Daher ergeben sich zwei Spielarten menschlicher Todesfurcht: Die Furcht vor Verlassenheit und Einsamkeit einerseits und die Furcht vor der Desintegration als Individuum andererseits. Beide Spielarten verdanken ihren Unterton von archaischem Horror den Erlebnissen jener Zeit, da die Abhängigkeit von anderen Menschen am unmittelbarsten erfahren und die Einbildungskraft zugleich am lebendigsten angeregt und durch keine Realitätsperspektiven eingeengt wurden. Diese Zeit ist die Kindheit.» (201,42). – Vgl. auch seinen Text «Von der Psychoanalyse zur Familientherapie» (203).

77. Georges Devereux (48).

78. Horkheimer und Adorno «Dialektik der Aufklärung» (115,181). – Die beiden Hauptvertreter der «Frankfurter Schule» haben in diesen Texten die wohl zugleich fundierteste und bitterste Kritik der abendländischen Wissenschaftsgeschichte als einer Aufklärungsgeschichte geleistet.

79. Vgl. etwa die Arbeit von Peter L. Berger u. Thomas Luckmann «Die gesellschaftliche Konstruktion der Wirklichkeit» (25). – Sie unterscheiden zwischen «Gesellschaft als objektiver Wirklichkeit» und «Gesellschaft als subjektiver Wirklichkeit» (Kap. II u. III).

80. Jürgen Habermas (100). – Die in meinem Text angegebenen Seitenzahlen beziehen sich auf diesen Aufsatz. – Habermas hat sich auch an anderen Stellen seiner Arbeiten zur Konsensustheorie der Wahrheit und der damit

verbundenen Kommunikationstheorie geäußert: «Erkenntnis und Interesse» (94); «Arbeit und Interaktion» (90); «Zur Methodologie allgemeiner
Theorien des sozialen Handelns» (103); «Theorie und Praxis» (Vorwort)
(99); «Die Utopie des guten Herrschers; eine Antwort auf Robert Spaemann» (91); «Die Wahrheitsfähigkeit praktischer Fragen» (92); «Wahrheitstheorien» (101). – Die «Vorbereitenden Bemerkungen . . .» (100)
scheinen mir jedoch den Kern seiner einschlägigen Äußerungen am griffig-
sten zu enthalten. Darum beziehe ich mich hier nur auf sie.

81. Michael Balint hat das «Schicksal» der frühen Mutter-Kind-Beziehung in
der späteren Erwachsenheit in seinem hervorragenden Text «Angstlust und
Regression» dargestellt (16). – An seinen Idealtypen «Oknophiler» und
«Philobat» entwickelt er die Formen des Scheiterns der frühen Mutter-
Kind-Beziehung. – Vgl. auch ders. «Therapeutische Aspekte der Regres-
sion» (18).

82. Vgl. etwa die rigide Verzichtforderung der afrikanischen Agni-Kultur an
ihre ca. zweijährigen Kinder: sie sollen sich innerhalb einer sehr kurzen
Frist aus einer sehr innigen Mutterbindung lösen; dies wird zugleich radikal
durchgesetzt und ist schon vom folgenreichen Mißlingen gekennzeichnet. –
Paul Parin u. a. «Fürchte deinen Nächsten wie dich selbst» (166,212 ff).

83. Helm Stierlin (201).

84. Helm Stierlin (201) zitiert aus Kants «Kritik der praktischen Vernunft»
(Vgl. seine Anmerkung IV.3).

85. Helm Stierlin (201,69).

86. Helm Stierlin (201,72).

87. Helm Stierlin (201,73).

88. Hegel schreibt am Ende seiner Vorrede zu den «Grundlinien der Philosophie des Rechts»: «Wenn die Philosophie ihr Grau in Grau malt, dann ist
eine Gestalt des Lebens alt geworden, und mit Grau in Grau läßt sie sich
nicht verjüngen, sondern nur erkennen; die Eule der Minerva beginnt erst
mit der einbrechenden Dämmerung ihren Flug.» (107,28). – Habermas
schreibt von der reflexiven Theorie, daß sie notwendig retrospektiv sei, daß
sie niemals zur Rechtfertigung gegenwärtigen oder zukünftigen – also
beabsichtigten – Handelns angewandt werden darf. Ihr Geltungsanspruch
beschränkt sich auf die gelingende Aufklärung vergangenen Handelns.
Strategisches (also zukunftsorientiertes) Handeln kann sich von daher nicht
auf reflexiv gewonnene Theorie, sondern immer nur auf das Ergebnis des
praktischen Diskurses der Beteiligten stützen: sie müssen es verantworten;
danach erst können sie kompetent darüber reflektieren. – Vgl. Jürgen
Habermas «Theorie und Praxis» (99,43 ff).

89. Peter Fürstenau (81).

90. Vgl. Klaus Horn «Dressur oder Erziehung; Schlagrituale und ihre gesellschaftliche Funktion» (116). – Er stellt stärker die gesellschaftlich-politische
Wirkung elterlichen Straf- und Prügelverhaltens heraus. – Den Aspekt der
Wiederholung von Erlittenem im Strafzwang der Eltern, worin sich ja die
hier in Rede stehenden Personanteile zeigen, bearbeitet Friedrich Hacker in
seinem Buch «Aggression» (104,183–227).

91. Vgl. Arthur Janov «Das befreite Kind» (121).

92. Diesen Zusammenhang hat Alfred Lorenzer deutlich herausgearbeitet.

Schon im Titel seiner Arbeit «Sprachzerstörung und Rekonstruktion» klingt er an: «Sprachzerstörung» bedeutet Aussperrung von verpöntem kindlichem Fühlen und Handeln aus dem Erlebniszusammenhang und damit aus der Sprache des Kindes und späteren Erwachsenen. «Rekonstruktion» bedeutet das Wiedereinholen dieses verbliebenen Kindlichen in den Erlebnis-, Handlungs- und Sprachzusammenhang: in der Psychoanalyse. – Er schreibt: «Im (kindlichen [H. B.]) Originalvorfall . . . war es zur ‹Aufspaltung des Sprachspiels› gekommen . . ., so daß beim Verdrängungsprozeß die Strukturen zwar aus der Kommunikation ausgeschlossen werden, (sie [H. B.]) ihre Dynamik aber als Klischees (unbewußt [H. B.]) bewahren.» (149,169).

93. Laplanche und Pontalis bringen folgende sehr treffende Beschreibung: «Auf der Ebene der praktischen Psychopathologie nicht bezwingbarer Prozeß unbewußter Herkunft, wodurch das Subjekt sich aktiv in unangenehme Situationen bringt und so alte Erfahrungen wiederholt, ohne sich des Vorbilds zu erinnern, im Gegenteil den sehr lebhaften Eindruck hat, daß es sich um etwas ausschließlich durch das Gegenwärtige Motiviertes handelt.» (140,627). – In seinem Kapitel über «Neurotische Tarnung» beschreibt Theodor Reik eindrucksvolle Beispiele zwanghafter Wiederholungen (178,347ff).

94. Vgl. Sigmund Freud «Vorlesungen zur Einführung in die Psychoanalyse», Kapitel 27, «Die Übertragung» (75,415–430). – Vgl. auch (140,550–559).

95. Vgl. etwa Peter Atteslander «Methoden der empirischen Sozialforschung», Kapitel IV. «Die Beobachtung» (13,121–154).

96. Fritz Thiemann hat in seiner Arbeit «Der Beitrag empirischer Unterrichtsforschung für die Konzeption von Unterricht» (204) die Komplexitätsproblematik eindrucksvoll bestätigt. Allerdings setzt auch er weiterhin seine Hoffnungen auf den Ertrag empirisch-analytischer Verfahren und deren mögliche Auswirkungen auf die Konzeption von Unterricht.

97. Vgl. Klaus-Jürgen Tillmann «Unterricht als soziales Erfahrungsfeld», besonders die Kapitel 2., 3. u. 4. (205,32–104).

98. Watzlawick u. a. (208,34–40). – Die Tatsache, daß die Autoren die psychoanalytischen Termini «Übertragung» und «Wiederholungszwang» wohl kaum akzeptieren würden, kann ich hier vernachlässigen: ihre Kommunikationstheorie ist – vielleicht gegen ihren Willen – dennoch nur auf der Basis der Psychoanalyse konzipierbar gewesen. Dies gilt auch für ihren sehr nützlichen Begriff der Redundanz.

99. Watzlawick u. a. (208,114).

100. So ist z. B. jede Unterrichtstheorie nur vor dem Hintergrund solcher struktureller Gleichheiten und Ähnlichkeiten konzipierbar. – Vgl. auch Ernst König u. Harald Riedel «Unterrichtsplanung als Konstruktion» (133).

101. Vgl. Anmerkung 35.

102. Die hier zugrunde liegende Vorstellung von Wahrnehmung ist auch in dem Sinne «naiv», als sie auf die Ausdifferenzierung unterschiedlicher Möglichkeiten von Wahrnehmung verzichtet. Eine sehr grobe Differenzierung wird allenfalls nach der Richtung hin vorgenommen: sie richtet sich auf die «äußere» und auf die innere Realität des Wahrnehmenden. – Ganz anders verfährt die Wahrnehmungspsychologie. So läßt James J. Gibson sein Buch

«Die Wahrnehmung der visuellen Welt» (84) mit dem Satz beginnen: «Seit langem sind Künstler und Philosophen, wie auch Physiker, Physiologen und Psychologen an einer Isolierung der Faktoren interessiert, die die visuelle Welt des Menschen ermöglichen.» (84,7). – Ich dagegen möchte in meinen Verfahren einer «Isolierung der Faktoren» eine «Integration der Faktoren» entgegensetzen.

103. Bruno W. Reimann ist anderer Auffassung, was die Ungleichheit der am Diskurs Beteiligten angeht. Er weist, wenn auch in Frageform, auf «strukturelle Verschiedenheiten» hin, die gewiß niemand bestreiten kann und die ebenso gewiß in jeden praktischen Diskurs eingehen müssen. Von eben diesem sagt er dann allerdings, daß er «mit der Überlegenheit eines Beteiligten nicht zu vereinbaren ist . . .» – Daraus ergibt sich aber zwingend, daß man entweder den praktischen Diskurs nicht praktizieren kann, weil die Menschen unterschiedlich sind, oder aber er hat eine bloß theoretische Bedeutung als Diskurs «intelligibler Wesen», deren vernunftgeleitete Gleichheit man allerdings unterstellen kann. – Vgl. Bruno W. Reimann «Therapie und Diskurs» (180,473).

104. Dorothy Tiffany Burlingham hat insbesondere das kindliche Einfühlungsvermögen untersucht. Sie schreibt, daß sich ihre Arbeit «eigentlich in einem einzigen Satz zusammenfassen [läßt [H. B.]]: ich behaupte, daß das Kleinkind größere und weitreichendere Fähigkeiten der Beobachtung hat, als man sich bisher vorgestellt hatte.» (38,7). – Ich selber habe viele Anzeichen dafür gefunden, daß die Schüler wesentlich mehr beobachten, als die Lehrer denken.

105. Vgl. Anna Freud (59,34ff u. 85ff).

106. Vielleicht kann man *das* Problem der Pädagogik als das Problem der Ungleichheit zwischen «Erzieher und Zögling» bezeichnen.

107. Vgl. Ruth C. Cohn (42). – Sie versucht in ihrem Text dem hier in Rede stehenden Interaktionsthema mit einer Regel zu begegnen: «Vertritt dich selbst in deinen Aussagen; sprich per ‹Ich› und nicht per ‹Wir› oder per ‹Man›.» (42,124).

108. Vgl. etwa Theodor Litt «Führen oder Wachsenlassen» (144) oder auch Hans Netzer «Erziehungslehre» (160,24ff).

109. Vgl. Anmerkung 104.

110. Vgl. bei Watzlawick u. a. die Begriffe Annahme, Abweisung, Entwertung, Bestätigung, Verwerfung (208,74–87).

111. Dieses Interaktionsthema scheint mir in der pädagogischen Literatur unter dem dunklen Begriff des «pädagogischen Bezugs» (Hermann Nohl) virulent. – Im schlechten Sinne ist er beispielhaft in Hans Netzers «Erziehungslehre (160,44–47) abgehandelt. – Hans-Jochen Gamm kritisiert ihn und schießt nach meinem Dafürhalten in die andere Richtung übers Ziel: der Lehrer wird zum «Pädoexperten» (82,27–39). – Vgl. auch Bruno Schonig «Irrationalismus als pädagogische Tradition» (198).

112. Diese Fiktionen erwachsener angehender Lehrer finden in der Kindheit ihre Entsprechungen in der kindlichen Phantasietätigkeit, die die äußere Welt innerpsychisch verändert, um sie erträglich zu machen. – Vgl. Sigmund Freud «Über infantile Sexualtheorien» (73).

113. Vgl. im Zusammenhang der Situation des Kindes in der Familie Alice

Balints ausgezeichnete Arbeit «Psychoanalyse der frühen Lebensjahre» (15). – Ihr Buch ist eine glänzende Alternative zu den sattsam bekannten «Elternbüchern» über Erziehung: deren Kritik schrieb Theodor Schulze «Häusliche Szenen und seelische Entwicklung» (200).

114. Horst-Eberhard Richter hat die hier nur angedeutete Beziehungsdynamik zwischen Kind und Eltern besonders hinsichtlich ihrer vielfältigen Formen und Folgen dargestellt. Sein Buch hat zu recht die Bedeutung eines einschlägigen Standardwerks erhalten: «Eltern, Kind und Neurose» (182) und ders. «Patient Familie» (183). – Vgl. auch Helm Stierlin (203).

115. Theodor Reik schreibt: «Vielleicht brauchen wir ein ganzes Leben lang, um gewissermaßen psychisch zu bewältigen, was wir als Kinder erlebten.» (178,423).

116. «Agieren» ist ein psychoanalytischer Terminus. Er bedeutet, daß jemand unter unbewußten Zwängen Handlungen vollzieht, die im schroffen Widerspruch zu seinem Selbstverständnis und zu der Situation stehen, in der sie vollzogen werden: sie sind gleichsam kopflos. – Vgl. Michael Balint (18,156 ff).

117. Watzlawick u. a. (208,127).

118. Diese Problematik – vor allem auch befragt auf ihre gesellschaftlichen Bedingungszusammenhänge – wird deutlich in Konrad Wünsches Berichten «Die Wirklichkeit des Hauptschülers» (214).

119. Vgl. Klaus-Jürgen Tillmann (205,52–71). – Er weist auf den überaus engen Spielraum hin, den etwa individuelle Beziehungsdefinitionen von Lehrern und Schülern in der Schule vorfinden. – Vgl. auch Franz Wellendorf (210).

120. Vgl. Gerald R. Grace «Der Lehrer im Rollenkonflikt» (86).

121. Diese Diskrepanz geißelt Franz Wellendorf: «Während sich die Schüler nach Verlassen des Klassenzimmers auf dem Schulhof bestimmten verbotenen Tätigkeiten widmen können, erholen sich ihre Lehrer rauchend und fluchend im Lehrerzimmer von der Unterrichtsvorstellung.» (209,30).

122. Vgl. etwa Jules Henry «Der erlebte Alptraum» (110) oder auch Philip W. Jackson «Was macht die Schule?» (120).

123. Um möglichen Mißverständnissen zu begegnen: Ich meine ausdrücklich *nicht*, daß die deutliche Forderung des Lehrers schon – gleichsam automatisch – deren Einlösung durch die Schüler setzt. Vielmehr enthält meine Vorstellung ausdrücklich die Möglichkeit des Widerstands der Schüler gegen die Forderung des Lehrers: gegen deutliche Forderungen kann man auch deutlich opponieren; gegen undeutliche – eben wegen ihrer Undeutlichkeit – nur sehr schwer.

124. Vgl. Watzlawick u. a. (208,50 ff u. 72 ff) über «die Unmöglichkeit, nicht zu kommunizieren».

125. Ich kann den hier genannten Begriff «Identität» aus Raumgründen nicht in der wünschenswerten Ausführlichkeit erörtern. David J. de Levita hat ihn in seinem ausgezeichneten Buch «Der Begriff der Identität» in aller Breite ausführlich untersucht (142). – Natürlich kann er das Problem der menschlichen Identität nicht lösen: vielmehr stellt er es in der Weise dar, daß Identität als der lebenslange Versuch erscheint, seinen Selbstwert in der Auseinandersetzung mit den Problemen der Außenwelt zu erreichen und zu stabilisieren: «Lebensgeschichte und Identität sind auf verschiedene

Weise miteinander verbunden. Meine Lebensgeschichte ist ‹meine›, insofern ich mich selbst als identisch mit dem, was ich in der Vergangenheit war, kenne. Es ist meine Lebensgeschichte, insofern ich mir selbst gestattet habe, in veränderte Lebensbedingungen einzutreten, und mich selbst in ihnen nach einiger Zeit verändert gefunden habe. Ohne den ständigen Kontrapunkt, was ich geblieben bin und was nicht, wäre meine Lebensgeschichte keine Geschichte, sondern nur eine zeitlich ausgedehnte Situation.» (142,222). – Vgl. auch Erik H. Erikson «Identität und Lebenszyklus» (55).

126. Vgl. den Sammelband von Alfred Lorenzer u. a. «Psychoanalyse als Sozialwissenschaft» (148). – Die Autoren zitieren am Ende ihres Vorworts Sigmund Freud: «Der Gebrauch der Analyse zur Therapie der Neurosen ist nur eine ihrer Anwendungen; vielleicht wird die Zukunft zeigen, daß sie nicht die wichtigste ist. Jedenfalls wäre es unbillig, der einen Anwendung alle anderen zu opfern, bloß weil dies Anwendungsgebiet sich mit dem Kreis ärztlicher Interessen berührt.» (148,8). – Der Band erweist die Fruchtbarkeit der Psychoanalyse vor allem für die Soziologie; er enthält keine Hinweise auf die hier erörterte andere Sozialwissenschaft – die Pädagogik. – Vgl. auch Igor A. Caruso (40); auch Bruno W. Reimann (179).

127. In seinem Aufsatz «Das Interesse an der Psychoanalyse» schreibt Sigmund Freud über «Das pädagogische Interesse»: «Das gewichtige Interesse der Erziehungslehre an der Psychoanalyse stützt sich auf einen zur Evidenz gebrachten Satz. Ein Erzieher kann nur sein, wer sich in das kindliche Seelenleben einfühlen kann, und wir Erwachsenen verstehen die Kinder nicht, weil wir unsere eigene Kindheit nicht mehr verstehen. Unsere Kindheitsamnesie ist ein Beweis dafür, wie sehr wir ihr entfremdet sind.» (65,419). – Ich erinnere an die Amnesie der Praktikanten, als sie ihren ersten Schultag erinnern sollten.

128. Dazu schreibt Günther Bittner (31): «Wenn die wissenschaftliche Pädagogik bisher von der Psychoanalyse überhaupt Kenntnis nahm und sich mit ihr auseinandersetzte, geschah dies zumeist in einer wenig befriedigenden Weise. Im allgemeinen wurde der Psychoanalyse von den pädagogischen Autoren zugestanden, daß sie ‹etwas› Richtiges gesehen, ihre Beobachtungen jedoch aufgrund eines einseitigen Menschenbildes unzulässig verallgemeinert und verabsolutiert habe. So spricht z. B. H. Nohl von dem ‹Exzeß› der Freud-Schule, ‹alles aus dem Erlebnis und dem Vater-Mutter-Verhältnis ableiten zu wollen›. E. Spranger bezeichnet Freuds Lehre von der Sublimierung als ‹eigenartige theoretische Verirrung›. Noch dezidierter äußert sich Spranger, wenn er meint, die Freudsche Psychoanalyse sei ‹im Vergleich zu unserem sonstigen Wissen von der Seele als primitiv zu bezeichnen›.» (31,24).

129. Vgl. August Aichhorn «Verwahrloste Jugend» (4); Hans Zulliger «Psychoanalytische Erfahrungen aus der Volksschulpraxis» (215); ders. «Schwierige Kinder» (216); Oskar Pfister «Die Psychoanalyse im Dienste der Erziehung» (170); Wera Schmidt «Psychoanalytische Erziehung in Sowjetrußland» (197); Siegfried Bernfeld «Antiautoritäre Erziehung und Psychoanalyse», (26); besonders aber ders. «Kinderheim Baumgarten – Bericht über einen ernsthaften Versuch mit neuer Erziehung» (27) und ders. «Sisyphos oder die Grenzen der Erziehung» (28).

130. Dazu schreibt Herwig Blankertz: «Den Mangel an selbstkritischer Reflexion der geisteswissenschaftlichen Pädagogik hat Ilse Dahmer (46) scharf beleuchtet durch einen Vergleich zwischen Hermann Nohls 1930 vorgelegter Theorie der Bildung und Siegfried Bernfelds 5 Jahre früher erschienenen Schrift «Sisyphos oder die Grenzen der Erziehung» (28). Bernfelds marxistisch-psychoanalytisch instrumentierte Kritik an den Selbsttäuschungen der Pädagogik hatte in Nohls Darstellung nicht einmal Spuren hinterlassen, obschon sie mit entscheidenden Punkten in einen kritisch weiterentwickelten geisteswissenschaftlichen Ansatz hätte einmünden können.» (33,36f).

131. Vgl. Peter Fürstenau (78), (79), vor allem aber (81); Willy Rehm (176); Günther Bittner (31); W. K. Höchstetter (114).

132. Das war keineswegs im Sinne Freuds, wenngleich er sich des Widerstands gegen die Psychoanalyse auch von schulischer Seite her durchaus bewußt war. In seiner Arbeit «Die Frage der Laienanalyse» (67) schreibt er: «Wenn ein Kind anfängt, die Zeichen einer unerwünschten Entwicklung zu äußern, verstimmt, störrisch und unaufmerksam wird, so wird der Kinderarzt und selbst der Schularzt nichts für dasselbe tun können, selbst dann nicht, wenn das Kind deutliche nervöse Erscheinungen wie Ängstlichkeiten, Eßunlust, Erbrechen, Schlafstörung produziert. Eine Behandlung, die analytische Beeinflussung mit erzieherischen Maßnahmen vereinigt, von Personen ausgeführt, die es nicht verschmähen, sich um die Verhältnisse des kindlichen Milieus zu kümmern, und die es verstehen, sich den Zugang zum Seelenleben des Kindes zu bahnen, bringt in einem beides zustande, die nervösen Symptome aufzuheben und die beginnende Charakterveränderung rückgängig zu machen. Unsere Einsicht in die Bedeutung der oft unscheinbaren Kinderneurosen als Disposition für schwere Erkrankungen des späteren Lebens weist und auf diese Kinderanalysen als einen ausgezeichneten Weg der Prophylaxis hin. Es gibt unleugbar noch Feinde der Analyse; ich weiß nicht, welche Mittel ihnen zu Gebote stehen, um auch der Tätigkeit dieser pädagogischen Analytiker oder analytischen Pädagogen in den Arm zu fallen, halte es auch für nicht leicht möglich. Aber freilich, man soll sich nie zu sicher fühlen.» (67,285). – Zur Frage der Kinderanalyse vgl. auch Melanie Klein «Das Seelenleben des Kleinkindes» (127) und «Eine Kinderentwicklung» (128).

133. Vgl. Gregory Bateson u. a. (19) und Horst-Eberhard Richter (182), (183), (181).

134. Alfred Lorenzer (149,12).

135. Vgl. die Freud-Biografie von Ernest Jones (123,240ff).

136. Ich nenne nur einige der neueren Abspaltungen, deren Begründer sich mehr oder weniger in ihrem eigenem Selbstverständnis von der Psychoanalyse leiten lassen oder sich von ihr distanzieren: die «Gestalt-Therapie» von Frederik S. Perls, vgl. (168); die «Primärtherapie» von Arthur Janov, vgl. (122) u. (121); die «Themenzentrierte Interaktion» von Ruth C. Cohn, vgl. (42); die «Fokaltherapie» von Michael Balint, vgl. (17); die «Analytische Gruppendynamik» von Günter Ammon, vgl. (6), (7), (8).

137. Mit der Unterscheidung «esoterisch – exoterisch» versuchte Peter Fürstenau in seiner Vorlesungsreihe «Theorie der Psychoanalyse» (vgl. Anmerkung 21) die Diskrepanz zwischen Analytikern und Nicht-Analytikern

bezogen auf die Psychoanalyse zu verdeutlichen: sie geht auf Aristoteles zurück.

138. Die nach meinem Dafürhalten didaktisch beste Einführung – auch wesentlich als Sozialisationstheorie – schrieb Charles Brenner (34). – Die nach meiner Kenntnis differenzierteste Theorie menschlicher Entwicklung hat Erik H. Erikson vorgelegt (56) u. (55). – Den Zusammenhang von Sozialisationstheorie und Gesellschaftstheorie hat Alfred Lorenzer dargestellt (151).

139. Zur Theorie des psychoanalytischen Prozesses vgl. die Arbeiten von Alfred Lorenzer (150), (146), (147) und vor allem (149); außerdem die Darstellung von Wolfgang Loch (145). – Zu den viel selteneren Beschreibungen konkreter Prozeßabläufe vgl. Sigmund Freud «Der Wolfsmann» (64); Tilmann Moser «Lehrjahre auf der Couch» (157); Theodor Reik «Hören mit dem dritten Ohr» (178); Hermann Argelander «Der Flieger» (12); Francoise Dolto «Der Fall Dominique» (49).

140. Vgl. René Spitz (195).

141. Vgl. die ausgezeichnete Darstellung von Michael Balint (16), auch (18).

142. Dies hat vor allem René Spitz in seinen Untersuchungen über Hospitalismus eindringlich belegt. – Vgl. (192), (193), (191).

143. Vgl. Franz Renggli (177).

144. Vgl. Tobias Brocher (37).

145. Die am weitesten verbreiteten Schriften von Sigmund Freud zu diesem Zusammenhang sind vermutlich «Abriß der Psychoanalyse» (62) und «Drei Abhandlungen zur Sexualtheorie» (70). – Ich werde mich im weiteren Verlauf aus Raumgründen auf die bisherigen Quellenhinweise zur Sozialisationstheorie und Prozeßtheorie beschränken. – Vgl. die Anmerkungen 138 bis 145.

146. Vgl. Anna Freud «Das Ich und die Abwehrmechanismen» (59).

147. Eine der wenigen Ausnahmen ist «Der kleine Hans» (63), wobei es sich aber eher um eine Beratung der Eltern als um eine unmittelbare Therapie handelt.

148. In seiner Schrift «Abriß der Psychoanalyse» (62) schreibt Freud: «Unsere Annahme eines räumlich ausgedehnten, durch die Bedürfnisse des Lebens entwickelten psychischen Apparates, der nur an einer bestimmten Stelle unter gewissen Bedingungen den Phänomenen des Bewußtseins Entstehung gibt, hat uns in den Stand gesetzt, die Psychologie auf einer ähnlichen Grundlage aufzurichten wie jede andere Naturwissenschaft, z. B. die Physik . . . Aber dies ist eben die Natur und Begrenztheit unserer Wissenschaft. Es ist als sagten wir in der Physik: Wenn wir so scharf sehen könnten, würden wir finden, daß der anscheinend feste Körper aus Teilchen von solcher Gestalt, Größe und gegenseitiger Lagerung besteht . . . Ganz ähnlich verfahren wir in der Psychoanalyse. Wir haben die technischen Mittel gefunden, deren wir uns also bedienen wie die Physiker des Experiments.» (62,126f).

149. Vgl. die Arbeit des Psychoanalytikers Heinz Hartmann «Die Psychoanalyse als wissenschaftliche Theorie» (106) und die Arbeit des Psychologen Meinrad Perrez «Ist die Psychoanalyse eine Wissenschaft?» (169).

150. Ein neueres Musterbeispiel für diesen Versuch ist die geradezu wütend-höhnische Absicht, die Psychoanalyse wissenschaftlich zu diskreditieren,

im zweiten Kapitel des Buchs von Herbert Selg u. a. «Zur Aggression verdammt?» (189,36–52).

151. Jürgen Habermas äußert sich vor allem im zehnten und elften Kapitel seines Buches «Erkenntnis und Interesse» (93,262–331) zum wissenschafts- und erkenntnistheoretischen Status der Psychoanalyse. – Vgl. auch ders. «Zur Logik der Sozialwissenschaften» (102,297–308). – Alfred Lorenzer leistet diese Arbeit als einen Entwurf für eine Verbindung von Kritischer Theorie und Psychoanalyse. «Die Wahrheit der psychoanalytischen Erkenntnis» (146). – Vgl. auch ders. (149), (150), (147).

152. Habermas spricht vom «szientistischen Selbstmißverständnis» Freuds (93,306).

153. Vgl. René Spitz (195).

154. Meinrad Perrez schreibt: «Diese Ergebnisse besagen, daß die psychoanalytische Theorie als Gesamtkomplex in wichtigen Hinsichten den wissenschaftlichen Status *noch nicht erreicht hat.*» (169,166). – Er orientiert sich, wie gesagt, am Selbstverständnis der Naturwissenschaften, welches er für das wissenschaftliche Selbstverständnis schlechthin nimmt.

155. Vgl. Meinrad Perrez: «Zu den wichtigsten psychoanalytischen Konstrukthypothesen gehören die Annahmen über die Funktionsweise des ‹Ökonomie-Prinzips›, die damit verknüpften Folgen für die Strukturtheorie und für das sogenannte ‹topographische Modell›. Bevor aber eine derartige indirekte Testbarkeit vorliegen könnte, müßten die genannten Hypothesen (Theorien) intern und extern korrekt logisch durchstrukturiert werden wie auch mit dem Niveau der beobachtbaren Gesetzeshypothesen korrekt verknüpft werden.» (169,115 f).

156. Jürgen Habermas (93,262).

157. Alfred Lorenzer (146,275).

158. Schon in der sehr frühen Arbeit «Über Psychotherapie» 1904 (74) hatte Freud den psychoanalytischen Prozeß selber als einen Prozeß der «Nacherziehung zur Überwindung innerer Widerstände» (74,25) bezeichnet. – In seinem Geleitwort zu dem Buch von August Aichhorn «Verwahrloste Jugend» (4) nimmt Freud den Begriff «Nacherziehung» – 21 Jahre später – wieder auf. Er bekräftigt seine Gültigkeit und grenzt zugleich den analytischen Prozeß gegen den Prozeß der Erziehung ab. Er schreibt: «. . . daß die Erziehungsarbeit etwas sui generis ist, das nicht mit psychoanalytischer Beeinflussung verwechselt und nicht durch sie ersetzt werden kann. Die Psychoanalyse des Kindes kann von der Erziehung als Hilfsmittel herangezogen werden. Aber sie ist nicht dazu geeignet, an ihre Stelle zu treten . . . Man darf sich nicht durch die übrigens voll berechtigte Aussage irreleiten lassen, die Psychoanalyse des erwachsenen Neurotikers sei einer Nacherziehung desselben gleichzustellen. Ein Kind, auch ein entgleistes und verwahrlostes Kind, ist eben noch kein Neurotiker und Nacherziehung etwas ganz anderes als Erziehung des Unfertigen. Die Möglichkeit der analytischen Beeinflussung ruht auf ganz bestimmten Voraussetzungen, die man als ‹analytische Situation› zusammenfassen kann, erfordert die Ausbildung gewisser psychischer Strukturen, eine besondere Einstellung zum Analytiker.» (71,566).

159. Alle in diesem Kapitel in der Form der wörtlichen Rede gehaltenen Äuße-

rungen von Analytiker und Analysand sind fiktiv und von mir erdacht.
160. Georges Devereux schreibt: «Ich glaube, daß nicht das, was wir wissen, unsere Patienten heilt, sondern das, was wir sind, und daß wir unsere Patienten lieben müssen.» (48,43).
161. Beispielhaft sind hier Günther Bittner (31), Willy Rehm (176) und W. K. Höchstetter (114).
162. Diesem Mißverständnis unterliegt auch Jürgen Habermas, wenn er schreibt: «Freuds Interpretationsrahmen können wir als eine Erzählfolie auffassen, auf der unterbrochene Bildungsprozesse zu einer vollständigen Geschichte ergänzt werden können.» (102,301).
163. Ernest Jones schreibt zur damit verbundenen auch persönlichen Krise Freuds: «Es war die grausame Wahrheit, daß sich nicht alle, aber die meisten Verführungen in der Kindheit, die seine Patienten ihm offenbart hatten und auf denen seine ganze Theorie der Hysterie beruhte, gar nicht ereignet hatten. Es war ein Wendepunkt in seiner wissenschaftlichen Laufbahn, und diese Einsicht stellte seine Ehrlichkeit, seinen Mut und seine psychologische Einsicht auf eine harte Probe.» (123,237). – Freud selber äußert sich später in seinen Vorlesungen zu diesem Problem – nachdem er es gelöst hat: «Ich habe Ihnen angekündigt, daß wir noch etwas Neues zu erfahren haben; es ist wirklich etwas Überraschendes und Verwirrendes . . . Nun, die Überraschung liegt darin, daß diese Infantilszenen nicht immer wahr sind. Ja, sie sind in der Mehrzahl der Fälle nicht wahr und in einzelnen Fällen im direkten Gegensatz zur historischen Wahrheit. Sie sehen ein, daß dieser Fund wie kein anderer dazu geeignet ist, entweder die Analyse zu diskreditieren, oder die Kranken, auf deren Aussagen die Analyse wie das ganze Verständnis der Neurosen aufgebaut ist. Außerdem ist aber noch etwas ungemein Verwirrendes dabei. Wenn die durch die Analyse zutage geförderten infantilen Erlebnisse jedesmal real wären, hätten wir das Gefühl, uns auf sicherem Boden zu bewegen, wenn sie regelmäßig gefälscht wären, sich als Erfindungen, als Phantasien der Kranken enthüllten, müßten wir diesen schwankenden Boden verlassen und uns auf einen anderen retten . . . Für den Vorschlag, Phantasie und Wirklichkeit gleichzustellen und sich zunächst nicht darum zu kümmern, ob die zu klärenden Kindheitserlebnisse das eine oder andere seien, hat er (der Kranke [H. B.]) lange Zeit kein Verständnis. Und doch ist dies offenbar die einzig richtige Einstellung zu diesen seelischen Produktionen. Auch sie besitzen eine Art von Realität; es bleibt eine Tatsache, daß der Kranke sich solche Phantasien geschaffen hat, und diese Tatsache hat kaum geringere Bedeutung für seine Neurose, als wenn er den Inhalt dieser Phantasien wirklich erlebt hätte. Diese Phantasien besitzen *psychische Realität* im Gegensatz zur *materiellen*, und wir lernen allmählich verstehen, daß *in der Welt der Neurosen* die psychische Realität die maßgebende ist.» (75,358f). – Ich halte die Vermutung für naheliegend, daß das Ausmaß der persönlichen und wissenschaftlichen Krise Freuds im Zusammenhang mit diesem Problem vor dem Hintergrund seiner Verpflichtung auf das naturwissenschaftlich-kausalistische und «materialistische» Selbstverständnis seiner – und unserer – Zeit verstanden werden kann.
164. Der Anspruch, Erziehungswissenschaft als kritisch-hermeneutische zu konzipieren, wird gerade in letzter Zeit im Zusammenhang des Booms

kommunikationstheoretischer Ansätze in der Pädagogik beschwörend erhoben. Der größte Teil der Autoren bezieht sich dabei durchaus auf Jürgen Habermas, der ja die Kritische Theorie im Sinne einer Kommunikationstheorie maßgeblich weiterentwickelt hat. Der entscheidende Punkt in dieser Weiterentwicklung ist allerdings sein Rekurs auf die Psychoanalyse «als das einzige Beispiel einer methodisch Selbstreflexion in Anspruch nehmenden Wissenschaft.» (93,262). Genau dieser Punkt wird aber von allen mir bekannten Autoren schlicht übergangen bzw. überflogen. Der zum Standardwerk avancierte Text von Karl-Hermann Schäfer und Klaus Schaller «Kritische Erziehungswissenschaft und kommunikative Didaktik» (196) hat um ein weiteres Mal die von vielen literarisch befolgte Parole ausgegeben, daß Emanzipation gut sei: «Für Emanzipation muß gesorgt werden und sie muß von jedem einzelnen akzeptiert und im Blick auf seine subjektiven Beschränktheiten vollzogen werden . . .» (Schaller 196,114). – Was ist, wenn einer emanzipiert werden muß? – Pathos dominiert, wenn es um «dieses Ansichtigwerden des ‹Aufsich-Habens› unserer Weltsituation» geht (Schaller 196,110). Emanzipation bleibt blindes Postulat und verführt sogar zur einschlägig falschen Rezeption etwa von Watzlawick u. a. (208), wenn Schäfer die dort vorgenommene sinnvolle Unterscheidung in symmetrische und komplementäre Kommunikation im Sinne von gut und schlecht, von emanzipativ und nicht-emanzipativ mißversteht und umdeutet: «Solange die Parteien in unserer ‹Geschichte› im Rahmen eines weitgehend komplementären kommunikativen Interaktionsgefüges mit seinen vielerlei Behinderungen und Beschränkungen verharren, wird es ihnen schwerlich gelingen, den interaktiven Rahmen in Richtung auf zu realisierende Freiheit zu erweitern und zu verbessern.» (Schäfer 196,205). Später schreibt er von der «Art der Gefährdung . . ., die von langfristig progressiven komplementären Interaktionen ausgeht . . .» und von den «positiven Möglichkeiten der regressiven Komplementarität . . ., deren Ziel die emanzipatorische Symmetrie darstellt.» (Schäfer 196,206). – Watzlawick u. a. vermerken dazu: «Um einem häufigen Mißverständnis vorzubeugen, kann nicht ausdrücklich genug darauf verwiesen werden, daß Symmetrie und Komplementarität nichts mit Werturteilen wie ‹gut› oder ‹schlecht›, ‹normal› oder ‹abnormal› und dergleichen zu tun haben. Die beiden Begriffe beziehen sich ganz einfach auf zwei grundlegende Kategorien, in die sich alle zwischenmenschlichen Kommunikationen einteilen lassen. Von dem wenigen, was wir über ‹gesunde›, tragfähige Beziehungen wissen, können wir annehmen, daß in ihnen beide Formen zusammenwirken, wenn auch abwechselnd oder auf verschiedenen Gebieten der Partnerbeziehung.» (208,103). – Daß auch die vielstrapazierte Kommunikationstheorie von Watzlawick u. a. nur auf dem Boden der Psychoanalyse denkbar ist, wird auch hier übergangen. Abgesehen von der Psychoanalytischen Pädagogik war die Erziehungswissenschaft «von der Sache her» noch nie so dicht an der Psychoanalyse wie in dem Bereich ihrer Auseinandersetzung mit der Kritischen Theorie und der Kommunikationstheorie; dennoch vermag sie es auch in diesen Zusammenhängen, sich im Großen und Ganzen vor einer gründlichen Auseinandersetzung mit ihr zu drücken. An die Stelle der entscheidenden Wendung bei Habermas – ganz zu schweigen von Lorenzer – rückt die kostenlose Forderung nach Emanzipation (als «pädagogische») oder zur Sozial- und Verhaltenspsychologie (als «erziehungswissenschaftliche»). Die konkreten Möglichkeiten der Gruppendynamik werden schlicht «erziehungswissenschaftlich» einverleibt. – Dafür stehen folgende Autoren und Texte: Manfred Jourdan «Kommunikative Erziehungswissenschaft» (124); Franz-Josef Kaiser «Entscheidungstraining» (125); Dieter Ulich «Gruppendynamik in der Schulklasse» (206); Peter Grundke «Interaktionserziehung in der Schule» (89); Hubertus Halbfas u. a. «Lernen und soziale Erfahrung» (105); Georg E. Becker u. a. «Konfliktbewältigung im Unterricht» (23); Rudolf Seiß «Beratung und Therapie im Raum der Schule» (187); Wolfgang Royl u. Wolf-Rüdiger Minsel «Teachertraining» (185); Hartwig Schröder «Kommunikation und Information im Unterricht» (199); Jochen Grell «Techniken des Lehrerverhaltens» (88); Dieter Lenzen «Überlegungen zu einer Theorie unterrichtlicher Kommunikation» (141); Rainer Kokemohr u. Reinhard Uhle «Themenkonstitution und reflexive Legitimation in Lehr-Lern-Prozessen» (132).

165. Jürgen Habermas (94).
166. Jürgen Habermas (94,158).
167. Wolfgang Hochheimer (113). – Vgl. unter diesem Gesichtspunkt auch die Anmerkung 164.
168. Vgl. Basil Bernstein u. a. (30) und (29).
169. Vgl. die Arbeiten von Friedhelm Nyssen (162); Freerk Huisken (118); Johannes Beck (22); auch Hartmut von Hentig (111) und die Sammelbände von Johannes Beck u. a. (21) und Adalbert Rang u. Wolfgang Schulz (173); Peter Fürstenau untersucht die bürokratische Struktur (79). – Den auch didaktisch besten Überblick über das Problem der strukturellen Bedingungen der Schule gibt nach meinem Dafürhalten Klaus-Jürgen Tillmann (205).
170. Vgl. zur Hochschule als Ausbildungsinstitution Klaus Ulich (Hg.) «Aktuelle Konzeptionen der Hochschuldidaktik» (207) und zu ihrer «informellen Subkultur» im Zusammenhang der Studentenbewegung Götz Eisenberg u. Wolfgang Thiel «Fluchtversuche» (53).
171. Vgl. Anmerkung 31.
172. Jürgen Habermas schreibt: «Die Kritik hätte nicht die Macht, falsches Bewußtsein zu brechen, wenn sie nicht durch eine *Leidenschaft der Kritik* angetrieben würde. Am Anfang steht die Erfahrung des Leidens und der Not, und das Interesse an der Aufhebung des belastenden Zustandes ... Aber im Unterschied zur üblichen medizinischen Behandlung sind der Leidensdruck und das Interesse an Gesundung nicht nur *Anlaß* für die Einleitung der Therapie, sondern *Voraussetzung* für das Gelingen der Therapie selber.» (93,286f).
173. Alfred Lorenzer schreibt: «Der Patient selbst initiiert die lebensgeschichtliche Aufarbeitung und damit den Prozeß, sein Leiden auf den Begriff zu bringen.» (150,27).
174. Vgl. zum Thema Unterrichtsstörungen das erfrischend konkrete Büchlein von Rainer Winkel «Der gestörte Unterricht» (211).
175. Alfred Lorenzer benutzt diesen Begriff zur Beschreibung gelungener Verständigung zwischen Mutter und Kind (151,27ff).
176. In seiner Arbeit «Die Zukunft einer Illusion» schreibt Freud – freilich in

einem anderen Zusammenhang: «Denken Sie an den betrübenden Kontrast zwischen der strahlenden Intelligenz eines gesunden Kindes und der Denkschwäche des durchschnittlichen Erwachsenen.» (69,180). – Irma G. hatte ja – wie das Tiefeninterview zeigen wird – auf der Beziehungsebene, also unbewußt, den Schülern kommuniziert: «Ich möchte nicht, daß ihr ‹brav› seid! Ich möchte, daß ihr lebhaft und recht unbändig seid! Ihr sollt ‹richtige› Kinder sein!» Dies hatten die Schüler durchaus richtig wahrgenommen und als ihren «wirklichen» Wunsch erkannt: sie befolgten ihn, weil sie sie gerne mochten.

177. Vgl. Peter Atteslander «Methoden der empirischen Sozialforschung» (13,74–120).
178. Vgl. René König (Hg.) «Das Interview» (134,144).
179. Vgl. Alexander Sutherland Neill (159) u. (158).
180. Vgl. zum Problem der schulisch-inhaltlichen Leistungen Ilse Lichtenstein-Rother (Hg.) «Schulleistung und Leistungsschule» (143) und Karlheinz Ingenkamp «Schulleistungen – damals und heute» (119).
181. Vgl. Sigmund Freud «Über Psychoanalyse – Fünf Vorlesungen» (76): «Die Ablösung des Kindes von den Eltern wird so zu einer unentrinnbaren Aufgabe, wenn die soziale Tüchtigkeit des jungen Individuums nicht gefährdet werden soll.» (76,51). – Dazu auch Gertrud Beck (20) und Beatrice Caesar (39).
182. Vgl. Klaus Horn (117, Einleitung).
183. Vgl. Anmerkung 88.
184. Der «praktische Diskurs» ist konkretes Handeln um Verständigung. In der gelungenen Verständigung ist die hier und jetzt mögliche Wahrheit enthalten.

Literaturverzeichnis

Sofern es sich bei der verwendeten Literatur um kürzere Beiträge handelt, die in Sammelveröffentlichungen erschienen sind, werden jeweils beide Titel an der alphabetisch zugehörigen Stelle aufgeführt. – Bei den Arbeiten von Sigmund Freud beziehe ich mich da, wo dies möglich ist, auf die von Alexander Mitscherlich u. a. herausgegebene Studienausgabe (60), weil sie leichter zugänglich ist. Ansonsten greife ich auf die Londoner Ausgabe der Gesammelten Werke zurück. (61)

1. Adorno, Theodor W. u. a. – Der Positivismusstreit in der deutschen Soziologie – Neuwied 1972
2. Adorno, Theodor W. – Erziehung zur Mündigkeit – Frankfurt 1969
3. Adorno, Theodor W. – Tabus über dem Lehrberuf – In: (2,73–91)
4. Aichhorn, August – Verwahrloste Jugend – Stuttgart 1957
5. Ammon, Gisela (Hg.) – Psychoanalytische Pädagogik – Hamburg 1973
6. Ammon, Günter (Hg.) – Analytische Gruppendynamik – Hamburg 1976
7. Ammon, Günter – Gruppendynamik der Aggression – Berlin 1971
8. Ammon, Günter – Gruppendynamik der Kreativität – Berlin 1972
9. Ammon, Günter – Was macht eine Gruppe zur Gruppe? – In: (6,55 ff)
10. Andreas, Reinhard u. a. – Angst in der Schule – München 1976
11. Antons, Klaus – Praxis der Gruppendynamik – Göttingen 1973
12. Argelander, Hermann – Der Flieger – Frankfurt 1972
13. Atteslander, Peter – Methoden der empirischen Sozialforschung – Berlin 1971
14. Bachmann, Klaus Henning (Hg.) – Psychoanalyse und Verhaltenstherapie – Frankfurt 1973
15. Balint, Alice – Psychoanalyse der frühen Lebensjahre – München u. Basel 1970
16. Balint, Michael – Angstlust und Regression – Hamburg 1972
17. Balint, Michael – Fokaltherapie – Frankfurt 1973
18. Balint, Michael – Therapeutische Aspekte der Regression – Hamburg 1973
19. Bateson, Gregory u. a. – Schizophrenie und Familie - Frankfurt 1969
20. Beck, Gertrud – Autorität im Vorschulalter – Weinheim u. Basel 1973
21. Beck, Johannes u. a. – Erziehung in der Klassengesellschaft – München 1971
22. Beck, Johannes – Lernen in der Klassenschule – Hamburg 1974
23. Becker, Georg E. u. a. – Konfliktbewältigung im Unterricht – Bad Heil-

brunn 1976
24. Belardi, Nando – Erfahrungsbezogene Jugendbildungsarbeit – Gießen 1975
25. Berger, Peter L. u. Luckmann, Thomas – Die gesellschaftliche Konstruktion der Wirklichkeit – Frankfurt 1974
26. Bernfeld, Siegfried – Antiautoritäre Erziehung und Psychoanalyse – 3 Bde. – Frankfurt 1969–71
27. Bernfeld, Siegfried – Kinderheim Baumgarten; Bericht über einen ernsthaften Versuch mit neuer Erziehung – In: (26, Bd. 1,84–191)
28. Bernfeld, Siegfried – Sisyphos oder die Grenzen der Erziehung – Frankfurt 1970
29. Bernstein, Basil u. a. – Lernen und soziale Struktur – Amsterdam 1970
30. Bernstein, Basil – Soziale Struktur, Sozialisation und Sprachverhalten – Amsterdam 1970
31. Bittner, Günther – Psychoanalyse und soziale Erziehung – München 1970
32. Bittner, Günther u. Schmid-Cords, Edda – Erziehung in früher Kindheit – München 1970
33. Blankertz, Herwig – Pädagogik unter wissenschaftstheoretischer Kritik – In: (163,27–40)
34. Brenner, Charles – Grundzüge der Psychoanalyse – Frankfurt 1967
35. Brocher, Tobias – Anpassung und Aggression in Gruppen – In: (155,152ff)
36. Brocher, Tobias – Gruppendynamik und Erwachsenenbildung – Braunschweig 1967
37. Brocher, Tobias – Psychosexuelle Grundlagen der Entwicklung – Opladen 1971
38. Burlingham, Dorothy Tiffany – Die Einfühlung des Kleinkindes in die Mutter – In: (78,1–19)
39. Caesar, Beatrice – Autorität in der Familie – Hamburg 1972
40. Caruso, Igor A. – Soziale Aspekte der Psychoanalyse – Hamburg 1972
41. Cohn, Ruth C. – Die Selbsterfahrungsbewegung: Autismus oder Autonomie – In: Gruppendynamik, Jg. 5/1974, Heft 3,160ff
42. Cohn, Ruth C. – Von der Psychoanalyse zur themenzentrierten Interaktion – Stuttgart 1975
43. Combe, Arno – Kritik der Lehrerrolle – München 1971
44. Cooper, David – Psychiatrie und Anti-Psychiatrie – Frankfurt 1972
45. Cremerius, Johannes – Psychoanalyse und Erziehungspraxis – Frankfurt 1971
46. Dahmer, Ilse – Die Erziehungswissenschaft als kritische Theorie und ihre Funktion in der Lehrerbildung – In: didactica 1969,23ff
47. Dehm, Dieter (Hg.) – Schulreport – Frankfurt 1971
48. Devereux, Georges – Angst und Methode in den Verhaltenswissenschaften – München 1967
49. Dolto, Francoise – Der Fall Dominique – Frankfurt 1973
50. Dreitzel, Hans Peter – Die gesellschaftlichen Leiden und das Leiden an der Gesellschaft – Stuttgart 1972
51. Duhm, Dieter – Angst im Kapitalismus – Lampertheim 1973
52. Eckensberger, Dietlind – Sozialisationsbedingungen der öffentlichen Erziehung – Frankfurt 1971
53. Eisenberg, Götz u. Thiel, Wolfgang – Fluchtversuche – Gießen 1973

54. Epikur – Philosophie der Freude – Stuttgart 1973
55. Erikson, Erik H. – Identität und Lebenszyklus – Frankfurt 1973
56. Erikson, Erik H. – Kindheit und Gesellschaft – Stuttgart 1971
57. Fahrenbach, H. – Wirklichkeit und Reflexion. Walter Schulz zum 60. Geburtstag – Pfullingen 1973
58. Fend, Helmut – Sozialisierung und Erziehung – Weinheim u. Basel 1971
59. Freud, Anna – Das Ich und die Abwehrmechanismen – München o. J.
60. Freud, Sigmund – Studienausgabe (Hg.) Alexander Mitscherlich u. a. – 10 Bde. – Frankfurt 1969
61. Freud, Sigmund – Gesammelte Werke (Hg.) A. Freud, E. Bibring, W. Hoffer, E. Kris, O. Isakower – 18 Bde. – Frankfurt 1964–68
62. Freud, Sigmund – Abriß der Psychoanalyse – Frankfurt 1965 – auch in: (61, Bd. XVII, 63–138)
63. Freud, Sigmund – Analyse der Phobie eines fünfjährigen Knaben («Der kleine Hans») – In: (60, Bd. VIII, 9–123)
64. Freud, Sigmund – Aus der Geschichte einer infantilen Neurose («Der Wolfsmann») – In: (60, Bd. VIII, 125–231)
65. Freud, Sigmund – Das Interesse an der Psychoanalyse – In: (61, Bd. VIII, 289–420)
66. Freud, Sigmund – Das Unbewußte – In: (60, Bd. III, 119–173)
67. Freud, Sigmund – Die Frage der Laienanalyse – In: (61, Bd. XIV, 209–286)
68. Freud, Sigmund – Die Traumdeutung – In: (60, Bd. II)
69. Freud, Sigmund – Die Zukunft einer Illusion – In: (60, Bd. IX, 135–189)
70. Freud, Sigmund – Drei Abhandlungen zur Sexualtheorie – In: (60, Bd. V, 37–145)
71. Freud, Sigmund – Geleitwort zu «Verwahrloste Jugend» von August Aichhorn – In: (61, Bd. XIV, 565–567) – auch in: (4)
72. Freud, Sigmund – Hemmung, Symptom und Angst – In: (60, Bd. VI, 227–308)
73. Freud, Sigmund – Über infantile Sexualtheorien – In: (60, Bd. V, 169–184)
74. Freud, Sigmund – Über Psychotherapie – In: (61, Bd. V, 13-26)
75. Freud, Sigmund – Vorlesungen zur Einführung in die Psychoanalyse – In: (60, Bd. I, 34–445)
76. Freud, Sigmund – Zur Psychopathologie des Alltagslebens – In: (61, Bd. IV)
77. Frister, Erich u. Jochimsen, Luc – Wie links dürfen Lehrer sein? – Hamburg 1972
78. Fürstenau, Peter – Der psychoanalytische Beitrag zur Erziehungswissenschaft – Darmstadt 1974
79. Fürstenau, Peter – Neuere Entwicklungen der Bürokratieforschung und das Schulwesen – In: (164,47–66)
80. Fürstenau, Peter – Probleme der vergleichenden Psychotherapieforschung – In: (14,18–57)
81. Fürstenau, Peter – Zur Psychoanalyse der Schule als Institution – In: (78,264–283)
82. Gamm, Hans-Jochen – Kritische Schule – München 1970
83. Gerstenmaier, Jochen – Urteile von Schülern über Lehrer – Weinheim u. Basel 1975
84. Gibson, James J. – Die Wahrnehmung der visuellen Welt – Weinheim u.

Basel 1973

85. Giere, Walter – Gruppendynamik. Verlaufsschilderung eines Seminars – In: (117,205–228)

86. Grace, Gerald R. – Der Lehrer im Rollenkonflikt – Düsseldorf 1973

87. Green, Hannah – Ich habe dir nie einen Rosengarten versprochen – Stuttgart 1974

88. Grell, Jochen – Techniken des Lehrerverhaltens – Weinheim u. Basel 1974

89. Grundke, Peter – Interaktionserziehung in der Schule – München 1975

90. Habermas, Jürgen – Arbeit und Interaktion – In: (97,9–47)

91. Habermas, Jürgen – Die Utopie des guten Herrschers. Eine Antwort auf Robert Spaemann – In: (95,378–388)

92. Habermas, Jürgen – Die Wahrheitsfähigkeit praktischer Fragen – In: (96,140–152)

93. Habermas, Jürgen – Erkenntnis und Interesse – Frankfurt 1971

94. Habermas, Jürgen – Erkenntnis und Interesse – In: (97,146–169)

95. Habermas, Jürgen – Kultur und Kritik – Frankfurt 1973

96. Habermas, Jürgen – Legitimationsprobleme im Spätkapitalismus – Frankfurt 1973

97. Habermas, Jürgen – Technik und Wissenschaft als «Ideologie» – Frankfurt 1969

98. Habermas, Jürgen u. Luhmann, Niklas – Theorie der Gesellschaft oder Sozialtechnologie – Frankfurt 1971

99. Habermas, Jürgen – Theorie und Praxis – Frankfurt 1971

100. Habermas, Jürgen – Vorbereitende Bemerkungen zu einer Theorie der kommunikativen Kompetenz – In: (98,101–141)

101. Habermas, Jürgen – Wahrheitstheorien – In: (57,211–267)

102. Habermas, Jürgen – Zur Logik der Sozialwissenschaften – Frankfurt 1971

103. Habermas, Jürgen – Zur Methodologie allgemeiner Theorien des sozialen Handelns – In: (102,125–184)

104. Hacker, Friedrich – Aggression – Hamburg 1973

105. Halbfas, Hubertus u. a. – Lernen und soziale Erfahrung – Stuttgart 1974

106. Hartmann, Heinz – Die Psychoanalyse als wissenschaftliche Theorie – In: Psyche XVIII/1964

107. Hegel, Georg Wilhelm Friedrich – Werke, Bd. 7 – Frankfurt 1973

108. Heimann, Paul u. a. – Unterricht, Analyse und Planung – Hannover 1968

109. Heintz, Peter – Soziale Vorurteile – Köln 1957

110. Henry, Jules – Der erlebte Alptraum – In: betrifft : erziehung, Jg. 6/1973, Heft 5,23–26

111. Hentig, Hartmut von – Cuernavaca oder: Alternativen zur Schule? – Stuttgart und München 1971

112. Hettwer, Hubert (Hg.) – Lehr- und Bildungspläne 1921–1974 – Bad Heilbrunn 1976

113. Hochheimer, Wolfgang – Zur Tiefenpsychologie des pädagogischen Feldes – In: Die Deutsche Schule, 51. Jg./1959,101–119

114. Höchstetter, W. K. – Die psychoanalytischen Grundlagen der Erziehung – Starnberg 1974

115. Horkheimer, Max u. Adorno, Theodor W. – Dialektik der Aufklärung – Frankfurt 1973

116. Horn, Klaus – Dressur oder Erziehung – Frankfurt 1971
117. Horn, Klaus (Hg.) – Gruppendynamik und der «subjektive Faktor» – Frankfurt 1972
118. Huisken, Freerk – Zur Kritik bürgerlicher Didaktik und Bildungsökonomie – München 1972
119. Ingenkamp, Karlheinz – Schulleistungen; damals und heute – Weinheim u. Basel 1967
120. Jackson, Philip W. – Was macht die Schule? – In: betrifft: erziehung, Jg. 6/ 1973, Heft 5, 18–22
121. Janov, Arthur – Das befreite Kind – Frankfurt 1974
122. Janov, Arthur – Der Urschrei – Frankfurt 1973
123. Jones, Ernest – Sigmund Freud, Leben und Werk – Frankfurt 1969
124. Jourdan, Manfred – Kommunikative Erziehungswissenschaft – Bad Heilbrunn 1976
125. Kaiser, Franz-Josef – Entscheidungstraining – Bad Heilbrunn 1973
126. Klafki, Wolfgang – Studien zur Bildungstheorie und Didaktik – Weinheim 1967
127. Klein, Melanie – Das Seelenleben des Kleinkindes – Hamburg 1972
128. Klein, Melanie – Eine Kinderentwicklung – In: (45,23–82)
129. Klingberg, Lothar – Einführung in die allgemeine Didaktik – Frankfurt 1973
130. Klink, Job-Günter – Des Kaisers neue Kleider – In: Bremer Lehrerzeitung, 1972/10
131. Klink, Job-Günter – Klasse H 7 e – Bad Heilbrunn 1974
132. Kokemohr, Rainer u. Uhle, Reinhard – Themenkonstitution und reflexive Legitimation in Lehr-Lern-Prozessen – In: Zeitschrift für Pädagogik, Jg. 22/1976, Heft 6, 857–879
133. König, Ernst u. Riedel, Harald – Unterrichtsplanung als Konstruktion – Weinheim, Berlin, Basel 1971
134. König, René (Hg.) – Das Interview – Köln 1976
135. König, René (Hg.) – Handbuch der empirischen Sozialforschung, Bd. 1 – Stuttgart 1967
136. Laing, Ronald D. – Das Selbst und die Anderen – Köln 1973
137. Laing, Ronald D. u. a. – Interpersonelle Wahrnehmung – Frankfurt 1971
138. Laing, Ronald D. – Mystifizierung, Konfusion und Konflikt – In: (19,274–304)
139. Laing, Ronald D. – Phänomenologie der Erfahrung – Frankfurt 1972
140. Laplanche, J. u. Pontalis, J.-B. – Das Vokabular der Psychoanalyse – 2 Bde. – Frankfurt 1973
141. Lenzen, Dieter – Überlegungen zu einer Theorie unterrichtlicher Kommunikation – In: Zeitschrift für Pädagogik, Jg. 22/1976, Heft 6, 837–847
142. Levita, David J. de – Der Begriff der Identität – Frankfurt 1971
143. Lichtenstein-Rother, Ilse – Schulleistung und Leistungsschule – Bad Heilbrunn 1973
144. Litt, Theodor – Führen oder Wachsenlassen – Stuttgart 1967
145. Loch, Wolfgang – Voraussetzungen, Mechanismen und Grenzen des psychoanalytischen Prozesses – Bern u. Stuttgart 1965
146. Lorenzer, Alfred – Die Wahrheit der psychoanalytischen Erkenntnis –

Frankfurt 1974
147. Lorenzer, Alfred – Kritik des psychoanalytischen Symbolbegriffs – Frankfurt 1970
148. Lorenzer, Alfred u. a. – Psychoanalyse als Sozialwissenschaft – Frankfurt 1971
149. Lorenzer, Alfred – Sprachzerstörung und Rekonstruktion – Frankfurt 1970
150. Lorenzer, Alfred – Über den Gegenstand der Psychoanalyse – Frankfurt 1973
151. Lorenzer, Alfred – Zur Begründung einer materialistischen Sozialisationstheorie – Frankfurt 1972
152. Mann, Heinrich – Professor Unrat – Hamburg o. J.
153. Mangold, Werner – Gruppendiskussion – In: (135)
154. Mills, Theodore M. – Soziologie der Gruppe – München 1971
155. Mitscherlich, Alexander (Hg.) – Bis hierher und nicht weiter – München 1969
156. Moreno, J. L. – Die Grundlagen der Soziometrie – Köln, Opladen 1954
157. Moser, Tilmann, Lehrjahre auf der Couch – Frankfurt 1974
158. Neill, Alexander Sutherland – Das Prinzip Summerhill – Hamburg 1971
159. Neill, Alexander Sutherland – Theorie und Praxis der antiautoritären Erziehung – Hamburg 1969
160. Netzer, Hans – Erziehungslehre – Bad Heilbrunn 1962
161. Nicklis, Werner S. – Die Schulpraktika im pädagogischen Grundstudium – Bad Heilbrunn 1972
162. Nyssen, Friedhelm – Schule im Kapitalismus – Köln 1970
163. Oppolzer, Siegfried (Hg.) – Erziehungswissenschaft – Wuppertal 1972
164. Pädagogisches Zentrum, Reihe B, Bd. 10 – Zur Theorie der Schule – Weinheim und Basel 1972
165. Pagès, Max – Das affektive Leben der Gruppen – Stuttgart 1974
166. Parin, Paul u. a. – Fürchte deinen Nächsten wie dich selbst – Frankfurt 1971
167. Peller, Lili E. – Das Spiel im Zusammenhang der Trieb- und Ichentwicklung – In: (32,195–219)
168. Perls, Frederik S. – Gestalt-Therapie in Aktion – Stuttgart 1974
169. Perrez, Meinrad – Ist die Psychoanalyse eine Wissenschaft? – Bern, Stuttgart, Wien 1972
170. Pfister, Oskar – Die Psychoanalyse im Dienste der Erziehung – Leipzig 1929
171. Plack, Arno – Die Gesellschaft und das Böse – München 1967
172. Popper, Karl R. – Die Logik der Sozialwissenschaften – In: (1,103–123)
173. Rang, Adalbert u. Schulz, Wolfgang (Hg.) – Die differenzierte Gesamtschule – München 1970
174. Redl, Fritz – Erziehung schwieriger Kinder – München 1971
175. Redl, Fritz – Gruppenemotion und Führerschaft – In: (6,114–130)
176. Rehm, Willy – Die psychoanalytische Erziehungslehre – München 1971
177. Renggli, Franz – Angst und Geborgenheit – Hamburg 1976
178. Reik, Theodor – Hören mit dem dritten Ohr – Hamburg 1976
179. Reimann, Bruno W. – Psychoanalyse und Gesellschaftstheorie – Neuwied 1973
180. Reimann, Bruno W. – Therapie und Diskurs – In: Soziale Welt, Jg. 26/1975,

Heft 4,469–477
181. Richter, Horst-Eberhard – Die Gruppe – Hamburg 1972
182. Richter, Horst-Eberhard – Eltern, Kind und Neurose – Hamburg 1970
183. Richter, Horst-Eberhard – Patient Familie – Hamburg 1970
184. Riemann, Fritz – Grundformen der Angst – München 1975
185. Royl, Wolfgang u. Minsel, Wolf-Rüdiger – Teachertraining – Hannover, Darmstadt, Dortmund, Berlin 1973
186. Rumpf, Horst – 40 Schultage – Braunschweig 1966
187. Seiß, Rudolf – Beratung und Therapie im Raum der Schule – Bad Heilbrunn 1976
188. Selg, Herbert – Einführung in die experimentelle Psychologie – Stuttgart, Berlin, Köln, Mainz 1969
189. Selg, Herbert (Hg.) – Zur Aggression verdammt? – Stuttgart 1971
190. Singer, Kurt – Lernhemmung, Psychoanalyse und Schulpädagogik – München 1974
191. Spitz, René A. – Die anaklitische Depression – In: (32,104–134)
192. Spitz, René A. – Hospitalismus I – In: (32,77–98)
193. Spitz, René A. – Hospitalismus II – In: (32,99–103)
194. Spitz, René A. – Vom Dialog – Stuttgart 1976
195. Spitz, René A. – Vom Säugling zum Kleinkind – Stuttgart 1972
196. Schäfer, Karl-Hermann u. Schaller, Klaus – Kritische Erziehungswissenschaft und kommunikative Didaktik – Heidelberg 1973
197. Schmidt, Wera – Psychoanalytische Erziehung in Sowjetrußland – Zürich 1924
198. Schonig, Bruno – Irrationalismus als pädagogische Tradition – Weinheim u. Basel 1973
199. Schröder, Hartwig – Kommunikation und Information im Unterricht – München 1975
200. Schulze, Theodor – Häusliche Szenen und seelische Entwicklung – In: (32,291–322)
201. Stierlin, Helm – Das Tun des Einen ist das Tun des Anderen – Frankfurt 1972
202. Stierlin, Helm – Die Aggression in der menschlichen Beziehung – In: (155,119–134)
203. Stierlin, Helm – Von der Psychoanalyse zur Familientherapie – Stuttgart 1975
204. Thiemann, Friedrich – Der Beitrag der empirischen Unterrichtsforschung für die Konzeption von Unterricht – Bad Heilbrunn 1973
205. Tillmann, Klaus-Jürgen – Unterricht als soziales Erfahrungsfeld – Frankfurt 1976
206. Ulich, Dieter – Gruppendynamik in der Schulklasse – München 1971
207. Ulich, Klaus (Hg.) – Aktuelle Konzeptionen der Hochschuldidaktik – München 1974
208. Watzlawick, Paul u. a. – Menschliche Kommunikation – Bern, Stuttgart, Wien 1972
209. Wellendorf, Franz – Schule und Identität – In: betrifft: erziehung, Jg. 6/1973, Heft 5,26–32
210. Wellendorf, Franz – Schulische Sozialisation und Identität – Weinheim u.

Basel 1973

211. Winkel, Rainer – Der gestörte Unterricht – Bochum 1976
212. Winnicott, Donald W. – Vom Spiel zur Kreativität – Stuttgart 1973
213. Wittgenstein, Ludwig – Tractatus logico-philosophicus – Frankfurt 1973
214. Wünsche, Konrad – Die Wirklichkeit des Hauptschülers – Köln 1974
215. Zulliger, Hans – Psychoanalytische Erfahrungen aus der Volksschulpraxis – Bern 1921
216. Zulliger, Hans – Schwierige Kinder – Bern 1951

Der Einzelne und die Gesellschaft –
Konflikte und Konzepte

Eberhard Schorsch / Nikolaus Becker
Angst, Lust, Zerstörung
Sadismus als soziales und kriminelles Handeln.
Zur Psychodynamik sexueller Tötungen
320 Seiten. Brosch.

Stefan Wieser
Isolation
Vom schwierigen Menschen zum hoffnungslosen Fall.
Die soziale Karriere des psychisch Kranken
224 Seiten. Brosch.

Jürg Willi
Die Zweierbeziehung
Spannungsursachen / Störungsmuster / Klärungsprozesse / Lösungs-
modelle. Analyse des unbewußten Zusammenspiels in Partnerwahl
und Paarkonflikt: Das Kollusions-Konzept
288 Seiten. Brosch.

Adrienne Windhoff-Héritier
Sind Frauen so, wie Freud sie sah?
Weiblichkeit und Wirklichkeit – Bausteine zu einer neuen analytisch-
sozialpsychologischen Theorie der weiblichen Psyche
230 Seiten. Brosch.

Rowohlt

Der Einzelne und die Gesellschaft –
Konflikte und Konzepte

Thomas Ayck / Inge Stolten
Kinderlos aus Verantwortung
ca. 200 Seiten. Brosch.

Wayne W. Dyer
Der wunde Punkt
12 Therapieschritte zur Überwindung der seelischen Problemzonen
260 Seiten. Geb.

Maureen Green
Die Vater-Rolle
Die Forderung nach einer neuen Konzeption der Vaterrolle innerhalb
der modernen Familie
220 Seiten. Brosch.

Betty Friedan
Das hat mein Leben verändert
Beiträge und Reflexionen zur Frauenbewegung
320 Seiten. Brosch.

Stanley Milgram
Das Milgram-Experiment
Zur Aufdeckung der Gehorsamsbereitschaft gegenüber Autorität
260 Seiten mit 25 Abb. im Text und auf 4 Tafeln. Brosch.

Rowohlt

Der Einzelne und die Gesellschaft – Konflikte und Konzepte

Helge Pross
Die Männer
Eine repräsentative Untersuchung über die Selbstbilder
von Männern und ihre Bilder von der Frau
192 Seiten. Brosch.

Prof. Dr. med. Dr. phil. Horst-Eberhard Richter
Patient Familie
Entstehung, Struktur und Theorie von Konflikten in Ehe und Familie
256 Seiten. Geb.

Lernziel Solidarität
320 Seiten. Brosch.

Flüchten oder Standhalten
320 Seiten. Geb.

Die Gruppe
Hoffnung auf einen neuen Weg, sich selbst und andere zu befreien.
Psychoanalyse in Kooperation mit Gruppeninitiativen
352 Seiten. Brosch.

Horst E. Richter / Hans Strotzka / Jürg Willi (Hg.)
Familie und seelische Krankheit
Eine neue Perspektive der Psychologischen Medizin
und der Sozialtherapie
380 Seiten. Kart.

Rowohlt